OWN

让 我 们　　　　　　　　　追 寻

〔英〕詹姆斯·麦克唐纳 著
杨宇光 译

James
Macdonald

A

债务
与国家的
崛起

REE NATION
DEEP
IN DEBT

THE FINANCIAL ROOTS OF
DEMOCRACY

西方民主制度的
金融起源

社会科学文献出版社
SOCIAL SCIENCES ACADEMIC PRESS (CHINA)

本书获誉

本书所讲述的历史，上及摩西，下至第二次世界大战，包罗其间债务发展的一切重要事件。尽管跨度巨大，但书中呈现的主题清晰且令人震撼：民主政体起源于公共债务。

——詹姆士·加尔布雷斯（经济史学家，《正常的终结：理解世界经济新常态》作者，载《民主杂志》）

本书作者是英国的资深投资银行家，他掌握了本书研究主题的第一手资料，内容非常全面，观点令人信服，语言流畅，非常适合非专业读者阅读。

——戈登·伍德（哈佛大学历史学家，普利策奖得主，载《纽约书评》）

本书内容涵盖了从古希腊和波斯到当代的公共金融史，是一部非常优秀的著作。

——理查德·库珀（美国前副国务卿，哈佛大学教授，载《外交事务》）

本书写作流畅，可读性强……研究领域充满挑战性又引人深思，在当下读简直再合适不过了。

——米歇尔·渥克（《灰犀牛》作者，载《华盛顿邮报》）

对喜欢历史的读者来说，麦克唐纳关于民主制度起源的论述引人入胜：民主制度的起源不仅与税收、代议制有关，还和投资相关。

——尼尔·弗格森（《罗斯柴尔德家族》
《金钱关系》《大退化》作者）

译者序　解构西方民主制的金融视角

　　民主制作为现代西方发达国家通常采取的政治体制，其诞生和演化长期以来受到社会学界的广泛关注。由于中国独特的国情和发展路径，自改革开放以来，关于西方民主制的争论在知识界从未停止过。改革开放初期，面对西方国家在物质上的优势，很多学者很自然地将其归因为西方的政治制度，以全民普选和议会政治为特征的民主制在很长一段时间被学界认为是最优越的政治制度，成为知识阶层"仰视"的对象，苏联解体、东欧剧变和"历史终结论"的盛行似乎证实了这种观点。但在数十年的经济高速发展之后，中国仍然保持了自身的社会主义制度，这种现象引起了越来越多的人对于旧观念的反思。欧美国家（地区）发展的相对停滞以及中外信息交流的常态化使得西方民主制的问题越来越多地暴露了出来。因此，"民主"一词在中国普通民众的语境当中变得越来越"他者化"，中国权力结构相对集中的政治体制在今天成为很多国人自我区分于西方社会、强化自身身份认同的一部分。

　　在社会经济背景发生了转变的今天，究竟应该如何重新审视西方民主制度？事实上，正如中国的政治制度建立在中国的历史传统上一样，西方现代的政治制度也绝非无源之水，它们深深地扎根于西方国家自古典时代以来的历史实践当中，因而不可避免地受到其独特的文化传统的影响。但反过来，现代性及其相关的大量文化成果实实在在是从西方世界演化出来的，这就使得任何国家的"现代化"不可避免地会和"学习西方国家"之间产生密不可分的联系。无限扩大西方现存制度当中存在的问题，将西方文化的全部成就均斥为虚伪、阴谋和不值一提的糟粕，也是妄自尊大和历史虚无主义的体现。因此，正确的做法应该是真正从西方国家的历史传统出发，对其政治制度进行深层次的解构，了解其制度变迁内部的逻辑。而从历史的角度对西方民主制进行解构的很重要的一环就是了解其制度来源：西方民主制起源于何处？

在 19 世纪及以前的史学观念当中，关于民主制的起源主要有两类观点。一部分学者（以欧美和拉丁语系的史学家为主）将其追溯到以雅典为代表的古希腊城邦上，另一部分学者（以德意志地区的历史学家为主）则认为民主制发轫于日耳曼蛮族的部落传统。但近些年来，这两种观念均遭到了质疑。一方面，伴随着蛮族入侵的浪潮和古典时代的结束，希腊城邦的民主传统就已经出现了断层，西欧的民族国家没有一个是在古希腊城邦的基础上直接发展起来的；反过来，"自由诞生在条顿黑森林当中"的神话在今天也基本上失去了信徒，日耳曼蛮族部落民主传统的直接继承人是西欧中世纪国家的贵族政治和封建体制，而非现代的议会民主制。在目前的历史学研究当中，越来越多的人开始重视西欧的城市传统在西欧民主化进程当中的作用。西欧的城市作为脱离封建体制的力量的集合体，在中世纪随着经济的发展不断地壮大，并最终推动了城市资产阶级在西欧的崛起和君主立宪制的出现。换言之，西欧的民主制并非在原先的制度遗产上改良演化的结果，而是体制外力量掀起的一场变革。西欧的城市资产阶级在封建体制无法控制的地方成长起来，并最终将君权和贵族特权关进了制度的笼子，这一过程和古典时代或黑暗时代之间更多的是一种文化与精神上的联系，而非政治实体上的延续。

那么，城市资产阶级的崛起究竟是如何完成的？大量的经济史学家将其归功于大航海时代开启之后，贸易的迅速扩张对于城市经济的促进作用。而在本书当中，作者对这一问题提出了新的视角。在作者看来，西方文艺复兴之后的政治上的民主化在其最初阶段表现为君主对于新兴资产阶级的"让权"，或者更为准确地说，是封建王权对于金融资本的让步。古典时期的帝王们基本上可以通过税收来满足国家的财政需要，因此他们没有任何动机通过出让权力来换取更多的收入。但伴随着古典帝国在蛮族入侵浪潮下的崩溃，它们的税收体制也相应地瓦解了，而蛮族王国向来没有征收税收的传统，因此，从黑暗时代当中走出的西欧各国在财政收入水平上和古典帝国相比简直不值得一提。为了维持一支可观的军事力量，西欧国家的君主不得不向贵族阶层封授土地以换取军事效忠，这就进一步加剧了君主可获得财政收入的减少。

而在另一方面，西欧政治的碎片化使得新兴国家的君主们通过税收筹集的资金在频繁的战争需求面前显得微不足道，因此他们就有必要利用一切可能的方式筹集更多的资金。在这时，拥有发达的金融体系的城邦国家就成为君主们求助的对象。虽然君主们本身并不愿意向城邦国家或本国的资产阶级进行权力上的让步，但城邦国家金融体系的发达使欧洲的君主们陷入了典型的"囚徒困境"：如果想要在日益残酷和昂贵的文艺复兴时期的战争中存活下来，他们就不得不充分地利用资产阶级的金融资源——因为如果他们不用，金钱就会自然地流向他们的对手。为了给发行公债提供足够的担保，政府一方面

（极为艰难地）重建了在蛮族入侵中毁灭的税收体系，另一方面不得不采取措施保护私有产权以吸引资金。那些最先成功地实现了金融体系改革的国家（主要是荷兰）在战争当中往往能够调动数倍于对手的金钱资源，而那些相对落后的国家，或者被军事入侵而完成了半强制制度转换（如英国），或者在接连不断的财政危机中走向革命（如法国），或者在周期性的政府破产中逐步走向沉沦（如西班牙）。在这一过程中，立宪民主制度的雏形——金融资产阶级与国王和旧贵族分享政治权力——就在英国形成了。

　　作者的论述还引出了另一个问题。在历史的语境下讨论民主制的一个关键性的问题就是制度变迁的渐进性。所谓的民主制在欧洲重新出现时，无论是与古典时代相比，还是与今天的中国相比都有巨大的差异。在最早出现的民主化国家中，真正享有政治权力的人在全体国民中的比例是极其有限的，而且最先与封建贵族分享权力的人往往也是马克思主义语境下的"剥削阶级"。即便是在相对完整地保全了古典时期民主体制传统的意大利城邦共和国中，"公民"也只是全体市民中的少数派。换言之，在长达数百年的时间内，西欧的所谓"宪政民主"进程只不过是少数人对更少数人的斗争，而社会的大多数民众并没有分享到这一过程中争取到的政治权力。法国大革命1795年的宪法的确建立了普选权，但这一宪法在两年后就被推翻；直到光荣革命之后的一个半多世纪，英国政府才真正开始迈向全民民主制的道路。在这一点上，作者对于民主化过程的论述可以说是对西方政治制度进行"祛魅化"，这也是我们在今天平视欧美民主制度并对其进行解构所必须要迈出的一步。

但权力分享水平的有限和政治改革进行的缓慢并不意味着民主化进程真的完完全全就是新兴资产阶级（或者更为狭隘地说，金融资产阶级）虚伪的自肥行为。事实上，想要在结构森严的政治权力结构上"开一个口子"，最有可能的执行者必然是那些在现行体制下积蓄了较多的实力，但又没能获得相应的政治地位的中间阶层。他们在经济地位上已经能和统治阶级掰一掰手腕，因此反倒不那么容易被统治阶级赎买。而在社会主义运动开始之前的历史当中，下层民众推动的政治改革在西方基本上没有取得成功，民粹主义运动或者被统治者分化瓦解（如佛罗伦萨的梳毛工起义），或者被残酷镇压（如英国的瓦特·泰勒起义），或者促成了新僭主的形成。因此，以权力分配不均来批判早期西欧的宪政运动，不能说没有根据，但至少也有吹毛求疵之嫌。

从整体上来说，本书从一个新颖的角度剖析了西方民主制度的起源和演进，对于深入历史细节当中了解制度变化的过程，有着相当大的文献价值。除了经济史和政治学方面的意义之外，对于对金融学感兴趣的读者，本书也包含了大量的关于早期金融市场实践的鲜活的案例可供参考。读者可以看到金融活动是如何从古文明世界的雏形一直不断演变成我们今天熟知的复杂形式，以及社会伦理是如何在经济活动的冲击下不断调整和转化成更为包容的形态。举例而言，早期金融活动当中高利贷的盛行在客观上影响了犹太教以及后来的基督教中对收取利息的严格禁令，而黑暗时代货币与贸易体系的全面崩溃更加剧了基督教意识形态在金融问题上的保守化，而到了中世纪贸易开始恢复的时候，能够从借贷活动中得利的修道院经学家又开始反过来尽力地从《圣经》的章句中寻找能够给放贷取息开脱的手段。品味这种物质发展和精神文明之间的交互关系对于读者来说应该也是一种有趣的体验。本书的第五章对英法两国历史上的两次著名的金融市场投机狂潮——南海泡沫案和密西西比公司泡沫的起因、经过和影响都给予了非常详细的描述，读者可以与美国次贷危机时期的情况对比思考，也别有一番风味。

当然，本书也存在着一定的局限性。首先，由于作者并非专业的经济史学者，其行文相对追求文采，因此书中尚存在着一些不甚严谨的地方，在翻译过程中译者尽可能地对其进行了标注；其次，本书长于资料收集而弱于逻辑论述，因此在阅读过程中有些地方可能有跳脱感，一些逻辑链条还需要读者自行进行连接。举例而言，作者对于意大利城邦国家的公债体系发展以及其如何推动意大利城邦的政治格局的变化的论述很翔实，但关于西欧君主国内部资产阶级的形成和崛起则着墨较少。除此之外，本书当中涉及中国历史的部分可能存在着一些偏误，客观上存在着一些以西方社会演进的逻辑来对标中国历史的情况，请读者在阅读过程中注意甄别。

目　录

引言　民主制度的金融起源

没有购买议会公债的人会遭到违约……英国公共信用的优势，正是我们应该永远负债的原因。我希望，我们应该成为一个深陷债务的自由国家，而非毫无债务的奴役之国。

这些话来自 1719 年英国的一份匿名小册子，它们表达了一个当时正在开始流行的观念：政治自由和公共债务之间存在着联系。在接下来的几十年内，这个观念逐渐深入人心。在100 年之后它几乎人所共知。法国的一位财政大臣在 1815 年断言："自由和信用总是密不可分的。"到了那时，法国已经经历了一个世纪的革命、反革命与军事失利，因此对政治问题有着充分的认识。

到了今天，公债和民主之间存在联系的观念对于大多数人来说反而很新鲜。一些历史学家重新开始对 18 世纪发生的事情产生了兴趣。尼尔·弗格森（Niall Ferguson）的《金钱关系》（*The Cash Nexus*）给他们的观点带来了更高的关注度。在这本书中，作者表达了这样的观点：民主制度的崛起并不是人均收入增加的效应，而是战时财政需求的结果。汉诺威王朝治下的英国正是在筹集帝国扩张所需的政治和金融资源上胜过了自己的敌手，而当公债在财政体系中所起的作用越来越大时，议会制度为政府提供的合法性对政府举债能力的提高起到了非常重要的作用。对于一个 18 世纪有知识的观察者来说，这种观点根本算不上新颖。1774 年，一位法国的官员警告说："如果人们［相信路易十六］是一个专制暴君，举债就是不可能的；即便政府真的能够获得贷款，其成本也会非常之高，而英国却总是能够获得关键的'最后一笔钱'。"

这句话点到了问题的关键。一般来说，拥有代议制政府的国家的贷款成本要比专制政府低得多。原因有很多，其中之一在于，实行宪政的政府（在整体上）受到法律的限制，因此更能保证尊重债权人的利益。除此之外，选举产生的政府的利益和民众是一致的，这也有助于公共信用的运行。换言之，一旦证券市场开始运转，专制政府的前景就会变得黯淡。

在这种观念中，民主制度和信贷市场被看作两股互相独立的力量。两者之间的关系仅在于民主政府能够比专制独裁政府更好地适应公共信用的要求。这就是 18 世纪的人们对这一问题的看法。当启蒙思想家寻找政治自由的根基的时候，他们并不从公共信用的历史当中寻求答案，而是转向了古典时期的政治自由。这种自由曾经被全欧洲的民众所享有，却被君主们所篡夺。那些所谓的"自由国家"，如英格兰和荷兰共和国，只不过是更成功地反抗了这种"王权的僭越"。其他想要恢复自由的国家也应该这么做。这些观念已经失去了可信度。尽管人类学家可能会同意，在部落生活当中的确存在明显的缺乏专制政府权力的特征，但很少有政治理论家或者经济学家认为这种极为原始的政治自由与现代民主体制之间存在着直接的继承关系。[1]

---

[1] 事实上，这种继承关系的确存在。它是 18 世纪的遗产。"参议院"（Senate）这个词来自罗马的"元老院"，后者则起源于罗马部落的长者议会，其词源来自拉丁语当中的"年老的"（senex）。

　　现在，民主制度的崛起不再被看作自由的"失而复得"，而是在社会进步的情况下经济上的必要转变。技术水平的提高需要接受过良好教育的劳动力，高产出的经济也要求富有的消费者。这些相互平行的力量不可逆转地促进了民众政治参与度的提高。当收入达到一定的水平时，看上去即便是专制社会也难以避免民主制度生根发芽。反过来，那些坚持严格经济管控的国家在经历一定阶段之后就无法维持发展。但这种观点只适用于"现代社会"。把民主制度完全解释为经济发展的需求，就无法解释英国的光荣革命、美国的独立战争和法国大革命。这些国家在变革发生时依然处于"第三世界"的发展水平。

　　对立的假说——民主制度是战争财政需求在公债发明之后在政治上的反映——能够解决上述问题。但是在这个逻辑下，依旧存在一些尚未解答的问题。举例而言，我们怎么解释在没有公债的历史中政治自由的存在？雅典的民主制度无论在哪种逻辑下都难以得到很好的解释，难道早期社会当中的自由真的和现代民主制度的崛起没有任何实质性的联系？除此之外，证券市场究竟是如何产生的？为什么它只出现在欧洲？

　　为了解答这些问题，本书将眼光向前投到数千年前，向后放到法国大革命及其引起的政治动荡的数个世纪之后，大大扩展了所讨论的时间范围。最终发现，尽管政府债券市场可能在某种程度上的确是一种非人格化的经济力量，但它同样也有着深刻的政治意义，而正是公共信用的这个政治维度促进了民主政治的崛起。

　　为了理解公共信用在历史上的作用，有必要深入探讨国家的起源。而当我们真的深入细节之后就会发现，在历史上绝大多数时间内，民主制度能取得长期的成功看上去都是一件无比荒谬的事情。经济效率的规律在表面上更支持专制主义。绝大多数文明国家的领袖都是帝王，而非选举产生的官员。除了一些极为简短的历史间隔（如公元前5~前4世纪的雅典和14~15世纪的佛罗伦萨）之外，文明和专制主义看上去密不可分。除此之外，民主制度只在像部落或城邦这样的小规模熟人社会当中获得了成功，而这些部落式城邦的生存本身就受到周围面积更大、军事实力更强的帝国的威胁。即便是像罗马共和国这样的城邦，虽然通过征服他人避免了被征服的命运，但随之而来的内部冲突也会使得独裁成为不可避免的选择。在那时，只有疯子和诡辩家才会认为，有一天世界上最先进和强大的国家都将是民主国家。

尽管如此，大帝国的"经济盔甲"中依然存在一个潜在的弱点。它们很难仅通过增加税收来应对各种紧急状况（特别是战争），因为这会带来严重的经济干扰和社会动荡。在很长的时间内，政府的解决方案都是在和平时期囤积大量的财富；国家拥有的储备越多，存活的概率就越高。但这种所谓的"国库"方案都有着内在的经济无效性。各个国家都花费了大量的成本开采贵金属并将其制造成铸币，贮藏财富就等同于为储备而铸造货币（古典时期最大的囤积者波斯帝国在将金银币埋藏在地下之前还要将其熔化一次，将两者之间的联系表现得非常清楚）。这显然不如将这些货币投入经济流通当中，在必要时刻再想办法进行调动。因此，公债的经济效益就表现得很明显了。

但单凭公债在应对危机上的优势还不足以解释它的存在。在后人看来，公债的产生看上去是不可避免的，但历史的进程并非如此简单。这种观念从何而来？古典时代的大国都有着强大的囤积财富的能力（《圣经》中约瑟在埃及的经历就是一个很好的例子），但公债对它们来说是一个完全陌生的概念。为什么一个有权强迫自己的臣民建立金字塔的法老会想着去贷款呢？他有权获得自己想要的一切。

因此，需要一种新的政府形式，在这种新的形式下公共债务将是自然演变的结果。公债也只有在这种情况下才能成长为一股改变世界的力量。本书的观点就在于，民主正是这种必要的新政府形式。本书所说的不是自 18 世纪政治革命以来我们所熟知的民主体制，而是那些更早期的形态，它们的出现不能用高水平的人均收入来解释。①

究竟是什么导致公债在民主制度下是一件非常自然的事情，却和专制政体格格不入？答案在于债务人和债权人的身份。神圣或半神圣的专制君主很难对自己的债权人平等相待，而在民主政体下情况则正好相反。只要政府是从自己的公民那里贷款，债务人和债权人就没有利益上的区分，因为两者本身就是一致的。这是一个比之前给出的关于民主国家的信用稳定性强大得多的解释。

但上述逻辑只适用于政府的国内贷款，债权人都是公民。由于民主政府与专制政府相比更有可能遵循信贷市场的纯粹经济逻辑，它们在应对外债问题上的信誉自然也可能会更高。但是在各种政府形式的角力当中，起决定性作用的并不是外债，

---

① 很多人认为，除了全体成年公民普选之外的政治形态都不配被称为真正的民主政体。20 世纪之前绝大多数政府都够不上这个标准。因此在本书中，"民主"包括所有公民通过投票机制对政治有一定掌控能力的政府形式，即便"公民"并不包括全体民众。因为正是公民控制权这个因素将民主国家和专制国家区别开来。

而是内债。正是民主国家内债的债权人和债务人之间的共生性使它能够抵消专制帝国长期的优势。

虽然本书将花费大量的篇幅讨论货币、资金与信贷市场等金融问题，但主题依然是政府与其公民——或者更为准确地说，公民债权人（citizen creditor）——之间的关系。公民债权人的角色并没有在 1789 年法国大革命之后结束，事实上，其鼎盛时期是在 20 世纪，而非 18 世纪。

但依然有一个问题没有解决。公债虽然是最适宜民主政府的财政工具，但公债的概念究竟是从何产生的？事实上，公债的初级形态存在于最原始的部落当中，最初级的信贷交易看起来和现代政府有着非常远的距离，但它们包含着政治自由的财政根基。本书揭示了一连串的传承关系，将部落的财政体系与现代的公债联系在了一起，而这种继承关系将带来有趣的结论。17 世纪和 18 世纪的政治哲学家从其部落祖先的政治制度中寻求民主制度的起源，现在看来他们的思想不无道理，政治自由可能的确来自部落传统，但是来自从未被关注到的方面。

本书第一章追踪了从青铜时代到黑暗时代的公债和政治自由的发展进程。本书选择的边界并不是随机的。在看上去不可阻挡的专制主义的大潮中，存在着一个周期性的过程。伟大的文明会逐渐建立起来，然后在"蛮族"的入侵中毁灭。这些入侵间歇性地将部落的传统引入了专制主义中。本书从这些大潮的第一波开始，它标志着青铜时代的终结，并将很多最终主导了古典时代的民族引入了历史的舞台，而第二波则标志着古典时代的终结。

在漫长的时期内，本书研究了三个问题。第一章区分了"部落"和"帝国"的财政体系，并解释了专制政府的历史优越性。然后考察了这些社会开始定居并文明化，但还暂时没有失去自己的政治自由的阶段。正是在这些社会将它们的传统在新环境下进行适应性改造的过程中，公债的雏形开始产生。第一章末尾考察黑暗时代的事件，并探讨它们为什么在西欧留下了比在其他地方更深的印记。接下来转移到中世纪的欧洲。尽管民主财政体系的根基可以追溯到古典时代，但那时的公债体系只存在一些孤例，并且在罗马帝国毁灭之后就停止了。中世纪的意大利城邦复兴了公债的观念，并将其转换为一种可行的财政策略。它们创造的公债体系尽管存在着致命性的问题，却引发了一系列在当时无人能预料到的变革。

接下来几章描述了欧洲国家是如何尽力与意大利城邦的发明达成妥协的。在某种程度上，它们面临的问题是纯粹技术上的：如何在令人兴奋的贷款自由和恼人的偿债限制之间达成平衡？第二个问题同样重要，在解决它之前，第一个问题得不到确定的答案：公债的好处能被那些并不像意大利城邦那样拥有债权人和债务人之间的同质性的国家所享受吗？这个问题在1788年8月得到了解答。波旁王朝拉下了面子，承认破产并召回了三级会议——那个被它们在200年前扫进了历史垃圾堆的议会机构。

本书最后部分考察了法国大革命之后的事件。拿破仑战争的结果展示了建立在议会制和公债联盟之上的政府的优越性，但新的问题又产生了：一个建立在有限公民权和有限选举权基础上的体系能否在普选权和大众民主的时代继续发展？19世纪为这个问题提供了新的解决方案。在20世纪上半叶的毁灭性大战中，这种方案受到了考验。第一次世界大战将"民主化"财政体系推上了巅峰，而第二次世界大战则成为它的挽歌。

　　尽管本书在一个层面上是关于政治的，但它自然也涉及公共信用的另一个层面：市场的逻辑。不过普通的读者可以放心，金融学的复杂问题被控制在了必不可少的最小范围内，关键的术语（没有任何过于复杂的）也在出现的时候进行了解释，本书最后提供了一张术语表。在论述时间跨度长达数千年的问题时，不可避免地将会使用到一系列各不相同的货币种类，在附录当中详细描述了它们之间的关系。

第一章 部落与帝国

> 以色列人掳了米甸人的妇女孩子，并将他们的牲畜，
> 羊群，和所有的财物都夺了来，当作掳物……耶和华晓谕
> 摩西说，你和祭司以利亚撒，并会众的各族长，要计算所
> 掳来的人口和牲畜的总数。把所掳来的分作两半，一半归
> 与出去打仗的精兵，一半归与全会众。
>
> ——《旧约·民数记》①31：9，25~27

一 白手起家

以《圣经》中的章句来开篇永远是一个无可非议的选择。
然而读者也许会质疑，开头的这段文字和公共债务与民主制度
之间的关系这一问题究竟有何联系。在《圣经》这一篇章所
描述的时期，以色列人的政治组织已经跨越了大家族（en-
larged family）的阶段，形成了互相关联的部落联盟，他们需
要一个哪怕是以最有限的形式存在的政府。然而他们没有货
币，没有贸易，没有公共收入，更没有所谓的中央银行与金融
市场。尽管如此，从摩西领受十诫到所罗门即位称王之间，以
色列人正经历着从游牧部落向一个在短期内崛起为地区性强权
的王国转变的过程。关于国家是如何形成的，这一段历史能够
教给我们很多。

对米甸人的攻伐与掳掠只不过是以色列人出埃及这场冗长的戏剧当中短小的一幕。但就是在这一幕当中，关于原始社会公共财政的最重要的部分——对战利品的分配，《圣经》为我们提供了详尽的细节。上帝的启示不仅包括战利品在战士与非战斗人员之间分配的比例，还包括留存作为祭品以及献给祭司的比例。上帝将获得所有战利品总量的0.1%："……又要从出去打仗所得的人口，牛，驴，羊群中，每五百取一，作为贡物奉给耶和华。"① 利未人（祭司）② 将获得总量的1%："从以色列人的一半之中，就是从人口，牛，驴，羊群，各样牲畜中，每五十取一，交给看守耶和华帐幕的利未人。"③ 从总体上看，这种分配方式是遵循平均主义原则的，只留出很少的一部分作宗教祭祀之用。"国家"并不收取战利品当中的任何部分，其原因也很简单——以色列人此时尚未形成一个真正意义上的国家。

上文所述的分配比例关系，只包括了牲畜和处女这种"生产性资产"。所有的男性和"已与男人同卧"的妇女均被处死。非生产性资产——主要包括从米甸人的尸体上掠夺的贵金属和装饰品——先由战士直接取得，再由带领各军的军长交给摩西。

> 如今我们将各人所得的金器，就是脚链子，镯子，打

---

① 《旧约·民数记》31：28。
② 利未人是雅各的儿子利未的后裔，是以色列十二支系之一。后来被选作专门在会幕事奉上帝的支派，他们代替以色列众支派中所有的头生长子，承担祭司的工作。
③ 《旧约·民数记》31：30。

印的戒指，耳环，手钏，都送来为耶和华的供物，好在耶和华面前为我们的生命赎罪……摩西和祭司以利亚撒收了千夫长，百夫长的金子，就带进会幕，在耶和华面前作为以色列人的纪念。①

在理论上，这些战利品也是应当献给上帝的。但与祂所应得的牲畜的那一份所不同的是，献给上帝的这一部分并没有被当作祭品焚烧，而是被储存起来，作为永久性的公共财产。在这里，第一次出现了本书所讨论的关于公共财政的两难选择：要想最大限度地增进公共利益，究竟是应当将盈余储存起来以备不时之需，还是将其直接分配到个体的手中？以色列人迈出了国家形成过程当中具有决定性意义的一步——建立公共金库（public treasury）。他们通过自己的方式解决了公共财政当中的两难抉择：将生产性资产留在部落民的手中，而将（非货币经济时代的）非生产性资产进行相对更为安全的集中储存。

从游牧部落向成型国家的转变需要的远不只是国库的建立。转变过程的关键是将小型部落社会的基本架构转化为一个能够领导更大型的复杂社会生活的组织。留存下来的关于文字出现之前的古老社会的记录是稀少的，但历史记录和人类学的研究可以使《圣经》中所讲述的以色列人的故事丰满起来。

① 《旧约·民数记》31：50，54。《圣经》对所获得战利品的具体数额记录得非常精确。所掳得的黄金重达139千克（306磅），以黄金价格400美元/盎司计算，约合今天的200万美元（考虑到公元前2000年的物价，其实际购买力水平一定会远高于此）；掳得的牲畜包括675000头羊、72000头牛以及70000头驴。除此之外还有32000名可供婚配的女子，这种行为令人不寒而栗。

原始社会所拥有的政府形式是极为有限的，以至于它们有时被称作"无头"（headless）社会。这样的社会中也许会存在拥有宗教、司法乃至军事权力的首领，但这些首领几乎没有强制的权力。公共性的决定通常由长老议会做出，有时由全体男性部落民所组成的大会也会参与决策。举例而言，在北斯堪的纳维亚的拉普人社会中，"内部事务由某些作者所称的委员会（council）来管理。由于'委员会'这一术语在现代语境下通常包含正式组织和民选代表的架构，用在这里是有一定误导性的，因为公共决策实际上是全体成年男性部落民的共同责任"①。

在有些非洲的原始部落，通过默许式地承认一个非正式且无实权的领袖，部落民甚至无须接受代表大会的权威，其中的一个例子是努尔人。

> 一位"公牛"（bull）（努尔人部落中的非正式领袖）能从他的职位中获得什么好处是一个完全不一样的问题。没有任何一个努尔人会允许另一个努尔人对他发号施令。对"公牛"领导地位的认同仅仅在于人们等待他做出一个榜样……努尔人从不举行会议并讨论得出最优的行动方案。他们等待着领导人先行动，并且只在对他们有利的情况下才跟随。②

除了"公牛"之外，努尔人还拥有一个"豹皮酋长"，其

① H. B. Barclay, *People without Government: An Anthropology of Anarchy*, London, 1990, p. 90.
② L. Mair, *Primitive Government*, London, 1962, p. 58.

职责是辅助解决血亲仇杀问题。在原始社会中，司法仲裁人的角色是普遍存在的，我们也许可以说"审判裁决是统治者的第一职责"。①② 原始部落由于缺乏正式的政治结构所表现出的无政府状态并不意味着其处于毫无秩序的混乱之中。恰恰相反，全体部落民（包括部落领袖在内）都受到被普遍接受且不可变更的律法的制约，这也是保护原始部落社会不陷入人人恣意妄为的混乱状态最有效的方法。

在抵达应许之地的时候，以色列人并不像努尔人那么缺乏政府组织（尽管他们对政权的持续忤逆是《圣经》故事的主题之一）。部落长老议会和全体会众与宗教/司法权威（如摩西、撒母耳）共同分享权力，有时参与权力分享的还有军事指挥官，如约书亚和基甸。这些领袖的权力本身受制于不可变更的宗教法律。当以色列人想拥立基甸为王时，基甸斥责他们亵渎神："我不管理你们，我的儿子也不管理你们，惟有耶和华管理你们。"③

以色列人抵达应许之地的时间在公元前 13 世纪前后。但有证据表明相似类型的部落组织在最早的有史可考的文明前就已经出现了。在公元前 3000 年的苏美尔城邦中，选举产生的国王、长老议会与民众大会并行存在的证据足以说明："史前的美索不达米亚在政治上是按照民主的路线来组织的，而不是

---

① Mair, *op. cit.*, p. 60.

② 在很多社会中，审判是首领的唯一职责。现存的法律文件记载了 8 世纪爱尔兰酋长每周的日程：周一，解决村民之间的纠纷；周二，玩棋类游戏；周三，打猎；周四，比武；周五，赛马；周六，裁决民事案件；周日，喝酒。（A. J. Duggan, ed., *Kings and Kingship in Medieval Europe*, London, 1993, p. 101）

③ 《旧约·士师记》8：23。

像有史料记载以来的美索不达米亚一样大多为专制君主国。"①

除了严重缺乏具有强制力的政治机构之外，原始社会的另一个特征是它们难以产生经济剩余。如果一个部落生活在相对宜居的环境内，这种剩余的缺乏不一定是由技术水平低造成的。部落民只不过是单纯地希望每天工作更少的时间——理想状况下是3~4个小时——并把余下的时间用在休闲上。政治家和经济学家强加的繁重的生产经济剩余的任务在部落社会中是不存在的。有些人类学家据此将原始社会称为"第一个休闲社会"。因此，建立一个成型国家的第一步就是要产生可处置或可留存的经济盈余。实现这一目的的方法对于现代社会来说是很自然的：税收。

但是向有效税收制度的转化并不像看上去那么简单。为什么这些快乐而悠闲的部落民，会想着去创建一个迫使他们更努力工作的国家呢？在很多情况下，这样的决定并非由他们做出，"国家"是通过征服的手段强加给他们的。② 本书中有很多相关的例子。但强制力不能解释所有国家的形成过程，因为

---

① T. Jacobsen, "Primitive Democracy in Ancient Mesopotamia," *Journal of Near Eastern Studies*, 1943, p. 142. 在阿卡德的萨尔贡于公元前30世纪晚期统一了两河流域之后，美索不达米亚进入了帝国阶段。长老议会的职能被限制为地方司法事务。

② 在人类学家 Robert Carneiro 看来，"几乎每一个农村都蕴藏着生产剩余粮食的能力。这一点的证据在于，所有工业化时代之前的村庄通常都需要向国家上缴自己收成的一部分，其税率从10%到25%不等，这意味着在所有的自治的新石器时代村庄中，总有一部分生产力没有得到有效的利用。没有实现的产量相当于温饱线以上的10%~25%。当村庄被征服并且收税时，这部分产出就可以被压榨出来"。R. Carneiro, "Political Expansion as an Expression of the Principle of Political Exclusion," In: R. Cohen and E. R. Service, eds., *Origin of the State: The Anthropology of Political Evolution*, Philadelphia, 1978, note on p. 219.

也有很多原始部落在没有武力强制的情况下自发地形成了一种更强有力的政府形式。

在未被武力征服的社会中，税收是从原始的礼物交换（gift exchange）中演变产生的。这种交换形式产生于其他所有形式的交换之前，无论是信贷，还是税收和支出，都可以看作从这种礼物交换中派生而来。原始部落的首领普遍收取部落成员的赠礼，但这些赠礼的获得是有附加条件的。正如法国人类学家马塞尔·莫斯（Marcel Mauss）在其1925年发表的著名研究成果中所说的那样，"在理论上这些赠礼的交换是完全自愿进行的，但实际上它们的赠予和回报都是基于义务原则"[1]。首领必须以某种形式将他的财富再分配给民众。如同其他的游牧部落一样，南美洲的卡拉雅人的酋长可以拥有多个妻子，但这种"多妻制使部落首长成为其部落民的债务人，因而他不得不为他们服务"[2]。部落酋长有义务举办定期的宴会，在宴会上他必须对部落民进行演说以取悦他们。酋长在表面上或许非常富有，但回报部落民的义务使得他所拥有的财富实际上是虚幻的。

酋长权力向王权的转变有赖于他们已经接受定期赠礼的事实。这个转变过程的真正挑战在于如何将这种蕴含着回报要求的赠礼关系转变为具有更少乃至根本不存在这种回报要求的税收关系。同时，酋长们还必须能够从战利品这种非经常性的盈余当中索取更大的份额。在希伯来人国家的形成过程中，这两

---

① M. Mauss, *The Gift: Forms and Functions of Exchange in Archaic Societies*, transl. I. Cunnision, London, 1954, p. 1.

② Barclay, *op. cit.*, p. 81, citing the work of Pierre Clastres.

个变化都体现了出来。当以色列人要求撒母耳为他们立王的时候，撒母耳警告他们做出这个决定的后果。

> 管辖你们的王必这样行……你们的粮食和葡萄园所出的，他必取十分之一给他的太监和臣仆……你们的羊群，他必取十分之一，你们也必作他的仆人。那时你们必因所选的王哀求耶和华，耶和华却不应允你们。①

因此，毫不奇怪的是，当《圣经》中再次谈及战利品的分配问题时，大卫所采取的方案和摩西并不相同。在他统治期间，亚玛利人对以色列人和非利士人都进行了一次重大的劫掠。大卫追击并击败了他们，并且"（大卫所夺来的牛群羊群）跟随他的人赶在原有的群畜前边，说，这是大卫的掠物"②。

这段文字所传达的信息并不是完全清楚的，但既然大卫坚持要求原先被亚玛利人从以色列人手中夺走的财物应当物归原主，那么很可能那些原先属于非利士人的财物都归了大卫所有。尽管大卫后来的确向犹大的长老进献了一些贡礼，但这个故事还是清楚地说明自出埃及以来犹太人政治上的变化。倘若摩西指着一份战利品说"这是摩西的掠物"，那是完全不可想象的。

那以色列人究竟为什么要放弃他们原先的部落体制呢？《圣经》给出了三个原因。

---

① 《旧约·撒母耳记上》8：11～18。
② 《旧约·撒母耳记上》30：20。

百姓竟不肯听撒母耳的话，说，不然。我们定要一个
王治理我们，使我们像列国一样，有王治理我们，统领我
们，为我们争战。①

以色列人清楚地意识到他们被政治体制上更先进的国家所
包围，而且他们想要模仿这些国家，将以色列打造成地区性的
强国。但也许更为重要的是，他们希望将法官的法律权威和将
军的军事权威统一成一个世袭的最高职位。在更早些时候，以
色列人向基甸献上王位以表达对其军事功绩的感谢，但他拒绝
了。现在，司法体系的真空成为他们新的动机。掌管司法的大
祭司撒母耳已经年老，而他的儿子们"因追逐利益、收取贿
赂和不公正的判罚而为人们所不喜"。对法律与秩序的需求使
得政治上的变革最终得以完成。

《圣经》并不是记录这种变革的唯一文献。在几个世纪之
后，"历史之父"希罗多德讲述了一个关于米底人的与之极为
相似的故事。

戴奥凯斯本已是村社（当时的米底人居住在农村社
区中）中有名望之人，当时米底处于一片无法无天的混
乱状态。村社中的米底人……任命他为法官，而……他的
审判裁决赢得了部落其他人的赞赏。

戴奥凯斯接下来便有意地拒绝再进行审判，劫掠与不
法的行为也随之再次滋生……米底人便开始讨论如何能结
束这种情况。我怀疑戴奥凯斯的支持者在这些讨论中起了

---

① 《旧约·撒母耳记上》8：19～20。

主要作用。"这个社会在现行的体系下已经无法治理了，"他们说道，"我们应当拥立我们中的一人为王……"他们面临着究竟选择何人来做王的问题。他们都对戴奥凯斯充满了赞扬并全心全意地支持立他为王。①

这种行为的结果和撒母耳所预言的如出一辙。戴奥凯斯立即命令米底人为他"建造符合国王身份的宫殿，并组建个人卫队来保护他的安全"。他的宫殿周围环绕着七圈宫墙以保护国王以及王室的宝库。戴奥凯斯接着就将自己置于和普通臣民相隔离的状态，并制定了复杂的礼仪准则以示对其地位的尊崇。

由此可见，对法律和秩序的追求是部落体制向君主制转变的一个重要原因。这种转变同时也是建立强大的军事实力的必经之路。对于以色列人与米底人来说，这是建立区域性帝国的前导。国王征收税收，并将其用来供养一支军队和提供应急的准备资金。在 19 世纪从欧洲前往非洲和波利尼西亚的探险家看来，政治集权化和军事力量之间的等价关系是显而易见的。相较于肯尼亚的原始部落来说，乌干达有税收征集制度的图西人王国拥有更雄厚的军事力量。而相对于政治结构简单、分配关系上遵循平等主义原则的美拉尼西亚部落而言，汤加、夏威夷和斐济的波利尼西亚王国对欧洲人的入侵进行了更为有力的抵抗。在关于非洲图西人王国的研究中，露西·梅尔（Lucy Mail）得出了这样的结论（倘若她在这里讨论的是以色列人、米底人、汤加人以及任何原始社会，其结论也不会

---

① Herodotus, *Histories*, transl. R. Waterfield, Oxford, UK, 1954, 1, pp. 96 – 98.

有什么差异）。

我们已经看到，想要使得王权的建立成为可能，社会就必须拥有足够的财富剩余。这些剩余可以集中在统治者的手中，并被用于整个国家。[1]

由此可见，权力是从可处置经济剩余中产生的。但国家建立的过程不止于建立有效率的军事力量。部落酋长所采用的礼物交换制度中所蕴含的再分配关系可以延伸到最为复杂的文明社会中，而事实上，这种延伸的确发生了。早期帝国国库中贮藏的不仅包括贵金属和装饰品这样的"金融资产"，还包括谷物和其他消费品。这些贮藏品是通过对农产品征税得来的，其税率从10%到50%不等。它们构成了一种早期的供给调节机制，既可以充当抵御饥荒的应急物资，又可以养活大量直接由国家供养的人员，从而发挥作用。这些人员主要包括被征召的劳动力，他们建设能够增加公共收入的大型工程，如被认为是先进文明标志的大型灌溉设施，或者统治者旨在引发臣民敬畏之心的纪念碑。

所有青铜时代的伟大文明都依赖于统一的国家粮仓系统。《圣经》中约瑟的故事已经使我们熟知了埃及法老谷物仓库的规模及其运作方式。与之类似的仓储系统也存在于美索不达米亚、迈诺亚、迈锡尼与中国。在印度河谷的摩亨佐达罗与哈拉帕文明中，"粮仓中的谷物来自民众向国家的纳贡，在某种程度上，它们在当时的经济中起到了类似于现代国家的银行或者

---

[1] Mail, *op. cit.*, p. 93.

财政部的作用。在货币尚未出现的年代，这些粮仓在任一时刻的状况反映了国家信用的状况和政府整体的效率与境况，尽管这种反映有可能是极为片面的"[1]。

在这里，我们论及了本书所探讨问题的关键。如果说公共仓储的状况"反映了国家信用的状况"，那么这种对应关系和我们今天所理解的中央银行与国家信用之间的关系并不相同。因为在古文明时代，国家不是"信贷市场"的借入者，而是借出者。

乍看之下，信用是不可能在没有货币的条件下发展起来的。但事实恰恰相反，有记载的信用交易比铸币的产生早了约两千年，并且有证据表明债务的历史与文明的历史是相伴而生的。出借与归还本金的形式很可能是从礼物交换过程中所隐含的回报原则产生的，而利息则似乎是定居农业的自然衍生物。最早的带有付息义务的借贷很有可能是关于牲畜的，随着小麦种植的推广，关于谷物的有息借贷也发展了起来。利息的概念本身似乎意味着它是自然的增殖过程的一部分。借入牲畜的人在将其归还时，不仅要偿还原来借入的所有牲畜，还要把出借期间这些牲畜所产幼崽的一部分交给出借者。这一概念非常好地体现在苏美尔人的语言中，他们用"小牛犊"（mas）这个词来代表利息。这种偿还所借资产的增殖部分的原则，先是被古代美索不达米亚人延伸到了谷物的借贷上，借入谷物的人需要将收获的一部分作为利息偿还给出借方。他们随后在贵金属的借贷中也应用了这种原则。但贵金属及与之类似的"非活物"，本身是不能像自然生物一样自行增殖的，中世纪欧洲的

---

[1]　M. Wheeler, *The Indus Civilization*, Cambridge, UK, 1960, p. 25.

经院哲学正是从这一角度出发对放贷取息进行了谴责。倘若让美索不达米亚人看到，这种谴责只会被他们称为迂腐和缺乏想象力的表现。

国家粮仓的职能不仅是在灾荒时分发食物，在每年的粮食生产周期中，粮仓还作为"种子银行"而发挥作用。流传至今的最早有关利率数据的记载来自古美索不达米亚，农民从国家或神庙的粮仓借入种子，并在下一次收获时进行偿还。对于我们来说尤为让人印象深刻的是，以今天的标准来衡量，这些利率是极高的。苏美尔人借贷种子的年利率高达 33.3%，而这也正是《汉谟拉比法典》中所规定的最高利率，在亚述利率甚至还要更高，支付 50% 的年利率都是常事。[①]

在古埃及，无论是货币还是信用几乎都是完全不存在的。但在中国，国家作为出借方的行为延续了两千多年，保存下来的利率的具体数值从 26% 的银利率到 150% 的谷物利率不等。直到 1933 年，中国的中央农业实验所还在收取 34% 的货币利率和 85.2% 的谷物利率，[②] 这足以说明在中国这种政府高利率放贷的行为延续时间之长。

这种极高水平的利率在一定程度上反映了金融不发达的社会中信用稀缺的状况。在这种利率水平下，长期借贷显然是不可能的。如果在下一个再生产周期之前债务依然没有得到偿还，唯一可能的结果就是违约。但这种利率水平所蕴含的意义远不止于此。利息所要求收获的谷物比例是如此之高，以至于

---

① 关于早期的利率的信息来自 S. Homer and R. Sylla, *A History of Interest Rates*, 3rd edition, New Brunswick, NJ, 1991。

② L.-S. Yang, *Money and Credit in China: A Short History*, Cambridge, MA, 1952, p. 96.

其事实上构成了一种在国家以正常税收途径获得的大量收入之外的辅助性税收。在不可逆转地朝着更为强力政府转变的国家形成过程中，这种税收性质的利率水平是必然存在的。

相较于部落社会以及它们原始的民主平均主义政体来说，文明化和集权化的帝国看上去无论在任何方面都占据着优势地位。它们的统治者处于神性或半神性的地位，因而拥有更高的统治合法性。帝国的经济管理体制更为先进，鼓励通过灌溉来增加农业产量，因而能够供养更为稠密的人口。这些帝国巨大的版图及其统治者充裕的资金收入使得它们能够维持原始部落无法匹敌的军队。帝国丰裕的国库能够让其更好地应对民政和军事上的紧急状况。由此可见，对于在帝国周边的部落来说，看上去只有两条道路可以走：尽力地仿效帝国，或是被其征服。无论这两种情况究竟何种成真，部落社会都将转变为一种新的国家形态，而在这种新的国家形态中是没有公共债务的容身之地的。

二　蛮族入侵

但问题并非如此简单。大帝国本身也受到许多不稳定因素的威胁。无论君主的地位何等神圣，一连串不称职的统治者在任何国家中都是动乱的导火索。地方大贵族不加抑制的野心会导致政治碎片化的产生，帝国的臣民也并不总是像理想情况下那样对国家的统治保持温顺的服从。而在帝国的边境之外，原始部落远不像它们看上去的那样软弱可欺，帝国长期内部虚弱将招来这些不怀好意的拜访者。但正如经常发生的那样，帝国无法控制的大规模人口迁徙才是给其边境带来压力的主要原因。在青铜时代晚期的时候，从公元前 1600 年开始，古文明世界越来越多地被部落迁移浪潮所干扰，这种迁移浪潮和发生在古典时代晚期（公元 200 年以后）的非常相似。这些古文明世界的新来者大多数是印欧人的后裔，如占据北印度的雅利安人，占据今天的伊朗和阿富汗地区的米底人和波斯人，土耳其的赫梯人和更晚期的吕底亚人，希腊的多里安人和爱奥尼亚人以及占据意大利的伊特鲁里亚人与拉丁人。其他的迁徙者主要是闪米特人的后裔，如征服并短暂统治了埃及的希克索斯人，以及前文已经提到过的以色列人与非利士人。

这些新来的民族带来了与其部落生活相适应的制度特征（这种特征也可能就是缺乏成型的制度）。但当在新的土地上安定下来之后，这些民族看上去却沿着被他们粗暴入侵的国家的政治发展路线前进。早期的赫梯王国中存在与国王共同参与国家治理的长老议会，但在更晚时期的赫梯帝国的政府中，并不存在与之类似的机构。在以色列，扫罗和大卫王所行使的较为原始的王权被所罗门埃及化的王权所取代。所罗门选择迎娶法老的女儿是有政治目的的，《圣经》中清楚地表明了其统治的性质。他拥有四万匹马和一万两千辆战车；他的建造工程是如此宏大，以至于必须通过征发民工才能完成；他拥有传奇性的财富，宫殿以黄金为装饰。

尽管波斯人建立了版图上前人无法比拟的帝国，但他们在征服伟业的初期，对政府运行的原则可谓知之甚少。希罗多德记述了一个极好的故事，其内容是波斯的居鲁士大帝从拥有传奇性财富的吕底亚王克洛伊索斯那里学习有关建立国库的原则。在波斯军队攻克了吕底亚的首都萨迪斯之后，克洛伊索斯王被拖到了居鲁士的面前。令居鲁士惊讶的是，这个亡国之君居然敢向他发问。

　　"我的君王啊，我是应当告诉您我心中所想呢，还是保持缄默？"

　　居鲁士回答说他可以毫无顾忌地将想法说出来。克洛伊索斯便问道："您手下的那些人，急急忙忙地究竟在做些什么呢？"

　　"他们在洗劫你的城市，瓜分你的财宝。"

　　"那不是我的城市，那也不是我的财宝，"克洛伊索斯答道，"这里的一切都不再属于我了。他们正在抢劫的是君王您。"

　　居鲁士仔细地思考了他所说的，接下来他便让身边的人一概退下，询问克洛伊索斯有什么建议可以提供给他。

　　"众神已使我做您的奴隶，"克洛伊索斯说道，"那向您毫无保留地提供建议便是我的职责。波斯人秉性骄纵而素来贫困。他们正在洗劫城市，倘若您让他们保有掳掠得来的财富的话，那获得最多的人就将起来反抗您了。因此我建议您——如果您喜欢这建议的话，让您的卫队把守每一座城门。每当有人拿着任何财物要出城门时，哨兵便上前将其财物取过来，并说战利品的十分之一必须献给宙斯。这样去做，他们便不会像被您仅凭权威而强夺财宝一般怨恨您了。"①

　　在这个也许是虚构的故事中，希罗多德传递了与《圣经》相似的政治智慧。部落民最初是出于对神灵的敬畏才将自己辛

---

① Herodotus, *op. cit.*, 1, pp. 88 - 89.

苦征战得来的战利品上缴国库，无论这种敬畏之心是部落民自发产生的，还是被统治者精明培育并加以利用的。

希罗多德所记述的故事还涉及国家政权建设的另一个方面。波斯帝国引人瞩目的不仅是其前所未有的巨大版图，还有其扩张到这样巨大的版图仅仅花费了25年的时间。以这种速度组建这种庞大体量的国家，只有通过征服的手段才能完成。青铜时代的帝国，如美索不达米亚地区的阿卡德帝国等，也都是通过战争的手段建立、稳固并扩张的。蛮族迁徙的浪潮给这种过程注入了新的活力，在这种情况下，在越来越多的帝国中，是由（至少是在征服完成的初期）文明程度更低的民族来统治着文明程度更高的民族。

古文明世界的战争法则是极为简单的：赢者通吃。战败者不仅会失去土地和财产，连性命也要任由胜利者处置。如果被征服的一方没有被屠杀殆尽，那只是因为这种屠杀有损于征服者的利益。通常情况下，只有男性会被处死，女性则会由于其繁衍的功能而得以保全性命，被征服的米甸人所遭受的就是这样的命运。有时，整个民族都会沦为征服者的奴隶，就像以色列人在埃及时的情形一样。如果他们所提供的劳动力超过了胜利者本身所需要的，他们就会被送到奴隶市场上出售，或者在极为幸运的情况下被本族尚未被征服的残部赎回。即使他们被允许在原先的城市生活，他们的自由和私有财产也会被剥夺。当克洛伊索斯向居鲁士说出"众神已使我做您的奴隶"的时候，他并非在做谦卑的姿态，而只不过是简单地陈述了事实。

被允许留在原籍居住的战败者现在必须为他们的征服者劳动。他们的剩余产品被简单地通过税收的方式榨取，这使得从当时的观点看来，他们所处的地位和奴隶没有本质的不同。希罗多德将这一点表达得非常清楚。

> 克洛伊索斯是第一个制服了希腊人的异邦人，他使一
> 部分希腊人向他称臣纳贡，并与另一些希腊人结为联
> 盟……在克洛伊索斯的统治之前，所有的希腊人都是自
> 由的。[1]

一个通过征服的手段建立的帝国被称作"专制政权"（despotism），这个词从希腊语词 *despotes* 演化而来，本义指奴隶的主人。而自由（freedom）的概念最初也并非现代意义上一系列复杂的公民权利的集合体，而仅指一种未被征服（未沦为他人奴隶）的状态。但是在一个由众多不断向外迅猛扩张的国家组成的世界中，留给这种简单的自由的空间不断萎缩。如果一个民族想要保持自由不被征服，最好的策略就是去征服别人。这就是斯巴达人做出的选择，他们原本是一个多里安人部落，在公元前 8 世纪征服并奴役了伯罗奔尼撒半岛的世居民族。当居鲁士大帝鼓动波斯人起来反抗米底人的统治时，他试图成就的也是同一件事情。他把部落民召集起来，先让他们用整整一天的时间清理掉一片布满了荆棘的灌木丛。在第二天，他为他们举办了一场奢华的宴会。然后他询问他们究竟愿意过哪一种生活，部落民自然选择了后者，居鲁士便向他们指出，如果他们反抗并征服了米底人，他们就可以利用别人的劳动而生活："因此，像我所说的那样去做并取得自由吧！"[2]

---

① Herodotus, *op. cit.*, 1, p. 6.
② Herodotus, *op. cit.*, 1, p. 126.

在清楚地认识到了他们所处世界的规则之后，波斯人开始了他们的扩张。他们征服了包括米底在内的整个中东地区，其中既有巴比伦和埃及这样历史悠久、发展程度更高的文明，也有吕底亚这样的后起者。波斯人的臣民向他们缴纳贡金以示臣服，在他们自己也被亚历山大大帝所征服之前，波斯人都享受着作为征服者特权的免于税收的自由。

像其他的蛮族入侵者一样，波斯人无须自行建立复杂的税收体系便可以享受胜利的果实，因为被他们征服并接管的这些文明——有些还是历史久远且有着复杂社会结构的文明本身早已经建立了必要的税收结构。他们对自身征服者权力的行使只不过是扫清了旧的税收制度中原始互惠原则的残余，将其完全转变为一种通过强制力施行的单向榨取。而且，利用征服者的权力，新的专制君主不仅可以获得原先统治者所拥有的土地，还可以宣称对被征服的全部土地拥有所有权，包括那些原本归私人所有的土地。在埃及，法老本身就拥有对土地分配的垄断性权力，后来在埃及的波斯人和希腊人的外来政权只不过是延续了这样的传统。无论是中国汉王朝、印度孔雀王朝，还是伊斯兰世界中的阿拔斯哈里发帝国、奥斯曼帝国和莫卧儿帝国，都是这种原则的实践者。

在掌握了必要的军事和司法权力的情况下，新帝国的统治者们能够采用种类繁多的手段来获取收入，但支撑其财富和权力的支柱还是来自直接税的税收。在一个尚不存在货币的社会中，直接税采取了两种运行有效的初级形态：以实物形态缴纳的谷物和牲畜税以及徭役（徭役是一个依赖于复杂灌溉工程的社会不可或缺的一部分）。铸币在公元前7世纪的出现只不过是给原始的税收系统带来了新的变化。①

收入的货币化使国家直接税采取了全新的形态，如人头税、财产税和所得税。这些新征税形态的主要目的是从旧的税收体制无法触及的经济领域中获取税收，但新旧税收体制之间的平衡点在每个国家都不相同。在印度孔雀王朝（公元前320~前220)② 以及随后的绝大多数印度本土国家中，税率极高的实物税在整个税收体系中都占据着最重要的位置。基础税率是 1/6，但土地经过灌溉后产出的税率可高达50%。据驻印度的希腊使节麦加斯梯尼的记载，一般情况下孔雀王朝征收的税率是 25%③。不从事农业生产的人则需要缴纳人头税和所得税，即使是身份低贱的歌手、舞者和妓女也是如此。在中国的汉王朝（公元前206~公元220)，实物税的名义税率是很低的，通常只收取谷物产出的 1/15 ~ 1/13。农民的主要负担来自人头税以及每年一个月的强制性的无酬劳役。国家的财政

---

① 在铸币出现之前，社会使用称重的方式在交换中使用贵金属，有时也将它们铸成大的贵金属锭。铸币本质上是按照固定规格铸造并打上防伪标记的（碟形）贵金属块。多种规格铸币的产生进一步促进了经济的货币化，更小额的货币使得农夫可以出售粮食换回银币，而不是以物易物，推动农业跨越自给自足的阶段。铸币的诞生同样刺激了城市生活、国际贸易以及信贷活动。目前已知最早的铸币来自公元前 7 世纪的吕底亚，为克罗伊索斯的前任国王盖吉斯所铸（虽然有证据显示印度大约在同时期也发明了铸币）。在不到 100 年的时间内，铸币传播到了整个古文明世界范围内，在所有重要的贸易城市都有使用。

② 此处疑有误。——译者注

③ "他们向国王缴纳土地税。因为全印度都是国王的财产，除君主以外没有人有权持有土地。除土地税之外，他们还要向国库缴纳土地产出的四分之一。" Megasthenes, the Greek ambassador, quoted in K. R. Sarkar, *Public Finance in Ancient India*, New Delhi, 1978, p. 56. 在该书的 90 - 91 页也给出了经过灌溉的土地的税率。

收入还包括对各行各业的人征收的财产税。[1]

这种无所不包的直接税绝非大帝国所拥有的经济资源的全部。皇室领地以及国家垄断的产业都能带来大量的收入，这些垄断产业可能包括采矿、林业、外贸、铸币以及制盐等。除此之外的财源还有间接税、罚金以及皇室金库的贷款。在托勒密王朝治下的埃及，国家几乎深度涉足经济当中的所有部门，其税收涵盖范围之广令人惊叹。

铸币的出现与普及使得新帝国的国库中贮藏的是货币，而非谷物。除此之外，更为清楚的一点是，这些新帝国的国库像旧帝国一样充盈。波斯人在白手起家时也许不过是头脑简单的战士，但他们在克洛伊索斯这样的聚敛能手的指导下进步极快。与管理行政事务相比，居鲁士和冈比西斯一世更偏好指挥征战，因此，他们仅仅是在被征服国家的税收体系的基础之上，通过收取贡金的方式来满足财政的需要，而他们的继任者大流士一世则以极大的热情对这种财政体制进行了改革。

那些原本构成青铜时代的伟大文明国家核心的省份无疑是波斯帝国"皇冠上的明珠"。在大流士一世的税收体制下，巴比伦是20个帝国省份中最有利可图的一个，每年贡献1000塔兰特（重量单位，合25～40千克不等，具体的数值因地而异。希罗多德采用的塔兰特相当于25.8千克，本章其余部分均使用这一标准）的银币（和500个受阉男童），岁入700塔兰特的埃及次之。[2] 这些数字看上去确实令人印象深刻，但值得注意的是，这些数字只相当于地方的财政盈余。据希罗多德的记

---

[1] *The Cambridge History of China*, Vol. I, pp. 595 – 601.

[2] Herodotus, *op. cit.*, 3, pp. 91 – 92.

载，巴比伦总督每年的开支是他送往首都波斯波利斯的帝国国库的 8 倍之多。[①] 在波斯这种幅员辽阔的帝国中，各个省份内部不同地区之间的差异是巨大的，以处于大河流域富庶省份的标准来对居住在帝国边缘地带的半游牧部落进行同种程度的课税是不可能的。

包括地方驻军在内的所有地方政府的开支都是由当地税收来负担的，中央国库所收到的巨额财富就被用来支付帝国宫廷的奢侈花销以及对外军事扩张（如对付希腊人）的费用，而其余的部分——也是中央政府所收取的货币的大部分——被熔化并贮藏起来。在经历了约 200 年的相对和平之后，由此积累起来的财富的数量成为古文明世界的一个奇迹。亚历山大在公元前 332 年对波斯帝国的征服是如此迅速，以至于除了大流士二世在逃亡时带走的 8000 塔兰特之外，大部分国库中的财宝都被他原封不动地获得，其总数不少于 18 万塔兰特。[②] 波斯帝国的金库总量超过 400 吨黄金，倘若以 300 美元/盎司的价格换算，相当于今天 4.5 亿美元的财富。这已经是一个令人惊叹的数字了，再考虑到波斯帝国相对普通的人口规模（1500万 ~ 1700 万人）以及当时普遍的低价格水平，其所代表的真实财富水平要更高。这无疑代表着古代社会财富聚敛的最高水平。

在古文明世界（以及随后的很长一段时间内），充盈的国

---

① Herodotus, *op. cit.*, 1, p. 192. 根据希罗多德的记载，总督每天收入 55 公升的白银，这相当于日收入 22.4 塔兰特，这个收入水平似乎有些高得异乎寻常，尽管希罗多德声称巴比伦是波斯帝国最富裕的省份。

② A. Andreades, *A History of Greek Public Finance*, Cambridge, MA, 1933, p. 96.

库被认为是为紧急军事提供费用的唯一有效手段。古印度的重要公共财政理论家考迪利耶在公元前300年前后提出，在和平时期收入应当达到支出的4倍。他认为："（理想状态下的国库）应当通过财富继承或者聚敛产生，装满金银及各色的宝石，足以应对长时间的灾难。"[①] 在相同的传统影响下，苏柯拉认为，国家收入应当等于支出的两倍，而在理想情况下，国库里应当存有足以支付20年花销的财富，12年"少"，16年"适中"，30年"极佳"。早期印度帝国的国库在传言中与波斯帝国不相上下，但并没有确凿的证据证明这一点。但波斯人的确达到了印度理论家们所提倡的治国水平，大流士二世从每年27000塔兰特的总收入中能获得至少10000塔兰特的盈余——虽然没能达到苏柯拉的标准，但已经相当接近了。[②] 波斯的国库存量大约相当于11年的税收。

三　自由人的反击

　　部落生活赋予人们的原始自由，先是被内部王权的扩张所削弱，随后被外部势力的征服所毁灭。被征服者沦为征服者的奴隶。但在古文明世界中，奴役关系所采取的形态绝非仅此一种，还存在对原始自由的第三重威胁，而这种威胁甚至存在于尚未受到上述两种因素影响的社会中。礼物交换关系所蕴含的报偿义务使得对于礼物的接收者来说，接受馈赠即为自己设下了一个潜在的圈套。正如马塞尔·莫斯所述：

---

① Quoted in M. H. Gopal, *Mauryan Public Finance*, London, 1935, p. 134.

② Andreades, *op. cit.*, pp. 94 – 95.

像其他的赠礼一样，美洲印第安人在冬天的炫富宴上收到的礼物也必须进行带息的偿还……如果一个部落民从他的酋长那里收到了一条毯子，那么在酋长的子女结婚或者酋长的儿子启蒙等场合，他就要回赠两条……这种回报的义务本质上是一种通过债务施行的奴役。①

与在战争中所取得的被当作动产使用的奴隶不同，债务奴隶本身仍是自由人，他们由于欠债而（短期内）失去了自己的自由。他们的身份中奴隶的成分更低，因而被认为理应得到更为人道的对待。《汉谟拉比法典》中已经对这两种奴隶进行了区分，并将债务奴隶的奴役期限定为 3 年。更晚些时候，亚述与巴比伦的法律则规定债务奴隶的奴役期限可以延长到债务还清为止，但和《汉谟拉比法典》中一样禁止买卖债务奴隶。希伯来人的律法规定，债务奴隶的奴役期限上限为 6 年，或者"（做奴隶）直到下一个五十年节②为止"，在做奴隶期限完毕之时，所有尚未偿付的债务一笔勾销。债务奴隶通常和债主来自同一个部落或同一个国家，因此不能被简单地视为主人的动产："你的弟兄若在你那里渐渐穷乏，将自己卖给你，不可叫他像奴仆服事你……至于你的奴仆，婢女，可以从你四围的国中买……他们要作你们的产业。你们要将他们遗留给你们的子孙为产业。"③ 这种在无酬劳动力中存在的民族划分在 18 世纪的美洲依旧存在。从欧洲母国来到美洲的契约奴隶可以通过一

---

① Mauss, *op. cit.*, p. 40.
② 五十年节：犹太教《圣经》中以色列人遵守的每五十年一次的休息年。在这一年中，奴隶被解放，抵押出去的土地归还原主，土地休耕。
③ 《旧约·利未记》25：39~46。

段时间的劳动来偿还自己跨大西洋航行的费用，而从非洲进口的动产奴隶则没有这种权利。

尽管如此，债务奴隶所受待遇的优越性也只是相对于其他奴隶而言的。使欠债者沦为奴隶这种行为史前阶段就已经产生，而社会关系的进一步商业化只会使债务奴隶更为频繁和广泛地产生。利率（尤其是复利）在商业关系中的出现，有可能使得社会中的一部分成员逐步地沦为另一部分的奴隶，而这种可能性随着社会通用利率的提高而增大。《汉谟拉比法典》中规定的奴役期限不能阻止这一过程的进行。古巴比伦国王阿米萨都卡就曾经取消所有债务，并赎回所有因欠债而被出售为奴的奴隶。随着社会的演进，几乎所有的前青铜时代的文明都遇到了同样的问题，但它们的解决方式却不尽相同。

希伯来人对于利息所带来的问题的解决是简单粗暴的——他们禁止利息在借贷关系当中的存在。《旧约·申命记》中对这一点有着非常清晰的说明："你借给你弟兄的，或是钱财或是粮食，无论什么可生利的物，都不可取利。借给外邦人可以取利，只是借给你弟兄不可取利。"① 正如《利未记》当中对于债务奴隶的规定一样，在放贷取息的问题上部落同胞和异族人之间也存在明确的界限。外邦人是不受希伯来律法当中禁止放贷取息的条款约束的，因此颇具讽刺意味的是，他们在希伯来人当中所扮演的角色正如希伯来人在中世纪欧洲所扮演的一样，都是唯一合法的放贷人。

希腊人对于利息则采取了与希伯来人不同的做法。至公元前7世纪，之前存在的所有对于债务奴隶和借贷关系的约束都

---

① 《旧约·申命记》23：19～20。

已经从希腊社会中消失了，由此带来的雅典农民生活状况的变化受到了恩格斯的猛烈抨击。

> 在阿提卡的田地上到处都竖立着抵押柱，上面写着这块地已经以多少钱抵押给某某人了。没有竖这种柱子的田地，大半都因未按期付还押款或利息而出售，归贵族高利贷者所有了；农民只要被允许做佃户租种原地，能得自己劳动生产品的六分之一以维持生活，把其余六分之五作为地租交给新主人，那他就谢天谢地了。不仅如此，如果出卖土地所得的钱不够还债，或者债务没有抵押保证，那么债务人便不得不把自己的子女出卖到国外去做奴隶，以偿还债务。父亲出卖子女——这就是父权制和专偶制的第一个果实！要是吸血鬼还不满足，那么他可以把债务人本身卖为奴隶。雅典人民的文明时代的欢乐的曙光，就是如此。①

雅典伟大的立法者梭伦最终彻底废除了债务奴隶制度，并对私人所有的土地面积及其所有权的范围进行了限制。这种改革使得政府不再需要对收取利息进行限制。正如自由市场的支持者所坚信的那样，取消利息限制的结果是利率首次降至可偿付的范围之内。根据记载，在公元前 5 世纪时，利率已经降至 10% ~ 12% 。尽管如此，希腊人对利息根深蒂固的厌恶并没有被彻底消除。正是亚里士多德首次提出的，与可自然增殖的牲

---

① F. Engels, *The Origin of the Family, Private Property, and the State*, London, 1891, pp. 173 - 174. 此处直接引自中文版《马克思恩格斯全集》第二十八卷，人民出版社，2018，第 133 ~ 134 页。

畜和谷物不同，对不可自我增殖的货币收取利息是违背自然法则的行为，因而也是不正当的。

罗马对于利息采取了另一种态度。早期的罗马共和国（建立于公元前509年前后）被贵族阶层所主导，下层公民的生活则受到不断增长的农业债务的威胁。在公元前451年至公元前450年设立的"十二铜表法"中，对利率水平进行了限制，但允许债务奴隶的存在，这与希腊的改革路径截然相反。利率的上限被规定为一罗马磅的本金可收取一盎司的利息。由于每罗马磅相当于12盎司，则年利率水平为8.33%，低于其他古文明世界国家的通用利率。虽然铸币的产生使得古文明世界的利率水平有了明显的下降，但即使是在雅典，具有最高信用水平的借款人也只能享受到10%的利率。公元前347年，为了应对一场新的债务危机，罗马共和国将最高利率下调至4.167%，即原先的一半，而在公元前342年最终禁止了收取利息。但这种希伯来式的极端打击利息的行为导致了严重的信用短缺，迫使共和国重新将最高利率调回到8.33%。相对而言，罗马人所采取的限制最高利率的办法是行之有效的，这一政策被一直沿用至罗马帝国基督教化为止。《圣经》中的训令使得帝国更倾向于对放贷取息采取严令禁止的态度。这一结果给整个欧洲的经济带来了巨大的打击，所造成的伤害用了1000多年的时间才得以消除。

至少在有些社会当中，债务奴隶制度在改革中被取消了。这证明原始部落自由的丧失并不是一个不可阻挡的过程。在社会生活的某些领域里，自由民成功地抵御了国家和贵族对他们自由权利的侵犯。

毋庸置疑，所罗门是一位智慧且公正的国王。在他的统治

下，政权当中最沉重的负担自然地被加在了被以色列人征服的
民众头上。

> 至于国中所剩下不属以色列人的亚摩利人，赫人，比
> 利洗人，希未人，耶布斯人，就是以色列人不能灭尽的，
> 所罗门挑取他们的后裔作服苦的奴仆，直到今日。惟有以
> 色列人，所罗门不使他们作奴仆，乃是作他的战士，臣
> 仆，统领，军长，车兵长，马兵长。①

但所罗门的建造计划是如此的宏大繁重（也或许是被征
服的民众当中幸存下来的人过于稀少），以至于就连他的同胞
也要承受他统治的桎梏。在他统治的末年，撒母耳对于以色列
人的警告看上去已然成为现实。当所罗门之子罗波安即位时，
他面临着纳税人反叛的威胁。面对百姓们要求减轻负担的请
愿，罗波安傲慢而鲁莽地回答："我父亲使你们负重轭，我必
使你们负更重的轭。我父亲用鞭子责打你们，我要用蝎子鞭责
打你们。"② 于是百姓们便呼号说：

> 我们与大卫有什么分儿呢？与耶西的儿子并没有关涉。
> 以色列人哪，各回各家去吧。大卫家阿，自己顾自己吧。③

在随之而来的变乱中，以色列人的王国分裂了。反抗者拥

---

① 《旧约·列王纪上》9：20～22。
② 《旧约·列王纪上》12：11。
③ 《旧约·列王纪上》12：16。

立了自己的国王，但他们的境况似乎并没有发生本质性的改变。在新组建的北部以色列王国中，国王与其臣民之间的紧张关系依旧存在，冲突也从未停止。

从他们决定拥立国王的那一天起，以色列人从未能真正地建立起一个稳定的宪政体制，来限制国王的权力并保障民众的利益。但在另一些社会中，统治者的权力成功地受到了限制。从印度史诗《摩诃婆罗多》中可以看出，在北印度雅利安人入侵者所建立的国家中存在类似于议会的权力机构，包括"萨巴哈"和"萨米蒂"两个组成部分，很可能分别指代长老议会和全民大会。在历史的演变过程中，这些入侵者的国家沿着两条不同的路线演化，有的国家中王权得到了强化，而有的国家则转变为共和国。在公元前 6 世纪之前，恒河与印度河流域有史可载的重要国家共有 16 个，其中有一部分是共和国。其中最强大的国家是跋阇，其首都毗舍离是一座辉煌壮观的城市，耆那教的创始人摩诃毗罗即来自跋阇。佛祖释迦牟尼本人是跋阇文化的仰慕者，也经常去那里旅行。

共和制部落的主要敌人并非他们自己的统治者，而是其周边拥有更强大军事实力的君主国。到公元前 4 世纪为止，整个恒河流域已经被崛起的摩揭陀王国所征服，而摩揭陀王国就是后来的印度难陀王朝、孔雀王朝和笈多王朝这三大帝国的核心地区。印度河流域有一些本地的共和政权存在，当亚历山大率军抵达印度河的时候，他立刻发现了这片土地与希腊的相似之处。正如狄奥多罗斯所言，"在如此多的世代更迭之后，君主制被消解了。民主政体在城邦中建立"。而希腊城邦种类繁多的政体在印度几乎都能找到对应的国家。帕塔拉拥有"和斯巴达一样的宪政体制；因为在这个国家中，战争的指挥权掌握在两位世袭国王手中……而长老议会则代表并行使着整个国家的最高权威"①。印度河流域共和国的下场并没有比恒河流域的好到哪里去，亚历山大将它们全部征服并纳入帝国的版图。而在亚历山大死后帝国分崩离析的过程中，孔雀王朝建立了对整个北印度的霸权。

腓尼基人的历史也有一些与印度相似的特征。与共和制的希腊城邦不同，腓尼基城邦都是君主国，但国王的权力或多或少地受到长老议会与国民大会的制约。例如，迦太基的宪法就曾被亚里士多德称赞为权力制衡原则的典范，而希腊城邦的宪法则明显缺乏这种原则。腓尼基城邦总体上是在朝着共和制的方向发展，在第一次布匿战争失败之后，迦太基国王的权力被两位选举产生的大法官所取代，大法官的职位每年进行一次选举，其职能类似于罗马共和国的执政官。古希腊历史学家波力比阿斯在迦太基被毁灭之后回首往事，给出了这样的评价。

> 至于迦太基，在我看来它的政治体制是精心思考设计的结果。迦太基由国王统治，贵族构成的长老议会也拥有一定的权力；而民众在他们自己的管辖范围内所拥有的权力是至高无上的。整体上看来，迦太基的权力结构与罗马和斯巴达类似。但当汉尼拔的战争开始时，迦太基的宪政体制相较于罗马而言已经恶化了……在迦太基，民众的选择在决策当中是最重要的，而在罗马，元老院则拥有最高的权威。对迦太基人来说，支持者最多的意见得到采纳；

① Diadorus, 3, 38 and 17, 104, quoted in B. Prasad, *The State in Ancient India*, Allahabad, India, 1928, pp. 169-170.

而对于罗马人而言，则是由公民中的精英来做决定。①

腓尼基城邦遭遇了比印度的共和国更糟糕的命运。西顿在公元前 351 年被波斯攻占，全体公民决定自焚以避免即将到来的屠杀和奴役，传说中公民所拥有的巨额财富在火焰中被焚烧殆尽。公元前 332 年，推罗在忍受了 7 个月的围城之后最终被亚历山大攻陷；在城邦公民中，1 万人被屠杀，余下的 3000 人被当作奴隶出售。公元前 146 年，迦太基与罗马之间旷日持久的战争最终结束。迦太基城被夷为平地，土地被撒上盐以使其贫瘠，幸存的公民被卖为奴隶。

希腊人和罗马人成功地限制了其统治者的野心，将王政逐步转化为共和制，而贵族对共和国官职的垄断也被政府事务中不断提高的民众参与度所削弱。但通往民主的道路并非一帆风顺，民主化的进程总是被僭主（或用亚里士多德的话来说，"违宪的"君主）的崛起所打断——或者终结。僭主一般从城邦寡头集团中产生，他们通常利用民众对政局的不满来为自己攫取权力。解放债务奴隶与废除债务奴隶制度的政策通常都是由僭主推行的。梭伦与其他僭主的唯一区别在于，他拒绝将自己的职务终身化，并在卸任后进行了自我放逐。其他的僭主，如科林斯的佩里安德和雅典的佩西斯特拉托斯，都有为自己建立王朝的野心。如果他们达成了自己的目的，古希腊的共和时代在历史中就会成为一段短暂的插曲。

在充分考虑了这些共和国所面临的内部和外部的威胁之

---

① Polybius, 6, 51, quoted in S. Lancel, *Carthage: A History*, Oxford, UK, 1992, p. 118.

后，我们应当如何解释共和制度在古文明世界的发展壮大？到目前为止，最好的分析来自亚里士多德，他认为共和制的延续和发展来自军事技术的进步。

> 在继君主政体之后产生的政体的早期形式里，在古希腊，公民团体实际上完全由战士组成。开始，都是骑士（军事实力和阵型的重心全部寄托在骑兵身上，未经编组而缺乏经验的步兵在战场上很难决胜。在尚无步兵战术的当时，战斗都依仗骑兵来进行）。可是，当城邦渐渐扩大，[重装]步兵的力量也跟着增强，这样许多步兵也能加入公民团体；这样的政体，在当初就因"扩大名籍，增多了公民"而被称为"平民政体"，放到现在我们应该称之为"共和政体"。①

亚里士多德所使用的"重装"一词指的是统治了古典时代晚期战争的步兵方阵，在公元前 1000 年前后取代了战车成为战争主流的轻装骑兵根本不是这些纪律严明的步兵团的对手。对比重装骑士在中世纪欧洲战争中的地位与中世纪西欧的封建制社会政治结构之间的关系，亚里士多德所提出的重装步兵的盛行与城邦民主制之间的关系就显而易见了。希腊重装步兵穿戴的盔甲足以抵挡轻骑兵的攻击，而且其制作又相对简单，因此自由农民也能负担得起装备的费用。在一个部落成员身份依旧等同于军事义务的世界中，这一点是非常重要的。希

① Aristotle, *Politics* IV, 13, in: *Complete Works*, ed. Barnes, Princeton, NJ, 1985.

腊城邦军事力量中重装步兵所占比重的不断上升使得贵族与自由民之间持续不断的权力斗争的结果不一定是贵族的获胜和独裁统治的建立。

军事、政治和财政之间的关系在雅典和罗马的宪法中得到了很好的体现。公民权附带有军事义务，具体服役的形式取决于相对财富的大小。在雅典，梭伦的改革将整个国家划分为4个等级。第一等级（*pentacosiomedimnoi*）需要承担维持三列桨战船的费用。第二等级（*hippeis*）组成骑兵。第三等级（*zeugite*）和第四等级（*thetes*）则分别组成部队当中的重装和轻装步兵。在罗马，等级是根据财产数目来划分的。军事服役既是一种特权也是一种义务，资产数额少于11000阿斯（罗马的主要货币单位，1阿斯代表1磅铜币）的人被排除在外。但统治一个不断扩张的帝国的压力不断地动摇着罗马共和制度的社会和军事基础，其衰落的明显表现就是军队的无产者化。军事服役的财产限制在接下来的一个世纪里先是下降到了4000阿斯，随后降至1500阿斯，并最终在公元前100年前后被马略彻底废除。

希腊和罗马的城邦民主是建立在军事基础之上的。由此产生的后果是，它们维持自身民主政体的方式是不断的对外军事胜利，这些胜利带来了更多的动产奴隶，而奴隶数量增加了，在农业生产中对自由农民的需求降低了，城邦能够将更多的精力投入战争与政治活动。古文明世界中的"民主"指的是生而自由的公民的统治，与之相对的是贵族政治和独裁统治。"民主政治"并非意味着所有生活在城邦境内的人都能享受到相应的政治权利。"重装步兵"在战争中的获胜将他们转化为一个精英阶层，被没有选举权的下层民众所供养。斯巴达无疑是完成了这种转化的城邦中最典型的例子。在伯里克利时代的雅典，"人民"（土生土长的雅典人）在雅典人口总数当中的比例不到一半。在这种社会结构下，军事服役成为公民阶层所独有的权利也就不足为奇了。

对于腓尼基城邦和印度的共和国的公共财政状况我们知之甚少。腓尼基城邦的公共收入可能是通过国家直接参与经营贸易来获得的，因为腓尼基人正是因其发达的商贸活动而著称。关于印度的共和国的资料大都来自后来印度各大帝国作者的记述，所能提供的信息就更少。只有在希腊和罗马，我们能够观察到民主政治对公共财政治理所产生的具体影响。

四　希腊人的馈赠

> 离开伊利昂，风把我送到基科涅斯人的
> 伊斯马罗斯，我攻破城市，屠杀居民。
> 我们掳获了居民们的许多妻子和财物，
> 把他们分配，每人不缺相等的一份。
>
> ——《奥德赛》

《奥德赛》中的这一段落与本书开头所引的《圣经》中的记述有着惊人的相似之处。男性被屠杀，女性和财物被胜利者瓜分。奥德修斯是传统部落首领的典型代表，他在他的部落民当中的地位只不过是同侪之首（*Primus Inter Pares*），在战利品分配时，他也不能获得比他作为战士所应得的更大份额。在接下来的几个世纪里，尽管希腊社会发生了翻天覆地的政治和社会变革，但在经济剩余的分配中，公平分配（不一定是均等分配）的原则始终没有真正消失。在雅典，这种原则一直是非常重要的，直到其在公元前336年最终被马其顿征服。

早期的希腊城邦似乎延续了将经济剩余自动分配到公民手中的传统。这种剩余主要来自战争的战利品。在很长一段时间内，这种所谓的战争与突袭性掠夺和海盗活动没有什么本质上的区别。在梭伦的立法中，海盗被列为合法职业的一种。

具体的战利品分配原则没有留下详细的记载。理论上所有参战的士兵都能够参与分配，但所分得的数量由军阶或战功决定，是否留出一部分来分给非战斗人员是不清楚的。在城邦社会的早期，军队和民众几乎是一体的，因此基本不存在非战斗人员的分配问题。而自公元前5世纪军队开始发放军饷后，分配过程势必会发生变化。军饷不仅被视为对士兵被占用的农耕时间的补偿，也是对其参加战争的预付款。战利品的分配通常是为了弥补拖延支付的军饷。在雅典，公民大会坚持对战利品进行全面和合理的登记核算，雅典的远征军通常都带有随军的会计人员（塔米亚），以确保所有的战利品都被运回国内，而那些自行攫取或分配战利品的将军通常会遭到起诉。

与以色列人类似，希腊人也有通过向神庙献祭以祭奠部落所崇拜的神灵的传统。从现存的记录看，祭品在总剩余中并不占很高的比例。但随着时间的推移，有一些神庙开始拥有大量的财富，尤其是当它们开始对外放贷取息并代为保管私人财产之后。

随着社会结构变得更加复杂，一种新的剩余获取途径出现了：金矿和银矿。通常来说，这些贵金属矿被认为是公共财产。正如战利品和掠夺品一样，金银矿开采的利润通常也是分发到民众手中，而非被贮藏起来（由于开采矿的工作主要由奴隶来完成，因此矿业的利润实际上也可以被看作在之前的战争中所获得的战利品的一部分）。正如其他的剩余一样，采矿盈余的一部分也要献祭给神。德尔斐的阿波罗神庙金库的建立就依赖于从锡弗诺斯的金银矿中获取的资金。

> 锡弗诺斯在那时非常繁荣，岛上的金银矿使得其成为爱琴海上最富有的岛屿。这些矿藏是如此的高产，以至于岛上的公民拿出其 1/10 的财富捐献给德尔斐神庙，帮助神庙建立了自己的金库。每年锡弗诺斯还将金银矿的收入分给全体公民。①

与锡弗诺斯类似，雅典也有很大一部分收入来自采矿。直到公元前 483 年为止，银矿的收入都是分发到公民手中的。但在这一年，一个新的提案被摆在公民大会面前。

> 雅典人不再将劳里埃银矿中的收入分给全体公民。[地米斯托克利] 敢于向民众宣称，他们应该放弃银矿收入的分红，将采矿收入用于建造三列桨战船。这些战船将用于与艾伊娜岛的战争。②

引人注意的是，雅典没有采用最显而易见的创造经济剩余的手段。亚洲帝国的臣民认为缴纳直接税是一件天经地义的事，而希腊人则完全拒绝接受这一点，他们认为直接税是对公

① Herodotus, *op. cit.*, 3, p. 57.
② Plutarch, quoted in J. J. Buchanan, *Theorika*, New York, 1962, p. 12.

民尊严的冒犯。国家可以从公有资产中获取收益，可以对外邦人征税，甚至可以对公民征收有限的间接税，但公民绝不会允许自己的财富在"利维坦"的强制命令下被夺走。正如通常所说的那样，公民可以"用自己的身体和财富为国家服务"，作为报答，他们会从城邦的剩余中获得报偿。从这种意义上来说，通过税收来创造剩余就是一件完全不合逻辑的事情。正如马塞拉·莫斯认为的那样，希腊的公民对其城邦半义务性的捐赠只不过是原始部落交换礼物的传统在货币时代的延续。

在这些准强制性的赠礼中，最重要的是公益捐赠（liturgies）。它们由公民个人提供，用来资助特定的公共开支项目，如宗教节日、公共建筑工程和军事开支。在雅典，最昂贵的公益捐赠项目是船主制度，它提供了维护三列桨战船的费用，这些战船构成了城邦军事力量的基础。在繁荣时期，富人竞相通过自愿进行公益捐赠来炫耀他们的财富，他们热衷于捐助那些用于支持公共节日的项目，特别是在临近选举的时候。除了公益捐赠，城邦还可以通过公共筹款活动募集到其他的自愿公益捐赠（epidoseis）。这些捐赠在名义上都是"自愿"的行为，但如果拒绝捐赠会遭到公众的鄙视，有时下场可能更糟。

这些富有特色的财政筹款方式很明显是只适用于民主政体的。城邦的僭主们则会尽可能地去模仿亚洲帝国的统治者。在公元前7世纪，佩西斯特拉托斯成功地在雅典推行了税率为总产出的5%的土地税，但在他的家族被放逐之后这种税收立刻就被废除了。在公元前4世纪，叙拉古的僭主狄奥尼修在城邦内部对农产品收取什一税。但总体上来说，僭主们很难建立一套稳固的税收制度，他们往往不得不采取各种临时的财政榨取手段，而正是这些手段使他们在城邦内外变得臭名昭著。

雅典人用财富建立舰队而不是立即进行分配的决定，最终创造了比他们自己所能想象的更大的价值。这是雅典建立自己的"海洋帝国"（thassalocracy）的起点。与其他的古文明时代的帝国所不同的是，雅典帝国最初所采取的形式是一个自愿建立的抵御波斯入侵的同盟。在同盟的伪装之下，同盟的其他成员被"说服"向古典时代希腊建立的最大的国库进行捐款。在鼎盛时期，提洛同盟的储备金额达到了 9700 塔兰特。和波斯帝国的国库相比这也许是一个很小的数额，但考虑到同盟的总人口只有约 100 万人，这一积累的结果还是非常可观的。

这种规模的国库积累可能与我们之前建立的希腊人更倾向于将剩余进行分配而不是进行积累的印象相反。但我们在分析的时候，必须要考虑到提洛同盟所处的特殊环境。同盟的建立和维系是武力强制的结果，这一点虽然在同盟条约中没有明白地表达出来，但从其运行的结果来看是非常明显的。雅典设定了它的"同盟城邦"必须向国库贡献的金额，而它自己却不需要向国库中投入任何资金。在同盟建立之初，金库设立在提洛，随后出于"安全"的考虑被移往雅典。想要维持"自愿同盟"的伪装，将这些金库中的资金直接分给雅典的公民是完全不可能的。但可以肯定的是，从伯里克利时代雅典的公共开支情况来看，其开销的规模绝不可能是雅典自己的收入所能维持的。雅典国内的收入每年在 400～500 塔兰特，而每年的公共支出则达到约 700 塔兰特，其间的差额只能用同盟的贡金来补足。① 那些雅典留下的令现代人惊叹的建筑只是这些公共支出的一部分。作为全希腊最伟大的民族的一分子，雅典的公民逐渐要求获得帝国的红利。在伯里克利时代，除军事服役之外，出席公民大会和担任陪审团成员（职位对全体公民开放）都可获得酬劳。到了这种趋势发展的顶点，幸运的雅典市民参加公共节日都有酬金可拿。亚里士多德（对城邦这种极端民主化的做法并不欣赏）将帝国和公共支出之间的关系表达得非常清楚。

> 在雅典，有超过 2 万人依靠同盟城邦的贡金和间接税生活。其中包括6000 名法官、1600 名弓箭手和1200 名骑兵、500 名议员、500 名造船厂守卫以及 50 名卫城的护卫，还有1400 名行政人员，国内国外各占一半。当参加战争的时候，还需要2500 名重装步兵以及2000 名由抽签产生的保卫船只的卫兵。除此之外，还有市政厅、孤儿院和监狱的雇员。以上所有的人员都依赖公共资金生活。②

历史学家认为亚里士多德所描述的这 20000 人并不能代表雅典大部分成年男性公民的状况，而且亚里士多德本人也是一个带有偏见的评论者。但其他的证据表明，雅典政策的终极目

---

① Andreades, *op. cit.*, p. 266. 在雅典的财政收入中，200～300 塔兰特来自公益捐赠，50～100 塔兰特来自银矿，50 塔兰特来自异邦人的税收，其余的部分由关税、罚款等来源补足。See R. Goldsmith, *Premodern Financial Systems*, Cambridge, UK, 1987, pp. 32 - 33. 同盟城邦的贡金最初被定为460 塔兰特，在伯罗奔尼撒战争开始之后，这一数字上升至 600 塔兰特。See Andreades, *op. cit.*, pp. 308 - 309.

② Aristotle, *Constitution of Athens*, quoted in Buchanan, *op. cit*, p. 12.

标与亚里士多德所描述的状况相去不远。在喜剧《骑士》中，阿里斯托芬所描绘的煽动者克里昂（雅典最强硬的帝国主义者）表达了他的真实目的："让雅典人成为整个希腊的统治者，因为神谕预示着，如果德莫斯（剧中雅典人民的化身）坚持的话，他在阿卡迪亚也可以当上陪审员，且每出庭一次可获得 5 个俄玻罗斯。"①

伯罗奔尼撒战争吞噬了提洛同盟积累起来的财富。在表面上，雅典只是"借用"了同盟国库的资金；但即使战争的结果灾难性不那么大，雅典也不太可能把这些资金偿还给各同盟城邦。这场战争摧毁了雅典的帝国，之后在公元前 377 年组建第二次同盟的条约中特别禁止了之前的同盟中存在的帝国主义行为。但雅典始终没能完全地适应自己已经下降的地位。正如第二次世界大战之后的英国一样，雅典依旧认为自己可以活在逝去的荣光当中。同盟的捐赠和国库都已经不复存在了，但财富的分配仍在继续。公元前 352 年，欧布洛斯试图重建财政盈余和财富分配之间合理的相关关系。他将社会补助金中最具有政治象征性（也是最缺少实际收益）的一个项目——观戏津贴（theorikon，即出席公共节庆的酬劳）限定为只在财政盈余的年份进行，但这一措施只起到了加强民众好战情绪的作用。对于穷人来说，考虑到士兵和农民收入水平之间的差距，与其种地还不如参军。由于雅典依旧用自愿捐助的形式来负担额外开支，因此战争的财政负担主要落在了富人的头上。由此导致的结果是富人当中公民精神的衰落和日益增长的对民主制的不

---

① Aristophanes, *The Knights*, quoted in R. Meiggs, *The Athenian Empire*, Oxford, UK, 1972, p. 392.

满。公元前324年，演说家伊苏克拉底对于这种公民态度的变化表达了惋惜之情。

> 当我还是一个孩子的时候，成为富人被认为是一件既安逸又受人尊重的事情，几乎每个人都装作拥有比实际更多的财产，只因每个人都想享受由财富带来的荣耀。而现在，每个人都要辩称自己并非富人，就仿佛富裕是世界上头等的罪恶一样。①

民主城邦的团结被打破了，全体公民日益分裂成为主要由平民组成的鹰派和贵族组成的鸽派。这很可能是城邦畸形的财政收入系统所造成的不可避免的结果，这种系统在和平时期制造亏空，而在战争时期则创造盈余。为了弥补自愿捐赠日益不能满足的公共需求，在公元前428年雅典首次征收了特别财产税（*eisphora*），每次征收计划获得200塔兰特的税金，而且在整个战争过程中重复征收了多次。正如前文所言，直接税的引入势必会降低整个城邦的公民精神，进而削减民众自愿捐赠的热情。

捐赠精神的逐渐衰退与社会经济生活的货币化有着直接的联系。在公元前4世纪之前，曾经由个人或神庙进行的贷款活动由于职业银行家的诞生而进一步增大了。社会对借贷关系接受程度的提升与利率水平的逐渐下降之间存在互相促进的关系。社会经济中的可用货币总量在亚历山大于公元前330年夺

---

① Isocrates, 15, 159－160, quoted in M. M. Austin, "The Finances of the Greek States," in: *The Cambridge Ancient History*, Vol. Ⅵ, Cambridge, UK, 1994, p. 549.

取了波斯帝国的金库后进一步增加，因为无论是亚历山大还是他的继业者们，都没有波斯帝国的统治者那样的聚敛和囤积热情，他们所获取的货币最终都会回到市场上流通。

公共信用的诞生已经呼之欲出。

五　市民债务

从公元前 5 世纪结束到公元前 1 世纪中叶，共留存下来超过 100 份市政借款记录。[①] 这些记录所勾勒出的并不是一个有序的公共财政系统，而是一系列应对财政危机的应急手段。但就是在这一段时间内，可以看出希腊人正（往往是不情愿地）摸索出一些借贷方面的理论和实践上的原则，这些原则在今天看来可以被看作现代公共信用的先驱。

从非经常性的借贷向系统性的内债的转变过程并不是清晰可见的。希腊人拥有构建内债系统的两大基石：国民自愿向公共基金进行捐赠，以及公共基金所产生的剩余资产在国民当中进行分配。他们所需要做的就是在这两个过程之间建立清晰的联系，将分配剩余的数额和在基金中贡献的比例挂钩，从而可以构建一种国家与国民之间的借贷关系。但这一转变过程绝非简单易行，债务通常被理解为不同个体之间的经济关系，而在古希腊，国家以及国家所包含的公民被认为是一体的。事实上，希腊人在对话中提到城邦时很少直接使用它们的名字，而是用其公民进行指代，如雅典被称作雅典人（*oi Atheniaoi*）。

---

① L. Migeotte, *L'Emprunt public dans les cités grecques*, Quebec, 1984, gives details of 118 surviving records of public borrowing. 该书详细记录了 118 份公债的细节情况。

因此，有记录的最早的一笔公共债务是外债。公元前404年，在伯罗奔尼撒战争的晚期，被打败的雅典民主主义者逃亡到比雷埃夫斯，而获胜的斯巴达人在雅典城建立了一个傀儡寡头政权。新政府的第一项举措就是从斯巴达人那里借了100塔兰特，用以清剿民主主义者的残部。关于这笔贷款最重要的一个方面是它的偿付。当民主主义者最终回到雅典掌权的时候，在城邦中展开了一场公共辩论，讨论整个城邦是否应当为寡头政权留下的债务买单。这是历史上首次关于继任的（往往是革命后的）政府是否应该承担被他们赶下台的前任政府的债务的讨论。最终公民大会决定承担这笔债务的偿还义务，即使这意味着再一次征收不受欢迎的特别财产税。雅典人通常将这一决定吹嘘为公民责任心的典范，但很有可能他们只不过是惧怕激起斯巴达人的报复而已，特别是斯巴达的盟友皮奥夏人威胁说他们要抓捕雅典的公民并没收他们的财物来抵债（当城邦公民与国家被视为一体的时候，这种做法是自然的选择）。

在接下来的一个世纪中出现了很多类似的出于政治原因的公共借贷。雅典曾经多次贷款给它的盟友。雅典的雄辩家德摩斯梯尼在公元前340年贷给俄累俄斯1塔兰特以表明对其抵御马其顿的支持。在接下来的一年里，忒涅多斯在雅典被马其顿的腓力二世围攻时贷给雅典一笔资金。在公元前394年至公元前340年，处于雅典控制之下的提洛神庙以10%的利率向许多同盟城邦进行了放贷。

在留存至今的记录中，最令我们感兴趣的一笔外部借款发生在公元前283年。米利都城邦（位于今日土耳其的爱奥尼亚海岸）从相邻的尼多斯贷了12塔兰特，这笔借款所采取的形式可以被看作历史上首次发行外国债券。尼多斯进行了公开的证券销售，寻求认购人来提供所需要的资金；米利都同样也通过公开征集的方式来为贷款寻找 75 位担保人。这次贷款明显是某种程度上的"甜心交易"，因为贷款总金额中的一部分在一年内是免利息的，而剩下三年内的利率是 6%，低于当时的市场平均利率水平。

寻求贷款担保人的行为并非米利都独有的，雅典给哈尔基斯的贷款也是由 15 位市民担保的。关于担保人，最重要的一点是，他们实际上是将自己的信用借给了城邦，这预示了对内进行公共借款的可能性。实际上，强制性内债已经在公元前 4世纪中叶产生了。在公元前 350 年，位于爱奥尼亚海沿岸的城邦克拉佐美奈征收了公民储备的橄榄油卖到国外以换取谷物。这一买卖所得的利润足以承担应支付给市民的利息。在差不多同一时期，另一个城邦门迪斯在其与奥林索斯的战争过程中，要求它的公民每人只能留下两个奴隶，将其余的全部出售并将出售所得的收益贷给城邦。在所有强制内债的例子中，最令我们感兴趣的一个依旧是来自克拉佐美奈，这个案例被亚里士多德记录在他的《经济学》中。在公元前 360 年，城邦欠其所雇用的士兵团长总计 20 塔兰特的债务，这一债务产生的高额利息（大约每年 4 塔兰特，年利率约为 20%）超出了城邦的偿付能力。城邦解决这一困境的办法是用铁来铸造"银币"，并强制其富有的公民"按照自己财富的相对多少"，用足值的银币来交换这些新铸的劣币。① 及时付完雇佣兵的债务从而节省下

---

① 德拉克马是希腊城邦最常用的货币。它是一种银币，重量约为 4.3 克。德拉克马存在多种面值，最常见的是 *tetradrachma*（4 德拉克马）。1 塔兰特相当于 6000 德拉克马。

来的利息被用来在接下来的 5 年时间内赎回那些含铁的劣币。①

　　这些贷款从很多角度来说具有重要的意义。特别是最后两个例子，指出了可能存在的新的处理战时财政问题的手段。由于门迪斯的强制贷款用在了对外战争中，那么，直接用战争中掳获的奴隶来进行偿还是一个非常直接的选择（当然，只有在战争胜利的情况下这种做法才是可能的）。而在公元前 360 年克拉佐美奈的贷款偿还中并没有提到任何有关战利品的信息，可能城邦没能从战争中获取任何战利品，或者是仅有的战利品都被用来偿还欠雇佣军的债务了。这种贷款本身可以被视作一种可偿付的特别财产税———一种用战利品（如果可以获得战利品的话）来进行偿付的特殊战争税。这种获取公共资金的方式在民粹主义盛行的雅典是不会受到欢迎的。在雅典，对于战利品的分配、公益捐赠以及特别财产税之间没有任何的联系，获得战利品并不是军事阶层的特权。

　　同样重要的一点是，这些贷款数额的分配与贡献者所拥有的财富量相关，即使这种相关关系是不成文的。在最后两个例子中，城邦在摊派强制贷款金额时甚至引入了一些累进税制的因素。当约 1500 年以后公共借贷重新在中世纪欧洲出现时，这种按评估的财产价值借债的原则将具有非常重要的意义。

　　有证据表明，在公元前 3 世纪之前存在通过自愿认购来进行的贷款，这些贷款是和自愿公益捐赠相联系的。在古典时代晚期，城邦经常举行公开的筹款活动。如在公元前 275 年，赫利卡纳苏斯通过公开的自愿认购来为重建城市的体育馆筹款。认购人可以选择捐赠 500 德拉克马或者贷给城邦一笔 3000 德

---

① Aristotle, *Economics* Ⅱ, 1348, 16.

拉克马的无息贷款（除非这笔贷款相对来说是短期的，否则用机会成本来分析会证明捐赠才是正确的选择）。

数额最大的一笔自愿贷款是米利都在公元前 205 年借入的，总共筹集了 140400 德拉克马（23.4 塔兰特）的资金，以用来偿付积累的应付款项和其他债务。作为回报，这笔自愿贷款的认购人将获得其所认购份额的 10% 作为终身年金。在这笔贷款的条约中没有其他关于资本偿付的条款，因此可以认为这是首例有记载的终身年金贷款，这种贷款形式将在 17 ~ 18 世纪的欧洲占据非常重要的地位。考虑到这一笔贷款中年金的支付既涵盖了本金的偿付也涵盖了利息，在不了解认购人寿命的情况下，我们无法计算出城邦的实际利息成本。无论如何，这笔贷款的利率是低于 10% 的，而且有可能是有记录以来最低的利率水平之一（假设所有的认购人在接下来的 40 年以不变的速度去世，那么利率水平应为 6.5%）。如果认购人不能指定第三方作为受益人的话，那么实际利率还要更低。这种终身年金制度所产生的不可避免的后果，是 39 笔认购贷款中有 25 笔是写在未成年人名下的。米利都人通过这种手段向我们展示出他们和后世伦敦、巴黎以及日内瓦的金融家们一样狡猾。除此之外，米利都人还寻求法律保护以保障自己的权益，仅仅是提议取消或者减少约定的偿付就要被处以约 20000 德拉克马的罚款。米利都人的贷款有三个重要的特征：它是长期的；它是通过自愿认购来募集的；它的利率很低。这三个特点将其与其他古典时代的公共债务区别开来，而使其更接近于现代的公共信用，即使终身年金已经不再是正常的现代公共财政体系的一部分。

面向全体民众的公开贷款并不是古希腊公共贷款所采取的

主要形式，大部分现存的公共贷款记录都是与私人进行的，尤其是在马其顿统治时期。这些来自私人的贷款通常都是无息的，我们往往是从表彰贷款人公益精神的铭文中得知它们的存在。城邦经常会为这些贷款人设立雕像，特别是当他们放弃收取利息或者部分本金的时候。这使得我们很难将债务和贷款人的慷慨捐赠区分开来。有的时候债权人会要求一些更有实际经济价值的东西，而不是一座自己的雕像。如在公元前 2 世纪早期，一个名叫菲利斯顿的人将自己给德尔斐神庙的贷款条件设定为自己的免税权。而在公元前 228 年前后，城邦奥尔霍迈诺斯以放牧权为条件重新协商了自己欠欧布洛斯的债务。

就留存至今的资料所揭示的情况来看，希腊城邦的信用记录并不太好。但我们同时也应当认识到，古希腊的市民债务很少被看作正常商业行为的一部分。在马其顿统治时期，无息贷款的比例超过了含息贷款，当纳入那些原本契约中包含利息但放贷人最终放弃索取利息的贷款之后，无息贷款的比例就更大了。出现偿付困难的贷款也明显超过那些按时偿还的贷款。举例来说，在提洛神庙发放给城邦的 13 笔贷款中，只有两笔是被全数偿还的；在脱离雅典的控制重获独立之后，神庙更倾向于回归传统的角色向私人部门放贷，而非与城邦进行信贷交易。从另一个方面来说，这种混乱的信用记录也反映了希腊城邦处理自己财务问题的惯用方式。

不到万不得已决不还款，强制抵押，各种类型的施压和妥协，对债务的重新谈判和兑付，这些是公共债务的常见结果。毫无疑问的是，如此之多的例子反映了现实的情况。但我们也不应该自我欺骗，因为倘若一笔贷款的处理没有遇上麻烦的话，它就不会在公共账目上留下任何的痕迹，更不要提被刻记在石头上或者成为作者们评论的对象了。[①]

如果我们想对古希腊的政府信用做一个整体性的评价的话，那么我们必须得承认，就其自身而言它并不能被称为一个成型的系统。古希腊城邦对政府信用的使用是零散的和临时性的，而且在很多种情况下很难将其与富有公民的慷慨捐赠或外国人寻求附带收益的投机行为区分开来。在所有可能的阻止希腊政府信用发展的原因中，最根本的一个因素来自希腊人根深蒂固的政治信仰。公民们应当自由地将他们的资源奉献给城邦，这一观念对希腊人来说是一种类似于信条的东西，因此向那些原本应对城邦进行公益捐赠的人支付利息就是一件令人难以接受的事情。在希腊所盛行的无息贷款或是将贷款转化为捐赠的行为就源于此。除此之外，

> 无论希腊城邦如何宣称它们公民的私有财产不受城邦的侵犯，当遇到紧急时刻时，它们便毫不犹豫地将公民的财产视为国有的。城邦可能会将自己公民的财产和城邦拥有的资产一并抵押出去，城邦的债主也可以要求并且获得某些特定公民的连带抵押品。[②]

同样的问题也阻止了有效的外债系统的建立。将公民与其

---

① Migeotte, *op. cit.*, p.392.
② J. W. Jones, *The Law and Legal Theory of the Greeks*, Oxford, UK, 1956, p.156.

所属的城邦对等起来的观念使得城邦的债主可以强行扣押任何公民及其财物用来抵债。这种可能性使得商人阶层（即那些带着自己的货物在外旅行的人）对于任何外债条约的签订都抱以极大的不信任。存在的另一个问题则是国际法体系的缺陷，在城邦的国境之外没有法律的保护，只存在弱肉强食的丛林法则。我们可以从修昔底德的记录中听到公元前416年驻米洛斯的雅典大使对这一原则的阐述。

> 我们雅典人不说漂亮话……我们应当说出我们真心所想的事情，并且只关注那些有可能达成的结果。我们都知道在讨论人类事务的时候，正义的原则只有在双方实力对等的情况下才会被纳入讨论。强者可以随意勒索，弱者只能任人宰割。[1]

至少在这一点上，晚期古典时代可以说有了一定的改进，尤其是在被亚历山大征服之后。据普鲁塔克的记载，亚历山大鼓励他的臣民将他们自己视为"（他所建立的）帝国的子民，他的营帐就是他们的卫城和堡垒，并且将所有善人视为同胞，所有恶人视为异类"[2]。在旧的希腊政治思想中，公民身份和一个由城邦所代表的部落团体相联系，芝诺和斯多葛学派则首先提倡世界公民的概念。在这种观念的改变下，要债的人有时能够将他们的案子带到中立的同盟城邦进行审理。这样的一个

---

① Thucydides, *Peloponnesian War* V, 89, quoted in C. H. McIlwain, *The Growth of Political Thought in the West*, London, 1932, pp. 17 – 18.

② Plutarch, *Alexander the Great*, 1, 5, 329 A – D, quoted in J. W. Jones, *op. cit.*, p. 50.

案例发生在公元前300年，一些债务人在中立城邦尼多斯（不成功地）起诉了城邦卡林诺斯。可能正是因为这些原因，信用交易在古典时代晚期变得更为普遍。

　　尽管本身存在很多的局限，但是古希腊哲学还是为有限权力和对人民负责的国家概念的产生打下了基础。虽然城邦对公民可能有着基本不受限制的权力，但希腊人还是认为自己与居住在达达尼尔海峡以东的帝国臣民有着本质的不同。亚里士多德的这段话反映了大多数希腊人的看法："蛮族人天生比希腊人更有奴性，而亚洲人也比欧洲人更有奴性。因此他们都委身于专制统治而不发一言以反抗。"① 在古希腊哲学家的分析中，国家被认为建立在公民之间的契约之上。在伯罗奔尼撒战争期间，虽然他们一贯秉承的道德相对主义观念和雅典大使的现实政治原则不谋而合，但希腊智者们依旧发展出了一种崭新的关于社会起源和目的的理论。

　　　　因此，当人们既实行且又遭受非正义的举动时，有了这两种体验，而又不能逃于此而得于彼，他们便认为，最好还是达成共识，两者皆舍弃。于是，法律和公约应运而生。②

　　这里柏拉图所表述的观点实际上是启蒙运动时期社会契约论的先祖。并且，尽管希腊人和他们的城邦之间是共生等价的

① Aristotle, *Politics* Ⅲ, 9, 3.
② Plato, *Republic*, 358e–359a, quoted in J. M. Kelly, *A Short History of Western Legal Theory*, Oxford, UK, 1992, p. 16.

关系，他们的哲学家却缓慢地为对公民负责的有限权力国家观念的诞生铺平了道路；倘若没有这种理念，也就无从判断公共信用的等级。德摩斯梯尼并非公共债务的支持者，但他在一篇演说中清楚地传达了公共信用的概念。这篇演说倘若是出自一位 19 世纪的演讲家口中，也不会令人奇怪。

> ……除此之外，这座城市还拥有两样优秀的品质：财富和全民的信任。这两者之间更重要的是后者——我们所拥有的信用。如果你们当中有任何人认为，鉴于我们目前缺乏金钱，好的声誉是没有价值的，那么你就错了。我向天祈求：如果可能的话，让我们拥有大量的财富；但如果这一点难以实现，我们也应当继续享有可靠的名声。①

古希腊以及其后的很长一段时间内都没有人能够真正明白的一件事情，是公共债务与经济绩效之间的关系，但至少亚里士多德接近于认识到了这两者之间的联系。柏拉图在《理想国》中宣扬公有财产制度的优越性，而亚里士多德并非其老师那样的理想主义者，他对于人类事务的看法更加务实，也更接近于他同时代人的观点。在亚里士多德看来，"财产在某种意义上应该是公有的，但在更一般的情况下则应该是私有的；因为当每个人都拥有自己独立的利益的时候，社会才会产生更多的进步——在私有财产的情况下，每个人都是在为自己的利益而工作"②。换言之，亚里士多德在这里证明私有财产

---

① Demosthenes, *Contra Leptinem*; quoted in Andreades, *op. cit.*, p. 171.

② Aristotle, *Politics* Ⅱ, 3, 5.

合理性的思路与亚当·斯密的"看不见的手"如出一辙，这是自由放任经济学说的起点。也是亚里士多德首先（即使是粗略地）瞥见了这样一个事实，即将经济剩余分配给民众在长期内可能优于将其贮存在国库中。在亚里士多德对于僭主们聚敛财富的贪婪行径进行批判的时候，他指出，这种类型的财富除了吸引仇敌之外别无他用，因为只要一个统治者能够获得臣民的拥护，他就总能在需要的时候获得他们的财富支持。

六　国王与僭主

尽管我们已经花费了不小的篇幅来讨论城邦财政中公共借贷行为的演变，但必须说明的一点是，希腊城邦绝非早期文明世界中仅有的公共借款者。国王和僭主进行贷款的证据存在于古典时代晚期留存下来的碎片化信息中。读者可能有理由发问，当国王拥有复杂和完备的税收体系的支持时，他借款的需求从何而来？这个问题的关键在于，所有的王国或者帝国都不是保持一成不变的静止状态的，它们不断经历着形成、毁灭和重建的不规律的生命周期。在这种动态情形下，有野心的王位觊觎者可能会发现自己缺少实现抱负的必要资金。与之类似的，在位但受到威胁的统治者也许会发现自己的收入在减少，自己的金库被消耗甚至被洗劫。所罗门王的财富在他死后就遭受了类似的命运。古代的帝国与王朝迭起兴衰，它们的国库也随着王朝的命运而变动。国库有多少时间是充盈的，就有多少的时间是空的，包括战争在内的社会生活的货币化对这些帝国的影响一点也不比对希腊城邦的影响小。货币化进程极大地增加了信用的供给量，使这些王国和帝国的统治者在患难之时能够寻求可用的金融手段。这些与统治者签订的贷款，由于其偿付能力往往系于一场战役的成败，对于放贷人而言可以说是高风险性的，甚至可以称其为一笔"风险投资"。

这些君主的贷款中（至少从对世界历史的影响程度来说）最重要的一笔当归于亚历山大大帝。他的父亲马其顿国王腓力二世尽管取得了伟大的军事胜利并掌握着利润丰厚的国有金银矿，但在死后给他的继承人留下的国库中只有60塔兰特，而债务却高达500塔兰特。亚历山大继位之后立即将自己的土地抵押，向国内的贵族借了800塔兰特用于与波斯帝国的战争。将军佩尔狄卡斯问他："那您自己还剩下什么呢？"亚历山大回答道："我的希望。"考虑到亚历山大在攻伐波斯的过程中所掠夺的18万塔兰特的财富，我们可以确信亚历山大和他的支持者都进行了一笔满意的投资。

与亚历山大类似（除了其目的是防御而非征服外）的一次公共借款被记录在《摩诃婆罗多》的第12篇中，国王向他的臣民讲道："为了应对这场灾难，我将借助你们的财富，用它来建立保护你们的屏障。当危机过去之后，我会将我所获取的东西尽数偿还给你们。倘若你们的财产被敌人所掠夺，那么他们是决不会心甘情愿地还给你们的。"在这段史诗中，作者并没有提及利息的存在，促使臣民向君主提供贷款的是他们对入侵军队的恐惧。《摩诃婆罗多》描绘的是英雄时代的部落王权，但后世的印度诸帝国亦可能接受了在非常情况下进行举债的观念。作为孔雀王朝的首席财政大臣和政治理论家，考迪利耶建议在战事对本方有利时进行举债，但认为这种债务不应当成为公共财政中的一种习惯。①

贷款给统治者需要承担的风险远不止军事战争结果的不确定性。对于希腊城邦来说，拥有良好信用的价值已经显现了出来，但对于手握生杀大权的统治者们来说这一点可能就不那么明显了。对他们而言，借债只不过是他们所能使用的众多紧急财政手段中的一种，其他的手段还包括额外的税费以及对财产的征用、没收和强夺。被誉为"印度的马基雅维利"的考迪利耶，是这种敲诈式财政手段的积极支持者。

> 尤其是国家的敌人，［他们］应当被挑选出来成为这种无耻的强夺政策的应用对象。［考迪利耶］用详尽的例子说明了应当如何对他们罗织诸如骚扰良家妇女、盗窃、铸造伪币以及阴谋反叛国王的罪名，并用这些罪名来剥夺他们的财产……这些敛财手段背后的逻辑在于，君主（或者国家）的需要，使紧急情况下他们使用的任何暴力与欺诈手段都是合理的。只有当其已经引起普遍的不满时，这种聚敛手段才应当停止使用。②

由此可见，不能期待面临紧张状态的君主遵守正常的商业诚信原则，而古希腊的僭主们在这方面的表现甚至比国王更加恶劣。他们的政权本质上缺乏合法性，而他们的公共财政体系

---

① "但是，如果［国王］认为'通过贷款，我能使敌人的国库、军队以及其他防御资源变得虚弱'，那么他就可以进行贷款。" *Arthasastra*, quoted in M. H. Gopal, *op. cit.*, p. 136.

② U. N. Ghoshal, *A History of Indian Political Ideas*, Oxford, UK, 1959, pp. 137 - 138.

更接近于希腊共和城邦，而非东方的王国。因此，僭主们的雄心通常会受到财力不足的限制，他们也因经常使用非法的榨取和没收手段来敛财而臭名昭著。这些僭主当中最值得详细介绍的是叙拉古的狄奥尼修。作为一名雇佣军将军，他因在公元前413年解除了雅典对叙拉古的围困而崛起并获得权力。在他的统治下，叙拉古成为希腊世界中最强大的城邦之一，以及罗马崛起之前迦太基在地中海中部主要的竞争对手。狄奥尼修被认为是财政史上首位使用货币贬值的办法来解决债务危机的人。当他的臣民们请求他偿还进献给他的资金的时候，他以死刑威胁他们，并逼迫他们献出自己所有的钱来进行货币的重铸。接下来他便直接在铸币上打上原先面值两倍的金额，然后将这些新铸币中的一半作为新的法定货币发行出去，另一半拿来偿还他的债务。[1] 由于古希腊人素来有保持币值稳定的良好习惯，他的这种行为便显得格外刺眼。雅典的德拉克马银币在600年的时间里保持了不变的面值，并且始终都是国际贸易中的主要货币，直到被罗马第纳尔所取代。

七 迦太基战争

筹集足够的资金进行与迦太基的战争，无论是对于公元前4世纪的叙拉古，还是公元前3世纪的罗马共和国来说，都不是一件容易的事。很多资料都提到罗马人并不使用公共信用。在某种意义上，这一论断是正确的：罗马从未有过支付利息的贷款。尽管如此，对于原始的部落公共财政是如何适应货币化时代的，布匿战争为我们提供了最重要的例子。

---

[1]　Aristotle, *Economics* XII, 1349, 30.

　　与其他的部落传统一样，早期的罗马人习惯于将战利品分配到部落民的手中；由于他们是古文明世界当中最优秀的劫掠者，可供分配的战利品是十分丰厚的。但分配的原则是什么呢？从某种意义上来说，分配是一件简单的工作。罗马共和国是世界史上最标准的军事共和国。由于共和国的宪法将公民所承担的军事义务与财产相挂钩，那么根据军阶的标准来进行战利品的分配就是自然而然的选择。百夫长通常获得军团士兵的两倍，而骑兵则获得军团士兵的三倍。但元老院同时还要考虑到非战斗人员的需求以及公共财政的状况。如果被罗马军队攻陷的城市距离罗马城不远，那么罗马的平民也会期望参加对城市的劫掠。在这种社会传统下，尝试进行国库积累将有产生政治动荡的风险。公元前 400 年罗马人攻陷维爱之后在元老院进行的辩论清楚地展示了这一点。

　　元老院在这件事情上无法达成共识。记录表明，P. 李锡尼是第一个被询问意见的人。他认为应该贴出公告，任何想要分得一份战利品的公民都可以到维爱的营地里索取。克劳狄乌斯则反对这样的做法，他认为这种慷慨的赠予是没有先例的、铺张浪费的、不公平的和鲁莽的。如果他的元老院同僚们认为将从敌人那里夺来的财富放在国库里白白地浪费是一件罪恶的事情，那么他们可以用这些钱来支付士兵的军饷。这样的话平民就可以少交一些税了。"只有这样，我们整个国家才能均等地享受胜利的红利。由英勇的士兵夺来的财宝不应当落到城市里的闲人手里，因为那些在最危险的地方拼杀的人往往追求战利品最不积极。"

而李锡尼则认为，这一笔财富总是会被人们抱以怀疑和厌恶的眼光，并且会导致平民的不满，最终带来动乱乃至革命。因此，最好是用这笔财富来安抚平民。他们已经被这么多年的税收击倒和压垮了。在旷日持久的战争中，他们几乎都已变成了老人，因此他们也理应尝到一些战争的甜头。"当一个人拿着从敌人手中夺来的财物回来时，倘若有人以数倍于其价值的价格向他购买这些财物，他一定感觉更愉快。"①

在与维爱的战争之前，罗马的财政来源很可能是采用像希腊城邦一样的自愿捐赠。与维爱的战争持续了如此之久，以至于有必要为士兵提供一定的津贴来补偿他们远离农田的时间。这些津贴来自对公民的课税［这种税收被称为"特别战争税"（*tributum*），其征收也是基于财产的多少］。尽管自愿捐赠在公元前400年之后就中断了，但为了应对毁灭性不亚于20世纪大战的布匿战争的财政需求，罗马还是不得不将其恢复。就现存的数据来看，在第一次（公元前261年~前241年）和第二次（公元前218年~前201年）布匿战争中，罗马失去了1/3的成年男性人口，由此造成的经济损失必然是巨大的。为了应对资金紧张，罗马学习了雅典的做法。在伯罗奔尼撒战争中，雅典最初依赖的是自愿捐赠，当捐赠不能满足战争的需求时，便开始征收强制财产税。而罗马则将这一过程倒了过来。他们最初采取的是财产税，而当税收收入不足以支撑战争的时

---

① Livy, *Ab Urbe Condita* V, 20, quoted in Y. Garlan. *War in the Ancient World*, London, 1975, pp. 75-76.

候，罗马便开始鼓励自愿捐赠，这种捐赠和公元前242年雅典筹钱进行第一次伯罗奔尼撒战争时所实行的"船主制度"有异曲同工之妙。

> 罗马人……现在决定第三次试试他们在海战上的运气……国库已经空了，他们也没有任何增加国库收入的手段。尽管如此，重建海军的资金还是通过精英公民们的慷慨与爱国热情筹集到了。他们或是独自出资，或是两三个人联合出资，共同组建了一支装备齐全的五列桨战船舰队。他们知道，如果远征取得成功，他们都能获得回报。通过这种捐赠，罗马建立了由200条五列桨战船构成的海军。①

在这里，我们再次发现了战利品、捐赠和公共债务之间的联系。罗马的精英在进行捐赠建立舰队的时候就明白，所获得的战利品会用来报偿他们的馈赠。他们所进行的实际上是一种有报偿的公益捐赠。这种财政手段只有在一个平衡了政府中"贵族"和"民主"成分的国家才有可能实现，而像雅典这样极端民主化的国家是绝不会允许捐赠者对于战利品拥有第一索取权的。

第二次布匿战争对于罗马的财政产生了更大的压力。战争的开始阶段对于罗马来说是灾难性的，汉尼拔的冒险突袭打了他们一个措手不及。在接连于特拉西梅诺湖和坎尼折损了两支大军之后，罗马在公元前216年面临着经济与军事双重崩溃的

---

① Polybius, 1, 59, 1—8, quoted in T. Frank, *An Economic Survey of Ancient Rome*, Vol. I, Baltimore, 1933, pp. 63 – 64.

危险。正是从这时罗马人开始了他们持续不断的捐赠潮流。在公元前215年，远征西班牙的军队正是通过信用维持的。在公元前214年，罗马人开始利用公益捐赠来建造战船，公民将他们私有的奴隶借给军队使用。同一年，寡妇与孤儿的抚恤基金被捐赠给了国家。其中最著名的一次是公元前210年公开捐赠家族财产的活动。

> "让我们这些元老院议员，明天将我们所有的金、银、铜币都带来交给国库［只保留必要的金额］。所有人都应当立即前往执政官处进行财物的申报和登记。因为在此之前元老院并没有颁布类似的法令，故我们自愿的捐赠和匡扶国家的行为，会激励其他的公民也来做同样的事情。"……元老院决定休会，每一个议员都把自己的财物带来交给了国库，每个人都渴望成为捐赠榜单上的头名……元老院的行为激起了罗马骑士团的仿效，而骑士团又受到了普通公民的仿效。就这样，没有颁布一条法令，没有进行任何的强制，国家既不缺少武装舰队的桨手，也不缺少支付这些桨手的资金了。[1]

这股自愿捐献的浪潮一直持续到公元前205年，直到最新一轮的捐赠满足了大西庇阿远征北非的财政需求。这一次自愿捐献和第一次布匿战争中捐赠的相同之处在于，它们都采取了或有债务的形式，即债务的偿还与否取决于战争的结果。公元前204年，当胜利的曙光开始出现，战利品向着罗马滚滚而来

---

[1]　Livy, *op. cit.*, 5～12, 26, 36.

的时候，正式的支付结构便被建立起来（至少是对于公元前210年的元老院捐款来说），共和国分别在公元前204年、202年和200年各偿还了公民所捐赠款项的1/3。

用胜利的果实来报偿的不仅仅是自愿的捐赠。公元前187年，新一批来自希腊的战利品偿还了所有在第二次布匿战争中征收的特别战争税。这种对税收的偿还很有可能在罗马之前的历史上发生过，只不过并未得到历史学家的记录。但在没有其他有记载的先例的情况下，公元前187年罗马的这次税收偿还，和公元前242年雅典对于自愿公益捐赠的偿还在公共财政史上有着同等重要的意义。在约1500年以后，当中世纪意大利的城邦公民重新开始将可偿还税收作为他们公共财政体系的基石的时候，他们（似乎）并不了解古典时代的这些先例。无论在后世人看来多么奇特，罗马人的这种做法实际上没有任何不合常理之处。他们在偿还税收的时候，遵循的实际上是一个非常简单的原则：所有来自公民的货币捐赠，无论是自愿的、半自愿的还是被强迫的，在战争状况允许的条件下都应当得到偿还。对公民的战争捐赠的偿还只不过是部落社会中在部落民之间分割战利品的原则在货币时代的应用罢了。

捐献资金的确切数额尚未可知，但可以进行大概的估计。第一次布匿战争筹集的资金总额，历史学家蒂尼·弗兰克（Tenney Frank）估计约为300万第纳尔。[1] 在第二次战争中，债务占据了更为重要的地位。可以用来估计债务总额的唯一信息是，罗马在战争结束的时候带回的全部战利品才勉强能够偿

---

[1] Frank, *op. cit.*, p. 66. 该书估算建造一艘五列桨战船的成本为 1.5 万第纳尔。

付当时所有的债务。到了公元前 200 年，所有剩余的资金都得用在和马其顿的战争中，所有剩余债务的偿付只能通过授予公有土地的方式进行。李维估计从迦太基获得的战利品不会远高于 1100 万第纳尔，如果他的估算正确的话，总共的公共债务金额应该在 1500 万第纳尔左右，公元前 187 年的税收返还大约为 2250 万第纳尔。因此，偿还公民的资金总额约为 4000 万第纳尔。

这些数字背后蕴含着巨大的意义。4000 万第纳尔约合 6000 塔兰特——这是古文明世界迄今为止最大的一笔债务。公元前 3 世纪罗马的国民收入只能用试验性的方法来估算，但考虑到所涉及问题的重要性还是值得一试。一种方法是通过罗马人缴纳的基于财产征收的特别战争税的数量来进行估计。特别战争税总额为 88700 万①第纳尔，② 再假设罗马人估算资产价值的手段和我们今天类似，即用收入乘以一个固定的比率——且这个比率是基于当时的法定利率 8.33%，用这种方法计算出的国民收入总额大约在 7500 万第纳尔左右。第二种估计方法基于军团士兵的军饷。假设军团步兵每天 1/3 第纳尔的军饷与人均国民收入大致相同（考虑到全体公民都有服兵役的义务，这一假设应当有其合理性），那么国民收入约为 5000 万第纳尔。无论采用哪一种估计值，罗马的公共债务都超过了 GNP 总量的 50%，而且很有可能超过了马斯特里赫特条约中规定的财政审慎标准线（60%）。但从另一个角度来看，罗马的债务是免息的，且债务的偿付只有在战争胜利时才需要进

---

① 原文数据如此。——译者注
② G. de Sanctis, *Storia dei Romani*, Vol. Ⅲ, 2, Turin, 1917, p. 629.

行，这就使得罗马共和国的债务管理成为一件相对简单的工作。

上面所描述的"贷款"并非罗马共和国应对布匿战争带来的财政危机的唯一手段。和狄奥尼修治下的叙拉古一样，罗马共和国也采用过货币贬值的办法来解决自己的债务问题。公元前3世纪罗马共和国的铸币系统主要由大型青铜铸币构成，最主要的货币单位是阿斯，这是一种重达10罗马盎司的笨重的青铜币（最早的1阿斯重达1罗马磅，即12盎司，换算为公制单位是327.5克。这种货币是从更原始的直接用金属的重量来表示货币价值的方法演变而来的）。这种青铜币在货币系统中和一种与之没有直接兑换关系的银币共同流通。这种银币的发行基于雅典德拉克马，主要用于与南意大利的希腊人之间的贸易。这种二元货币制度相对稳定地经历了第一次布匿战争的考验。但在第二次布匿战争中，汉尼拔入侵的压力使得整个货币系统崩溃了。直到公元前211年，军事和财政的状况才使得一种新的复本位货币制的建立成为可能。这种新的货币制的辅币为2盎司的阿斯铜币，主币为重4.55克的银币。这种银币与雅典的德拉克马非常类似，但罗马人将其命名为"第纳尔"（意即"10阿斯"），以体现其与铜币之间的固定比价关系。旧的铜币在此过程中失去了不低于80%的价值。

这种程度的货币贬值所蕴含的意义是非常重大的，但在从普林尼到亚当·斯密的一系列解读和误读过程中，具体的货币贬值的数目大小，在记述中从4/5一直膨胀到一个世纪内累计贬值23/24（即96%）。《国富论》对罗马的货币贬值政策的评价十分尖刻。

提高货币名义价值，那是假偿还公债之名行赖账之实的惯技……罗马的三次货币贬值，如合并一次实行，那么，像我国现币 1.28 亿的债务，就可一下子减至 5333330 镑 16 先令 8 便士。哪怕英国负债之巨，使用这种方法，也是马上可以偿还的。①

亚当·斯密的这种批判只有在 18 世纪的金融环境下才能称得上言之有理。罗马并没有亚当·斯密所熟知的那种公共债务。正如前文所言，罗马的"债务"只有在军事胜利的情况下才有偿还要求，因此罗马人根本不需要采用货币贬值这种手段来应对债务。罗马铸造新币的最有可能的动机是缓解城中青铜铸币的匮乏。当时，青铜依然是战争中非常重要的金属，可以用于制造盾牌、马具和马车等，因此在旷日持久的战争中很容易变得稀缺。当汉尼拔在第二次布匿战争中占领了伊特鲁里亚并切断了罗马的青铜供应时，这一问题变得更为严重，全面的信用危机看上去将是不可避免的后果。在这种情况下，转向以银币为主、以降低了面值的青铜币为辅的货币制度是一种聪明的选择。几乎可以确定的是，这种货币制度转变的动机除了创造一种更有效的货币体系之外，还有解决债务问题的要求。但他们想解决的主要不是公共债务，而是私人债务。这一点是罗马的历史学家所证实的。他们对于这一事件的描述与现存的钱币学证据更加契合。

在汉尼拔战争期间，元老院颁布法令，将原来的足值阿斯币 [12 盎司] 改为"六分"阿斯币 [2 盎司]。新的

---

① *The Wealth of Nations*, Book 5, Chapter 3.

货币将主要用来缴税，这样的话，罗马人民的债务负担就会减轻，而那些借钱给国家的人也不会受到很大的损失。①

在罗马共和国时代，战争中最重要的开支是士兵的军饷。在货币制度调整之后，军饷被重新确定为每天 1/3 第纳尔。那些向军队供应补给品的商人也几乎不会受到影响，因为补给品本身就是用银币进行交易的，仅有的变化是新的银币反而比以前更重了。一部分的国内供应商可能（但是不一定）受到了损失，但在全体公民在艰难的岁月进行慷慨捐献的大背景下，这些损失相对来说并不算很大。

无论公元前 211 年发生的这次币制改革的动机和影响究竟如何，这种新的银币"第纳尔"将成为晚期共和国以及罗马帝国的本位货币。在战争结束时，其重量由 4.55 克下降到了3.9 克。在共和国晚期的混乱中，它的币值一直保持坚挺。直到罗马帝国尼禄统治（54～68 年）之前，第纳尔的重量基本保持不变。从尼禄到马可·奥勒留（161～180 年）之间，第纳尔经历了周期性的小范围贬值，因此，在帝国黄金时期结束的时候，一枚第纳尔约含 2.5 克的银。在上述的整个时间范围内，第纳尔确立了自己作为国际本位货币的地位，并在贸易中取代并延续了其模板——雅典德拉克马的位置。

八 罗马帝国

第二次布匿战争是罗马崛起的标志性事件。公元前 200 年

---

① Festus, quoted in M. Crawford, *Roman Republican Coinage*, Cambridge, UK, 1974, p. 612.

之后，罗马共和国获得了一系列的胜利，这些胜利为罗马带来了源源不断的战利品，这些战利品被展出在豪华的凯旋仪式上。公元前187年，当第二次布匿战争中的附加税已经偿还完毕时，下一步应当采取的措施是显而易见的。公元前167年，元老院决定，来自对外征服的收益对国家财政需求来说已经足够，因此特别战争税可以完全废除。从此之后，罗马人享受了一个长达500年的免税期。根据罗马的传统，倘若元老院不这么做，民众反而会感到惊讶。自此直到中世纪，从未出现过任何能够与中世纪意大利城邦金融手段相联系的紧急公共财政措施。

尽管如此，从古典时代到中世纪的这1300多年绝不应该就此被忽略。当中世纪的欧洲国家重新开始学习公共债务这门艺术的时候，它们实际上是在凭空创造，因为并没有同时代的范例可供模仿。倘若一位学识渊博的旅行者从东方的发达文明来到欧洲，他一定会对欧洲国家公共财政的糟糕状况表示惊讶。毕竟，正如前文所描述的那样，古文明世界中有如此之多的案例可供借鉴。很显然，在古典时代的社会解体过程中，存在某些因素能够阐明或至少部分地解释中世纪欧洲国家难以实现预算平衡的现象。首先值得关注的是罗马共和国向罗马帝国的转变。

根据古典时代的共和主义理论，帝国的荣耀是一杯毒酒。统治一个人口达5000万的国家和统治一个公民之间存在部落血亲关系的城邦绝不可同日而语。想要保证整个帝国的稳定，仅靠罗马人是远远不够的。而且像他们之前的帝国建立者一样，罗马人也需要取得被他们征服的民族的服务。罗马在开拓帝国过程中的创新之处在于，从公元前4世纪开始，罗马就开始向非罗马人授予公民权或部分公民权。① 这种与众不同的做法，再加上罗马人有定期解放他们的奴隶的习惯，使得罗马人可以被称为历史上第一个建立了超越本部落范围的政治自由权概念的民族。但这种部落自由权利的扩大化不是没有成本的，最终，公民共和制度与帝国的现实需要无法相容了。为了更好地管理他在很短的时间内以极快的速度征服的辽阔疆土，亚历山大大帝将自己打造成君权神授的帝王形象，并宣称他统治之下的臣民人人平等。罗马人也被迫走上了一条类似的道路，最终使他们走向东方君权神授君主制和全体公民权制度。最终，罗马共和国时代的大家族们将忍受他们的帝国被一个波斯式的专制君主所统治的屈辱，而簇拥着这个专制帝王的则是被解放的奴隶。

但这一过程进行的速度是极为缓慢的。亚历山大以极大的热情接受了自己新的皇帝角色，他所做的和在他之前的波斯人没有什么不同。② 无论是马其顿还是波斯都从未发展出罗马那样复杂的共和国宪政体系。在希腊人眼里，马其顿人是未开化的野蛮人，依旧生活在部落酋长统治的时代，波斯人和他们也没有什么本质上的差别。与亚历山大相反的是，罗马人在放弃他们的共和国体制时表现出了最大程度的不情愿。

这种不情愿最典型的表现是奥古斯都本人为他自己加上了一系列宪政伪装。屋大维这位"狡猾的僭主"绝无重蹈他的伯父恺撒之覆辙的意愿，后者极其轻率地表达了自己称王的意愿。

---

① 早在公元前 381 年，图斯库鲁姆的居民就获得了罗马公民权。See D. Heater, A History of Citizenship, Leicester, UK, 2000, p. 55.

② 希罗多德记载了一次波斯人关于君主制、寡头制和共和制好处的优劣的辩论。但辩论的结果是君主制被公认为最合理的选择。

因此，第一位皇帝从未接受和行使任何没有先例的权力，他与之前的共和国领袖唯一的不同之处在于他终身占据着数量极多的"共和国"职务。在罗马城内，这种做法使得共和国宪政依然存续的幻象得以维持；而在帝国的边远省份，这种法律细节对于当地居民来说无足轻重，而那些臣服于罗马人的民族则欢迎一位将他们从共和国的剥削下解放出来的仁慈的专制君主。

罗马人也没有急着采取旧帝国所使用的财政体系，他们尽可能长地保留了将经济剩余分配给公民的传统。由公民构成的罗马军团依靠战利品来维持。士兵们除了定期获得军饷之外，在每场战役结束之后还能得到丰厚的奖金。因此，罗马的国库中永远只包括从其他城邦或王国所榨取的战利品、赔款和贡金的一部分。在公元前 200 年到公元前 157 年，罗马共和国所获得的赔款和战利品总计约 2.6 亿第纳尔（约合 4 万塔兰特），但仅有 2600 万第纳尔留在了国库中，和当时罗马所达到的版图相比，这是一个很小的数目。①

这笔国库金额很可能代表着共和国财政水平的顶点，从公元前 157 年之后，战利品所带来的收入不再能承担几乎从不间断的战争的成本了。对东方的征服带来了大量的财富，但其中很大一部分都落入了将军的手中。当恺撒跨过卢比孔河进入罗马之后，他发现国家金库是空的，而神庙金库中只有 1200 万第纳尔。在公元前 44 年的四次战役胜利中，恺撒共获得了 4 亿第纳尔的战利品，其中 2 亿第纳尔被慷慨地分发了出去，忠于他的每一位军团士兵都可以获得 6000 第纳尔的奖赏，这相当于他们 26 年的基本工资。直到公元前 44 年恺撒被刺前夕，

---

① 　Frank, *op. cit.*, p. 141.

国库当中依然有 1.75 亿第纳尔。但在接下来的内战中，这些资金被很快地消耗掉了。

奥古斯都改变了这种状况，他在击败了宿敌马克·安东尼之后，个人的财富水平一定是极高的，但他将这些资金用于公共目的，在他去世的时候，他实际上已经是一个相对"贫穷"的人了。根据奥古斯都墓志铭中的记载，除了大型的公共建设工程之外，他一生共向退伍军人、贫民以及国库捐献了 6 亿第纳尔。这些慷慨的捐赠在保持社会稳定上起到了非常大的作用，而对于重建国库的作用则相对较小。在他于公元 14 年去世时，国库中共有 2500 万第纳尔（4000 塔兰特），还不及公元前 157 年的数字。对于世界上存在过的最大的帝国来说，这个数额低得让人吃惊。相比之下，大流士二世的国库中有 18 万塔兰特，公元前 5 世纪雅典的微型帝国拥有 9700 塔兰特，而约同时代的中国皇帝王莽所拥有的储备资金则是罗马帝国的40 倍之多。[1][2]

奥古斯都统治下国家财政系统的复杂程度也不比其国库的充盈程度更高。作为古文明世界最伟大的征服者，罗马当然有根据自身的需要而征税的权力，但奥古斯都认为适宜的税率实际上并不很高。在他统治下帝国的财政收入只有两例留存下来的记载，其数字分别为 1.5 亿第纳尔和 2 亿第纳尔（23000 塔兰特和 32000 塔兰特）。这些收入就绝对值而言是非常可观的，

---

[1] See L. - S. Yang, *op. cit.*, p. 4. 王莽拥有 60 万斤黄金，约合 14500 塔兰特。根据罗马当时的金银比价，这一笔钱相当于 17.5 万塔兰特的银币。

[2] 罗马帝国政府花钱的大手大脚反映了经济体内部资金的充裕。奥古斯都时期，利率达到了古文明世界历史的最低点，对于有良好信用的借款人，贷款利率只有 4%。与之相对的，同时期中国的利率为 36%，印度的抵押贷款和无抵押贷款的最低利率分别为 15% 和 24%。

但计算可知，国家财政收入只占 GNP 的 3.33% ~ 4%。[1] 大流士二世治下的波斯帝国总人口只有奥古斯都时罗马帝国的 1/3，但所获得的收入则与罗马相当。

可能意义同样重要的是收入的性质。罗马之前所有帝国的财政收入主要来自直接税，而直接税占罗马财政收入的比重不到 1/3。在罗马帝国的总收入中，1/4 来自海关关税，15% ~ 18% 来自国有地产，12% ~ 13% 来自被赋予自由后的奴隶所缴纳的"解放税"，而其余的部分都来自大大小小的次要税费。所有这些税收都没有严重地干扰经济的运行。与埃及托勒密王朝执行的国家对于经济的高度控制以及重税政策相比，罗马人所推行的几乎是完全的自由放任经济政策。托勒密王朝征收的进口关税率为 25% ~ 50%，相比之下，罗马帝国在全境通行的 2% ~ 2.5% 的进口关税几乎可以忽略不计。

在罗马城中废止征收的特别战争税，以对罗马人的臣民所征收的直接税的形式复活了。在共和国时期，这笔直接税的征收被交给了罗马的包税商来完成，在包税商的手中，这笔税收完全变成了帝国压迫的工具。奥古斯都采取的怀柔政策中很重要的一项就是将令人憎恨的包税商的角色从税收中剔除掉。从此之后，帝国中央政府确定每个省份所应缴纳的税收数额，而将征税的工作交给地方城市的精英阶层。这一举措的结果是重新加强了帝国财政中半自愿公民捐赠的成分。

……解决的方案是尽量避免财产税，主要依靠有公共精神的捐赠者对于财政的捐助……在私营业务中，聚敛财

---

① Goldsmith, *op. cit.*, p. 35.

富或剥削其他人都是正常的手段；而在公共事业中，慷慨
才是正确的选择。罗马人以自己所捐赠的数额之多为荣，
愿意捐献巨资以求得为自己建立一座公共纪念碑。他们不
齿于逃避税收或将压力转嫁给其他的社会阶层。在公共财
政史上这种情形还从未发生过，这是随着罗马帝国的毁灭
而永远消逝了的古典时代的传统之一。①

帝国所施行的地方自治原则在高卢和埃及这样完全不同的
地区都可以见到。在没有城市的地方，罗马人建造城市；在已
有城市的地方，罗马人授予他们自治权。公元 132 年，罗马哈
德良皇帝仿照雅典同盟建立了泛希腊同盟，广泛地授予当地精
英公民权以换取他们的合作，而他们往往也乐于与罗马合作。
公元 143 年，希腊演讲家埃利乌斯·阿里司提戴斯充满感情地
赞扬了帝国的新概念。

　　[在罗马帝国之前] 政府只不过是一个管理奴隶的部
门，国王和奴隶主也是同义语……对于帝国的皇帝来说，
您独自统治着所有的自由民……这一切都 [有赖于] 前
无古人的伟大的公民权概念……罗马不需要守军来驻守帝
国的要塞，因为所有城市中有权势与地位的人都会为罗马
守卫他们自己的土地。②

①　W. Goffart, *Caput and Colonate*, Toronto, 1974, pp. 102, 30.
②　Aelius Aristides, speech delivered upon arrival in Rome in A. D. 143, sections
　　23, 36, 59, 64, in: J. H. Oliver, "The Ruling Power: A Study of the Roman
　　Empire in the Second Century after Christ Through the Roman Oration of Aelius
　　Aristides," *American Philosophical Society*, 1953.

　　在冗长的颂词中，埃利乌斯并没有专门赞扬帝国的低税政策。但作为一个正直的希腊人，倘若他的祖国被课以重税的话，他是绝不会将其称为"自由"之国的。

　　早期帝国的税基是如此之低，税收的征收又是如此分散，以至于会使人思考它是如何存活下来的。奥古斯都最重要的改革之一是大幅削减军事开支。一半的军队被解散了，帝国的扩张政策被转为一种更偏重防御的战略。与帝国 5000 万的总人口和漫长的边境线相比，30 万常备军并不是一支很庞大的军事力量（相比之下，印度孔雀王朝的开国君主旃陀罗笈多拥有 65 万人的常备军，而他的帝国只有 2000 万左右的人口）。要使整个系统生效，总计 25 个军团必须足以应付任何的军事紧急状况，同时税基还要足够大，能够使帝国财政在和平时期有适度的盈余。在奥古斯都之后的 200 年时间内，帝国国库的数额时有波动，但只有 3 位皇帝在死后留下了相对充盈的国库（公元 36 年的提比略、公元 143 年的安敦宁·庇护和公元 211 年的塞维鲁一世），而在很多皇帝死后，国库都是空空如也。①

　　早期帝国温和的税制可能在一定程度上导致了帝国晚期严重的财政问题。公元 3 世纪，一系列的外族入侵使得罗马军队的规模翻了一倍。但通过现存税制增加的收入以应对新增的军

---

　　① 提比略留下了 6.75 亿第纳尔（约合 10 万塔兰特），安敦宁·庇护留下了 7.25 亿第纳尔，塞维鲁一世被记载留下的财富比他之前的皇帝都要多。但我们也必须考虑到货币贬值的因素，到塞维鲁一世时期，第纳尔已经比最初贬值了一半。更有可能的是，提比略才是帝国财富积累的最高点。提比略和塞维鲁所积累的财富更多的是通过没收政敌的私人财产得来的，并不是长期可持续经济政策的结果。在这三位皇帝死后，他们的继任者都把他们的积蓄挥霍一空。

事成本看上去是一件不可能完成的任务。财政自治权已经深深扎根于城市，难以剥夺。因此，皇帝所采取的应对危机的手段是货币贬值。到了克劳狄二世统治时期（267～270年），货币相比100年之前已经贬值了98.4%。货币经济陷入一片紊乱，唯一可以重振公共财政体系的办法是征收实物税。自从铸币诞生以来，银币就是希腊－罗马世界货币体系的基石，因此银币退出流通的现象就更令人震惊。公元301年，戴克里先试图通过发行和旧的第纳尔具有相同重量与面值的新银币来解决这一问题，但银矿供应不足限制了这种新银币的大范围流通。在他于公元305年自愿退位之后，货币重新开始加速贬值。公元320年，这种新银币的价值已经跌到了最初的30%。

由此，古典世界兜了一个大圈又回到了起点。它伴随着德拉克马－第纳尔货币体系兴起，而随着银币从经济生活中的消失，它也走向了消亡。在一个越来越狭窄的疆域之内，罗马帝国的国祚还将延续1000多年的时间，但它所经历的变革与演化将是如此巨大，以至于在其最终灭亡之际，很难在它身上找到任何古典时代的影子。

九　崩溃与瓦解

从2世纪晚期开始，与青铜时代晚期相类似的一次部落侵袭的浪潮再一次扰乱并最终倾覆了古典世界。从这一时期一直到公元1000年的历史，就是一部冗长的部落掠夺和侵袭的历史。这些部落包括斯基泰人、匈人、哥特人、汪达尔人、撒克逊人、法兰克人、阿瓦尔人、保加尔人、贝都因人、丹麦人、维京人、诺曼人、马扎尔人——这是一张可以轻松续写下去的名单，没有任何文明可以免遭他们的袭击。在所有的文明中，侵扰和毁灭的过程不断持续，直到通过社会内部的改革或者征服者与被征服者的融合，一个能够抵挡住下一波侵袭浪潮的复兴的文明社会得以重建。在西欧，中央政权的瓦解过程最为漫长，毁灭也最为彻底。

这一瓦解过程的首要受害者就是奥古斯都建立的帝国。内部的皇位竞争者斗争不休，耗尽了帝国的国库，并且军队无法驻守在边境上，从而为外部的入侵者打开了大门。在 3 世纪危机之后，戴克里先成功地重建了秩序，但他所建立的秩序与早期的帝国相比发生了巨大的变化。国家财政围绕着新创立的人头税和按谷物产出比例缴纳的实物土地税进行了重组，这些税目在早期帝国（除了帝国省份埃及以外）中是不存在的。国家官僚机构扩大了，更严酷的刑法体系也建立起来，元老院的权力被削减到几乎不存在。戴克里先将整个帝国分为了东西两部分，将帝国的政府迁离了罗马，在帝国的东部将自己塑造成一个高高在上的神权帝王形象。

戴克里先的继承者君士坦丁大帝（306～337 年）在经历了近 20 年的斗争之后重新统一了帝国，他通过建设君士坦丁堡作为自己的新首都确立了帝国发展的新趋势。在奥古斯都统治时期，罗马城是没有城墙的，但在君士坦丁的治下，"新罗马"和"旧罗马"都拥有了帝国工程师所能建设的最坚固的城防。具有亲民的多元主义精神的罗马多神教被新的一神教——基督教所取代。尽管君士坦丁理论上是一位宗教容忍主义者，但他对基督教的皈依使他能够合法地掠夺与没收旧的多神教神庙的财产。这些掠夺来的财富让他有了足够的黄金储备，来发行一种新的金币作为本位货币。为了彰显他稳定币值的决心，他将其命名为苏勒德斯（*solidus*，拉丁语，意为"厚实"）。这种新的货币成为帝国税收、消费和国库积累的主要工具。

5 世纪早期狄奥多西二世进行行政改革之后，这种新的政治和货币制度在帝国的东半部牢牢地扎下了根。东罗马帝国长期存续而西部的帝国很快消亡这一事实，与这些改革有很大的关系。433～450 年，狄奥多西二世能拿出 128 万苏勒德斯来摆脱阿提拉，让他把注意力转移到西部。① 到了 6 世纪，拜占庭帝国的皇帝每年能够获得 500 万～600 万苏勒德斯的收入（约合 12000～15000 塔兰特）。在有些记载中，收入还要远多于此。公元 528 年，阿纳斯塔西乌斯一世留下的国库中有超过 2300 万苏勒德斯的财富（约合 6 万塔兰特或 105 吨黄金）。②

在西部帝国发生的却是完全相反的事情。帝国内部解体花了数百年的时间。每次当复兴的曙光仿佛近在咫尺的时候，事后都证明不过是短暂的喘息。在 5 世纪早期，当帝国不再能够抵挡日耳曼部落迁徙的步伐时，它们一拥而入，在整个西部帝国的疆土上建立了自己的王国。其中罗马化程度最高的一支——东哥特人控制了意大利和伊利里亚，在他们的统治之下，短时期内似乎出现了稳定与复苏的希望。但随后拜占庭皇帝查士丁尼在 6 世纪进行的帝国再征服带来了比之前的蛮族入侵更大的混乱与毁灭。7 世纪，查士丁尼的征服成就被南部的阿拉伯人和北部的伦巴第人毁于一旦。8 世纪，查理曼治下的法兰克帝国看上去似乎能够成为新的西欧基督教普世帝国，但

---

① A. H. M. Jones, *The Roman Economy*, Oxford, UK, 1974, p. 79.

② M. Hendy, *Studies in the Byzantine Monetary Economy*, *350 - 1450*, Cambridge, UK, 1985, pp. 165, 171, and 224. 拜占庭帝国相对于早期罗马帝国收入的减少不仅由于人口数量减少，而且由于价格水平下降。举例来说，从 1 世纪开始，谷物价格已经降低了约 60%。

在短时间的辉煌之后，这一幻象也破灭了。查理曼的帝国在他死后被一分为三，帝国的分裂很可能是维京人在 9 世纪与马扎尔人在 10 世纪横行欧洲的原因。

这些蛮族王国在入侵并建立的同时也带来了它们的部落传统。在这些传统中，政治制度成为后代历史学家争论最多的一个方面。日耳曼部落延续了它们举行季节性部落民大会来商定公共事务的传统。200 年之前，这些部落民大会被认为是西欧国家议会制度的鼻祖。但 20 世纪所发生的历史事件使得这种看法失去了普遍的认同。条顿部落产生了太多的"不肖子孙"，以至于不再有国家愿意将其称作本国制度的始祖，现代的研究也与 17 ~ 18 世纪作者们的简单化观点相悖。在目前的研究中，在黑暗时代诸王国中，部落民大会的地位相对下降了，而国王的权威则得到了学者的强调。

毫无疑问的是，对新领土的征服在日耳曼人中带来了与其他部落社会一样的紧张局面。哥特人和法兰克人的领袖，如同他们之前的部落首领一样，企图加强自身的权威。他们不仅自诩为被他们推翻的帝国的继业者，而且试图将自己的地位赋予神圣的合法性。长老议会的权力被直接效忠于首领的军队侵蚀，而获取被征服的民族精英的支持也会削弱原先的部落纽带。国土面积扩大带来的国内旅行距离变长这一问题本身就阻止了定期集会的举行。但尽管如此，虽然开会的次数越来越少，某种形式的部落集会仍然存续了下来，重要的事务也会在会上讨论。西哥特人与伦巴第人的部落民大会看上去依旧保持着选举国王的权力。墨洛温王朝的诸王成功地确立了世袭王位制度，但即使是在法兰西，选举国王的传统也并未完全从形式上消失。987 年卡佩王朝取代衰败的加洛林王朝这一王位更选，是通过贵族与教士集会正式选举于格·卡佩为法兰西国王来完成的。立法需要民众同意这一理想体现在 864 年的皮特斯敕令中，根据法律条文，该法案的颁布有赖于"人民的首肯和皇室的诏书"①。

对于本书而言，关于罗马帝国解体过程最值得关心的部分还是财政问题。在这个方面，也存在部落传统的渗入。部落民大会通常是礼物交换的场所。加洛林王朝的宫廷史学家欣克马尔记载了岁捐（*annua dona*）和军事捐（*dona militum*），前者是臣民向国王表示忠心的捐赠，后者则是资助国王征战的捐赠。与之相应的，国王也应当定期赐予礼物给他的追随者以保证他们的忠诚，即使对于整个黑暗时代最有权势的君主查理曼来说也是如此。

> [792 年] 国王查理②在累根斯堡举行集会，当他看见随他而来的忠实的将士、主教和伯爵，以及那些没有参与丕平 [查理曼之子] 的阴谋的忠诚的人时，他用各式各样的金银珠宝以及其他礼物赏赐他们。③

在财政事务中留存下来的部落传统远不止赠礼交换这一种。直接税在英国过早地出现是出于支付丹麦金（丹麦法地区所交给丹麦人的贡金，其征收是基于众所周知的原则——征

---

① A. Marongiu, *Medieval Parliaments：A Comparative Study*, English transl., London, 1968, p. 32.

② 即查理曼。"查理曼"（*Charlemagne*）一词的本义即为"查理大帝"。——译者注

③ *Annals of Lorsch*, quoted in T. Reuter, "Plunder and Tribute in the Carolingian Empire," *Royal Historical Society*, 1985, p. 84.

服者的免税自由意味着被征服者的税收负担）的需要。在有记载的 9 次直接税征收中，7 次是由贤人会议（相当于旧部落中的长老议会）正式批准的。①

　　与赠礼类似，在新国家的财政系统中还存在很多其他的部落财政的特性：掠夺与进贡。每一次的蛮族入侵都伴随着惯常的掠夺，而在这些蛮族定居下来并组建为更先进的王国之后，掠夺也从未从它们的政治生活中消失。法兰克人作者强烈地谴责维京掠夺者给所谓的"加洛林文艺复兴"带来的毁灭性影响，但实际上，法兰克人也是依靠掠夺和贡金带来的财富生活的。882 年，查理三世被迫向维京人缴纳贡金，他因此受到了编年史作者的强烈谴责："他脸不红心不跳地向别人纳贡，背离了他的祖先——英勇的法兰克诸王们的传统……他本应该向那些人榨取贡金和人质。"② 在这里，我们所关注的重点并非法兰克人对战利品的渴求本身，而是在法兰克人的财政观念中，战利品取代了正常的税收和开支的地位。一位 8 世纪的作者在写下下面这些话时，对事实只做了微小的夸张："在今天，没有人花自己的钱来供养战士为他作战，恰恰相反，维持武装力量的手段是暴力与盗窃。"③

　　这种原始财政手段的再次出现带来了新的问题：旧的罗马税收体制究竟发生了什么？这个问题的答案一部分在于，早期帝国温和的税收体制使晚期皇帝的增税措施难以施行。对于习惯于财政自由和半自愿捐助的公民来说，戴克里先设立的新税

---

①　F. Lieberman, *The National Assembly in the Anglo - Saxon Period*, Halle, Germany, 1913.

②　Reuler, *op. cit.*, p. 75.

③　*Epitaphium Arsenii*, quoted in Reuter, *op. cit.*, p. 83.

制使他们非常惊诧。在他们眼里，缴纳直接税就等于受到奴役。这种从希腊流传下来的传统观念在一位同时代评论者的哀叹中得到了最为极致的表达。

> 调查员到处都是，他们翻动和查检所有的东西：这本是战争和奴役才能带来的混乱景象。土地被一寸一寸地丈量过了，每个人所拥有的葡萄藤、树木和各种牲畜的数目都被查清并登记造册；每家每户的人口也被数得清清楚楚；在每一座城市，城乡的平民都被召集起来，所有的公共广场上都挤满了被清查的家庭……这是旧时代的人们凭借战胜者的权利向被征服者所做的事情，伽列里乌斯却胆敢同样地对待罗马人和罗马人的臣民。[1]

新的土地税税率如此之高，以至于农民开始逐渐地抛弃土地。政府对这一现象极为担心，便开始采取措施强迫农民留在土地上，这是罗马人对旧帝国所采取的农奴制的初步尝试。国家的荣誉感开始丧失，很多人既不愿意支持战争，也不愿意交纳维持战争必不可少的税收。"倘若一场胜利能够使我们既摆脱斯基泰人的进攻又免于征税官的骚扰的话，那这场胜利才可谓名副其实。对于一个穷困的人，他的苦难是由斯基泰人造成的还是由罗马人造成的，对他来说并没有什么区别。"[2] 这段话出自一位君士坦丁堡的元老院议员之口。在某种程度上，它

---

[1] Goffart, *op. cit.*, p. 45, quoting the Christian writer Lactantius.

[2] Themistius, c. A. D. 368, quoted in W. Goffart, *Rome's Fall and After*, London, 1989, p. 16.

依然反映了将税收与征服相等同的传统观念；但从另一个角度来看，其中也包含着沉重的失败主义情绪，这种情绪之深甚至使人怀疑东帝国究竟是如何比西帝国延续了更长的时间。实际上，在一段时期内，东帝国的瓦解似乎也是迫在眉睫的事情，但蛮族向西部的迁徙和查士丁尼治下帝国重振的尚武精神使其幸免于难。因此，至少是在帝国的东半部，新的税收和官僚体系扎下了根。但是在西部，直接税似乎从未获得合法性。元老院议员阶层虽然掌握了大量的肥沃土地，却能够几乎完全逃避税收。用一位历史学家的话来说："本地的罗马贵族……破坏了整个国家体系；当日耳曼人在罗马的疆土上建立了他们的王国之后，进行有效的税收征收几乎是一件不可能完成的任务。"① 马约里安皇帝在 458 年承认了帝国财政上的失败并免除了所有拖欠未缴的税收。到了 7 世纪时，一位编年史作者已经可以将以下的事情作为信史记录下来了：罗马公民邀请勃艮第人入侵高卢，以便"帮助他们摆脱帝国税收的桎梏"②。

　　在日耳曼人建立王国之初，他们并未感觉到财力不足的困难。早期蛮族国王的国库中堆满了征服得来的战利品。在查士丁尼击败东哥特人时，东哥特王国的国库中尚存有 290 万苏勒德斯（约合超过 7000 塔兰特）。尽管这些早期的统治者沿用了罗马的税制，但他们并不是很迫切地需要这一财源。其中一个原因是蛮族统治者并不需要维持一支罗马式的军队，哥特人

① C. Wickham, *Land and Power*: *Studies in Italian and European Social History*, *400-1200*, London, 1994, p.74.

② Fredegar, *Chronicon*, 2, 46, quoted in Goffart, *Rome's Fall and After*, p.226.

的武士并非领取军饷的士兵，他们如同游牧部族一样依靠掠夺物和战利品生活。当随着领土的扩大和国家的稳定，这种收入来源逐渐减少时，国王们会把从罗马人那里夺来的土地分给武士以换取他们的支持。这种做法加速了税收体系的瓦解。正如之前的部落征服者一样，哥特人与法兰克人也没有缴纳税收的传统，那么将土地分封出去就会直接导致土地税收入的减少。与之同样重要的是，有很多的土地所有者将自己的土地拿出一部分给入侵者，并收其为自己的封臣，数量逐年下降的纳税人也开始逐渐改变自己顺从的态度。的确，没有了维持军队的需求，税收除了增加国王的财富之外并没有其他的任何作用。

在 7 世纪，作者们可以理所当然地认为进献贡金是与自由不相容的，而强加的税收则是压迫的标志。马尔库夫将"真正的自由人"（Bene Ingenuus）等同于"未被列入税收名册的人"。[1]

正是在这个意义上，"法兰克"这个词逐渐失去了其代表的部落和民族的含义，而被人用来指代"自由"——特别是"免于税收的自由"。罗马税收体制以及旧的罗马货币都在 7 世纪——黑暗时代中最混乱的阶段最终消亡了。法兰克国王收到最后一笔土地税是在 632 年，而在 674～679 年法兰克国王达戈贝尔二世铸造了最后一批金币之后，贵金属货币也从经济

---

① Goffart, *Rome's Fall and After*, pp. 230-231.

中消失了。①

　　对于普通的农民来说，税收负担并未完全消失，只不过交税的对象从帝国政府换成了日耳曼人领主。土地在入侵者之间的分配以及社会生活的去货币化是封建制度的开端。在最纯粹的封建制度中，政治生活和土地分配完全基于领主与封臣之间的宣誓效忠关系，而与商品货币关系无涉。正如马克思所言，这种完备形态的封建制度可能只存在于西欧（与日本）。但很清楚的一点是，在其他的难以维持一支有效的付薪常备军的社会中，类似的过程也或多或少地发生过。从财政的角度看，封建制可以被视为一种对于国家财政体系的简化，它将士兵转变成征税人，并允许他们保留所征得的税收。在这种情况下，国家可以避免建立一个庞大的官僚体系带来的麻烦，但其带来的不利后果是中央权威的大幅削弱。与瓜分战利品和进献礼物的习惯不同，财政的封建化并非来自部落的传统，而是往往产生于受到部落民威胁的发达文明中。事实上，封建制往往需要在土地税之后产生，而土地税则主要存在于建立了中央集权政府的文明中。封建化过程涉及的中央税权瓦解的程度在不同的地区差别极大，受到很多因素的影响，如封授的土地是完全代替了军饷还是仅部分代替，土地所有权是否可以世袭，收回和重新分配已封授土地的难易程度，以及君主是直接将土地封授给普通士兵还是先将土地封授给几个大封臣，而普通士兵则成为他们的次级封臣。在西欧，国家的税收权力几乎完全消失。中

①　达戈贝尔二世所铸造的货币为 *triens*，即1/3 的苏勒德斯，重约1.5 克。但其质量十分低劣，含金量不到1/3。P. Spufford, *Money and Its Uses in Medieval Europe*, Cambridge, UK, 1988, p. 20.

央政府不再为任何士兵支付军饷，封土逐步演变为世袭的封国，而普通的士兵则成为大封建主的次级封臣。这些大封建主的实力往往比国王还要强大，国王对他们只拥有名义上的宗主权。

到了 10 世纪晚期，西欧的国王几乎完全丧失了向他们的臣民征税的权力，9 世纪的一次征税行为反倒充分地说明了加洛林王朝权力的有限性。西法兰克国王秃头查理需要花钱来摆脱不断侵扰的维京人，令人震惊的是，他甚至不能在规定的期限内凑齐 3000 ～ 6000 磅的白银，而"对于一个相对富裕的 [罗马] 地主来说，一次付清这笔钱都不会有很大的问题"①。

在文明世界的其他地方，社会瓦解与倒退的程度都没有如此极端。在经历了约 100 年的波折之后，东罗马帝国成功地完成了自我革新并稳定了下来。在查士丁尼及其继任者的统治之下，拜占庭帝国依旧是当时最强大的国家，只有东部的萨珊波斯能够与之抗衡。7 世纪，帝国在穆斯林的进攻下丢失了大片的领土，继军事上的灾难后，帝国进行了一系列财政分权化的改革，有些历史学家将其与封建化相提并论。在新的"军区制"体系下，国有土地被分配给士兵。土地的所有权是世袭的，前提是土地的继承人必须加入军队服役。军区制与西欧封建制最大的不同在于，军区制下士兵所拥有的土地只代表其全部"工资"的一部分，除土地以外，服役期间士兵每年还能够获得约 9 苏勒德斯的军饷。9 世纪时拜占庭帝国的领土已经大幅缩水，无论是版图大小还是人口数量都没有超过鼎盛时期

---

① M. Hendy, *The Economy, Fiscal Administration and Coinage of Byzantium*, Northampton, UK, 1985, 7, p. 38.

的查理曼帝国，但其年收入超过了 300 万苏勒德斯，这是秃头查理凑不出的那笔贡金数额的近 100 倍。856 年，拜占庭帝国的预算能够维持一支 12 万人的常备军，其国库里贮存着 1370 万苏勒德斯的财富，足以承担帝国五年的开支。① 很显然，所谓的"封建化"在早期并没有削弱拜占庭帝国。只有在 11 世纪，帝国的安纳托利亚地区（现在土耳其的大部分）在战争失利沦陷给塞尔柱突厥人之后，帝国的贵族才在军区制的土地分配中占据越来越重要的份额，国家也因此失去了对小农士兵的直接掌控。

阿拉伯人对于萨珊波斯和拜占庭帝国的征服进行得极为迅速，以至于并没有发生中央权威的解体。阿拉伯人只不过是接管了罗马人和萨珊波斯的人头税和土地税体系，将其按照伊斯兰教的规范进行了改革，并很可能提高了税率。一位同时代的见证者、纳吉乌的约翰主教记载："穆斯林征服了从南到北全埃及的土地，并把税负定为原来的三倍。"② 很明显，早期的哈里发并不缺少收入。8 世纪晚期，哈伦·拉希德治下的鼎盛时期的阿拔斯哈里发帝国的国库收入超过了 3500 万第纳尔。③④ 即使考虑到哈里发帝国的人口总数约是拜占庭帝国的 2.5 倍，这仍是一个令人印象深刻的数字。这一收入水平超过

① W. T. Treadgold, *Byzantine State Finances in the Eighth and Ninth Centuries*, Boulder, CO, 1982, pp. 10 – 11, 15 – 17. 狄奥多拉在 856 年的积累并不是拜占庭历史的最高点，1025 年巴西尔二世留下了 1440 万苏勒德斯。

② J. B. Simonsen, *Studies in the Genesis and Early Development of Caliphal Taxation System*, Copenhagen, 1988, p. 138.

③ Goldsmith, *op. cit.*, p. 75. 国库收入的估计值为 2800 万～3500 万第纳尔，这还没有包括那些地方政府花在本地、没有上缴中央的税收。

④ 哈里发国家的第纳尔即拜占庭帝国的苏勒德斯（或称"黄金第纳尔"），阿拉伯人从其征服的埃及和叙利亚省份继承了它们的货币制度。

了罗马帝国鼎盛时期的最高岁入，尽管其人口还不及罗马帝国全盛时的一半。

尽管如此，在以后的几个世纪里，伊斯兰世界也经历了一场类似于封建化的变革。在征服战争初期，很容易找到足够的战利品来犒赏安拉的战士们。在哈里发帝国中，战利品的作用被定期的军饷所取代。哈里发国家士兵的军饷相对而言是有史以来最高的，每个步兵每年可以获得 65 第纳尔的军饷（与之相对的，同时代拜占庭帝国士兵的军饷为每年 9 第纳尔，早期罗马帝国的军团士兵为 18 第纳尔）。① 这种收入水平使得军队实际上成为国家的精英阶层。当哈里发帝国在战争中的好运开始衰退时，其国家财政收入也开始萎缩，在 9 世纪降至 2000万第纳尔，而在 10 世纪早期则降低到 1500 万第纳尔以下。军费给国家财政带来的压力逐渐变得难以承受。为了应对这种现象，国家建立了伊克塔体系，即将土地授予士兵来代替要支付的军饷。这个体系在后世的所有伊斯兰教帝国中都得到了不同程度的使用，包括塞尔柱帝国、伊儿汗国、奥斯曼帝国、波斯的萨法维王朝以及莫卧儿帝国等。但在伊克塔体系②下，国家从未真正完全丧失对于所封授的土地的控制权。士兵所获得的土地一般是不可世袭的，通常情况下，国家可以任意地将土地收回并进行重新分配。

---

① *Encyclopedia of Islam*, Leiden, 1960 – , p. 1145. 步兵每年的工资为 1000 蒂勒姆。1 第纳尔相当于 15 蒂勒姆。拜占庭军队的工资数据来自 Treadgold, *op. cit.*, p. 97；罗马军团的工资数据来自 A. H. M. Jones, *The Roman Economy*, Oxford, UK, 1974, p. 192.

② 伊克塔（Iqta）体系在某种程度上可以被视为西欧封建制在伊斯兰世界的翻版，一份"伊克塔"即一份"封地"，伊克塔的持有者被称为"穆克塔"（Muqta）。

　　依靠其坚实的文化与行政传统，在东方的国家中，私人与公共权利之间的界限并不像西方那么模糊……在经济上，一位穆克塔［伊克塔的持有者］与西方的领主的区别在于，他居住在城市里，也并不需要亲自去组织自己土地上的农业生产。他从土地中获取收入，仅此而已。[①]

　　印度次大陆也受到了匈人的冲击，但在这里，游牧部族入侵者并不如他们在西欧那么成功。笈多帝国成功地打退了他们的进攻，尽管帝国本身在战争胜利之后并没能延续很长时间，其解体的结果是政治上的碎片化而非社会与经济的倒退。在不到一个世纪的时间内，戒日王又重新统一了北印度，并创立了印度最后的大帝国。

　　只有在中国的北部，中央税收权威衰退的程度才与西欧相近。在4世纪早期，中国北方游牧民族突破了长城的防御。中国的北方经历了一段由少数民族的武士贵族统治的政治不稳定时期，其间伴随着货币经济的崩溃和实物税的再次出现。中国南方则避免了游牧民族的统治，在一系列相对短命的王朝的统治下，虽然政治上处于弱势地位，但很好地保存了汉文化。

　　中国的混乱与崩溃并没有像西欧一样持续很长的时间。到了5世纪晚期，游牧民族内侵的高潮已经退去，而定居下来的少数民族政权，如同中国历史上多次发生过的一样，开始了逐渐"汉化"的进程。在6世纪晚期和7世纪早期，正当西欧处于黑暗时代的最低点时，中国却在隋王朝的统治下走向统

---

① *Encyclopedia of Islam*, p. 1090.

一。隋朝，和它的后继者唐朝一样，都是强大的、中央集权的、有税收征集制度的政权。隋朝和唐朝的统治者都来自"胡人"统治的北方，但他们依然成为政治、文化和经济进步的推动者。他们重建中央权威的秘诀何在呢？其答案可能来自南方，中国的这一部分从未真正丢失汉文化传统。隋朝和唐朝在完成了全国的统一之后，对这些传统进行了很好的利用。帝国的官僚系统得以重振，而科举制度的设立对武士贵族阶层的权势进行了决定性的打击，这一制度将延续到 20 世纪。具有同样重要地位的是中央税收权力的重建。唐朝重新开始征收人头税与土地税。在盛唐时期，唐朝拥有同时代世界上最高的国家收入。到了 9 世纪时，唐帝国的岁入达到了 5700 万"串"钱，是哈里发国家鼎盛时期的 2 倍（虽然唐帝国的人口也很可能是哈里发帝国的 2 倍）。

西欧的税收体系与文明世界（西欧自身已不能被纳入其中）国家的对比在表 1-1 中表现得非常明显，表 1-1 中还加入了人口的数据以便于比较。

表 1-1　人口与税收，前 350~1200

时间	人口 （百万）	税收总额 （吨白银）	人均税负 （克白银）
波斯（前 350 年）	17	697	41
埃及（前 200 年）	7	384	55
罗马（1 年）	50	825	17
罗马（150 年）	50	1050	21
拜占庭（850 年）	10	150	15
阿拔斯哈里发帝国（800 年）	26	1260	48
唐帝国（850 年）	50	2145	43

续表

时间	人口 （百万）	税收总额 （吨白银）	人均税负 （克白银）
法国（1221 年）	8.5	20.3	2.4
英格兰（1203 年）	2.5	11.5	4.6

注：表头时间期限为前 350~1200 年，与表中 1203 年有差异，原书如此。——译者注

资料来源：人口的数据来自 C. McEvedy and R. Jones, *Atlas of World Population History*, London, 1978。收入的数据来源如下：波斯的数据来自 Andreades, *op*, *cit.*；埃及的数据来自 F. M. Heichelheim, *An Ancient Economic History*, Leiden, 1958, p. 125；罗马的数据来自 Goldsmith, *op*, *cit.*；拜占庭的数据来自 Treadgold, *op*, *cit.*；阿拔斯哈里发帝国的数据来自 Goldsmith, *op*, *cit.*；唐帝国的数据来自 D. C. Twitchett, *Financial Administration Under the T'ang Dynasty*, Cambridge, UK, 1953, p. 154；英格兰和法国的数据来自 R. Bonney, ed., *Economic Systems and State Finance*, Oxford, UK, 1995, p. 67。

上述数据当然只是最粗略的估算结果，也没有考虑到不同地区不同时代白银的购买力变化对结果所造成的影响。[①] 但从整体来看，西欧与其他地区的差距是十分明显的。特别是还要考虑英格兰与法国的收入数据取自更晚的时期，倘若我们能找到查理曼帝国在公元 800 年的收入与人口的数据，上述差距很可能更为巨大。

[①]　一般来说，美索不达米亚地区的价格水平比地中海沿岸的欧洲要低，价格断断续续地上涨，直到在罗马帝国早期达到顶点。在汉谟拉比时期，每公升大麦价格约为 5~7 克白银，到了波斯帝国晚期，大麦价格上涨到每百公升 38 克白银。在奥古斯都时代，谷物价格为每百公升 55 克白银。古典世界的衰落伴随着价格的下跌。查士丁尼统治时期拜占庭帝国每百公升谷物售价为 22 克白银，到了 9 世纪则只有 15 克。在西欧，黑暗时代的价格水平比这还要低。到了 12 世纪，价格重新开始上升。在 1200 年前后的英格兰，谷物价格重新回到了每百公升约 20 克白银。

第二章 公民债权人

> "*Monte*"［公共债务］是本城邦的心脏⋯⋯城邦的每
> 一个肢干，无论大小，都需要尽力拱卫它。它是城邦的堡
> 垒和基石，是全体公民能够在天堂获得救赎的保障。[①]
>
> ——佛罗伦萨共和国预算，1470

一　城邦的回归

对于欧洲来说，1世纪的钟声似乎带来了新的希望。马扎
尔人已被打败，诺斯人接受了基督的教化，由海盗转变为新国
家的建设者。奥托一世也在德意志重建了查理曼的帝国。贸易
重新开始流动，货币供给也快速地增长。尽管罗马帝国的重建
被普遍认为是一件理应完成的事情，但欧洲并没能像唐代的中
国一样重新实现统一。倘若西欧想要模仿唐朝的功业，它就应
当首先征服东罗马帝国，并利用其保存完好的官僚与财政体系
在西方重建强有力的中央政府。这很显然是不可能完成的任
务：因为在马其顿王朝的统治下，拜占庭帝国正处在一个繁荣
与扩张的黄金期。拜占庭帝国的陆军拥有纪律严明的重骑兵，
海军则装备着恐怖的"希腊火"，在当时可能是地中海世界最
强大的军事力量。更大的困难存在于西欧基督教世界内部。再

---

① Quoted in L. F. Marks, *The Development of the Institutions of Public Finance in Florence during the Last Sixty Years of the Republic, 1470 – 1530*, unpublished D. Phil. thesis, Oxford University, 1954, p. 20.

统一的任务自然落在神圣罗马帝国的皇帝的肩上，而他却被罗马－日耳曼世界留下的两桩致命性的遗产——罗马教廷和选帝侯制度捆住了手脚。罗马教廷是旧帝国留下的最重要的遗产，通过篡改（毋宁说伪造）事实，教皇将自己包装成君士坦丁大帝在西欧的合法遗产受赠人。利奥三世在公元800年的圣诞节（可能并未事先征求查理曼的同意）出人意料地将皇冠放到查理曼的头上，通过此举，他成功地将教皇的角色嵌入了西欧的重建过程中。从此之后，只要没有教皇的加冕，神圣罗马帝国的皇帝都不能完全地获得统治的合法性。神圣罗马帝国还延续了日耳曼人部落选举国王的传统，尽管这种做法在欧洲的其他地区都已经逐渐消失了。只有在同时获得选帝侯和教皇的认可之后，神圣罗马帝国的皇帝才算真正巩固了自己的权力。无论是教皇还是选帝侯，在理论上都应该为帝国的统一事业服务；但实际上，他们都不愿意将自己的权力让渡给一个集权化的国家。皇帝、教皇与选帝侯之间争夺最高权威的斗争从帝国诞生之日即宣告开始，一直延续到1250年。最后一个中世纪的伟大皇朝——霍亨施陶芬王朝在这一年遭到了灭顶之灾，这场斗争也以帝国的彻底失败而告终。

这一失败所造成的影响是深远的。原先帝国领土的各个组成部分——德意志、法兰西、瑞士和北意大利，非但没有组成一个新的超级大国，反而形成了各自独立的地区。最后一位能够对全部帝国领土进行有效控制的皇帝是12世纪的腓特烈·巴巴罗萨，即便是像他这样的强势君主也没能长期维持自己的掌控力。霍亨施陶芬王朝在1190年幸运地从诺曼人手里继承了西西里王国，因此又把权力延续了几代人的时间。西西里王国较好地保全了罗马帝国集权化政府的传统。正是这一块帝国疆域之外的私人领地让腓特烈有了最后一次尝试对意大利行使权威的本钱。在他失败之后，帝国的领土逐步瓦解为一盘小型邦国的大杂烩，以至于直到700年之后，德意志和意大利才各自重新统一。

尽管如此，这一段历史的意义绝不仅限于告诉我们当时的欧洲距离重建一个大一统的、有中央税收体制的帝国究竟有多么遥远的距离，整个欧洲范围内——特别是地中海世界贸易的振兴不仅帮助旧城市复兴，还为新城市的兴起创造了条件。帝国中央权威的崩溃使得新一代的城邦国家开始崛起。到了12世纪，意大利的中部和北部形成了一幅与古典时期的希腊非常相似的政治图景，几乎每个城市都有1万名左右的居民，并建立了事实上的自治政府。在1150年腓特烈·巴巴罗萨开始侵犯这些城邦自治权的前夕，编年史作者弗赖辛的奥托这样写道：

> 整片土地都被城市占据了……在城市周边居住的贵族或者头面人物都需要承认城市的权威……这些城市还得益于它们君主的缺位，皇帝总是更习惯于留在阿尔卑斯山遥远的另一边。①

这种自然产生的对于古典世界的再创造产生了深远的影响。古文明世界的城邦尝试了多种方式，将传统的部落财政改造得符合国家的要求。它们尽力秉承的两个原则是：（1）尽量避免征收直接税；（2）将经济盈余在公民中分配。意大利

---

① Quoted in D. Waley, *The Italian City Republics*, London, 1978, p. 59.

城邦的公民对这两个原则的执念不亚于他们的古希腊先辈，但意大利和希腊城邦之间存在根本的社会形态上的差异，而这种差异对于城邦的公共生活产生了重要的影响。希腊城邦的经济以农业为主，商人在总人口中只占较少的一部分，而且商人中有很多是没有公民权的外国人。在主要由移民的后代组成的社会中，这一点不足为奇。共和国时代的罗马也是如此，元老院的议员被禁止参与贸易活动，而农民－士兵辛辛纳图斯的传奇①则在罗马人中代代相传，直到2000多年后，美国的共和主义者还在类似的环境下传颂着。与之相对的，中世纪欧洲的城市则以商业为主。尽管意大利城邦有时也会（不情愿地）将封建贵族纳入其中，也有很多公民在城市之外拥有土地，但城邦对于周边乡村的态度很大程度上仅限于军事控制和财政剥削。

因此，在迦太基毁灭之后，首次兴起了一批由商人掌控的国家。这一变化在世界历史上的重要意义可以用美国前总统柯立芝的一句话来表达："美国的事业就是商业。"（*The business of America is business*）虽然这句话后来被嘲笑，但是它表明柯立芝实际上对于现代政府的本质有着清晰的认识。中世纪城邦将政府的职能视为商业活动的延伸，它们引发了一场国家治理方式的革命。中世纪欧洲的商人不仅与古典城邦的公民一样厌恶直接税，而且表现出与众不同的对商业金融的重视。

这一场变革的中心北意大利是当时欧洲城市化程度最高的

---

①　辛辛纳图斯（前519～前430）是古罗马共和国时期具有传奇色彩的英雄。在罗马共和国遭到威胁的情况下，退隐务农的他临危受命担任罗马独裁官。在打败了敌人16天后，他便辞职回家务农。辛辛纳图斯后来成为罗马共和国时期公民精神的化身。——译者注

地区。1300 年，北意大利人口在 10 万人及以上的城市有 3 个：米兰、威尼斯以及佛罗伦萨（热那亚也可能在这一行列之中）。在意大利之外，只有巴黎的规模能够与之相媲美。[①] 北意大利的这些城邦是第一批真正建立了财政自治权的城市。仿照罗马的传统，它们也纷纷设立了执政官的职务。比萨在 1085 年设立了执政官职位，米兰在 1097 年、阿雷佐在 1098 年、热那亚在 1099 年、博洛尼亚在 1123 年、锡耶纳在 1125 年也都陆续地完成了这一场政治上的变革。[②] 到 12 世纪中叶时，整个北意大利地区都被城邦所覆盖，这些城邦不仅实现了事实上的自治，而且实现了对于周边乡村里的封建男爵的控制。1158 年，腓特烈·巴巴罗萨入侵伦巴第平原，试图重建帝国在这一区域的权威，但他遭到了伦巴第的首要城邦米兰的激烈抵抗。米兰的反抗激怒了他，1162 年，腓特烈·巴巴罗萨将米兰夷为平地，但这种报复措施就长期而言并没有给他带来任何好处。北方的城邦组成了伦巴第同盟，并在 5 年之后成功地重建了米兰。腓特烈最终认输了，在 1183 年签订的《康斯坦茨条约》中，他不仅承认了城市之前所拥有的所有特权，还额外给予了一些其他的权力。

城邦执政官职位的产生还伴随着其他的两项变化：对于公民权的限制和对财政自主权的强化。公民的身份代表着选举权和军事义务。通常来说，正如在雅典和罗马一样，财产达到一

---

① M. Ginatempo and L. Sandri, *L'Italia delle città*：*Il popolamento urbano tra Medioevo e Rinascimento*（*secoli* XIII–XVI），Florence, 1990. 在意大利之外，很少有城市的人口能超过 2 万；而意大利在罗马以北人口超过 2 万的城市就有 23 个。

② Waley, *op. cit.*, p. 60.

定数量的公民需要在军队中担任骑兵。[1]

财政自治权可以直接通过拒绝支付帝国（主要是大封建贵族，因为皇帝早已丧失了对他们的控制）征收的封建税来实现，城邦反过来也可以从封建领主手中购买财政自治权。[2]公共债务和财政自治权几乎同时产生。有记录表明，热那亚于1125年在罗马进行了贷款。威尼斯的第一笔公共债务记录是在1164年，佛罗伦萨则开始于1166年。

从这些早期碎片化的公共债务记录中我们只能推断出非常有限的信息，公共财政体系的充分发展要等到13世纪晚期及以后。只有一小部分城邦共和国存活到了那个时期，其他的城邦或者亡于自己的共和体制的崩溃，或者被更大的城邦征服。共和体制的弱点很快显现出来，城邦内部互相敌对的派系争夺职位的垄断权，在重建米兰的过程中展现出来的合作精神只延续了一代人。到了1190年，热那亚的编年史就出现了如下记载。

> 对于执政官职务的争夺已经在城市中造成了市民之间的争执和可憎的阴谋的产生。因此，城市的智者（sapi-entes）和议员们决定，从下一年开始，城市执政官（con-sul）这一职位应当被废止。他们一致同意另立一个执法官（podesta）。[3]

---

[1] Waley, *op. cit.*, p. 84.

[2] 在13世纪的热那亚，残存的封建捐税是可以在私人之间交易的，有时甚至会被打包在金融市场上出售，收益率约为5%。

[3] *Annales Genovesi di Caffaro*, Vol. II, ed. L. T. Belgrano and C. Imperiale, p. 44.

执法官制度是中世纪意大利最有趣但同时也是最可悲的政治创新。由于无法解决民主选举所带来的内斗，城邦公民决定从其他的城市找一个人来主持正义，并指望这个"外人"能够在处理事务时保持不偏不倚的公正态度。[1] 执法官制度成为伦巴第城邦在 1200 年之后普遍采取的政府形式。有一些人以执法官作为自己的职业，维泰博的约翰还为有志于此的人编写了职业手册。[2] 但执法官制度不足以拯救北意大利的共和国，这种政治架构太过于平庸，无法激发人们对共和制度的热情，因而也就很难阻止旧贵族重夺他们失去的权力。北意大利的城邦共和国逐渐被专制君主（signori）所接管。正如同奥古斯都在罗马共和国所做的那样，这些专制君主通常只维持了共和制度的表象。到了 13 世纪结束的时候，北意大利平原以及教廷属邦中的大部分城市都被专制君主所统治。但丁因此叹息道："意大利的城市中充满了僭主。"[3]

这些专制君主国的公共财政体系和幸存下来的共和国之间有着很大的区别。虽然这些新的统治者也会借款，但他们是以个人的身份来参与信贷活动的。他们的金融习惯更接近于西欧的国王而不是传统的城邦。而正是那些幸存下来的共和制城邦将公共债务组织成了一个较为完善的体系。

幸存下来的共和国有哪些呢？托斯卡纳地区拥有数量最多的共和制城邦，这些共和制城邦后来大多数被佛罗伦萨合并，

---

[1] 这种在民主选举失效的情况下诉诸技术专家独裁的办法在 1992 ~ 1994 年的意大利又一次出现。中央银行前行长 Carlo Ciampi 在这三年里组建了无党派的技术专家政府。

[2] *Liber de regimine civitatum*，写于 1260 年。See Waley, *op. cit.*, p. 71.

[3] *Purgatorio* 6, pp. 124 - 125.

使佛罗伦萨成为意大利的四大城市巨头之一。米兰作为"四巨头"当中最大的一个，已经抛弃了共和制。而剩下的两个则位于意大利半岛与欧洲大陆的交界处，分别是西部的热那亚与东部的威尼斯。热那亚和威尼斯一直以共和国的形式存在，直到拿破仑为了建立他的"世界新秩序"而将它们原先的体制一扫而空。

二 威尼斯共和国①

威尼斯理应在历史上占据独特而尊贵的地位。它不必从神圣罗马帝国的皇帝手中赢取自己的自由，自从 727 年选出第一任总督开始，威尼斯始终享受着自治权。这座城市是由大陆上逃避蛮族入侵而来的意大利难民建立起来的，这也是它能够在很早的阶段就获得独立的原因。威尼斯人向来以政治头脑的敏锐而著称，通过对实力逐渐衰退的拜占庭帝国形式上的效忠，威尼斯获得了一张坚固的法理保护网，这使得它能够在加洛林王朝征服北意大利的过程中自我保全。12 世纪，当腓特烈·巴巴罗萨横扫伦巴第平原的时候，威尼斯人却可以在一旁高枕安卧。之后，威尼斯人还为教皇与皇帝之间签订和解条约提供了中立法庭。其他的意大利城市都没能像威尼斯这样长期保持独立地位。长期共和制度的传统以及与欧洲大陆的地理隔绝给威尼斯带来了社会和政治上的稳定性，而这种稳定性正是大陆上的城市所缺乏的。威尼斯人不需要外来的执法官，也从未让政权落入专制君主的手中。因此，威尼斯的公共财政也拥有和

---

① 原标题为 *La Serenissima*，意即"最尊贵的"，来自威尼斯共和国全称"最尊贵的威尼斯共和国"（*Serenissima Repubblica di Venezia*）。——译者注

其公共生活的其他部分一样的凝聚力和纪律性。

　　正如古希腊的雅典人一样，威尼斯的商人们也不喜欢缴纳直接税。间接税更便于征收，因此是所有本土市民以及外来侨民都需要缴纳的税收形式。威尼斯还会征收一些关税来保护本国商人的贸易利益。和其他的城市一样，威尼斯的收入主要来自与贸易相关的税费，如过路费和市场费（gate and market dues），以及对某些商品（主要是盐）征收的消费税（excise tax）。对于威尼斯这样一个富有活力的经济体来说，这些收入足以支付经常性的支出，甚至还能够提供一定的国防经费，但远远不足以支撑大规模的战争，而战争在中世纪的意大利和在古典时代的希腊一样频繁。因为威尼斯的财富主要集中在市民的手中，所以必须找到某种方法使国家能在需要时调动这些财富。既然威尼斯人不愿意征收直接税，剩余的选项就只有捐赠和贷款了。古典时期的捐赠传统已经在公元 300 年永远消失了，中世纪的商人－公民们更倾向于将自己的金钱以公债的形式借给政府。

　　威尼斯最早的一笔有记录的公共债务发生在 1164 年，12 个富有的家族自愿将资金借给政府。① 1167 年，强制公债（forced loan）出现了，这是中世纪威尼斯和意大利的公共债务采取的主要形式。总计 90 个人认购了这笔公债，且每个人认购数额之间的差距非常大，说明这种公债可能是按照财产数额的比例来摊派的。更值得注意的是，公债条约规定政府两年之内不得进行下一次强制贷款，这说明认购人对于强制公债持有不欢迎的态度。威尼斯在 1171 年的贷款很明显也是强制性的，

---

① 威尼斯中世纪公共债务的信息来自 G. Luzzatto, *Il debito pubblico della Repubblica di Venezia*, Milan, 1963。

利率为 5%，这也成为威尼斯之后所有公债的标准利率。这一利率水平即使以今天的标准来衡量也是很低的。1152 年，热那亚为一笔数额小得多的贷款支付了 40% 的利息。当然，5% 很可能代表着一种理想的水平，而不是实际支付的利率，但它还是展现了西欧信贷市场复兴的惊人速度。在不到一个世纪之前，法国还存在利率高于 100% 的贷款。

更为重要的是，这些公债本质上都是强制性的。早期的强制公债的摊派方式我们不得而知，但在接下来的几十年中，威尼斯逐步形成了某种意义上成型的公共债务体系，自愿认购的债务在公债总额中的比例越来越小。在威尼斯，公债实际上被看作一种变相的直接税。威尼斯最早的"类直接税"是兵役捐（*advevaticum*），公民可以缴纳兵役捐来免除服兵役的义务。到 1228 年时，所有的人在被授予公民资格时都必须宣誓承担缴纳兵役捐和认购强制公债的义务。这种公债（*prestiti*）事实上应该被看作可偿还的税收。在佛罗伦萨，类似的税费（*prestanze*）被划分为可偿还的（*riavere*）和不可偿还的（*perdere*）两种。这些可偿还的税费是中世纪城邦共和国解决如何向自由的市民征税这一问题的方式。可偿还税费很好地表达了一个小国的公民身份的双重意义：一方面，公民必须承担保障国家存续与发展的各项义务；另一方面，公民也可以享受免于直接税的自由。在中世纪的意大利城邦中，成为公民就意味着成为国家的债权人。

关于早期威尼斯公债的记录是很少的，但似乎每一笔债务的利率和还款期限都略有不同，而且贷款偿还的速度都不是很快。1252 年，威尼斯设立了两位常设官员（*indices prestitorum*）来管理城市的债务；1262 年，威尼斯将整个债务系统进行了规范化。公债利率被固定为 5%，且利息的偿付优先于其他的政府支出。本金则被限定为仅能使用国家的盈余来偿付。换言之，公民获得了利息的绝对安全保障，但失去了政府对偿还本金的承诺。永续公债由此诞生。

威尼斯的公债（被称作 *monte*）的价值随着战争的胜败而波动。1279 年，债务的总额已经达到了 154000 杜卡特。[①] 到 1314 年时，与费拉拉以及宿敌热那亚的战争使威尼斯的债务达到了 1077000 杜卡特。之后，和平协议的签订以及对本金的定期偿付使得债务到 1343 年时已经减少到 423000 杜卡特。[②] 在这整个阶段，5% 的利息始终得到了按时支付，这也减轻了战时高额的税费给国民带来的负担。但对于未来的金融史来说，更重要的一点是公债交易市场的产生。这一发明不仅得益于意大利商人的独创性天才，还受到了当时人们摆脱对高利贷的宗教禁令的需求的推动。

中世纪的欧洲继承了黑暗时代的传统，彻底禁止了收取利息。犹太人对同胞之间放贷取息的零容忍态度取代了罗马人规定最高利率的务实政策。对于早期的基督教会来说，由于基

---

① 13 世纪晚期，金币在 600 多年的间隔之后重新在欧洲出现。佛罗伦萨与热那亚在 1252 年重新开始生产金币。威尼斯于 1284 年开始铸造黄金杜卡特。这些新货币的模板是晚期罗马 – 拜占庭的苏勒德斯（在东方被称为 *nomisma*）。到 13 世纪结束的时候，苏勒德斯的含金量大约下降了 22%，每枚铸币含纯金不超过 3.55 克。意大利城邦的铸币模仿了苏勒德斯的形状和重量，而威尼斯的货币甚至还仿照了它的设计样式。这些货币成为欧洲贸易的标准货币，在几个世纪中没有大的调整，后来被很多国家所模仿。意大利的货币为我们进行财政比较提供了很好的工具。尽管在每个城邦货币的名称各有不同（最著名的是佛罗伦萨的 *florin*），但在本章中我们统一将其称为杜卡特（*ducat*），以避免不必要的语言上的麻烦。

② Luzzatto, *op. cit.*, p. 283.

督徒人数并不多，而且往往也并不富裕，禁止放贷取息并不会造成大的困扰。但很不幸的是，基督教成为罗马帝国的国教的时间段恰好与 3 ~ 4 世纪的通货膨胀所造成的信用市场的崩溃相吻合。在西方，高利贷的复兴使得彻底禁止借贷活动变得合情合理。从中世纪直到文艺复兴，西欧逐渐摆脱了对借贷的零容忍态度，回归罗马帝国务实的政策传统，但直到 16 世纪这一过程才最终完成。在中世纪，商人甚至于神学家都能够明白，你情我愿商定的借贷利息和"敲骨吸髓"的、利率水平达到 50% 及以上的高利贷绝不可等同视之，但《圣经》当中的禁令是如此彻底，以至于他们无从表达自己的看法。因此，唯一的解决方案是找到宗教律法中的漏洞。一些神学家在这方面表现出的独创性与才智使得一位历史学家将他们的工作称为"西方的首次经济学探索"①。

漏洞是很容易找到的，例如，从"敌人"手中收取利息就是可以接受的行为。很显然，"敌人"包括穆斯林，而且由于伊斯兰教法在其对于利息的禁令中也有类似的漏洞，意大利商人利润丰厚的东方贸易可以不受约束地进行。除此之外，"利息"（interest）这个词本身就来自允许债务人向债权人支付"损害赔偿"（damage）的漏洞②。威尼斯以及大多数的其他意大利城市

---

① J. T. Noonan, Jr., *The Scholastic Analysis of Usury*, Cambridge, MA, 1957, p. 2.

② 这个漏洞实际上来自罗马法中允许为违约行为支付补偿的规定。*Quod interest* 这个词代表债权人当前的收入和如果他并没有把自己的资金借出的情况下可获得的收入之间的差额。神学家们所做的实际上是将这种弥补债务人违约的原则扩展到所有的利息上。这种（有争议的）扩展是将资产借出本身就视为一种损失，至少也是丧失了一笔潜在收益（原始的机会成本的概念）。关于这一问题的神学辩论一直持续到了中世纪晚期。Noonan, *op. cit.*, pp. 105 – 132.

都将公债利息解释成为"损害赔偿"。当公债是在低于市场水平的利率下强制摊派的时候，这一辩解看上去是有理有据的。佛罗伦萨将交给债权人的本息解释为"礼物及损害赔偿"（gift and interest），因而为自己建立起双重的道德防御。

另一种绕开宗教规定的方法是在贷款中去除借贷关系的最根本特征：偿还本金的义务。如果偿还本金完全取决于债务人的个人选择的话，那他就不可能沦为债务奴隶，而禁止高利贷的律法最初正是为了避免债务奴隶的产生。[①] 从金融史的角度来看，这一发展具有极为重要的意义。没有固定还款期限的债券特别适合在市场上流通，主要有两个原因。首先，无固定期限债券的收益易于计算和比较，因为唯一的计算基础只有当前的收益率。这种计算是很简单的，中世纪的数学工具就可以完成。与之相反，有固定期限的债券的收益必须经过折现来比较，所涉及的数学知识过于复杂，相应的数学工具直到19世纪才被开发出来。其次，由于所有的债券都有相同的期限（即无限期），从交易者的角度看，债券的发行日期对其价值不产生任何影响。只要利率保持不变，每一次新发行债券都可以看作一次增发股份，所有流通的债券都属于同一个市场，拥有同样的价格。

从公民－债权人的角度看，能够将自己所持有的债券出售换取现金是对于自己在很久（有可能是永久）的时间之后才

---

① 无固定期限的债务也带来了另一条有趣的对于放贷取息的辩护。1403年，劳伦提乌斯·迪·里多菲思声称，由于佛罗伦萨的债务都是没有固定期限的（事实上政府也很少赎回这些无固定期限的公债），它实际上从债务发生之日起就已经违约了。因此，任何的利息支付都可以视为损失赔偿。Noonan, *op. cit.*, p. 123.

能够获得还款的补偿，债券的买卖实际上创造了一种新的流动性。当国家债务不断积累的时候，正是这种流动性支撑了整个财政体系的运行。有记载的第一例公债市场价格出现在1285年，威尼斯政府将一部分短期债务依照市场转换比例转变为永久债券。转换的比例为票面价值的75%①，因此实际收益率为6.67%，这已经是一个相当低的水平了。1315年之前发生的债券交易价格记录只有很少的一部分留存至今，但这些价格清楚地表现了债券需求在战争时下降，在和平时回升的趋势。在1299年和1311年，债券价格低至60（年收益率为8.33%）。1315年之后，随着城邦开始偿还一部分本金，债券价格稳步上升，到了1323年已经达到了90。1333～1350年，公债价格为92.5到102不等。② 由于威尼斯政府在支付利息方面的信誉很好，以及随着本金的偿还债券的稀缺性增加，威尼斯的公债逐渐从一种特殊的直接税变成一种备受全体市民青睐的投资品。1325年，一笔给予圣丹尼尔修道院的遗赠就是以公债券的形式完成的。遗赠的条约清楚规定，从偿还本金中得到的收益还应当投资于公债，以保证遗赠的资产能带来持续的收益。③

威尼斯的强制公债（*prestiti*）最初的产生是应用了部落的财政原则：在战争期间民众应当进行捐赠，而这些捐赠应当从

① 票面价值是一种金融工具的"官方"价格。债券的票面价值等于债券所代表的本金，债券的价格用票面价值的百分比来表示，所以"以面值交易"意味着债券的交易价格是票面价值的100%。价格通常直接用数字表示，而不用百分比，因此债券价格为80即意味着价格为面值的80%（股票也有面值，但股票价格通常不用这种方式来表示）。

② Luzzatto, *op. cit.*, p.271.

③ Luzzatto, *op. cit.*, p.61.

战利品中获得回报。正如罗马共和国的有偿税收一样，威尼斯的公债对这种旧的传统进行了调整，将每个人能够分得的战利品份额与捐赠的比例挂钩。但是，通过定期支付固定数额的利息，并将债务整合成一种可以交易的形式，威尼斯人革新了旧的传统：他们创造了真正的债券市场。

三　热那亚共和国

> 在热那亚，公民很富有，而国家却非常贫穷。
>
> ——热那亚谚语

　　威尼斯并不是唯一一个干出了一番事业的意大利城邦，它的宿敌热那亚也经历了类似的发展过程。热那亚在 1099 年获得了独立，城邦早期的财政体系是税收和公债的混合，但市民们对于债务的偏好很快地显现了出来。热那亚最早的强制公债似乎是不付利息的，但有着固定的还款期限。1200 年，第一笔强制公债在摊派时是根据债务登记簿来进行的。从那之后，贷款大多支付利息但没有固定的还款期限，换言之，热那亚的公共债务在沿着威尼斯的路线发展。1257～1259 年，吉列尔莫·波卡涅拉将热那亚的公债利率固定为 8%。1262 年，城邦的回购优先权被取消，公债的自由交易开始了。到 1263 年时，债券的交易价格达到了面值的 110.5%，这意味着当时公债的市场收益率为 7.24%。[①]

---

① H. Sieveking, *Studio sulle finanze Genovesi nel Medievo*, Vol. I, Genoa, 1906, p. 63.

尽管发展过程中存在很多的相似之处，但是热那亚与威尼斯之间实际上存在着根本性的差别。热那亚并没有威尼斯那样的能够保护自己不受周边封建贵族侵袭的潟湖。贵族们参与热那亚的贸易，但从未真正接受共和制的政治原则。正如伦巴第的城邦一样，热那亚的政治史里充满了斗争和内乱，很快就需要任命一位执法官来维持稳定。虽然热那亚始终没有完全放弃共和制，但政府在互相对立的贵族派和平民派之间反复摇摆。失势的派系经常邀请外来的势力入侵以夺回政治地位。热那亚避免了像米兰那样沦为专制君主国的命运，这一点是令人惊讶的。热那亚历史上的大家族——格里马尔迪家族，就成功地在附近的摩纳哥建立了永久性的专制统治。

因此，毫不奇怪的是，威尼斯早期的公共财政所具有的统一性在热那亚是不存在的，国家的弱点集中地体现在所谓"公共生活的私有化"上。威尼斯兵工厂很可能是中世纪最大的制造业企业，威尼斯舰队的舰船就是在那里建造的，而热那亚则需要利用私人的商船来增强海军力量。热那亚的公共财政和战争活动都被私有化了，这一点最明显地表现在热那亚独有的股份财团（maona）上。1234 年，休达的萨拉森人掠夺了城中热那亚人的货物。作为反击，热那亚人组织了一支由 100 多艘私人舰船组成的舰队进攻休达，并迫使那里的苏丹赔偿他们的损失。参与这次讨伐的人的名字被记录在一个特殊的账簿当中，就如同公债的持有人一样；但与公债不同的是，他们提供的不是资金，而是船只；他们所获得的收益也不来自税收，而来自战利品。[①] 这一次军事行动取得了大捷，它和罗马人在第

---

① Sieveking, *op. cit.*, p. 52.

一次布匿战争中组织舰队的过程有着异曲同工之妙，与 19 世纪英国的"炮舰外交"也颇为神似。

和战争活动类似，热那亚的公债体系也被私有化了。当政府需要筹集资金时，它就会将一部分税收收入"出售"给由公民组成的财团（compera）。这种对收入的"出售"是另一个由（富有的）修道院在 12～13 世纪发现的高利贷禁令中的漏洞，这些修道院是欧洲复兴信贷活动的先行者。修道院感兴趣的借贷对象主要是土地，它们认为，如果将来自土地的收益现金流，即地租以特定的价格售出，那么这一交易过程实际上是商品买卖，而不是借贷。[①] 这种机智的（或者说是诡辩的）理论完全绕过了高利贷禁令的管辖范畴。但事实上，所谓的"买方"从未享有土地完整和永久的所有权，他对于土地收益的占有权会在他死后失去；如果他想把占有权留给自己的继承人的话，土地的"卖方"也保留着任意时刻以原价将土地回购的权利（这实际上是将"地租"转化为威尼斯式的永续公债）。而在另一个方面，"买方"却不具有任何要求偿还资金的权利：若不然，每年的地租收益在法律上就只能被看作买方所获得的利息。因此，这种对于"地租"的出售依然是一种伪装过的信贷交易。这种精妙地利用法律漏洞的方式，即使现代的华尔街公司也难出其右。将这种方法应用在其他可以产生现金流收益的项目——譬如税收——上，就可以为公共债务的发展提供又一顶神学保护伞。

公债财团是热那亚的另一项特殊的发明。如果公债的认购是自愿的，公民组成的财团会进行竞争投标，出价最高者获

---

① Noonan, *op. cit.*, p. 155.

胜；而在通常的强制摊派债务的情况下，政府会根据直接税登记名册计算的税收收入和设定的债券收益率，将份额分配给由全体公民组成的"财团"。但热那亚在这条"金融创新"的道路上走得比其他的国家都要更远。在北欧，借款人出售的"地租"的数额是固定的，购买"地租"的人不承担土地收益或者税收收入下降的风险。而热那亚的债权人则不然，他们真正将税收"购买"了下来，并自行承担收入波动的风险。这种风险实际上得到了有效的控制，像大多数城市一样，热那亚将税收的工作交给了包税商来完成，税收被转化成相对稳定的收入现金流。因此，债权人得到了获得收益的保障，尽管他们并不能完全确定何时能够获取收入，以及获取多少收入。

财团所收到的利息被分成股份（luogui），这些股份可以在公开市场上交易（如果债务是强制摊派的，就必须发行零股）。潜在收入的差异使得不同财团的股份价格也各不相同。热那亚的财团所具有的收益不确定性以及将整体股权分割为股份的特点，使得它们通常被看作现代股份制公司的真正先驱。从某种角度来说，热那亚的公民不是国家的债权人，而是国家的股东。

以上所描述的整个债务体系是高度碎片化的，债务合并作为一种重组财政体系的手段，通常只发生在政治和金融危机当中。第一次债务合并发生在吉列尔莫·波卡涅拉任内，并在之后几乎每次大型战争结束时都会进行。1294～1299年对威尼斯的战争尽管取得了胜利，但仍然让政府在1303年发行了利率为6%的强制公债，用以偿还利率更高的其他债务。另一次债务合并发生在1332年，经过了几十年的内战，共和派政府对之前的贵族派政府欠下的债务进行了重整。在1340年的一次民众起义之后，吉列尔莫·波卡涅拉的孙子西蒙·波卡涅拉对债务体系进行了一次最重要的重组。到了这时，名义上的债务总额约为 240 万杜卡特。考虑到不同的财团在债务合并过程中估价方式的差异，有效的债务实际上只有 83.2 万杜卡特，抵押给债权人的税收共计 7.5 万杜卡特。[①]

热那亚与威尼斯在同一时期表现出来的财政实力有着非常明显的差距，到 1340 年时，威尼斯的公共债务大多数都已经还清，剩余部分的市场交易价格高于面值。即使考虑到威尼斯的债务在 14 世纪 50 年代又攀升到了 150 万杜卡特，国家每年的利息支出也只占财政收入的 30%。与之相对，1340 年之后，热那亚已经到了一种难以为继的状态，国家的收入已经全部抵押给债权人了，政府实际上是依靠债权人的津贴而生存。

这种情况只能用热那亚社会内在的分裂来解释。贵族阶层内部存在着分化：一部分更接近于封建贵族，以格里马尔迪家族和菲埃斯基家族为首；另一部分则是更加市民化的商业贵族，以斯宾诺拉家族和多里亚家族为代表。除了贵族之外，平民（*the popolo minuto*）也参与政治，作为第三股势力存在。这些政治派系不仅都希望获得公职，而且对于公共财政问题也有着不同的看法。毫无疑问的是，有偿税收在最初得到了全体公民的支持。但由于强制公债的利率几乎总是低于市场利率，并且当战争导致征税增加时，债券的市场价格则下降，平民不得不将自己持有的公债以低于面值的价格出卖给富人。债务的利息加重了平民的苦难，而富人可以从城市的收入中获得越来

---

① Sieveking, *op. cit.*, pp. 129 – 135, and J. Day, *Les douanes de Gênes*, Paris, 1963.

越多的份额，并迫使政府征收更重的累退税（如盐税）。在威尼斯，类似的社会矛盾几乎是不存在的。尽管如此，在1350年元老院仍然采取了预防性的措施，对任何提议减少利息支付的人罚款2000杜卡特。① 在热那亚，正如在其他的一些城邦中一样，长期的利息负担使得平民反复地请愿，要求用不可偿还的直接税取代公债。1256年、1321年和1339年的平民起义就是因此而爆发的，但在每一次起义中，平民都注定将大失所望。平民起义的主要弱点在于他们的领袖往往是富人，如波卡涅拉家族。吉列尔莫·波卡涅拉是一位成功的国际银行家，很显然不可能成为真正的反公债运动的领袖。富有的市民更感兴趣的是将贵族赶下台，由自己独享权力，而不是调整公共财政结构以服务于平民的利益。

这种政治上的三方角逐带来的不确定性使得热那亚的债主试图通过加强对税收的控制来保证自己的收入。1323年，他们确保了政府当中负责债务管理的官员必须由债权人来任命（事实上是担任）。1326年，包税商必须入股本地的财团才能够获得包税资格，这使得包税商也成为国家的债主。到1352年时，由于债权人"购买"了盐业的垄断权，国家在没有他们许可的情况下甚至不能加税。② 1339年，被激怒的平民将西蒙·波卡涅拉拥立为总督，并烧掉了城市的债务和税收记录。但下一年，波卡涅拉通过和债权人财团的协商恢复了所有的债务，让他的支持者们大失所望。考虑到"暴民"的威胁，债

---

① 米利都在公元前205年也有过类似的立法。巧合的是，当时米利都所规定的罚款是2万德拉克马，这和威尼斯的2000杜卡特几乎是相等的。

② Sieveking, *op. cit.*, pp. 111, 133.

权人同意大幅削减债务和利息，以帮助政府降低税收，平息民众的怒火。作为这次债务减免的报酬，市政府同意将剩下的所有收入都抵押给债权人，接受每年仅仅 1.6 万杜卡特的补助金以维持日常的运营。在共和国剩下的历史中，热那亚事实上都靠公共债权人的补助金维持生存。除此之外，热那亚还学会了这一点：公共债务虽然看上去很好地表现了公民自由的精神，但实际上却往往带来国家内部的阶级斗争。

四　佛罗伦萨

佛罗伦萨在公共债务方面的起步要更晚。尽管佛罗伦萨有记载的最早一笔公债发生于 1166 年，并且据编年史作家称，在 1224 年，城市已经背上了"一大笔债务"，但佛罗伦萨在 14 世纪早期的债务总额只有不到 5 万弗罗林。① 如此低的债务水平很大程度上源于佛罗伦萨在欧洲布料贸易中的主导地位。在 14 世纪 30 年代，这项贸易能给佛罗伦萨带来 30 万杜卡特的年收入，使得城市在和平时期能够有可观的财政盈余。14 世纪，和其他的城邦一样，佛罗伦萨也发展出一套财产评估体系（estimo），根据这个体系可以在需要之时征收直接税或者摊派强制公债。但在 1315 年，政府废除了财产评估体系，转而依赖能从城市富有的商业、银行业精英那里轻松获得的信用。佛罗伦萨的银行界领袖有巴尔迪家族和佩鲁齐家族等。城市向他们支付的利息相对来说是比较高的，一般在 10% ~ 15%。但只要债务整体水平较低，信用供给充足，以及经济整

---

① 佛罗伦萨弗罗林在含金量和面值上都与威尼斯的杜卡特没有区别，为了避免不必要的麻烦，在本节都以杜卡特代替。

体繁荣，公民们并不介意高水平的利率。但到了 1340 年，以上所有的条件都不再满足，公债总额达到了 80 万杜卡特，巴尔迪家族和佩鲁齐家族都破产了，经济也处在由银行业倒闭所引起的通货紧缩危机中。[①] 1347 年暴发的黑死病给城市带来了更大的灾难，整个意大利的城市人口减少到了原来的一半。1342 年，布里恩的沃尔特在佛罗伦萨建立了短期的专制统治，他恢复了直接税并暂停了债务的偿付。他的统治于 1343 年被推翻，新政府着手依照威尼斯的模式对债务进行合并。在数次提议被驳回之后，新公债的本金被设定为 50 万杜卡特，利率被降低至 5%，利息的偿付由盐税和酒税的收入担保，并可以在市场上自由交易。

这并不是一个令人充满希望的开始。威尼斯人进行债务合并时，他们的公债已经经历了 80 年的准时利息偿付，并且交易价格是高于面值的。但在佛罗伦萨，对于利息的大幅削减和本金的压缩无法吸引市民投资公债，因而佛罗伦萨市政公债（monte comune）的初始市场交易价格不到面值的 1/3。如果城市有能力回到世纪早期的简单财政平衡政策上去，它们毫无疑问是会这么做的。但对于佛罗伦萨来说，那些简单而美好的日子已经一去不复返了。因此，正如威尼斯人一样，佛罗伦萨人开始依赖可偿还税收，而公债则成为佛罗伦萨公共财政体系的基石。到了 14 世纪早期，城市家庭的 2/3 持有政府债务。[②] 正

---

① M. B. Becker, *Florence in Transition*, Vol. Ⅱ, Baltimore, 1968, p. 151.

② D. Herlihy and C. Klapisch - Zuber, *Tuscans and Their Families*, New Haven, CT, 1985, p. 102；Becker, *op. cit.*, p. 159. 1380 年前后佛罗伦萨公债的持有人约为 5000，而在经历了黑死病的浩劫之后，佛罗伦萨的家庭总数约为 1 万。

如威尼斯和热那亚一样，佛罗伦萨成为公民债权人组成的共和国。

尽管佛罗伦萨的公债体系与威尼斯非常接近，但其内部政治则要比"最尊贵的威尼斯共和国"动荡很多。公债持有人虽然可能占据了公民的大多数，但他们并不占城市总人口的多数。佛罗伦萨发生的有关公共财政的斗争与热那亚极为相似。第一项斗争的焦点是利率，富有的公民在接下来的几十年时间内一直试图将公债利率调整到市场水平。但 5% 的票面利率始终没有改变，因此想要获得更多的收益，就必须要通过某种法律上的手段使得债权人能够获得比实际本金所能产生的更多的利息。1335 年，本金翻倍计息债券（monte uno due）就此诞生，公民购买的公债本金按两倍计算利息。1358 年，本金三倍计息债券（monte uno tre）也开始发行，将收益率提升到了15%。14 世纪 60 ~ 70 年代的战争导致债务的增加和一波投机热潮。债券多次以不同价格发行，1375 年的一封信足以说明当时的风尚，这封信由一位佛罗伦萨的高级官员写给他移居国外的朋友，这位朋友试图投资佛罗伦萨的公债。信的作者将把他朋友的资金用来投资本金翻倍计息债券："［本金翻倍计息债券］现在价格很低，只有 32，到今年底价格一定会涨到 42。我会在那个价位上把它们卖出，并把［所赚得的资金］用来投资另一种收益率超过 16% 的债券……如果你问我：'为什么不在一开始就投资收益更高的债券呢？'那就让我来告诉你答案吧。后一种债券是本金三倍计息债券，你每投入 100 的本金，所获得的利息按本金为 300 计算，利率为 5%。但这种债券的价格绝不会比现在的更高了，即使是和平到来或者城市的境况转好的情况下也是如此。因为法律规定政府可以在愿意的时候，以面值28%的价格回购市民持有的债券，且后者不得拒绝出售。只要政府有钱，它就会回购债券，因为这样不仅可以增加收入，还能够减少债务。"[1]

这封信包含了很多信息。自14世纪40年代之后公债持有人数量的迅速扩张使得真正的金融市场开始产生，聪明的市民已经学会如何在市场中投机牟利，政府也会在市场上以低价回购债券从而减少政府债务。同样值得注意的是金融市场的极高收益，本金三倍计息债券的收益率达到了17.86%。这种债券吸引了很多外国投资者，如热那亚人（热那亚本地债券的收益率几乎从未超过10%）和教皇。

（我们很难忽视这封信所涉及的利益冲突问题。作为一个负责公共财政管理的高级官员，写信人不仅表现得如同一个私人投资者一样，而且建议他的朋友把这笔投资记在他的名下，以避免曝光他的朋友——这笔投资的真正持有人是已经破产的巴尔迪家族的一员。与之相对的，威尼斯在1322年颁布法令禁止公职人员参与公债交易）

城市的利息支出在1342年很可能超过了7万杜卡特，1345年时已经降至2.5万杜卡特。但这种新的财政政策使得利息成本在之后再创新高。[2] 为了支付额外的成本，间接税的税率被提高了，平民的生活状况因统治精英所主导的货币政策而变得更加糟糕。佛罗伦萨的国际贸易公共债务都是以黄金计价的，而城市内部的日常工资和零售贸易则是以白银计价的。

---

① 　G. Brucker, "Un documento Fiorentino del 1375," *Rchivio Storico Italiano*, 1955, p.174.

② 　Becker, *op. cit.*, p.177. 该书将1367年佛罗伦萨的偿债总额定为13.5万杜卡特。这可能包括了一部分偿还本金的数额。

从 1350 年到 1378 年，白银－黄金的比价下降了 20%，不仅增加了商人的利润，还使得用来担保债务利息的间接税的税负加重了，这直接导致了被称作"梳毛工起义"的 1378 年平民暴动。新政府的首项举措之一就是将本金三倍计息债券的创始人皮埃罗·格里菲爵士免职，并将他的大多数财产充公。"梳毛工起义"要求重新建立直接税体系，在 12 年之内还清所有公共债务以及收回并熔化银币直到其升值 10% 为止。[1] 但就像大多数的这类起义一样，平民的事业被他们的富人支持者所背叛，他们倡导的激进改革根本没有得到实施。"梳毛工起义"的唯一成就是迫使城市将债务重新以 5% 的标准利率进行合并。通过这种方式，城市的利息负担降低到了可以容忍的 5 万杜卡特，但直接税依旧不被大多数公民所接受，公共债务则继续增长。

五　可偿还税收的衰败

到了 14 世纪的晚期，可偿还税收的黄金期已经过去了。传统的将公共债务看作一种无痛地从公民手中获取财政收入的方式的观念受到了诸多质疑。佛罗伦萨已经进行过两次强制债务合并，公债的利息被大幅削减，债券交易价格也出现了下跌。热那亚也经历了类似的过程，很多本地财团的股份价格已经跌到最初的 30%，那些专门为了购买强制公债而设立的财团的股价下跌得就更加严重。基奥贾战争（1378～1382 年）作为威尼斯与热那亚之间争夺东地中海贸易霸权的最终决战，

---

[1] Becker, *op. cit.*, p. 191.

以威尼斯的胜利而告终，但战争使得威尼斯的财政体系变得支离破碎。公共债务飙升至 473 万杜卡特，债券的价格由 90 暴跌至 18。1378 年，利息的支付被暂停，当 1382 年重新开始支付利息的时候，政府开始预扣 20% 的利息税，这使得实际利率只有 4%。① 在以上的所有城市中，公共信用记录都不是完美无瑕的，税收的"有偿"性质到后来几乎仅仅停留在纸面上。在 1363 年之后，三个城市中没有任何一个进行过与面值相等的税收偿还。1389 年，威尼斯利用新增的 3.8 万杜卡特的海关税收建立了偿债基金②，佛罗伦萨也建立了自己的偿债基金，利用 1392 年征收的 25% 的利息税来为其提供资金支持。

政府与公民之间的契约也有了微妙的改变。城市的强制公债有两重性质，既是税收又是贷款。在理论上，这两种性质很容易通过市场价格进行区别。如果一个公民可以将自己的公债打包在市场上出售的话，这种公债就是一种自愿的贷款；反之则税收的性质更强。在 1378～1382 年之前，公债的市场价格与发行价格非常接近，因此只要市场价格持续上涨，其中"税收"的成分就会被逐渐消除掉。但在 1380 年之后，公债的市场价格稳定地低于面值，政府依然决定根据市场价格偿还债务，这意味着市民们实际上不自觉地将损失的部分当作了税收。

但这种调整后的契约并没有明确地在文字上表达出来，公

---

① Luzzatto, *op. cit.*, p.181.
② 偿债基金（*sinking fund*）是由债务人建立的、在市场上回购自己发行的债券的基金。这种基金一般只有在债券的交易价格低于面值的时候才能够正常运行。对于债务人和债权人来说，偿债基金的意义是不相同的。债务人能够以低于本金的成本降低自己的债务，而债权人则能够增加自己在市场上的流动性。

民们依旧饱含感情地去维护"所有的课税本质上都是有偿的"
这一神话。格里高利·达蒂在《佛罗伦萨史》（写于 1400 年
前后）中，对于佛罗伦萨的公民为什么会心甘情愿地承担如
此巨额的债务，依旧给出了传统的答案。

> 公民们并没有失去［他们所付出的资金］，他们只不
> 过是将自己的钱借出去以供社会所用。当国家处于和平状
> 态，财政也有盈余的时候，他们就会得到偿还；而在等待
> 偿还的时候，他们也不是空坐无事、浪费时间，而是每年
> 都能够获得 5% 的收益，就如同他们把这些钱用来投资土
> 地一样。①

即便在 15 世纪下半叶，当这些城邦的公债（monti）都已
经走向崩溃的时候，威尼斯人依旧自豪地将其称为"我们国
家长久稳定的基石和光荣声望的来源"②。佛罗伦萨人或许一
半出于骄傲，一半出于绝望，将公债体系称为"我们城市的
心脏"（cuore di nostro cor po, che si chiama citta）。1432 年佛罗
伦萨银行家乔万尼·迪·皮埃罗·巴伦切利的分析可能是最有
力的："公债与自由是同一件事情，因此支持公债就会使公民
们心甘情愿地付钱。"③ 他的这段话是为了支持政府多收一轮
直接税以便为回购债券提供资金。换言之，"公债不是直接
税"这个错觉对于公民是如此重要，以至于他们宁愿捏着鼻

---

① Gregorio Dati, *Istoria di Firenze*, quoted in E. Conti, *L'imposta diretta a Firenze nel Quattrocento*, *1427 – 1494*, Rome, 1984, p. 36.

② Luzzatto, *op. cit.*, p. 257.

③ Quoted in Conti, *op. cit.*, p. 158.

子承担少量的直接税，来帮助整个公债体系保持稳定。

在 14 世纪 80 年代之后，公债也并非每况愈下。威尼斯的债务水平缓慢下降直至 1403 年，债券的价格提升到 60 以上。从 1404 年到 1415 年，意大利大陆战争重新开始，使得债务再次上升到新的高度，超过了 800 万杜卡特，债券的价格也下降到 40 左右。正是在这一阶段，威尼斯将自己打造成一个陆上强国，新征服的维罗纳、帕多瓦和弗留利地区带来了大量的收入。在总督托马索·莫赛尼戈的细心管理下，这些税收被注入威尼斯的偿债基金，到他卸任的时候，公债总额已经被减少到 600 万杜卡特，债券的价格也上升到 67。[①] 按照 1386 年和 1411 年颁布的法律，向二级持有人支付的利息从 4% 下降至 3%，以补偿一级持有人[②]被强制出售的损失。这意味着威尼斯公债的自由市场收益率已经降至 4.48%。城市的年财政收入超过 100 万杜卡特，而每年债务的（包括偿债基金在内的）还本付息支出共计约 30 万杜卡特，其中利息约占 20 万杜卡特。很显然，以威尼斯的财力，偿还债务是绰绰有余的。

佛罗伦萨也经历了类似的变化。到 14 世纪晚期时，由于城邦之间的互相兼并，北意大利的地图已经变得简单了很多。14 世纪 90 年代，米兰的专制君主吉安·加莱亚佐·维斯孔蒂试图将自己的统治权扩展到整个北意大利，佛罗伦萨进行了一系列艰苦的战争来抵抗他的野心，直到 1402 年维斯孔蒂暴亡

---

① Luzzatto, *op. cit.*, p. 212.
② 一级持有人指直接将钱借给政府的债权人，二级持有人则指在市场上购买公债的持有人。

后才获得一丝喘息的机会。1394 年后，每年的债务利息支出已经达到 10 万杜卡特以上。政府的负债水平如此之高，以至于有时为了维持公债的市场价格，必须要将利率提升到 5% 以上（但不会高于 8%～10%）。换言之，原先的利率水平不足以防止公民在出售债券时遭受损失。1414 年，公共债务已经高达 300 万杜卡特。[1] 佛罗伦萨早期建立偿债基金的尝试并不成功，但到 1415 年时，25% 的利息税被牢固地确立下来，因此公共债券的实际利率为 3.75%。从 1415 年到 1423 年，正如威尼斯一样，佛罗伦萨享受了一段相对的平静，公债的价格上升到 61，市场收益率降低至 6.15%。[2]

这可能是所有在自由市场上交易的佛罗伦萨公债的最低收益率，但值得注意的是，这个收益率水平依然比同时期威尼斯的 4.5% 要高，其中的道理不难解释。虽然随着战争的进行，佛罗伦萨征服了除锡耶纳和卢卡之外的大部分托斯卡纳地区，但这些征服并没有给它带来财政收入的增长。威尼斯的大陆领地使得它的收入增加了 4 倍，达到了 100 万杜卡特；而佛罗伦萨的财政收入依旧在 30 万杜卡特左右，和 14 世纪 30 年代没有任何区别。因此，威尼斯的债务利息支出只占到财政收入的 20%，而佛罗伦萨则达到了 60%。第二轮反维斯孔蒂家族的战争于 1424 年重开，断断续续地持续到菲利波·玛丽亚·维斯孔蒂于 1450 年被雇佣军（*condottieri*）头子弗朗切斯科·斯

---

① A. Molho, *Florentine Public Finance*, *1400－1433*, Cambridge, MA, 1975, pp. 70－72.

② Conti, *op. cit.*, p. 32.

福尔扎推翻为止。① 战争摧毁了威尼斯和佛罗伦萨的债务基金。威尼斯最后一次发行强制公债是在 1454 年，于这一年签订的洛迪合约结束了战争。公债随后进入暂停流通的状态。1425～1454 年新发行的强制公债总计 600 万～700 万杜卡特，超出公民总财富的 60%～70%。政府在此期间每半年只进行一次利息偿付，而这一次支付也往往要延期很久。1439 年，政府开始征收直接税，但这一措施非常不得人心，因此，下一年的直接税就被取消了。在同一年，支付给二级持有人的利息由 3% 被削减至 2%。② 付给一级持有人的 4% 的利息则维持了更长的时间，但从 1440 年开始，即使是给他们的利息每年也只支付一次，并且拖延的时间越来越长。因此，公债的价格自然迅速下跌，到 1440 年时只有 20。如果没有偿债基金的回购操作，价格还会降得更低。实际上，威尼斯的统治精英更关心的是通过回购债券来降低债务水平，而不是稳定地向债权人支付利息。1482 年，当威尼斯旧公债（monte vecchio）作为一种筹款手段被抛弃的时候，通过偿债基金的回购，其面值总额已

---

① 在这里我们对意大利的雇佣军进行一下简单的介绍。最初，城邦的保卫工作是由市民组成的民兵来承担的，但随着市民财富的增长，他们觉得自己浪费在战争中的时间机会成本太高，而来自意大利和外国的冒险者很愿意代替他们承担这种责任，只要市民们愿意付钱。这一变化导致军事活动的成本迅速上升。1260 年，只需要每月花 6 杜卡特就可以雇用到一队骑兵队（lancia），其中包括一名骑士、一名侍从和一名持盾护卫。到 1430 年时，有些顶级的雇佣兵团的骑兵队要价高达每支 65 杜卡特，而且雇佣兵逐渐发展成一门敲诈勒索的行当。1430 年，佛罗伦萨付给斯福尔扎 5 万杜卡特，只是为了让他的士兵离开自己的领土。马基雅维利毫无疑问地将意大利在 1492 年之后遭到的厄运归结为对雇佣兵的依赖，因为雇佣兵往往缺乏忠诚，也不愿意牺牲自己士兵的性命，而在和平时期雇佣兵的高成本极大地限制了城市的预算收入。

② Luzzatto, *op. cit.*, p. 239.

经被降低到了 800 万杜卡特（见图 2 - 1）。但利息已经拖欠了
21 年，债券的价格只略高于 10。[1] 从那以后，国家在接下来
的 100 年以内断断续续地进行了 1% 的利息支付，但旧公债已
经失去了作为公共财政工具的价值。

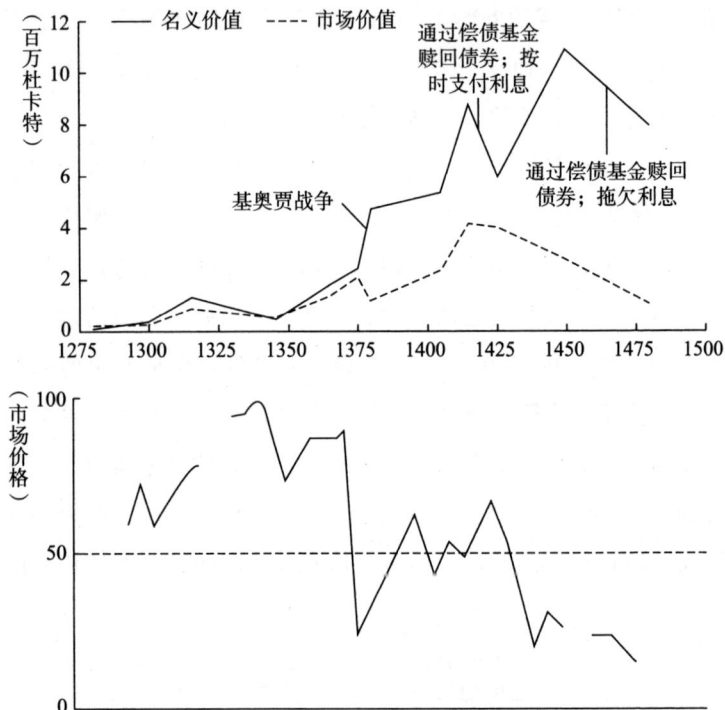

图 2 - 1　威尼斯旧公债的兴衰

资料来源：Luzzatto, *op. cit.* , pp. 271 - 272, 283. 卢萨托（Luzzat-
to）没有给出 1450 年前后的债务总额。图 2 - 1 中的 1100 万杜卡特
只是基于 1425 年之后的总税收的一个估计。如果考虑到由偿债基金
的操作带来的税收降低的话总额应该更少。

佛罗伦萨的情况也没有好到哪里去。到 15 世纪中叶时，

---

[1] Luzzatto, *op. cit.* , p. 258.

债务总额已经达到 800 万杜卡特，到 1470 年时则超过了 1000 万杜卡特。1470 年的应付利息共计 355600 杜卡特，这个数字不仅高于抵押给公债的税收，甚至超过了财政收入总额。[①] 很显然，利息在早些时候就已经停止支付了，公债只是在佛罗伦萨公民的奋力挽救下才得以存续。

为了维持债券的市场价格，公民接受了间歇性直接税的征收，来为偿债基金提供资金支持。如果没有偿债基金的操作，公债可能还会再高上几百万杜卡特。但这不足以挽救公债的命运。佛罗伦萨人素来有心灵手巧的名声，为了降低债务的成本，他们创造性地将自己的公共债务改造成了世界上首只养老基金（pension fund）。

佛罗伦萨的嫁妆基金（*monte delle doti*）创立于 1425 年，市民可以将一定的资金或者公债按市场价值存入政府设立的账户中，期限为 5～15 年。如果市民存入的是现金，政府就会将其用来在市场上回购市政债券，因此无论市民选择的投资形式如何，私人持有的公债总额一定会减少。在存款期内，政府不向投资者支付利息，但存款到期的时候政府支付给投资者的金额与以复利计算的公债本息和大致相当。这项投资所提供的回报率是很高的，通常在 11%～15%，公债市场的衰退由此可见一斑。为了筹集足够的资金来偿还到期的嫁妆基金，由嫁妆基金所持有的公债产生的利息还要被用于在市场上回购公债，当基金到期时，政府就出售一部分债券来偿还。

---

① 收入的数据来自 Conti, *op. cit.*, p. 29；佛罗伦萨市政公债的数据来自 Sieveking, *op. cit.*, Vol. Ⅱ, p. 149. 全部的财政收入只有 312000 杜卡特，而抵押给公债的收入只有 256000 杜卡特。

　　这一设计给政府带来了两项好处。首先，嫁妆基金可以让大量的公债退出市场流通，因此能够减少政府支付给债权人的利息。但显然，这种好处只在基金到期时有效。其次，城市所能真正获得的收益，来自那些由于疾病、瘟疫或因"选择了精神上的伴侣"而成为修女的未能出嫁的女子。[①] 在这些情况下，本金会被退还给家庭或者捐给修道院，政府不必支付利息。由于最终没有结婚的女子占总数的 20% ~ 25%，嫁妆基金实际上给政府节省了大量的利息开支。

　　不幸的是，这一剂特效药并没有起到预期的效果。15 世纪 30 年代，嫁妆基金对公债的回购将债券的价格稳定在了 25 左右，但当第一批嫁妆开始到期的时候，基金不得不出售债券以支付给投资者，债券的价格重新下跌到了中双位数，使得强制公债更难以筹措。因此，在 1458 年，政府决定停止通过出售资产来支付到期的嫁妆基金，而改用基金持有的公债利息收入来偿付。此时，嫁妆基金所持有的债券面值总计达到了 400 万杜卡特，不低于公共债务的一半。在这种策略变化的推动下，债券的价格重新开始上涨，到 1463 年时达到了 30，尽管到 1470 年时价格又重新回落至 24。新存入的资金依旧被用来购买公债，当 15 世纪 70 年代金融危机来袭的时候，嫁妆基金所持有的债务约占总量的 60%。佛罗伦萨人的创新并没有明显地降低公共债务水平。的确，政府的债务不再由私人持有，而转移到了政府自己的手中，但那些筹集起来用于回购债券的资金必须要在公民的女儿结婚时还给他们。

　　城市现在面临着困境。政府收入已经不足以承担所有的债

务成本，因此必须做出抉择。佛罗伦萨人选择以牺牲公债为代价来支持嫁妆基金。1470 年的改革法案规定，管理公共债券的官员在进行私人持有的公债偿付时"只需要视财政状况相机进行"[①]。利息被削减至 3.25%，1478 年又降至 3%，接下来又下降到 2.25%。1480 年之后，公债的偿付只能从一种新设立的累进直接税（decima scalata）中开支，因此支出净额占比很少超过 1%～1.5%。到 1491 年时，嫁妆基金的投资者必须以 10 杜卡特的价格向政府出售与投资数额相等的公债。政府用通过这种手段获得的公债构建一个新的偿债基金，这个新的基金通过积累公债，使得"偿债基金的数额增长，而私人持有的公债则减少，因此，随着时间的积累，利息会服务于公利而非私利"[②]。

即使在提高了嫁妆基金的偿付优先性之后，国家财政依旧不足以支付到期的嫁妆基金，很多夫妻在结婚之后要等上 16 个月才能取回自己的投资。1478 年，政府决定在偿付嫁妆基金时，只有 20% 以现金的形式进行，余下的部分则以一种利率为 7% 的新基金偿还。与公债不同，这种新基金的利息收入是不收税的。它成为唯一还具有某种公信力的公共债务工具。1492 年，新基金的官方价格是旧市政公债（monte comune）的 7 倍，到 1542 年时这一比率已经达到了 14 倍。[③]

[①] Marks, op. cit., p. 47.

[②] Marks, op. cit., p. 124.

[③] Mohlo, Marriage Alliance, p. 75. 政府很快就发现，如果 80% 的到期嫁妆基金都以利率为 7% 的基金支付的话，政府的财力是不足以支撑的。因此，在 1490 年城市创立了利率为 3% 和 4% 的基金以偿还到期的嫁妆基金，存户可以在等待 7% 基金的空余时持有这些收益更低的基金。这些新基金的偿付优先于旧市政公债，但它们的市场价格一直低于利率为 7% 的基金。

为什么佛罗伦萨人会把嫁妆基金放在更重要的地位呢？很显然，因为嫁妆基金在佛罗伦萨人的生活中占据了重要的地位，政府不太敢随意干涉嫁妆基金的正常偿付。但反过来，市政公债的利息对很多公民来说也具有同等重要的意义。真正的原因在于，当政府建立嫁妆基金时，政府和公共债权人之间的契约就改变了。佛罗伦萨人本能地意识到，旧市政公债对于政府来说只是一个或有负债，政府只会在财有余力的情况下进行偿付。在政府财力不足的情况下，市政公债不过是伪装过的税收。与之相反，对嫁妆基金的投资是完全自愿的，政府对于存款人的偿还义务是绝对的，没有任何附加的还款条件。当然，嫁妆基金的投资者没能够按照他们所期待的条件获得收入，但他们的收益还是比旧市政公债的持有人要好得多。这也解释了佛罗伦萨的公民为什么愿意冒自己的女儿无法出嫁的风险，也乐于将自己持有的公债投入嫁妆基金中。他们所承担的风险由资产"质量"的提升来补偿。

旧市政公债的命运反映了有偿税收体系中存在的一个根本性缺陷。意大利商人的商业天才将原始的经济盈余分配原则改造成了一个经济上可行的体系，但无论构建得如何精巧，这一体系最终没能通过市场有效性原则的考验。

如果想让整个体系运行良好，就必须要有繁荣的二级公债市场。[①] 长期金融资产交易市场的创立是意大利城邦共和国最重要、延续最久的创新之一。二级交易市场存在的必要性有两

---

① 当政府直接将债券卖给投资者的时候，就创造了一个一级市场（在这个市场中，"生产者"直接与"消费者"进行交易），而当投资人之间互相交易的时候，创造的是二级市场。

点。首先，高水平的债务只有在债务期限很长的情况下才是可持续的，而长期债务的债权人如果能够在急需流动性的时候出售自己持有的债务的话，无疑是更为合意的。其次，无论有偿税收的体系被设计得如何精妙，它都只能有限地获取市民的流动性财富。强制公债没有考虑到公民之间的流动性存在相对差异，有的公民出售公债的意愿更高，而有的更低。除此之外，还有很多资金完全处于评估体系之外，如外国人、宗教及慈善机构等。这些团体恰好是公共债务的重要潜在投资者。1375年，威尼斯官方估计有 2/3 的公债都是被非纳税人持有的。①

但强制贷款与自由市场之间的不可调和在经济危机时就显现了出来。强制公债实际上只是政府的或有负债。正如罗马在布匿战争中的捐赠一样，公债只有在战事顺利（或者国际贸易形势有利）的情况下才会得到偿付。因此，公民们只能接受债务在很长时间之后才被偿还，或者根本不被偿还。二级市场的投资者本来就能够以打折的价格购买债券，却还获得了比公民高得多的收益，这看上去是不可接受的。因此，威尼斯从未停止以此为理由对公债二级持有人的权利进行歧视。1440年，支付给二级持有人的利息被削减为一级持有人的一半。这绝不是鼓励市场发展应有的做法，投资者或者离开了市场，或者开始要求更高的回报以弥补类似的损失。

当债务水平提高的时候，新的问题出现了。传统观念认为，对公民征收直接税是对公民尊严的一种冒犯，因此公民对于财政的贡献必须是可偿还的。如果这种税收被看作一种未确

---

① R. C. Mueller, *The Venetian Money Market: Banks, Panics, and the Public Debt, 1200 – 1500*, Baltimore, 1997, p. 547.

定的权益，那么对于用这种方式来筹集的资金数额就是没有限制的。与之相反，如果信用状况是可持续的话，债务水平就不能超过税收。只要债务水平是合理的，这两个原则就不会发生冲突。但到了 15 世纪中期时，佛罗伦萨的债务水平很明显早已超出了良好信用的标准线。

现存的关于中世纪经济的记录过于粗糙，因此很难对城市的 GNP 进行精确的估计。根据 1427 年佛罗伦萨的纳税申报单计算，城市的 GNP 约为 300 万 ~ 350 万杜卡特，[①] 而 1470 年的公共债务（面值）总额达到了 1000 万杜卡特，约为 GNP 的 3 倍。这种债务负担即使对于一个现代国家来说也是难以承受的，对中世纪国家而言就更是如此。[②] 在这种债务水平下，公债交易市场的崩溃就是意料之中的事情了。

问题的关键就在这里。公债市场的维持完全依靠二级债券持有人对市场的信心，而二级债券持有人本身是自愿向政府贷款的。但当政府对于公债的偿付是有条件的，且政府只有通过进一步扩大债务规模才能满足资金需求的时候，潜在的投资者绝不会给这样的公债打上 3A 的信用评级。政府真正应当做的，是将税收和贷款进行明确的区分。公债应该完全基于自愿原则，并且偿还的义务应该是绝对的，而非视情况而定。债券的一级和二级持有人之间也不应该存在潜在的利益冲突。正是这些硬道理（可能只是在潜意识上的）指引

①　R. Goldsmith, *Premodern Financial Systems*, Cambridge, UK, 1987, pp. 148 - 149.

②　一个有趣的事实是，佛罗伦萨公债的市场价值从未超过 300 万杜卡特。每当债券的总面值上升时，价格就会下降，因此债务的市场价值总和往往相当于 GNP 的 80% ~ 90%。这可能代表着在当时的经济发展程度下可持续的最高债务水平。

了佛罗伦萨的改革，导致了强制公债的消亡并支撑了嫁妆基金的存续。

但可偿还税收理念的消逝则非常艰难。特别是威尼斯人，在向自愿公债体系转变的过程中表现出极大的不情愿。1436年，当"旧公债"已经丧失了其作为公共财政工具的能力的时候，政府开始征收直接税（decima）。但随着时间的推移，一些新的税种也渐渐地附带了偿还的条款，虽然并不支付利息。1482年，威尼斯试图从头开始复兴旧的理念。威尼斯的"新公债"（monte nuovo）就此诞生。利率按照旧例定为5%，利息的偿付由直接税的收入担保。新公债的寿命延续到1509年，总金额达到300万杜卡特。① 在1500年的危机时期，债券价格降至52，在其最后几年内价格重新上涨超过了面值。但由于旧公债的糟糕结局对于威尼斯人来说依然记忆犹新，当新公债也遇到严重的问题时，威尼斯人没有再勉力维持。当康布雷同盟战争开始时，市政府暂停了利息的支付，债券的价格降至40。面对这种情况，政府的选择是又发行了一种新的"终极公债"（monte novissimo）。16世纪20年代，这种新公债也被放弃了，政府发行了新的补贴公债（monte di sussido）作为替代品。但最后这两种公债筹集的资金加起来也只有200万杜卡特。

1529年，当危机最终结束的时候，新公债的市场价格已经低至10，终极公债为25，而旧公债只有3。威尼斯共和国现

---

① 关于16世纪威尼斯财政的信息来自 F. C. Lane, *Venice, A Maritime Republic*, Baltimore, 1973, and "Public Debt and Private Wealth: Particularly in Sixteenth Century Venice," in: *Mélanges in honneur de Fernand Braudel*, Toulouse, Fr., 1973。另见 L. Pezzolo, *L'oro dello Stato*, Venice, 1990。

在终于有机会让自己的财政体系重回正轨了，但政府采取的措施却进一步展示了有偿税收与自愿公债之间的水火不容，以及威尼斯人在财政体系转型过程中的犹豫。

1530年，如果想要完全偿还债务，在利息率为5%的情况下大概要花掉威尼斯一半的财政收入。这并非不在政府的能力范围之外，但高额的偿债成本与威尼斯人将公债视为政府的或有负债的观念并不相符。除此之外，威尼斯人也不愿意对低价买进债券的投机者支付全额利息。很多新公债的转手价格大约为20，如果利率为5%，那么这些投机者（包括一些威尼斯的显贵）在利息得到全额支付的情况下可以获得25%的收益。因此，一种办法是削减支付给二级持有人的利率。这种手段在旧公债上已经得到了应用，但旧公债遭到的灾难性后果使得政府不得不放弃对后发行的公债使用同样的手段。另一种办法是强迫二级持有人以买入时的价格向政府出售债券。这种办法在1491年被写入了法律，并在1500年，当新公债的价格短暂下跌至50时得到了应用。但这种措施毫无疑问也是与自由市场的原则相悖的。威尼斯于1509年不得不宣布放弃对新公债的强制回购，以保证债券的交易价值。[1]

在这种情形下，元老院决定最好的办法还是对所有新公债的持有人一视同仁，但至少应该防止二级持有人从债券投机中获利。政府的资金应当被用来回购债券，而不是支付利息。元老院一共拨款了10万杜卡特[2]专用于此，预计花30年的时间

---

[1] Lane, *Public Debt*, pp. 320 – 321.

[2] 威尼斯的杜卡特在这个时期已经从金币变成了银币，面值和原来的金杜卡特相同。但新杜卡特的交易价值并不稳定，到1600年已经跌到了面值的78%。

将所发行的公债全部赎回。政府同时发行新的债券来为终极公债和补贴公债（monte di sussidio）注资，新债券的发行价格为83.33（年利率为6%，这也是当时的市场收益率），政府接着根据1491年的法案以40~60的价格从二级持有人的手中回购公债。这种操作很好地将债务管理的两个互相冲突的原则合二为一：以低于市场的价格强制回购债券是有偿税收的做法，而以市场收益率对两种公债进行重新注资则遵循的是自愿贷款的逻辑。政府对拖欠的利息也进行了补偿（对于强制公债来说，这是不常见的），之后的利息都得到了定期的偿付，公债价格很快上涨，超过了面值。"旧公债"则依旧按照老的方式管理，利率仅为1%，且利息的偿付很少按时进行。举例而言，1477年9月的利息直到1518年才被支付。16世纪末，旧公债终于被彻底赎回。回购的价格再一次反映了传统的优先次序。一级持有人获得所持有债券面值的5%，而二级持有人只能获得不超过2.5%。① 当17世纪开始时，旧公债最终消失，可偿还税收的时代也最终宣告结束。

六 圣乔治银行

　　热那亚走上了一条与众不同的道路。热那亚并没有卷入意大利的内部斗争中，它只控制了利古里亚海岸线的一部分，并常常在名义上臣服于米兰或者法国以换取它们的保护。在东地

---

① 在1520年之后，债券的回购基本上是按照市场的平均价格进行的。虽然债券的交易价格表面上相当于年收益率高达40%，但这是因为利息已经拖欠了几十年。与共和国歧视二级持有人的利益相一致，政府也不承认新增债券持有人对于已经拖欠的利息的索取权。因此他们往往得等到几十年之后才能取得投资的回报。

中海，热那亚先是被威尼斯打败，后则被奥斯曼帝国所压制。在西地中海，它则面临着新崛起的强国阿拉贡的威胁，在 15世纪中期阿拉贡人将西地中海转变成了西班牙人的内湖。因此，与威尼斯和佛罗伦萨相比，热那亚更少将钱花费在耗资巨万的战争上。但由于城市的财政收入几乎完全被利息支出所吞噬，热那亚的债务水平依旧持续上升。到 1509 年时，名义债务总额达到了 650 万杜卡特。值得注意的一点是，这些新增的债务几乎全是债权人自愿认购的。

在热那亚的公共财政体系中，自愿公债的占比向来比其他的意大利城邦更高。只要财政和军事形势允许，公民们总是不愿意受到税收的"压迫"。由于热那亚在大陆政治中的相对孤立性，它不用像其他的城邦那样总是需要通过强制手段来筹集维持雇佣军的费用。但热那亚能够成功实现向完全自愿公债体系的转变恰恰在于政治生活极端的不统一，这使得城市的债权人几乎能够将财政事务完全掌握在自己的手中。这一财政上的革命通过热那亚最独特的机构——圣乔治银行的建立而得以完成。作为另一项进行债务合并的工具，圣乔治银行于 1407 年诞生。银行的初始资本为 290 万里拉①（234 万杜卡特），超过了当时所有的公债财团。1454 年，圣乔治银行已经兼并了绝大多数财团，并掌握着城市几乎所有的公共债务。在这种情况下，银行几乎已经成为一个国中之国，甚至比热那亚政府本身还要强大。圣乔治银行控制着几乎所有的税收，掌握着盐业的

---

① 金杜卡特并非意大利城邦的官方货币。里拉是由查理曼引入的货币单位，1 里拉最初代表 1 磅白银。随着城市逐渐取得了财政自治权，它们开始铸造并管理自己的货币。随着时间的推移，里拉在不同的城市也代表着不同的价值。本书附录对于这一货币体系有更详尽的解释。

垄断权，承担着铸币的工作，并管理着城邦大多数的海外领土：科西嘉、塞浦路斯和黑海沿岸。银行的 1.1 万持股人代表了几乎全体公民。① 银行的权力包括但不限于拷打有嫌疑的逃税者以及裁定包税商的权力纠纷。除了其类似政府的职能之外，圣乔治银行还可以经营海外贸易。1418 年，政府甚至放弃了检查银行账目的权力。圣乔治银行不仅是中世纪规模最大的商业性企业，而且是当时经营得最好的一家。银行的会议和职务人员选举定时、公平、公正地举行，银行的账目记录和保存得非常好。热那亚公共生活中存在的混乱与暴力在银行的运营中是完全不存在的。马基雅维利将圣乔治银行描述为"共和国的保护者"，事实上，他希望银行的影响力得到进一步的增长。

　　这实在是一种罕见的现象，无论是在现实的还是哲学家想象出来的共和国里都从未出现过：在同一批公民中，自由与暴政、文明与腐朽、公正与偏狭同时存在。这样一种组合只能存在于热那亚，一个充满着古老而又珍贵的传统的城市……如果可能的话，圣乔治银行应当接管整座城市，热那亚共和国将成为比威尼斯更值得尊重的国家。②

---

① J. Heers, *Gênes au XVe siècle*, Paris, 1961, p. 175. 1460 年，持股人总数为 11315 人，而到 1500 年时则为 9997 人。热那亚在 15 世纪的人口总数是一个有广泛争议的问题，不同人的估计数字在 5 万～10 万不等。因此，城市的家庭总数应该在 1.1 万～2.2 万。如果我们采信中间值的话，那么圣乔治银行的持股人至少代表了家庭总数（其中还有很多不具有公民身份的家庭）的 2/3。

② N. Machiavelli, *Istorie Florentine*, 8, 12.

马基雅维利是正确的——这的确是一种奇怪的现象。热那亚人从未成功地建立起稳定的以一人一票为基础的民主政体，但他们有效地组织起了另一个有权力分享机制的政治实体，并且城市中的两大主要不安定因素——封建贵族和底层平民——都被挡在了这个实体的大门之外。有危险政治野心的格里马尔迪家族和菲埃斯基家族在圣乔治银行中几乎没有任何的存在，而以斯宾诺拉家族为代表的城市商业贵族则在银行中占据着重要的地位。以现代的观点来看，圣乔治银行的组织形式显然不是"民主"的。圣乔治银行的管理者被称作"圣乔治的保护者"，一共有 8 位，他们的职位是被提名并任命的，而非选举产生。"保护者"在任期内对银行拥有几乎不受限制的权力，而卸任时，他们可以选择自己的接班人。"保护者"的职位被按照过时的帝国 – 教皇斗争的社会政治原则进行严格的均等分配，其中贵族占四席，商人和工匠各占两席。同样的配额准则也被运用到了银行的其他机构中，如 24 人委员会、百人议事会以及殖民地的政府部门。因此，民主政治中存在的攻讦与斗争被这种中世纪形式的"党派配额"① 所缓解。它比其现代的版本更加粗糙，但也少了很多随之而来的虚伪和腐败。圣乔治银行可能比其他所有的中世纪机构都更能体现摆脱了贵族与平民压力的商人统治的特点。

当热那亚的商人控制了城市的财政之后，他们是怎么进行管理的呢？在现代人的观念中，由债权人掌控的政府是令人厌

---

① "党派配额"（partitocrazia）是用来描述意大利 1947 ~ 1994 年的政治体系的专用术语。在民主政治的表象下，政党暗中达成共识，将政府职位和国有企业的控制权在不同党派之间按比例瓜分。这导致民主选举的结果基本没有任何作用。

恶的，因为它们往往过于自私，急于满足债权人的利益。但圣乔治银行的治理并不像常理所推断的那样充满了聚敛和剥削的邪恶。

圣乔治银行的"保护者"出于对盈利水平的自信，逐渐降低了对持股人的真实支付。他们提高了债务水平，但并没有相应地增加税收。更重要的是，热那亚人继续使用持续贬值的白银来记录自己持有的公共债务，而没有像威尼斯和佛罗伦萨那样改用黄金。在15世纪，城邦和君主国都贬值了自己的货币以缓解白银的短缺问题，直到1460年之后奥地利、萨克森和波希米亚开发了新的银矿，这种短缺才得以缓解。出于国际贸易的考虑，黄金杜卡特/弗洛林的价值始终保持稳定，但威尼斯里拉在15世纪总共贬值了30%，佛罗伦萨里拉贬值了40%，而热那亚里拉则贬值了60%。1407年，1杜卡特值1.25热那亚里拉；到1509年时，1杜卡特已经值3热那亚里拉。相关的结果从表2-1中可以看出。

表2-1　热那亚的公共债务成本，1407~1509

项目	1407 年	1509 年
债务（万里拉）	590	1930
利息（万里拉）	28	54
债务（万杜卡特）	472	644
利息（万杜卡特）	22	18

注：Sieveking, *op. cit.* 1407 年的数额是圣乔治银行的初始资本（Vol. Ⅱ，p. 18）以及 1339 年的债务名义价值之和。1509 年的数额只包括当时圣乔治银行的资本总额（Vol. Ⅱ, p. 164）。1407 年的利息是根据圣乔治银行进行债务合并时所采用的 7% 的利率来计算的，剩下的部分则采用 6.7%。见 J. Day, *Les douanes de Gênes*, Paris, 1963, p. xxvi。1509 年的利息来自 C. M. Cipolla, "Note sulla storia del saggio d'interesse: Corso, dividendi e sconto dei dividendi del Banco di San Giorgio nel Secolo XVI," in: *Saggi di storia economica e sociale*, Bologna, 1988。

因此，虽然以里拉计价的债务已经飞快地上涨，但以杜卡特计价的利息成本反而下降了。圣乔治银行的"保护者"允许政府进行无息贷款。除此之外，他们还将政府支付的实际[①]利息削减为债务面值的 2.8%（事实上很可能不超过债务本金的 2.5%）。考虑到最初商定的利率为 9%～10%，热那亚的债权人尽管控制了整个国家的财政体系，却自愿地放弃了一大笔债务的索取权。他们放弃的债务权益与威尼斯和佛罗伦萨的债权人在他们的公债体系崩溃时所损失的收益一样多。

热那亚的公民对本金也像他们对利息一样的慷慨。其中的典型代表是弗朗切斯科·维瓦尔第，他在 1371 年将自己所持有的 90 股帕西斯财团（Compera Pacis）的股份（总面值约为 9000 里拉）转让给一只偿债基金，以让股份积累的利息用于公共事业。[②] 但这个"善举"中存在的污点在于，任何想要利用偿债基金来回购债券的行为现在都必须通过维瓦尔第家族来进行。到 1454 年时，维瓦尔第家族已经买下了帕西斯财团 99.8% 的股份，面值高达 100 万里拉。这代表着当时公债总量的 12%。1454 年，为了表达对于城市的恩人的感激（正如希腊城邦曾经向那些自愿放弃所拥有的公债的公民表达感谢一样），热那亚政府建造了一尊维瓦尔第的雕像。维瓦尔第的榜样被很多热那亚的公民所模仿，但相似的例子并没有大量地出现在威尼斯和佛罗伦萨。在热那亚类似的基金有很多，不仅被用来减少债务，还被用于慈善事业，如教会、医院以及大学，

[①] 在本书当中，凡是用到"实际"这个词的时候，都指的是"去掉货币价值变动之后"。

[②] Sieveking, *op. cit.*, Vol. I, p. 199.

因此有必要建立某种形式的奖励与纪念机制。如果捐款达到25000里拉，捐赠人会获赠一块牌匾；如果达到50000里拉，捐赠人会获赠一尊半身像；如果达到10万里拉，捐赠人会获赠一尊小全身像；若超过10万里拉，会建造一尊捐赠人1:1的全身雕像，这尊雕像在广场上俯瞰着本地财团的理事会大楼。①

很明显，热那亚的公共债务已经不再仅仅是其公民可投资的一种资产。公债的收益率过低，难以吸引商人阶层。他们在贸易活动或者商业贷款中能够获得12%～15%的收益率（甚至更高），而圣乔治银行的股份收益率只有5%～8%。除了作为慈善机构的投资工具外，圣乔治银行还承担了另一项更为重要的职能——为热那亚的经济活动提供资金支持。像意大利城邦这样的拥有公开交易市场的公债还能为剩余的流动资金提供投资机会，并充当大额资金交易的工具。但公债对于小规模的商业没有太大的用处。关键的变化出现在15世纪40年代，圣乔治银行开始停止用现金支付分红，而改用纸质的银行券（*paghe*），这种银行券在发行会计年度结束的4年后可以兑现。银行券的流通是非常活跃的，并被广泛用于商业交易和税收。纳税人会用银行券向包税商缴纳税收，然后包税商再将其交给圣乔治银行（所有的税收都已经被抵押给了银行）。这种交易过程使得银行券缓慢地退出了流通。4年之后，只有很少一部分银行券依旧可以提现，剩余的部分则以打了折扣的价格在市场上交易，折扣的额度反映了银行券的剩余使用年限以及当时货币市场的状况。折扣率通常远低于商业收益率，这说明银行券的

---

① Sieveking, *op. cit.*, Vol. Ⅲ, p. 233.

主要用途依旧是结算工具，而非营利性资产。这种对于公共债券的高频率使用不仅使热那亚免于白银短缺造成的通货紧缩之苦，还让热那亚成为欧洲首个有效地使用纸币的经济体。[①]

城市所获得的好处远不止货币供给的增加。热那亚现在能够以比它的宿敌威尼斯更低的利率进行贷款。将 16 世纪威尼斯和热那亚的利率进行对比，这一点就可以看得非常清楚。1508年，威尼斯的"新公债"发展到了顶峰。新公债以高于面值的价格交易，收益率也达到 5%。威尼斯当时的债务总额达到了300 万杜卡特，利息支出仅占公共收入总额的 13%。在同一时期，热那亚的债务总额达到了 650 万杜卡特，利息支出占用了城市的所有公共收入，债券的市场收益率却只有 4.5%。

即使当威尼斯开始按自愿原则举债的时候，原先存在的问题依旧没有完全消失。在 1570 ~ 1573 年的塞浦路斯战争期间，共和国一共举债 600 万杜卡特，这是一笔长期贷款，到期时以铸币的形式还本付息。但获得这笔资金所要付出的成本是巨大的。政府首先提议的利率水平是 6% 和 7%，但基本上没有投资者愿意接受。因此这笔贷款中的大多数资金需要支付的利率是 8%，有些甚至达到了 14%。这也许是因为投资者和士兵一样恐惧奥斯曼帝国的威胁，但除此之外，威尼斯过往的信用记录显然不能像热那亚那样赢得市场的信任。1509 ~ 1531 年，国土面积小得多的热那亚共和国以 4% ~ 5% 的利率获得了与威尼斯数目相当的贷款。法国政治理论家让·博丹在他于1576 年发表的《国家六论》中清楚地表明了他不仅意识到了两国利率上的差异，而且明白这种差异背后的原因。

---

① Heers, *op. cit.*, pp. 162 – 173.

普通人更愿意将钱投资到圣乔治银行。虽然他们只能拿到 5% 的利息，但他们的本金是有保证的。只要威尼斯人依旧要求 8% 甚至更高的利率，他们就会继续在市场上吃亏。但威尼斯人也是迫不得已的。因为如果他们不这么做（要求更高的利率）的话，政府就会一点一点地削减利息，正如它在旧公债上所做的一样。威尼斯政府过分挤压投资者的利益，以至于他们不敢也不再愿意投资威尼斯的公债。①

热那亚最值得注意的利率记录出现在 16 世纪末。城市在 1530 年之后没有太多的贷款需求，但偿债基金依旧在收购圣乔治银行的股份。1597 年，偿债基金已经持有银行 28% 的股份，并有可能在一代人的时间内将银行的股份全部收购完。② 而在剩下的 72% 的股份中，有 40% 是由宗教机构持有的，这些机构毫无兴趣将其出售。正如热那亚的很多机构一样，偿债基金也被私有化了，因此它并没有权力强迫宗教机构出售其持有的股份。由此造成的不可避免的结果是流通股份数量的大幅减少以及银行股价的急剧上升。到 1582 年时，价格已经达到了面值以上，实际收益率降至 3% 以下。1603 年，价格飙升至 200 以上，而在 1621 年，股价达到了历史上的最高点 278。从

---

① J. Bodin, *The Six Books of a Commonwealth*, 1576, transl. R. Knowles, London, 1606; Harvard University Press facsimile edition, Cambridge, MA, 1962, p. 673.

② Sieveking, *op. cit.*, Vol. III, pp. 222 – 227.

1603 年到 1625 年，平均收益率不超过 1.5%。①

　　1625 年之后，由于 30 年战争、普遍的经济危机以及 1627 年的西班牙破产，股价被重新压低至 200 以下。但在 17 世纪的头几十年中，热那亚为近代公共财政设立了一个难以挑战的标杆。1624 年，银行的股票收益率低至 1.03%②，价格为 278。圣乔治银行的资产总价值达到了 3000 万杜卡特。考虑到热那亚全国的人口只有 35 万，这是一个相当可观的资本积累水平。即使采用对热那亚人均 GNP 较高的估计值，圣乔治银行的资本也超过了 GNP 的 200%。③ 在 150 年之前，佛罗伦萨公共债务的面值约为 GNP 的 300%，但其市场价值在 GNP 之下。热那亚的状况与之正好相反：它的公共债务的面值低于 GNP，但其市场价值是 GNP 的两倍以上。

七　自私的公民

　　意大利共和国的公民在经济史学家中的名声向来不是太好。他们通常被指责伤害了没有选举权的大多数平民的利益，他们控制下的城邦被看作自私的寡头政权。当然，意大利城邦在艺术上的成就是很难被忽视的，它们改变了欧洲的知识和艺术领域。当凝望着比萨圣马可大教堂或是米开朗基罗的雕塑

---

① Cipolla, *op. cit.*.

② 这个纪录几乎保持到了今天。日本的二十年期国债（除永续国债之外期限最长的债券）收益率为 1.375%。

③ 据我所知，目前还没有相对准确的对热那亚人均 GNP 的估计值。但已经有学者估计过 17 世纪中期荷兰共和国的情况，当时荷兰的人均 GNP 达到 1100 克白银（See R. Goldsmith, *Premodern Financial Systems*, Cambridge, UK, 1987），圣乔治银行在鼎盛时期的资本总额平均到每个热那亚人头上大概有 3000 克白银。

时，没有人能够不为之动容。也许，城邦公民所采取的自私的财政措施可以被解释成伴随着这些精致文化的"必要之恶"。

从某种角度来看，对于意大利城邦公民的批判是难以反驳的。公民们对于狭隘私利的追求很大程度上正是意大利城邦共和国覆灭的原因。这些国家将自己有限的资源浪费在了毫无意义的内耗与外战之上，由此带来的则是人力与财力的枯竭。这使得在 1494 年以后的战争中，它们无力抵御制度与文化比自己落后得多的法国与西班牙的入侵。到 1530 年时，西班牙成为意大利战争毋庸置疑的胜利者，整个意大利都沦为西班牙的保护国。佛罗伦萨已经不再是自治共和国，而成了美第奇大公统治下的西班牙傀儡国；威尼斯是唯一真正保持了独立地位的国家，但它的力量不足以抵御西班牙的霸权；即使是教皇，作为传统上意大利独立最重要的保卫者，也迫于宗教改革的压力而不得不对神圣罗马帝国的皇帝逆来顺受，尽管在整个中世纪教皇都在尽力限制皇帝的势力。在 1530 年保卫共和国独立的最后斗争中，侨居国外的佛罗伦萨人都回到了祖国，米开朗基罗也从罗马回到了佛罗伦萨并设计了佛罗伦萨的城防。但城市下属的领地对于西班牙的军队最多也只进行了象征性的抵抗，没有给城市任何实质性的帮助。这一事件是对意大利城邦限制公民权政策的最终清算。在不断扩张的城邦国家中，公民在全体国民中的比例越来越低，他们也因此自食其果。

在某种程度上，更好的城邦共和国模式在阿尔卑斯山的北部。与意大利城邦相比，北方的城市在规模上要小得多。举例而言，在 1500 年，汉堡每年的收入只有 12.5 万杜卡特，而热那亚和佛罗伦萨则有 25 万 ~30 万杜卡特，威尼斯则达到了 115 万杜卡特。北方的城市获得财政独立的时间要比意大利城邦晚得多，其独立性也更不完整。很多城市依旧拥有封建领主或者教会领主。但荷兰共和国的财政体制正是以它们为蓝本建立起来的，因此，这些城市在公共财政和民主制度的历史上占据着重要的地位。

和意大利的共和城邦一样，北方城市的主要财政手段也是贷款。但北方城市的一大优势在于，和热那亚一样，它们的公共债务大部分都是公民自愿认购的。像威尼斯和佛罗伦萨那样强制摊派公债不是没有出现过，但通常只是短期内的权宜之计。因此，北方的城市不必经历从有偿税收体系向自愿公债转变的心理上的困难。这并不是因为北方的城市公民更乐于对自己征税，和意大利的公民一样，他们也将直接税视为不自由的体现。但反过来，他们并不像意大利城邦那样将所有公民向城市的贡献都视为政府的或有负债，因此也就更容易接受在必要的情况下进行征税。

北方城市贷款的手段是出售长期公债。最初，债券在认购人去世时到期（换言之，它和希腊城邦米利都于公元前 205 年发行的终身年金属于一类）。后来城市开始发行可以继承的债券，因为这样能够卖出更好的价钱。这种可继承的公债是后来的永续年金（荷兰的 *lorsrenten*，法国的 *rentes perpétuelles*，英国的 *consols*）的鼻祖。直到 20 世纪的大战爆发之前，永续年金一直是欧洲公共债务体系的核心。

从历史的角度来说，北方城市的政府借贷最重要的特点在于公债总量中的很大一部分由外国人或者机构所持有。这种情况从未在意大利出现过。一些拥有特权的外国人可以投资威尼斯和佛罗伦萨的公债，或者持有热那亚财团的股份，但他们持有的比例通常都极低。而在北欧，经常有超过 50% 的公债由外国的投资者持有。

北欧城市这种与意大利截然不同的特征来自其相对和平的内部环境。意大利城邦的历史往往能够追溯到古典时代，而即使是在黑暗时代，意大利半岛也从未失去自己的城市传统。城邦的公民拥有很强的爱国热情（直到今天，体验过锡耶纳的帕利欧大赛的人依旧能够感受到这种来自古代的热情）。意大利的公民一旦定居到一个城市，除非是出于商业目的或遭到放逐，就几乎从不离开。除此之外，在打败了腓特烈·巴巴罗萨之后，意大利城市的独立地位从未受到过挑战。与之相反，北方城市的历史往往较短，很多城市是中世纪才建立的，即使是那些在罗马时期就已经存在的城市也在接下来的几个世纪中受到了很大的打击。因此，北方的城市有着更少的"历史的负担"。

外部的公共债务投资通常来自友好或同盟城市的市民。北方的城市中公民与城市之间纽带较松的特征在吸引外部投资上成为一种优势。北方城市之间不存在像意大利城邦那样激烈的内部竞争关系，因此它们可以组建成城市联盟，其中最重要的一个是于 1282 年成立的汉萨同盟。[①] 这种共和国联盟早在古典时期的希腊就已经存在，类似的印度共和国的联盟也被记载在了亚历山大大帝的随军作者的笔下。通过组建联盟，城邦可以更好地抵御更强大的帝国的进攻，古典时期的泛希腊联盟就击退了波斯帝国的入侵，而在印度，毗舍离同盟成功地遏制了摩揭陀帝国的势力长达一个世纪。在中世纪的意大利，伦巴第

---

① 1254 年，莱茵兰地区的城镇组成了一个防御同盟。1376 年，施瓦本的城镇也组成了对抗符腾堡伯爵的共同防御协定。

同盟在短暂的存在期内是非常有效的；但在腓特烈二世死后，同盟很快瓦解，城邦又回到传统的互相攻伐中。

北方城市联盟的传统被荷兰共和国在 16 ~ 17 世纪传承了下来。荷兰共和国在很大程度上就是一个城市联盟，并成功地在比自己强大得多的势力面前保卫了自己的独立，这不禁使人遐想，如果意大利城邦之间没有那么严重的敌意，意大利的历史究竟会如何发展。

尽管未来的共和国吸取了威尼斯、热那亚和佛罗伦萨的教训，提高了全体国民享有公民权的比例，但我们并不能指责意大利城邦的公民没有承担起支持自己国家的责任。意大利城邦共和国的财政政策目标就是让自己的公民成为主要的受益人，它们尽可能地恪守"自由的公民不应该被征收直接税"的原则。但实际情况往往事与愿违，在每个城市中，公共债务应当是神圣不可侵犯的，但在 15 世纪的进程中，公民们逐渐地接受了公债体系的衰败。在威尼斯和佛罗伦萨，公债价值的损失达到了90%以上。热那亚债权人的运气略好一些，但在 15 世纪结束的时候，热那亚公债的市场价值也只有初始面值的一半。

意大利城邦的有偿税收具有双重性质。只要强制公债的偿还确实发生了，它们就是公债；但倘若偿还没有发生，它们就摇身一变成了税收。意大利城邦留给现代世界的遗产不仅是其公债市场，还有经它们发展和完善的直接税体系。为了将公债的分配变得更为公平，政府将公民的个人财富作为每人摊派数额的基础。起初，对于公民个人财产的评估是由并不客观中立的评估小组略显武断地进行的。这种体系潜在的不公平性使得威尼斯首先建立了由公民自己申报纳税的体制。个人资产按个人收入的 10 倍计，并且和现代税收体系一样存在很多免税的

特例。例如，资产低于 50 里拉的人可以免税。1383 年之后，
慈善机构可以以收入的 7 倍申报资产。1427 年，佛罗伦萨首
次采用了威尼斯的体系。所有来源的收入都要纳入统计，包括
商业资产和市政公债（以当前的债券市场价格计入）。根据纳
税人的主要住宅情况以及家庭人数会进行某种程度的扣除。正
如马基雅维利所言，佛罗伦萨"首次实现了法治，摆脱了人
治"。一种改进后的税收（diecina graziosa）于 1442 年首次引
进了累进税的概念。5 年之后的新税制（diecina nuova nuova）
将这一原则进行了发展。① 根据收入多少的不同，税率从 8%
到 50% 不等。因此，可以预见的是这种税制受到了中产阶级
和更贫困的公民的欢迎，而遭到了以美第奇家族为首的富人阶
层的反对。他们不能预先阻止新税制的实施，但确保了这种税
收改革是短命的。新的改革之后的税制（decima scalata）保留
了累进税的原则，但商人阶层成功地将商业资产排除在了税收
范围之外。② 当然，这种非常现代化的财产评估手段被设计出
来的意愿是为了将强制公债的摊派变得更加公平。但威尼斯旧
公债和佛罗伦萨旧市政公债的崩溃将其转变为当时最复杂的直
接税体系。这可能并非城邦公民的本意，但无论如何，这是中
世纪公民权利的自然结果。

---

① Conti, *op. cit.*, pp. 196, 211.
② Conti, *op. cit.*, p. 281. Conti 详细描述了在 15 世纪进行的建立各式各样直
接税的尝试。

第三章　君主的债务

> 国王没有信用……除了指望他破产的人之外，没有人
> 愿意和他做生意。[1]
>
> ——让－巴普蒂斯特·柯尔贝尔，1660

一　君主与商人

自治城市并非中世纪欧洲唯一使用公共债务的国家。在中世纪晚期，欧洲的国王们很少摆脱债务的负担。但他们的债务并不在市场上流通。普遍来说，君主的债务由商人和银行家提供的短期贷款组成，不同贷款的利率（常常没有明确的规定）、期限（往往是模糊的和没有约束力的）和抵押品各不相同。[2] 这些非经常性的负债显然不能成为公共债务系统的基石。事实上，君主们也并没有将其系统化的意愿。中世纪的君主和他们的前辈一样梦想着拥有充盈的国库。中世纪的欧洲君主国并不都是糟糕的债务人，但他们在举债时的不情不愿与同时期的城邦国家依然形成了鲜明的对比。无论是在阿尔卑斯山的南方还是北方，城邦的债务人与债权人（二者在很多情况

---

[1] *Lettres de Colbert*, Vol. Ⅷ, ed. P. Clement, Paris, 1861 – 1866, pp. 180 – 181. Quoted in R. Bonney, *The King's Debts*, Oxford, UK, 1981, p. 274.

[2] 尽管君主的债务和真正的"公共债务"并不一致，但将其完全视为君主"私人"的债务也是不合适的。君主私人财政和公共财政之间明确的区分出现在 13 世纪，是基于罗马法对皇帝的内库（*fiscus*）和帝国的金库（*aerarium*）进行的区分。

下是同一群体）都尽力将公债打造成财政体系的核心，而国王只是在万不得已的时候才会求助于信用工具。

正如本书第一章所描述的，黑暗时代几乎摧毁了所有君主国的税收制度。即使是在中央集权程度更高的英格兰，在1200年前后人均税负也不会超过4.5克白银。在理论上，国王能够通过封建体制动员数量庞大的免费军队。在1099年的第一次十字军东征中，封建兵役制度发展到了自己的巅峰。从那之后，封建征召制陷入了缓慢的衰败，国王越来越多地需要为自己的军事活动支付现金。到中世纪晚期时，大多数士兵都是领取军饷的。早至12世纪，一些强大的君主，如神圣罗马帝国的腓特烈一世和英格兰的亨利二世就已经开始使用雇佣军。

对于这样的形势变化，国王可能有多种反应：将封建权力转变为现金；在封建体制之外另起炉灶，建立新的税收体制；寻找其他的筹款手段。中世纪的欧洲君主尝试了上述的所有办法，因为没有任何一种能够完全负担得起日益增长的政府开销。将封建兵役转化为现金收入的过程在整个西欧进行，但这"去封建化"的过程所创造的收入要少于在黑暗时代"封建化"过程中失去的收入。除了一些不重要的封建权力外，"去封建化"过程一般都遇到了很大的阻力。大规模的封建土地制度改革只能发生在国王以某种理由没收自己封臣的领地时，但只有最强势的君主才能间歇性地做到这一点，因为大规模地剥夺封地必将导致封建贵族的叛乱。这方面的大师毫无疑问是英格兰的亨利七世，他的优势不仅在于自己异乎常人的狡猾和吝啬，还在于他继位时的英国刚刚经历了玫瑰战争的浩劫，因而极度渴望强有力的统治，同时几乎所有王权潜在的对手都已经在战争中死去了。因此，他不需要将没收来的财物再分配给自己的支持者。到他去世的时候，英格兰已经成为西欧国库最充盈的国家，根据威尼斯大使的估计，他一共留下了约 600 万杜卡特。[1] 亨利七世的成功仅仅是一个例外，而且他所做的更多的是积累财富，而非增加财源，他仅仅将王室的收入恢复到了与玫瑰战争之前相当的水平。国王所拥有的税基——每人每年约 6 克白银——对于文艺复兴时期的国家来说是不够的，他的儿子亨利八世很快就证明了这一点。

第二项策略，即建立新的税收体制则获得了更大的成功。虽然历史的潮流站在了君主们的一边，但这一改革在当时也遭到了很大的阻力。在封建制的最高形态下，国王仅有的收入来源就是他的私有资产，即王室领地。政府的日常花销受到了严格的限制，当面临紧急状况时，国王有权要求封臣进行援助，但随着封建体制的衰落，封臣提供的援助越来越少，而国王的收入却几乎没有增加。1467 年，英格兰国王爱德华四世向议会说："我打算依靠自己的领地生活。"这反映了当时普遍的观念，即国王应当满足于自己继承得来的收入，而不应该向臣民索要额外的资金。

这种态度对建立新的税收体制而言，本身就是一种障碍，而更大的阻力则来自议会。在中世纪的欧洲，国王收税的能力几乎都要受某种形式的议会机构的限制。征税需要国民许可的原则几乎从未从欧洲的政治生活中消失，只不过有的时候所谓的"国民"仅包括大封建主。城市生活的逐渐发展意味着，倘若一个代表大会能够真正体现"全体国民"的利益，就必

---

[1] F. C. Dietz, *English Government and Finance*, *1485－1558*, Urbana, IL, 1921, p. 88.

须要将来自市镇的代表纳入其中（事实上，国王往往将城市视为对抗封建主的盟友）。英国议会将自己标榜为"所有议会之母"，但类似的机构在整个欧洲出现得要比英国还要早，分布也极为广泛。1059 年，法国的亨利一世在巴黎召集的议会不仅包括贵族和主教，而且下层民众（lesser people）也有代表出席。① 议会制在伊比利亚的基督教王国中也非常发达，在1188 年，莱昂王国的议会首次包括了来自市镇和其他平民团体的代表。虽然在中世纪之后，西班牙的各王国逐渐转向了绝对君主制，但这一传统从未完全丧失。当拿破仑试图把自己版本的"民主"强加给西班牙人的时候，他们在加的斯另立了一个敌对的代议制政府："我们西班牙人知道怎么做……不需要法国人闯进来教育我们。"② 中世纪议会的作用在各国不尽相同，但毫无疑问的是，国王召集议会的主要目的是筹集额外的资金。

国王们的麻烦主要不在于议会拒绝为他提供额外的资金（通常被称为"补助"）。由于传统的国王应当"自食其力"的观念根深蒂固，议会批准的金额总是少于国王所需要的金额。议会同时还尽力将税收限定为临时性的，并在财政体系中树立自己的权威。通常来说，国王们在间接税上取得了更大的成功，英格兰国王最终被授予征收海关关税的权力。但是要支持一场全面战争，没有直接税是不可能的。在百年战争的第一阶段，爱德华三世最初拥有的收入只有主要来自关税的 3 万英镑（约合 20 万杜卡特），但从议会那里获得征收特别直接税

① A. Marongiu, *Medieval Parliaments: A Comparative Study*, London, 1968, p. 29.

② Marongiu, *op. cit.*, p. 62.

的权力之后，他的收入增加到了 10 万英镑以上。在爱德华三世统治的晚期，政府的税收达到了每人每年 15 克白银，而在 15 世纪开始的时候人均税负不超过 6 克白银。[①] 在一定时间内，似乎传统的中世纪君主国的财政限制就要被突破了，但实际上这种高水平的税收只不过是黑死病带来的人口锐减的副产品。到爱德华统治结束时，大规模的农民起义已经开始爆发，接下来一个世纪的王朝战争很快让君主的收入减少到中世纪早期的水平。在很大程度上，爱德华的收入增加是由于议会对他的军事征服持肯定态度。1630 年，一名法国作者评论道：

> 英国人向来珍视自己的自由，英国的历史充满了他们为了保卫这种自由而采取的极端手段。但他们愿意为了国家的利益而无偿地牺牲自己的权利。在这么多世纪中，与法国的战争始终是他们的头等大事。根据腓力·德·科米尼［十五世纪编年史作者］的说法，在和平时期，英国人绝不愿意给他们的君主一个子儿，后者只能够靠自己的领地生活；但当他们的国王跨过海峡来扰乱我们的国家的时候，英国人就变得对他有求必应了。[②]

只有 15 世纪的法国君主才真正打破了议会的限制。1436 年后，查理七世在征收间接税（the aides）的时候不再征求议会的同意，而在 1439 年之后，他在征收直接税（*taille*）的时

---

① R. Bonney, ed. , *Economic Systems and State Finance*, Oxford, UK, 1995, pp. 140 – 147.

② P. de Boisguilbert, *La Naissance de l'economie politique*, Paris, 1966, pp. 666 – 667.

候也不再遵循法律上的惯例。① 由于面临将国家从英国人手中
解放出来的压力以及农民起义的威胁，国王很容易找到停止召
开议会的理由。法国三级会议尽管在之前和其他欧洲国家的议
会行使的权力不相上下，但其抵抗的意志最终被粉碎了，查理
七世也成为欧洲绝对君主制的真正创始人。这种变化的财政后
果在 15 世纪末很快体现了出来，由于君主不再需要议会的授
权，因此他也不用再忍受既不够用、时限也较短的议会拨款。
1483 年，查理七世和他的继承人路易十一单方面把直接税从
1439 年批准的 10 万里弗提升到每年 400 万里弗②（约合 225
万杜卡特），这使得法国的财政收入达到威尼斯的 2 倍、英国
的 4 倍以上。③

　　但即使是在这种情况下，平均每个法国人所缴纳的税收也
不过 8 克白银，而在路易十一死后，民众的不满迫使国王将税
收降至每人 5 克白银。相较于 1221 年的每人 2.4 克白银，这
无疑是一个很大的提升。英格兰和卡斯蒂利亚的国王的收入在
14 世纪达到一个高峰之后，在 15 世纪出现了下降。而神圣罗
马帝国的皇帝在中世纪结束的时候是全欧洲最穷的君主，他们
的收入甚至不足以承担政府的日常开支，常常需要依赖富有的
封臣的施舍。

　　由于封建权力的货币化和建立新的税收制度这两个办法都
没能为君主提供足够的资金，国王们不得不寻求其他的财政手

---

① M. Wolfe, *The Fiscal System of Renaissance France*, New York, 1972, p. 34.

② 里弗是由查理曼制定的货币单位。在法国的货币体系中里弗的地位相当
　于英国的"镑"和意大利的里拉。1 里弗的价值并不固定，1300 年时 1
　里弗相当于 2 杜卡特，到了 1500 年只等于 0.5 杜卡特。

③ Wolfe, *op. cit.*, p. 58.

段，如举债。早期君主的债务来自犹太人或修道院的特别贷款。13 世纪意大利商人银行家的兴起使这一问题变得更为复杂。在爱德华一世、二世和三世统治之下的英格兰，国王的债务越来越具有系统性。英格兰的羊毛生产对于托斯卡纳地区的商人具有很强的吸引力，因此，他们愿意借钱给国王以换取在羊毛市场上的优先交易权。偿还债务的资金来自议会批准的特别税收和海关关税。一般来说，议会批准的税收数额更大，而海关关税的优势在于它是受商人控制的，因为商人给国王贷款的连带要求就是获得海关的控制权。

首先尝试借钱给国王的商业银行家是卢卡的里卡尔迪家族（Riccardi of Lucca），他们为爱德华一世的战役提供了资金支持。[1] 但在 1294 年，里卡尔迪家族遭受到了御用银行家的典型命运：法国国王没收了他们在法国的资产，以惩罚他们借钱给敌对国家的行为。这导致了银行的意大利存户的挤兑，里卡尔迪家族不再能满足爱德华一世的需求，因此里卡尔迪家族在英格兰的地位变得岌岌可危，他们在英格兰的资产也很快被没收了。

佛罗伦萨的弗莱斯科巴尔迪（Frescobaldi）家族没有被前人的遭遇吓倒，他们的地位一直保持到 1311 年，贵族对其权势和财富的嫉妒使得爱德华二世不得不将其驱逐出境。巴尔迪（Bardi）和佩鲁齐（Peruzzi）家族很快填补了他们的空缺，并在接下来的 20 年时间内取得了不错的成绩。羊毛贸易的利润、

---

[1] 里卡尔迪家族给英国国王的贷款总额达到了 392000 英镑（相当于 300 万杜卡特）。其中大部分是短期债务，因此任何时点上的债务额只占总额很小的一部分。

海关包税的盈余以及王室贷款的高额利率给他们带来了丰厚的回报，但和之前的里卡尔迪家族一样，他们的好运也被英法之间的战争所毁灭。1337 年，爱德华三世入侵法国，拉开了百年战争的序幕。尽管爱德华三世最终取得了显赫的胜利，但他首次入侵的结局是一场惨败。他刚刚在法国立足，就不得不被迫于 1340 年撤回英格兰。在这期间，他已经积累了高达 30 万英镑（超过 200 万杜卡特）的债务，其中约一半来自巴尔迪和佩鲁齐家族。[1] 爱德华三世的债务约为其经常性收入的 10 倍，而且很可能超过了同时期除热那亚之外的所有国家。爱德华三世破产的消息很快传到了佛罗伦萨，给银行业造成了沉重的打击。这些麻烦还伴随着由于金银比价的持续下跌而在那不勒斯王国产生的危机。佩鲁齐家族于 1343 年宣布破产。佛罗伦萨市政府由于担心银行业倒闭会给经济带来毁灭性的打击，支持了巴尔迪家族一段时间。但政府的帮助也不过是杯水车薪，巴尔迪家族于 1346 年也宣布破产。卡洛·奇波拉将这一事件称为首次国际债务危机。

简而言之，这一危机的基本模式如下。发达经济体（佛罗伦萨）的大企业在一个欠发达国家（英格兰）中运营，这家企业利益很重要的一方面是要确保国内市场上的原材料（羊毛）供应。因此根据逻辑，企业给当地的统治者提供了越来越多的资金，因为他们只有从统治者那里

---

① E. B. Fryde and M. M. Fryde, "Public Credit, with Special Reference to North-Western Europe," in: *Cambridge Economic History of Europe*, Vol. Ⅲ, Cambridge, UK, 1963, p. 460.

才能获得原材料出口的许可证。但欠发达国家的统治者并没有把贷款用在生产性投资上，而是将其浪费在战争上，因此不得不很快宣布破产……［这一模式］可以直接被运用到 20 世纪 70 年代，只需要调整一下参与各方和涉及原材料的名字。[①]

中世纪的英格兰从未恢复对公共债务的使用。爱德华三世最终不得不把自己的王冠抵押给佛兰德的商人以换取 2250 英镑。王冠在商业流通过程中不断被转手，最终在 7 年后被爱德华三世以 1.4 万英镑的价格赎回。[②] 以复利计算，这笔贷款的年利率约为 30%，以君主的债务标准来衡量并不是很高。通常来说，王室贷款的真正利率不会在贷款合同中写出来。合同中的利率一般是比较低的，而债权人则通过与政府进行其他的商业活动来弥补合同利率与实际利率之间的差额（为了绕过禁止高利贷的法律，名义上巴尔迪和佩鲁齐家族的贷款都是不含利息的，它们与国王之间订立的条约规定了国王将来"回赠"给银行家的金额，这反过来给国王提供了违约的借口）。中世纪晚期依旧经常出现关于王室债务的记载，但并没有任何成型的债务体系出现。一些资料记载，亨利六世在 1450 年由于和法国无果而终的战争以及奢华的建设项目已经积累了 37.2 万英镑（约合 290 万杜卡特）的债务。[③] 他不可避免的违

---

① C. M. Cipolla, *The Monetary Policy of Fourteenth - Century Florence*, Berkeley, CA, 1982, pp. 7 - 8.

② E. B. Fryde, *Studies in Medieval Trade and Finance*, Ch. 7, London, 1983, p. 1165.

③ Fryde and Fryde, *op. cit.*, p. 470.

约只不过是鼓励商人去支持他的对手约克家族的爱德华（即后来的爱德华四世）。爱德华四世成功地为王室财政恢复了一定的秩序，并从伦敦的美第奇银行取得了贷款，这也是自1340 年破产危机之后意大利的银行首次承担借钱给英格兰君主的风险。但美第奇家族的遭遇并没有比前人好到哪里去。1478 年，由于在王室贷款上遭受了损失，美第奇银行关闭了在伦敦的分行。在中世纪结束的时候，英格兰王室的信用已经荡然无存了。

法国的国王比他们在英格兰的对手更不愿意贷款。在他们的观念中，即使是被伪装成"礼物"的利息，也是十分令人讨厌的。因此，法国国王的债权人并不收取利息，而是通过其他的手段来获取回报，如包税或供应王室的军队。在这方面，他们和巴尔迪家族没有什么区别。但贷款合约中连名义利率也没有，这使得法国国王的债权人比英格兰国王的债权人更容易受到打击。他们通常能够积累起比在英国经营的同行更多的财富，直到"清算日"到来，他们失去的不只是自己的财富，还有性命。最早为王室提供贷款的是圣殿骑士团，与中世纪的意大利商人不同，这个神秘而强大的组织是 13 世纪欧洲最重要的金融机构。1294 年之后，意大利人也开始借钱给法国国王，他们打着佛罗伦萨的弗朗塞奇（Fransezi）兄弟的旗号，借给了腓力四世 20 万里弗（约合 40 万杜卡特）以支持他对英格兰的爱德华一世的战争，而后者的战争资金也是由意大利人提供的。这些银行家在 1307 年遭受了灭顶之灾，对他们的处决和法国国王针对圣殿骑士团的一场政变在同一时期发生。圣殿骑士遭到了屠杀，圣殿骑士团被解散，其拥有的财富也被收归国有。① 由于法国经常打着反高利贷的旗号剥夺意大利商人的财产，这使得他们在 1350 年之前基本上退出了法国的市场。本土的金融家们也没能得到更好的结果。1316 ~ 1322 年期间为腓力五世提供资金的杰拉德·盖特（Gérard Gayte）最终死于狱中。中世纪法国最著名的金融家是雅克·科尔（Jacques Coeur），在 1438 ~ 1451 年期间是查理七世最不可或缺的大臣，为后者对诺曼底的征服提供了资金，支持了王室宫廷的用度并担任巡回大使的职位。1451 年，由于在给国王的贷款中秘密要求利率为 15% ~ 20% 的利息，他被指控违反了放贷取利的禁令。他徒劳地申辩说自己只不过是为了弥补从佛罗伦萨和巴塞罗那借钱的利息成本，并且由于欧洲范围内的白银供给不足，获取资金的成本太高。他最终被公开处决，所有的财物被没收充公。

由于找不到自愿借钱给他们的人，国王们便开始采取强迫的手段。但国王们的强制贷款并不是像意大利城邦那样在公民之间按照仔细核定的财产比例分配的，而是直接从那些被认为拥有剩余财富的商人手里或城镇榨取。国王会时不时地偿还一些较小的数额，以维持"贷款"的形式。但在很大程度上，这些强制贷款就是伪装后的税收。

因此，王室的债务陷进了恶性循环中。从商人那里以高利率（无论是否在合同中写明利率情况）借来的短期贷款注定不可持续，并且几乎总是发生违约，而违约的风险使得商人们不得不尽力增加自己在短期内的收益。这就引起了一个新的问题：为什么国王不学习意大利城邦更先进的做法，通过出售债

---

① Fryde and Fryde, *op. cit.*, p. 478.

券来融资？这种办法在 14 世纪已经广为人知。有证据表明，早在 1316 年法国政府账目中就出现了来自公债（rentes）的收入。① 国王也可以借用自治城市更强大的信用能力。在 14 世纪晚期和 15 世纪，勃艮第公爵有时候会将收入抵押给自己领地上富有的半自治城市，然后这个城市（通常是布鲁日）代表公爵以这些收入为抵押发行一种终身年金或永续年金，年金的支付则以城市的信用作为担保。

正是通过这些新的手段，欧洲的君主们得以在接下来的几个世纪内将他们的债务转化为一种（尽管依然是存在瑕疵的）相对合理的财政体系，但在当时，这一转化过程依旧存在非常多的障碍。首先，由于君主们对贷款的厌恶，他们总是希望自己的债务只是暂时性的。而他们对于利息的厌恶一点也不比对于借贷本身少，因此他们总是试图将利息在借款条约中隐藏起来，尽管这可能导致实际支付的利息非常高。像城市一样去销售长期年金来借债必然和这些君主们的传统偏见发生冲突。其次，举债在国王的眼中不过是诸多财政方面的权宜之计中的一种，除此之外的手段还有强制公债、出售官职、罚款、没收财物以及操纵货币。他们几乎毫不在意这些手段之间有可能是互相冲突的。最重要的矛盾存在于借债和操纵货币之间，因为国王不仅将铸币视为一种交换工具，还视为一种财源。在这里，我们简单介绍一下通过操纵货币而牟利的过程。

---

① 1316 年腓力五世的敕令中明确指出，罚款和没收财产的手段应当被用在"持有终身或永续年金券的人"（personis habentis redditus perpetuos vel advitam super thesauro predicto）身上。但文件中并没有说明这些年金券是出售给投资人的，还是仅仅被用作赏赐。See A. Vührer, *Histoire de la dette publique en France*, Paris, 1886, p. 4.

国王如果想通过操纵货币赚到一大笔钱，货币贬值的程度一定要相当地高。因此，为了获取利润的货币贬值和中世纪货币的正常贬值之间没有任何相似之处，后者可以找到合理的经济学解释。① 操纵货币的过程需要尽可能地保密，国王会通过一些极具吸引力的报价（例如，10 里弗的旧币可以交换 11 里弗的新币）将铸币吸引到自己的手中。然后旧的货币被熔化，和大量的劣等金属以一定比例铸成数目比之前更多的新币。新币的市场价值显然由于劣金属的掺入要低于旧币，但两者的面值相同。因此，新币总量的一部分就足以偿还旧币的供应者，剩下的就是国王获得的利润。通常来说，用于重铸的旧币主要是商人提供的，他们能够在货币普遍贬值之前将自己手中的新币脱手。由于这一过程的关键在于打市场一个措手不及，因此贬值几乎总是通过在货币中掺入劣质金属来完成，而不是直接降低铸币的重量，因为后者会很快被市场识别出来。没有被回收的旧币往往会被持有人囤积起来，因为他们不愿意用良币来交换新的劣币。这正是所谓的格雷欣法则："劣币驱逐良币。"② 这样的贬值通常只是暂时的，伴随着后来的重新估值（reval-

---

① 在金属货币时代，货币的磨损是很正常的，除此之外，很多人会从货币的边缘"刮"下一部分据为己有，这使得一定的贬值成为必要的。货币需要在不断地重铸过程中渐次降低重量和繁复程度，以保证正常流通。这一过程导致的货币贬值程度约为每年 0.3%（以上的解释仅限于银币和铜币，而不适用于黄金，因为后者通常只在大额交易中使用，而且往往用重量表示价格）。除此之外，经济体中贵金属的匮乏也可能会间歇性地导致货币贬值。中世纪货币一般每 100 年贬值 50%，年通胀率不超过 0.7%，远低于今天人们普遍接受的程度。

② 这一条法则由都铎王朝政府的金融代理人托马斯·格雷欣爵士命名，但实际上类似的结论在中世纪就已经为人所熟知，甚至出现在亚里士多德的著作中。

ue），一方面是受制于来自贵族和议会的压力，另一方面也是为下一次货币操纵做准备。在重新估值中是没有什么利润可赚的，但政府会通过禁止旧币的流通使得人们不得不接受新币，因此将成本完全转嫁给囤积旧币的人。

法国和卡斯蒂利亚的国王是这方面的大师。只要统治者足够无情，通过这种手段所能获得的财富可以达到惊人的水平。1288～1289 年，法国国王通过铸币所获得的利润是 120 万里弗，而从其他各种财源获得的收入之和只有 80 万里弗。1342 年，法国的货币一年之内就贬值了 75%，而在 1349 年，铸币税提供的收入占王室收入的 2/3。[1] 1357 年，对货币重新估值导致的经济困难使得巴黎发生了民众暴动。在 1285～1429 年期间，法国一共发生了 6 轮货币操纵，给民众带来了极大的困苦。因此，法国人"两害相权取其轻"地乐于接受直接税就不足为奇了。

债权人对于低利率的长期年金基本没有什么兴趣。只要统治者还将货币视为自己的私产，君主的长期债务利率就不可能低得了。[2] 由于贷款给君主有太多的经济（以及人身）风险，他们的债权人考虑的只能是在尽可能短的时间内赚到尽可能多的钱。

---

[1]　P. Spufford, *Money and Its Uses in Medieval Europe*, Cambridge, UK, 1988, pp. 302 - 305.

[2]　中世纪晚期币值最稳定的两个国家——英格兰和阿拉贡的国王都向议会做出了明确的保证，绝不在未经议会批准的情况下调整币值。1247 年，阿拉贡的海梅一世向议会承诺不擅自操纵货币。1307 年，议会批准海梅二世进行小规模的贬值以缓解货币不足的困难，后者做出了类似的承诺。1351 年，英格兰的爱德华三世将英镑贬值了 10%，在下一年他就被迫签署法令宣布以后所有的币值调整都必须获得议会的同意。下一次英国的货币贬值发生在 1411 年，贬值幅度为 16.5%，获得了议会的许可。

二　西印度的财富

> 您不应当忘记，信用工具的引入对于欧洲国家的影响
> 要远远超过西印度的发现。
>
> ——约翰·劳 1720 年于流亡途中写给法国摄政的信

对于悲观主义者来说，公共债务的巅峰看起来在中世纪结束的时候就已经过去了。作为公债体系开创者的城邦出现了严重的问题，它们积累的债务超出了自己的偿付能力。威尼斯和佛罗伦萨的公债已经陷入了违约状态，而热那亚公债的市场交易价格也只有面值的 40% ~ 50%。在阿尔卑斯山北方的城市，情况也没有好到哪里去。德意志最大的城市科隆由于拒绝征收直接税在 15 世纪晚期面临着破产的风险。尼德兰的城市于 15 世纪 90 年代陷入了严重的债务危机，因此勃艮第的玛丽女公爵和她的丈夫马克西米利安不得不数次允许它们免缴税收。

城邦所面临的问题远不止财政上的困难，它们的黄金时代似乎已经过去了，在过去的几个世纪中，地中海都是意大利人的天下，但在 15 世纪结束的时候，新统一的西班牙掌握了地中海西部的控制权。西班牙的旗帜飘扬在萨丁尼亚、西西里和那不勒斯王国的上空。东地中海的情况更加不容乐观，奥斯曼帝国占据了旧拜占庭帝国直到亚得里亚海的领土。在接下来的几十年内，这一状况逐步稳定了下来。在苏莱曼大帝的统治下，奥斯曼帝国的领土包围了整个东地中海，其海军力量得到了积极的扩充。而在陆地上，意大利也面临着非常严峻的局面。在享受了两个多世纪的独立之后，法国国王查理八世于

1494 年的入侵结束了意大利的宁静。法兰西和西班牙激烈地争夺在意大利的主导地位，直到 1525 年帕维亚战役宣告了西班牙的最终胜出。到 1530 年时，整个意大利半岛上只有威尼斯还保持着真正意义上的独立。神圣罗马帝国的查理五世获得了米兰公爵的头衔，热那亚和佛罗伦萨基本上沦为哈布斯堡王朝的卫星国，而教皇也被 1527 年的"罗马之劫"以及新教的威胁所震慑，不再敢于对帝国的权威发起挑战。

意大利城邦繁荣的经济也被 15 世纪 90 年代欧洲的航海探险所威胁，通往东方香料市场的直接路线开辟出来了，此前从未为欧洲人所知的"新大陆"也被发现了。热那亚人和佛罗伦萨人意识到这些发现的重要性，很多人都在探险活动中担任导航员或者为其提供资金支持。但毫无疑问，大航海时代主要的受益者是伊比利亚的两个王国，而不是意大利的城邦。

在 15 世纪的最后几十年，欧洲主要的王国基本上都已经摆脱了债务。法国的路易十一利用了他之前的君主成功建立的直接税体系，因此，他的收入是同时代所有欧洲君主中最高的。英格兰的亨利七世利用（或者说滥用）了封建体系中的一些法律细节，将封臣的财富收归自己所有，建立了当时最充盈的国库。西班牙的斐迪南与伊莎贝拉收回了大部分 14 ~ 15 世纪抵押或流失掉的收入，伊莎贝拉在自己的政治遗嘱中明确要求其继承人坚决不要再举债。神圣罗马帝国皇帝哈布斯堡家族的腓特烈虽然收入相对较少，但他和英格兰的亨利七世一样节俭。在他于 1493 年传位给继承人马克西米利安的时候，王室没有任何债务，而且国库也相当充盈。

除此之外，正当城邦逐渐衰落的时候，君主国却在不断获得新的财源，并朝着在中世纪只是一个梦想的绝对君主制发展。这看起来是古典时代晚期历史进程的重现。在 16 世纪，西班牙和法国的财政收入都有急速的增长（见表 3 - 1），远远地超出中世纪的正常水平。欧洲的国王终于拥有了可以和威尼斯总督以及奥斯曼苏丹相媲美的收入，而这种收入水平在罗马帝国灭亡以后就再也没有出现过。

表 3 - 1 政府收入的增长，1500 ~ 1600

国家	年份	人口 （百万）	收入 （吨白银）	人均税负 （克白银）
法国	1500	12.0	65	5.4
	1600	16.0	372	23.3
西班牙 （卡斯蒂利亚）	1500	4.5	51	11.4
	1600	6.0	423	69.3

资料来源：法国的收入数据来自 Wolfe, *op. cit.* , and J. B. Collins, *The Fiscal Limits of Absolutism*, Berkeley, CA, 1988。西班牙的数据来自 P. Toboso Sanchez, *La deuda publica Castellana durante el antigua regimen*, Madrid, 1987, and I. A. A. Thompson, *War and Government in Habsburg Spain*, London, 1976。

由于 15 世纪君主的成就，法国国王能够不通过三级会议就极大地增加自己的收入，尽管他们依然要和不同的地区性议会商定一些财务上的细节。弗朗索瓦一世于 1515 ~ 1547 年统治法国，当威尼斯的大使询问他的财政情况时，他回答道："我能够得到我想要的所有东西。"[1] 由于丧失了对钱袋子的掌控，法国的议会也就没有存在的必要了。法国大革命之前的最后一次三级会议召开于 1614 年，其他欧洲大陆国家的议会也走上了相似的道路。在 16 世纪中，大部分中世纪的议会组织都逐渐地被君主抛在了一边。

---

[1] A. Guéry, "Les Finances de la monarchie française," *Annales*, 1978, p. 221.

16 世纪的西班牙君主并没有法国国王那样行动自由，他们在增加税收的时候依然需要征求各王国的议会（cortes）的许可，但他们的幸运之处在于，这些王国中最重要的卡斯蒂利亚的议会对于君主的要求往往非常配合，有时甚至到了逆来顺受的地步。这也正是西班牙的权力中心几乎完全向卡斯蒂利亚倾斜的原因之一。组成西班牙的另一个王国——阿拉贡虽然在实力上并不逊色于卡斯蒂利亚，但其利益诉求几乎被完全忽视了。阿拉贡议会的代表远比卡斯蒂利亚的强硬，卡斯蒂利亚的伊莎贝拉曾经向他的丈夫阿拉贡的斐迪南抱怨说："与其忍耐阿拉贡议会的傲慢，还不如直接用武力迫使他们服从。"[1] 但到 1600 年时，西班牙君主已经将自己的收入提高到之前从未想象过的水平，而完全不用征求议会的许可。其中的奥秘就在于美洲。

1492 年哥伦布发现美洲是人类历史上影响最为深远的两三件事之一，这一点是毋庸置疑的。迄今为止尚未为欧洲人所知的一片大陆突然出现在他们的面前，极大地扩充了欧洲国家经济活动的范围。海外探索的过程及其发现的结果引领了欧洲技术进步和经济发展的新时代，使得欧洲在整个世界上占据了无可争议的优势地位。但对于本书的主题来说，意义更为重大的是对墨西哥和秘鲁银矿的发现与开采。当时最重要的历史学家汉密尔顿伯爵评论道："历史上其他任何事件带来的金银数量的增加都赶不上对墨西哥和秘鲁的征服。"[2]

---

[1] J. H. Elliott, *The Revolt of the Catalans*, Cambridge, UK, 1963, p. 15.

[2] E. J. Hamilton, *American Treasure and the Price Revolution in Spain, 1501 - 1650*, Cambridge, MA, 1963, p. vii.

在这一阶段，货币和贵金属几乎还是同义语，贵金属供给的波动在经济中的重要地位跟今天不可同日而语。即使到了19世纪晚期，当黄金只是作为纸币的发行准备时，南非金矿的开发也足以扭转全球的价格变化趋势，在16世纪其影响就更为显著了。从南美运来的第一批贵金属到达欧洲是在16世纪早期，主要是在最初的征服活动中掠夺的黄金。通过秘鲁和墨西哥银矿的开发，大量的白银在16世纪40年代开始被运到欧洲。白银开采一直到16世纪晚期都处于不断加速的状态，之后逐渐放缓，但从未完全停滞。在1540~1660年期间，总计16900吨白银和181吨黄金被进口到了欧洲，其中超过1/4到了西班牙王室的手中。[①]

到了16世纪末尾的几十年，西班牙王室从银矿获得的年收入达到了200万杜卡特。[②] 单这一项收入就足以帮助他们摆脱议会的限制。但美洲的银矿还带来了另一个更为微妙的后果。欧洲的货币存量通过美洲白银的流入究竟增加了多少是有待争论的，但保守估计大概到1622年时增加的幅度约为50%。[③] 其中的后果之一是白银与黄金的比价持续性地下降。1500年，白银兑黄金的比例为10∶1，到1600年时下跌到约15∶1。另一个自然的结果则是通货膨胀。从1520年到1600年，在欧洲的大部分地区以白银为标准的价格上涨了约3倍，

---

① Hamilton, *op. cit.*, pp. 34, 42, and 123.

② 西班牙杜卡特最初是仿造威尼斯杜卡特的重达3.55克的金币。在1529年之后其不再作为铸币存在，而用来代表35.5克白银。这一价值直到16世纪末都没有改变。在此期间西班牙是欧洲的头号强权，西班牙杜卡特被广泛用作国际贸易中的比较基准，但其购买力下降得非常厉害。

③ F. Braudel and F. Spooner, "Prices in Europe from 1450 to 1750," in: *Cambridge Economic History of Europe*, Vol. IV, p. 445.

而在西班牙和法国涨幅则接近 4 倍。

通货膨胀效应既能够在很大程度上解释欧洲君主收入的增长，也能够抵消他们获得的表面上的利益。法国君主于 1600 年获得的 372 吨白银的实际购买力约相当于中世纪晚期的 100 吨。相较于 1500 年路易十二能够获得的 60 吨白银，这绝对是一种提升，但与 1483 年的路易十一相比并没有任何的优势，以人均税收的角度衡量可能还要更少。西班牙，或者至少卡斯蒂利亚表现得似乎要更好一些。但数字呈现的表象可能是具有欺骗性的。由于伊莎贝拉非常精明地支持了哥伦布的航海活动（这可能是历史上收益率最高的一笔投资），卡斯蒂利亚获得了对新大陆的征服和掠夺的几乎全部果实，阿拉贡以及哈布斯堡王朝的其他部分几乎没有得到什么甜头。卡斯蒂利亚 1600 年的财政收入达到了 423 吨白银，平均到每人身上则达到了 70 克白银。但如果除去从美洲运来的白银以及通货膨胀的影响，卡斯蒂利亚的人均税负则只有 15 克白银，这固然高于中世纪晚期的水平，但看上去仍是很普通的。更为重要的一点是，卡斯蒂利亚的人口只有约 600 万，但要在一个人口至少 2000 万的帝国中承担财政支柱的地位。因此，在除去花在帝国其他地方的资金并消除通货膨胀的影响之后，国家的实际收入并没有任何的增长。

这一简单的概述已足以说明，即使是在财政开源方面最成功的君主也远远没有摆脱资金的限制。随着常备陆军和海军成为欧洲国家的标配，战争的成本也开始与日俱增。而军事技术（特别是炮兵和战舰等方面）的进步使得其上升到之前难以想象的水平。因此，对于这个时期的君主来说，拥有充盈的国库和之前一样也几乎只是一种幻想。因此，像中世纪晚期的国王一样，他们也不得不向金融家们寻求帮助。

君主的野心与他们持续性的资金缺乏之间的矛盾能够解释中世纪君主债务所呈现的持续的零散和混乱。但这种状况并没有保持下去，与之相反，16 世纪出现了在 1500 年不可想象的真正的债务爆发，其原因也和美洲有关。美洲白银的涌入使得欧洲国家在金融上有了极大的进步，并在这一点上远远地把东方国家甩在了后面。

800 ~ 1600 年，中国都是世界上最发达的国家。但在金融方面，中国的成就最多也只是差强人意。的确，在 11 世纪到 15 世纪，很多的中国王朝都发行过纸币，这领先了欧洲几个世纪，但对于纸币的实验至少有一部分是因为中国金属货币的落后。中国的官方货币几乎都是铜币，黄金和白银只作囤积之用。在信用体系的发展上中国更是远远地落后于欧洲。宋朝（960 ~ 1279）被认为是古代中国“经济奇迹”的顶点，但即使是在宋朝，信用交易依然维持在相对原始的状态，而且利率一直非常高。政府有时候会利用自己的白银储备以 20% 的年利率放贷，但普遍来说利率要高于这个水平。私人贷款的年利率从 36% 到 60% 不等，[1] 长期贷款根本不存在。除此之外，中国是首个发现发行纸币总是会以超级通货膨胀和彻底的货币改革而告终的国家。因此，明王朝于 15 世纪废除了纸币，在这之后中国政府的金融活动主要以实物的形式进行。[2]

在伊斯兰文明中，宗教法律对于放贷取息的限制要比中世

---

[1]　L. - S. Yang, *Money and Credit in China: A Short History*, Cambridge, MA, 1952, pp. 97 - 98.

[2]　Yang, *op. cit.*, pp. 51 - 68.

纪的基督教世界更严格。但这并不妨碍伊斯兰世界发展出一套相当复杂的商业金融体系,其使用的重要工具是赊销。① 我们无法确切地知道在这一过程中利率具体是多少,但很有可能和同时期欧洲的水平相当。到中世纪晚期时,欧洲逐渐抛弃了对利息的零容忍态度,开始尝试改用限制最高利率的方法来对放贷进行限制。在 16 世纪,这种新观念(实际上是对罗马帝国传统的恢复)将死板的利息禁令推到了一边,即使是在基督教势力最为强大的国家也是如此。

正像在中国一样,伊斯兰文明中也没有长期债务的存在。欧洲正是在长期信用交易的发展上真正领先于世界的其他地区。通过在农业和政府信贷中使用"租金"的交易作为名目,长期利率逐渐下跌到即使在今天看来都很低的水平。到 14 世纪晚期时,5% 已经成了安全的长期贷款的基准利率,在一些北方城市公债的利率只有 3%。除此之外,意大利的城邦共和国也首先开创了长期金融资产的交易市场。

美洲的黄金正是涌入了这个相对来说已经非常复杂的金融市场,它们刺激了金融市场的进一步发展。16 世纪欧洲的信贷市场无论是在所创造的金融工具的数量上还是在金融资产的流通速度上与 15 世纪相比都不可同日而语。宏观经济的数据可以证明这一点,欧洲贵金属货币的增加量约为 50%,而价格水平的上涨则超过了 200%。假定这些数据没有问题,那要

---

① A. Udovitch, "Bankers Without Banks: The Islamic World," in: R. E. Lopez, ed., *The Dawn of Modern Banking*, New Haven, CT, 1979, p. 262. 有趣的是,西欧的神学家们发现了这个漏洞,但最终依然将其判定为高利贷。欧洲的商人采用了另一种办法,将利息说成是"交易费用"中的外汇兑换成本。

么非金属形态的货币比金属货币增长得更快，要么货币流通速度出现了提升，也可能这两种原因都存在。举例而言，无记名票据的出现和第三方担保行为的普及使得货币流通的速度有了很大的提升。①

　　这种繁荣的信用市场的出现本身就会诱使欧洲的君主去寻求信用工具的帮助。尽管欧洲的国王们可能会觉得举债这种行为不合口味，但像西班牙这种领土广阔且分散的帝国想要维持自己的统治，金融工具的使用是必不可少的。西班牙的军队按月发饷，而美洲的宝藏舰队一两年才能回来一次，单是这一点就可以确定西班牙必须依赖短期债务来维持国家的运转。对于国王来说，从使用短期贷款来确保大体上的收支平衡到彻底抛弃平衡财政原则只是很小的但极富诱惑力的一步。我们可能会认为，在中世纪晚期的糟糕经历后，欧洲的金融家不会再愿意和君主们有任何的瓜葛了，但在 16 世纪，对国王收入不断增长的预期已经足以将贷款给君主带来的风险降至可以承受的水平。在这一点上，美洲的金银矿也起到了关键的作用。在中世纪欧洲的任何国家，10 万杜卡特就已经是一笔罕见的巨款了，但到了 1550 年之后，西班牙的宝藏舰队一次就能运回价值几百万杜卡特的白银。单单是这笔财富本身的存在就足以改变哪怕是最强硬的银行家的心意。正是在 16 世纪，一个一直延续到今天的新时代开始了——欧洲的金融市场开始周期性地由于对美洲财富的幻想而陷入过热的状态中。

---

① 金融工具按照流通的困难程度可以分为三个档次。首先是记名证券，它属于一个特定的持有人，一旦被出售就必须要发行新的；其次是担保证券，可以通过原持有人背书完成转让；最后是不记名证券，只要出价就可购买。

更重要的则是政治结构的新变化，对美洲财富的发现伴随着欧洲国家新一轮专制化的浪潮。但出于某些原因，历史并未重复之前的道路。在文明的第三次轮回中，专制主义的力量未能大获全胜，因为共和国已经获得了新的秘密武器：公共债务。

三　安特卫普与里昂

无论法国与西班牙的国王曾经多么强烈地希望远离信用市场，但这种观念在 16 世纪很快地就被他们抛弃了。转折点出现在 1519 年，神圣罗马帝国皇帝马克西米利安于这一年去世。马克西米利安领地的继承人是他的孙子查理。在此之前，很少有人会对哈布斯堡家族获得皇位提出什么异议，因为其实力尚不足以撼动德意志势力的平衡，对整个欧洲来说更是无足轻重。但通过一系列的王室联姻与幸运的巧合，查理已经继承了分布在全世界范围内的大片领土。从他的外祖母那里，查理获得了卡斯蒂利亚王国及其在美洲的殖民地；从外祖父那里，他获得了阿拉贡、那不勒斯和西西里诸王国；而从祖母那里，他继承了勃艮第公国及其下属的富裕的尼德兰（现在的荷比卢三国）城市。现在，当他的祖父死后，查理将获得哈布斯堡家族在奥地利的属地，并成为神圣罗马帝国皇帝头衔的有力竞争者。

在马克西米利安死前，查理就已经成为欧洲最强大的君主。新出现的皇位的空缺给神圣罗马帝国的选帝侯们提出了新的问题。在霍亨施陶芬王朝覆灭之后的两个世纪内，神圣罗马帝国都要远弱于欧洲的其他主要君主国。而现在，皇冠可能落在一位比腓特烈·巴巴罗萨和腓特烈二世更为强大的君主的头上。法国国王弗朗索瓦一世感觉自己受到了极大的威胁，因为如果查理获得皇位，哈布斯堡家族的领地将对法国形成包围之势，因此，他也加入了对帝国皇位的角逐战。

赌选战在马克西米利安皇帝垂死之前就已经打响。查理提供给选帝侯们9.4万德意志弗洛林（约合7.3万杜卡特），由金融家雅各布·富格①担保。弗朗索瓦一世则在这个基础上加码了约30%，他提供给选帝侯法国一年半的收入。由于他没有获得声誉良好的银行家的背书，因此并没能打动选帝侯们。两位君主随后均求助于当时欧洲的大额信用交易中心，包括佛罗伦萨、热那亚和奥格斯堡等。查理在这方面获得了更大的成功，德意志的金融家们给他提供了大量的资金。他的最终报价（"贿赂"可能更为准确）达到了85万弗洛林，其中雅各布·富格提供了54.3万弗洛林。② 这个故事的重点并不在于所涉及的赌选资金的数额，而是推动这场赌选大战背后的心理动机。金融市场的繁荣将欧洲的国王们置于一场"囚徒博弈"当中，因为每个人都害怕自己的对手通过利用信用工具来获得先手优势。查理（现在成了神圣罗马帝国的查理五世）的选举标志着新时期王朝斗争的开始，而信用工具在其中起到了重要的甚至是决定性的作用。但问题在于，文艺复兴时期的欧洲君主们能否改善他们在中世纪的前辈所留下的糟糕的信用记录。

乍一看上去，情况已经有了很大的改善。在中世纪晚期，

---

① 雅各布·富格是当时最出名的奥格斯堡商人银行家。随着哈布斯堡王室领地在15世纪银矿开采的增加，奥格斯堡被推向了欧洲金融的前沿。富格家族在哈布斯堡王朝崛起当中起到的重要作用使他们成为当时最重要的银行家族。

② R. Ehrenberg, *Capital and Finance in the Age of the Renaissance*, London, 1928, pp. 75 – 77.

法国和西班牙的国王拥有欧洲君主中最恶劣的操纵货币的记录。但到了 16 世纪，西班牙杜卡特的币值基本保持稳定，而法国里弗的贬值幅度也在货币磨损所能解释的范围内。因此，西班牙和法国的君主能够通过出售年金来筹款。在这方面，西班牙的国王领先了一小步。从中世纪开始，卡斯蒂利亚的国王就会将某些收入以终身年金的形式奖励给自己的支持者。查理五世对这一做法进行了改革，他出售这些年金（在卡斯蒂利亚被称为 juros），而不是直接赏赐下去。年金所代表的债务关系是永久与可继承的，不会因为债权人的去世而终止。其市场收益率最初为 10%，在 16 世纪的上半叶随着利率一起下降。1530 年之后，5% 的利率已经非常普遍，君主甚至赎回了一部分较早发行的年金（永续年金券的发行方也即债务人通常都拥有这样的权利）。在 16 世纪 50 年代早期，西班牙的债务水平约为 700 万杜卡特，平均利率水平约为 6.1%。这一债务成本以（可能除热那亚之外）任何国家的标准来衡量都不算高。

法国也发生了类似的变化。在 1522 年，弗朗索瓦一世发行了价值 20 万里弗的可继承公债。与卡斯蒂利亚的国王不同，他并没有直接出售债券，而是借用了重要城市的信用。弗朗索瓦的债务是由巴黎市政厅（Hôtel de Ville）代为发行的，类似的发行一直持续到法国大革命。1562 年，每年的公债利息支出达到了 63 万里拉，这说明债务的资本总额约为 750 万里拉（约合 300 万杜卡特），利率为 8.33%。[①]

同样具有进步性的是，国王从商人和金融家那里获得的成本高昂的私人贷款被货币市场上利息更低也更加透明的公开贷

---

① H. J. Shakespeare, *The Royal Loans*, Shrewesbury, UK, 1986, p. 4.

款所取代。这些货币市场是中世纪贸易集市的副产品，也是欧洲金融市场发育早熟的副产品。香槟集市繁荣于 13 ~ 14 世纪，其地位于 15 世纪逐渐被布鲁日和日内瓦所取代。16 世纪，里昂和安特卫普则后来居上。这些贸易集市最初的目的是交易来自欧洲各地的货物（特别是羊毛和布料），它们最重要的创新是交割日的概念。这些集市通常一季度开办一次，因此，人们逐渐接受了在一次集市上或者集市之间商定的交易，可以在下一次集市上完成交割。这种做法逐渐催生了新的短期金融交易。教会对于这些新发展抱以怀疑的目光，但事实上，往往是教士最积极地为金融活动寻找宗教法律上的保护伞。13 世纪晚期，香槟集市已经发展出了欧洲历史上最早的货币市场，当时为英格兰爱德华一世提供资金支持的里卡尔迪家族可以从这里借到 20 万里弗（约合 40 万杜卡特）以维持自身的资金周转。一些本地的统治者——无论是封建君主、采邑主教还是市民自治政府——都能够直接利用当地发达的金融资源。

1484 年，安特卫普的生意已经非常繁荣，以至于市场几乎不间断地开放，这给它的竞争者带来了很大的压力。每季度一次结算日的做法被保留下来，分别是 2 月、5 月、8 月和 11 月的第 10 天。① 这些日期和现代期货市场的交割日期非常接近，这不仅清楚地表现了中世纪货币市场的传承关系，而且说明了这种金融创新能带来投机与资产证券化的机会。事实上，16 世纪早期的安特卫普已经具有很多现代金融中心的特征。金融交易在专门建造的交易所进行，而且出现了专门经营汇票与存单等金融工具的交易所。来自欧洲各地的商人促成了当地

---

① Ehrenberg, *op. cit.*, p. 237.

很多金融职业的发展，其中包括金融经纪人、翻译员，以及（最重要的）市场分析师。大量的美洲白银造成了周期性的货币供给的剧烈扩张与收缩，这在之前从未发生过。像克里斯托弗·库尔茨这样的人因此开始出售自己的服务。

> 你可能已经从我的著作中注意到了，德意志、威尼斯和里昂每日的债券交易价格波动都很大。因此在 8 天、10 天、14 天或 20 天的时间内，一个人就可以利用别人的钱挣到 5% 甚至更多的利润……我已经发展出一套方法来预测市场的状况，精确度可以达到每天甚至每半天。①

这种迅速发展的交易市场大多位于尼德兰，这给查理五世带来了非常大的便利。对于他来说，利用尼德兰的金融资源来满足自己的短期贷款需求是自然而然的事情。通常来说，查理五世会在尼德兰安置一位自己的女性亲属摄政，这位摄政以查理五世的名义贷款，有时安特卫普市政府也会作为中间人。但在 16 世纪 50 年代中叶危机之前的几十年内，哈布斯堡王朝支付的利率成本持续下降，特别是在 1530 年美洲白银开始大规模运抵欧洲之后。在查理五世统治开始时，利率平均在 18% 至 20%；到 16 世纪 30 年代时，利率降低至 15% 左右；而在 16 世纪 40 年代则低至 10%。② 在这整个阶段内，哈布斯堡王朝的信用都保持得非常好，其借款利率不比商人借款利率高多

---

① Christofer Kurz to firm of Tucher in Nuremberg in 1543. Quoted in Ehrenberg, *op. cit.*, p. 241.

② H. van der Wee, "Monetary, Credit and Banking Systems," in: *Cambridge Economic History of Europe*, Vol. V, Cambridge, UK, 1977, p. 362.

少。直接在交易市场上贷款要比经过商人银行家便宜很多，因为实际利息中不再包含中间人的利润。

安特卫普离法国很近，但查理五世绝不会允许宿敌利用自己最重要的金融资源。弗朗索瓦一世也有自己的手段。里昂集市的重要性在 15 世纪持续提升，里昂也因此成为法国的安特卫普。南德意志的邦国是哈布斯堡王朝的天然盟友，热那亚人已经看到了政治上的发展趋势，开始积极地和欧洲的新霸主合作。但佛罗伦萨人没有跟随他们的脚步，在共和国于 1530 年覆灭之后，他们大量逃亡并定居在里昂。最初弗朗索瓦一世只是谨慎地使用他们的服务，在他统治的早期，他主要依赖雅克·德·桑布兰萨的服务。桑布兰萨是一位法国本土的金融家，可以被看作腓力四世时期雅克·科尔的传人。在 1522 年的比可卡战役之后，他的名誉就开始下滑，起因是拖欠薪金导致瑞士雇佣军抛弃了法王的军队。帕维亚战役不仅使法国被逐出意大利，也带来了桑布兰萨的最终命运。正像法国历史上多次发生过的一样，他被公开处死，他的财产也被收归国有。从此之后，弗朗索瓦一世抛弃了债务融资手段，转而进行传统的财富积累。为了避免国库财产的流失，储存财富的金库至少上了四把锁，钥匙由四位不同的官员保管。到 1535 年时，法国王室积累的财富已经达到了 170 万里弗，在战争时期这当然是不够的，但已经足以使弗朗索瓦一世摆脱债务负担。[①] 在 1540 年之后，新一轮对抗哈布斯堡王朝的战争使得弗朗索瓦不得不中止这种财富积累，他开始从居住在里昂的佛罗伦萨人那里获取短期贷款以维持自己的战争基金。到 1547 年弗朗索瓦一世

---

① Wolfe, *op. cit.*, pp. 87 – 89.

去世时，他的短期债务总额达到了 680 万里弗（约合 300 万杜卡特）。[①]

弗朗索瓦一世的继承人亨利二世彻底改变了先前的政策。他抛弃了建立战争基金的做法，开始频繁地从里昂的货币市场进行贷款，季度利率一般为 3% ~ 4%（年利率为 12% ~ 16%）。可能是源自亨利二世与美第奇家族的联姻关系，在他的治下法国王室与佛罗伦萨银行家之间的合作达到了一个新的高度。1548 年，佛罗伦萨人提议于里昂、巴黎、图卢兹和鲁昂建立 4 家银行，以 8% 的利率吸收存款，国王可以获得银行的优先贷款权，而在国王不需要借钱的时候，银行会以 11% 的利率贷款给其他的人。这一设想并未成为现实，但它推动了巴黎证券交易所的诞生。[②]

佛罗伦萨人最重要的创新发生于 1555 年。货币市场相较于来自金融家的私人贷款很显然是一个巨大进步。但货币市场只提供短期贷款，而过于依赖短期债务的融资结构必然会带来危险。佛罗伦萨人提出了一个"大计划"（Grand Parti），试图将君主的短期债务合并为可以在市场上交易的长期债券，以增强王室财政体系的可持续性。在里昂市场上，王室债务的利率约为 4%，王室债权人可以用自己持有的旧债券交换一种利率为 5% 的新债券，其中 1% 的差额被用于设立偿债基金。理论上，"大计划"可以在 10 年内偿清所有的债务。这一创新很快取得了巨大的成功，甚至远在奥斯曼帝国的投资者都认购了一定的股份（在这一时期，法国和奥斯曼帝国经常组成

---

① Collins, *op. cit.*, p. 58.

② van der Wee, *op. cit.*, p. 365.

"渎圣同盟"以对抗共同的敌人哈布斯堡王朝）。法国的债务并没有通过这种手段得到彻底的清偿，但到 1557 年时，"大计划"的股份已发行了 966 万里弗（约合 440 万杜卡特）。[①]

这种成功的金融市场尝试并没能延续很长时间。16 世纪 40 年代和 50 年代的战争导致了君主债务的爆炸式增长，其中大多数贷款是短期的，进行贷款的君主也不限于法国和西班牙。1554 年，查理五世决定退位，传位给自己的儿子腓力二世。就他自己的表述来看，他退位是为了进入修道院静修，以在晚年求得精神上的安宁。在他的政治遗嘱中，他劝告自己的继承人避免举债。这种行为颇有"我死后，哪怕洪水滔天"的意味。腓力二世分别于 1555 年和 1556 年接管了尼德兰与卡斯蒂利亚的政府，他对于父亲留下的摊子是绝不会感到满意的。卡斯蒂利亚的年收入约为 300 万杜卡特，而背负的债务则不低于 2000 万杜卡特。尼德兰的情况也好不到哪里去，短期债务总计 700 万荷兰盾（约合 350 万杜卡特），并且仍在继续增长。[②] 安特卫普的贷款利息已经从 1550 年的 10% 上涨到 14% 以上，因此，利息支出吞噬了几乎所有的王室收入。到 1557 年早期时，货币市场上的资金事实上已经枯竭了。在 4 月，当腓力二世在英国进行第二次让妻子玛丽·都铎怀孕的尝试（结果并未成功）时，他做出了暂停偿付所有短期债务的决定。到了 6 月 10 日，当腓力二世返回西班牙之后，他宣布

---

① R. Doucet, "Le Grand Parti de Lyon au XVIe Siècle," *Revue Historique*, 1933, p. 500.

② 佛兰德"盾"最初和其他货币一样是杜卡特－弗洛林标准下的金币，后来变成了逐渐贬值的银币。在 16 世纪 50 年代，佛兰德"盾"以及后来的荷兰盾价值 18 克白银，相当于 0.5 杜卡特，在 16 世纪末其价值稳定在约 10 克白银。

了自己的决定。安特卫普的信用市场旋即崩溃。

与安特卫普不同，里昂的市场在 1557 年的头几个月依旧坚挺，"大计划"股份的交易价格在 98～99。当腓力二世的决定传到法国之后，亨利二世急忙向市场保证自己的信用不会受此影响。在这个阶段佛罗伦萨人已经感觉到了市场不稳定的迹象，不愿意"独自承担风险"，他们鼓动一些德意志的银行家又借给了国王 52.5 万杜卡特。不久之后的 1558 年，亨利二世也宣布停止债务偿付。"我自己也被他们在当时的情形下表现的慷慨震惊了"，亨利二世在之后如是说道。①

1557～1559 年的金融危机是欧洲历史上的首次金融市场大崩溃，它并未导致法国与西班牙对抗的终结，因此也不可能使这两个国家的君主从此放弃举债，但它的确是这两个国家公开信用市场发展中的重要挫折。在法国与西班牙，接下来 100 年的战争将通过其他的手段来筹资。安特卫普的货币市场依旧维持着运营，但对于哈布斯堡王朝来说已不再占据核心地位。德意志的商业银行家经此打击，从未真正恢复过来。在 16 世纪 40～50 年代，他们投资了大量的钱到哈布斯堡王朝政府征税总署（Receivers General）的债务中。这些银行家都是有良好信誉的商人，但他们并不能代表政府的真正信用等级，因此，经他们发行的债券在消息灵通的投资者眼中始终是有一定风险的。但到了 16 世纪 50 年代，即使是最有经验的投资者也购买了大量的债券，其中富格家族持有的总量超过了 60 万杜卡特。在 1557 年的市场崩溃之后，所有的债券无一例外都遭到了违约。

---

① Ehrenberg, *op. cit.*, p. 306.

四 破产理财术

> 我怎么也理解不了债务利息之类的事情。
>
> ——西班牙腓力二世于 1580 年对自己的财政大臣所言[1]

腓力二世 1557 年暂停偿付债务通常被称为一次破产。但"破产"这个词用在这里有些言过其实。腓力二世真正的目标是对自己的短期债务体系进行重构，使其在长期内更具有可持续性。由征税总署代为发行的债务在法律上与王室是没有关系的，除此之外，所有的短期债务依旧保持其有效性，其持有人只不过是被强迫接受国王以永续年金来抵债，年金的利息以特定的国家收入作为抵押。现存的年金持有人并不受此过程的影响。

这一过程当然构成了某种意义上的违约，但相比于中世纪国王们的债权人，贷款给哈布斯堡家族的金融家们已经可以说是逃过一劫了。考虑到违约所涉及的金额之大，王室信用恢复的速度可以说是惊人的。事实上，这种做法在重整国家财政上非常有效，以至于在接下来的一个世纪中又反复被使用了很多次。"通过破产来管理债务"几乎成为一种公开的西班牙财政政策。尽管如此，有必要对这种体系前后的两个阶段进行区分。在第一个阶段，也即腓力二世（以及某种程度上的腓力三世）治下，它可以被看作一种相对成功的举措，把城邦国家的理财手段运用到了王室财政中；但到了第二个阶段，即在

---

[1] G. Parker, "Loan Hands," *Times Literary Supplement*, 23 May 1986, p. 571.

腓力四世统治时期，西班牙则沦为旧制度下信用记录最糟糕的国家。

周期性的破产是不可避免的，因为出售永续年金所提供的资金远不能满足哈布斯堡王朝的需求。君主们总是需要求助于金融家。事实上，在货币市场崩溃之后，商业金融家（*hombres di negocios*）的服务对他们来说就显得更为关键，但这带来了两个问题。首先，商业金融家们收取的利息总是要高于长期债务的利息。在 16 世纪 50 年代，西班牙王室所发行的永续年金的利息成本只有 6%。与之相对的，短期债务的利息要高出许多。哈布斯堡王朝从安特卫普交易所借钱的成本一般是 12%～14%，在 1550～1551 年期间下降至 10% 的最低点，但在危机之前又回升至 14%～16%。

哈布斯堡王朝在卡斯蒂利亚贷款的成本要高得多。根据一位学者的计算，16 世纪 20 年代在卡斯蒂利亚贷款的利率为 17.6%，到 40 年代则上涨到 28%。在 1557 年危机之前，几乎达到了 50%。[①] 这些数字并不一定代表年利率，尽管贷款期限通常为一年，但延期支付的存在一定会给真实年利率的计算带来影响。这些成本还包括货币兑换的费用以及将资金从西班牙本土汇往各战场的成本。无论如何，有一点是确定的：1520～1550 年，当安特卫普交易所的利息在下降时，商业金融家们却赚得更多了。1552～1556 年的平均利率达到了 48.7%，只能说明王室财政已经达到了非常绝望的境地。这些贷款（在西班牙被称作 *asientos*）的利息一共达到了 900 万杜卡特，其中 470 万是在 1557 年危机之前的 5 年内支付的。如果这些贷

---

① R. Carande, *Carlos V y sus Banqueros*, Vol. Ⅱ, Madrid, 1943, p. 298.

款的利率与长期债务相同（6%），就可以省下 700 万杜卡特的利息，几乎相当于导致危机的短期债务总额。

其次，对于高成本短期债务的依赖与哈布斯堡王朝财政的另一个特点交织在一起。王室出售的年金通常以政府的专项收入作为抵押，这减少了能够用来偿还短期债务的资金。因为短期债务的期限一般是一年，所以当短期债务总额超过了政府的岁入时，危机就极有可能发生。1557 年的破产正是这样产生的。

由于年金市场从未能够完全满足政府的资金需求，破产的过程就不得不自我重复。在每一轮循环中，短期债务都会逐渐积累到危机水平（这一过程会受到高利率水平的加速），进而导致下一次"破产"或强制债务转换。循环的周期约为 20年，在腓力二世统治时期，破产发生于 1560 年（本质上是1557 年危机的余震）、1575 年和 1595 年（见表 3－2）。腓力三世和四世延续了这一进程，分别于 1607 年、1627 年、1647年、1652 年和 1662 年宣布了破产。违约总是在短期债务水平超过用于偿还债务的总收入时触发。

表 3－2　西班牙的破产，1557～1607

单位：百万杜卡特

年份	1557	1575	1595	1607
政府总收入	3.0	8.5	9.8	11.5
长期债务本息和	0.9	2.6	3.8	5.2
净收入	2.1	5.9	6.0	6.3
短期债务总额	7.4	15.2	14.0	12.0

续表

年份	1557	1575	1595	1607
短期债务与净收入之比	3.5	2.6	2.4	1.9

资料来源：财政收入数据来自 Thompson，*op. cit.*，p. 288；债务数据来自 Toboso Sanchez，*op. cit.*（1557，1575，1595），和 Thompson，*op. cit.*（1607）；短期债务数据来自 Toboso Sanchez，*op. cit.*（1557 and 1575），G. Muto in：Bonney, ed. *Economic Systems and State Finance*，p. 257（1595），and J. C. Boyajian，*Portuguese Bankers in Spain*，*1626 – 1650*，New Brunswick，NJ，1983，p. 3（1607）。

至少在腓力二世治下，西班牙的财政体系本身还具有一定的优点。首先，查理五世和腓力二世无论是在债务规模和管理的细致程度上都远远超过了中世纪的君主。除此之外，腓力二世的债务大部分都是由低利率的永续年金构成的，其破产行为的周期性在某种程度上恰恰说明了成本高昂的短期债务得到了某种程度的控制。在他统治期间，大多数的年金利息都得到了准时足量的偿付，也没有出现用劣币偿债的现象。到腓力二世于 1598 年去世时，长期债务总额已经不低于 6800 万杜卡特，每年的利息成本达到了 460 万杜卡特（年利率为 6.75%），其中大部分债务发生在三次破产之间。[①] 尽管如此，在他统治的末期，王室依然可以以未受影响的收入作为抵押出售年金，利率仅有 5%。由于引入了新的直接税体系（*miliones*），王室的总收入达到了 1200 万杜卡特，每年的可支配收入有 600 万杜卡特之多。腓力二世的最后一次破产发生于 1595 ~ 1596 年，他将总计 1400 万的短期债务转换成了长期年金，因此到 1598

---

① 这些是列入 Toboso Sanchez，*op. cit.*，pp. 150 – 151 的西班牙长期年金总额。但这些数据并没有包括短期债务，而且可能还低估了长期债务的数据。其他的作者则将这时西班牙的长期债务总额估计为 9000 万杜卡特。

年时，王室的可支配收入偿付短期债务是绰绰有余的，整个体
系看上去非常健康。

但我们所谓的"健康"是根据现代公共财政的标准来衡
量的，按照传统的财政观念来看的话绝非如此。西班牙的财政
状况和与之同时期的非欧洲帝国相比有着非常大的差距。奥斯
曼帝国自苏莱曼大帝于 1566 年去世之后已经巅峰不再，但在
1596 年，奥斯曼帝国的国库中依然有 1600 万杜卡特的财富。
印度莫卧儿帝国的皇帝毫无疑问是同时期最富有的统治者。在
阿克巴大帝于 1605 年去世时，阿格拉的国库中贮存的金银铸
币和金银块共价值 1.98 亿卢比（相当于超过 6000 万杜卡特），
还有超过 3000 万杜卡特的金银首饰和珠宝。除此之外，在
帝国的要塞中也都有贮藏的财富。中国的明王朝正处在统治
的晚期，国家逐渐衰落，贵金属的储备也非常有限。尽管如
此，当张居正于 1582 年去世的时候，中央国库当中仍有
1250 万两白银（相当于 1400 万杜卡特）。更重要的是，在
一个很大程度上依旧以实物进行交易的社会中，明朝中央的
粮食储备足以应付 9 年的消耗。日本的德川幕府也更青睐于
大规模贮藏贵金属的政策，德川家康留下的国库中有 200 万
圆，相当于超过 1000 万杜卡特。表 3 - 3 清楚地说明了不同
国家之间的差距。

表 3 - 3　世界各大帝国净储备对比，1600

单位：百万杜卡特

帝国	数额
印度莫卧儿帝国	62.0
奥斯曼帝国	16.0

续表

帝国	数额
中国明王朝	15.0
日本德川幕府	10.3
哈布斯堡西班牙	-68.0

资料来源：印度莫卧儿帝国的数据来自 J. de Laet, *The Empire of the Great Mogol*, 1631, transl. J. S. Hoyland, Bombay, 1928, p.107；奥斯曼帝国和日本德川幕府的数据来自 Goldsmith, *op. cit.*, pp.90 and 143；中国明王朝的数据来自 R. Huang, *Taxation and Governmental Finance in Sixteenth Century Ming China*, Cambridge, UK, 1974, p.295。

西班牙财政体系的成功依赖于一些先决条件。每当王室进行强制债务转换的时候，金融家们都会发现自己持有大量没人要的长期公债。如果他们不能将其转卖给合适的投资人的话，就会因为缺乏流动资金而无法继续发放短期贷款。在这种情况下，想要维持财政体系稳定，就必须始终存在一批未被债务转换影响的金融家能够接替他们的位置。这种局面显然存在内在的不稳定因素。这可能也是热那亚人在西班牙体系运行较为成功的时候在其中占据主导地位的原因之一，他们基本上没有受到1557年危机的打击，因而能够在德意志银行家们还麻烦缠身的时候，于恰当的时机向国王提供自己的服务。在1557~1627年期间，热那亚的金融家们遍布西班牙帝国的各处。很多人定居在西班牙，他们的名字也被相应的西班牙化了（斯特法诺·斯宾诺拉成为埃斯特班·埃斯皮诺拉，正如克里斯托弗·哥伦布变成了克里斯托瓦尔·科隆一样）。其他的一些人则在那不勒斯、西西里和尼德兰经营。他们的显赫地位并不是因为服务的价格优势，事实上，他们往往收取比自己的竞争对手更高的利息。热那亚人的独特之处在于，他们能够理解并满足哈布斯堡王朝财政的复杂要求。首先，圣乔治银行于 15 世纪的创新性经营使得热那亚人对纸币经济有着更深刻的理解。正如富格家族所观察到的那样，"和热那亚人打交道不是像我们那样通过现金，而是通过纸币"[①]。随着哈布斯堡王朝军事力量的扩张以及所需要的美洲白银数量的增多，其对灵活的短期金融工具的需求也相应地增长，通过纸币进行汇款总是比用金银更加灵活。到后来，热那亚人可以直接从宝藏舰队运的白银中抽取自己的报酬。在某些西班牙人看来，在墨西哥和秘鲁辛苦开采出来的白银最后大多数都流入了热那亚的金库。16 世纪的西班牙作家（以及腓力四世的秘书）弗朗西斯科·戈麦斯·德·克韦多写了一首小诗来描述来自美洲的贵金属的"一生"。

> 她在美洲出生时，
>
> 整个世界都为之倾倒；
>
> 她来到西班牙死去，
>
> 将热那亚作为自己的坟墓。[②]

热那亚所具有的第二种优势可能更为重要。因为任何王室的债权人都不可避免地会定期收到大量长期年金以代替债务的偿付，所以从违约中幸存的关键就在于尽快将这些债券转售给其他人。几个世纪积累起来的经验和资本使得意大利的银行家们在这方面拥有决定性的优势。富格家族就从未能像斯宾诺拉

---

① F. C. Spooner, *The International Economy and Monetary Movements in France, 1493–1720*, Cambridge, MA, 1972, p.59.

② Quoted in R. Carande, *El credito de Castilla*, Madrid, 1949, p.27.

家族和琴图廖内家族那样迅速地把自己不想要的年金脱手。①
因此，热那亚人能够在数次破产之间依旧保持自己的流动性，
并在每次强制债务转换之后首先为君主提供新的资金。但热那
亚人没能够从1627年的破产中恢复过来，他们的地位被葡萄
牙犹太人所取代，这也标志着西班牙财政体系的行将崩溃。

即使是在运转良好的时候，一种通过定期破产来处理债务
的财政体系也毫无疑问有着显而易见的问题。强制债务转换并
不是突然袭击，在转换之前需要数月的协商。银行家们不可避
免地会收到长期债券来抵偿自己的债权，但他们可以拒绝继续
给国王提供资金，除非他们收到的债券有足够的收益，可以在
市场上出售。由此而带来的拖延可能会产生灾难性的军事后
果。1576年，西班牙军队在镇压起义的战争中节节胜利，看
上去荷兰共和国的独立已经危在旦夕。但紧接着，国王宣布了
破产。当这个消息传开之后，起义军点燃了篝火庆祝，而西属
尼德兰的总督唐路易·德·雷克森斯则陷入了绝望。

> 破产的消息对于安特卫普交易所造成了如此之大的冲
> 击，以至于交易所中的所有人都丧失了信用……我连一个
> 铜板也借不到了。而在我看来，即使国库中还有盈余，国
> 王也不可能找到办法送钱过来。除非奇迹发生，整个战争
> 机器就会崩溃……假如国王能再拖延三个月的时间，我确

①　考虑到本城的经历，很奇怪的一点是为西班牙服务的热那亚银行家从未
提议对西班牙的债务进行合并。西班牙长期年金的一大问题在于其担保
品质量参差不齐，因而其市场收益率也就无法统一，1594年的市场收益
率从3.57%到8.21%不等。一种可能的解决方案是将长期年金合并为基
金，由债权人持有基金份额（正如圣乔治银行的方案），或者建立现代化
的债券基金。无论如何，市场流动性都能够得到很大的改善。

信到那时我们一定能收复泽兰省剩下的部分，甚至还能再夺回一两个省份。①

战争的停顿远不是唯一的灾难。11 月，西班牙的军队因为欠薪而哗变，他们攻占并洗劫了阿尔斯特和安特卫普。这导致了安特卫普决定站在荷兰人的一边，使得西班牙人失去了自己最重要的财源。当西班牙人于 1585 年夺回安特卫普的时候，这座城市已经被洗劫得干干净净，没有任何价值了。

除军事危机之外，信用危机的确定性只会提高商业金融家收取的利率（无论是公开的还是隐蔽的），因为他们会将风险溢价纳入考量。在短期内，这只会提高短期债务积累超过偿付能力的速度。在长期内，则会加深君主和金融家之间互相怀疑的程度。后者在中世纪就得到了鲜明的体现，并会在之后的几个世纪里对西班牙的财政产生深远的影响。

考虑到这些内在的缺陷，如果没有来自美洲的财富在金融界造成的幻觉，西班牙的体系一定会崩溃得更早一些。要想让这个体系保持稳定，最重要的一点是王室收入必须持续不断地增加，否则就无法为永续年金的发行提供足够的担保。在腓力二世统治时期，王室收入从 300 万杜卡特一路飙升至 1200 万杜卡特，其中大部分来自新增的国内税收，共计约 950 万杜卡特。但税收的增加在某种程度上也是美洲银矿的"副产品"。在西班牙进口的白银中，直接归王室所有的不到 1/3，剩余的部分被用于购买从西班牙向殖民地出口的制造业产品，因而流

---

① G. Parker, *The Army of Flanders and the Spanish Road*, *1567 – 1659*, Cambridge, UK, 1972, p. 235.

入了私人部门，这导致了西班牙本土的通货膨胀。这也有助于解释为什么卡斯蒂利亚人在税收不断增加的情况下毫无怨言。

尽管如此，卡斯蒂利亚的人均税负在 1600 年达到了 55 克白银，无论以什么标准来衡量，这种水平的税负都是很重的，在一个以农业为主的社会中更是如此。法国的人均税收约为 20 克白银。威尼斯共和国的城市化和制造业水平远高于卡斯蒂利亚，但它的人均税负也只有 34 克白银。在白银进口没有增加的情况下，卡斯蒂利亚的税收水平是难以持续的。

不幸的是，在 1620 年之后，美洲白银的产量开始下滑。这给西班牙的财政体系带来了三重打击。它减少了王室的直接收入，间接导致了价格水平由上涨转向停滞，并最终于 17 世纪中期开始下跌。卡斯蒂利亚的经济繁荣结束了，而高税负的负面效应开始显现。在 16 世纪晚期，卡斯蒂利亚的人口达到了 650 万，但由于农业人口减少和瘟疫暴发到 17 世纪中期不会超过 500 万。因此，真实的人均税负进一步上升，更加速了经济与人口的衰落。图 3 - 1 描述了卡斯蒂利亚财政收入的变化。

在 1618～1659 年席卷欧洲的毁灭性战争中，国家收入的停滞甚至是减少必然导致灾难性的后果。腓力二世财政体系的两根支柱——稳定的货币和在长期债务上的良好信用——接连崩溃，首先倒下的是货币。

尼德兰常年是西班牙军事行动的核心，对德意志新教徒、荷兰叛军以及法国的战争都从这里开展，大量的白银因此从西班牙流入了低地国家。但这并不是西班牙货币崩溃的主要原因。早在 1600 年，腓力三世就放弃了他父亲在货币制度上的审慎态度。卡斯蒂利亚的国王们开始学习中世纪的先辈，利用

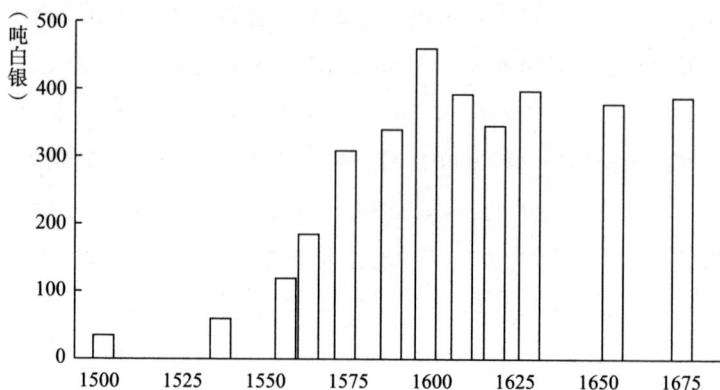

图 3 - 1　卡斯蒂利亚的财政收入，1500 ~ 1675

资料来源：本图用到的数据除 1504 年和 1674 年的之外，均已经在前文给出。1504 年和 1674 年的数据来自 I. A. A. Thompson, "Castile: Polity, Fiscality, and Fiscal Crisis," in: P. T. Hoffman and K. Norburg, eds., *Fiscal Crisis, Liberty, and Representative Government, 1450 – 1789*, Stanford, CA, 1994, p. 157。

操纵货币来增收。西班牙社会日常所用的货币并不是用于国际交易的比索（*peso de ocho*），[1] 而是由银 - 铜合金铸造的威伦（*vellon*）。当王室需要钱的时候，他们便会大量铸造不足值的威伦币。举例而言，在 1599 ~ 1626 年期间，一共铸造了面值4100 万杜卡特的威伦币，利润达到了 2500 万 ~ 3000 万杜卡特。[2] 在（同样具有破坏性的）1628 年的货币重估之前，货

---

[1] 随着 15 世纪末波希米亚和奥地利银矿的开发，一批 24 克和 28 克银币被铸造出来用于大额交易。第一批货币铸造于 1486 年，但其中最出名的一批来自 1519 年的约阿希姆斯塔尔银矿，因此这些银币后来被称为 "塔勒"。很多国家铸造了类似的银币，如英国的克朗（crown）和西班牙的比索。比索后来成为美元的标准，美元（dollar）这个词也是从塔勒（*thaler*）演变过来的。

[2] Hamilton, *op. cit.*, p. 88. 贬值货币的收益通常在发行面值的 75% 左右。

币的价值下跌了70%。在战争期间，这种定期的货币贬值与重估的过程重复了多次。1650～1651年，政府采取了罗马皇帝于4世纪使用过的办法，他们甚至都不进行货币的重新铸造，而只是简单地将流通中的货币收回，然后再打上更高的面值。通过货币贬值和其他的应急手段，王室的收入表面上增加了。但货币贬值使得这些名义数值的增长毫无意义。1630年，财政收入为1450万杜卡特；1654年，财政收入为1800万杜卡特；1674年，财政收入则增长为2300万杜卡特。但正如图3-1所示，以白银计价的话，收入并没有上升，甚至出现了下跌（原图中没有1674年的数据。——译者注）。

如果国王们不愿意放弃操纵货币的话，他们出售长期债务的能力就必定会下降。这种能力的下降由于缺乏新的收入来为新增的长期年金提供担保而变得更严重。在1627年的破产之后，热那亚的银行家们不再能找到接手长期年金的人，因为货币市场已经枯竭了。从那之后，所有的新增长期债务都来自强制抵偿给短期债权人的长期年金。因此，长期债务总额也开始不可避免地飙升。1667年，长期债务总额为1120万杜卡特，到1714年时则达到了1960万杜卡特。

由于杜卡特的实际价值在1620年之后下降了很多，上述数额还是有欺骗性的。由于发行永续年金的数量越来越多，很多用于担保的收入是之前已经抵押过了的。这种情况导致有些长期年金只得到了部分偿付。到17世纪中期时，几乎没有任何长期公债是全额担保的。除此之外，当财政状况每况愈下的时候，政府开始对那些已经抵押给债权人的税收下手。在

1637 年之前，政府已经开始预扣一部分利息。[①] 在这一年，54% 的应付利息都被政府拿走了。在 1676 年之后，政府定期扣留利息的比例至少为 50%。为了保持良好信用的表象，被扣除的利息用新发行的长期年金进行补偿，但这种姿态显然是徒劳的。因为政府也没有多余的资金来偿还新的长期年金，这只会使进一步抵扣利息成为必然。因此，到 1714 年时，到期的债务连本带息名义总额达到 1960 万杜卡特，但债券持有人只收到了其中的 14%，即 274 万杜卡特。以白银计价的话，被偿还的债务总额只有 122 万杜卡特，不到 100 年之前的 1/4。[②]

因此，西班牙的财政体系由部分成功转变为彻头彻尾的失败。破产不再是一种有保留的财政策略，而成为一种近乎病态的不良习惯。到 19 世纪时，西班牙可能是信用等级最低的欧洲国家。

由于一般性税收和债务能带来的资金真实价值的下降，国王开始利用自己的"君权"采用破坏性的手段开辟新的财源。这些手段包括货币操纵和对官职、头衔以及司法权的出售。17 世纪 60 年代，共计约 8 万个官职和司法权被当作不动产出售（换言之，政府无权回购它们），这些购买者在经济情况良好的时候也是潜在的年金投资者。这一过程被一些历史学家称为卡斯蒂利亚的"再封建化"。

16 世纪，西班牙哈布斯堡王朝的举债能力被看作一项优势，但它最终变成了一柄有毒的双刃剑。哈布斯堡王朝的君主存在的问题和所有文艺复兴时期的君主一样：无论他们多么努

---

① Toboso Sanchez, *op. cit.*, p. 178.
② Toboso Sanchez, *op. cit.*, p. 191.

力增加自己的收入，也没有办法让自己成为真正的"绝对"
君主。尽管中世纪的议会对君主的限制被减弱或解除，但它们
被更隐性却同样有效的金融限制所取代。相较于破坏性不相上
下的卖官鬻爵，通过高价出售"租金"并保留回购的权力反
而是一种更温和的做法。事实上，在有些人的手中，公共债务
能够起到积极的作用，但专制君王绝不在此之列。1674 年，
卢卡共和国驻西班牙的大使认为，西班牙的很多部分都已经私
有化了，因而"西班牙看上去更像共和国，而非君主国"①。
但这位大使没能指出的问题是，意大利城邦共和国的财政体系
是经过共和国公民精心设计的，而西班牙的体系建立在经常性
违约的基础之上。城邦国家由公民－债权人统治，而西班牙的
君主和债权人之间始终被深深的怀疑所分隔。因此，西班牙从
未享受到共和国政府所获得的低利率（到 17 世纪晚期时，卢
卡共和国公债市场的利率只有 3%），政府的信用等级如此低
下，长期年金在任何价位上都无人问津。

五　卖官的狂热

在鼎盛时期，西班牙的财政体系毫无疑问是君主国利用公
共债务工具最成功的例子，但旧制度国家财政的典型特点则最
好地体现在法国。自从法国大革命以来，波旁王朝的财政体系
就遭到了几乎所有评论者的批判乃至嘲讽。法国财政体系的失
败是毋庸置疑的。西班牙的"破产"仅仅是将短期债务强制
转换为长期年金，而法国政府的"破产"则代表了拒绝承认

---

① Thompson, "Castile: Absolutism, Constitutionalism, and Liberty," in: Hoffman and Norburg, *op. cit.*, p. 217.

和支付所有的债务，无论是长期还是短期。尽管如此，法国体系的缺陷并不能掩盖其内在的优点，这些优点不仅使得法国在和西班牙一样猛烈的金融危机中幸存了下来，而且在很长一段时间内支撑法国占据着欧洲第一强国的地位。

中世纪城邦的公共债务体系是它们社会政治结构的反映。正如前文所言，成为这些城邦的公民几乎就等同于成为国家的债权人。与之相反，中世纪的君主们只会在万不得已的情况下举债，而且对于自己的债权人除了怀疑与提防以外几乎没有别的感情。法国财政体系的成就在于，它把这些看似不可调和的因素捏合在了一起。

法国财政体系最典型的特征是对于卖官鬻爵制度化的使用。正如出售年金的做法一样，卖官也是在弗朗索瓦一世治下开始的。弗朗索瓦一世并非卖官制度的首创者，但他是首位在法国将这种做法系统化的国王。事实上，他专门设立了一个政府部门——额外收入管理局（*bureau des parties casuelles*）来管理卖官事宜。官职的购买者可以得到一份固定工资（*gage*），通常为购买价格的10%，这也可以被看作买官者投资的回报。在理论上，被出售的官职可以被王室以原价回购（虽然回购实际上很少发生）。在这种意义上，买官的人和其他的长期债权人没有本质的区别。这种卖官的做法由教皇西斯笃四世在15世纪晚期发明出来，事实上是另一种绕过高利贷禁令的"计策"。教皇国出售的职位完全是荣誉性质的，但在法国则不然。买官者普遍被要求承担相应的行政职能。这使得王室与买官者之间的关系比王室与债权人之间的关系更加复杂（尽管在实践中，这两个群体的构成往往是一致的）。

1549年，法国政府付给买官者的俸禄已经达到了200万里弗，这意味着卖官获得的资金总额约为 2000 万里弗。而政府从其他的途径获得的贷款总额只有 1000 万里弗，这充分显示出卖官在财政体系中的重要地位。到 16 世纪晚期时，几乎所有王室财政以及司法部门的职位都是待售的。

一名买官者本质上是王室的长期债权人。但他和王室之间的财政联系不止于此，他还被要求在短期内为政府筹集资金。如果他的职位牵涉税收的征集，他需要垫付按规定要收取的数目；反之，如果涉及支出的话，他则需要预支各项费用，并等待上级政府将费用偿还给他。为了完成这些工作，买官者不得不经常向巴黎的货币市场借钱。反过来说，他可能在没有支出需要的情况下收到一笔财政拨款，这时他也可以在货币市场上将这笔钱贷出去。

买官者处于一个更大的财政网络的核心，这个网络还包括金融家（financier）、承包商（traiteur）和金融掮客（gens d'affaires）等，他们是资金收支工作的次级承包者，并不一定购买了官位。另一方面，如果有空缺的职位待价而沽的话，这些人也有可能加入买官者的行列。因此，上述整个群体通常被统称为"金融家"。

法国国王通过这种办法，成功地将国家的财政体系与法国的社会编织在一起。社会中出现了一个独特的阶层，这个阶层以向国家借钱为生，并通过购买年金与官职为政府提供长期贷款，通过预支收入与垫付支出提供短期贷款。除此之外，他们在巴黎货币市场上的操作使得他们在国家的信用结构中占据着核心地位。

到 17 世纪时，购买相对重要的官职的投资者还能够得到进入贵族阶层的资格。一种新的贵族等级——"穿袍贵族"

（*noblesse de la robe*）——专门为这一目的创造出来。与旧的封建贵族，即"佩剑贵族"（*noblesse de l'épée*）不同，"穿袍贵族"并不是从封建武士中产生的，但他们一样拥有免缴税收的权利。佩剑贵族免缴税收的权利完全来自旧法兰克蛮族部落的传统，即部落成员均应享有免于税收的自由。正如本书第一章所言，古典时代的观念认为税收是臣服或奴役的象征，因而"征服者从不纳税"。在中世纪，这种观念被转化成一种新的形式，即贵族必须免费参加军队。这种兵役可以被看作以实物形式承担的公共义务（中世纪威尼斯的做法则完全相反，公民可以通过缴纳捐税来摆脱兵役）。到 17 世纪时，穿袍贵族提供的则是另一种形式的公共服务——为一个文艺复兴时期的国家提供资金。在一个国家军队主要由雇佣兵组成的时代，这种服务比佩剑贵族提供的更为重要。正如当时流行的谚语所言：

> 金钱是一切战争的核心。

法国君主授予买官者贵族身份的目的绝不仅仅是利用投资者的虚荣心来提高待售官职的市场价格。通过给予政府的债权人更高的社会地位，法国国王将国家的信用体系牢牢地扎根于旧制度下的社会结构中。

上文所描述的财政体系没有任何一个方面是法国所特有的。政府的短期债权人和长期年金持有人这两个群体一般都存在重合。对于政府官职和头衔的出售在西班牙及欧洲的其他地方都是司空见惯的做法。但在法国，买官的流行程度以及买官者在国家公共财政中所占据的重要地位远超其他国家。在 16 世纪和 17 世纪的大部分时间里，出售官职是法国长期公共债务中最重要的组成部分。

因此，法国国家信用体系的"有机性"绝不弱于意大利的城邦共和国。事实上，法国君主制的命运是和其财政体系的命运紧密联系在一起的。1789年法国大革命将旧君主制和旧财政体系一扫而空。在旧制度时期，虽然法国的破产频率低于西班牙，但每次破产的后果比对方更加严重。尽管如此，债权人阶层基本上保持了对政权的忠诚，始终竭尽全力为国家筹措资金。而西班牙所依赖的热那亚人和葡萄牙人对于国家是没有什么忠诚可言的。

但王室与买官者之间的关系并不是单向控制的。国家与债权人之间紧密联系的代价是政府丧失了对公共财政的控制权。买官者掌握着或者说"拥有着"征税权。买官者对自己的职位拥有所有权，他们的俸禄在公共支出中也占据优先地位。在理论上，年金持有人是特定税收的"所有者"，年金利息的支付也发生在收入抵达国王手中之前。对于国王财政能力破坏性更大的则是所谓的"特别国库券"（*droit aliénées*），和年金一样，特别国库券也代表着一部分税收。但年金所代表的是税收的固定数额，而特别国库券则代表着税收的固定比例。换言之，当税收增长的时候，特别国库券持有人拿走的数额也随之增长。到17世纪30年代时，如果国王想要通过税收将自己的收入增加100万里弗的话，他需要加税的总额为180万里弗；特别国库券的偿付也优先于上缴给国库。

因此，法国的财政体系与热那亚有很多相似之处。公共财政已经在很大程度上被"私有化"了，政府本身反倒对财政没有太多的控制权。政府的债权人也是征税人，并且总是优先抽取自己应得的份额再将盈余上缴。下面的一段话描述的是旧制度时期的法国，但用在中世纪晚期的热那亚身上也是非常恰当的。

> 当整个体系发展到顶点的时候，在税收体制中只剩下两类人。纳税人在一边，公债持有人在另一边。通过税收体系获得的收入根本不会经过政府当局之手。①

由于"穿袍贵族"购买了自己的职位，因此，他们是不能被罢免的，同时他们还享有免除税收的特权。因此，政府债权人－包税商阶层对于理论上不受限制的国家权力起到了极大的制约作用。这使我们不禁怀疑，旧制度时期的所谓"绝对君主制"可能只是一种空谈。

但法国远不是一个商业共和国，债权人阶层并不代表所有的民众，他们甚至不是民众中相对富有的那部分。在 15 世纪的热那亚，圣乔治银行的 11000 名持股人代表着城市中的大部分家庭。与之相反，在 17 世纪的法国，食利者阶层一共有 4 万~5 万人，他们最多代表全国家庭的 1.5%。法国国王将这个新阶层视为国家的必要之恶。传统的封建贵族虽然间接地从他们的运营中获益，但依然将他们看作暴发户。而对于更广大的国民来说，"穿袍贵族"不过是一群吸血鬼而已。

这意味着尽管金融家和国家之间已经建立了非常紧密的联系，但双方依旧没有摆脱中世纪时期的互不信任。和西班牙的

---

① J. – C. Waquet, "Who Profited from the Alienation of Public Revenues in Ancien Régime Societies?" *Journal of European Economic History*, 1982, p. 666.

情形一样，这种怀疑情绪导致了一种恶性循环。金融家本能地想要通过提高短期收益来弥补违约的风险，这反过来又增加了政府违约的可能，并导致金融家们长期被指控通过高利贷牟取暴利。但法国的情况还要更加糟糕，通过买官产生的官员队伍很容易滋生腐败，这一点无须赘述。买官者总能找到各种各样的办法来增加自己的短期收益，其获利的程度甚至超过一般的商业活动。

国王也有一些打击腐败的手段。法国记账署（Chambre des Comptes）的主要职责就是检查官员的账目。理论上这是一个非常好的制度，但留存至今的政府账目非常混乱与令人费解。如果它们具有足够的代表性的话，我们也就不会对记账署从未能很好地完成自己的职能感到惊讶了。

由于记账署无法实现预期的目标，国王求助于另一个更为有效的工具：廉政法庭（Chambre de Justice）。这是一个专门为公务员设立的法庭，主要的职能是检查有嫌疑官员的财政状况，并给予相应的处罚。从 1523 年桑布兰萨倒台到 1661 年尼古拉斯·富凯覆亡，廉政法庭至少被设立了 13 次。大多数"嫌疑人"都被处以罚金，有一些则身陷囹圄。桑布兰萨是最后一位掉了脑袋的财政大臣。被指控的人中有一部分毫无疑问确实存在大量侵吞公款的情况，但也有一些人只不过是普遍性腐败的替罪羊。廉政法庭的行为起到了小规模债务违约的作用，相对于整体性破产而言，它的使用更加频繁，目标也更加明确，但尽管如此，它依然是财政体系中的不稳定因素，并会进一步推高利率。1607 年，廉政法庭决定将征收罚款的工作外包给三位承包商，这些承包商向政府提供 40 万里弗，以换取罚款总量的 50%。① 这实际上说明 1607 年的廉政法庭可能根本就不是为"伸张正义"而设立的。当时的财政大臣叙利就认为，尽管廉政法庭的确为国王带来了一些收入，但它实际上"只是一个受政治庇护的'买卖双方'之间进行可耻的权钱交易的场所"②。

　　尽管廉政法庭本身就是一种财政控制工具，但只有当它和法国国王的终极武器——破产一起使用的时候，才能发挥出最大的威力。在 1557～1661 年期间一共进行了 5 次破产。除了第一次之外，每次破产的同时都设立了廉政法庭，用来为赖账提供法律正当性。第一次破产紧随着 1557 年的货币市场崩溃。当凯瑟琳·德·美第奇在 1559 年亨利二世死后开始担任摄政的时候，她继承了 4200 万里弗（约合 1750 万杜卡特）的债务，其中有 1600 万里弗是欠里昂的佛罗伦萨金融家的。经过协商，这些债务被转换成长期公债，利率也大大降低。但金融家们必须要将自己的初始投资翻倍，才能够保证自己的债权不被一笔勾销。尽管在瓦卢瓦王朝剩下的统治时间内没有再出现破产，但在内战与西班牙入侵的双重压力下，债务继续以惊人的速度增长。当 1594 年亨利四世通过改宗天主教得以入主巴黎的时候，债务总额已经达到了可怕的 29600 万里弗，每年应付利息达到了 1400 万里弗。各项短期的应付款项总计 14600 万里弗，而可供偿付款项的年收入则只有 1600 万里弗。③ 这意味着政府的流动债务与净财政收入之比达到了 9∶1，远高于

① J. F. Bosher, *French Finances 1770-1795*, Cambridge, UK, 1975, pp. 17-21.

② *Memoires de Sully*, Vol. I, quoted in Vührer, *op. cit.*, p. 79.

③ Collins, *op. cit.*, pp. 58-72.

西班牙破产之前的比值。

很明显，这种高水平的债务负担是不能简单地通过强制将短期债务转变为长期债务来解决的。据英国大使的描述，亨利四世是一个"在经济问题上异乎寻常的精明的人"①。在接下来的 10 年中，亨利四世进行了事实上的非官方破产，或者用官方的说法，对债务进行了"重新协商"。在这一点上，他得到了自己同样具有才能的财政大臣叙利的协助。通过拒绝支付所有不是以现金借入的债务，长期债务水平得到了降低。由于很多长期债券已经是打折发行的，通过这种手段减少的债务是非常可观的。在此之后，实际支付的利率被削减到 4.167%，只有原来的一半。亨利四世的其他债权人也遭受了类似的命运，其中大贵族由于自己的政治影响力受到的损失最少，而瑞士雇佣军则没有那么幸运。到 1608 年时，总债务水平减少到了原来的一半，而利息则至少削减了 2/3。国家年收入为 3030 万里弗，而每年还本付息的支出约为 950 万里弗。法国与哈布斯堡王朝的西班牙重新站在了同一起跑线上。1608 年，法国、西班牙王室的可支配收入见表 3-4。

表 3-4　法国、西班牙王室的可支配收入，1608

单位：百万杜卡特

国家	总收入	可支配收入	可支配收入占比（％）
西班牙	11.5	6.3	55
法国	9.6	6.6	69

资料来源：西班牙的数据来自 Thompson, *War and Government*, p. 288；法国的数据来自 Collins, *op. cit.*, pp. 75, 234。

---

① Sir George Carew, *A Relation of the State of France*, p. 480, quoted in Bonney, *The King's Debts*, p. 54.

1634 年、1648 年和 1661 年的破产更难以进行量化分析，但这并不是因为缺少法国相关的预算信息。由于让－罗兰·马莱在 18 世纪早期的勤劳整理，自 1600 年之后的法国年预算基本上完整地保存下来，在 17 世纪的欧洲国家中这是独一无二的。但不幸的是，对于本书的研究它们几乎毫无作用。这是因为法国国王特殊的记账方法使得外人无法看出他究竟是否处于赤字状态。除此之外，我们也无法从预算中看出国王究竟借入或偿还了多少钱，以及利息成本的大小。这可能是有意为之的：国王不希望这些数字被公之于众（可能他自己也不想知道）。复式记账法已经于中世纪晚期在意大利发展起来，但法国并没有采用，因此账目中的亏损是模糊不清的。除此之外，王室的记账官将借入的款项记作收入，而将债务的偿还记作支出，因而我们无法在账目中将真正的收入与支出分离出来。过期的债务会在一个会计年度结束时记为已偿还，然后在下一年记为重新发生。马莱对于这些做法表达了自己的愤怒。

> 这些根本就不是真正的收入；管理财政的官员重复性地将一笔笔不存在的资金从一年的账目转移到下一年，形成了这些虚假的资产。①

在法国的账目中，利息并没有被列为单独的门类，而往往和本金混在一起。只有那些在王室绝望的情况下所支付的极高

---

① J.－R. Malet, *Comptes rendus de l'administration des finances du royaume de France*, London, 1789, pp. 249－250, quoted in R. Bonney, "Jean－Roland Malet: Historian of the Finances of the French Monarchy," *French History*, 1991, p. 202.

的利率才会被单独记录下来，国王甚至不想让记账署知晓这些利息支出。这些高水平的利息和贿赂以及其他的君主的灰色支出被单独记录在秘密账目（comptants）中。由于无法知道政府真正的信用状况，因此王室的财政危机就表现为秘密支出的不断增长。在与西班牙的战争期间（1635～1648），秘密支出甚至超过了军费。① 在这种情况下，王室的违约也就成了必然的事。

1634年的破产主要是由特别国库券增长到不可持续的水平导致的。将特别国库券按照普通债务来进行精确量化是没有意义的，但估计的结果是长期债务的总额达到了3000万里弗，而政府当时的收入总额则有6000万里弗。通过将特别国库券强制转换为长期债券，债务水平降低了约50%。② 正如以往的破产一样，政府也专门设立了廉政法庭来为这次行动提供法律上的支持。

1648年的破产则更加严重。国王决定单方面终止所谓的"波莱塔协定"，这动摇了卖官制度的根基。波莱塔协定是亨利四世制定的，根据新的法案，如果官职的持有者每年支付给政府原始买官价格的1.67%，他们就能够确保自己的职位可以被后代继承。查尔斯·卢瓦瑟对这一法案的重要意义进行了生动的描绘。卢瓦瑟本人也是一位买官者，他目睹了自己的同僚在新法案实施时的兴奋。

　　我注意到，[官职合约变更] 结束之后，他们径直去

---

① Bonney, *The King's Debts*, pp. 306 – 309.

② Collins, *op. cit.*, p. 217.

公证处交出自己的官职继承权证明。他们看上去是如此的谨慎小心，就好像是怕自己死在去公证处的路上一样……看到这种情况，我不禁暗想："仁慈的上帝啊，如果我们重视自己的灵魂如同重视自己的官职一般，那该有多好。"①

　　当时，政府正确地意识到，确认职位的可继承性对于政府来说是利大于弊的。这不仅降低了每年的俸禄支出，还会提高官职的市场价格。到17世纪30年代时，官职的价格已经翻了一倍，其市场收益率由10%下降至5%。1640年，俸禄支出达到了2600万里弗，而王室已经卖掉了自己能够设立的几乎所有职位。波莱塔协定的废除和普遍停止债务偿付在法国造成了一种革命性的氛围，金融阶层不再保持自己对于王室的忠诚。王室破产是"投石党之乱"的重要导火索之一，这场内战一直持续到1653年，一度威胁到年幼的路易十四的王位。按照路易十四当时的首席大臣"红衣主教"马扎然所描述的，仅1653年一年，由廉政法庭宣布无效的债务总额就达到了1亿里弗，剩余债务的利息被减少到原来的40%。②

　　1661年，根据马扎然的继任者柯尔贝尔的记录，债务达到了4.51亿里弗。如果没有之前的破产，这一数字可能还要更高（这还没有加上出售官职的资本价值，柯尔贝尔估计为4.2亿里弗）。廉政法庭再一次提刀上马，将债务总额降低了

① Charles Loyseau, *Les Oeuvres de Maistre Charles Loyseau*, *avocat en Parlement*, Lyons, 1701, p. 143, quoted in Wolfe, *op. cit.*, p. 302.
② Bonney, *The King's Debts*, p. 320.

至少 1. 35 亿里弗。[1] 这只是柯尔贝尔对国家财政进行重整的第一步。他不仅是叙利之后首位实现了财政平衡的法国财政大臣，还极大地降低了政府债务的利息成本。关于廉政法庭的"成就"，唯一确定的是它始终没能打击到最大的贪污犯——马扎然自己。在 1661 年去世时，马扎然留下的净资产达到了 3700 万里弗。这是旧制度体系下有记录的最大的一笔财富。[2] 因为柯尔贝尔正是通过担任马扎然的财务秘书而发迹的，因而我们采信他的说法：马扎然在 1658 年只有 800 万里弗的财产，这意味着他在人生的最后三年至少贪污了 2900 万里弗。[3] 这甚至超过了他的前任"红衣主教"黎塞留，后者"仅"留下了 2000 万里弗，其中有 400 万是硬通货。[4] 这两位大臣有一个共同点：他们都明显不愿意投资王室的债务。他们的资产主要由现金、土地和珠宝构成。只有天真的财政大臣尼古拉斯·富凯才将自己相对更少的财富中的大部分借给了国王，最终却成为柯尔贝尔主持的廉政法庭抓出来的替罪羊。

马扎然是如何聚敛起自己的财富的？答案可能隐藏在 1648 年破产所遗留下来的违约债务中。市场上一共有约 2500

---

[1] 债务数据来自 J. Dent, *Crisis in Finance: Crown Financiers and Society in Seventeenth Century France*, Newton Abbott, UK, 1973, p. 43；官职的价值来自 K. W. Swart, *The Sale of Offices in the Seventeenth Century*, The Hague, 1949, p. 16；债务削减的数据来自 Bonney, *The King's Debts*, p. 321。

[2] 如果马扎然的财富完全由黄金构成，以 400 美元/盎司的金价，他的财富相当于 3 亿美元。这已经是一笔非常大的数额了，但这还没有考虑到当时的相对收入水平差异。马扎然所处时代的法国人均收入水平为 100 里弗，因此在相对水平上而言，他的财富可相当于今天的 100 亿美元。

[3] Bonney, *The King's Debts*, p. 260.

[4] J. Bergin, *Cardinal Richelieu, Power and Pursuit of Wealth*, New Haven, CT, 1985, p. 243.

万里弗的国库券（*billets d'épargne*），其交易价格不超过面值的10%。大多数长期债券的交易折扣也差不多如此。一位大臣可以很轻易地以便宜的价格买到这些债券，然后再将其按面值卖给政府。在一个充满了秘密账目的国家中，类似的可能性是无限的。

第四章　对霸权的抗争

一　城市联盟

尽管君主国的财政体系存在很多的问题，但正是法国和西班牙这样的君主制国家主宰了 16 世纪的欧洲，而城邦共和国只能退居次要地位。1500 年，威尼斯作为商人共和国中最强大的一个，其财政收入水平（见表 4 - 1）足以和欧洲的任何国家相提并论。但到 1600 年时，这种情况已不复存在。

表 4 - 1　财政收入，1500 ~ 1600

单位：吨白银

国家	1500 年	1600 年
卡斯蒂利亚	51	423
法国	60	372
威尼斯	41	68

资料来源：法国和卡斯蒂利亚的财政数据已经在前文中给出。威尼斯的数据来自 F. C. Lane, *Venice, A Maritime Republic*, Baltimore, 1973, p. 426。

到 16 世纪晚期时，很明显的一点是，城邦国家已经无力和强大的君主国相抗衡，其自治权也就相应地面临着威胁。很多城市承认了某位君主名义上的权威，在很多情况下，那些决心打破国内封建体制政治碎片化局面的君主会与城市结成联盟，并鼓励其繁荣发展。

加泰罗尼亚的命运就很好地说明了自治城邦的暗淡前景。

在中世纪晚期，加泰罗尼亚及其中心城市巴塞罗那虽然处于阿拉贡王国的内部，但事实上构成了一个自治的城邦国家。巴塞罗那的商业繁荣程度可与意大利的共和国相媲美。但在 16 世纪，这一地区卷入了与哈布斯堡王朝统治者之间的恶性斗争中。可能是出于对"暴发户"卡斯蒂利亚的嫉妒（15 世纪时，卡斯蒂利亚在很多方面要弱于阿拉贡），阿拉贡人——尤其是加泰罗尼亚人——拒绝分担维持西班牙帝国的成本，因而被逐渐排除在帝国的核心决策和利益考量之外。16 世纪，卡斯蒂利亚提供的财政收入的持续增长和来自美洲的财富使得查理五世和菲利普二世不必理会顽固的加泰罗尼亚人。但到了 30 年战争时期，卡斯蒂利亚的经济无力支撑起整个帝国，因而国王不再能容忍阿拉贡置身事外的态度。国王和加泰罗尼亚议会之间开始了关于税收以及"传统特权"的争论，争论最终升级为 1640 年加泰罗尼亚的全面叛乱。考虑到卡斯蒂利亚强大的军事实力，加泰罗尼亚人知道自己的力量不足以确保自己的独立地位，因而采取了更谨慎的做法：他们"按照查理曼时期的故例"，将效忠的对象转为法国。但这并不能帮助他们达成保护自己免税特权的目的，因为法国这时的执政者是黎塞留，他铲除地方自治权的决心要胜过西班牙的首席大臣奥利瓦雷斯。1652 年，当法国军队回国镇压国内叛乱的时候，加泰罗尼亚人几乎是以被解放者的热情迎回了卡斯蒂利亚的军队。理论上，西班牙王室依旧尊重加泰罗尼亚地区的特权。但值得注意的是，加泰罗尼亚议会在 1653 年之后就再也没有召开过了。加泰罗尼亚的自治权只是因为 17 世纪下半叶哈布斯堡王朝政府的极度衰落才得以保存。当波旁王朝通过王位继承战争入主西班牙之后，加泰罗尼亚很快便被强制与卡斯蒂利亚合并。

因此，传统体制下的城邦国家是没有办法与欧洲新兴的民族国家相抗衡的。只有城市联盟才有希望抵挡绝对君主制的进攻。这样的联盟会在哪里兴起呢？在哈布斯堡王朝的帝国内部，尼德兰①毫无疑问是最有希望的地区。自从中世纪意大利的巅峰过去之后，这一地区拥有欧洲最密集的自治城市网。尼德兰地区还继承了北方城市互相联合的传统，而不是像意大利的城邦那样互相争斗。因此，毫不奇怪的是，16世纪，正是荷兰人接过了对抗君主国集权化野心的大旗。

限制国王最好的手段永远是捏紧他的钱袋子。有两种方法可以做到这一点，第一种是通过议会对国王的财源进行限制，这是自中世纪流传下来的传统。第二种则是只同意将钱借给国王，并控制住对于偿还债务至关重要的财政体系。这种办法更加复杂，主要适用于有很强的城市自治传统的地区。荷兰人将这两种办法都运用得非常娴熟。

和加泰罗尼亚人一样，尼德兰的市民也不愿意缴税来维持一个在他们看来只属于卡斯蒂利亚人的帝国。由于尼德兰地区的王室直辖领地是非常有限的，哈布斯堡王室在当地的收入中超过80%都需要议会的批准，这给足了市民们和中央政府谈判的底气。国王往往需要通过无休止的协商才能拿到议会的拨款，并且还需要对一些大城镇做出政治上的让步。从哈布斯堡

---

① 地理概念上的尼德兰（Netherland）地区包括现在的荷兰、比利时和卢森堡三国，全尼德兰都爆发了反西班牙统治的起义，但只有北部尼德兰独立成了荷兰共和国，南部尼德兰最终依然保持在西班牙的控制下。为了方便区分，本书以"荷兰共和国"指代北部的尼德兰联省共和国。——译者注

王朝的角度看，由此带来的问题还要更为严重，因为尼德兰是整个帝国的军事中心。对法国、德意志和英国的入侵都要从这里发起。与北意大利人一样，尼德兰地区的市民经营着利润丰厚的商业，因而不愿意参军。哈布斯堡王朝驻扎在那里的军队几乎完全由外国人构成，这些外国士兵的行径只会使得议会更不愿意批准维持驻军的款项。

　　恶性循环由此产生。因为议会总是在资金问题上百般发难，摄政也就没有办法给军队发饷。由此带来的士兵们的劫掠行径只会让尼德兰人更不愿意提供军费。正如奥地利的玛格丽特［哈布斯堡王朝在尼德兰的总督］向查理五世抱怨的那样，"在长期内，我看不到在这片领土上进行战事的可能"。①

16 世纪 20 年代，形势依然可控。国王每年能从议会拿到约 100 万荷兰盾（约合 50 万杜卡特）的拨款，这使得他能从尼德兰获得的总收入达到了 140 万荷兰盾。这样的税收水平相当于每人 7.5 克白银，对于一个富裕的地区来说完全称不上高。② 但即使是这个数字也是具有欺骗性的，因为尼德兰的市民还有第二项对付王室的武器。尼德兰地区的城镇习惯于通过出售年金（荷兰语当中的 renten）的方式筹集给国王的拨款，而不是征税。因此，荷兰省主要城市的负债水平都极

---

① J. Tracey, *A Financial Revolution in the Hapsburg Netherlands*, *1515 – 1565*, Berkeley, CA, 1985, p. 38, quoting Margaret to Charles V, April, 1523.

② Tracey, *op. cit.*, p. 30.

高，财政收入的约 60% 都要用来还债。查理五世还要求尼德兰各省的议会出售以议会拨款为担保的年金，这实际上促进了尼德兰地区债务的增长。如果议会没有发行所要求的年金的话，王室就可以用议会的拨款作为担保，在安特卫普的货币市场上贷款。

在哈布斯堡王朝的统治下，尼德兰政府的收入基本保持稳定，而军事开支和偿还债务的费用却在不断地增长，这必然导致危机。1539 年，政府的赤字达到了 140 万荷兰盾，1543 年增加到 240 万荷兰盾。1540 年，查理五世占领了根特，以迫使其市民"重新思考"纳税的问题。这种策略还会被他的儿子菲利普二世多次使用，但就长期而言只带来了恶果。城市同意提供的资金数量总是比国王要求的要少，而且这些资金大多是通过以消费税为担保的债务来筹集的（即市民还把持着消费税的征收），因此，市民对于财政体系的控制反而变得更加严密了。1558 年，尼德兰政府的短期债务总计 900 万荷兰盾。面对这种情况，议会的决定是再分别通过出售年金券和安特卫普交易所各筹集 240 万荷兰盾。议会每年给国王拨款 80 万荷兰盾，以偿还这笔新增的债务。[1] 相比于 16 世纪 20 年代，拨款不仅名义上减少了，而且新的款项是采用贬值后的货币支付的，因此，人均实际只缴纳了不超过 5 克白银。更糟糕的是，这笔拨款基本全被用于还债，而这些债务的债权人正是那些控制了尼德兰议会的商人们。菲利普二世自然会觉得这种情况不可忍受。

国王与城市之间的斗争最终从一场仅涉及金钱和语言的

---

[1]　Tracey, *op. cit.*, pp. 100 – 101.

"冷战"，转变为一场使用枪炮和钢铁的"热战"。1568 年，尼德兰政府已经经历了超过 10 年的赤字，只是依靠来自卡斯蒂利亚的资金才勉强维持运转。菲利普二世派遣阿尔瓦公爵担任新的尼德兰总督，去那里整肃财政（以及宗教）纪律。他所提出的征收 10% 的营业税和出口税的方案已经足以激起由奥兰治亲王所领导的起义。最终，这种税收被国王暂时撤销以换取议会拨款的增加。但开弓没有回头箭，尼德兰争取独立的 80 年战争就此打响。等到 1648 年枪声最终停止的时候，尼德兰的北部省份已经变成一个独立且极度富裕的共和国，而西班牙则陷入了不可挽回的衰落。很多西班牙人认为"在尼德兰的战争导致了这个君主国的毁灭"[1]。

荷兰人是如何抵挡住一个人口超过 2000 万的帝国并最终取胜的呢？首先，他们是在本土作战，并且是为了自己的独立与自由而战斗，但这并不足以解释问题的全部。荷兰人还需要筹集起能够和西班牙相提并论的资金。对于一个人口只有 150 万的国家来说，这似乎是一个不可能完成的任务。[2] 解决这个问题的唯一办法就是利用商业共和国传统的金融优势，砸锅卖铁式地借钱。到了战争结束的时候，单是荷兰省一个省就借了 1.33 亿荷兰盾，约合 3800 万杜卡特。[3] 关于共和国整体的债

---

① 这段话来自堂·费尔南多·吉伦在 1632 年御前会议的发言，尽管他最后还是投票支持继续进行战争。Quoted in G. Parker, *The Army of Flanders and the Spanish Road, 1567 - 1659*, Cambridge, UK, 1972, p. 266.

② 这是 16 世纪晚期的人口数据估计，到 17 世纪中期时荷兰共和国的人口接近 200 万。

③ 在 1648 年西班牙杜卡特已经比 16 世纪贬值了 40%，但为了保持连续性，这里荷兰的债务水平采用未贬值的杜卡特计量。

务水平没有精确的数字，但很可能不低于 5000 万杜卡特。[①]
荷兰人眼中的战争不仅包括士兵与枪炮的较量，还包括信用等
级的比拼。当时的一位观察者如是说：

> 即使这个国家没有钱，它还有信用可以依靠。而敌人
> 则既没有资金也没有信用。因此我坚信我们能够在这场战
> 争中拖垮对手，因为这个国家总会有充足的资金。[②]

荷兰人毫无疑问地成了金融战争的胜利者。共和国的信用
在 1648 年并不太好，而海军部已经拖欠了水手 3 年的工资。
但随着和平的到来，信用很快就恢复了。荷兰共和国债务体系
的核心是票面利率为 5% 的永续年金（*losrenten*）。到 17 世纪
50 年代中期时，年金券的市场价格已经超过了面值。约翰·
德·维特领导下的政府决定将利率由 5% 降至 4%，那些不愿
意接受新利率的人所持有的年金会被政府赎回。年金券的持有
人可能并不喜欢这个主意，但没有人希望自己持有的资产被政
府赎回——因为永续年金是当时最安全的投资品。年金的交易
价格随后再次上涨到面值以上，到 1664 年时，各省议会的代
表已经开始要求将利率降到 3%。与此同时，西班牙正从一次

---

① 荷兰的数据来自 P. de la Court, *The True Interest and Political Maxims of the Republic of Holland and West Friesland*, London, 1702, pp. 208 – 209。到 1648 年时，联省共和国本身就有约 800 万荷兰盾的债务。参见 M. t'Hart, *The Making of a Bourgeois State*, Manchester, UK, 1992, p. 169。荷兰省贡献了共和国财政收入的 57%，但历史学家普遍认为其拥有的公债比例要更高。其他省的信用等级不如荷兰省，但也进行了不同程度的举债。因此将共和国的债务总额估计为约 180 万荷兰盾是有理可据的。

② Anon., pamphlet, 1632, quoted in t'Hart, *op. cit.*, p. 68.

破产走向另一次破产。西班牙的长期债务只偿付了到期金额的一半，并且政府在偿债时使用的是劣质的铜币。债券的二级交易市场几乎完全消失。

荷兰人的成就的确是令人惊叹的。共和国所维持的人均债务水平是法国与西班牙破产时的数倍之多。表 4 - 2 将这一点说明得非常清楚。

表 4 - 2　荷兰、卡斯蒂利亚与法国的公共债务

国家及时期	人口数 （百万人）	以本国货币计价的 公债总额（百万）	人均公债负担 （克白银）
荷兰（1650 年）	0.8	133（荷兰盾）	1663
卡斯蒂利亚（1650 年）	5.0	150（杜卡特）	670
法国（1661 年）	18.0	870（里弗）	376

资料来源：人口数据来自 C. McEvedy and R. Jones, *Atlas of World Population History*, London, 1978, 荷兰省的人口总数被认为占共和国的一半。荷兰的债务数据来自 de la Court, *op. cit.*, pp. 208 - 209。卡斯蒂利亚的债务数据来自 P. Toboso Sanchez, *La deuda publica Castellana durante el antigua regimen*, Madrid, 1987。法国的债务数据来自柯尔贝尔的估计，其中包括 42000 万所出售官职的资本价值。

在理想的情况下，我们应当使用债务占人均 GNP 的比例来衡量债务水平，而不是直接使用白银量来表示。但不幸的是，这一时期各国的国民收入数字依然停留在有理可据的猜测的层面。按照目前的估计，法国在 1660 年前后的人均收入应不低于 100 里弗（约合 800 克白银）。[①] 换言之，不到 GNP 一半的债务水平就足以在法国引发一场破产。17 世纪中期荷兰共和国的人均 GNP 被估计为 1100 克白银，而荷兰省则毫无疑

---

① F. Braudel and F. Spooner, "Prices in Europe from 1450 to 1750," in: *The Cambridge Economic History of Europe*, Vol. V, p. 446.

问要更高，可能在 1300 克白银左右。① 这意味着共和国维持的公债总额超过了自己的总产出，并且依然能够繁荣发展。这在今天的世界都是极为罕见的。

荷兰共和国完成了看上去不可能完成的任务。在 30 年战争结束之后，只有它的信用保持完好。共和国似乎能够毫不费力地承担起巨额的债务，并且若战端重启，还能够获得更多的资金。它所经历的斗争要比中世纪晚期的意大利共和国更加残酷，却避免了意大利的命运。荷兰人成功的秘密是什么呢？

其中的部分原因是共和国在 17 世纪上半叶迅猛的经济扩张。正是在这一时期，大西洋逐渐取代了地中海在世界贸易中的核心地位，荷兰人也接过了意大利商人在国际贸易中领头羊的位置。荷兰人于 16 世纪 90 年代组建了第一支前往远东的船队，这是他们首次涉足远洋贸易。1602 年，荷兰东印度公司建立，公司在商业上的巨大成功使得在 1610 年之前公司的股价就翻了一番。阿姆斯特丹银行建立于 1609 年，1611 年，阿姆斯特丹证券交易所也开始了营业。到 1618 年 30 年战争开打的时候，荷兰共和国已经成了欧洲最富有的贸易国家，吸引了来自欧洲各地的资本。很多安特卫普的商人和银行家在木城被攻陷之后到共和国来避难，在西班牙开始强迫犹太人强制改宗之后，很多伊比利亚犹太人也逃到了荷兰，他们都在本地进行了大量的投资。除此之外，威尼斯人和佛罗伦萨人都是荷兰东印度公司非常重要的股东。荷兰共和国的 GNP 在独立战争时期翻了一倍，这使得它更容易获得贷款，从而帮助它拖垮哈布斯堡王朝的军队。

---

① R. Goldsmith, *Premodern Financial Systems*, Cambridge, UK, 1987, p. 201.

荷兰共和国的经济扩张只是原因的一部分。荷兰财政体系的成功是由于荷兰人对意大利体系进行了两点改进。首先，即使当他们需要使用强制手段的时候，荷兰人也成功地避开了可偿还税收体系的内在矛盾。在理论上，荷兰共和国于 1553 年就取消了强制公债。但在危机时期，荷兰人还是会不时地恢复这种做法，正如在 1586～1587 年（原文写作 1687，应有误。——译者注）和 1600～1602 年的情况一样。在战争的早期，财政实在过于紧张，荷兰人有时不得不暂停偿还债务。[①]到 1575 年时，利息已经拖欠了三年，政府最终宣布暂停偿还所有债务。1577 年，政府偿还了拖欠的利息，但到 1581 年时利息的支付再次被取消，直到 16 世纪结束时，拖欠利息问题都没能得到彻底的解决。[②]

正如强制贷款一样，偿债义务的非强制性也是有偿税收体系的自然逻辑。因为在这个体系下，公共债务只是政府的或有负债，如果财政出现问题或者其他条件不允许，政府可以不用还债。但荷兰人并没有将这种原则推向极端。在他们的实践中，直接税和公共债务始终区分得非常清楚。共和国的财政收入主要来自间接税，但荷兰人明白，公债必须要以税收作为担保，而且应当对公民征收直接税以作为间接税的补充。除了对特定商品征收消费税之外，政府还对土地和房产征税，这种税收被称作 *verponding*。1584 年，公民来自年金券的收入也要缴纳税收。到 17 世纪初期时，直接税贡献了荷兰省财政收入的

① t'Hart, *op. cit.*, pp. 161–162.
② Tracey, *op. cit.*, pp. 205–206.

30%。① 在这里很重要的一点是，荷兰共和国的公民拒绝了将所有的直接税都定位为有偿税收的诱惑，因此也就避免了债务水平飙升的危险。事实上，到 1603 年时，偿还债务在政府支出中的占比要低于 1567 年，每年债务成本的总额只略多于直接税收入。②

　　保证税收和债务同步增长是荷兰财政体系成功的关键。尼德兰起义所隐含的悖论是：市民起义很大程度上是为了反抗西班牙强加给他们的税收，但起义之后他们缴的税反而更重了。尼德兰北部省份（未来的荷兰共和国）的反抗逐渐传播到其他的省份，特别是在西班牙于 1576 年破产并攻陷安特卫普后。南部的省份（现代的比利时）最终重新被西班牙征服，这给它们带来了严重的财政后果。尽管南方省份已经变得贫困，人口也出现了减少，但到 16 世纪结束的时候，哈布斯堡王朝从南部省份每年仍可榨取 400 万荷兰盾。而在战争前，王室想从这里弄到 50 万荷兰盾都很困难。③ 即使考虑到货币贬值的因素，尼德兰南部的税率依然相当于每人 27 克白银。但北方（即荷兰共和国）的变化则更加明显。尽管荷兰人曾经激烈地抗议哈布斯堡王朝的税收企图，但他们最终向自己的政府缴纳了重得多的税。在西班牙统治时期，荷兰省每年给王室的拨款

---

① 关于荷兰的财政问题留下来的资料是很少的，因此我们无法准确估计战争期间征收的直接税的总额。根据间接税总额为 110 万荷兰盾可以进行一些纯假设性的估计。如果我们将 25 年内 80 万荷兰盾的直接税归类为利率为 6.25% 的债务，1603 年的债务本息和将为 390 万荷兰盾，而政府收入只有 250 万荷兰盾（1603 年已存的 140 万荷兰盾债务以 6.25% 的利率重新计算，而非其原来的 8.33%）。在这种情况下荷兰的公债也会踏上威尼斯和热那亚公共债务的老路。

② Tracey, *op. cit.*, p. 207

③ Parker, *op. cit.*, p. 144.

为 10 万荷兰盾。但到了 1600 年，荷兰省每年征收的税收达到了 360 万荷兰盾，人均税负约合 60 克白银。[1] 1595 年，一位来自英国的观察者对这种政治上的悖论做出了自己的评价。

> 荷兰共和国的税收是如此之重，但他们的税都是国民一致同意征收的，而且他们也乐于承担，尽管西班牙国王征的税要轻很多……他们有胆量对如此强大的君主发动战争。[2]

当对西班牙的战争于 1621 年重开的时候，税收重新开始迅速增加。1640 年，荷兰省的税收达到了 1080 万荷兰盾，相当于每人 130 荷兰盾。[3] 尽管荷兰共和国几乎是到当时为止历史上最富有的国家，但这种税收水平也是非常特殊的，并在接下来的一个世纪内成为政治哲学家们思辨的主题。

在意大利城邦中，可偿还税收体系是和有限公民权相辅相成的，但荷兰共和国避免了这种体制。荷兰能够比之前的共和国调动更多的金融资源，很大程度上因为它有着更广泛的权力基础。到 16 世纪中期时，荷兰共和国的总人口达到了 180 万，与威尼斯共和国基本相当，但两者的权力结构并不相同。威尼斯作为国家的中心独占所有的政治特权，帝国的其他部分是没有选举权的，而荷兰共和国则是城市之间的平等联盟。荷兰共和国政治极端的去中心化使得很多人怀疑这个国家究竟能否正

---

[1] t'Hart, *op. cit.*, p. 138.

[2] Fynes Moryson, quoted in M. t'Hart, "The Merits of a Financial Revolution: Public Finance, 1550 – 1700," in: M. t'Hart, J. Jonker, and J. L. van Zanden, eds., *A Financial History of the Netherlands*, Cambridge, UK, 1997, p. 11.

[3] t'Hart, *Bourgeois State*, p. 138.

常运转，更不要说实现繁荣发展了。但这种去中心化也创造了一大批优秀的公民，并使得几乎每个城市都成为潜在的长期信用的来源。很多被宗教裁判所迫害的外国商人，如伊比利亚犹太人和德意志新教徒都受到了荷兰共和国及其金融市场的欢迎。安特卫普的很多商人和银行家也在城市陷落之后移民到了北方省份。

但事实上，荷兰共和国财政体系的优势与中世纪意大利城邦的基本相同。国家和公民在很大程度上是同一体。尽管荷兰共和国的公债在形式上并不是强制的，但在结果上并没有特别大的不同。据对这一问题了解详尽的英国观察者威廉·坦普尔的估计，在 17 世纪中期荷兰共和国的公债持有人一共有65000。考虑到当时共和国的城市家庭约有 10 万户，这说明公债的持有是非常分散的。重要的商业大家族对于政府债务的投资也是同样可观的。荷兰共和国绝非现代意义上的民主国家，政治权力始终由城市的精英阶层所把持，但这一点并没有影响公共财政决策。由于政府官员也持有大量的公债，因此每一个公债持有人都能够对自己资产的安全性有充足的信心。这种政府与债权人之间的信任在同时期欧洲的君主国是不存在的。荷兰共和国并不发布任何帮助投资人判断政府偿付能力的财政报告。在 18 世纪，随着债务的持续增长，政府的实际偿付能力应该是值得怀疑的。1715 年之后，荷兰共和国的债务水平几乎不太可能低于 GNP 的 200%。[1] 尽管如此，由于共和国的公

---

[1] 荷兰共和国 GNP 的估计来自 Goldsmith, *op. cit.*；公债数据来自 J. C. Riley, *International Government Finance and the Amsterdam Capital Market*, *1740 - 1815*, Cambridge, UK, 1980, p.77, 和 t'Hart, Jonker, and van Zanden, *op. cit.*, p.69。大多数已知数据来自荷兰省，基本上相当于共和国总量的 75%。

民对此一无所知以及政府与债权人之间的互相信任，政府依然可以以极低的利率获得贷款。荷兰省政府这样信用记录良好的债务人的长期贷款年利率只有 2.5%。

在 1648 年签订的《威斯特伐利亚和约》中，哈布斯堡王朝最终承认了荷兰共和国的独立地位，但荷兰人并没能享受长时间的太平盛世。荷兰共和国对于海洋贸易的垄断地位不仅引起了其他国家的嫉妒，还引诱着它们向荷兰共和国发动进攻。荷兰共和国与英国之间的商业竞争导致两国之间分别于 17 世纪 50 年代和 60 年代进行了两次战争。尽管英国对于荷兰共和国在商业上的统治地位在长期内构成了重大的威胁，但它并没有威胁到荷兰共和国的独立地位，法国则不然。自 1643 年于罗克鲁瓦战役决定性地击败了西班牙之后，法国取得了欧洲的霸主地位。它对荷兰共和国的威胁并不比西班牙小。1672 年，法国对荷兰共和国发起了入侵。尽管一直忌惮奥兰治家族的政治野心，但在危急时刻荷兰人不得不将他们召回。正是奥兰治家族的领导以及掘开河堤阻挡法国军队前进的策略才使得荷兰共和国幸免于法国的兼并。由于法国的人口和资源实在比荷兰共和国多出太多，后者在公债体系上的优越性不足以弥补双方体量上的差距。法国更没有理由专门为了对付荷兰共和国而改变自己的财政制度。因此，如果公共债务想要真正挑战君主制的霸权，还需要一场新的革命。

二 弑君者

《威斯特伐利亚和约》签署仅仅一年之后，欧洲就发生了一件比荷兰共和国的独立地位获得承认更重要的大事。1649年，英格兰突然间变成了一个共和国。

　　像尼德兰这样拥有很强的城市自治传统的地区，在独立后采取共和政体是一件很正常的事情。但荷兰人所创造的也不是一个纯粹意义上的共和国。在起义的初期，联合省的领袖们讨论过要用另一位国王来取代菲利普二世，但这位荷兰"国王"的权力必须要受到严格的约束。在1688年的英国这样的事情就发生了，英国的议会将王冠献给了奥兰治亲王威廉。联合省议会最初邀请英国的莱斯特伯爵来担任国王，但这位王位候选人对自己王权的范围有着不可接受的想法，甚至试图获得任意征税的权力。荷兰人最终选择了折中的办法，作为原来王室驻各省的代表，执政官（stadholder）的职位被保留。这一职位理论上并非世袭，但几乎总是由奥兰治家族的人来担任。执政官的权力更多的是军事上和礼仪上的，而不是行政性的，但他们确保政府必要的连续性甚至神秘性，这有助于防止共和国的内部斗争脱离控制。但共和国政府与执政官之间几乎一直充满着摩擦，两者之间的矛盾于1654～1672年达到了顶点，共和国拒绝任命新的执政官。在此期间，共和国由荷兰省的议长（省议会的法律秘书）约翰·德·维特统治。

　　在这种情形下，英格兰似乎更不可能成为一个共和国。在很多方面，这个国家看上去似乎更应该朝着绝对君主制的方向发展。英格兰的经济依然以农业为主，国内也不存在任何城市自治政府的传统。英国不仅保留着架构完好的君主制，而且是欧洲集权程度最高的国家之一。曾经一度与王权激烈斗争的贵族阶层也在15世纪的内战结束之后不得不向王权妥协。英国议会依然存在，但在当时没有人能够保证它不会与欧洲其他国家的议会一样走向消亡。

　　除此之外，16世纪英国王权的前景似乎比以前还要更好。

亨利七世可能积攒起了自罗马灭亡以来欧洲最大的一笔财富。在他去世时，传言他的金库当中约有 130 万英镑（600 万杜卡特）的财富，能够支撑国家 9 年的支出。亨利七世的经常性收入并没有增加多少，但他的确给自己的儿子亨利八世留下了一笔丰厚的遗产。和他的父亲不同，亨利八世并没有做守财奴的热情。他热衷于参加欧洲大陆上的争霸，角逐法国的领土和帝国的皇冠。到 1514 年时，他已经在对法国的战争中花掉了 89.2 万英镑，却没有取得任何实质性的战果。① 而到了 16 世纪 20 年代，亨利八世已经花光了继承来的所有财富。②

即便如此，亨利八世却能够对另一项财富下手。教皇出人意料地拒绝了他和自己的王后——阿拉贡的凯瑟琳离婚的要求。按照惯例，这种国家大事几乎肯定能够得到教皇的同意；更何况亨利八世向来自诩为教会的捍卫者，还曾经亲自撰文与路德论战。但对亨利来说，不幸的是，凯瑟琳的外甥正是神圣罗马帝国的皇帝查理五世。而自从 1527 年帝国的军队洗劫了罗马之后，教皇基本上已经沦为查理五世的囚徒。正是在这时，亨利八世身边的新贵托马斯·克伦威尔向他指明了一条既能解决离婚问题，又能解决财政问题的道路。1532 年，亨利八世拒绝继续承认教皇的权威，将自己树立为英国教会的领

① F. C. Dietz, *English Government and Finance*, *1485 - 1558*, Urbana, IL, 1921, p. 91.
② 这里有一个有趣的历史巧合。亨利八世流失的一部分资产是由 1518 年弗莱斯科巴尔迪家族在伦敦银行的破产所导致的。正是这个家族在 200 年之前贷款给爱德华一世，并落得被爱德华二世彻底查抄资产的下场。亨利七世贷款给一部分商人，以求增加自己及王室在商人中的声誉。这充分说明他积累了大量的财富，并有很强的商业头脑。在银行破产时，弗莱斯科巴尔迪家族共欠亨利八世 6 万英镑（约合 27 万杜卡特）。

袖。通过此举，亨利八世不仅完成了离婚，还给自己提供了没收天主教会财产的依据。通过查抄修道院和礼拜堂，亨利八世每年约可获得 13.5 万英镑的财富，足以将王室的收入翻一番。① 这虽然不足以让他和欧洲的两大强国分庭抗礼，但在一般情况下亨利八世已经摆脱了议会的约束。

但无论是从财政角度看还是政治角度来看，脱离罗马教廷对都铎王朝来说都是一柄双刃剑。获得修道院财富和土地的容易程度鼓励了对其管理的漫不经心。王室本可以利用土地出售债券，建立一个比较稳定的债务体系。但对于君主来说，土地更有诱惑力的变现方式绝非税收，而是直接将其出售。事实上，亨利八世花掉自己这笔新财富的速度几乎和攫取时一样地快。到 1547 年他统治结束的时候，掠夺来的教会土地中有 2/3 已经被卖掉了。在挥霍掉了自己的财产之后，王室采取了货币贬值的做法。从 1542 年到 1551 年，英镑含银量下降了 83%。而在爱德华四世统治时期，货币操纵首次——也是英国历史上唯一一次成为政府收入的主要来源。②

而在政治上，宗教改革也产生了意想不到的后果。为了给脱离罗马教廷和查抄修道院提供合法性，唯一的办法就是寻求议会的许可。这自然会提高议会的重要性。当亨利八世卷起的硝烟散去的时候，王室最终还是需要依靠议会拨款来满足日常的开销。而议会往往只愿意每隔一到两年提供一次拨款。尽管

① Dietz, *op. cit.*, p. 117.
② 1544 ~ 1551 年英国处于连续不断的战争中。为了筹集资金，亨利八世通过出售教会土地获得了 80 万英镑，议会拨款 65 万英镑，货币贬值 36.3 万英镑。在他死后，他的继承人爱德华四世通过出售教会土地获得了 25.8 万英镑，议会拨款 30 万英镑，货币贬值 65 万英镑。参见 Dietz, *op. cit.*, pp. 147 – 183。

亨利八世利用没收来的土地贿赂下议院的议员，但这并没有使下议院对他的要求更为顺从。从长期来看，亨利八世财政政策唯一的成就只不过是将财富和权势由上议院转到了下议院。

取消国家教会对罗马教廷的从属地位也产生了同样重要的后果。亨利八世的本意可能只是想建立一个以自己为教皇的天主教会，但这不可避免地导致了新教理念在英国的传播。当然，这种传播即使没有亨利八世可能也会发生。但如果英国的教会没有和罗马教廷分离，新教在英国的命运可能也会像在法国一样，最终被天主教彻底击败。无论情况究竟怎样，在16世纪70年代阿尔瓦公爵于尼德兰暴力镇压新教以及法国的圣巴托洛缪之夜大屠杀之后，天主教（至少在新教徒的眼中）不可避免地和专制暴政相联系，而新教则成为市民自由的象征。由于英国的议会长期以来都有在财政上给国王使绊子的传统，这种新教主义带来的激动情绪给英国的都铎王朝和斯图亚特王朝带来的危险绝不亚于给尼德兰的哈布斯堡王朝的。

正像欧洲的其他地区一样，金钱成为对抗专制主义最有效的武器。英国的议会证明自己也能像荷兰共和国议会一样强势。在16世纪的晚期和17世纪的早期，英国君主缺钱的程度在欧洲无出其右。到1600年时，法国君主的年收入达到了300吨白银以上（见表4-3），而西班牙则达到了400吨以上，与之相对的，英国王室的年收入只有约40万英镑（约合44吨白银），并且其中超过1/4都需要议会的批准。[①] 即使像威尼

---

① 1600年，王室的经常性收入总计28.8万镑，议会拨款12.8万。W. R. Scott, *The Constitution and Finance of English, Scottish and Irish Joint - Stock Companies to 1720*, Cambridge, UK, Vol. III, 1911, p. 520.

斯这样人口只有英格兰一半的国家都有更高的收入。

表 4 - 3　英格兰和欧洲大陆国家财政收入对比，1600

国家	人口 （百万）	财政收入 （吨白银）	平均每人提供的财政 收入（克白银）
英格兰	4.5	44	10
卡斯蒂利亚	6.0	420	54
法国	16.0	370	23
荷兰共和国	1.5	70	47
威尼斯	2.0	68	34
那不勒斯	2.6	90	34

资料来源：英国的财政收入来自 Scott, *op. cit.*, pp. 520 - 521；那不勒斯的来自 A. Calabria, *The Cost of Empire: The Finances of the Kingdom of Naples in the Time of Spanish Rule*, Cambridge, UK, 1994, p. 59；其他国家的数字都已经在前文给出。西班牙的人均收入水平不包括来自西印度群岛的部分。

英格兰内战爆发的原因和尼德兰独立战争有很多相似之处：议会不断地阻挠国王的征税企图，免税阶层不断重申自己的"传统自由"，对国王拥有常备军的反对以及维护宗教自由。但在英格兰，市民并没有通过出售长期债券的办法来筹集给国王的税款。这可能是因为在中世纪英国的政治集权程度很高，城市自治的传统几乎不存在，因而也就难以产生类似的金融工具。事实上，英国很少像欧洲大陆上其他国家那样通过出售土地的"租金"来筹款。当利用土地进行贷款时，英国人通常直接使用土地的所有权作为抵押。这种做法是比较极端的，因为债权人可以在签订合约之后立即取得土地的所有权，而债务人仅保留在债务到期之前通过偿清债务赎回土地的权利。这种信用形式并不会鼓励长期债务的发展，因为债权人的目的往往只是廉价获得土地，而债务人只会在万不得已的时候寻求贷款。

因此，英格兰的王室几乎没有任何长期债务，它只能获得短期贷款，这也使得其公债的规模不能超过其年收入（而正如上文所言，王室的收入是很"微薄"的）。亨利八世成功地在安特卫普从富格家族手中借到了 15 万英镑。相比哈布斯堡王朝，这实际上是一笔很小的债务，却几乎导致了英国王室的破产。托马斯·格雷欣连续服务了三代英国君主，他的主要职责是帮助王室处理债务问题。在一次大规模的债务破产和货币贬值之后，王室于 1552 年任命了威廉·塞西尔为总理大臣，他和格雷欣合作稳定了政府的财政。货币贬值和债务勾销一直持续到伊丽莎白一世即位，她停止了这一过程并稳定了币值。[1]

当 1569 年尼德兰起义爆发的时候，格雷欣正确地预测到了安特卫普交易所的衰落。1571 年，他出资建立了伦敦皇家交易所。其形式完全是根据安特卫普交易所设计的，设立的目的是鼓励英国本土资本市场的发展，以便王室在需要的时候利用本国的资金。

> 我希望女王陛下不要从任何外国人手中借钱，而只向她自己的臣民贷款……只有这样，欧洲其他国家的君主才能意识到她的强大。[2]

---

① 伊丽莎白在 1560 年将 1 英镑的价值固定为 114 克白银，比 1540 年贬值了约 40%。币值稳定之后，1 英镑大约相当于 3 西班牙杜卡特。从伊丽莎白时期到第一次世界大战期间的近 400 年，除拿破仑战争时期之外，英镑基本保持了稳定。在这期间英镑成为国际汇率比较的标准，即使 18 世纪之前其在国际贸易中只占很小的一部分。

② Quoted in R. Ashton, *The Crown and the Money Market, 1603 - 1640*, Oxford, UK, 1960, p. 188.

　　格雷欣的观点的确是具有先见之明的，但在当时，他的提议还只能是一种幻想。王室的确不得不依赖于国内的债权人，但这并没有将女王转化为"强大的君主"。由于缺乏有效的长期信用工具，即使是很低的债务水平也有可能带来破产的危险。从伊丽莎白一世击败无敌舰队到英国内战爆发，王室几乎永远生活在财政危机之中。一方面，议会始终拒绝为国王提供任何新增的收入，并坚持"国王应当自食其力"的陈旧观点；另一方面，国王加强自己财权的任何举措都会遭到激烈的反抗，这使得"自食其力"成为不可能完成的任务。除此之外，王室也无力通过举债来筹措大量的资金。国王所能够取得的贷款期限是如此之短，以至于根本不可能按时偿还。查理一世对于自己"君权神授"地位的强调以及试图加强高教会派在英国国教中的地位的行为只会进一步加强议会阻止他获得财政自由的决心。

　　伊丽莎白一世去世时留下了 42 万英镑的债务。通过议会（极不情愿地）提供的拨款，王室的债务水平逐渐下降，到 1610 年达到了最低点 16 万英镑。1610 年之后债务重新开始增加。[1] 到 1629 年时，查理一世已经受够了议会的顽固不化，在他看来，议会本该是自己统治国家的助手。因此，他决定效仿法国的君主，干脆摆脱议会的束缚。

　　在一段时期内，查理一世看上去似乎有可能取得成功。通

---

[1]　F. C. Dietz, *English Public Finance, 1558 - 1641*, New York, 1932, pp. 113, 126. 1607 年的数字不包括伊丽莎白统治末期最后一批强制公债。如果加上去的话，总数将为 28 万镑。See Ashton, *op. cit.*, p. 37.

过重新加强对王权的使用，到了 1636 年时王室已经有了一定的财政盈余。查理一世最成功的措施是重新开始征收造船税。在此之前，造船税只在港口城市间歇性地征收，主要用来支付海军的费用。但在查理一世及其大臣的控制下，造船税成为全国性的税目，且其征收不需要议会的许可。仅这一项财源每年就可以给他带来约 20 万英镑的收入。① 除此之外，每年的经常性收入也超过了 60 万英镑。尽管如此，在成功的表象下，政府的财政状况和之前相比并没有实质性的改善。英国人能够容忍造船税的前提是该项税收必须被用在打造海军上，而一支强大的海军可以为英国的海外贸易事业服务。倘若国王想把这笔钱用来维持常备陆军的话，他必然会招致最激烈的反对。即使加上造船税，查理一世每年的基本收入也只相当于 90 吨白银。而同一时期法国的税收收入达到了 450 ~ 500 吨白银，卡斯蒂利亚的税收则有 350 ~ 400 吨白银，荷兰共和国的预算收入约合 230 吨白银。

王室也不可能通过举债来大量增加自己的财富。正如前文所述，英国缺乏低成本的长期债务体系，但这并不是唯一的问题。王室一直依赖的短期信用也出现了衰落。詹姆士一世和查理一世几乎摧毁了伊丽莎白建立起来的（较为良好的）王室信用。由于国王几乎总是不能按时还债，并且越来越多地采取强制手段取得贷款，王室与伦敦商人之间的关系逐渐紧张。在 1640 年内战开打的时候，查理一世卷走了铸币厂的财富，其中包括伦敦商人存在那里的金银块。这标志着双方的最终决裂。17 世纪 30 年代，查理一世仅有的信用来源是

---

① Dietz, *English Public Finance*, pp. 269, 279.

海关的包税商，其中包括 3 ~ 4 位商人组成的辛迪加，运营的方式和法国的承包商相似。这些人借钱给君主当然有额外的激励，并且还控制着政府用来还债的财源，但到了 1640 年的关键时刻，查理一世能从海关包税商那里借到的钱不超过 25 万英镑。①

由于缺乏有效的信用体系，斯图亚特王朝财政的根本性弱点一定会在战争期间暴露出来。1637 年，苏格兰爆发了叛乱，这终结了查理一世摆脱议会进行统治的努力。1639 年，每年的战争成本超过了 90 万英镑，很明显已经超出了王室的财政能力。② 但这笔足以颠覆斯图亚特王朝政权的战争开支以同时期其他国家的标准来衡量根本不算什么。荷兰共和国每年要在战争中花掉 200 万英镑，而西班牙和法国则接近 300 万英镑。查理一世别无选择，只能召开议会。

在中止了 11 年之后，重新召开议会注定是爆炸性的。英国人终于开始效仿荷兰人在 80 年前树立的榜样。无论英国人如何坚定地相信自己只不过是在让君主制回到旧的宪法约束中去，事态发展的自然逻辑最终会迫使他们处死自己的国王并建立共和国。英国与荷兰革命之间的相似之处也仅此而已。

尼德兰的起义者们生活在一个有着悠久的城市自治传统的地区。在起义前夕，尼德兰的商人阶层已经控制了绝大多数的公共财政事务。他们对税收进行投票表决，管理其征收工作，并且将税收的绝大部分作为利息交给了自己。因此，他们很自然地在管理独立的荷兰共和国的财政时表现出异乎寻常的成

---

① Ashton, *op. cit.*, p.110. 包税商声称的 25 万英镑的数额可能被夸大了。

② K. Sharpe, *The Personal Rule of Charles I*, New Haven, CT, 1992.

熟。除此之外，他们的君主——西班牙国王——是一个外国人，从未真正为了维持统治踏上过尼德兰的土地。西班牙帝国还包括很多其他的省份，因此失去尼德兰对西班牙国王来说并非关乎生死存亡的大事。尼德兰的起义者们也就不需要采取弑君这种冒天下之大不韪的行为。因为同样的原因，尼德兰起义并不是一场西班牙君主国的内战，因而起义者也就不会像大多数的革命政权一样没收反对派的财产。除此之外，西班牙国王在国际上的强势地位给他自己树立了很多的敌人，而这些敌人是极其乐于为尼德兰的起义者提供资金援助的。因此，尼德兰的"革命者"们不必采取极端的财政与货币政策。

由于以上这些原因，尼德兰的起义者们几乎没有表现出任何"革命财政"的特点。但英国议会面临的情况则完全不同。议会传统上行使的权力基本上是消极性的。它对于国王的财权起到了极大的限制作用，但本身并没有管理公共财政的经验。尽管查理一世的苏格兰血统使得英格兰人对他始终有一种疏离感，但他绝非菲利普二世那样的"缺位君主"。在英国内战中，查理一世为了保全自己的王冠和议会打得艰苦卓绝。在议会取得胜利后，直接将查理一世进行流放绝不是安全的做法，但议会将他处决使得很多本来会支持议会的人站在了它的对立面。

因此，英国成了历史上首个施行"革命财政"的国家。在18世纪，这种财政模式会变得非常流行。革命时期的政府可以不遵循一般的治理原则，因而在财政上往往比其推翻的政权更加不负责任。长期国会①统治期间的政府主要依靠强制公

---

① 指在处死查理一世之后组建的国会，一直延续到克伦威尔政变为止。

债、赊账、罚款以及没收财产来满足自己的资金需求。政府的债权人获得的是"公共信誉"债券，年利率为8%。由于政府不大可能偿还这些债务，债券的交易价格只有面值的50%～70%。在战争期间，政府财政有赤字是可以原谅的。但在1649年内战结束之后，维持革命军队的成本使得赤字依然以每年40万～50万英镑的速度增长，尽管税负已经增加了很多。保王党人想让自己的财产不被没收，就必须缴纳罚款，保王党人每年的罚金总额达到了130万英镑。没收的土地总价值超过了500万英镑，但通过出售没收的土地政府只获得了约40万英镑，因为很多人都怀疑政府能否在长期内尊重自己的所有权。大多数土地都被用来进行一种"债务加倍"的操作。政府的债权人可以再支付给政府相同的一笔资金，将自己持有的债务转换为土地。当然他们也可以保留自己持有的债务，并获得土地作为抵押。通过这种手段，政府筹集了约170万英镑。但由于政府对土地的估值普遍偏高，因此即使是"加倍"之后的债券交易价格也只有面值的20%～30%。[1] 到了最后，新模范军士兵的军饷也使用"公共信誉"债券进行支付。由于士兵们根本拿不出对债券进行"加倍"的资金，他们只能以极低的价格出售债券。1654年，一名首届护国公议会的议员抱怨道："这个国家的'公共信誉'带来的只有失望。"[2]

1654年，克伦威尔解散了长期议会并接管了政府的工作。

---

[1] H. J. Habakkuk, "Public Finance and the Sale of Confiscated Property During the Interregnum," *Journal of Economic History*, 1963, pp. 77 – 87.

[2] Sir William Strickland, in the Long Parliament, 1652. Quoted in M. Ashley, *Financial and Commercial Policy under the Cromwellian Protectorate*, Oxford, UK, 1934, p. 104.

之前政府的行径使得克伦威尔很难通过自愿手段筹集资金。伦敦的商人阶层没有为护国公提供任何的帮助。没收财产的手段几乎已经被用尽了，而且对经济的破坏性过大。克伦威尔从长期议会那里继承了约70万英镑的债务，到他于1658年去世的时候各项债务总和达到200万英镑。他的儿子理查德甚至拿不出钱来为他举办葬礼。[①] 到了这时，共和国事实上已经破产了。议会党人的财政政策对于他们最后的失败起到了重要的作用，财产没收和罚款政策使得他们不可能和保王党人达成和解，而拖欠债务的行为又使得他们失去了自己最重要的支持者——商人阶层。

但空位期也留下了自己的财政遗产。在长期议会治下，税收体制得到了激进的革新。新的税制成为英国在18世纪崛起的基础之一。1641年，议会首次在英国引入了消费税。在欧洲大陆，消费税早已成为长期债务最主要的担保。1642年，长期议会仿照查理一世的造船税建立了新的直接税体系。与此同时，议会也废除了王室的封建捐税。因此，政府终于有了在范围、效率和先进性方面能够和大陆国家相提并论的税收体系。除此之外，政府年收入总量的增长也具有重要的意义。在查理一世统治的晚期，年收入约有60万英镑，到克伦威尔时期已经增长到150万英镑。[②] 这一数额相当于165吨白银，约合每人30克白银。这终于使得英国的税率和欧洲大陆基本一致了。正如荷兰共和国一样，为了反抗税收而爆发的起义最终带来了更重的税收。

---

① Ashley, *op. cit.*, pp. 105 – 106.

② Ashley, *op. cit.*, p. 96.

三 光荣革命

怎么会有借钱给议会的人，想要收回自己的资金投入充满了不确定性的私人企业中呢？①

长期议会的债权人倘若面对这个疑问，一定会摇头表示异议。如果可能，他们一定会用自己持有的政府债务和私人债务相交换，即使后者的面值只有前者的一半。但到 1720 年时，当这个问题再次被一份伦敦的匿名小册子抛出的时候，在大众的观念里议会的信用毫无疑问是要好于任何私人企业的。很明显在这期间一定发生了重要的变革。

1660 年，在一片反对共和国的情绪中，查理二世在英国复辟了君主制。由于宗教狂热、财政混乱和在和平时期维持常备军，共和国政府已经使大部分民众站在了自己的对立面。为了避免查理二世像他的父亲一样成为一个无法对国家实施有效管理的名誉性首脑，议会的决策实际上将代议制政府的发展向后拨了几十年。内战前对国王的财政限制被可疑地放松了，使得国王能够真正有效地管理国家。共和国时期改革的税收体制被保留了下来，并且查理二世可以获得每年 120 万英镑的议会拨款。在理论上，其中的 20 万英镑用于行政事务，100 万用于军队（军队几乎完全由海军组成。由于民众对于常备陆军的厌恶，新模范军被解散了）。1664 年，查理二世得寸进尺地

---

① Anon., *The Chimera: or, the French Way of Paying National Debts, Laid Open*, London, 1720.

废除了规定国王必须每三年召集一次议会的法令。

但在查理二世统治的早期，君主的收入很少达到理论上的数额。因此，查理二世不得不间歇性地依赖于议会的资助，尽管后者起初不愿意参与王室财政事务。在他统治期间，公共财政体系得到了持续性的改善，并最终成为欧洲君主国中集中程度和效率最高的。包税制被废除，征税和税收支出工作集中到财政部。通过这些改进以及英国海外贸易的增长，政府的收入从查理二世统治开始时不超过 100 万英镑增加到詹姆士二世时的 2000 万英镑。尽管议会对詹姆士二世的天主教和专制主义倾向非常不满，但奇怪的是，议会对詹姆士二世反而更加慷慨。詹姆士二世只在自己统治开始的时候于 1685 年召开过一次议会，在那之后他就将议会撂在一边。由于他的年收入已经达到了 200 吨白银（相当于每人 40 克白银），他几乎完全不需要议会的服务。绝对君主制看上去终于在英国建立了起来。

但在 17 世纪晚期，战争成本的上升程度已经使得詹姆士二世并不能确定自己能一劳永逸地摆脱议会了。正是他在 1688 年完全根据自己的需求粗暴地重新划分议会选区的行为使得他最忠实的支持者也对他倒戈相向，并使自己成为第二次英国革命的众矢之的。这一次，英国人没有重复之前的错误。詹姆士被流放到国外，他的王位由他的女儿玛丽和女婿奥兰治的威廉继承。没有出现弑君行为，君主制没有被废除，也没有再出现没收财产的行为。光荣革命整体上是审慎的，因而革命的果实也更加安全。两位新的君主也没有被给予查理二世所拥有的那样巨大的权力。议会每三年必须召开一次的法律被重新设立起来，而且议会也没有给国王批准任何终身性的收入。正如下议院前议长威廉·威廉姆斯爵士所言："如果你给国王的

（钱）太少，你总是可以给他更多；但如果你一开始就给他太多的话，你就再也拿不回来了。"① 议会很显然没有给新的君主们"太多"的钱。君主每年能获得的议会拨款只有 120 万英镑，而且必须要不断地获得议会的批准。在接下来超过 20 年的持续战争中，每年光是战争开支就达到了 600 万英镑。

奥兰治亲王威廉接受英国人邀请的原因是很简单的。1672 年后，荷兰共和国始终受到路易十四的觊觎，因此迫切需要英国在这场斗争中成为自己的盟友，至少也要保持中立。考虑到法国的国王只是在等待入侵荷兰共和国的有利时机，来自英国的入侵邀请对于威廉和他的同胞来说无疑是天赐良机。

但 1688 年对于英国的意义远比对于荷兰共和国更大。迄今为止，只有商业共和国真正充分利用了公共债务的威力。但到 17 世纪晚期时，即使是最成功的商业共和国也难以阻挡欧洲专制君主国的威力。1688 年，尽管财政上有着非常多的问题，但法国的政治模式在欧洲看起来是最优秀的。因此，只有一个成功地采取了"荷兰式"财政体系的君主国才能向其发起挑战。而这正是光荣革命的成就。

用后来人的眼光看，1688 年的革命应当被视为英国历史的分界点。在这之前，历史的主线是和有专制主义倾向的国王之间的斗争；在这之后，英国建立了"荷兰式"的代议制政府（或者更准确地说，一个商业寡头政府），国家的实力也通过信用杠杆有了大幅的增长。但历史的过程远不能用一个简单的公式来归纳。稳定的议会制政府要等到 1720 年之后才能建立。而构建一个稳定且高效的公共债务体系也需要花同样多的

---

① H. Roseveare, *The Financial Revolution*, *1660－1760*, London, 1991, p. 32.

时间。

这一过程的漫长是非常自然的。荷兰共和国最大的成就是将自治城邦的政治和经济结构扩张到国家层面，并且将自己国家的实力增强到足以与君主制国家相竞争的程度。但英国的任务则要困难得多，因为英国的经济依然以农业为主，英国的商人阶层在国民中只是少数，而且没有任何城市自治的传统。

因此，在英国，议会与国王的关系并不那么容易确定。在1688年《权利法案》通过之后的一段时间内，议会的角色基本仅限于立法。人们并不愿意重复内战和空位期的经历。管理国家被视为国王的工作，威廉三世所签署的协议只不过是限制自己必须在议会的许可下进行统治。与1688年之前相比较，政治境况并没有实质性的改善。

> 想要控制议会，就必须满足后座议员的要求——换言之，控制议会是不可能实现的。在议会看来，它可以骚扰国王、折磨大臣、切断军队的供给、拒绝批准新的税收、质询外交事务、制定各种保护议会权力的法律。在接下来的25年内，英国政治与内战以来的情况并没有任何的改善，政府在混乱的边缘摇摆，党派斗争一如既往地激烈。①

在1701年通过的《王位继承法案》中，这种政治上的风潮表现得非常明显。这一法案规定了威廉三世和安妮女王去世

① J. H. Plumb, *The Growth of Political Stability in England, 1675 - 1725*, London, 1967, p. 65.

之后的王位继承原则。法案的全称实际上是《进一步限制君主权利并保障臣民权利的法案》。在这种政治博弈中，一种新的妥协逐渐形成。王室失去了任命大臣的权力，而摆脱了王室控制的大臣们则对议会议员有了更强的控制力。这种控制力曾经是斯图亚特王朝可望而不可即的。在英国事实上的第一位首相罗伯特·沃波尔的长期领导下，新的政府体制逐渐走向了成熟。

在英国学习商业共和国的金融手段的过程中，议会制度的不成熟并不是唯一的障碍。虽然伦敦的规模迅速变大（到1700 年时已经成为欧洲最大的城市），但英格兰依旧是一个以农业为主的经济体。商人阶层的流动性财富虽然构成了国家公共债务体系的基础，但他们在选举人中只占很少的一部分。以托利党人为首的土地阶层一向秉持孤立主义的国际政策。他们并不喜欢战争所带来的财政需求，也不喜欢财力和军力所带来的政府权力的增长。最重要的是，他们不喜欢将政府的未来收入抵押给辉格党的商人们，来满足来自荷兰的国王对现金近乎无止境的需求。事实上，他们对伦敦金融城里的"有钱人"和"股票经纪人"的敌意并不亚于法国和西班牙对本国的食利者阶层的敌意。这种敌意使得王室的违约在很大一部分国民眼中是合情合理的。在英国，在由乔纳森·斯威夫特和丹尼尔·笛福引领的文风辛辣的小册子作家的笔下，违约对于"以利息为生的吸血鬼们"来说已经是幸运的下场了。但在英国，尽管金融危机的严重程度并不逊色于法国和西班牙，英国的君主并没有将破产作为处理债务的常用武器。一方面，托利党人逐渐接受了商业共和国式的公共财政体系；另一方面，英国政治在行政权和立法权之间形成了稳定的平衡。与这两个李生过程并行的，则是国家举债能力的不断提高。

英国改善举债能力确实花了非常长的时间。在查理二世统治期间，改善的迹象开始出现。1665 年，一位财政部的高级官员和"荷兰式"财政的欣赏者，查尔斯·唐宁爵士从议会那里取得了 125 万英镑的拨款，他以这笔钱作为担保发行了一种年利率为 6% 的财政部债券。在唐宁眼中，财政部应当扮演中央银行的角色。查理二世最重要的顾问克拉伦登伯爵对这一计划嗤之以鼻，称其"对于共和国来说尚可实行，但无法和君主政体相适应"[1]。财政部债券通过强化政府的还债义务，给斯图亚特王朝的财政注入了一定的纪律性。但和英国之前的所有信用工具一样，它也只适用于短期债务，因此难以用于筹措大额资金。1672 年 1 月，为了给即将开始的对荷兰共和国的战争腾出资金，查理二世暂停了对财政部债券的偿付。考虑到当时的财政部债券总额仅有 117 万英镑，而王室的债务也不超过 300 万英镑，我们可以再一次清楚地看出斯图亚特王朝财政能力的有限。在停止偿还财政部债券之后，查理二世还会时不时地支付 6% 的利息。但詹姆士二世连这点也没做到，1705 年，所有的债务面值都被他削减为原来的一半。尽管其中包含着很多的强制成分，但这还是成了英国政府历史上的第一笔长期债务。[2]

1672 年之后，查理二世的信用没有比他父亲好到哪里去。1680 年，他的顾问和未来的财政大臣西德尼·戈多芬略显可悲地向奥兰治的威廉请求借入资金。

[1] Roseveare, *op. cit.*, pp. 14 – 15.
[2] R. D. Richards, "The 'Stop of the Exchequer'," *Economic History*, 1933.

　　我已经被告知（尽管这消息的准确性我尚不清楚），现在荷兰共和国的利率不超过4%。如果这是真的，您就可以将［您的钱］投资到英国，并且获得丰厚的利润。如果向您借钱的人是以私人信用为担保的话，您就可以拿到6%的利息；而如果担保物是国王的收入，利率则可能达到8%。[1]

　　在这里，我们可以看出政府的信用等级又一次跌到了私人信用之下。除此之外，戈多芬所提出的8%的利率也过于乐观：查理二世通常需要为自己的短期债务支付10%～20%的利息。

　　在1689年之后，面对英国历史上从未有过的迅速增长的军费开支，政府急需更有效的资金筹集方式。税收被增加到了前所未有的400万英镑及以上。这相当于约450吨白银，人均税负达到了80克白银，这使得英国终于能够在欧洲的权力斗争中和其他的国家平起平坐了。从那之后，税收从未降回战前的水准。英国人能够年复一年相对轻松地负担这种高额税收的事实充分体现了英国不断增加的财富，也说明了在这之前英国的税收是严重偏轻的。

　　但当政府的开支达到每年600万英镑的时候，400万英镑的财政收入也是远远不够的。议会为了限制威廉三世获得稳定的长期收入的能力，坚持只批准短期的税收，这极大地限制了政府通过抵押收入获得贷款的能力。政府更倾向于征收土地

---

[1] Quoted in Roseveare, *op. cit.*, p. 85. 该信写于1680年。

税，而不是消费税。这充分体现了英国人限制国家征税能力的决心。在 1689 ~ 1697 年的奥格斯堡同盟战争期间，土地税构成了政府总收入的 42%。[1] 这一税负可能直接落在托利党乡绅的头上，但征收工作也由他们控制。税收方案需要每年投票表决一次，而且下议院坚持自己在战后废除或者减轻税收上的权力。与之相对的，"即使战争结束，消费税也不会被取消，它已经通过众多的官员深深地扎根于政府之中了……虽然消费税的征收是形势所迫，但这些官员一定会找到各种继续征税的理由"[2]。

这种税收体制显然不能构成"荷兰式"公共财政的基础。在奥格斯堡同盟战争结束的时候，英国政府债务总量达到了 1820 万英镑，其中长期债务只占 490 万英镑。政府重新开始出售财政部符木（tally）[3]。这种木质的"债券"一式两份，分别由政府和债权人持有，并且利息的支付持续到政府把"符木"赎回为止。大多数"符木"都以特定的收入为担保，且其支付的顺序也和政府获得相应收入的顺序一致。但随着战争的持续，政府无法像计划的那样在发行后的一年内进行偿还。"符木"的名义利率为 6% ~ 8%，但这个数字是没有什么意义的，因为其发行价格往往在面值上打了很大的折扣。1696年，符木的交易价格通常不高于面值的 70%，当期收益率达到 10% 以上，而到期收益率还要更高。到了 1697 年战争结束

---

① J. Brewer, *The Sinews of Power: War, Money and the English State, 1688 - 1783*, London, 1989, p. 95.

② Narcissus Luttrell, parliamentary diarist, quoted in Brewer, *op. cit.*, p. 147.

③ 所谓"符木"指的是一种小棍子，被用于会计活动。符木记刻在中世纪的英国起到了非常重要的作用。——译者注

时，应当用于偿还财政部"符木"的收入已经出现了500万英镑的缺口，这也可以解释其市场收益率为什么居高不下。短期债务的总和达到了1330万英镑，相当于年收入的3倍。这种情况如果发生在西班牙的话，违约是一定会发生的。[①]

1694年英格兰银行的建立通常被看作英国成为世界性金融霸权的先声。这种认识当然是正确的，但在建立之初它并没有给政府的信用状况带来立竿见影的改善。英格兰银行毫无疑问是英国在公共财政领域首个有长远意义的创新。阿姆斯特丹银行和圣乔治银行并没有发行纸币的权力，它们只能根据自己的硬通货（铸币和金银块）储备发行存单。在贸易中这种存单的确要比铸币便捷得多，但它并不增加经济体中的货币供给。英格兰银行则没有这么保守。银行120万英镑的"初始资本"实际上是它以纸币的形式给政府的预付款，作为交换，银行从政府那里取得利率为8%的永续年金。政府则可以用英格兰银行发行的纸币偿还自己的总债务，而银行也可以进一步根据名义上拥有的"资产"发行更多的纸币。银行的有效准备金为72万英镑，来自银行的股东（包括威廉三世和玛丽二世两位君主）。通过发行纸币控制货币供给的能力是现代银行业务的基石。事实上，英格兰并不是第一家使用纸币的中央银行。瑞典银行于1661年就已经发行过纸币，但其交易价格很快就跌到了面值以下，并最终于1664年不光彩地退出了流通。在17世纪90年代银根普遍紧缩的大环境下，英国的纸币看上

[①] 短期债务数据来自 B. R. Mitchell and P. Deane, *Abstract of British Historical Statistics*, Cambridge, UK, 1962；长期债务和政府收入数据来自 P. G. M. Dickson, *The Financial Revolution in England: A Study in the Development of Public Credit, 1688 - 1756*, London, 1967, pp. 48, 354。

去也会落到同样的下场。到了 1695 年 9 月时，英格兰银行发行的纸币在阿姆斯特丹的交易价格只有面值的 25%。银行需要从荷兰议会那里贷款 30 万英镑来提高准备金率。到 1697 年时，阿姆斯特丹的商人已经开始对纸币无法兑现的问题表示抗议，伦敦交易所上英格兰银行的股份价格也下跌了 40%。

1696 年，英国政府决定将国家的货币全部进行重新铸造，这加重了信用紧缩给经济和财政带来的负面效应。在伊丽莎白一世于 1560 年进行货币改革之后，英镑的名义白银价值始终没有改变。由于英国政府从那之后有着良好的保持币值稳定的习惯，自 1601 年之后就没有再进行大规模的货币重铸。但这也导致英国错过了将磨边技术加入货币体系中的机会，这种技术可以避免惯常的从铸币的边缘剪下一部分白银据为己有的做法。因此，到 1695 年时，很多货币的重量只有面值的一半，而英国军队的外国供应商也极不愿意接受这种磨损严重的货币。到 1695 年时，英镑相对于荷兰盾的价值已经下降了 25%，这使得货币重铸成为当务之急，尽管时机并不好。如果要按照旧的白银面值铸造新币的话就会不可避免地带来货币供给的减少，交给中央铸币厂的旧币总价值为 573 万英镑，但铸造出来的新币只有 330 万英镑。地方铸币厂也出现了同样的情况。[1]

这种高水平的通货紧缩势必会加重政府的信用危机，因为铸币相对于纸币的溢价会因铸币质量的提升和数量的减少进一步上升。但政府并不是在不知后果的情况下做出了重铸货币的决定，而正是在这个决策过程中，我们能够窥知英国始终没有

---

[1] Dickson, *op. cit*, p. 349.

选择破产的原因。在当时，以首席财政大臣威廉·朗兹为代表的一大批英国人倾向于将新币的重量定为旧币的80%，以减轻通货紧缩的压力。这种观点得到了（特别是身负债务的）土地阶层的拥护。但更有权威的声音——来自约翰·洛克和艾萨克·牛顿——盖过了这种意见。在他们看来，尽管朗兹的提议有经济上的合理性，但在议会刚刚批准了超过1000万英镑的公共债务之后再通过议会授权将货币贬值20%，只会让新政府的信用落到和斯图亚特王朝（以及英格兰共和国）差不多的地位。

　　这一论断是很难被反驳的。无论辉格党人与托利党人之间有多么大的分歧（在一段时间内，他们看上去对一切事情都持有不同意见），他们都坚信议会的神圣性。也正是这一点确保了托利党人尽管十分不情愿，但也不会试图中止对法国的战争。孤立主义者当中的一部分人能够认识到防止波旁王朝在欧洲大陆上建立"世界君主国"的必要性，正如100多年以前他们也被伊丽莎白一世动员起来反对哈布斯堡王朝的霸权一样；而更多的人则是为了保卫英国的新教政体，这一目标在两个世纪内从未发生过变化。

　　在17世纪，将新教与公民自由、天主教和君主专制画等号的观念已经不再适用了。在英国，天主教徒被排除在公职之外。这和法国的路易十四于1685年撤销南特敕令的做法一样，只不过是返祖性的宗教狂热的遗迹。在一个相对开明的时代，这种狂热很快就被抛弃了。今天，我们更倾向于将宗教纷争看作掩盖着种族或社会分歧的烟幕弹，但这样的观念绝不能应用在更早的年代。1605年，盖·福克斯的火药阴谋在英国激起了全民性的宗教狂热，这使得新教徒转过来开始迫害天主教徒。尽管查理一世和他的两个儿子并不具备伊丽莎白一世的政治才能，但如果他们没有表现出亲近天主教的倾向的话，很可能议会也不会给他们找更多的麻烦。詹姆士二世甚至直接皈依了天主教。也许斯图亚特王朝的君主的确是被天主教的礼拜仪式和圣餐变体论的神秘性所吸引，但更有可能的是他们渴望获得天主教赋予国王的"上帝在地上的影子"的神圣地位。在天主教的权威体系中，国王的权力，如同教皇的权力一样，直接来自上帝。臣民的各项权利，如在议会中的代表权，则来自君主的恩赐，正如教区牧师从主教的手中获得权威一样。而与之相反的是，新教（特别是极端形式的新教）毫无疑问地带有民主性的内核。人民与上帝之间直接建立关系，而不需要教士作为中介，后者逐渐成为由会众选举产生的世俗行政人员。清教主义的政治后果在克伦威尔时期军队的激进主义中有非常明显的体现，有产阶级也因此很快抛弃了清教主义。复辟时期的英国国教代表着一种政治上和神学上的妥协。教会和议会的权威都来自历史上既定的权力，而不是教皇或国王的权威，也没有出现激进的对于"人权"的追求。

我们很自然地会将 1689～1815 年期间的英法战争看作帝国主义之间的竞争。但在 17 世纪晚期的人们看来并非如此。对于英国的商业利益来说，荷兰共和国是远比法国更大的威胁。詹姆士二世逃亡到法国以及路易十四给予他的欢迎几乎在一夜之间将英国的外交政策推向了反法的一边。1697 年，奥格斯堡同盟战争结束时签订的《里斯威克条约》中的第一条就是路易十四对威廉的英国国王地位予以承认。尽管下议院的托利党人在战争结束之后试图拆除威廉的战争机器，但路易十四在 1701 年詹姆士二世去世之后承认他的儿子（后来被称为

"老僭位者"）为英格兰国王的行为使得托利党人无法推行自己的政策。在这种情况下，即使是"食利者利益"最强烈的反对者也必须为了国防而保全当前的财政体制。

在和平到来之后，财政秩序很快得到了恢复，这充分体现了英国新的政府和经济体制的内在优势。1697 年下半年，大多数无担保债务都被转化为有担保的中期债务。英格兰银行的资本几乎翻了一番。投资者可以用财政部"符木"购买英格兰银行的股份，因此一共约有 80 万英镑"符木"退出了市场流通。新东印度公司也以永续年金券的形式投资了 200 万英镑给英格兰银行。1698~1700 年，政府的财政盈余一共达到了 200 万英镑。1697 年底，纸币已经可以按面值交易了。财政部"符木"的市场交易价格在 1700 年也达到了面值。到 1702 年西班牙王位继承战争开始的时候，政府的财政状况已经相当良好了。

到了这时，新生的英国已经经历了自己的第一次金融危机。第二次金融危机则发生于 1710 年。自 1688 年以来，尽管政府的构成发生过多次变化，但出于一种对权力制衡原则的坚守，政府始终没有落到在下议院占多数的托利党"乡绅"手里。在威廉三世的政府中，辉格党——大贵族和商人的利益同盟把持着权力。到了 1701 年之后的安妮女王时期，政府在名义上由托利党人掌控，但像马尔巴勒公爵和西德尼·戈多芬这样最重要的大臣并没有遵从自己党派的路线，而是很乐意与伦敦金融城的辉格党人共事。他们绝不会威胁对于政府无比重要的英格兰银行，尽管后者基本上是一个辉格党的机构。但马尔巴勒公爵、戈多芬以及他们的辉格党同僚在 1710 年被以罗伯特·哈利为首的新政府赶下了台。新选举出来的下议院包括 350 名托利党人，只有 183 名辉格党人和独立议员。这场权力变更是由一场严重程度与 1697 年几乎相当的金融危机所导致的。因此，英格兰银行——新生的商业化国家最重要的金融工具——落到了自己的死敌手中。

和之前一样，金融危机依然源于政府对短期债务的过分依赖。在 17 世纪 90 年代之后，财政部开始控制债券的发行。1710 年，财政部债券的总量达到了 500 万英镑。这个数额或许有过高的嫌疑，但还达不到 1697 年的一半。新的国库券相对而言更为成功，其发行由英格兰银行承包。1697 年，国库券以面值交易的收益率为 7.6%，但可以用来缴税。在 1710 年之后，国库券的总价值达到了 300 万 ~ 400 万英镑，收益率为 3.04%，并且逐渐被接受为大额商业交易的支付工具。虽然政府需要向英格兰银行支付包销费，这增加了政府的成本，但在当时国库券可能是欧洲最有效的短期政府信用工具。财政部对于债券发行的自我限制使得那些供应军队的政府部门不得不发行自己的债券作为补充。到 1710 年时，这些政府部门的债务总和达到了 600 万英镑。1711 年，新一届政府不得不宣布财政赤字达到了 1000 万英镑，其中包括 750 万英镑之前从未记入预算的债务。真实的短期债务总额（这一数字并未公布）超过了 2200 万英镑，而政府收入略高于 500 万英镑，债务 – 收入比还不如 1697 年。[①] 因此，政府部门债券的发行价格只有面值的 33%，市场交易价格还要更低。

政府面临的困难还不止于此，上述统计还没有考虑到 1697 年以来政府长期债务的迅速增长。1704 ~ 1711 年，政府

---

① 财政部及其他部门债券的数据来自 Dickson, *op. cit.*, p. 526；短期债务总额的数据来自 Mitchell and Deane, *op. cit.*。

一共通过出售长期年金券筹集了约 1040 万英镑。① 直到 1708
年，所出售年金券的期限都是 99 年，利率为 6.25% ~ 6.6%，
这种条件还是相当合理的。1708 年之后，年金期限被缩短到
32 年，利率提高到 9%。如果再加上由英格兰银行和东印度公
司持有的年金，长期债务的总额接近 2000 万英镑，每年的长
期债务利息支出约为 120 万英镑。因此，能够用来偿还短期债
务的政府收入不超过 400 万英镑。表 4 - 4 将 1697 年、1710 年
英国政府的财政状况与 1595 年的西班牙（破产前夕）进行比
较，从中我们可以清楚地看出英国危机的严重程度。

表 4 - 4　英国和西班牙的财政状况，1595 ~ 1710

单位：百万英镑

项目	西班牙	英国	
	1595 年	1697 年	1710 年
政府毛收入	3.1	4.2	5.2
长期债务本息和	1.2	0.5	1.2
净收入	1.9	3.7	4.0
短期债务	4.6	13.3	22.0
短期债务与净收入之比	2.4	3.6	5.5

资料来源：西班牙的数据和第三章一致，按照 1 英镑相当于 3.1 杜卡特的比
率转换为以英镑计价的数据。英国的数据来自 Mitchell and Deane, *op. cit.*。

托利党人接管政府时继承的财政状况就是如此，而他们的
掌权使其变得更加糟糕。政府债券交易市场崩溃了，用丹尼
尔·笛福的话说："法国人哈哈大笑……他们看到你们（指英
国）的财政在崩溃，而掌权的政党则以毁灭公共信用为己

---

① Dickson, *op. cit.*, pp. 60 - 63.

任。"① 考虑到当时财政危机的严重程度以及政府中存在的管理不当和行为不端（在军队的承包合同中，这种指控往往是有理有据的），英国可能会采取法国－西班牙式的一揽子政策：对债权人和政府官员摆摆审判的样子，然后直接赖账或进行强制债务转换。在乔纳森·斯威夫特的小册子中，对法国的战争被描述为一场马尔巴勒公爵和金融阶层借国家发财的阴谋。

> 我们为什么打了这么长时间的仗呢？……答案是很简单的：我们的战争是为了毁灭公共利益，满足私人欲望；我们的战争是为了增加一个特定家族的财富，为了满足高利贷者和股票投机商们的私欲，为了培养一个执意毁灭土地阶层的派系。②

在对马尔巴勒公爵的刻薄攻击中，斯威夫特将罗马的将军受到的奖赏和马尔巴勒进行了对比。他以当时的标准对罗马凯旋式的成本进行了衡量，"祭祀用的公牛"价值 8 英镑，"凯旋门"价值 500 英镑，等等。他对罗马将军的总奖赏估计达到了极为精确的程度——99411 英镑 10 先令。而马尔巴勒的总收益（包括奢华的布伦海姆宫）共计 54 万英镑。③

尽管托利党人的言论非常激烈，但他们并没有在严重的财政问题面前做出不负责任的决定。的确，马尔巴勒公爵被控以贪污的罪名，并最终不得不怀恨隐退到国外；托利党人出于对和平的渴望抛弃了英国大陆上的盟友，使得英国开始背上"背

---

① M. Foot, *The Pen and the Sword*, London, 1957, p. 107.
② J. Swift, *The Conduct of the Allies and of the Late Ministry in Beginning and Carrying on the Present War*, London, 1712. Quoted in Foot, *op. cit.*, p. 304.
③ Article in the *Examiner*, November 1710. Quoted in Foot, *op. cit.*, p. 152.

信弃义的阿尔比昂（Perfidious Albion）"① 的骂名。但在财政问题上，罗伯特·哈利展现了卓越的才能，他在没有采取强制手段的情况下解决了严重的债务危机。

他用以债换股的方法，"引诱"政府的债权人主动减轻政府的债务。政府部门债券的持有人可以用自己持有的债券换取一家新成立公司（即后来的南海贸易公司）的股份，这家公司将获得南大西洋贸易的垄断权。政府将支付给这家公司利率为6%的年金，其总价值相当于取消的债务总额。在1711年的几个月内，通过这种办法，超过920万英镑的短期债务被自愿地转换成了南海贸易公司的股份。这是到当时为止历史上规模最大的一笔债转股操作。② 尽管南海贸易公司的名声后来毁于一旦，但其最初获得的成功是毋庸置疑的。由于南海贸易公司的短期贸易前景有限，公司的股价完全基于其年金收益。在价格约为70英镑的情况下，股票的当期收益率为8.6%，和其他的政府债务基本持平。除此之外，罗伯特·哈利还通过有奖公债筹集了710万英镑。这笔贷款的成本当然要高于付给南海贸易公司的年金，但要低于辉格党政府发行的32年期的年金。③ 更为重要的是，罗伯特·哈利使得政府可以一方面进行战争直到1713年，另一方面还降低了自己的短期债务水平。到了这时，英国的乡绅已经证明了自己在管理国家的才能上绝不弱于自己所鄙视的辉格党财阀。由1688年政治革命带来的财政革命也在英国牢牢地扎下了根。

---

① "背信弃义的阿尔比昂"是法国俚语中对英国的蔑称，阿尔比昂（Albion）是不列颠群岛的古称。——译者注

② Dickson, *op. cit.*, p. 68.

③ Dickson, *op. cit.*, p. 72.

第五章　奇美拉

> 整个法兰西国家的信用集中在国王一个人身上，一定
> 会远远优于由民众统治的弱小国家的信用。
>
> ——约翰·劳，《关于新财政体系的基本构想》，1719[①]

18 世纪 20 年代末，整个法国投身于一场金融冒险，这场
冒险无论在当时还是今天都带来了极大的震撼。1719 ~ 1720
年，苏格兰人约翰·劳在极短的时间内完全倾覆了法国公共财
政的现存秩序。他的最终目标是在法国掀起一场金融革命，将
巴黎打造成能与阿姆斯特丹和伦敦相媲美的金融中心。他的理
念和制度设计尽管拥有很多的优点，但其功效建立在一系列根
本不成立的前提之上。约翰·劳并没有实现任何持久的变革，
他只不过是在法国掀起了一场剧烈而短暂的风暴。在这场风暴
停息之后，法国的财政体制又回到了老路上去，几乎没有发生
任何实质性的改变，整个旧制度也随之走向了没落。

一　太阳王

17 世纪晚期，法国面临着一场前所未有的财政危机。在
1635 ~ 1659 年的战争中，法国面对的是一个财政秩序和自己
一样混乱的敌人——西班牙。而到了 1672 年的法荷战争中，
法国则是和一个精通公共信用之道的国家交战。考虑到两国人

[①]　In John Law, *Oeuvres complètes*, Vol. Ⅲ, ed. P. Harsin, Paris, 1934, p. 80.

口的悬殊差距，财政能力的高低并不会颠覆双方的力量对比。
但在 1689 年之后，法国的敌人是遍布整个欧洲的"大同盟"，
其人力和财力之和不亚于"太阳王"掌控下的法国。除此之
外，大同盟里的两个国家——荷兰共和国和英国能够采用更先
进的"荷兰式"财政。因此，到 1709～1710 年债务危机期
间，英国的公共信用只不过是在混乱的边缘蹒跚摇摆，而法国
则早已掉了进去。

危机延迟到如此之后才发生主要应归功于 1661～1683 年
法国的首席大臣让-巴普蒂斯特·柯尔贝尔①。他继承了一个
入不敷出的法国，而在他离任的时候，法国达到了拿破仑帝国
之前财政水平的巅峰。1683 年，政府的财政收入达到了 1.13
亿里弗，而每年还本付息的成本（包括支付给买官者的俸禄）
只有 2340 万里弗，政府的可支配收入将近 9000 万里弗，相当
于 675 万英镑（或 750 吨白银），② 其他的欧洲国家都无法与
其相提并论。法国的宿敌西班牙正处在自己的最低谷，财政收
入持续下降，并且几乎完全被债务成本所吞噬。英国暂时还是
财政上的侏儒，政府的稳定性和其信用一样糟糕。

柯尔贝尔从多方面进行了自己的改革。他改善了税收的管
理，打击了政府当中的腐败现象，对经济发展进行了鼓励，并
从某种程度上限制了"太阳王"的好战情绪。在他执掌政府

----

① 柯尔贝尔从未担任财政总监（Surintendant des Finances）一职。在 1665 年
之前他仅仅是财政委员会居于支配地位的成员，在那之后他的职务是财政
总管（Controller General of Finance），并一直待在这个职位上，直到去世。

② 法国的收入来自 A. Guéry，"Les Finances de la monarchie française sous
l'Ancien Régime," *Annales*, 1978；债务数据来自 R. Bonney，"Jean-Roland
Malet: Historian of the Finances of the French Monarchy," *French History*,
1991, p. 190.

的晚期，甚至部分改良了国家的信用体系。

　　在自己任期的前半段，柯尔贝尔和自己的前任们没有太大的区别，都展现出对于基本金融规律的无视。1661 年设立的廉政法庭直接勾销了 1.5 亿里弗的债务。但柯尔贝尔没有到此为止，1663 年，他下令赎回自 1656 年以来发行的所有长期债券，回购的总价格相当于政府到当时为止收到的资金总额减去支付的利息总额。在下一年，他又命令以平均市场价格回购自 1639 年以来发行的所有长期债券。这导致了公共债权人的强烈抗议，巴黎市政厅里挤满了前来抗议的公债持有人。他们最终向国王派去了一个代表团，争辩说这种做法是对偿债权的滥用。按照合约，长期债券只能按面值赎回，而不能以现在的市场价格赎回，因为后者已经"由于公共财政困难或政府的失职"远低于面值。柯尔贝尔则反驳道，国王必须要为自己所有臣民的利益着想，而"对于国王的臣民来说……没有什么比长期债券更没用的了"。他还不怀好意地提醒食利者，他们参与了"投石党之乱"，而"投石党之乱"几乎倾覆了路易十四的政权。他还认为在很多情况下公债的市场价值和政府最初从食利者那里获得的金额是相同的。1665 年，柯尔贝尔提出了一个所谓的"妥协"方案，政府的债权人可以选择（在"投石党之乱"结束时宣布的利息削减基础之上）再将利息降低 20%，或者允许政府以面值的一半赎回债券："从此之后，食利者们应该会停止抱怨，并满足君主的合法要求了。"①

　　柯尔贝尔的这种法律观并不是他自己独有的。将支付给债权人高于初始资金的回报视为非正义的观念由来已久。但毫无

---

　　①　A. Vührer, *Histoire de la dette publique de France*, Paris, 1886, pp. 84 – 98.

疑问，这种观念与自由市场的原则相悖，因为在自由市场中，贴现只不过是一种将利率提升到市场水平的方式（当然，英国托利党人在 1711 年选择偿还流动债务并不是出于这种原则）。柯尔贝尔的这些做法显然不会帮助他在未来取得贷款。在 1672 年对荷兰共和国的战争开始时，没有人愿意购买利率达到法定最大值 5.55% 的长期公债。柯尔贝尔要了一些手段，但并不能打动富有经验的食利者们。最后，他不得不命令政府官员以 7.14% 的收益率购买了这些公债。

可能这次的经历促使柯尔贝尔改变了自己的战术。在战争之后，他（在法国历史上首次）试图通过自愿的方式来降低政府贷款的利率。每年的财政收入中会专门留出 200 万里弗用来按面值分期偿还旧的公债。这一政策极大地重振了市场的信心，使得他能够出售利率为 5% 的债券来偿还剩下的部分。柯尔贝尔还重新设立了国家存款银行（*caisse des emprunts*）。这一机构的设立曾经在亨利二世时期由里昂的佛罗伦萨商人提出，但由于其中含有"共和"成分而被否决。国家存款银行于 1674 年重新开业，为活期存款支付 5% 的利息。尽管国家存款银行的寿命是短暂的，在柯尔贝尔死后旋即被废除，但这家银行却是整个欧洲国家储蓄银行的先驱，后者将成为 19 世纪公共财政极为重要的组成部分。

但柯尔贝尔不愿意——或者没有能力去处理波旁王朝公共财政的根本性问题。他对于财政体系的合理化方案是将所有的消费税集中在一个单一的包税机构中，即所谓的"包税总署"（*farmers general*），这种政策只不过是加强了金融阶层对税收体制的控制。柯尔贝尔也没能降低卖官制度在公共财政中的地位。那些过于浪费的冗官被废除了，但整个卖官体系实在是难以改革。对于买官者来说，自己的职位并不仅仅是一项金融资产，更是社会地位的来源。在整个 17 世纪中，长期债券的价格持续下降，而官职的价格却上升了，并且其收益率要远低于长期债券。如果想要彻底废除卖官制度的话，就必定会引发一场新的"投石党之乱"。只有一个像约翰·劳这样的外来者与梦想家才能够有类似的设想。事实上，这一体制已经和旧制度密不可分，因此，只有像法国大革命这样的暴力动乱才能够将其摧毁。

尽管如此，柯尔贝尔还是留下了一个强大的法国，使得其在对英国及其大陆同盟的第一阶段战争（直到 1689 年）中没有遇到严重的财政问题。但他的继任者蓬查特兰即使将利率的水平提高到 8.33%，也很难卖出足够的债券。因此，他又回到了路易十三时期的老路——出售官职上去了。为了尽可能地从卖官中捞到钱，新设立官职的名目已经达到了荒诞可笑的程度——比如说"皇家牡蛎销售员"。当被国王问及怎么会有人购买这种毫无实际意义的职位的时候，蓬查特兰愉快地解释道："您每创造一个官职，上帝就会创造一个傻子来购买它。"[1] 但整体的财政状况依旧保持了稳定，因此，在战争结束之后，蓬查特兰能够基本偿清高昂的战时债务，其利率起先是 5.55%，后转换成 5%，在偿债的过程中没有使用任何强制手段。在这一时期，法国的信用记录并不比英国的差太多，后者仍处于自己财政革命的初级阶段。

从西班牙王位继承战争的某个时间点开始，英法两国的相对信用等级发生了决定性的改变。这一关键时刻可能是布伦海

---

[1]　Vührer, *op. cit.*, p. 117.

姆战役，因为在这一战之后，法国自 1618 年以来头一次在战
争中处于了守势。当德马雷于 1708 年就任财政大臣的时候，
他报告说债务已经达到了 20 亿里弗，法国事实上已经处于破
产状态。① 到了战争的晚期，债务总额为 25 亿~30 亿里弗，
相当于人均债务为 1000 克白银。尽管柯尔贝尔成功地提高了
法国在不违约的情况下所能够承担的人均债务水平，但这种异
乎寻常的债务水平只在商业共和国才有可能稳定存在。图 5 -
1 展示了法国偿付能力指标在一次次违约循环中的变化。

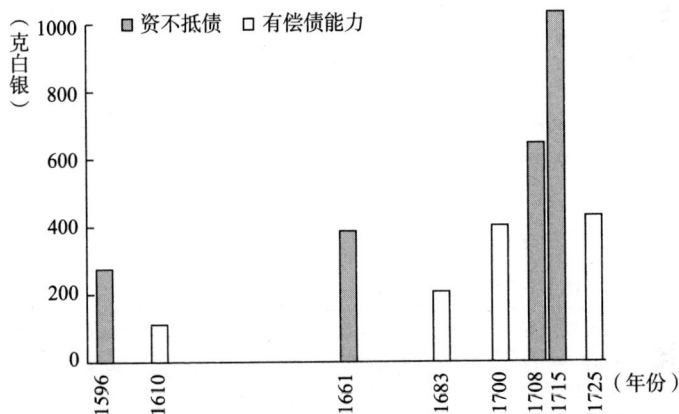

图 5 - 1　法国人均债务水平，1596~1725

注：1596~1661 年的数据已经在前面给出了。1683 年的数据是
以 5% 的利率对债务总额进行资本化的结果。1700 年的数据包括了
4.5 亿里弗长期债券、4.5 亿里弗出售的官职以及 1 亿里弗短期债务。
1715 年的数据解释在 P254 注释①中。1725 年的数据解释在第六章。

英国到 1710 年时也积累起了超过人均 600 克白银的债务，
尽管政府的偿付能力是存疑的，但财政体系并没有崩溃。在战
争结束的时候，人均债务水平已经上升到了约 750 克白银，而

---

① J. M. Fachan, *Historique de la rente française*, Paris, 1905, p. 39.

整个国家的信用状况却比以前任何时候都更加稳定。这些数字本身就足以说明英国的政治和金融革命所产生的效果。但单单是债务总额这一项数据并不能为法国 1709 年的信用危机提供完整的解释。法国最主要的问题在于短期债务和政府可支配财政收入之间的不平衡。这种不平衡在英国也是存在的，但在法国表现得更为明显。

表 5 - 1   英法两国的财政危机，1708 ~ 1710

单位：吨白银

项目	法国	英国
	1708 年	1710 年
毛收入	756	572
长期债务本息和	460	133
净收入	296	439
短期债务	4322	2200
短期债务与净收入之比	14.6	5.0

资料来源：法国的财政收入和债务来自 Guéry, *op. cit*；短期债务来自 A. Seligmann, *La Première Tentative d'emission fiduciaire en France：Étude sur les billets de monnaie du Trésor Royal à la fin du règne de Louis XIV（1701 - 1718）*, Paris, 1925, p. 99。1 里弗转换成 6.31 克白银。

如果说英国在短期债务相当于 5 倍净收入的情况下只是勉强幸存的话，法国则必然走向债务违约。

法兰西王国的困境源于其无法采取"荷兰式"（或者说"英国 – 荷兰式"）财政体系。举例而言，法国惯用的货币操纵伎俩只会降低投资者购买长期债券的意愿。在柯尔贝尔担任首席大臣时期，货币基本保持了稳定。但在 1686 ~ 1709 年期间，里弗的价值经历了超过 40 次的调整，在当时没有任何国家的货币能与之相提并论。和之前一样，货币的贬值还会伴随着后来的重新估值，但长期内币值是朝着下降的方向变化的。持续的货币操纵不仅降低了对于长期债券的投资，还扰乱了经济活动的秩序，进而减少了政府的经常性税收。在 18 世纪的头 10 年中，法国的财政收入要比 17 世纪 90 年代少了将近 20%。

长期债券市场的衰退使得政府必须寻找一种更廉价和有效的办法来筹集短期资金。在这一阶段，英格兰银行代为发行的财政部债券利率只有 3.02%，这使得英国在面对自己的对手时占据着不可估量的优势。旧的短期财政体制虽然足以应付反宗教改革时期（17 世纪）的战争，但支撑 18 世纪的战争显然就力不从心了。法国的买官者和承包商提供不了足够的资金，其索要的报酬也过于高昂。政府不得不求助于外国的银行家。日内瓦的新教徒金融家在其中占据了重要的地位，就如同葡萄牙犹太人 30 年战争时期在西班牙的地位一样，尽管其中有很多正是南特敕令被撤销之后从法国逃亡出来的胡格诺教徒。他们对于法国本土天主教金融家来说是一种有益的补充，但他们自己获得资金的成本也是不低的。到 1708 年时，他们已经用尽了所有的手段。以塞缪尔·贝尔纳为首的辛迪加作为其中最重要的一家，于 1709 年破产，其崩溃震动了整个欧洲的金融市场。

为了与荷兰共和国和英国相竞争，法国需要发展起一套更灵活有效的短期财政工具。其中的一个尝试是于 1702 年重新设立的国家存款银行。更为重要的则是财政部开始尝试发行国库券（*billets de monnaie*）。第一年，国库券是不含利息的。但如果持有人尝试兑现没有成功，则可以获得 4% 的利息（后来变更为 7.5%）。但和英国的金融实验相比，法国的体系存在着致命的缺陷。由长期国库券、短期国库券和英格兰银行纸币构成的英国财政金字塔建立在私营经济信用的基础之上。长期国库券是作为税收的预支而发行的，如果政府在到期时没有足够的现金，就会用短期国库券进行偿还。而短期国库券则是由英格兰银行包销的，如果银行不能通过发行纸币来完成任务的话，它还有股东的专项资金可以利用。当然，这一系统的稳定性有赖于两大前提：（1）财政部不能过度发行长期国库券；（2）英格兰银行能够持续完成包销工作。到1710年时，财政部的债务总额为800万英镑，贬值程度很低，并且平均名义利率低于5%。

法国的国库券并没有私人部门的包销，而政府也从未拥有足够的现金来赎回债券。由于政府同意在无法立即偿还的情况下附加利息，债券的持有人会试图尽可能快地将债券变现，因为在这之后债券事实上已经违约了。其中有几年国库券的价值没有下跌，但这主要是因为财政部限制了发行的数量。到1708年时，国库券的流通总量达到了1.43亿里弗，市场价值相当于面值的75%。[①] 但值得注意的是，1.43亿里弗只相当于875万英镑，没有比英国财政部债务高多少，而法国的经济总量接近英国的3倍。

当德马雷于1708年就任财政大臣的时候，法国政府已经破产了，短期债务的总额达到了6.87亿里弗[②]。幸运的是，德马雷并非他的前任查米拉尔那样的无能之辈。作为柯尔贝尔

---

① Seligmann, *op. cit.*, p. 99.

② 在这个数额中，1.433亿里弗是财政部债券，6040万里弗是由国家存款银行发行的存单，6170万里弗则是由包税商和包税总署发行的债券。除此之外，还有欠外国银行家的8710万里弗以及各项应付费用2.083亿里弗。见 Seligmann, *op. cit.*, p. 99.

的外甥，他在一定程度上继承了自己的长辈在财政事务上的远见。德马雷在国家危难之际担当重任，他以极大的动力和决心面对财政中存在的问题。但我们并不能说他恢复了法国的财政秩序——这一任务是柯尔贝尔也无法完成的。德马雷成功地通过自愿手段筹集到了更多的资金，但他的手段更多的是回到早期的独断专行上去了。1710 年，自 1702 年以来出售的大多数长期债券的利息都被减少到了 5%。1713 年，利率又被降低到4%，以贬值后的国库券支付的贷款被削减了 40%。大量低于市场利率的长期债券被强制地卖给债权人，用来解决拖欠的利息问题，处理掉以塞缪尔·贝尔纳为首的辛迪加破产后遗留的问题并将某些严重贬值的国库券退出流通。但大量发行的新债券使得升值旧债券的目标根本不可能实现。德马雷最大的成就是帮助法国坚持到了西班牙王位继承战争的结束，以获取一个相对合理的和平条约。单就这一项功绩，他就值得比在路易十四死后自己实际得到的更大的荣誉。尽管如此，1715 年，政府的偿付能力并没有比 1708 年有任何提高。

二　战后的萧条

1715 年 9 月 1 日，路易十四在统治了法国 72 年之后终于去世了。用圣西蒙公爵的话说："被重负压垮的人民向上帝表达了自己的感谢。"正如他自己承认的那样，"太阳王""过于热爱战争"。在他死后，法国人终于可以重建自己的财政秩序了。

但这句话说起来容易做起来难。法国在战争结束时的债务总额据估计在 20 亿~35 亿里弗。最可能的数字是 30 亿里弗，相当于 2 亿英镑。[1] 在同一时期，英国的公共债务总额达到了 4900 万英镑。和法国相比这可能是一个较小的数额，但从另一个角度看，1715 年法国的人口也要比英国多三倍。除此之外，4900 万英镑是查理二世于 1672 年违约时债务的两倍。[2]

英国在这时的 GNP 约为 6000 万英镑[3]，因此，公共债务约相当于 GNP 的 80%。法国这一时期的 GNP 更好推测，根据同时代的估计相当于 24 亿里弗（约合 1.5 亿英镑），和英国的数据相比，这一数字是可信的。[4] 即使这里低估了法国的 GNP，我们也几乎可以确定法国的公共债务超过了 GNP。即使是在现代，这样的数字也会让财政部头痛。

英国的情况并没有因为采用商业共和国的财政工具而得到改善。和法国一样，英国的财政体系同样摇摇欲坠、漏洞百出，危机持续性地出现。1715 年，现存债务中没有任何一部分是不带任何附加条件的永续年金券（商业共和国的财政基石）。由英格兰银行、东印度公司和南海贸易公司持有的 1640

---

① 最低的估计值 20 亿里弗忽略了各种各样的债务。本书采信的估计值为 28.5 亿里弗，其构成成分解如下：长期债券，13.84 亿里弗；出售的官职，5.42 亿里弗；各部门发行的债券，5.97 亿里弗；拖欠费用和预支资金，3.22 亿里弗。长期债券的金额来自 Fachan, *op. cit.*, pp. 44-45；其他的来自 F. Marion, *Histoire financière de la France depuis 1715*, Vol. I, Paris, 1914, pp. 63-64。尽管如此，真实的数字很可能比 28.5 亿里弗还要大。

② B. R. Mitchell and P. Deane, *Abstract of British Historical Statistics*, Cambridge, UK, 1962.

③ 1715 年英国的 GNP 被估计为 5380 万英镑，见 P. O'Brien and P. A. Hunt, in "The Rise of the Fiscal State in England 1485-1815," *Historical Research*, 1993。这个数字没有包括苏格兰，因此，整个大不列颠王国的 GNP 应该在 6000 万英镑左右。

④ See F. C. Spooner, *The International Economy and Monetary Movements in France, 1493-1720*, Cambridge, MA, 1972, p. 313.

万英镑的年金的确都是永续年金[1]，利率为 5%（东印度公司持有的部分）和 6%（另外两家公司），利息成本（除了按荷兰的标准来衡量外）都不高。但这种低利率水平是利用向投资者额外提供特许贸易公司盈利份额的方式实现的。[2]

长期债务的剩余部分就不是按照这种合理的条件能获得的了。通过有奖公债的方式一共筹集了 1140 万英镑，这些贷款的名义利率为 6.84%，期限为 32 年，但支付给中签者的费用使得政府的总成本达到了 8%。政府可以在有奖公债到期前将其赎回，但在赎回时必须要预支给投资者全部的预期收益。

由戈多芬于 1702～1710 年主持发行的 99 年期和 32 年期年金券的条款更苛刻，政府无权在到期前将其赎回。和欧洲国家的大部分财政问题一样，这一点也可以追溯到中世纪时期对高利贷的禁令。那些没有确定期限的年金必须可以被其出售者赎回，不然的话他就会永久成为债权人的"奴隶"。由于戈多芬发行的年金有固定的期限，因而在法律上不必要给予政府赎回的权力。但 99 年实在是太长了，因而在纯粹的金融学意义上与永续年金没有区别。通过向债权人提供如此优厚的条件，戈多芬成功地将利率降至 6.67% 及以下。但他这么做牺牲了"荷兰式"财政的另一根重要支柱，即在繁荣时期降低总利息支出的能力。1715 年，这些"不可赎回"的债券总额达到了

---

[1] P. G. M. Dickson, *The Financial Revolution in England*, London, 1967, p. 80. 总计 1640 万英镑的数额包括了被 1672 年查理二世"关闭财政部"所影响的 664263 英镑。该书的表格中还详细记载了 1714 年 9 月其他的长期债务。

[2] 有奖公债是一种奇怪的杂交品。债券持有人在 32 年内收取利息，到期时本金通过抽签的方式在所有债权人中分配。因此，即使是抽签失败的人也能够获得相当于 32 年期的年金券，有效年利率为 6.84%。由于债券的发行价格为面值的 77%，过早地偿还本金极大地增加了政府的债务成本。

1260万英镑，接近总债务水平的1/4。它们毫无疑问是英国公共财政体系的"阿喀琉斯之踵"，并且将成为5年之后席卷全国的金融风暴的核心。

加上840万英镑的短期债务，即使以现代的标准衡量，英国的债务相对于GNP来说也过高了。但荷兰共和国的经历证明了一个成功的商业共和国是可以维持这种高水平的债务的。英国是否有类似的能力呢？答案是肯定的。在战争结束之后，英国的利率迅速下降，1717年，新的财政大臣罗伯特·沃波尔已经可以考虑彻底还清所有的公共债务了。英格兰银行和南海贸易公司被说服将自己持有年金的利率降低到5%，同时英格兰银行还同意以只有1.5%的年利率发行财政部债券。但沃波尔最大的成功在于将有奖公债转换成利率为5%的可赎回年金，这也是英国首次真正发行不附加任何连带收益的年金。通过这次转换节省下来的利息被用于设立偿债基金，这也是由意大利人发明并由荷兰人转授给英国人的另一项金融创新。新的利率为5%的年金在伦敦交易所的价格很快上升到了104（英镑），很好地展现了英国新财政体系的优点。到1717年底时，市场发展形势强劲，政府甚至可以发行利率只有4%的年金来筹集用于偿还剩余的短期债务的资金了。到了这时，只有不可赎回的债券依旧看上去是一个麻烦。①

在奥尔良公爵于1715年成为年幼的路易十五的摄政时，他可没有英国人这么好的运气。他从"太阳王"那里继承的债务不仅超过了GNP，也超出了旧制度国家的承受能力。当然，法国处理这种危机的一揽子政策依然是对金融家进行

---

① Dickson, *op. cit.*, pp. 84 - 87.

"摆样子审判"（*show trial*），对部分债务直接一笔勾销，削减部分债务的利息，等等。这种政策在之前能够起到很好的作用：债务被降低到可以承受的水平，人民整体上表示满意，而债权人阶层已经和政府紧紧地绑在了一起，因而除了口头抗议之外根本做不出任何实质性的反抗。事实上，如果以玩世不恭的眼光来看的话，整个贷款与违约的循环是一种对资产阶级征税的手段，尽管后者在购买官职的时候也一并购买了免税的特权。

德马雷在 1709 年不得不使用的就是这种老掉牙的手段。但他所面对的环境已经和之前大不相同了。需要勾销的债务总额本身就构成了一个大问题。在法国的上一次（1661 年）破产中，公共债务总额不到 GNP 的一半，而现在则相当于 GNP 的 125%。但法国的政治和财政体制甚至不一定能够承担此时一半的债务。在这种债务规模下进行强制债务削减将给债权人阶层造成不可估量的损失，并可能危及国家政权的稳定。

除了债务绝对值太高之外，债务中贬值的短期债券比重也过高。1708 年之后，德马雷试图通过强迫债权人接受长期债券作为还款以减少流通中的纸币数量。但由于政府持续处于赤字状态，这种策略只能是杯水车薪。到了 1715 年时，流通中的纸币数量翻了 1 倍以上，其中大多数的交易价值不到面值的一半。长期债券的贬值构成了更大的问题。法国受制于格雷欣法则的限制：纸币（即"劣币"）驱逐硬币（"良币"）。国家经济并没有因为货币供给的增加而受到刺激，反而因为贵金属货币紧缺造成的公众信心下降而陷入了停滞。新一届政府并没有改善这种状况。新政府的第一项政令，正如法国历史上多次发生过的一样，是解散旧的行政机构，并重新设立廉政法庭，开始新一轮的债务违约。政府重新开始审查长期债券的"高利贷"因素，而那些在审查中幸存的债务，利率也被削减到4%。在这期间，新的纸币（*billets d'etat*）取代了旧的，其发行总量被限制为2.5亿里弗。这一过程抹掉了旧纸币2/3的价值。但通过限制纸币发行来提升公众信心的计划很快就失败了，新发行纸币的交易价值几乎立即跌到了面值的60%，而硬币依然很难重新进入流通。经济下滑持续着。

当然，在1716年的环境下，任何人进行铺张性消费都是不明智的，特别是那些在之前的10年中参与过政府财政管理的人员。廉政法庭监视着所有的财政人员，一旦有奢侈性消费就会被当作罪证。1716年，股票市场的投资者们也被列为廉政法庭的检查对象。新任的财政总管德·阿格苏在廉政法庭开幕会议上的演讲将这一点讲得非常清楚。

> 我们还要从另一类人中揪出有罪之人，这类人就是那些股票交易商们。他们利用从公众那里抢来的钱来为自己牟取暴利。你们（指廉政法庭的工作人员）要深入这些邪恶的机构，并将其摧毁。[1]

1716年廉政法庭动静之大是前所未有的。一共有超过6000名金融家受到了审查，其中有4410名被宣判有罪。在廉政法庭审查的所有财产中有1/3都被宣布为非法，总计不下4亿里弗。

---

[1] Quoted in P. A. Cochut, *The Financier, Law: His Scheme and Times*, London, 1856, p. 9.

在整个经济体系的核心也出现了某种程度的腐烂。由于大规模的"摆样子审判"和债务违约，经济活动陷入了怀疑与恐惧的泥潭，出现了经济上的恶性循环。这一经济下滑降低了政府的税收，并导致了持续性的赤字。而之前的债务违约使得政府无法通过发行长期债券来降低赤字，这导致政府不得不增加对流动性债务的依赖性，进而降低了公众对政府保证纸币价值能力的信心。流通中的贬值纸币持续性地挤出良币，使得经济陷入现金短缺的困境当中。

廉政法庭的收益可以清楚地展示周期性的债务违约弄巧成拙的性质。在被宣布违法的 4 亿里弗资产中，只有 2.19 亿里弗被作为罚款没收，政府真正收到的只有 9600 万里弗，而且大多数是贬值严重的纸币，因此其真实价值不会超过 5500 万里弗。有一些金融家破产了，而剩下的则求助于拖延、逃亡以及贿赂等老办法。到了 1717 年，政府通过紧缩开支和提高税收基本实现了预算平衡。但摄政王的耐心已经快要用完了。债务总额依旧在 2 亿里弗左右，吞没了一半的财政收入。经济依然保持着萧条的状态，而人民对税收的不满情绪在增长。法国经济的现状和其过去之间的对比是令人沮丧的，旧的策略看上去起不了作用。法国需要的是一些新方法。

三 奇美拉

人们难以相信自己刚刚目睹的事情；后代人会把我们的经历看作一个童话故事。

——圣西蒙公爵的回忆录

紧接着 1717 年之后发生的事情笼罩在超现实的氛围里，以至于不止一位作者将其比作童话故事。一位当代的历史学家甚至还将其创作成了一出戏剧。

> 一个无忧无虑又快活的国王，受到了破产的威胁。有一天他遇到了一个流浪的英俊术士，提出可以将他所有的纸变成黄金。国王毫不犹豫地将自己的整个国家献给了这个术士。他的咒语生效了，所有人都成了富人，全国都陷入了狂欢。但可惜！这不过是一个梦境，在第二天早晨每个人醒来的时候，怀里只剩下了丧失魔力的废纸。[1]

这个故事当中的术士就是约翰·劳。他在自己家乡的形象介于麦克白的女巫和爱丁堡的伟大经济学家之间。在他短暂的政府生涯中，他的确认真地尝试在法国掀起一场金融革命，尽管最终没能带来任何的正面效果。在今天，约翰·劳的名字通常与纸币超发、恶性通货膨胀以及债券市场的投机狂热相联系，但这并不能代表他的全部理念。在他权力的顶峰，约翰·劳推行的改革几乎影响了法国财政体制的所有方面，因而被冠以"约翰·劳体系"的称号。

约翰·劳从公开发表的第一篇文章开始，就不断鼓吹使用纸币的优势。这并不是什么新颖的观点。同时代的其他国家往往会嫉妒意大利商业共和国和荷兰共和国通过发行纸币来缓解硬币不足的能力。这些共和国的公共银行受到了普遍的赞誉，

---

[1] H. Lüthy, *La Banque protestante en France: De la révocation de l'Édit de Nantes la Révolution*, Paris, 1959, p. 288.

银行存单的交易价值通常都在面值之上。这些国家的利率几乎都比其他的国家更低，而其他欧洲君主国的国王通常都被自己的顾问建议在本国设立中央银行，尽管这种机构有着"共和制"的嫌疑。

约翰·劳的创新并不在于支持银行和纸币等，而在于其理念的宏大。他的第一部也是最著名的作品——《论货币与贸易及为国家提供资金的方法》于1705年在苏格兰出版。其中最值得注意的是他对于货币的经济价值的讨论，以及建议以土地为担保发行纸币。但更重要的是他倾向于完全从宏观经济的角度考虑问题，即使他考虑的依然是自己贫穷而人口稀少的祖国。

> 假设苏格兰的［GNP］每年为150万［英镑］，而英格兰的GNP则为4000万英镑，因此，苏格兰的GNP只有英格兰的1/28。但我们苏格兰的人口是英格兰的1/6。如果我们能够找到足够的钱来充分雇用每一个人，我们的GNP也能达到英格兰的至少1/6。因为苏格兰有自己独特的优势，足以和［英格兰］的种植园以及东印度贸易相提并论……我毫不怀疑，如果按照货币需求发行纸币的话，我们可以将苏格兰的GNP提升到300万英镑。[1]

这的确是一个宏大的视野：可以通过增加货币供给的方法将GNP翻倍！这种奇迹式的经济转变需要的货币增发量是多少呢？约翰·劳根据英格兰的情况给出了自己的答案。

---

[1] Law, *op. cit.*, Vol. I, p. 144.

英格兰据估计拥有的金银总量约为 1400 万英镑，与此同时也拥有大量的纸币。但英国从未拥有足够的货币来雇用自己的国民。5000 万英镑的货币增发在英格兰起不到应有的作用。[1]

这一段文字比上一段更具有启发性。约翰·劳所提议的货币增发量超过了英国当时的 GNP。一个细心的读者能够从上一篇文章中预知 15 年之后发生的事情。

当代的读者可能能从约翰·劳的思想中找到一些熟悉的特征，某些历史学家将他称为约翰·梅纳德·凯恩斯在经济哲学上的先行者。约翰·劳在历史上首次思考了经济中的"充分就业"问题，并且将货币政策视为将总需求调节至充分就业水平的工具。和凯恩斯一样，约翰·劳的国际声望也源自他将西方最大的经济体带出了看似无法挽回的萧条。

约翰·劳从未能在自己的祖国苏格兰将自己的理论付诸实践。1705～1715 年，他因一次决斗不得不离开大不列颠而在欧洲大陆上游历。他在威尼斯和热那亚花了很长时间，近距离了解威尼斯银行和热那亚圣乔治银行的经营状况，以及在这些商业共和国中很低的利率水平。这些经历对他产生了重要的影响，坚定了他对于中央银行和纸币优越性的信念。约翰·劳将长期利率的目标定为 2%。可能具有同等重要意义的是，在他游历期间，他几乎完全依赖赌博为生，并成为当时最优秀的赌徒之一。对于宏观经济与赌博的双重兴趣使得他毫无畏惧地进

---

[1] Law, *op. cit.*, Vol. I, p. 158.

入了新生的股票市场，而他在股票投机上的才华绝不亚于赌博。也可能正是因为这个原因，他从未意识到中央银行管理者和股票市场投机商这两个角色之间的根本性矛盾。但约翰·劳代表着当时大多数人的看法，而且在 18 世纪早期，即使是英格兰银行的投资往往也是充满了投机性的，和其后来"老妇人"的形象完全不同。

1715 年，约翰·劳作为一个失业的冒险家抵达了法国。政府刚刚完成更迭，国家的经济也陷入了危机，这使得法国成为经济实验极好的园地。约翰·劳的经济理论特别适用于负债水平高的国家，因此，他立即向摄政奥尔良公爵递交了一份报告，建议设立有发行纸币权力的中央银行。

> 发行大量的货币可以将利率降低至2%，进而降低公共债务、已出卖官职的财政成本，减轻国王的负担。负债的贵族地主也可以通过农产品价格的上涨而获利。商人也可以以更低的利率获得资金，进而创造更多的工作。[1]

摄政会议毫不奇怪地拒绝了约翰·劳的提议。他们还要处理上一次王室发行纸币所带来的遗留问题。圣西蒙公爵后来在自己的回忆录中记录了自己当时对这一计划的反对意见。

> 这种类型的机构可能本身有可取之处，但其只适用于商业共和国或英国这样的国家。这些国家的财政正是由政府的资金提供者所控制的，而且他们提供给政府资

---

[1]　J. Law, *Memoire sur les banques*, *1715*, in *Oeuvres complètes*, Vol. II, p. 307.

金的多少完全取决于自己的意愿。但对于像法国这样虚弱（weak）、善变且专制（absolute）的国家，中央银行必然缺乏稳定性。因为国王，或者其情妇和宠臣等，在像1707～1710 年政府急需资金的情况下可能会直接攫取银行的财富。这么做的诱惑实在太大，与此同时推行也太过容易。①

尽管圣西蒙公爵有事后诸葛亮之嫌，但他的观点依然是非常具有洞见性的。他将法国评价为既"虚弱"又"专制"，而并未重弹"国王是上帝在地上的影子"（dieu en terre）这样的陈词滥调。圣西蒙公爵可能是欧洲历史上首个认识到绝对君主制国家内在弱点以及商业共和国（他在这里使用了更宽泛的概念，以将英国纳入其中。更为准确的说法是"财政由政府资金提供者控制的国家"）根本性优势的人。毫不夸张地说，从这几句话中我们就可以推断出旧制度的最终命运。

尽管拒绝了约翰·劳雄心勃勃的计划，但在下一年摄政还是允许他开设了一家私人银行——大众银行（Banque Générale）。他立即开始在这样一个有限的范围内证明自己可以做到的事情。大众银行的运营方式在法国历史上从未出现过，是从约翰·劳本人所欣赏的荷兰共和国和热那亚的模式发展而来的。它发行可以兑换固定数量的贵金属硬币的银行券，换言之，这些银行券是不和币值极端不稳定的里弗挂钩的。这种做法是直接从阿姆斯特丹银行和圣乔治银行借鉴而来的。大众银行发放的贷款利率为6%，后来又降低至4%。而在同时期法国的其

① Quoted in Cochut, *op. cit.*, p. 42.

他地方，即使以超过 10% 的利率都很难贷到任何的款项。存款蜂拥而至，到 1718 年底时，已经有 1.49 亿大众银行的银行券在市场上流通。对于一个在启动时金库中只有 37.5 万里弗硬通货（剩余的 600 万名义资本要么是可以被投资人随时撤回的，要么就是贬值严重的国家纸币）① 的银行来说，这的确是了不起的成就。尽管如此，约翰·劳在经营过程中依然持谨慎的态度，维持了较高的准备金率。

无论约翰·劳的银行多么值得称赞，它还不足以对法国的经济产生整体性的影响。它也没有办法提升国家纸币（billets d'etat）的价值，后者的市场交易价值仅相当于面值的 35% ~ 40%。1717 年，一个新的机会出现了，法国北美领地的殖民特许权待售。无论这些领地的面积是多么广阔，经济潜力是多么巨大，旧的特许状持有人安东尼·科罗扎特已经被短期收益的缺乏搞得灰心丧气。约翰·劳抓住了这个机会，提议接手他的特许经营权。

在约翰·劳的眼中，美洲公司（后来被普遍称为密西西比公司）很可能不过是他更宏伟规划的跳板。用一位英国观察者的话说：

> 建设殖民地是一件需要花时间的事情……可能要花上几年，甚至几十年。而做这项工作的人往往只能怀着必胜的信心去世，他的名字最终也只能在死后很多年才能被经常谈起……最重要的是找到可供生产并贸易的商品……约翰·劳先生很明显从未意识到，光是派人口去充实这些旷

① A. Murphy, *John Law*, Oxford, UK, 1997, pp. 158 – 159.

野就需要花 1 亿里弗。[1]

约翰·劳的真实目的可以通过考察公司的股票发行过程得出。密西西比公司总计 1 亿里弗（约合 600 万英镑）的资产几乎完全是由国家纸币构成的。这种做法很明显是从南海贸易公司那里学来的，后者 6 年前在伦敦上市时的资产完全由英国政府的短期债券构成。密西西比公司收到的纸币被交给政府以换取利率为 4% 的永续债券（rente perpétuelle），正如英国政府的债务也被交换为 6% 的永续年金一样。和其在英国的先驱一样，密西西比公司在短期内没有任何的贸易收益，股价几乎完全依赖于其年金的收益，因此其股份的价格几乎没有比它所置换的纸币高多少。股票的面值为 500 里弗，其市场价格只有面值的 40%——200 里弗。[2] 对应的收益率为 10%，可能与长期债券的真实市场收益率相当。因此，约翰·劳离将长期利率降到 2% 的目标还有很长的路要走。

尽管密西西比公司在上市之后基本没有任何经营活动，但大众银行的实力越来越强，约翰·劳的名声也越来越大。到 1717 年时，政府开始在收税时接受大众银行发行的银行券。到 1718 年底时，摄政王已经对约翰·劳刮目相看了，因此，开始重新考虑接受他提出的设立中央银行的建议。自 1719 年 1 月 1 日起，大众银行升格为皇家银行（Banque Royale），银

---

[1] Anon., *The Chimera: Or, the French Way of Paying National Debts, Laid Open*, London, 1720, pp. 16, 21.

[2] 和债券一样，股票也有面值。在今天人们很少谈论股票的面值，因为其与股票的市场价格往往相去甚远。但在 18 世纪时情况并非如此。密西西比公司的股价通常用面值的百分比来表示，而不是直接用其市场价格。本书采取现代的做法，直接用每股价格而不是面值的百分比表示股价。

行的初始持股人获得了丰厚的收益，因为他们的投资获得了足额的报偿，其中包括那从未真正支付给银行的83%。

这是整个事件的转折点，约翰·劳现在可以开始将自己的理想转变为现实了。即使旧的大众银行取得了惊人的成功，但因为其体量太小，不足以完全证明纸币的魔力。其发行银行券的数量受限于所拥有的贵金属硬币的数量，而且银行券也没有被普遍接受为货币。皇家银行所发行的银行券则截然不同，它们不再和固定数量的贵金属挂钩，面值完全由里弗计量。流通中银行券的数量也不再受银行金库中贵金属数量的限制，而是可以根据简单的皇室敕令进行调整。除此之外，它们还是全国的法定货币。当然，大众银行的银行券和英格兰银行的一样，只是私人银行的私人债务，而皇家银行的纸币毫无疑问是一种公共债务。

在这里我们需要对"法定货币"这一概念进行一定的解释。在历史上，纸币采取过很多种形式，并且需要一些附加条件来保证其作为支付手段的能力。至少在18世纪之前，最常用的附加条件就是纸币可以兑换为硬币。大众银行所发行的纸币和英格兰银行同属于这一类。为了避免纸币的可兑现性所带来的挤兑风险，银行券通常具有一定的期限，在到期之前不得兑现。在这种情况下，银行券通常是含利息的。法国政府在之前发行的两种纸币（*billets de monnaie*，*billets d'etat*）以及英国的财政部债券都属于这一类。这种银行券使用起来也就更为烦琐，因而比那些不附加利息的银行券更不适合用于支付。

除了让纸币可兑换硬币之外，政府还可以通过接受在缴税时使用纸币来鼓励其流通。英格兰银行纸币、英国财政部债券以及商业共和国中央银行的存单都采取了这种办法。而法国的纸币（*billets de monnaie*）在缴税时只能部分使用，这促使了其交易价值的下跌。所有的这些附加条件，无论是可兑换性还是可用于纳税，都可以被称作"主动承担"的义务。银行券的发行方或政府（有时这两者是相同的）做出一定程度的担保，来鼓励投资者自愿地接受纸币。

想要把一种货币变成"法定货币"是一件截然不同的事情。国家通过立法禁止在交易时拒绝接受纸币，强制确立纸币的货币地位。为了保证经济的整体秩序，法定货币的存在几乎总是必要的。在 17 世纪的欧洲，每个国家铸造的硬币在本国境内都是"法定货币"。但将纸币变为"法定货币"是有风险的。财政部债券和英格兰银行发行的纸币都不是英国的法定货币。在热那亚和荷兰共和国，超过一定数额的资金交易必须要通过国家银行的账目转移进行，这可能是全欧洲范围内最接近于将纸币确定为"法定货币"的做法。但这些银行金库中的贵金属硬币和金属块依旧是私人存户的财产，而不属于银行，更不用提国家了。

在法国，最初的规定是凡超过 4000 里弗的商业交易中25% 必须要以纸币来支付。但和阿姆斯特丹银行不同的是，法国政府的金库中可没有那么多的贵金属储备。随着纸币的不可兑现性逐步暴露出来，其市场价值迅速下跌。公众很快就见证了一场经典的角色转换：债主拼命躲着债务人，以避免对方用贬值的纸币来还债。公众的反对情绪迫使政府在 1706 年将纸币的流通范围限制在巴黎，并最终彻底将其抛弃。在这种背景下，皇家银行的计划显然是非常冒险的。但约翰·劳本身就是富有赌徒精神的人，他的终极目标是将所有的硬币都替换成纸币。他所采取的第一步是禁止在高于 600 里弗的交易中使用白银。

尽管如此，约翰·劳新发行的纸币依旧是可以兑现的，而且他尽力让其成为国家内部最稳定的货币。因此，纸币的发行数量受到了严格的限制。但是，他的地位并不稳固。法国的金融阶层将其视为另一个外国（新教徒）银行家，威胁到了他们对于王室财政的垄断地位。他们的领导者是帕里斯兄弟，后者于1718年组成了一个辛迪加并以每年4850万里弗的价格接管了包税总署（柯尔贝尔将所有的包税商业务合并组成的机构）。顺应当时的潮流，他们也将辛迪加的股份向公众发售。和密西西比公司及与之相联系的遥远的不毛之地相比，这是一个吸引力大得多的投资机会。更糟糕的是，帕里斯辛迪加将不可避免地持有大量皇家银行的银行券，进而随时带来挤兑的危险。这不仅极大地威胁到了皇家银行，还威胁到了约翰·劳本人的信用。

在1719年上半年的某个时间，约翰·劳一定意识到了他只有获得对公共财政彻底的控制，才能将自己的理念付诸实践。他必须要占据经济中的另外两处"制高点"：铸币和税收。

我们不可能了解进行了怎样的幕后协商。约翰·劳是一个极具说服力的人，但单凭抽象的经济学原则很难打动摄政王及其顾问们。在凡尔赛既怀疑又轻佻的氛围中，我们几乎可以肯定他只能通过向王室及有影响力的廷臣们许诺某些极为具体的收益才能得偿所愿。皇家银行的持股人包括了很多有影响力的廷臣以及他们的情妇，这些人在较小的投资规模上已获得了相当可观的收益。但密西西比公司的股份表现得令人失望，尽管摄政王代表王室持有的股份不低于40%。约翰·劳需要将密西西比公司打造成对于当权者来说具有同样吸引力的投资品，这也是后来发生的事情唯一合理的解释。

在秋季的大规模发行之前，密西西比公司于 6 月和 7 月以打折后的价格进行了两次股票发行。这将其股份总额由 20 万股提升到了 30 万股。新增的 10 万股全部都卖给旧股东，其中王室占 4 万股。但通过某些操纵手段，有影响力的廷臣们拿到了其中的 2 万股。因此，在这一阶段，密西西比公司超过一半的股份都掌握在"内幕人员"的手中。

与此同时，公司也获得了一些新的业务。5 月，密西西比公司兼并了法国其他的特许贸易公司，拥有在东印度、中国和非洲贸易的垄断权。7 月，密西西比公司向政府支付了 5000 万里弗，以换取 9 年的铸币垄断权。约翰·劳现在已经达成了自己的两个目标。更为重要的是，真实收益的前景使得密西西比公司的股价快速上涨。1719 年初，每股价格在 200～250 里弗，现在已经超过了发行价格 500 里弗，并突破了 1000 里弗的大关。到了 7 月 29 日，股价达到了 1500 里弗。8 月，全体民众的投资热情都被调动了起来，股票的市场交易价格高达3000 里弗。

在 8 月底，"约翰·劳体系"达到了鼎盛时期。印度公司（*Compagnie des Indes*）——这是密西西比公司现在的名字——提出以每年 5200 万里弗的价格接管包税总署。这比帕里斯兄弟之前付的钱要多出 350 万里弗。为了确保自己获得这个特权，公司提出了一个令人瞠目结舌的条件。

为了更好地向陛下表达印度公司以自己的信用解国家之急的意愿，公司愿意以 3% 的年利率借给王室 12 亿里弗。陛下可以用这笔钱来偿还和赎回所有的长期债券和年金，以及其他由补助金（*aides*）和盐税（*gabelles*）作为担保的债务、国库券及国家存款银行所发行的银行券、已经或即将被废除的官职的俸禄，等等。[①]

考虑到王室迄今为止在自由市场上贷款的利率不低于10%，印度公司提出的以3%的利率偿清几乎所有公共债务的提议近乎完美。约翰·劳创造了一个在法国历史上从未出现过的机构。它控制着所有的间接税，不只是包税总署所征收的那些，还有像烟草税这样的附属性税收；它控制着国家的铸币权，并拥有阿尔萨斯盐矿的垄断经营权；整个法兰西贸易帝国也在它的手中。现在，它试图接管所有的公共债务。印度公司的持股人将真正成为"法兰西国家的股东"。英国的南海贸易公司将公共债权人和国家贸易垄断权结合在了一起，但和约翰·劳的公司在规模上还是无法相比的。密西西比公司的真正模板毫无疑问是热那亚的圣乔治银行，约翰·劳在热那亚居留期间曾经观察过后者的运营。法国能像热那亚一样成为一个完全按照私人公司的模式运营的国家，并且让自己的国民成为国家的股东吗？在一个"朕即国家"的专制君主国中，这种期待是否能变成现实？难怪人们会对此感到惊讶和兴奋。约翰·劳看上去是要对法国的社会存在形式（*raison d'etre*）进行一场彻底的革命。1720年5月，他将自己对法国未来的愿景描述为"（法国将成为）商人的共同体，皇家银行则是国家的财政部"[②]。

---

① Edict of August 1719. Quoted in full in Anon. , *op. cit.* , p. 51.

② "Un corps de negociens dont la banque royale est la caisse," John Law, letter in the *Mercure*, March 1720, *Oeuvres complètes*, Vol. Ⅲ, p. 104.

要知道，一个世纪之后法国的统治者会将英国蔑视为"小店主的国家"！

提出这样一个大胆的倡议是一回事，将其付诸实践又是另一回事。约翰·劳有三个互相平行的目标：将所有的公共债务转换为密西西比公司的股份；将长期利率水平降低到2%；确保支付给自己赞助人（即政治权贵）的利润。这些目标并不能很容易地捏合到一起。想要吸引公共债权人把所持有的债券转为股份，公司的股利率就不能低于旧年金券的利率：4%。4%的利率要想变成约翰·劳目标中的2%，股价就必须要在发行之后翻一番。有两种办法可以实现这一点：一是刺激公众的投资狂热，二（更简单的做法）是降低股票的发行价格。约翰·劳的第三个目标驱使他选择了提高股票发行价。发行价格越低，旧持股人的持股比例就会越低，他们潜在的利润也就越低。其中的权衡取舍关系如表5-2所示。

表5-2　在不同发行价下密西西比公司股份分配情况对比

价格（里弗）	2500	5000
发行股票数量（股）	600000	300000
总股数（股）	900000	600000
由旧股东持有的比例	33%	50%
——其中国王所占比例	11%	17%

尽管更高的发行价格能够提高初始持股人的收益，但它也会提高需要支付的股息额。如果约翰·劳4%的收益率目标能够实现的话，需要支付的分红总额将达到1.2亿里弗。假设股票的发行价格被定为每股2500里弗的话，约翰·劳可能能够实现自己的股息率目标。在这种情况下，需要支付的股息总额

为 9000 万里弗。而根据约翰·劳两次发表的对于公司潜在收益的估计，其利润分别为 8800 万和 9100 万，其中后者是在股东大会上报告的。尽管如此，约翰·劳依然选择将发行价定为 5000 里弗。唯一合理的解释是他想提高赌注，并最大化旧持股人的收益。

想要让股价在 5000 里弗的基础上翻一番，这绝不是通过简单的市场交易可以实现的。市场必须被激发出一种异乎寻常的投资狂热，足以将股价推离合理的范围。约翰·劳在这里展现出了多年的赌博经历带给他的敏锐的头脑，以及多年的学习研究带来的对于信用的深刻理解。但不幸的是，也正是这些特质最终摧毁了他试图建立的大厦。他所使用的两种策略是谣言和信用：在任何年代都几乎不会出错的组合。为了解决公司缺乏短期内可获得收益的问题，他向公众释放了北美殖民地采矿业具有长期利润的信号。公司在阿肯色拥有特许权的 2000 多平方英里的土地被宣传为拥有堪比波托西的银矿。欧洲的投资者又一次被黄金国（*El Dorado*）的幻象蒙蔽了双眼。

约翰·劳对于操纵市场技术层面的问题也显然了然于心。公司需要最大化吸引投资者，这就要求食利者不能在购买股份时拥有优先权。他们会从财政部那里得到纸质收据，并用这些收据和其他投资者一起竞购股份。从 9 月 13 日到 10 月 2 日一共进行了 3 次发行，以 5000 里弗的价格一共发行了 30 万股。为了给新投资者提供便利，他们可以在认购股份之后按月分期付款。除此之外，人们还可以使用皇家银行发行的纸币购买股份。这进一步增加了纸币的发行量。1719 年 5 月，公司的股本总额为 1.6 亿里弗，到 10 月中旬已经达到了 6.2 亿里弗。皇家银行也很自然地接受以股份（甚至是并未完成购买支付的股份）作为抵押进行贷款。为了提高投资吸引力，股票期权也被创立了出来。在这一套刺激的组合拳下，无怪乎股价如火箭般攀升。

现在，"狂欢开始了"。当然，密西西比公司股票并非西欧历史上的首例金融市场过热现象。股价的过度上涨和随后的修正是所有交易市场中不可避免的一部分。但密西西比公司所涉及的投资者数量和金额规模是前所未有的。那些之前从未听说过股票的人都加入了投资的行列。康坎普瓦大街成了欧洲最大的证券交易中心。这里并没有安特卫普交易所和伦敦皇家证券交易所里那样精致且专供交易使用的拱形游廊，证券交易就在一条几乎相当于小巷的街道上进行。王公贵族、商人、外省人乃至外国人都在这条街道上互相拥挤。大量的财富在这里获得与失去——起初，大多数人都在赚钱。据说一个本地的侍应生赚了 3000 万里弗，并及时将股票脱手、退休回到了英国。等到他过一段时间之后重返巴黎时，已经将自己打扮成了一个英国的"老爷"（milord）。据估计，超过 30 万人从外省乃至国外蜂拥到巴黎，有些人前来投机，也有人只不过是来观赏这一盛况。几乎没有人能对这场狂热免疫。

旧食利者们抗议自己并未获得认购优先权，因而被约翰·劳欺诈了。但所有不愿意购买公司股份的公共债权人都获得了和债券市场价值相当的皇家银行纸币，由于投机狂热，后者的交易价值已经超过了贵金属硬币的 10%。考虑到之前纸币价值的极大折扣，公共债权人更理性的做法是持怀疑的态度来接受这笔新财富。

　　　　他拥有 1 万克朗的政府债务，本来会愿意以 2500 克朗的价格将债券转让出去的，现在却拥有了这笔意外之财……他打造了一个铁箱子，把钱装在里面，再把箱子埋在地窖里，用铁链拴在桩子上，再把桩子拴在墙壁上。然后再用铁把地窖的门窗包裹起来。这一切并不是因为他害怕小偷把这笔钱偷走，而是害怕钱、箱子以及这一切都会凭空消失。①

更理想的做法是把钱带到海外去。

到 1719 年底时，约翰·劳达到了自己权力的巅峰。密西西比公司的股价已经涨到了 1 万里弗，成功实现了他 2% 的利率目标。他开始向市场上出售股份以将价格稳定在这个水平上。1720 年初，约翰·劳改信天主教，这使得摄政可以将他任命为法国的财务总监。他现在开始对法国的财政体系进行彻底的重建。卖官制度被废止，买官者的投资将用密西西比公司近乎无穷无尽的收入来偿还。所有的直接税——租税（taille）、人头税（capitation）和什一税（dixième）——被全部撤销，取而代之的是一种统一的直接税（denier royale）。间接税的税率也在全国保持一致，最不公平且不利于生产的税收被废除。这种政策最终导致"穿袍贵族"阶层的彻底消失。在关于新税收体制的备忘录中，约翰·劳对于这些人另有打算。

如果我把我仓库中的谷物转移到更安全的地方，住在谷仓中的老鼠会有什么下场呢？我请求您［指摄政］原

---

① Anon. , *op. cit.* , p. 61.

谅这种比喻当中的相似性。[①]

无怪乎约翰·劳的改革激起了强烈的反抗。在公共财政领域，1789 年法国大革命也并不比他激进多少。

但我们必须承认，约翰·劳的改革和当时法国的经济繁荣并没有太大的关系。后者是由大量增发货币的刺激导致的。1719 年 5 月，已经有 1.6 亿里弗的皇家银行纸币在市场上流通。一年之后这个数字已经涨到了 27 亿里弗。[②] 在他的《关于新财政体系的基本构想》中，约翰·劳认为英国可以通过发行超过 GNP 总量的货币来获利。现在他开始在法国推行他 15 年前向英国提议的政策。[③] 欧洲历史上货币从未如此容易获得。

在巴黎所有事情似乎都在朝着好的方向发展，资金已经变得如此普遍，以至于人们找不到收益率只有 3% 的投资项目。公共债券在这之前的交易价格远低于面值，而现在的交易价格则达到了其内在价值的 10 倍甚至 15 倍。商人的商品、工人的劳动都能卖出更好的价钱。巴黎的土地价格达到了 50~60 倍的年租金［即 50~60 年的地租，收

---

① Law, *Oeuvres complètes*, Vol. III, p. 53.

② L. Neal, *The Rise of Financial Capitalism*: *International Capital Markets in the Age of Reason*, Cambridge, UK, 1990, p. 69, and Murphy, *op. cit.*, p. 289.

③ 1705 年，约翰·劳估计英格兰的 GNP 为 4000 万英镑，并预测至少需要发行 5000 万英镑的纸币才能充分发挥其经济潜力。他似乎没有对法国的 GNP 有确定性的估计。1719 年，他在备忘录中的一处将其假定为 10 亿里弗。但这很可能是为了解释问题的方便而采用的数字，因为在同一本备忘录中的另一处，他声称 24 亿里弗的估计是可信的。无论两种情况何者为真，他预备发行的纸币数量都超过了当时法国的 GNP。

益率为 1.67% ~ 2.0%〕。很多贵族都弥补了自己过去的损失，甚至通过公司赚了一大笔钱。

国王也从中获益甚多。从粮食、土地和商品价格来看，流通中的金银数量已经达到了原来的 3 倍。从经济的各个部门流到国王金库中的财富一定是之前难以想象的。

国王的确获益甚多：他从公司股份中获得的名义收益将近 10 亿里弗！①

上面所引的文字虽然来自一本匿名的小册子，但其作者毫无疑问是得到了约翰·劳本人的授意。但其中有误导性的一点在于，增加了 3 倍的并非流通中金银的数量，而是流通中所有货币的数量，新增的几乎完全是纸币。作者已经很明显地观察到了通货膨胀的效应。可能对于我们来说奇怪的一点在于，他将快速上升的价格视为积极的信号，在这一点上他和 1933 年大危机之前的人们不谋而合。

这种情况当然是不可持续的。转折点毫无疑问是已认购的股份开始分配股息的时候。投资者们开始收取自己的收益，部分的原因在于他们也有自己的债务需要偿还。1720 年初，股价开始震动。孔代亲王是约翰·劳的贵族赞助人当中最贪婪的一个。他将自己持有的股份变现，然后拉着一车队的纸币到皇家银行门口要求将其兑换成贵金属硬币。约翰·劳孤注一掷地试图维持住股价、保证王室及廷臣的利润并将利率保持在 2%

① Anon. , *A Full and Impartial Account of the Company of Mississippi*: *Otherwise Call'd the French East India Company*, *Projected and Settled by Mr. Law*, London, 1720, pp. 11, 25。

的水平上，他提出以 9000 里弗的价格收购所有的股份。想要实现这一点，皇家银行和印度公司就必须合二为一。这同时也导致了银行发行纸币数量的迅速增长。

由于股票价格被固定住了，投机行为转到了纸币上。为了维持币值，约翰·劳首先尝试了对黄金和白银进行非货币化，在这一招不成功的情况下，他开始直接对金银进行没收。对囤积金银者进行告密的人可以获得查封金银的一半。约翰·劳事实上扮演了经济独裁者的角色。用圣西蒙公爵的话说，"君主的权力从未被如此地滥用，也从未如此伤害公众的短期利益"①。在一系列自相矛盾的限定各种货币价值的政令之后，约翰·劳"将货币的混乱推到了前所未有的程度"②。金银所代表的里弗价值被逐渐降低，以使纸币显得更有吸引力，但外汇市场绝不会被这种伎俩所愚弄。法国货币的汇率直线下跌。5 月底，很明显，大限将至。5 月 21 日，约翰·劳自己挥出了致命一击：他宣布纸币和公司股票的里弗价格将逐渐降低到原来的50%，以使其和贵金属重新保持一致。这一政令激起了激烈的反对，以至于在几天之后不得不被撤销，但其对于公众信心的打击是致命的。6 月，硬币重新进入流通，"约翰·劳体系"开始崩溃。到 1720 年底时，约翰·劳已经流亡国外，公司的股价跌到了 100 里弗以下。

在事后看来，密西西比公司的土崩瓦解似乎是其当初火箭式蹿升不可避免的后果。约翰·劳的宏伟计划是否从一开始就注定要失败？

---

① Due de Saint‐Simon, *Memoirs*, ed. W. H. Lewis, London, 1964, p. 202.

② Lüthy, *op. cit.*, p. 309, n. 22.

一种观点认为，约翰·劳的远见受累于其身边人的贪婪和不负责任。密西西比公司的投机狂潮使得很多廷臣赚得盆满钵满。除此之外，还有专属于国王的收益（*trésor du roi*），在股价巅峰期价值不少于10亿里弗。历史学家埃德加·弗尔认为约翰·劳把发行价格定为9000里弗是他的致命性错误。他把约翰·劳比作海明威《老人与海》的主角，为了完成传奇性的捕获牺牲了渔船的稳定性。[①] 约翰·劳自己尽管不能免疫于财富的吸引力和赌博投机的乐趣，但他对康坎普瓦街道上的奇异景象抱以鄙视的目光。密西西比公司的投机狂潮只不过是他更远大计划的一步，一旦股价达到了预定的目标，他就试图对投机的狂热加以控制。

但这种观念显然忽视了约翰·劳理论中的缺陷。尽管他极力模仿商业共和国的财政政策，但他从未真正意识到稳定的低利率是不能通过投机实现的。因为降低利率正如建设殖民地一样，是"要花费数年，甚至数十年时间的工作"。只有当公债持有人对政府的还款意愿和能力以及币值的稳定有充分的信心时，他们才会接受低于3%的长期利率。而旧制度下的政府只会让投资者们对这两点都深感怀疑。

在自己对于信用工具和投机心理的深刻（但不完美）理解的帮助下，约翰·劳成功地创造了一场投机热潮，将利率降低到了他的目标水平。但他的手段不过是大量地超发货币，这就破坏了保持长期币值稳定的承诺。在如下雨一般的纸币的洗礼下，价格水平上涨了三倍。紧随其后的稳定化政策又使得通货紧缩达到了法国历史上前所未有的程度。从这个角度看，

---

① E. Faure, *La Banqueroute de Law*, Paris, 1977, p. 241.

"约翰·劳体系"的瓦解从一开始就是命中注定的。移居国外的爱尔兰银行家、投机商和经济学家理查德·坎蒂隆看出了这一点，并在2250里弗的价位上卖掉了自己持有的股份。他很明显售出得过早，因而错过了股票在秋季的进一步涨价。但他的逻辑是无懈可击的，他观察到约翰·劳在6月和7月不得不增发皇家银行的纸币来配合第二次和第三次股票发行，单从这一次纸币增发中，坎蒂隆就得出了约翰·劳的计划不可持续的结论。①

但更大的问题存在于约翰·劳的政治观念中。他认识到法国必须要学习商业共和国的财政模式才能在新的国家环境下生存，他对于密西西比公司的构想正是基于热那亚的圣乔治银行。但约翰·劳没能意识到的一点是，简单地将法国的公共债权人转变为公司持股人是不足以完成这一变革的。圣乔治银行（以及整个热那亚共和国）是完全由其公民持股人掌握的。而在约翰·劳的计划中，政治权力反而是前所未有地集中于凡尔赛。法国王室及廷臣把控着密西西比公司的关键性利益，法国政府拥有所有皇家银行的股份，买官者－金融阶层的消失移除了仅有的几个绝对主义王权的限制之一。约翰·劳虽然欣赏商业共和国的财政实力，但他远不能理解这种实力背后的政治基础。这一点从他的备忘录中就可以看得非常清楚。

　　在信用领域，正如在军事或立法权力中一样，最重要的是最高权力集中在一个人身上，其他所有的力量都要围

① A. Murphy, *Richard Cantillon*, *Entrepreneur and Economist*, Oxford, UK, 1987, pp. 79-83.

绕着这个人来运转。国家管理过程中必不可少的秘密性、服从性、纪律性和统一性都化为统一的意志。因而这个国家所有成员的信用都集中在国王一个人的身上，毫无疑问是要优于分散在众多个体中。[1]

约翰·劳认为法国可以在不发生政治革命的情况下完成财政革命。他没能意识到，这两者到头来是密不可分的。

四　南海贸易公司泡沫

密西西比公司的泡沫虽然很快就破灭了，但其背后至少还包含着真正宏大的经济构想，而其在海峡对面激起的反应则就没有这种尚可称道的优点了。

1715 年后，英国人已经开始以公共财政体系的优越性而自豪。1719 年底，一本题为《奇美拉，或对法国偿还公共债务手段的剖析》的小册子就总结了当时流行的观点。

法国国王多年以来都深深地嫉妒英国强大的公共信用实力。他们将其视为英国在战争中唯一的优势……没有任何战争技术上的优势能够和财富的优势相提并论，因为金钱是战争的基础。在现代战争理论中，被普遍承认的准则是：最大的钱袋，而不是最长的剑才能赢得胜利。

上一位法国国王尽管拥有对世界上最强大也曾经最富有的国家的绝对控制权，但他用尽了所有的智慧也不能在国内建立信贷基金……这位名叫信用的忸怩作态的女士，

---

[1]　Law, *Oeuvres complètes*, Vol. III, p. 80.

是不可能被花言巧语所俘获的。国王越是猛烈地追求她，她就离他越远。国王不得不屈辱地看着国家信用的垮塌。

我们国家的信用则在日渐增长。曾经，我们即使支付12% ~ 14%的利率都很难获得贷款，现在利率已经降到了4%，举债也非常容易。

但现在，让他感到恐惧的是，一个流亡国外的苏格兰人，一个在自己的故乡都没有任何名誉的所谓"先知"，将这一切颠倒了过来。

但现在法国的命运已经完全改变了……在一瞬间，法国的债务完全消失在阴影之中了；法国的民众把国王的债务接到了自己的手上。

但在作者的眼中，英国绝不应当学习法国的模式。

因此，在这一次，暴政胜过了自由；同样的事情绝不会发生在英国，即便是议会本身的权力也是有限制的。我们还承受着可赎回和不可赎回的债务，后者只有在99年之后才会终止……

请读者不要误会，我绝不是在将我们国家的特点视为一种负担，并为英国是一个背着如此沉重债务的自由国家而感到悲哀。恰恰相反，在我看来，一个债台高筑的自由国家要远胜于毫无债务的奴役之国……

英国公共信用的优势正是我们应该一直处于债务之中的原因。因为没有任何贷款给议会的人会在一时奇想之下，取回这笔钱并投资到不稳定的私人企业中。[1]

这些言论的确非常大胆，在某种程度上其分析也是准确的，但不幸的是，愿意将自己持有的公债换成"不稳定的私人企业"的公共债权人可太多了。

和密西西比公司一样，南海贸易公司也是由于与之相联系的股票投机泡沫而为人所熟知。但这个事件不仅是一个永恒的群众心理学案例，其背后还隐藏着一个往往被人遗忘的线索：两个对立的派系对于公共财政控制权的争夺。幸运的是，南海贸易公司最终在斗争中失败，而英格兰银行幸存了下来。我们很难准确地预测如果南海贸易公司胜利，结果会是如何。但考虑到公司的掌舵人所展现出来的不择手段和目光短浅，英国的政治及财政稳定性很难在他们的控制下得到改善。

毫不奇怪的是，南海贸易公司董事们的灵感来自约翰·劳的实验。正是南海贸易公司给密西西比公司的股票发行提供了模板，以丰厚的贸易利润吸引公共债权人将短期债务转换为长期债务乃至公司股权。在股票首次发行之后，两家公司的股价都出现了下滑，因为所谓的贸易利润并没能变成现实。密西西比公司尚且具有一些实际的利润前景，尽管可能需要长时间的投资才能实现；而南海贸易公司则毫无贸易收益可言。公司的设立是基于这样一个假设：在王位继承战争结束之后，西班牙将对英国开放美洲殖民地的贸易。但最终的和平条约是令人失望的，西班牙除了允许英国每年可以运往美洲殖民地一船奴隶之外，没有做出任何贸易上的让步。事实上，西班牙政府唯一

---

[1]　Anon. , *The Chimera*, pp. 1 – 9.

合乎逻辑的做法就是誓死保卫自己的贸易垄断权。考虑到西班牙国内经济的衰退，美洲贸易已经是政府主要的财源，其重要性还在进一步提高。丹尼尔·笛福将这一点表达得非常清楚。

> 只要西班牙人没有丧失理智，他们就绝不会抛弃自己在世界上唯一的资产。简而言之，除非我们将其彻底毁灭，否则他们不可能放弃西班牙王冠上的明珠——对美洲种植园的垄断贸易权。[1]

南海贸易公司最终没能从国际贸易中获得任何重要的财富。南美洲市场的开放要等到 100 年之后（在英国的帮助下）西属美洲殖民地的独立。但到了那时，大型垄断特许公司的时代已经过去了。1719 年南海贸易公司的股价的确从早期的 70 英镑涨到了 100 英镑及以上，但这并非由利润的增加导致的，而是来自英国利率的下跌。虽然公司持有的政府年金的利率由 6% 下降至 5%，股价继续上涨超过面值，但在 1718～1719 年，股价保持在 116 英镑，收益率约为 4.3%，和其他政府债券的收益率基本保持一致。

有着雄心壮志的公司董事们，绝不会对这种情况感到满意。他们最初来自"剑刃银行"（sword blade bank）。这是一家由托利党人控制的机构，长期以来试图取代由辉格党人控制的英格兰银行的地位。托利党人创建南海贸易公司的目的是破坏英格兰银行日益扩大的对公共财政的控制权。事实上，创始人很可能仅仅将南美洲的贸易视为他们更宏大的财政野心的跳

---

[1] Quoted in J. Carswell, *The South Sea Bubble*, London, 1993, p. 47.

板。但让他们感到恼火的是，在南海贸易公司股票发行取得初步胜利之后，英格兰银行又重新占了上风。英格兰银行不仅管理着罗伯特·哈利所发行的有奖公债，还负责管理后来发行的用来偿还有奖公债的利率为5%的年金券。1719年，英格兰银行几乎负责所有的短期公共债务业务，还包括1650万英镑可偿还年金以及340万英镑永续年金，与此同时，还有自己利润丰厚的银行业务。与之相反，南海贸易公司仅仅是一个持有920万英镑永续年金券的被动投资者。1718年之后，英国与西班牙处于战争状态，本就微薄的贸易利润现在完全消失了。约翰·劳于1719年在法国掀起的风浪对大多数英国人来说不过是一次不受欢迎的意外，却激发了南海贸易公司董事们的灵感：如果他们能够采取一些约翰·劳的策略，彻底消除英国的公共债务负担，他们可能决定性地将英格兰银行赶出自己的大本营。

这个计划的难题在于如何说服不可赎回年金的持有人放弃自己的特权，这也是1717年罗伯特·沃波尔没能解决的问题。南海贸易公司的董事们现在发现，密西西比公司的股价在秋季之后翻倍，法国的绝大多数食利者都获得了大量的资本收益。尽管很多英国人对密西西比公司的真实前景表示怀疑，但投机的热情是具有传染性的。董事们看到了一个绝佳的时机，以南海贸易公司诱导不可赎回年金券的持有人放弃他们的债券。

南海贸易公司的行为还有政治上的原因。1715年的事件极大地打击了托利党人的领袖，在此之前他们都在议会中占据多数。托利党人的领袖博林布鲁克一直在和老僭位者（詹姆斯·爱德华·斯图亚特）暗通款曲，因而在汉诺威王朝的乔治一世抵达英国之后不得不逃亡国外。一夜之间，所有的托利党人都被打上了叛国者的标签。对于一个向来标榜自己忠诚于王室的党派来说，这无疑是致命的。急于自保的党派成员迅速地投到了辉格党门下，南海贸易公司的董事们也在其中。这当然并不会改变旧的个人与机构之间的敌对关系。1717 年末，由财政大臣罗伯特·沃波尔领导的"纯"辉格党政府因失去了国王的信任而下台。由桑德兰伯爵组建的新政府任命约翰·艾拉比为财政大臣。艾拉比在罗伯特·哈利执政时期属于托利党，虽然他转换了阵营，但他的观念还是更倾向于"老朋友们"。在很多方面，1720 年的事件代表着旧托利党人试图证明自己有能力在辉格党人的游戏中击败他们。

新方案的领导者是一批来自南海贸易公司和剑刃银行的董事及职员，他们通常被称为一个"秘密团体"（the Junto）。团体的核心是南海贸易公司的创建者约翰·布朗特爵士，以及公司的秘书罗伯特·奈特。布朗特已经是一位有名望的议员，奈特的名声很小，但他的重要性丝毫不亚于前者。

> ［奈特］有着超常的才干、极大的野心和肆无忌惮的性格……历史学家用了很久才逐渐认识到他才是南海贸易公司计划的核心人物……当我们真正检视计划的残片时，我们发现他在其中的作用无人能及……布朗特献出了他的狡猾、权势和起草计划的才能，但奈特才是创新和魅力的来源。这些品质是他和约翰·劳所共有的，历史证据表明他们两人至少是关系紧密的熟人，甚至可能是朋友。①

---

① Carswell, *op. cit.*, p. 52.

奈特虽然和约翰·劳熟识，但将二人相提并论无异于对后者的侮辱。约翰·劳有着丰富的政治学与宏观经济学知识，他清楚地表明了自己的计划完全不适用于英国。法国当时正处在经济萧条期，（至少在他看来）能够轻易地承受大剂量的货币刺激。除此之外，法国想要和新形成的英国－荷兰轴心相抗衡就必须对公共财政体系做出彻底的改变。而与之相反，1719年英国正享受着经济繁荣，甚至已经处于过热的风险之中，因此，没有任何理由可以判断英国需要约翰·劳在法国创造的那种信用泡沫。除此之外，英国已经基本上完成了自己的财政革命。从长期来看，不可赎回的年金券只不过是一个很小的麻烦，并不需要大规模的债务转换计划来应对。

1719年下半年，南海贸易公司的小团体和政府大臣之间进行了多次秘密讨论。尽管在这之间传出过一些流言，但当艾拉比于1720年1月21日向议会提出，南海贸易公司愿意以非常优惠的条件接管所有的公共债务时，所有人都被震惊得哑口无言。有一些对南海贸易公司怀有敌意的议员提出应当邀请英格兰银行参与竞标。政府并不喜欢这个提议，但最终表示了同意。于是1月27日，南海贸易公司和英格兰银行同时向议会提交了偿还非特许公司持有的3.16亿英镑公共债务的提议。

　　大不列颠南海及美洲其他部分贸易渔业公司（南海贸易公司全称）反复考虑自己应当怎样更好地服务于陛下及陛下的政府，并表明自己献身于减轻公共债务的伟大

事业的热忱和决心。[①]

南海贸易公司的提议是用散文式的华丽辞藻写就的，而英格兰银行的提议则更加平实和有条理。但两份提议的内容基本一致。英格兰银行很明显被打了个措手不及，其目标主要是超过自己的对手。两家企业都提出以自己的股份交换民众持有的公共债务，并将换来的不可赎回的5%年金券一笔勾销。两家企业都要求发行与所交换债务面值相当的股份的权利。更重要的是，它们都没有明确自己将要发行给债券持有人的股份数量。由于两家企业的股票交易价格都在面值以上，因而它们可以用政府批准发行的股份总量的一部分来满足债券持有人的要求，剩余的股份可以在市场上出售以换取现金。

正是这一点对政府来说具有最大的诱惑力。将不可赎回的债券转换成可赎回的债券将极大地降低未来的利息成本，除此之外，两家公司还向政府提供出售剩余股份带来的额外的资金。根据所交换的债务数量，南海贸易公司提供了350万英镑，英格兰银行则提供了555万英镑。英格兰银行的股价约为150英镑，而其对手则不超过130英镑，因而它可以给政府更多的额外资金。英格兰银行还可以用更少的股份去交换市场上的债券，剩下更多的股份在市场上出售。英格兰银行的提议还有另一个优点，每100英镑没能转换的99年期年金将勾销双倍的新发行股票。这一点事实上保证了银行必须转换所有的不

---

① *The Schemes of the South – Sea Company and of the Bank of England, As Propos'd to the Parliament for the Reducing of the National Debts*, London, 1720, p. 3.

可赎回债券，而南海贸易公司则没有提供类似的保证。

英格兰银行确实给自己的对手造成了极大的挫败，但南海贸易公司和他们在政府中的盟友绝不会就此投降。在投标中加入额外的资金实际上将这场竞争变得不死不休。政府通过这种手段筹集的资金可以被用来威胁那些可赎回年金券的持有人，他们或者将债券转换成公司的股份，或者接受政府以面值赎回自己的债券。这笔钱还可以被用来偿还其他的债务，包括由这场竞标中失败的一方持有的年金券。双方都冒着极大的风险，胜利的一方将掌握绝大部分公共债务，而失败者将变得无足轻重。南海贸易公司还提出免费包销 100 万英镑的财政部债券，这是对英格兰银行垄断地位的直接挑战。

政府要求进行新一轮的投标。两家企业在 2 月 1 日提交了修改后的计划。南海贸易公司抓住了时机，将重点放在了给政府的现金回扣上。返还给政府的固定资金被提升到了 400 万英镑，除此之外，根据交换得到的 99 年期年金的数量，政府还可以获得最高可达 357 万英镑的额外资金。换言之，政府从南海贸易公司的计划中可以获得 757 万英镑的收益，约合债务总额的 15%。为了提供和英格兰银行类似的保证，南海贸易公司承诺支付没有交换债券的 1 年的利息。

与之相反，英格兰银行的第二份计划反而更加谨慎。提供给银行的现金回扣被小幅增加到了 567 万英镑，但完全取决于具体交换到的年金数额，没有任何固定的回报。更重要的是，英格兰银行明确了将要发行的股份数量。银行将以（面值为）2690 万英镑的新股份交换 3160 万英镑的债券，剩余的 470 万英镑的股份将在市场上发售。这些条件是非常慷慨的，也有一定的成功可能性。收支平衡的股票价格约为 121 英镑，在这个价位上，债券持有人收到的股票价值不低于自己原先的资产，同时政府也能收到足够的"小费"。尽管支付给政府的资金会降低股票价格，但这是英格兰银行能够承受的。即使价格由债务－股权交换之前的 150 英镑下降 20 英镑，达到 130 英镑，银行的董事依然可以接受。他们的策略很大程度上是防御性的，加入大量新股东带来的股价下跌总要好过对手的全面胜利。

南海贸易公司在投标书的结尾呼吁政府给予自己优先权，并提出可以匹配英格兰银行的任何报价。

> ［南海贸易公司］反复强调是自己首先提出减轻国家债务负担的倡议，因而议会应该看在它表现出来的预见性、计划性和对国家的热忱上给予其偏爱。除此之外，它还愿意匹配另一家公司提出的任何条件。①

它本不需要如此费神。议会根本没怎么注意英格兰银行投标的细节，议员的眼睛完全被南海贸易公司提供的 750 万英镑巨款吸引住了。当然，议员中有很多公债持有人，但他们中的大多数依旧是那些在 1710 年支持罗伯特·哈利的乡绅。他们很难理解复杂的金融与财政事务，但高债务意味着高税收对他们来说则是显而易见的。任何减轻公共债务负担的提议都会得到他们的支持，而南海贸易公司的计划则是其中条件最优厚的。他们同时也对英格兰银行抱有根深蒂固的不信任。因此，两家公司的投标并没有在议会中引起长期辩论：南海贸易公司

---

① *The Schemes of the South-Sea Company*, p. 7.

的提议被口头表决通过。

在接下来的一天之内南海贸易公司的股票就上涨，并超过了 160 英镑，而英格兰银行的股价则迅速下跌。每个人都认为英格兰银行的时代已经过去了。但这并非事情的重点，还有一些程序上的问题需要解决，必须要起草一份议会法案，并交由两院和国王批准，这要等到 3 月 23 日才能完成。因此，英格兰银行和自己的盟友在此期间继续做着最后的抵抗。它们的进攻策略是要求南海贸易公司提供其给债券持有人的详细条件，而这正是后者坚决拒绝的事情。南海贸易公司拒绝的原因牵涉后面发生的灾难的核心。

我们必须明白，无论两家企业中的哪一家获得投标的胜利，其构成的新"巨型企业"的股价都不会有很大的不同。政府将支付资本总额 3160 万英镑的 5% 给获胜者。这笔收入加上公司交换来的年金（利率也为 5%），利息收入将使无论哪一家公司之前的财源都显得微不足道，因而获胜企业的盈利能力是很容易被市场预测到的。英格兰银行的确因为自己的银行业务而占据些许的优势，但来自银行业的利润完全不能和来自政府债务的相提并论。

英格兰银行设定了在合理范围内的最高价格。它给自己留下了足够的余地，使得交换债券之后剩余股份的价格能够接近扩大后企业的长期市场价值。而南海贸易公司向政府提供的资金要比英格兰银行多 200 余万英镑，这表明它已经将所谓的谨慎抛在脑后了。如果它向债券持有人提供和英格兰银行一样多的股份，想要达成给政府提供的资金目标就必须将股价定到 161 英镑以上。但考虑到公司股票的实际价值不太可能高于

292 / 债务与国家的崛起：西方民主制度的金融起源

125 英镑，没有人会支付这样的价格。①

　　当然，尽管南海贸易公司的董事们在自己的第二次投标中承诺匹配英格兰银行的任何报价，但他们绝不会让自己陷入这种境地，否则计划就会破灭。这一点他们和英格兰银行的支持者都是非常清楚的。接下来的几周见证了英国历史上最厚颜无耻的贿赂攻势之一。罗伯特·奈特用一本"绿皮书"记载了他给权贵们"分配"的股份，这些股份尚未发行，其认购款项可以延期支付。政府的首席大臣桑德兰伯爵收到了价值为 5 万英镑的股份，价格为 175 英镑。财政大臣艾拉比以 170 英镑的价格获得了 2 万英镑，国务卿克拉格斯以 175 英镑的价格获得 3 万英镑。27 位议员"购买"了 8.1 万英镑，6 位王国贵族瓜分了 3.8 万英镑。除此之外，国王的情妇肯德尔公爵夫人和她的两个女儿每人以 154 英镑的价格获得了 1.2 万英镑的股份。我们尚不能确定乔治一世自己和威尔士亲王是否直接获得了股份，但这种可能性是不能排除的。在股票发行之后，这些贿赂的股份带来的利润总额高达 40 万英镑。②

　　3 月 23 日的下议院辩论持续了 6 个小时。所有的重量级人物都出席了。罗伯特·沃波尔和阿奇巴尔德·哈奇森这样有财政头脑的人领导了南海贸易公司计划的反对派，但他们没有获得成功。投机的热情已经占了上风。他们徒劳地试图警告议会南海贸易公司现在的股价——在辩论进行时于 270 ~ 380 英镑之间剧烈波动——和其实际价值相去甚远。③

---

① 这意味着股票的市场收益率为 4%，和当时的公债市场收益率大致相当。
② Carswell, *op. cit.*, pp. 95 – 96, 101, 103.
③ Carswell, *op. cit.*, p. 101.

如果事实确实像我坚信的那样：南海贸易公司现在的高股价是没有任何根据的，那现在的投机狂热就不可持续……大不列颠的议员难道不应该担起责任，采取预防措施避免成千上万个家庭的毁灭吗？[1]

沃波尔向议会提交了一份修正案，命令南海贸易公司明确其债转股操作的具体条件。财政大臣艾拉比坚持自己团伙的路线，声称交换条件一旦被确定，公司的股价就会下跌，这将危及整个计划。这一点当然是事实。在南海贸易公司没有任何实际利润增长的情况下，唯一能推动股价上涨的动力就是像密西西比公司那样的投机收益。股价的下跌将打击南海贸易公司股票的投机热情，进而暴露其基本面的弱点。对于国家的未来来说，完成这次债转股交易看上去是必须的，因而沃波尔及其同盟的意见被无视了。修正案被议会驳回。对于英格兰银行来说更糟糕的是，除了在银行创立时获得的 120 万英镑之外，它持有的所有年金券都将在下一年被赎回。[2]

一部分历史学家认为，南海贸易公司有可能最初计划的是一个更为审慎，也有一定成功机会的计划。在第一次投标中它向政府提供的 350 万英镑是在其支付能力之内的。也许正是和英格兰银行的竞争才迫使南海贸易公司将筹码提升到必须刺激投机泡沫才能实现的程度。换言之，南海贸易公司和不得不将密西西比公司的发行价定为 5000 里弗而非更符合实际的 2500 里弗的约翰·劳处于同一境地。

---

[1] Archibald Hutcheson, 31 March 1720, quoted in Dickson, *op. cit.*, p. 102.

[2] Carswell, *op. cit.*, p. 102.

但不幸的是，并没有任何证据证明这一观点是正确的。南海贸易公司和剑刃银行的核心领导成员并没有约翰·劳那样的宏观经济计划，驱动他们的完全是对权力和财富的贪欲。尽管他们很可能根本不清楚在 1720 年的环境下公司的股价能上涨的程度，却计划在交换过程中留出尽可能多的股份来出售以赚取"利润"。换言之，他们的目标不仅是要筹集给政府的回扣，还要给公司自己留下一大笔钱。

对于现代人来说，将增发股票所获得的收益视为"利润"是不可理解的。但当时几乎所有的小册子都持这样的观点。可能在 1720 年，现代会计原则还没能真正扎根到大型股份公司当中去。公众将南海贸易公司提供的资金视为公共财政的"收益"，这一点也可能使公众误认为整个出售股票的过程也会给公司带来"利润"。无论真正的原因是什么，正是这种误解导致了全国范围内的投机狂潮。

将这种错误的逻辑推向极端，没有意识到发行新股票会稀释旧的股权收益的人们开始相信：

> ……南海贸易公司的股价越高，购买人获得的收益就越多。价格 300 英镑的一只股票内在价值为 448 英镑，而价格为 600 英镑时其实际价值为 880 英镑。

换言之，在不考虑新发行股票的情况下，股票的发行价格越高，公司募集的资金也就越多，每股代表的资产价值也就越高。这当然是彻头彻尾的无稽之谈，一位匿名的议员（几乎可以确定是阿奇巴尔德·哈奇森）在一本小册子中对此进行了驳斥。

[在这种逻辑之下]，那些购买新发行股票（即在完成债务－股权交换之后剩余公开发售的股票）的投资者向这家公司投入了 61973242 英镑 13 先令的巨款，除了捐赠的愉悦和满足感之外什么都得不到。因为所有的资产都被现有的股东拿走了，没有任何东西剩下来给他们。如果这一计算是正确的，那这些投资者一定是完全丧失理智了。倘若南海贸易公司真的想让他们认为自己购买的股票也价值 448 英镑 15 先令的话，那这将是自上帝创世之初到 1720 年 5 月 9 日为止最严重的欺骗。①

这位匿名作者计算得出的增发股份后的每股实际价值为 221 英镑，而非 448 英镑。并且一针见血地指出"这当然是旧股东的收益，但它是建立在新投资者的损失基础之上的"。

8 月发生的事情甚至超过了"自上帝创世之初到 1720 年 5 月 9 日为止最严重的欺骗"。公司想要筹集的资金总额高达 6200 万英镑，作为对比，当时英国的 GNP 也只有 6000 万英镑。尽管计划本身存在着不合理性，但公司的计算方式是非常简单的。在股价为 300 英镑的情况下，公司将以 1030 万英镑的股票交换 3100 万英镑的公债，剩余 2070 万英镑的股份将以 300 英镑的价格售出，6200 万英镑就此诞生。

正是在这一点上，南海泡沫案和密西西比公司有着最明显

---

① Anonymous Member of the House of Commons, *Some Seasonable Considerations for Those Who are Desirous, by Subscription or Purchase, to Become Proprietors of South Sea Stock: With Remarks on the Surprising Method of Valuing South－Sea Stock, Publish'd in the Flying－Post of Saturday, April the 9th, 1720, London.*

的区别。约翰·劳从未试图从公众那里攫取额外的资金。由密西西比公司筹集的 17 亿里弗除了一小部分被用来购买铸币权之外，全部被用于偿还政府的债务。密西西比公司的股价是基于其在 5000 里弗的发行价格基础上支付 4% 的股息的承诺，之前的公债利率也是 4%。即使这一股息率水平在短期内是难以实现的，但 3% 则绰绰有余。而且由王室和皇家银行持有的股份收益至少延期一年支付，而其他持股人的则获得了全额支付。与之相反，在 300 英镑的价格上，南海贸易公司的收入只能支持 1.67% 的股息率。唯一有可能的途径是公司将筹集到的钱进行高收益率的投资。当然，大多数的债券持有人根本没有进行类似的计算，他们交换的目的只不过是投机获利。

无论如何，我们很难不怀疑英国的投资者比法国的更好欺骗。债券交换根本不是在 300 英镑的价格上发生的，实际的交换价格要远高于此。4 月 14 日，第一批交换的价格为 300 英镑，只提供给以现金支付的认购者。这一次交换筹集了一定的资金，并为后续的发行囤积了一部分利息。大部分 99 年期年金券都被用在了 5 月 19 日的交换中，交换价格为 375 英镑，使用现金认购股份的人则要支付 400 英镑。在这之后市场正式起飞，在 5 月底股价超过了 600 英镑，而到了 6 月底则达到了 950 英镑。6 月的第三次认购依然只对现金支付者开放，价格为 1000 英镑。最后一次股票发行发生在 8 月，价格也为 1000 英镑。站在这个时间点上回看，3 月底 300 英镑的价格似乎是过于谨慎了。

2 月，英格兰银行提出以 2690 万英镑的股票交换 3160 万英镑的债务。到 8 月时，南海贸易公司只需要拿出 850 万英镑股票就可以交换 2600 万英镑公债。因此，公司还剩下 1750 万英镑股票可以在市场上销售，几乎相当于英格兰银行预计剩余的 4 倍。南海贸易公司在泡沫破灭之前只卖出了其中的一半，但被认购的总额不低于 7500 万英镑。[①] 4 月份提出的近乎妄想的数字现在看起来已经太保守了。

当然，这些股份只是得到了认购，实际的交割并没有发生。毕竟支付超过 GNP 数额的资金是不可能的。全国的货币供给总额不会超过 1500 万英镑，只有通过信用手段才能创造真实偿付的假象。这正是南海贸易公司团队从约翰·劳那里学到的一点。每一次新股票发行都伴随着更为宽松的偿付条件。首次发行的支付被延展到了 6 个月，第二次发行为 27 个月，第三次发行是规模最大的一次，筹集到了 5000 万英镑，支付期限达到了 54 个月。这些条件比约翰·劳提供的还要优厚。除此之外，南海贸易公司团体还借用了约翰·劳的另外一个策略，利用剑刃银行进行金融投机。6 月，剑刃银行可以接受股票作为抵押发放贷款，每股可以获得 400 英镑。即使是没有完全支付的股票也可以进行抵押。换言之，一个认购者可以花 1000 英镑获取 10000 英镑的股份（剩余的部分可以在 54 个月内支付），然后立即拿自己获得的股票作为抵押从剑刃银行那里取得 4000 英镑的贷款。[②]

1720 年的伦敦呈现的景象足以和 1719 年的巴黎相媲美。事实上，一大批热钱正从巴黎转往伦敦。正如康坎布瓦大街的混乱一样，南海贸易公司的股票交易也避开了皇家证券交易所，而在其附近的小巷和咖啡馆进行。和法国的情况类似，大

---

① Dickson, *op. cit.*, p. 136.

② Dickson, *op. cit.*, pp. 125, 143.

批的外国投资者、各种本地的业余人士乃至一般的平民都依次
加入了进来。看上去无穷无尽的资金供应与投机热情激发了各
种各样的创业项目。有一些是有盈利前景并且很巧妙的，如保
险业和钢铁产业。另一些可能时效过于长远，但最终将在另一
代人手中成为现实，如"未知南方大陆"（Terra Australis，即
后来的澳大利亚）的金矿。还有一些完全是恶作剧，其中最
出名的是"从事无人知晓的伟大事业的公司"。

5 月和 6 月初出现了超过 100 个这样的"小泡沫"，它们
对南海贸易公司团体计划中的第三次大规模股票增发造成了威
胁。议会立即通过了《泡沫法案》，除了那些已经获得政府特
许状的企业之外，禁止一切新增的股份公司。

和法国的皇家银行相比，剑刃银行并不是一个强有力的制
造货币的工具。英格兰银行也绝不会帮助自己的宿敌。这使得
英国免于法国那样的恶性通货膨胀。事实上，南海贸易公司团
体没有任何意愿去为除了自己之外的其他企业融资，这也正是
《泡沫法案》的目的所在。但股票价格的上涨必然会波及经济
的其他领域。正如在法国一样，土地价格上涨到了租金的 15
倍，很多投机者成功地将股票收益变成了土地。有些小册子的
作者甚至极为认真地建议南海贸易公司"买下王国内的所有
土地"①。

在这种投机狂热下，保持"举世皆醉我独醒"的态度是
一件非常困难的事情。艾萨克·牛顿在 4 月卖掉了自己所有的
股份，表示："我可以计算出天体运行的轨迹，却计算不出人
心的疯狂。"托马斯·盖伊是从 1711 年开始的公司初始股东，

---

① Anon. , *A Letter to a Director of the South - Sea Company*, London, July 1720.

他在 5 月和 6 月也卖空了自己的股份，并接受了比市场低得多的价格来换取硬币。他获得的实际收益为 23.4 万英镑，并用这笔钱创办了盖伊医院。这家医院后来被一些历史学家称为南海泡沫案留下的唯一有价值的东西。① 阿奇巴尔德·哈奇森继续着自己对投机者的批评。大约有 20% 的不可赎回年金的持有人保持了冷静，没有用自己的债券交换南海贸易公司的股票。罗伯特·沃波尔本已在 3 月以低于 200 英镑的价格卖空了自己持有的股票，但最终没能禁住投机热情的诱惑，他完全凭借好运气才避免了认购最后一批股票。即使是英格兰银行也将自己持有的 29 万英镑年金券交换了南海贸易公司的股票。② 这一定会让约翰·布朗特和他的小团体感到极大的满足。

当然，这个泡沫存在的时间也绝不会比密西西比公司的更长。当股份的应付认购资金在秋季出现问题的时候，泡沫上开始出现裂纹。除此之外，聪明的投资者（其中很多是外国人）开始将投机收益转移到国外。正如法国的里弗在春季一样，英镑也崩溃了。到了 9 月底，南海贸易公司不得不寻求英格兰银行的帮助——在不到一个月之前，它还在庆祝英格兰银行的彻底投降。剑刀银行于 9 月 24 日关门。正如法国一样，清算的过程开始了。到年底时公司的股价已经跌到了 200 英镑以下——即便是这个价格也含有之前乐观情绪的残余。最终，股价将回到最初的 100 英镑。

英法两国后续的历史还有着一系列的金融灾难和市场崩溃，法国大革命所造成的财政混乱将和密西西比公司不相上

---

① Carswell, *op. cit.*, pp. 108, 113.

② Dickson, *op. cit.*, p. 277.

下，但在纯粹金融方面，大革命很难在复杂性和无节制上超过
1719~1720年的密西西比公司。在英国，南海泡沫案这样的
事件几乎再未发生过。在8月份的第4次股票发行之后，南海
贸易公司理论上的市场价值达到了2.8亿英镑，这相当于英国
当时GNP的4倍。相比之下，现在伦敦证券交易所中国内股
票和政府债券的总和还不到GNP的两倍。

第六章　困境

是的，先生们，我不惧怕重复这一点……公共债务才是我们自由的萌芽。

——米拉波在国民公会上的讲话，1789

风暴平息了。当投机者审视自己幻梦的残片时，怀疑取代了之前的轻信。在巴黎，对于密西西比公司的憎恨是如此的强烈，以至于所有"约翰·劳体系"的账目都被公开焚烧。平静最终恢复了，随着时间的推移，人们开始将这一时期发生的事情视为对人性弱点和愚蠢的永恒的纪念碑，能够及时地提醒政府遵从正统的财政原则。1720～1730年，英法两国都以各自不同的方式执行了保守的财政政策——避免战争、预算平衡（或者接近平衡）以及稳定货币。减轻国家债务负担的工作在英国被交给了偿债基金，而在法国则回到了食利者阶层的手中。

这是否意味着公共债务再也不会引发像1720年一样的事件呢？答案显然是否定的。在1788年8月6日，法国的波旁王朝宣布停止偿还一部分的债务。以法国历史上其他的债务违约情况作为标准来衡量，这只不过是一次很小的波动。财政状况的确很严峻，但其程度远不及1596年、1708年和1715年。在最初的恐慌之后，市场很快稳定下来。在接下来的几个月中，投资者逐渐将这次违约视为一次暂时性和策略性的操作（相当于美国总统比尔·克林顿和1995年由共和党掌控的国会之间关于预算的对峙期间美国政府的关门），相对而言保持了镇定。但 1788 年的违约直接导致了 1789 年的法国大革命，米拉波将公共债务视为旧制度的"阿喀琉斯之踵"，持这种观点的绝不仅他一个人。

在这个世纪中，究竟是什么彻底地改变了公共债务的政治后果？1710~1720 年的法国处于经济萧条和贫困之中，君主先是一个不受欢迎的战争狂人，而后是一个小孩子，但它承受住了波旁王朝历史上最严重的财政危机，没有发生严重的动荡与变革。而 18 世纪 80 年代的法国则拥有着繁荣的经济，路易十六也绝非不受欢迎的国王，而且正处在自己的盛年，但一次小得多的财政危机导致了欧洲历史上最剧烈的政治革命。这种变化的原因将触及本书所讨论问题的核心。

一　清算

尽管在 1720 年之后英法两国都回归了传统的财政体系，但它们对于"传统"显然有着完全不同的认识。在法国，约翰·劳的垮台伴随着本土金融家的回归。他们的领袖是新的财政总管帕里斯·迪韦奈。在自己权势的鼎盛期，约翰·劳曾经建议金融掮客（gens d'affaires）和买官者应该被归入私人经济部门中。尽管历史在长期内站在他这一边，但在 1720 年的动荡之后，旧体系看上去显然更加可靠。约翰·劳体系的崩溃只是加强了金融阶层对法国财政体系的控制。

除此之外，公众对于银行业和证券业产生了极大的怀疑，甚至接近于憎恨。康坎布瓦街道上的非正式交易市场（在 1720 年交易活动迁移到了其他的一些临时场所）被关闭了。1724 年，官方新建了一间交易所，交易被限定在有许可的经纪人和限定的时间之内。皇家银行也被关闭了，而且没有任何继承机构。

"银行"和"银行家"这种词本身就成了人们唾弃的对象。巴黎与伦敦乃至阿姆斯特丹竞争欧洲金融中心的日子已经过去了，普通的法国人现在更愿意将自己的黄金藏在床垫下面。

法国传统的财政观在处理约翰·劳体系遗留下来的大量文件和合同的过程中也体现了出来。政府的唯一目标是回到一切开始之前的状态。在约翰·劳掌权的最后六个月（1720年6~12月），皇家银行持有的密西西比公司的股票被宣布勾销，银行发行的纸币被逐渐交换为一系列的政府债券。1721年2月，政府设立了一个委员会审查所有的合同和债务。所有卖出换取纸币的土地都可以用原价赎回；买官者回到了自己的职位上，密西西比公司的职权被大大削弱；那些用债券交换了密西西比公司股份的债权人被授予等额的新债券。被认定为投机者的人（所谓的"密西西比人"）则受到了完全不一样的对待，他们能获得的补偿金总额仅略多于10亿里弗。1722年，政府专门为那些逃掉了泡沫破灭打击的财富设立了特别税收，总共获取了1.88亿里弗（毫无疑问，正是那些新发家的人受到了最大的打击。有权势的廷臣基本保全了自己的投机收益）。在委员会完成了工作之后，其记录被公开焚毁，以表示未来不会再出现类似的事件。

正是路易十四遗留下来的债务引起了后来的"混乱"，政府最终解决这个问题的方式也是传统的。王室敕令中表达的原则非常清楚："政府决定将公共债务降低到国家能够承受的比例。"① 1718年之后的金融动荡增加了政府的债务总额，委员

① Edict of June 1725, quoted in F. Marion, *Histoire financière de la France depuis 1715*, Vol. I, Paris, 1914, p. 110.

会审查的纸币、公司股份和公债总额达到 30 亿里弗。1724年，这个数额被降低到 16.4 亿里弗。利息总额不超过 4700 万里弗，其中永续年金利率为 2.5%，利息为 3100 万里弗；终身年金利率为 4%，利息为 1600 万里弗。加上一小部分没有被密西西比公司损失的终身年金，政府所欠利息总额为 5150万里弗，仅仅是路易十四去世时的一半。① 货币的贬值也同样重要。德马雷在 1714～1715 年勉强将里弗恢复到了战前的水平，1 里弗相当于 8.3 克白银。到 1720 年年中时，货币贬值到相当于 2 克白银。皇家银行纸币的逐渐退出流通使得货币价值在1721 年又回到了约相当于 3.5 克白银。到 1726 年时，币值最终稳定为 4.45 克白银，相比柯尔贝尔时代依旧贬值了约 50%。

我们无法准确计算出从德马雷到帕里斯·迪韦奈之间债务勾销的累积效应，但可以估计出普通食利者至少丧失了最初合约商定金额的 3/4。这可能是旧制度时期金融阶层最大的一笔损失。如果这种程度的违约发生在 1715 年，食利者们可能会掀起一场新的"投石党之乱"。但在约翰·劳体系崩溃后，整个金融阶层很自然地不愿意采取过激行为，因此，可以说约翰·劳在不经意之间延长了旧制度的寿命。

在某些方面，英国的情况和法国类似，很多公债持有人失去了大量的资产。政府被指控默许（至少也是没能阻止）对公债持有人的欺诈。正如约翰·劳逃离了法国一样，罗伯特·奈特也不得不逃离英国。南海贸易公司团体的资产被彻底充公，正如约翰·劳和"密西西比人"的遭遇一样，王室和大贵族在危机中扮演的角色也同样被掩盖了。罗伯特·沃波尔一

① Marion, *op. cit.*, pp. 63, 111 – 112.

方面做出要将罗伯特·奈特绳之以法的样子，另一方面在暗地里确保他安全地待在国外，避免他尴尬的关系网在调查中曝光。大贵族的支持是沃波尔能执掌政府22年的原因之一。在此期间，南海贸易公司给政府提供的750万英镑回扣没有被提及，正如在法国密西西比公司中"国王的份额"（*trésor du roi*）也在约翰·劳体系瓦解时消失了一样。"股份公司"（joint stock company）在英国也变得如法国的"银行"（*banque*）和"银行家"（*banquier*）一样，成为令人唾弃的词。直到1802年，在拿破仑执政时期法国才建立了法兰西银行。① 英国的《泡沫法案》规定所有的股份公司都必须要获得议会的特许状才能成立，这一法案直到1824年才被撤销。

在这些相似的表象下，两国对于危机的解决方案却有着根本性的差异。尽管南海贸易公司的股东和债权人并未完全根据初始合同解决危机的遗留问题，但政府也没有尝试逆转一切。10月，罗伯特·沃波尔重掌权柄。作为南海贸易公司最出名的反对者，同时也是唯一有足够财政才能的辉格党人，沃波尔试图将政府从自掘的坟墓中解救出来。他很快意识到，如果政府不在解决危机中起主导作用，而是让其在法律体系中自行解决的话，稳定的恢复将花上非常长的时间。他采取的政策遵循最小阻力的原则，所有未支付的分期缴款认股和90%的以认购股份担保的债务一笔勾销。公司新额定的股份将以每股300英镑的价格按照实际缴纳金额分配给认股人。这极大地减轻了

---

① 波旁王朝在1776年也建立过中央银行（*caisse d'escomptes*）。值得注意的是，这家银行的创始人没有将"*banque*"这个词加入名字中。这很可能是为了减少民众对这个机构的敌意。

以现金认股的投资者的负担，因为他们普遍只支付了第一期的款项。剩余未发行的股份则按比例分配给股东。同时，尽管遭到了托利党后座议员的激烈反对，政府放弃了南海贸易公司协议提供的 750 万英镑的回扣。除了"生存"必需的资金之外，南海贸易公司和剑刃银行董事的资产都被充公并转移到南海贸易公司的账户上，以为大多数股东的利益服务。

沃波尔的政策极大地帮助了现金认股人，对于公共债权人的损失也起到了一定的缓和作用，但这并不足以让他们完全免于损失。政府并未试图将南海贸易公司获得的年金还给公共债权人，也没有把现金认股人投入的资金还给他们。他们持有的依然是扩张后的南海贸易公司的股份，其股票价格又跌回到泡沫之前的水平。到 1721 年底时，股票的市场价格不高于 100 英镑。即使考虑到新股东在交换中获得的额外股份，他们也在这场投资中损失惨重。99 年期年金的持有人损失最轻，因为他们的资产在交换中估值极高，但即便是他们也面临着 25% 的资产损失。32 年期年金的持有人现在能获得的收入只有原来的 43%，他们的债券被换成了永续年金。可赎回债券的持有人遭受了接近 50% 的资产损失，由于政府从未真正有计划偿还这一部分债务，他们的实际损失就更为严重。现金认股人的损失也将近 50%。[1]

哪些人获利了呢？由于政府并未试图扭转之前的交易结果，因而很多人确实获得了投机收益。我们无法准确估计他们获利的总额。尽管政府没有获得南海贸易公司许诺的 750 万英

---

[1]　P. G. M. Dickson, *The Financial Revolution in England: A Study in the Development of Public Credit 1688 – 1756*, London, 1967, p. 185.

镑，名义债务总额也略有上升，但政府本身绝对在赢家之列。政府每年应付公债利息降低了 3 万英镑。在 1727 年，公债利率被降低到 4%，应付利息又减少了 37 万英镑。除此之外，政府还实现了最初的目标：将几乎所有的公债都转换为可赎回的。至少在这一点上，政府没有允许投资者重新获得之前持有的不可赎回年金。当然，最主要的获益人是南海贸易公司的旧股东。尽管最终股价跌到了和 1719 年差不多的水平，但他们在 1721 年股权分配中获得的额外股份使得他们的收入至少增加了一半。因此，南海泡沫案最重要的财务后果不过是将财富由一部分公共债权人的手中转到了另一部分公共债权人的手中。

因此，在英国，自由市场的原则和私人契约的神圣性并未完全遭到颠覆。除此之外，值得注意的一点是，英国人非常不愿意干扰法律程序的正常运转。正如下议院在其决议中所言：

> 当我们首次开始考虑这项复杂而且牵涉范围甚广的事情的时候，我们认为最理性的做法是让法律程序裁决各人财产的归属。因此，我们决定，除了南海贸易公司的财产以外，不会对任何人给予额外的救助或处罚。[1]

在这一点上，两国形成了鲜明的对比。法国政府的指导原则是尽力推翻过去两年内发生的一切交易，投机者的收益也被没收或用税收的办法征走。政府完全放弃了一切用自由市场减轻公共债务的尝试，而是回到了老路上去：通过拒绝支付部分本金和单方面强行执行低于市场的利率来解决自己的问题。

----

[1] J. Carswell, *The South Sea Bubble*, London, 1993, p. 229.

因此，南海泡沫案给英国造成的损失要小于密西西比公司给法国造成的损失。1720 年的《泡沫法案》的确在工业革命的早期阶段起到了负面的作用。政府对于公共债权人遭到的巨额损失感到非常不安，因而后来即使在市场条件允许的情况下，政府也没有尝试降低公债的利率。因此，南海泡沫案的主要作用反而强化了 1688 年以来英国的新财政体制。正如法国一样，政府放弃了大规模的财政实验，而回归到经过了实践检验的旧方法上去。但在英国，"回归旧制"意味着回到已经为英国人熟练掌握的"荷兰式"财政，而不是臃肿又昂贵的旧制度。

这一点在危机之后英格兰银行地位的强化上得到了很好的体现。在数周之内，英格兰银行不仅生存受到了威胁，还遭到了宿敌的羞辱。但到了 9 月下旬，南海贸易公司反过来要仰英格兰银行之鼻息。在政府的救市计划中，英格兰银行将购买 300 万英镑南海贸易公司股票，来为公司提供一定的流动性。作为这种让步的代价，南海贸易公司的现金储备从此以后都要存入英格兰银行，而非之前的剑刃银行。正如英格兰银行的主要谈判人员吉尔伯特·希斯科特爵士所言："如果南海贸易公司要与英格兰银行结为连理，它就不能拥有情妇。"在 4 天之后剑刃银行就不得不关门停业。这个一揽子计划由于之后爆发的金融危机从未真正完成，但这也标志着再也没有人能够威胁到英格兰银行在公共财政中的绝对主导地位。南海贸易公司最终的确成了最大的国债持有人，在约 5400 万英镑的国债总额中它拥有 3300 万英镑。① 但到了这时，南海贸易公司基本上

---

① 在南海泡沫案刚刚结束的时候，南海贸易公司持有的政府债务总额为 3700 万英镑，但其中 400 万英镑在公司重组过程中被卖给了英格兰银行。

只是一个空壳。1723 年，公司资本的一半被转换成永续年金券，公司的新持股人只对定期获得收益感兴趣。南海贸易公司于 1750 年全面停止了贸易经营活动，成为财政部的一个附属机构。

与之相反，英格兰银行的资本增加到 900 万英镑，并且对公共债务拥有事实上的垄断权。财政部债券是一种非常方便且低成本的短期融资工具，因而其他的短期公债都被搁置不用。到 1750 年时，除南海贸易公司之外，83% 的公共债务都由英格兰银行管理。

二 统治阶级

所谓"荷兰式"财政实际上是一个政治 – 财政等式。在其财政的一端，政府的公共债务完全由可赎回年金构成，其管理工作交给完全由商业利益控制的中央银行负责。等式的政治一端最好的表达来自法国的圣西蒙公爵："［英国］和荷兰共和国一样，其财政完全由为政府提供资金的人控制。"换言之，政府本身也受控制了英格兰银行的商人阶层的支配。这一条件是更加难以满足和维系的。英格兰银行的董事中并没有内阁成员。政府基本上由控制着大多数国民财富的土地阶层所把持。很明显，英国政府绝不能和商业共和国的政府相提并论，后者几乎完全由商人和银行家统治。在热那亚，圣乔治银行的一万名股东实质上就代表了全体公民，荷兰共和国的情况也基本类似。英国想要达到这一步还有很长的路要走。在 18 世纪中期，英国的公共债权人总数在 5 万 ~6 万。这个数字本身相当可观，但和英国的选举人总数——30 万人相比，依然只是很小的一部分。① 到了拿破仑战争期间，政府债务的爆炸式增长才使得公共债权人在选民中占了多数。在 18 世纪英国这样以农业为主的国家，统治阶级的构成要比商业共和国复杂得多。

罗伯特·沃波尔是英国土地利益和商业利益之间妥协的缔造者，这种妥协成为英国后来强权地位的根基。在他的一生中，沃波尔都是坚定的辉格党人，但党派路线并不能代表他掌权时期政府的全部特征。他从托利党的倒台中获益颇丰，托利党人的部分领袖在 1714 年君主更替时表现出来的亲斯图亚特王朝的倾向把他们排除在了汉诺威王朝的政府之外，南海贸易公司泡沫的破灭又暴露了他们在财政上的无能。尽管提出南海贸易公司计划的内阁在名义上是辉格党的，但人们普遍认为财政大臣艾拉比和南海贸易公司的董事在心底并非真正的辉格党人。罗伯特·哈利在之前扭转公众对于托利党"财政上的侏儒"的印象的努力被南海贸易公司毁于一旦。尽管依然有很大一部分人认为公共债务是威廉三世和辉格党人强加给国家的不必要的负担，但几乎所有人都认同，只有辉格党人有能力将自己制造的"烂摊子"清理干净。沃波尔在处理南海泡沫危机时展现出来的手腕和信贷市场信心的迅速恢复证明了这一点。1723 年，托利党人罗切斯特主教弗朗西斯·阿特贝里主导的詹姆士二世党人阴谋曝光。这使得沃波尔牢牢地掌握了权力，并几乎剿灭了所有的反对派。

在这种政治环境中，托利党人在一段时间内不太可能在下

① J. Cannon, *Parliamentary Reform 1640 - 1832*, Cambridge, UK, 1973, p. 30, estimates the 1754 electorate at 282000.

议院占多数。为了确保自己的胜利，辉格党人撤销了 1694 年的《三年法案》。这一法案一直以来是议会权力的支柱之一，它规定无论政府财政状况如何，每 3 年必须进行一次选举。辉格党把这一期限延长到了 7 年。沃波尔还利用了选举体系的弊病。英国的选区是从中世纪沿袭下来的，和人口状况基本没有关系。因此，有很多几乎没有人的选区可以轻易地用现金和人情收买，而当权者永远比反对派能拿出更多的好处。因此，辉格党人虽然在选举人中占少数，但他们能够占据议会的多数席位。这些"口袋选区"（pocket borough）和"腐败选区"（rotten borough）直到 1832 年的议会改革才被彻底扫除。

我们并不能将沃波尔的政治策略完全归为铲除异己。《宗教考察法》的确禁止了天主教徒担任公职，穷人在沃波尔的体系中也没有任何位置。但在当时，无论是欧洲还是亚洲、共和国还是君主国的政府都有着类似的特点。沃波尔的真正成就在于创造了新教统治阶级内部对立的双方达成和解与共识的基础，他的宗教政策将这一点表现得非常清楚。沃波尔明白，英国国教会成为维持社会凝聚力（以及政治控制）极为重要的工具，因而托利党和辉格党之间关于不信国教者①的分歧与争论不能再继续下去了（辉格党人和不信国教者之间的联系不仅源于英国本土清教激进主义的传统，还来自英国商人阶层中不断扩大的来自欧洲大陆的成分）。1723 年，沃波尔和伦敦主教达成协定，如果教会确保只任命支持政府的主教的话，政府就不会对不信国教者做出新的让步。沃波尔的外交政策也符合英国土地阶层的偏好。直到 1739 年，沃波尔坚决地让英国置

---

① 特指在英国不信仰英国国教（即圣公会）的新教徒。——译者注

身于大陆战争之外，他甚至拒绝了 30 年代中期英国盟友奥地利的求援。这并不仅仅是对政敌的让步，沃波尔自己也对战争有着本能的厌恶，不仅由于战争带来的巨额支出，还有其带来的政治分歧。

沃波尔坚定的和平外交政策使得他能够以辉格党的方式追求"托利党"的财政目标。1721～1739 年，政府的债务成本每年下降近 100 万英镑，总下降额度约为 1/3。这种下降一部分来自 1727 年对南海贸易公司持有的年金利息的削减，后来英格兰银行和东印度公司也仿效了这种做法。同时，这些年间总计超过 600 万英镑的政府预算盈余使其能够赎回一部分债券。除此之外，有 660 万英镑的债务被转换成利率只有 3% 的永续年金。政府的信用等级非常之高，在 18 世纪 30 年代中期，即使是年利率为 3% 的年金，市场价格也超过了其面值。这使得反对派要求降低 4% 年金的利率，后者依然构成了公共债务的大部分。但沃波尔在这里照顾了金融阶层的利益，没有同意削减利息的要求。他的做法既可以被看作对后者在南海泡沫案中受到的损失的补偿，也可以被视为对前一个阶段政府在降低债务和削减利息上的过度热情的拨乱反正。

在此期间，土地阶层开始支持用消费税取代土地税的政策。这是沃波尔达成利益和解最明显的证据。在 1688 年革命以来，托利党议员一直倾向于通过土地税的形式对自己征税，而不是由中央税收官员征收消费税。辉格党人则总是期望把税收的重心放在消费税上，因为后者为长期国债提供了最好的担保。虽然土地税加强了贵族在政治上的重要性，但在经济上对他们没有任何益处。因此，只要土地阶层和"金融阶层"能够减轻彼此之间在政治上的不信任，双方就能够达成两全其美的意见。土地税在 1730 年被减半，1732 年在此基础上再次减半。1690～1715 年，土地税占政府总收入的比例超过了 40%，1730 年之后这一比例下降到约为 20%。[1] 在这一点上，英国也是不自觉地仿效了荷兰共和国。在独立战争早期，荷兰共和国公共收入中超过 30% 来自直接税。到了 17 世纪中叶荷兰共和国鼎盛时期，这一比例下降到约 20%。

在其他方面，土地阶层也逐渐开始认同"荷兰式"财政的优点。利率的下降带来了土地价格的上升和抵押成本的下降。这种权衡取舍关系早在 17 世纪 90 年代就被英格兰银行的支持者提出来了。

> 英格兰银行的目标是将利率降低到 3%，如果这一目标能够实现的话，土地价格将不可避免地上升到 30 年租金以上。在这种情况下，全英国的土地价值将达到 1 亿英镑。这不仅能帮助国家支付所有战争开支，还能够使贵族获益。贵族不仅可以给自己的孩子留下更多的资产，而且能够还清以自己的土地作为抵押的债务。[2]

在当时，土地阶层对这种逻辑置若罔闻，部分原因是长期利率下降得实在过于缓慢。但当政府的债务利率真的在 18 世纪 20 年代达到 3% 时，土地阶层的观念自然要发生改变。

---

[1]　J. Brewer, *The Sinews of Power: War Money and the English State, 1668–1783*, London, 1989, p. 98.

[2]　Michael Godfrey, *A Short Account of the Bank of England*, 1695, quoted in H. Roseveare, *The Financial Revolution, 1660–1760*, London, 1991, pp. 92–93.

英国统治阶级内部在 18 世纪达成了如下的共识：财政将由伦敦的商人阶层管理，而政府职位依然由土地阶层控制，后者因此能够保证自己的经济利益在决策中占据优先地位。举例而言，地主现在可以通过圈占公有土地来完成农业的现代化。都铎王朝和斯图亚特王朝的政府对于圈地运动一般持反对态度，因为圈地带来了社会动荡和民众的不满情绪。但正是圈地运动通过降低粮食和劳动力价格为工业革命建立了基础。

由汉诺威王朝继承权问题产生的沃波尔主导的辉格党一党独大的政治格局延续到了 1760 年。乔治三世开始耍一些手段，试图恢复在过去 70 年内逐渐失去的君主权力。托利党理念中内含的君主主义倾向很显然更对他的口味。领导乔治三世内阁的托利党人先是平庸的比特伯爵和诺斯勋爵，后是威廉·皮特这样的政治巨人。而在罗金厄姆、伯克和福克斯的领导下，辉格党人回到了他们在 1688 年之前扮演的"自由主义"反对派角色。但 1688 年之后的政府已经在英国打下了深深的烙印。诺斯勋爵对英格兰银行毫不吝惜赞美之词，他将其称为"（英国）宪政的基本组成部分"，因此在 1781 年他毫不犹豫地更新了英格兰银行的特许状。在七年战争结束之后，公共债务已经膨胀到了 1.3 亿英镑，但议会并没有对公共财政的基础产生任何的质疑。

伦敦地位的变化可能最好地展示并解释了英国体制的成功。18 世纪中期，伦敦的人口至少为 65 万，接近全国的 1/10。在其他的欧洲君主国中，首都人口的占比要低得多，巴黎占法国人口的比重不到 3%。事实上，伦敦在英国的地位更接近阿姆斯特丹在荷兰共和国（荷兰共和国全国人口 200 万人，其中阿姆斯特丹有 25 万人）或者威尼斯在威尼斯共和国的地位。伦敦不仅是英国的政府所在地和商业中心，还是一个社会支点。土地阶层除了祖传的庄园之外，越来越多地在伦敦购置房产。他们愈发频繁地和商人阶层接触，后者开始在乡下购买土地，像他们的威尼斯前辈一样为自己建设豪宅。这两个阶层开始缓慢地合二为一。

在这种社会变化的影响下，英国尽管依旧是一个以农业为主的国家，但其公共财政体系基本与商业共和国别无二致。从比例上来看，英国尚未成为一个公共债权人组成的国家，但它的确展现出共和国政治和财政体制的两大重要特征。第一是税收和公债的政治逻辑，统治阶级尽可能地避免缴纳直接税的"羞辱"，而通过借钱给国家的方式为公共事业做出贡献。第二是利息成本的逻辑，尽管18世纪的英国政府主要由土地阶层把持，但几乎所有的政府人员都是公债持有人。正如商业共和国一样，这种利益上的统一性使得公共债权人对于政府的信用有着充分的信心，并使得政府能够以极低的成本获得贷款。

在某些方面，英国对商业共和国的模式进行了改善。它没有尝试实行可偿还税收体制，后者正是威尼斯共和国始终难以摆脱的制度负担。其内在的社会与政治分裂也从未达到热那亚的程度，因而政府不需要将绝大多数权力让渡给英格兰银行。荷兰共和国毫无疑问是最接近英国体制的国家，但英国在其基础之上依旧做出了一定的改进。和阿姆斯特丹银行相比，英格兰银行毫无疑问是一个更灵活的公共财政工具，前者没有直接向政府提供资金和发行超过存款数量的银行券来增加货币供给的权力。在18世纪末，正是这种货币上的灵活性帮助英国度过了艰难时刻。

英国的第二项创新在于公开发布详细且可信的政府预

算。在 18 世纪，几乎所有的国家都制定了某种形式的政府预算，但普遍都被作为官方机密，不对外公开。因此，公共债权人对自己投资的风险性最多只能做有理有据的猜测。在商业共和国中这一点可能影响不大，因为政府和公共债权人基本上是同质的。荷兰共和国的财政几乎完全不对外公开，但这并不影响它在累积了巨额债务的情况下依旧保持当时最低的利率水平。事实上，一部分历史学家认为，英国在债务水平极高的情况下成为当时唯一公开政府预算的国家实际上是在自废武功。尽管如此，公开预算最终将成为开放和负责任的政府不可或缺的一部分，因此，我们还是应当将其认定为英国的贡献。

在稳定下来的政治和财政体系的帮助下，英国有充分的实力去应对 1739 年重新爆发的战争，战争开支（见表 6 - 1）随着每一轮战斗的进行不断地攀升。

在这种情况下，税收不可避免地增加。18 世纪 30 年代中期，年税收总额约为 550 万英镑，在 80 年代已经增加到 1600万英镑。在法国大革命前夕，英国的人均税收接近 200 克白银，这使英国成为欧洲税负最重的地区，只有荷兰省能够与其相提并论。在这么重的税负下，英国却没有出现严重的社会动荡，这不仅说明了英国财富的大量增加，还展现了英国政治体制极强的凝聚力和国家实力的强大。

表 6 - 1 英国战争开支，1740～1784

战争	总开支（百万英镑）	平均每年开支（百万英镑）
奥地利王位继承战争（1740～1748 年）	40	4.5

战争	总开支 （百万英镑）	平均每年开支 （百万英镑）
七年战争（1756～1763 年）	73	10.4
美国独立战争（1776～1784 年）	112	14.0

资料来源：英国财政数据来自 B. R. Mitchell and P. Deane, *Abstract of British Historical Statistics*, Cambridge, UK, 1962。战争开支的计算是通过将战争期间的政府总开支减去战前的政府开支平均水平而得。通过这种方式，战争期间的公债利息成本和直接的军费支出被统一纳入了战争开支的范围。从英国的角度来看，美国独立战争和第四次英荷战争是密不可分的，后者一直延续到 1784 年，且一部分开支直到 1785 年才被纳入计算。这些数字在本书第 395 页表 7-1 中进行了详尽的说明。

当然，正如在荷兰共和国一样，税收并没有被直接用来支付战争开支，而是主要用来担保政府的贷款，公债才是战争资金的主要来源。英国战争开支及债务占比见表 6-2。

表 6-2 英国战争开支及债务占比，1740～1784

战争	总开支 （百万英镑）	债务	
		数额 （百万英镑）	占比 （%）
奥地利王位继承战争（1740～1748 年）	40	29	71*
七年战争（1756～1763 年）	73	57	78
美国独立战争（1776～1784 年）	112	92	82

*表中的债务数额是这一阶段的全部赤字，而非债务的名义发生额，因为后者可能会出现扭曲。按表中数据计算，此处应为 73%。——译者注

资料来源：Figures from Mitchell and Deane, *op. cit*。

在国家良好的信用等级确立之后，政府能够通过长期债务筹集的资金看上去是无穷无尽的。永续年金的价格在每一次战争中都在下跌，但货币市场从未枯竭。在战后，公债价格总能迅速回升，政府因此能够以比战时更低的利率偿还战争期间累

积的短期债务。举例而言，1745 年，僭位者"漂亮王子查理"
（詹姆士二世之孙）在英国登陆，利率为 3% 的永续年金价格
跌到了 74①，但到 1749 年时债券的价格又升至面值以上。政
府不仅偿清了新增的短期债务，还最终将总额达到 5750 万英
镑的债务的利率从 4% 全部转化为 3%。② 1754 年，大多数非
特许公司持有的年金券都被合并成了一种单一的国债，即
"统一公债"（consols）。这是今天流通的公债中历史最悠久的
一种，现在依然在世界范围内有着活跃的交易市场。七年战争
期间也发生了类似的过程，公债价格在 1762 年跌到了 70 以
下，但随着 1763 年和平的恢复，价格马上回到了 90。七年战
争期间过度增长的债务在之后造成了损害，债券的价格再也没
有回到 18 世纪 50 年代的水平。美国独立战争带来了更大的麻
烦，在 1781 年之后，债券价格跌到了 55 左右，和平条约的签
署也没有给市场立即带来改善。在 1785～1790 年期间，利率
为 3% 的年金的价格在 75 左右，这和 1745 年政治恐慌时期的
价格相当。公债价格直到 1792 年才最终回到 90 以上，达到了
97 的峰值。但接踵而至的就是英法"第二次百年战争"的最
后也是最具毁灭性的一轮——拿破仑战争。

这样的数字只会出现在一个繁荣且充分自由的金融市场
中，而伦敦正提供了这样的一个市场。伦敦证券交易所很好地

---

① 英国公债的价格数据来自 S. Homer and R. Sylla, *A History of Interest Rates*,
3rd edition, New Brunswick, NJ, 1991.

② 当利率下跌的时候，旧的利率更高的年金的交易价格就会达到面值以上。
政府因此能够以更低的成本贷款，并在此期间按照面值赎回旧的债务。
相比于花费大量时间和成本去发行新公债，政府更倾向于使用赎回的威
胁来说服现存的公债持有人接受降低利率。

综合了流动性和活跃性，吸引了以阿姆斯特丹为代表的欧洲各地的资金。由于英国全社会对于证券经纪人都抱有鄙夷和不信任的态度，因而为证券市场唱赞歌的任务就落到了一个居住在阿姆斯特丹的葡萄牙犹太人——艾萨克·平托的头上。1771年，他出版了自己的《货币流通及信用论》，在书中，他声称证券投机将英国可获得的资金总额增加了一半以上，而这些额外的资金正是英国相对于其老对手法国最大的优势。

> 如果没有这种投机行为 (*jeu d'action*)，英国能从贷款中获得的力量将只相当于现在的 2/3……
>
> 因此，投机者和外国投资者带来的好处要远超过其危害。[投机者和外资] 对于英国是必不可少的，他们在军事胜利中的贡献绝不可等闲视之。①

当平托写下这篇伦敦交易市场的颂歌时，英国正在七年战争中占据着绝对优势，因而乐观情绪是非常自然的。在十年之后，情况就变得迥然不同了。在美国独立战争结束时，英国的债务总额达到了 2.45 亿英镑，接近 GNP 的两倍（见图 6-1）。英国之前在军事上和经济上最重要的盟友荷兰共和国也开始疏远英国。荷兰人一直以来都是英格兰银行和英国政府债务非常重要的投资者，但现在他们开始将资金转向法国。除此之外，尽管英国最终的损失只有十三个殖民地，但它毕竟（在很长一段时间以来）首次战败，这也对英国的证券市场造成了负面影响。在这种情况下，我们实际上应该关注英国市场

---

① I. Pinto, *Traité de la circulation et du crédit*, Amsterdam, 1771, pp. 66 – 68.

的顽强，而不是其相对于之前几次战争的虚弱。即使在 75 的价格上，统一公债收益率也只有4%。统一公债的价格在 1792 年重新上涨到面值以上，这清楚地展现出即使在极高的债务水平下，英国的信用依然没有枯竭。

图6-1 英国债务与 GNP 之比，1690~1790

资料来源：GNP 的数据情况如下。1689 年为 4350 万英镑（Gregory King），1780 年为 1.1 亿英镑（Arthur Young），1788 年左右为 1.3 亿英镑；1707 年，和苏格兰的合并使得 GNP 增加了 600 万英镑；1780 年之前，增长率被定为 0.7%，在此之后被定为 1.3%。得出的数据使用的折扣价格来自 E. Schumpeter，"English Prices and Public Finance，1660 – 1822，" *Review of Economic Statistics*，1938。债务的数据来自 Mitchell and Deane, *op. cit*。在 1702 ~ 1719 年期间，它们被调整的目的是：（1）平滑掉 1711 年突然增加但没有被记录的短期债务；（2）纳入定期债务的资本价值。

在这种债务水平下，投资者的信心只能来自他们绝对相信政府能够征收足够偿还债务的税收。更准确地说，来自政府在极高的债务水平下于和平时期避免赤字的能力。尽管单靠发布可靠的政府预算不足以满足伦敦消息灵通的债权人阶层，但这确实体现了政府在这件事情上的一丝不苟。事实上，英国在和平时期的预算基本都保证了盈余（见表 6-3）以支持偿债基金的操作。1791 年英国的税收提升了 150 万英镑，而 1792 年的财政盈余达到了 170 万英镑（自 1769 年以来最高的盈余）。正是这两点帮助统一公债价格在极高的债务水平下依然上涨到了 97。

表 6-3　英国和平时期的预算盈余，1720～1792

时期	盈余总额（百万英镑）
1720～1739 年	6.3
1750～1755 年	2.9
1764～1775 年	8.4
1786～1792 年	2.9

资料来源：数据来自 Mitchell and Deane, *op. cit.* 。

投资者信心的第二根支柱是货币的稳定性。但这一点的重要性比不上良好的财政状况。放弃操纵货币并没能帮助斯图亚特王朝和 1726 年之后的法国波旁王朝改善自己的信用等级，也没能在 16 世纪的西班牙遏制通货膨胀。但在 1600 年之后，欧洲（至少是英国）进入了一个新的时代：直到第二次世界大战，价格水平在长期保持了惊人的稳定。短期价格依旧变动剧烈，在 1650～1690 年期间价格下跌极为迅速，而在 1690～1711 年期间在战争的影响下价格又重新回升，在之后的和平时期价格再次下降。在 1739 年之后的战争中，价格缓慢回升到 16 世纪中期的水平。检视自 1600 年以来的证据，公共债权人有理由认为，只要政府不使用操纵货币的手段，价格在和平时期下降的程度总是和其在战争时期上涨的程度相当。在这种情况下，"真实利率"这种概念自然就是不存在的。[①] 市场的行为有时候看起来仿佛证明真实利率是存在的，在战时，证券的收益率和价格一同上升，而在和平时期二者同时下降。但这种现象有着比真实利率更合理的解释。战时收益率的提高一部分是因为市场对于可能的战败带来的政治和经济上的后果的恐惧，但更重要的是政府债务在市场上的过度饱和。在 18 世纪的英国和荷兰，公共债权人完全不担心政府会用通货膨胀的方式来削减政府债务，因为这种事情不会发生在"财政完全由为政府提供资金的人所控制的国家"。

这看起来是一幅美好的图景，即使财政体系的批评者也不得不为其成效所打动，七年战争的胜利更证明了其优越性。但这并不能避免公众对于债务水平持续升高的焦虑。这种担忧不限于土地阶层，而且蔓延到了当时最优秀的思想家中。沃波尔曾经公开表示，英国将无法承受超过 1 亿英镑的债务。1752年，休谟预言除非政府采取强有力的措施，英国将在 18 世纪末破产："国家必须摧毁公共信用，否则公共信用就将摧毁国家。"[②] 他的这句话借用了佛罗伦萨人弗朗切斯科·奎恰迪尼在两百多年前的箴言："公债会毁灭佛罗伦萨，除非佛罗伦萨先毁灭公债。"（*O il Monte disfara Firenze o Firenze disfara il Monte*）[③]

到了七年战争结束的时候，1 亿英镑的红线早就已经被跨

---

① 真实利率指的是名义利率减去通货膨胀率。这一概念在二战之后的持续性通货膨胀中得以成形。在这之前，价格的波动使得投资者愿意接受很低（甚至负的）真实收益率，因为没有人会担心长期的情况。

② D. Hume, "Of Public Credit," in: *Political Discourses*, Edinburgh, 1752.

③ F. Guicciardini, *Le cose fiorentine*, originally written in the 1520s, ed. R. Ridolfi, Florence, 1945, p. 109.

过了。1776 年，亚当·斯密对当时的状况做出了跟休谟一样的负面评估，但他并没有像自己的苏格兰同胞一样建议回到"量入为出"的原则。

> 利用公债要比完全使用税收支付公共开支更有效，它对于资本积累和新资本获得的阻碍更少。在公债体系下，个人的勤勉与节俭能够轻易地弥补政府的奢侈与浪费对社会资本造成的损失。[1]

亚当·斯密指出了过度依赖债务给社会带来的另一个完全不一样的问题：通过掩盖战争的真实成本，它使得英国社会变得异乎寻常地好战。

> 在帝国中，居住在首都和远离战场的省份的很多人根本感觉不到战争带来的不便。他们享受着在报纸上阅读本国的舰队和陆军战绩的乐趣。对于他们来说，这种乐趣足以弥补战争期间税收略微增加带来的负担。[2]

战时与和平时期税收水平的差异是很小的，这一点正得益于低成本的公共债务。如果没有这样的公债体系：

> 战争结束得会更快，其规模也会受到限制。民众会百分百地感受到战争的负担，因而会很快地滋生厌战

---

① A. Smith, *The Wealth of Nations*, London, 1776, Book 5, 3, p. 11.
② Smith, op. *cit.*, p. 8.

情绪。①

尽管逻辑路径不同，但他的结论和休谟的基本一致。

> 英国现在看上去能够轻松地承担半世纪之前根本没有人能够想象的负担。但我们并不应该就此贸然认定它有着无穷无尽的承受能力……公共债务实际上已经使每一个采取这种体制的国家虚弱了……有什么理由认为在英国结果会完全不同呢……？
>
> 当国家债务累积到一个特定的水平的时候，我认为政府能够将其完全偿清的可能性是非常小的。②

当他论及因过度依赖公共债务而"虚弱"了的国家时，亚当·斯密实际上指的是荷兰共和国。1715 年，荷兰的公共债务已经达到了 GNP 的 200%。情况是如此严峻，以至于政府不得不暂停偿还债务达 9 个月，之后又将战争公债的利率削减到 3%。荷兰省的债务占了共和国的大部分，它通过将战时特别税常规化的办法勉强维持了自己的信用等级。在 18 世纪剩余的时间内，债务一直得到了按时偿还，荷兰共和国的民众依旧对政府的信用保持着完全的信心。荷兰省作为共和国信誉最好的一个省份，其债券的市场收益率只有 2.5%，这要好于英国统一公债所达到的最低收益率。但良好的政府信用不是没有代价的，荷兰共和国人不得不意识到他们的国家正处于其财政

---

① Smith, *op. cit.*, p. 11.
② Smith, *op. cit.*, p. 13.

能力的极限。荷兰共和国参与奥地利王位继承战争最终导致了民众的抗税起义。在此之后，荷兰共和国被迫奉行消极和孤立主义的外交政策，目睹着英国夺走了它在世界贸易中的领导地位。与此同时，全欧洲最高的消费税严重地遏制了经济的活力。在这双重压力之下，荷兰共和国在上个世纪迅猛的经济扩张陷入了停滞。市民们积累的财富并未消失，但他们更多地开始在国外进行投资。换言之，荷兰共和国走上了热那亚的道路，从一个贸易帝国转变成了别的经济更有活力国家的资本来源地。

三 危机与抉择

英国统治阶级所感受到的焦虑在海峡对岸也同样存在。对于旧制度的法国来说，英国的政府体制和近乎无限的财政能力看起来是密不可分的。这对于法国以及旧制度产生了巨大的挑战。在七年战争期间，这一点被完全暴露出来。法国在这场战争中的灾难性后果至少部分来自战争开销上的绝对劣势（法国花费了 5300 万英镑，而英国则投入了 7300 万英镑[①]），考虑到法国的人口要比英国多得多，这种财政能力上的差异就更加明显了。英国强大的金融资源使其不仅能够支持本国的军队在全球范围内进行昂贵的殖民地战争，还供给了其大陆上的盟友（特别是看起来战无不胜的腓特烈大帝的普鲁士军队）。在1763 年之后，英国的财政迅速地恢复了稳定，而法国则缓慢地滑向破产。

---

① J. C. Riley, *The Seven Years' War and the Old Regime in France*, Princeton, NJ, 1986, p. 130.

在美国独立战争中，法国再次在战争开销上被英国远远地甩在了后面（1.12 亿英镑对 4000 万英镑[1]）。虽然英国在这场战争中遭到了失败，但这主要是由于英国的势单力孤以及法国没有其他欧洲战争的牵制，这种外交上的有利局势在未来很难反复出现。

在解释英国超强的筹集战争资金的能力时，法国的政治家们并没有重点关注对手的经济实力。1782 年，财政大臣弗勒里就认为：

> 从任何角度来看，英国的处境都不如法国，它流通中的货币总量和人口数量都只有我们的 1/3，英国的土地也远不如我们广袤和肥沃，它的制造业规模和种类都要逊色于法国。英国的地理位置也比不上法国，我们通过陆地和海洋连接着欧洲和整个世界。[2]

最近的研究倾向于支持弗勒里的观点。在旧历史学中，旧制度下的法国被描绘成在封建主义和集权官僚桎梏之下停滞不前的国家，而英国则朝着共和革命跑步前进。这种图景已经在很大程度上被推翻了。18 世纪的法国不再被看成经济上的后进生。在以制造业为代表的很多方面，法国的经济发展水平和英国旗鼓相当，并且几乎超过了欧洲大陆的所有国家。同时期法国涌现出一大批哲学家和科学家，包

[1] R. D. Harris, "French Finances and the American War, 1777 – 1783," *Journal of Modern History*, 1976, p. 249.

[2] Joly de Fleury, *Travail sur la situation générale de la dette du roi a l'époque de premier janvier 1782*, quoted in Harris, *op. cit.*, p. 249.

括拉瓦锡和孟高尔费等。法国的真正面貌应当是一个富有文化、思想和经济活力的国家,点缀着伟大的哲学家和优雅的沙龙。

这种情况绝非凭空产生的。当摄政时期的经济混乱逐渐消退和路易十四的战争开支偿还完毕之后,法国处在一个相对有利的经济条件下。除了弗勒里提到的优越的自然环境之外,还存在着其他的对于经济活动的刺激。其中一条正是对公共债务大刀阔斧地削减。在 18 世纪 20 年代中期,法国的财政趋近于收支平衡。政府的年收入增加到了 1.9 亿里弗左右,包括出卖官职在内的长期债务总额约为 6500 万里弗。政府的净收入因此足以覆盖和平时期的各项开支,而且随着 2000 万里弗终身年金的逐渐到期还会进一步改善。法国政府债务与 GNP 之比毫无疑问要低于英国,更不用说荷兰共和国了。

对于经济发展而言同样重要的是政府放弃将操纵货币作为公共财政的手段。在 1726 年币值稳定之后,在旧制度剩余的时间中里弗的价值保持在 4.45 克白银不变,与英镑的汇率也固定在了 25∶1。稳定的货币成为政府政策的新支柱之一,这一"新正统"在法国打下了无比深厚的基础,以至于在大革命的财政动荡期过后,共和国政府将新货币"法郎"的价值也定为 4.45 克白银。当法国最终仿效英国转而实行金本位时,法郎和英镑之间的兑换比率依旧保持不变。只有第一次世界大战的巨大破坏性才使得法国最终放弃了"法郎堡垒"(*le franc fort*)。

但比起 1726 年之后币值的稳定,1690～1726 年期间的货币贬值在经济上起到了更大的作用。在此期间,货币贬值的比例达到了 47%，而价格水平并没有随之上涨。① 在 18 世纪剩余的时间中，这成了法国得天独厚的竞争优势。法国的制造业和商业极大地利用了货币贬值带来的成本优势，给法国带来了长期贸易顺差。到了 18 世纪 80 年代，法国拥有的贵金属通货数量很可能翻了一倍。

历史学家已经对英法两国在这一时期的经济发展水平争论了很长时间。② 本书无意深入地加入这场辩论，但我们很难不将 1789 年的法国大革命和 200 年之后的东欧剧变联系起来。这两次政治变革贡献了攻占巴士底狱和推倒柏林墙这样极为相似又富有标志性的事件。很多观察者会倾向于将法国旧制度的垮台和苏联集权体制的崩溃相联系，将其都视为经济失败的后果。但至少在"高科技"领域，这一点是完全不正确的。18 世纪法国的制造业和科学技术水平与英国旗鼓相当，后者只是在农业（依旧是经济中占统治地位的部门）上才有着明显的优势。18 世纪 80 年代连续的粮食歉收对革命情绪的累积起到了极其重要的作用。歉收最重要的原因毫无疑问是特别恶劣的天气，但之前几十年内几乎没有进步的农业生产力水平以及糟糕地将农产品价格市场化的时机也起到了非常重要的作用。

---

① 在 17 世纪，巴黎的谷物价格在 86 克白银/百公升，而英格兰则是 73 克白银/百公升。在 1726～1730 年期间，两国的价格分别为：法国，42 克白银/百公升，英格兰，70 克白银/百公升（M. Baulant, "Les Prix des grain à Paris de 1431 à 1788," *Annales*, 1968, and Mitchell and Deane, *op. cit.*）。法国的名义工资水平在 17 世纪 80 年代到 18 世纪 20 年代基本保持不变，因此，实际工资减半（M. Baulant, "Les Salaires du batîment, 1400－1726," *Annales*, 1971）。

② 关于法国 18 世纪经济发展情况较好的分析见 Riley, *op. cit.*, pp. 13－23。

在1788年政府暂停债务偿付的时候，在表面上看来法国的财政状况毫无疑问要好于英国。其内在的逻辑和弗勒里的观点基本相同：经济形势良好，债务水平比英国低得多。法国大革命之前两国的经济和财政基本情况对比见表6-4。

表6-4 1788年英法两国经济和财政基本情况对比

单位：百万英镑

指标	法国	英国
GNP	280	135
公共债务	183	245
——占GNP的比重（%）	65	182
用于偿还债务的开支	12.2	8.1*
——占GNP的比重（%）	4.4	6.0

* 这没有包括在1784年之后进行的100万~150万英镑的偿债基金的支付。这些被排除是因为它们并不是严格意义上的有合约意义的债务，而只是自愿的债务削减。放弃这一部分债务并不构成违约，正如沃波尔建立的偿债基金的失败并没有影响整个金融市场一样。

资料来源：数据来自 D. R. Weir, "Tontines, Public Finance, and Revolution in France and England, 1688 - 1789," *Journal of Economic History*, 1989, p. 98。Weir, *op. cit.*, p. 98, note 17, 将法国公债的总量估算为458亿里弗，本书在此基础上减去了1720年发行的永续年金的本金。考虑到卖官的价值，Weir 的数据被增加了1350万里弗（see W. Doyle, *Officers, Nobles, and Revolutionaries*, London, 1995, p. 108）。

让法国人乐观的原因有很多。自18世纪20年代以来GNP至少翻了两倍，经济增长率也超过了英国。在此期间，公债虽然由于英法两国之间的反复战争不可避免地增加了，但与英国过度膨胀到不可持续的债务水平相比要低得多。

但这些数字隐藏了一个非常重要的问题：法国的偿债成本在绝对数值上要比英国高出50%。考虑到法国的整体债务水平更低，且其中30%是1720年运气不佳的投资者持有的利率极低的永续年金（年利率为 1%～1.5%），这一事实就更让人惊讶了。很明显，1726 年之后的法国政府贷款条件要比英国差得多。1788 年之前，连续几届英国政府都采用永续年金的方式举债，而法国政府则明智地将大部分公债都定为有期限的，因此每年政府的偿债成本中都包括偿还本金的部分。尽管如此，自 1726 年以来英国公债的平均利率约为 3.67%，而法国则达到了 7.3%。①

自 1789 年以来法国政府债务的高成本已经引起了诸多的讨论，因为历史学家及公众都普遍认为，正是偿付能力的不足导致了波旁王朝的垮台。革命者们将原因归结为普遍的政府无能以及旧制度的腐败。近期一些历史学家开始修正这样的观点，他们认为法国的大臣在很大程度上是自己被迫所处的政治体系的受害者。

无论如何，有一点是确定的：18 世纪法国政府的举债行为与英国相比有很大的不同。1750 年之后，英国大部分的新增债务都来自利率为 3% 的统一公债。到了美国独立战争结束的时候，统一公债在英国公债体系中的地位已经相当于威尼斯旧公债和佛罗伦萨市政公债在各自国家中的地位。整个国家的信用等级和债务水平都通过这一种债券来表现，统一公债在证券市场上的价格代表了政府的债务成本。

法国的情况则完全不同。1720 年的事件极大地损害了永续公债的名声，在接下来的一个半世纪中，它要么被当作废

---

① 英国的数据是根据 1726～1788 年的利息增加值计算的。数据来自 Mitchell and Deane, *op. cit*。法国的数据更不精确。1726 年（来自 Marion, *op. cit.*）和 1788 年（来自 Weir, *op. cit.*）的数据分别减去了 15% 的终身年金支付额以纳入偿还本金的效应。买官者的薪水没有被纳入计算。

纸，要么就被看成王室债务违约的工具。从弗朗索瓦一世到路易十四的法国君主一共累积了超过 10 亿里弗的赤字，由此带来债务的利率从 5% 到 10% 以上不等。但在政府的各种违约手段下，这笔债务最终变成了 14 亿里弗的债券，利率在 2.5% 以下。金融市场在 1720 年之后也同样不受欢迎。法国的君主不仅不鼓励反而尽力阻碍公债在证券市场上流通，1764 年，长期国债的交易税率高达一年的利息。这事实上意味着法国没能发挥永续公债极其适合市场交易的特点。永续年金没有终身年金那样不可预测的丧失本金的风险，而且由于没有固定的到期日，只要票面利率和担保资产相一致，发行日期对于年金的价格根本没有任何影响。对于伦敦证券交易所的投资人而言，1854 年发行的统一公债和 1754 年发行的没有任何区别。因此，增加年金的数量只会增加市场的规模和流动性，而资产流动性的增加会使得投资者乐于接受更低的利息回报。由于将永续公债和金融市场拒之门外，18 世纪的法国政府也关上了通往更低的债务成本的大门。

法国的公共债务体系因此陷入了一种恶性循环。政府坚定地认为公债的利率不应超过法定贷款利率的最大值——5%（高于 5% 的利率水平都会被贴上高利贷的标签）。由于基本没有投资者愿意在这个利率水平下贷款给政府，后者就倾向于掩盖其贷款的真实成本并将其真实的信用等级隐藏在金融市场的显微镜之外；而这种政策反过来又提高了政府必须承担的利率。

在约翰·劳体系崩溃之后，法国的永续公债并非没有增长。1789 年的报表显示，有 8.4 亿里弗的债务发生于 1720 年之后。[①] 但这些新发行的长期国债和英国的统一公债毫无可比性，其发行批次至少达到了 38 次，每次发行债券的担保和利率都不尽相同。其中很大一部分在发行时根本就不是永续公债，而是发行给政府债权人以抵偿他们最初持有的债务。这些公债当中的绝大部分都受到了 1770 年债务违约的影响，利率要么在原来的基础上削减了 10% ~ 50%，要么就被粗暴地统一为 4%。在这种情况下，这些新增的长期国债和 1720 年时的一样，不是国家信用中的上等佳肴，而是残羹冷炙。

在 1720 年之后，法国的财政大臣就坚守这样一个原则：绝不在没有事先规划好还款计划的情况下进行任何的贷款。这导致了法国更加依赖有固定还款条件的债务，其中有很多公债有专门的条款来增加其实际的收益率（名义利率依然不能超过 5% 的高利贷红线），包括打折发行、提前赎回以及附加奖券。在大多数情况下这些附加条件都会将利率提升到 6% ~ 8%。尽管这些公债以一定的频率转手，但其流动性从未达到很高的程度，因为每次发行的公债都互不相同，且几乎没有任何单次发行的债务额度超过 100 万英镑。与之相反，英国的统一公债在首次发行时就达到了 900 万英镑的规模，到 18 世纪 80 年代时总额度超过了 1 亿英镑。

在 1740 年到 1788 年期间，法国通过这种手段筹集的资金总额约为 8.3 亿里弗，但永续年金券并不是法国公共财政的主要工具。[②] 终身年金（*rentes viageres*）占据了这个地位。终身

---

① Marion, *op. cit.*, Vol. I, Paris, p. 474.

② F. R. Velde and D. R. Weir, "The Financial Market and Government Debt Policy in France, 1746 – 1793," *Journal of Economic History*, 1992, p. 20.

性债券在 17 世纪 90 年代首次出现在法国，在 1708 ~ 1709 年危机之前发行的债券中，终身性债券总额为 3400 万里弗，在之后的债务削减中，这一类债券幸运地没有受到损失。其中的一部分原因是其数额太小尚未引起政府的重视，也在于很难将终身性债券的本金和利息区分开来，也就难以为削减债务找到合理的借口。终身年金的这个特性使得它受到了债务人的欢迎，因为后者可以将其用来掩盖自己真实的信用等级；而对于债权人来说，他们也可以借此逃避高利贷的指控。在旧制度的最后 70 年中，终身年金成为最重要的财政工具，1771 年之后它在公共债务中占据了统治性的地位。到 1789 年时，政府累计通过终身年金筹集的资金总额达到了 17 亿里弗，其中有 11 亿里弗依旧没有得到偿还。但终身年金是比小额短期债务更不适合在证券市场交易的债券形式。亚当·斯密在《国富论》中将其原因表达得非常清楚，*"即使对方的财产、年龄和健康状况和自己基本一致，也没有人会拿自己的终身年金券去和对方交换……因此终身年金券永远也不会像永续年金券一样成为流动性极高的金融资产，后者的交易价值在担保物和票面利率一定的情况下就保持稳定"*[1]。

因此，我们有理由认为法国公共债务的高成本至少部分上是由财政大臣的错误政策导致的，但这并不是法国革命者的观点。他们的愤慨集中于终身年金券的一个特别的方面以及由其引发的创新性金融手段上。1771 年，一个名为"三十位日内瓦少女"（*Trente Desmoiselles de Genève*）的投资者辛迪加创立，这个辛迪加及其后继者通常被历史学家看作"洛可可式财政"

---

[1] A. Smith, *op. cit.*, Book 5, 3, p. 7.

的缩影，是"大洪水之前的美妙世纪"的象征。[1] 对于革命者来说，"三十位日内瓦少女"最清楚地揭示了旧制度在财政上的无能，是"旧制度的腐败"最有力的证据。[2]

到了 18 世纪，政府已经充分意识到想要让终身年金尽可能地划算，就必须要将年金的利率与认购人的年龄挂钩。17 世纪的荷兰政府就采取了这种做法，以小孩子名义持有的年金利率为 4%，而年长的公民持有的年金利率则达到了 7.7%。就是通过这种方式，希腊城邦米利都在公元前 205 年面临的困境得到了解决。[3] 18 世纪上半叶，法国政府也采取了这种做法。1746 年，政府资助安东尼·德帕西厄研究 18 世纪初政府发行的最早的终身年金券的情况，以为未来的发行提供参考。德帕西厄不仅参考了实际持有人的寿命值，还计算出了政府如果想要平滑收益率的话每年应发行债券的票面利率。但政府在 1757 年放弃了将利率与年龄挂钩的做法，转而发行固定利率的终身年金。正是在这一点上，后代人批判并嘲笑旧制度：只有由神志不清的人组成的政府才会无视自己资助的研究成果。[4]

这种嘲讽并不一定是公平的。终身年金券主要吸引了两类截然不同的投资者，第一类是年龄在 40 ~ 60 岁的中老年人，他们投资的目的是给自己提供一份养老金。在 18 世纪的法国，

---

① H. Lüthy, *La Banque protestante en France: De la revocation de l'Édit de Nantes à La Révolution*, Paris, 1959, p. 469.

② Lüthy, *op. cit.*, p. 469.

③ 米利都是历史上第一个通过出售终身年金券筹款的国家。由于对不同年龄的认购人并没有做出收益上的区别，毫不奇怪的是 39 份认购中有 25 份记在了小孩子的名下。

④ A. Deparcieux, *Essai sur les probabilités de la durée de La vie humaine*, Paris, 1746.

他们能够通过投资政府年金券获得 9% ~ 10% 的终身收入。这笔投资是否划算要取决于他们最终的寿命，但这个群体的人并不太在意这一点，因为终身年金已经是当时收益最高的安全资产，而在死亡面前也没有多少人还会在意金钱这样的"俗物"。事实上，以法国的标准来衡量，这些中产阶级的"养老基金"给政府带来的成本并不算高。一份最近的研究表明，即使在美国独立战争期间，卖给 50 岁以上投资者的终身年金的利率在 5.24% 和 7.6% 之间，而定期贷款的利率则在 6.3% 和 8% 之间。①

政府面临的问题在于通过养老金筹集的资金不足。在 1730 ~ 1789 年期间通过终身年金筹集的 14 亿里弗中，只有 1/3 来自上述的中老年投资者。剩余的年金则是以第三方的寿命为期限的。和养老金投资者不同，其他市场中的投资者对于自己的长期收益极为敏感，因此，他们并不会对终身年金产生特殊的偏好。为了弥补第三方过早死亡的风险，这一类年金的回报不可避免地要高于市场收益率。②

在七年战争之前，政府几乎没有涉足这个市场。以第三方寿命为期限的终身年金通常都来自父母提前为自己的孩子进行的投资，因而其收益率往往过低，难以吸引到逐利的投资者。

---

① 法国政府的贷款成本已经在 Velde and Weir, *op. cit.* 中有了很详尽的分析。本节全部使用了他们的数据。1784 年依旧支付的终身年金的数额取自 Marion, *op. cit.*, p.473。

② 现代关于风险评估的研究证明，当潜在的损失增加时，投资者会越来越倾向于无视概率的数据值，而高估损失的可能，最明显的例子是民众对于核电站的态度。对于以第三方寿命为期限的终身年金来说，由于不可预知的事故失去所有投资的风险只能通过提供高于保险精算额的收益来弥补。

336 / 债务与国家的崛起：西方民主制度的金融起源

七年战争带来的巨额开销迫使政府修改自己的政策。1757 年，政府发行了利率统一为 10% 的终身年金，一次性筹集了之前单次发行两倍的资金，但大部分的终身年金都记在了小孩子的名下。① 这种统一利率的终身年金政策并不像看上去的那么愚蠢。9% ~10% 的利率足以持续地吸引养老金的投资者，而精算平衡政策下的利率也不可能发掘出其他的资金来源。在 1757 ~1787 年这 30 年间，政府通过统一利率的终身年金筹集了 11 亿里弗，其中 25% 来自养老金投资者，剩余的部分来自降低利率也吸引不到的资金来源。

第三方寿命年金的主要问题在于投资者不愿意冒第三方（往往是小孩子）过早死亡的风险，显然解决方案是分散风险。正是在这一点上，"三十位日内瓦少女"起到了重要的作用。在 1763 年发行终身年金时，一个名叫雅各布·波提里耶·博蒙特的日内瓦银行家想出了将多个人的终身年金打包以降低风险的点子。1771 年，他的创新有了真正的科学基础。博蒙特创办的辛迪加聘请了一位医生来选出拥有最长的预期寿命的少女，通常来说她们必须年满 7 岁以排除感染天花的风险。后来，疫苗接种技术的出现使得年龄的限制被进一步压低。这些少女们得到了当时最好的医疗护理，日内瓦富有的资产者在报纸上跟进她们的健康状况。考虑到她们肩上承担的投资额度，这种情况也就不足为奇了。当其中的一位少女，佩涅特·马丁于 1788 年在 8 岁的年龄过早地去世时，投资者们一夜之间损失

---

① 1754 年政府最后一次按年龄打包发行终身年金，到了 1784 年时这批年金只有 19.6% 依然在流通，其中大部分利率都为 7% ~8%。在同一时期，1757 年发行的年金中依然有不下 56% 在市场上流通，所有的利率都为 10%。

了超过 21.2 万里弗的年收入。这些少女们被分成 30 个人的小组以分散风险，投资者购买的就是 30 个少女的年金组合。其中一组少女的平均寿命达到了 63 岁，远远超过了投资者最初的预期。[①]

博蒙特还解决了终身年金存在的第二个问题：市场流动性差。他创立的辛迪加的股份易于在市场上流通，在二级市场上的价格有时甚至超过了面值。博蒙特这个发明的成功激发了数量众多的模仿者。日内瓦人持有的以小孩子名义认购的终身年金份额在 1771 年之后接近 1/3，对于一个小城市来说这的确是了不起的数字。各种类型的辛迪加筹集的额度可能占 1771 年之后以终身年金筹集的资金总额的一半。

这种现象带来了新的问题：如果日内瓦人的体系已经解决了第三方终身年金的问题，为什么政府的贷款成本没有下降呢？法国的革命者据此认为外国的资本家们只不过是占了旧制度的便宜，任何有能力的政府都能够降低自己的贷款成本。但事实似乎并非如此。日内瓦辛迪加出售股份时的溢价几乎从未超过 5%，大多数情况下股价接近面值，因此，我们很难指控它们利用政府的无能牟利。事实证据表明日内瓦的辛迪加的确降低了政府的贷款成本，将终身年金和最长期的政府债务相比就能够说明这一点。[②] 1758 年时，30 年期政府债务的利率为 6.65%，而终身年金的利率为 10%。到 1787 年 5 月时，后者

---

① 为了和日内瓦人竞争，法国政府提供按照 2 个人、3 个人或 4 个人的寿命支付的终身年金，但通常每多一个人（或者说"一条命"），利率就要低 0.5%。有经验的投资者自然更青睐辛迪加的方案。

② 由于日内瓦少女非常长的寿命预期值，只有最长期的公债才能够与其进行合理的比较。短期债务的风险结构有所不同（它们更可能在下一次违约之前被偿还），因此市场收益率要低得多。

的利率降到了 9%，而 1784 年发行的 25 年期国债的市场收益率为 8.2%，两者之间的差距显著地缩小。日内瓦辛迪加降低政府债务成本的作用被金融市场对法国政府信用质疑的增多掩盖了。

特别值得注意的一点是，在大革命之前的几十年中，法国政府债务的成本不仅高于英国和荷兰，甚至还高于像奥地利这样明显落后的国家。在七年战争之后，奥地利也经历了连续的债务危机。其债务水平翻了不止一倍，从 1.24 亿弗洛林增加到了 2.85 亿弗洛林（约合 7.5 亿里弗）。但奥地利解决了自己的危机，而且没有采用违约的办法。18 世纪 70~80 年代，奥地利政府能够在国内及阿姆斯特丹的货币市场上以 3.5%~4.0% 的利率贷款。在荷兰投资者的眼中，奥地利是 80 年代最主要的外国投资目标，紧随其后的是丹麦、俄罗斯、西班牙和瑞典。这些国家在阿姆斯特丹贷款的利率都不高于 5%。考虑到后两个国家历史上糟糕的信用记录，它们所支付的利率水平显得格外低。西班牙在 18 世纪花了很长时间来摆脱 17 世纪的债务，直到 80 年代它才真正实现了财政能力的提升和经济的复苏。瑞典在 1745~1766 年再一次尝试实行不可兑换的纸币制度。货币的市场交易价值最终下跌了 55%，而国内价格也相应地大幅上涨。1767~1768 年赎回纸币的尝试导致了严重的通货紧缩。在 1772 年王室政变之后，通过废除祸害了瑞典一个多世纪的铜本位货币，财政秩序才最终得以恢复。[1]

---

① 瑞典无法完全依靠铜铸币进行 17 世纪规模的战争，这使得它在 1661~1664 年期间实验了纸币，并在 1718~1720 年大规模地发行劣质的铜币。这些铸币的含铜量和其面值相比简直不值一提，因此和纸币基本没有区别。

将其他国家在阿姆斯特丹货币市场的贷款利率和法国（及英国）进行对比并不能很好地说明问题。英法两国的债务都是以本国货币计价的，外国的投资者因此不得不冒政府操纵货币的风险。而以荷兰盾计价的债务就不存在类似的风险（没有任何有理智的投资者会投资以瑞典货币计价的债务），但法国所支付的不低于8%的利率和其他国家之间的差距很显然不能完全用货币风险来解释。如果法国的高贷款成本并非像革命者所称的那样，完全是由政府的无能所导致的，那么这可能是对法国在财政上出了名的不负责任的惩罚。法国在这方面的名声之糟糕没有任何欧洲国家可以匹敌。

如图6-2所示，尽管法国的人均债务水平要远低于英国和荷兰，但它还是相当于其他所有大陆君主国的两倍以上。这种公共财政压力绝非法国的政治制度所能承受的。除此之外，法国的债务总额相当于其他大陆君主国之和的2.5倍，这严重地挤压了国内的资本市场，像奥地利这样的国家就没有类似的问题。在财政意义上，英国和法国是18世纪仅有的两个真正的"大国"。它们往往需要向其他的小国（奥地利在财政上属于此列）提供补贴，以换取后者在"洛可可式外交"的复杂游戏中的支持。小国的财政压力因此而减轻，而大国则正好相反。在普鲁士的腓特烈大帝这样有能力的君主的统治下，通过高效的税收体系和出色的外交手段，外国补贴的存在可以使小国的公共债务完全消失。

因此，出于多种原因，法国的公共债务成本始终保持在不可持续的高水平上。考虑到英法两国私人长期贷款的利率几乎没有什么差别，法国公债的高利率只能被看作市场对于政府债务违约风险的"预防"。用历史学家詹姆斯·莱利的话说，高

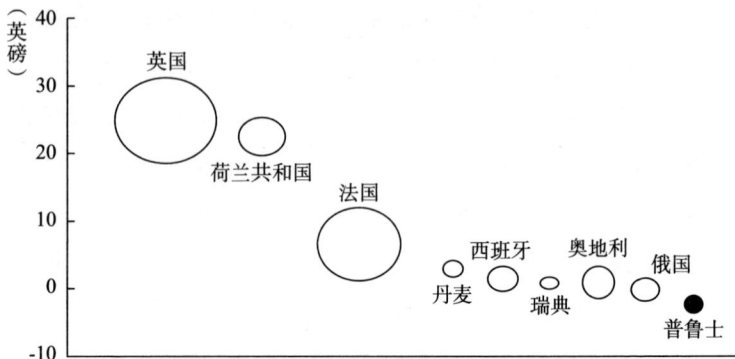

图 6 – 2　18 世纪 80 年代的人均债务负担

注：气泡的大小代表债务的数值大小；黑色代表盈余。

资料来源：丹麦、瑞典和俄国的数据来自 J. C. Riley, *International Government Finance and the Amsterdam Capital Market 1740 – 1815*, Cambridge, UK, 1980, pp. 138 – 139, 149, 157，数据包括政府发行的纸币；荷兰共和国的数据来自 Riley, *International Government Finance*, p. 77；奥地利的数据来自 P. G. M. Dickson, *Finance and Government under Maria Theresia*, *1740 – 1780*, Oxford, UK, 1987, p. 379；英国和法国的数据来源已经在前文给出；西班牙的数据来自 J. F. Lazaro, "Deuda publica, evolución de la hacienda y crecimiento," Madrid, 1991；普鲁士的数据来自 S. B. Fay, *The Rise of Brandenburg – Prussia to 1786*, New York, 1937, p. 141。

水平利率是一种"对赖账风险的对冲"。

这一点可以通过一种旧制度所特有的现象来证明：看上去几乎完全相同的公债有着差异极大的市场收益率。自 1720 年以来的旧永续公债的市场收益率约为 5%，而更近的公债收益率则达到了 8% 及以上，这种现象的唯一解释是不同时间的公债违约可能性不同。对于投资者来说，1720 年发行的永续公债已经相当安全，在 18 世纪早期的利息削减中，这些公债已经被"净化"掉了高利贷的成分。由于政府之前的违约记录，更晚期的公债不得不将利率定在 5%（高利贷的标准红线）以上，因而面临着更大的被削减利息的风险。在这一类公债中，期限越长，市场收益率就越高。正是由于这个原因，以小孩子的名义购买的终身年金才有如此之高的收益率。在1770年的债务违约中，政府根据德帕西厄研究制定的精算表格减少了部分终身年金的支付。从那以后，投资者们很显然不再将终身年金视为本质上更安全的资产，因为政府看上去有可能在"必要"的时候也将其宣布为高利贷。市场在评估风险时是非常理性的，1780年发行的9年期公债市场收益率为6.3%，这笔债务在法国大革命之前已经全部还清，因而投资者接受较低水平的收益率是非常明智的。而1781年日内瓦辛迪加的投资者要求高于9%的收益率也是非常合理的，这笔资产在革命前一直都处于违约的风险之中。

法国的财政大臣可能会因自己审慎的政策而自豪：法国的债务在长期内是自我清偿的，而英国则将自己牢牢地和债权人绑在了一起。从表面上看这的确是一个优点，但从另一个角度看，这不过反映出金融市场不愿意接受波旁王朝的长期承诺。在某种程度上，正是每年偿还本金的压力成为压死旧制度的最后一根稻草，它不可避免地加强了政府对于货币市场的依赖，增加了债务管理的难度。1788年到期的6900万里弗扩大了政府的短期债务和可支配收入之间的不平衡性，正是这批债务的偿付问题最终导致了1789年三级会议的召开。

因此，金融市场自动地贴现了另一次法国的违约。但奇怪的是，自从路易十六于1774年继位之后，债务违约已经被完全排除在了王室的金融工具箱之外。路易十六政府的第一项政策就是将泰雷和莫普两位大臣免职，尽管他们的工作较为成功，但他们在之前的四年内对待公共债权人和政敌的铁腕政策招致了太多的反对。1776 年，路易十六进一步任命了一位日内瓦银行家雅克·内克尔作为自己的财政大臣，以表明自己维持良好信用的决心。公共债权人还能要求什么呢？

这种公开放弃违约的声明绝不是简单的官样文章。1788 年的暂停债务偿付绝不是波旁王朝老式的债务违约。如果政府真的想要采用旧办法的话，是没有什么能够阻止它的。在旧模式下，政府不是简单地暂时停止偿还债务，而是要将所有的有"高利贷"嫌疑的债务（包括终身年金）全部转化为利率最高为 5% 的长期公债——或者像德马雷和泰雷执政时期的 4%。但路易十六拒绝了这种屡试不爽的做法，而是选择召开自 1614 年以来的首次三级会议，进而给整个旧制度带来了颠覆性的风险。

我们无法确定公共债权人对王室的这番努力究竟作何看法。他们也许愿意相信路易十六，但即便如此，他们还是会不可避免地保留着一丝怀疑：国王态度的变化是否足以确保他们资产的安全？国王也许愿意偿还自己的债务，但他能拿出足够的钱吗？

后一个问题的答案显然是否定的。法国公共债务的高成本问题不可避免地和旧制度的另一个顽疾——税收能力不足交织在一起。在商业共和国中，公民们同时控制了税收和公共债务，因此，他们能够批准所有用来担保公债的税收。法国的情况则大不相同。在 18 世纪 20 年代末，年税收总额约为 1.9 亿里弗，这个数字在 1788 年已经增长到了 4.75 亿里弗。乍一看上去税收的增长相当可观，但这一表象是有欺骗性的。税收占 GNP 的比重始终保持在低于 7% 的水平上，几乎没有任何的变化。与此同时，公共债务却在飞速地增长。这两者结合起来，给整个国家的财政能力带来了严重的挤压效应。而在海峡对岸的"伪共和国",情况则完全相反。英国税收占 GNP 的比重在 18 世纪 20 年代已经达到了 10% 左右,到这时增加到了 13%,基本抵消了公债增加的效应。在 18 世纪 20 年代,英法两国的偿付能力基本相当,到 80 年代情况已经大不一样了,1725 年、1788 年英法两国政府的可支配收入见表 6 - 5。

表 6 - 5 英法两国政府的可支配收入,1725,1788

单位:百万英镑

项目	1725 年		1788 年	
	法国	英国	法国	英国
税收	7.5	6.0	19.0	16.8
债务成本	3.5	2.5	12.2	8.1
可支配收入	4.0	3.5	6.8	8.7

资料来源:法国的数据来自 Marion, *op. cit.*, Vol. I, pp. 120 - 121 (1725), and Weir, *op. cit.* (1788);英国的数据来自 Mitchell and Deane, *op. cit.*。

即便在不考虑贷款能力的情况下,法国每年的可支配收入也要比自己的对手低近 200 万英镑。考虑到柯尔贝尔去世时的情况,旧制度的相对衰败就表现得更为明显。1683 年,路易十四(在偿还债务之后)每年的可支配收入达到 8800 万里弗,在当时较高的币值条件下相当于 660 万英镑。而在当时,英国斯图亚特王朝国王的可支配收入不超过 120 万英镑。在 17 世纪 80 年代之后,尽管法国经历了人口和生产力水平的快速增长,但路易十六的财力只和他的高祖父基本相当。

在内克尔首次于 1781 年公开发布政府预算之前,波旁王朝倾向于将政府事务保密。内克尔的做法使得守旧者非常不满。但即便在此之前,一些聪明的观察者已经意识到了旧制度财政的问题所在，亚当·斯密就是其中之一。

　　人们可能会认为，在法国征收 3000 万（英镑）的税收造成的困苦和英国征收 1000 万（英镑）相当，但事实上并非如此。在 1765 年和 1766 年，法国国库获得的收入总额……不超过 1500 万英镑……但大家都普遍认为法国民众的税收压迫程度要远远高于英国。[1]

　　亚当·斯密的观察是极为敏锐的。法国的税收更低，但反而引起了民众更大的反抗。英法两国发生了角色上的对换。在 17 世纪，斯图亚特王朝很难从臣民手中获得一笔不高的税收，其政权也因为财政困难而被推翻。在 18 世纪，波旁王朝遭受了相同的命运。图 6-3 清楚地说明了两国地位的变化。

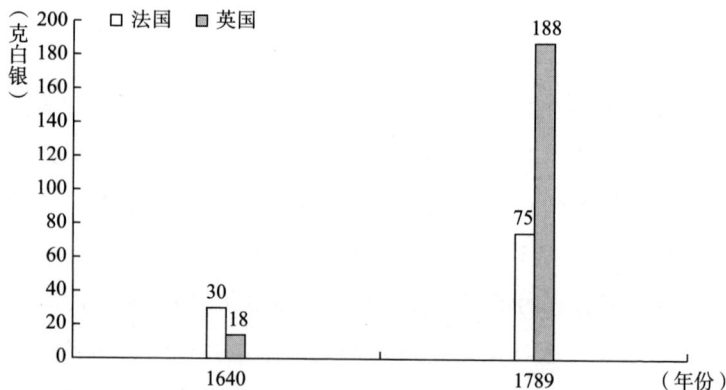

图 6-3　英法两国的税收对比（人均克数）

　　注：图中的数字只代表政府的经常性收入，即那些在每年征收时不会造成混乱和民众不满的收入。

---

① Smith, *op. cit.*, Book 1, 2, p. 47.

按照图 6-3 的逻辑，不熟悉历史的人可能推断法国会在 17 世纪爆发革命，而英国则在 18 世纪。因此，单凭税收总额的数据，我们几乎不可能将大革命视为饱受压迫的民众的起义。

但反过来，法国人很明显的确感到税收给他们带来了极大的痛苦。因此，我们就必须要考虑另外两种可能性：一是这些数字低估了真实的税收负担，二是民众憎恨的目标是税收征集的方式。这两者都有一定的正确性。税收体系中收取的资金并没有全部交给中央政府，其中还包括地方政府的税收、教会什一税、封建捐税以及最重要的——包税商的利润。在纳税人的眼中，这些和王室政府的税收没有本质上的区别。因此，法国的税负总额可能达到了 7 亿里弗。这个数额相当于 GNP 的 10%，大于波旁王朝的占比（6.8%），但依然低于同时期的英国（13%）。因此，更为重要的应该是税收摊派和征收的方式。在英国，封建捐税早已和地租融合在了一起，因而不再被归为税收。间接税在英国几乎全部是对生产者征收的，因而在消费者眼中间接税几乎不存在。而在法国，消费者承担了绝大部分的间接税。更糟糕的是，间接税的征收工作被交给了逐利的包税商。由于包税的利润是保密的，因而不同人的估计（或者说猜测）差别极大。有些历史学家认为税收总额的 80% 都落到了包税商的腰包里，现代的研究则估计为不超过 15%。在法国，对于包税商普遍的憎恨使得直接税反而比间接税更受欢迎。但即便在直接税中，贵族的免税特权也激发了下层民众的不满，而这样的特权在英国是不存在的。

由于以上这些原因，法国的税负虽然比英国的更轻，但法国的民众"被普遍认为比英国人受到税收的压迫更重"。但我们并不能就此断定法国大革命起源于此，法国的税负（无论是真实的还是纳税人感受到的）都没有超过 17 世纪的水平。上述税收体制的问题在 17 世纪反而更为明显：封建捐税的名目更多，包税商的利润更高，直接税的税制也更加不公平。和马扎然执政时期的巨额贪腐相比，18 世纪的法国政府要廉洁得多。

因此，和其他很多政权的崩溃一样，旧制度的垮台并非来自底层的反抗，而是来自顶层的真空。统治阶级对于自己的政治体系丧失了信心。事实上，从英法两国税收能力的对比图当中，我们可以清楚地看出专制主义的弊病。专制主义政府在文艺复兴和巴洛克时代的兴起正是因为它们有更强大的税收能力，能够更好地集中并利用国家的力量。它们的兴衰完全取决于能够征收到的税收和供养的军队数量。但在 18 世纪，一个王权比中世纪还要弱小的君主国已经能在这两个方面胜过欧洲最强大的王国了。

四　专制主义的局限

> 这是一条普适规律：一个君主能够获得的税收是和他的臣民的自由程度成正比的，当奴役程度增加时，税负也必须降低。这是一条颠扑不破的真理。我们可以从英国、荷兰一直到土耳其的所有国家中找到证据。[1]

孟德斯鸠通过这些话对专制主义进行了深刻的批判，其

---

[1]　C. Montesquieu, *De l'esprit des lois*, Vol. III, Ch. 7.

论断也不缺乏经验性证据。在他之前的作者们已经注意到，尽管荷兰共和国有着全欧洲最高的税负，荷兰人看上去却对此没有什么怨言，但没有人能够像孟德斯鸠那样提出一针见血的论断。

孟德斯鸠之所以敢于将自己的"定律"推广到所有的国家身上，是因为在 18 世纪世界各国发生了翻天覆地的变化。按照孟德斯鸠的定律，16 世纪的奥斯曼帝国应当有非常低的税负，而其当时的财政收入要超过所有的欧洲君主国。在 16 世纪 70 年代，让·博丹对于奥斯曼帝国的财政体制表示了赞许，后者不仅国库充盈，而且每年的财政收入达到了 1200 万杜卡特。除此之外，奥斯曼帝国还没有任何的债务。博丹对于欧洲君主国的国库储备进行了辛辣的讽刺。

> 法国的国库的确管理得很好。在亨利二世统治的 12 年内，他的确比 40 年前的法国国王积累了更多的财富。[1]

在 17 世纪，欧洲人将敬畏的眼光投向了莫卧儿帝国。在 17 世纪 50 ~ 60 年代，弗朗索瓦·贝尼埃在沙贾汗统治下的莫卧儿帝国旅行期间写下了如下的记述。

> 很多人都震惊于完全依靠皇帝的支出生活的人数，他们的总数可能达到了 100 万以上。这种巨额的政府支出只能来自莫卧儿皇帝惊人的财富，以及印度斯坦特殊的政府

---

[1]　J. Bodin, *The Six Books of a Commonwealth*, 1576, transl. R. Knowles, London; Harvard University Press facsimile edition, Cambridge, MA, 1962, p. 675.

形式。①

　　和孟德斯鸠的定论不同，这些专制君主的臣民所承担的税负一点都不低。一位荷兰旅行者约翰·德·莱特在贝尼埃之前来到了莫卧儿帝国。他不仅详尽地描述了莫卧儿帝国国库中惊人的财富，还震惊于帝国统治下农民的悲惨遭遇。

　　　　当庄稼成熟并完成了收割之后，皇室的官员就会从农民手中抽走 3/4 的收成，而可怜的农民只剩下 1/4。因此他们的劳动和支出有时不能给自己带来任何的好处。②

　　如果孟德斯鸠早生了一百年的话，他的结论可能就会完全不同。但到 18 世纪中叶，一切都改变了。引发孟德斯鸠判断的不仅仅是英国的崛起（尽管他本人的确对英国给予了很高的评价），还有亚洲大帝国的衰落。这些国家曾经令人惊异的国库已经空了。奥斯曼帝国的货币贬值了 80%，帝国本身也在逐步成为所谓的“欧洲病夫”。莫卧儿王朝的残余势力因为欧洲国家的扩张而摇摇欲坠。没有人再崇拜并建议欧洲国家模仿这些帝国了。
　　即使早期的作者们也认为伊斯兰教的帝国是过度专制化了。让·博丹虽然鼓吹王权的绝对性和不可分割性，但他仔细地区分了欧洲的“王权式君主”（royal monarch）和东方的

---

①　F. Bernier, *Travels in the Mogul Empire 1656 – 1668*, London, 1891, p. 221.

②　J. de Laet, *The Empire of the Great Mogol*, 1631, transl. J. S. Hoyland, Bombay, 1928, p. 95. Originally published in Holland in 1631.

"领主式君主"（lordly monarch）。在他看来，东方君主的统治合法性来自征服，而

> 王权式君主服从自然的法则，正如他期望自己的臣民服从于自己一样。在他统治下的每个人都拥有天赋自由权以及保有私有财产的权利。①

除此之外，尽管博丹赞扬了理性的积累国库的行为，但他对像大流士三世和提比略这样的历史上出名的善于囤积财富的君主进行了批判（尽管我们不得不怀疑他对于法国国王赞颂的诚意）。

> 上帝的法则是反对过量囤积金银的……更不要说为此压榨自己的臣民了……而我们法国的国王绝不会在这一点上忤逆上帝的旨意，囤积起一个充盈的国库。我们也不需要害怕他将来会改变这一点。②

莱特和贝尼埃特别地批判了私有土地制度在东方的缺失，这造成了没有人有动力去管理地产。

> 除此之外，［莫卧儿帝国］的政府是无比专横的。普天之下，莫非王土。皇帝可以按照自己的心意将任何地产赐给自己的臣民，也可以随心所欲地将其夺走……因此，

---

① Bodin, *op. cit.*, p. 204.
② Bodin, *op. cit.*, p. 683.

整个国家的农业耕作都是非常粗放的。[1]

农民不可避免地会问自己："我为什么要为一个可以随意且贪婪地剥夺我的财产的暴君而辛苦劳作呢？"而蒂马尔骑兵、总督和包税商则会想："我们应当从土地上榨取尽可能多的金钱，不管农民的饥饿与困苦。当我们被皇帝要求离开的时候，我们应当留下一片榨干的荒原。"

阁下，我们必须感激在地球的这一部分，国王不是土地唯一的所有者。倘若不然，欧洲的国家就不会有丰产的土地、众多的人口、繁荣的城市和文明富足的人民了。[2]

贝尼埃信中的"阁下"正是法国的财政大臣——让-巴普蒂斯特·柯尔贝尔。尽管我们并不知道柯尔贝尔是否有回复，但这封信看上去总结了法国的绝对君主制具有的一切优点。法国的政府是强力的，不容忍任何对其权威的挑战，其征税能力也相当可观，但通过承认私有财产权和践行重商主义政策，法国的国王们的确统治着一个有着"丰产的土地、众多的人口、繁荣的城市和文明富足的人民"的国家。贝尼埃注意到，尽管印度斯坦有着充足的黄金和白银，但市场上几乎没有流通的铸币。重商主义尽管有着很多的分支，但所有的重商主义政策都强调促进贵金属货币的流通。贝尼埃认为，产权的不确定性是贵金属货币流通的最大障碍。

当一个人获得财富时，他并不会选择更舒适的生活方

---

[1] de Laet, *op. cit.*, p. 94.

[2] Bernier, *op. cit.*, pp. 227, 232.

式，而是想尽办法让自己看上去更加贫穷……在这期间，
他的黄金和白银都被深深地埋在了地下……

　　毫无疑问，正是这种埋藏贵金属并使其退出流通的行
为导致了印度斯坦贵金属货币的稀缺。[①]

　　通过合理地将绝对君权、私有产权和重商主义的优点结合
在一起，旧制度鼎盛时期的法国国王有理由认为自己已经创造
了终极的政治模式。在欧洲，大多数统治者都认同这一点，并
采取了最真诚的恭维形式：模仿。

　　但即便是最专制的政府也需要一个统治阶级的支持。在不
同国家的不同时期，这个阶级的名字和构成也大不相同。因
此，欧洲的专制君主国的绝对主义成分往往比它们希望的低得
多。在法国，三级会议已经被扫进了历史的垃圾堆，封建贵族
也被关进了凡尔赛"镀金的笼子"，但旧制度还受到其他不那
么显著的因素的约束，而这些因素在约束力上则毫不逊色。
"王室"的财政最终在很大程度上成为其他人的财产，这些人
包括食利者、买官者、包税商以及金融投机商，而这些人的幕
后支持者往往是"佩剑贵族"。财政体系的两人核心机构是在
王室的控制范围之外的，包税总署是法国（除海军和陆军之
外）雇佣人数最多的机构，其35000名雇员中包括2万名准军
事人员。在18世纪80年代，每年包税总署可以征集并偿付
1.5亿里弗的资金，而王室只能从中获得1800万里弗。大约
3000万里弗被直接支付给了买官者和其他领薪水的公务人员，
剩余的部分则被交给旧制度财政的另一个核心机构：巴黎市政

---

① 　Bernier, *op. cit.*, pp. 225 - 226.

厅。在这里，从包税总署和其他独立包税商那里获得的约 1.6 亿里弗被直接支付给公债持有人。包税总署和巴黎市政厅合起来构成了一个事实上的"国中之国"，它更接近于圣乔治银行在热那亚的地位，而非英格兰银行在英国的地位。

通过这些手段，特权阶层能够在王室的收入到达国库之前从中抽取不小的份额，而政府在很大程度上却不能反过来对这些收入征税，它们受到了金融资产的相对隐蔽性和贵族的免税特权（无论贵族资格是继承的还是买来的）的双重保护。在这种情况下，政府的反复贷款和违约事实上可以看作对这些"灰色收入"征税的手段。

当英国这个按照商业共和国模式运作的君主国对法国的威胁与日俱增的时候，越来越多的人开始意识到在法国进行改革的必要性。由于旧制度的弱点主要集中在财政方面，改革也理应从这里开始。尽管不同的改革倡议者在细节上各有不同，但他们的理念是基本一致的。法国的税收体系需要进行大刀阔斧的改革，对税目进行大规模的简化，最终的目标是在引起民众更少的反对的情况下征得更多的税收。包税制和名目繁多的消费税将被废除，阻碍国内贸易的内部关税壁垒和互相冲突的税收机构也将被彻底取消。取而代之的将是一种单一的、统一的直接税，免税特权也将在全国范围内消失。有些改革者认为这种单一直接税将完全对土地征收，也有人认为其他财产也应被纳入税收征收范围之内，但所有人都认为新的税制应当统一、简单且不掺杂任何包税制的成分。这种效率和公平程度都更高的税制将为国库提供更多的资金，进而降低贷款的需求。除此之外，所有的改革者都同意政府不应当再次使用债务违约的手段。

我们很容易从这些改革纲领中看到约翰·劳的影子。但事实上，其中的主要观点早在他之前就已经被提出了。1707年，法国伟大的军事工程师沃邦元帅发表了《皇家财政论》，其中的主要观点早在1687年就已经形成，只不过并未在当时发表。在沃邦的改革方案中，盐税可以在税率调整到现在一半以下的情况下保留，而所有剩余的间接税都将被单一的"皇家什一税"取代。皇家什一税覆盖所有的收入来源，包括公债。沃邦的目标之一是将法国从金融阶层的手掌中解放出来。贵族的免税特权也将被取消。这种观点可以追溯到16世纪，让·博丹在16世纪70年代就已经将卖官制度称为"最卑鄙和有害的制度"。在他看来，贵族的免税特权是"法兰西民族特有的恶习。正如恺撒所言：'没有什么是比平民百姓更可鄙的了（Nihil est plebe contemptius）。'"除此之外，法国人还"极易受到意大利银行家的蛊惑。［这些银行家］控制了法国最好的财源：海关和里昂集市。他们拿着从这里获得的资金要挟王国的其他臣民"[1]。博丹赞成按照罗马共和国的方式进行财产评估，并按照财产征收直接税，但他并没有提出废除所有的现行税收。

我们可能会认为这种类型的提议不会受到买官者的欢迎。但在1763年，一位高等法院（Parlement）的法官达利格兰发表了《反金融家》，其中勾勒的改革计划与沃邦和约翰·劳的设想如出一辙。

> 在驱逐了金融家和他们的走狗之后，政府将废除那些

---

[1] Bodin, *op. cit.*, pp. 669, 675.

征收体制过于烦琐的税收。这将给国王和臣民都带来好处。臣民们早已企盼一种简单且统一的税收体制，来斩断那些寄生在他们身上的利益团体并还他们以更大的自由。政府也能够从新的税制中获得更多的收入。①

达利格兰最终因为自己的建议被投进了巴士底狱，一些其他的改革者也遭到了同样的命运。尽管有一些坚定的君主主义者提出了和他相似的见解，他却被认定为反政府分子。他的实际罪名很大程度上是给政府"捣乱"。达利格兰开出的改革处方受到了很多人的欢迎，构成了 1789 年法国大革命的基础，并被记录在了《人权宣言》的第 13 条中。卖官制度、包税制以及所有先行的税收和免税权都将被一扫而空，取而代之的将是新的公平的直接税（尽管改革的后果与革命者最初构想的并不完全一致）。

如果需要进行的改革如此明显，那为什么这些措施没有得到实施呢？其原因当然应该从政治中寻找。废除贵族免税特权以及整套卖官制度和包税体系将解除对国王专制主义仅存的限制。如果想让特权阶层同意给予政府更大的税收权力，政府就应当放弃债务违约的手段。但反过来，特权阶层虽然不再被通过债务违约的方式征税，但是其免于其他税收的权利也将被取消。因此，对他们而言，财政上的后果最多是中性的，不会给他们带来任何的好处。政治上的权衡取舍又是怎样的呢？

问题在于并不存在明显的政治妥协的可能。"英国式"道路——将对王室财力的非正式约束转换成代议制政府的正式约

---

① M. Darigrand, *L'Anti - Financier*, Amsterdam, 1763, p. 24.

束——对法国国王来说是不可想象的。在这个过程中国王很明显地丧失了太多的权力，因而在他们看来这根本谈不上一种权衡取舍。而对于特权阶层来说，重新召开三级会议也带来了过多的不确定性。他们必须放弃自己切实可见的财政特权——免税权、世袭官职、包税合同等——来换取在一个人员构成都不可预料的代表大会中的席位。但如果法国想要在公共债务的时代保持竞争力的话，这种政治变革正是它所需要的。特权阶层只在万不得已的情况下召开三级会议，这可能正是阶层内部缺乏凝聚力的标志。

在此期间，特权阶层重新开始强调自己的"传统权利"。孟德斯鸠对此也有论述。在他看来，自上而下推行的改革将消除自然法对国王权力的限制，将法国转变成一个像奥斯曼帝国那样的专制国家。按照他的"定律"，这将最终降低税收收入，而不是提高。但孟德斯鸠的主要论据并非他的定律，和同时期的很多人一样，他从历史中寻找支持自己说法的证据。按照他们的观点，法国的政府体系继承自5世纪的法兰克入侵者。而法兰克人和其他日耳曼部落一样实行的是有限的君主制，这将他们与亚洲的专制君主制区分开来。用孟德斯鸠的话来说，欧洲的自由诞生在"日耳曼的森林里"。换言之，法国的古老宪法正在受到其国王过度膨胀的野心的威胁。

这种历史观并不是新鲜的事物。在英国议会反抗查理一世和荷兰人反抗菲利普二世时，起义者们就将其作为反抗君主的合法性来源。法国人对此最经典的表述来自1721年的布兰维利埃伯爵。

当我们审视英国、德意志和波兰现在的，丹麦和瑞典不久前以及法国曾经拥有过的政府体制……我们可以轻易地发现，所有在罗马帝国的废墟上建立起来的国家的政府都特别注重限制其国王的权力。国家中往往存在诸多权力机构，其基本的职能就是分享君主的权威。这种机构可以在所有国家中找到：如德意志和波兰的 *Diets*；英国的 *Parliament*；法国、瑞典和丹麦的 *Estates*；阿拉贡、葡萄牙甚至卡斯蒂利亚的 *Cortes*，尽管卡斯蒂利亚是一个通过征服形成的国家。[1]

但这种简单且富有吸引力的历史观是存在问题的。和部落自由并行存在的还有另一个历史更悠久、接受范围也更广泛的政治理念：自由是未被征服的人的特权。法兰克人也许是自由的，但这种自由能否被应用到一个主要由高卢人和高卢 - 罗马人后裔构成的国家呢？作为一个贵族，布兰维利埃的答案是非常清楚的。

没有人不知道法兰克人是在克洛维的统治下征服了高卢。法兰克人建立的政府中完全没有被征服的民族的容身之地，后者处在罗马式的奴役和部落自由之间的中间地带。在征服者的眼中，他们命中注定就是要在田野间辛苦劳作，根本不可能分享统治者的荣耀。[2]

---

[1] Comte de Boulainvilliers, *An Historical Account of the Antient Parliaments of France, or States General of the Kingdom*, transl. London, 1739, 1, p. 60. "此书所包含的真知灼见使它在法国遭到查禁，因此被翻译为英文，以供热爱自由的英国人士阅读。" Original ms. around 1721.

[2] Boulainvilliers, *op. cit.*, 1, p. 56.

换言之，高卢人或许被法兰克征服者从半奴役的地位中解放（*enfranchized*①）了出来，但他们能够享受到的自由与（从未被征服过的）法兰克贵族不可同日而语。因此，对抗国王专制主义的顶梁柱只能从旧贵族中寻找，他们是"法兰克人的自由"的直系继承人。所有现存的自由都是从"法兰克人的自由"中衍生出来的，因而也只有旧贵族才能够提供自由的保障。

对于除了"佩剑贵族"以外的人来说，这显然不是一种吸引人的历史观。高等法院的支持者采取了另一种看问题的角度。所谓"高等法院"指的是地方性的最高法庭，其成员代表着"穿袍贵族"当中的最高等级。在高等法院派的手中，"哥特人宪法"的理论经过了一些微妙的调整。在孟德斯鸠（他本人就是波尔多高等法院的成员）、达利格兰以及其他作者的记述中，法兰克人的部落民大会在一个广袤且人口稀少的国家中实在是难以运转，因此它逐步被代表大会所取代。在三级会议"寿终正寝"之后，代表大会的权力就由高等法院继承。考虑到高等法院成员（或者他们的祖先）的地位是用钱买来的，这种权力继承关系看上去有些站不住脚。但相较于布兰维利埃的理论，高等法院派的观点受到了更多法国人的支持。基于此，在1789年革命之前的几十年中，高等法院一直理直气壮地扮演着人民代表的角色。

但也有很多改革者对于反对派地位的局限性感到绝望，采取了保王派路线（*thèse royale*），声称只有自上而下的改革才是可行的。这一派的改革者也有自己版本的历史观。君主主义

---

① 字面意思是"给予法兰克人的权利"。

者对于黑暗时代的观念集中体现在杜博斯神父（*Abbé Dubos*）1734 年的著作中。[①] 在他看来，无论法兰克人在日耳曼时的政治架构是怎样的，他们进入高卢的时候是经过了罗马皇帝授权的，因此，法兰克的国王也就继承了罗马皇帝的绝对权力。部落大会并不是议会制度的雏形，其作用仅仅是检阅军队。换言之，封建制才代表着对权力的僭越。"罗马派"逻辑的自然结论是包括贵族头衔和代议政治在内的所有特权都不过是来自仁慈的专制君主的有条件的赏赐。但大多数君主主义者不喜欢将国王看成专制暴君的历史观，他们更倾向于将国王的角色定义为博丹所说的"王权式君主"。国王应当拥有绝对的立法权威，而每个臣民也能保有"天赋自由权"和"私有财产权"。但这种君权观将旧制度所包含的哲学悖论暴露了出来：私有产权和专制主义者想要达到的财政目标是不可调和的。

自从社会主义和社会民主主义思潮流行以来，很多人开始批判约翰·洛克以及启蒙哲学家们给予私有产权的崇高地位。私有产权不再被视为民主制度的核心，早期的政治思想家则被指控通过有意无意地过分强调私有产权来为资本主义的发展背书。但这种观念完全误读了他们思想的全部内涵。

财产权是目前人们普遍接受的世界观中不可或缺的一部分。自由和奴役是人类生存状态光谱的两个端点。奴役在古典时代是被征服者不可避免的命运，是一种通过武力强制形成的关系。正如约翰·洛克所言："〔奴役关系〕是合法的征服者和自己的俘虏之间战争状态的延续。"但当一个人沦为奴隶的

---

① J-B. Dubos, *Histoire critique de l'établissement de la monarchie françoise dans les Gaules*, Paris, 1734.

时候，他放弃了什么呢？答案毫无疑问是自己的人身所有权，这也是自人类社会诞生以来第一种也是最基本的所有权形式。"［在自然的状态下］，土地与所有低级生物都是人们所共有的，但每个人对自己的人身拥有私有财产权。"①

失去自由的人丧失了对自己人身的所有权，他也就自然不可能再拥有其他任何东西。② 与之相对的，私有财产权是未被征服者的特权——换言之，是自由人的特权（这种关系的影子依然可以从英语里的 *freeholder* 和法语里的 *franc - tenancier* 这类词中找到）。布兰维利埃在解释高卢人的后裔有作为第三等级的代表权时，将奴役、财产权和政治自由者之间的关系表达得非常清楚："因此，只有一个人获得了自由，即对自己的人身和财产拥有所有权的时候，他才有资格谈论自己在国家中的地位。"③

私有财产权在国家财政方面的意义也是非常明显的。正如约翰·洛克所言：

倘若有人声称全凭自己的权威，就拥有在未经民众允

---

① J. Locke, *Two Treatises on Government*, 1694, in *Collected Works*, Vol. IX, London, 1824, pp. 352 – 353.

② 大多数作者都认为这一层逻辑是不言自明的。但洛克则对这个问题进行了深刻的探讨。与对个人人身的所有权相关的是对个人劳动力以及劳动产品的所有权（奴隶显然失去了这一项）。洛克还解决了土地"对所有人一视同仁"和其后来划分为私有财产之间的矛盾。他强调，劳动产品中的很大一部分是来自人类的劳动力和创造性。自然的财富也许对每个人来说都是一样的，但它和人类改良创造的价值相比不值得一提："一英亩的土地能产出 20 浦式耳的谷物，在美洲的情况也基本一样。但完全同质的产出在英国可能价值 5 英镑，但在美洲还不到 1 便士。"（*Two Treatises on Government*, 1694, in *Collected Works*, Vol. IX, London, 1824, p. 363）

③ Boulainvilliers, *op. cit.*, 1, pp. 57 – 58.

许的情况下对民众征税的权力，那他就是侵犯了财产权最基本的原则，并颠覆了政府的根基。因为如果他人有权随心所欲地从我这里取得他想要的东西，我还有什么财产权可言呢？[1]

以财政大臣杜尔哥为首的重农学派为了证明未经民众允许的税收的合法性，对财产权提出了不一样的见解。在他们看来，所有的土地所有者都已经实质上放弃了自己土地所有权的一部分给国家，以换取国家对自己财产权的保护（他们并没有明确这一放弃的比例究竟是多少）。当一个土地所有者出售自己的土地时，他卖出的只有自己持有的"份额"，而国家拥有的那一部分财产权保持不变。因此，税收只不过是王室从自己的财产中应得的收入。

但这种令人费解的理论注定只能是少数派的观点。大多数王权的支持者都承认私有财产权的绝对性，路易十四的继承人的教师波舒哀主教就是其中最重要的一员。这位雄辩之士的工作之一就是通过凡尔赛皇家礼拜堂的讲道台对"太阳王"的自负加以限制。他对于《旧约》的研究（和新教徒的原教旨主义者一样，他试图从《圣经》中找到所有政治问题的答案，并且对其正确性坚信不疑）使得他和博丹一样对欧洲和亚洲的统治形式进行了区分。

在我们这些秩序井然的文明国家之外的世界上存在着一种所谓"专制"（arbitrary）的政体。这种政体总是伴

---

[1] Locke, *op. cit.*, Vol. IX, p. 140.

随着四个特征：首先，所有的臣民生而为奴隶，没有自由人的存在；其次，没有人拥有私有财产，所有的［财富］来源都被君主所控制。［除君主之外］父子之间的继承关系是不存在的。①

为了证明合法的/家长式的君主应当尊重财产权，波舒哀借用了《旧约》中以色列王亚哈的故事。亚哈想要获得（自己的臣民）拿伯的葡萄园，因为后者离王宫很近。《旧约》中明确地记载了亚哈向拿伯提供的至少是公平的市场价格，但拿伯依然有权利并且最终拒绝了亚哈的提议。为了报仇，亚哈在王后耶洗别的鼓动下以渎神的罪名诬告拿伯，并将他处以石刑。上帝对这件事的看法是非常明确的。

> 耶和华的话临到提斯比人以利亚说，你起来，去见住撒玛利亚的以色列王亚哈，他下去要得拿伯的葡萄园，现今正在那园里。你要对他说，耶和华如此说，你杀了人，又得他的产业吗？又要对他说，耶和华如此说，狗在何处舔拿伯的血，也必在何处舔你的血。②

考虑到这些观点来自"绝对主义"君权最重要的鼓吹者，我们不得不认为，这场关于君主是否应当拥有在未经民众允许的情况下征税的权力的争论，其结果在尚未开始时就已经注定了。

---

① J. B. Bossuet, *Politics Drawn from the Very Words of Holy Scripture*, transl. P. Riley, Cambridge, UK, 1990, p. 263.（原书只分析了两点。——译者注）
② Bossuet, *op. cit.*, pp. 256–265.（《旧约·列王纪上》21：17–20）

五　贵族的革命

　　波旁王朝最后一次真正建立绝对君权的尝试发生在 1770 ~
1774 年期间。王室从两个方面发动进攻：财政总管约瑟夫 -
玛丽·泰莱通过一系列单方面债务削减极大地打击了公共债权
人，其综合性的后果相当于 1720 年以来最严重的债务违约；
而总理大臣雷内 - 尼古拉斯·德·莫普则将矛头对准了高等法
院。公共债权人和高等法院不仅构成了对绝对君权的两个最重
要的限制，而且二者之间有着紧密的联系。

　　高等法院通常被描绘成被大革命扫进历史的垃圾堆的老古
董。由于高等法院法官的职位大多数都是买来的，很难说他们
有资格代表自己信仰的那种传统意义上的自由权。除此之外，
到了 18 世纪晚期，认为社会不同等级的人应该拥有不同程度
自由的观念已经逐渐过时了，取而代之的则是所有人共有的天
赋权利的理念。除了理念上的限制之外，高等法院在旧制度中
所起的作用几乎完全是消极的。高等法院法官有能力阻挠和破
坏，却没有能力建设。换言之，高等法院的作用比 17 世纪早
期的英国议会还要糟糕，几乎没有人将其视为积极改革的工
具。可能正是这种纯粹的妨碍者的身份使得一些坚定的高等法
院成员出于失望转而成为君主主义者——莫普就是其中最重要
的一员。但在三级会议消亡之后，高等法院是唯一能给政府披
上父爱主义外衣，使其看起来不那么专断的机构。国王的敕
令——特别是那些关于新增税收和公债的——必须要经过高等
法院的背书才能在纳税人和债权人的眼中获得合法性。当然，
国王总能通过臭名昭著的“御前敕令”（*lit de justice*）获得自
己想要的结果。所谓“御前敕令”指的是国王会召见一些高

等法院的法官，然后坐在一张仪式性的床上通过呵斥把自己的意志强加给他们。巴黎高等法院为了制止这种做法在1771年举行了罢工，进而激发了莫普的政变。但如果国王的慈父形象想要维持下去的话，就应当避免这种让人联想到东方专制暴君的做法。

我们并不能够确定泰莱和莫普主持的专制政府是否能够成功地坚持下去。路易十五始终恋栈自己统治初期"受人喜爱的路易"（*Louis le Bien Aimé*）的形象，并不希望成为一个彻头彻尾的专制暴君。他拒绝将莫普的改革推广到地方高等法院，政变没有彻底完成。尽管如此，大多数历史学家将这一时期视为旧制度避免灭亡的最后机会，他们的主要证据是1771年以后反对派的逐渐消失，到了1774年，已经没有什么势力能对政权构成明显的威胁了。但实际上，这和英国的查理一世在11年的和平时期摆脱议会所取得的短期成功没有本质的区别。对于莫普-泰莱政府的考验在1778年法国加入美国独立战争之后才真正开始。到了这时，路易十五已经去世了，年轻的路易十六立即将莫普和泰莱解职并召回高等法院。但即便路易十六没有改变政策，这种专制实验也很难在战争的压力下延续很长的时间。泰莱执政时期唯一的一笔大规模公债是1771年发行的终身年金，政府的预期利息成本约为10.5%。这是大革命之前所有公债中最昂贵的一笔，更不用说还是在和平时期了。① 泰莱准备在十年后支付多高的利率呢？

J. M. 奥吉尔德极其出色地阐明了旧制度所面临问题的无

---

① Velde and Weir, *op. cit.*, p. 20. 10.5%这个数建立在25%的贷款是长期年金、余下的部分都是终身年金的假设基础上。

解。作为包税总署的长期成员以及王室的高级官员，他和 1774 年之后的法国政府联系之紧密无人能及，路易十六政府的首席大臣莫勒帕给他提供了财政总管的职位。奥吉尔德作为一个有见识的金融家和坚定的君主主义者，清楚地意识到合法性问题在公共信用中的重要地位。在他的回忆录中记录了他于 1774 年写给莫勒帕的一封信，内容如下。

> 国王当然应该是国家绝对的主人。但是，不仅为了臣民的幸福，更为了支持公共信用，国王必须不给其他任何人怀疑他的权力凌驾于法律之上的理由。因为如果人们相信他是一个专制暴君的话，政府就无法进行贷款。即便公共债务能够存在，其成本也会过于高昂，进而使得英国人总能在战争中获胜。换言之，国王应当成为高等法院的主宰者，但别人不能发现这一点。①

这看上去是一种纯粹的幻想。但在接下来的 10 年中，这种机制产生了不错的效果。可能是受到了之前被撤销的经历的影响，也可能是被英国在美国独立战争中遭到羞辱的前景所激发的爱国热情所感染，恢复后的高等法院在为政府的战争公债背书时并没有太多的抗议。在内克尔的管理下，公共债务的筹集和偿还并没有出现违约。即使在他的继任者乔利·德·弗勒里的任内，尽管弗勒里没有内克尔那样和金融市场的密切联系，政府的财政状况也糟糕了许多，但新增公债的成本从未上升到 9% 以上，远低于 1771 年泰莱发行的终身年金的利率。

---

① J. M. Augeard, *Mémoires sécrets*, ed. M. E. Bavoux, Paris, 1866, p. 81.

但到了 1786 年，这种融洽的幻象已经逐渐消失了。随着关于 1770～1774 年记忆的消退和战时爱国热情的减退，高等法院又恢复了七年战争时期的顽固态度。大臣不得不反复地寻求高等法院批准新的税收和贷款以填补赤字，这不过是给了后者要挟勒索政府的工具。当路易十六的首席大臣卡龙想要设立一种新的没有贵族免税权的经常税时，他不得不想尽办法绕开高等法院的阻挠。他采取的办法是在历史上首次召集了一个纯粹咨询性质的显贵会议。这个完全由贵族组成的机构（其中包括了所有高等法院的首席法官）表现出了一种政府完全没有预料到的改革热情。它愿意接受新的土地税，甚至同意废除封建捐税，但条件是政府必须召开三级会议来批准立法。会议的秘书杜邦·德·内穆尔充分意识到了这种贵族要求的民主化改革的重要意义。

> 在 5 月 1 日时，法国还是欧洲最强大的君主国。到了 5 月 9 日，法国已经成了一个共和国。这个国家的长官依然通过头衔和荣誉装点着皇室的威仪，但他必须要召集自己臣民开会并向他们请求自己需要的东西。在没有得到国民允许的情况下，公共收入将永远是不足的。法国国王的地位已经和英国国王没有什么区别了。①

为了巩固这种新的共识，路易十六用高等法院的反对派取代了卡龙的地位。其中包括布里盎、拉莫农和马勒泽布这些长期以来反对莫普的斗士。但奇怪的是，在掌权之后，他们也丧

---

① Quoted in S. Schama, *Citizens*, New York, 1989, p. 253.

失了对于自下而上的改革的信心，成了莫普在精神上的继承者。当巴黎高等法院在 6 月被要求批准新税收时，它固执地认为只有三级会议才能批准这种根本性的财政改革。政府在后面的 5 年时间内拒绝了这种让步，在此期间政府希望找到解决财政问题的办法以避免将自己的命运交到一个选举产生的机构手中。当事情在 1787 年 9 月陷入僵局的时候，路易十六将一次咨询性的会议转变成了突袭性的御前敕令，试图强迫高等法院通过改革法案。当时列席高等法院的还有来自佩剑贵族和僧侣的代表，这使得这场政变显得更加引人注目。路易十六的行为招致了他的堂兄弟奥尔良公爵的著名的责难："陛下，我以无比谦卑和真诚的内心请求您明白，这种行为是不合法的。"①

在接下来的 6 个月中，新税法的合法性问题成为人们争论的焦点。政府一揽子计划中的一部分是发行总计 1.2 亿里弗的终身年金和定期债券（旧制度时期的最后一批公债）以弥补下一年预计达到 1.6 亿里弗的赤字。到 11 月时，这批公债的认购工作已经全部完成，但高等法院依然没有对法案的合法性做出裁决。到 1788 年 4 月时，裁决的结果才出来——很不幸，结果是不合法，这意味着王室的敕令是无效的。法官们非常清楚自己的判决会对公共信用造成什么样的影响。

> 在（已经被宣布无效的）国王敕令的影响下，资本所有者已经拿出了 1.2 亿里弗认购了明年发行的债券，对此高等法院完全是知情的。高等法院并不是存心要损害他们的利益。事实上，获取债权人信任的权柄已经不在高等

---

① Schama, *op. cit.*, p. 267.

法院，而在三级会议的手中。三级会议将听取其职责范围内的所有意见，用其智慧综合考量各种情况。在这之后，三级会议毫无疑问将按照神圣的法律为已经认购的公债背书。①

这封裁决书激起了新的改革派政府的愤怒。高等法院再次被镇压，其领袖遭到了逮捕。自 1785 年以来断断续续的信用市场的下行过程现在加速了。除非政府召开三级会议，否则这1.2 亿里弗就将是它能够取得的最后一笔贷款。在 6 月，大革命的先兆已经出现，格勒诺布尔的市民集合起来，共同保护地方高等法院不被镇压。1774 年奥吉尔德预言的正确性在 8 月份已经变得非常明显：没有高等法院，就没有公共信用。1788年 8 月 8 日，政府的态度最终缓和了下来，宣布将在 1789 年 5月召开三级会议。但这来得太晚了，政府的钱袋子已经空了。8 月 16 日，政府停止使用硬通货偿还债务。在紧接而来的市场恐慌中，布里盎被迫辞职，取而代之的是内克尔，他是金融市场唯一信任的大臣。内克尔部分地恢复了债务的现金偿付，并成功地将政府支撑到了 1789 年 3 月。但到这时，1787 年内穆尔的预言已经成为现实：国王在法国的地位已经和英国一样了。

或许这是唯一的办法，也或许绝对君权的倡导者提出的方案注定是死路一条。但在我们将王权专制主义打上失败的标签

---

① *Procés verbale du Parlement de Paris*, 11 April 1788, quoted in M. Bottin, "Le budget de 1788 face au Parlement de Paris (Novembre 1787 – Avril 1788)," in: *État, finances et economie pendant la Révolution française*, Paris, 1991, p. 77.

时，我们必须要考虑另一个国家——普鲁士。在 17 世纪，勃
兰登堡选帝侯（在 1701 年之后成为普鲁士国王①）和很多同
时期的君主一样，将从中世纪继承而来的议会机构摆在一边。
法国的历史已经证明，如果公共信用对君主的非正式约束依然
存在的话，议会对王权的成文约束的消失并不会带来实质性的
变化。但普鲁士的霍亨索伦王朝在政治上的回旋余地是法国的
波旁王朝不可比拟的，因此它能够实施法国无法推行的自上而
下的改革。贵族的免税特权被废除，政府鼓励他们在普鲁士军
队中谋职。欧洲的首个职业化和精英化的官僚体系建立了起
来，普鲁士的司法体系也成为公平公正的楷模。因此，毫不奇
怪的是，伏尔泰作为最著名的贵族特权的谴责者和开明专制的
倡导者会把普鲁士的腓特烈大帝作为欧洲君主的榜样。

在另一个方面，普鲁士模式和孟德斯鸠所倡导的并不相
同。普鲁士人看上去并没有古代哥特人所拥有的对政治自由的
狂热，普鲁士体制也没有证实孟德斯鸠关于税收和自由的
"普适规律"。普鲁士的税收总额在 1714 年只有 130 万塔勒，
到 1740 年时达到了 700 万塔勒，而 1786 年则上升到了 1900
万塔勒。我们很难确定普鲁士的真实税负和法国究竟孰高孰
低，但可以确定的一点是，前者的税负分配更为公平，因此民
众的反对更少。除此之外，普鲁士税收体系获得的资金进入中
央国库的比例要远高于法国。普鲁士的财政政策是如此的成
功，以至于它成为欧洲唯一一个能够完全不依赖公共债务还能
维持一支庞大的常备军的国家。勤俭的腓特烈·威廉一世在

---

① 神圣罗马帝国的皇帝最开始承认的头衔是"在普鲁士的国王"（King in
Prussia），1772 年其头衔才被正式改为"普鲁士国王"（King of Prussia）。

1740 年去世时给自己的继承人（腓特烈大帝）留下了 800 万塔勒的战争基金。腓特烈大帝将战争牌和外交牌打得精彩绝伦，这使得他在连年战争的情况下依旧在 1786 年将国库储备增加到了 5100 万塔勒（约合 800 万英镑）。[1] 这是自英格兰的亨利七世以来一个君主所积累的最大的一笔净财富。在同时期的欧洲君主都只能积累债务的情况下，这实在是了不起的成就。

如果普鲁士的财政体系能够被完全移植到法国的话，将产生惊人的后果。法国全体国民的"税收"负担高达 7 亿里弗。即便是一个完成了自上而下改革的法国也不太可能将这笔钱完全收入囊中。但假设中央政府从税收中能够获得 6 亿里弗，在税收体制由中央控制和没有债务负担的情况下，波旁王朝每年的可支配收入也将达到 2400 万英镑。这是 1788 年王室实际收入额的 3 倍以上，英国的财力优势将荡然无存。但这种移植并没有发生。1788 年，代议制政府的呼声已经越来越高涨，波旁王朝只能通过削减自己的权力来增加自己的财力。法国将转向英国而非普鲁士的模式。

但这种转变真的会发生吗？

---

① Fay, *op. cit.*, p. 141.

第七章　革命

荷兰人现在的税收负担是他们反抗西班牙时的 10 倍。专制暴政是最糟糕的政治体制：它既不知道如何积累，又不知道如何榨取。

——埃德蒙·伯克，在下议院的演讲，1774 年 9 月

如果自由的统治比专制暴政的负担还要更重的话，我们的革命就没有对法兰西民族的和平与幸福做出任何的贡献。

——米拉波，在制宪会议上的演讲，1790 年 4 月

1774 年，埃德蒙·伯克在下议院演讲时，看上去毫无疑问是孟德斯鸠的支持者。荷兰共和国的例子充分说明了一个自由的国家相对于"奴役"的国家来说永远拥有财政上的优势。自由国家的公民不仅更愿意缴税，还乐意将自己的剩余资金以更低的利率借给政府。直到 1789 年，法国的政治辩论看上去都在围绕着这个基本问题展开。奥吉尔德在 1774 年勾勒出的妥协方案在长期内是不可能实现的。在高等法院的公允表象下，纳税人和债权人也许会更愿意将资金交到政府的手中。但通过这种方式增加的财政收入是不可能满足和英国分庭抗礼的要求的，后者的权力毫无疑问掌握在选举产生的议会手中（尽管选举体系存在很多的问题）。除此之外，高等法院也不会愿意一直扮演"橡皮图章"的角色。到了 18 世纪 80 年代，对于大多数法国统治阶级来说，根本性改革的必要性已经非常

明显了。而他们预期的改革方向也是非常清楚的：不是照搬英国的宪政体制，而是要走有高卢特色（更准确地说是"法兰克"特色）的道路，达到与英国类似的财政结果。

但为了达到这种结果，法国是否必须转变成一个"自由国家"？我们只需要看一眼米拉波在 1790 年的演讲，就会发现问题并非如此简单。包括米拉波在内的大多数法国人看上去要么没有读过孟德斯鸠的著作，要么没有被他的政治自由和积极纳税人之间的等式所说服。在他们看来，政治自由应该带来更少的税收，而不是更多。是法国人太过无知，还是孟德斯鸠遗漏了什么问题？

他的确遗漏了一个问题：对于自由，还有一种有深刻的历史基础的完全不同的理解。

在古典时代的人们眼中，自由首先意味着免于征服和免于奴役——后者是前者的自然结果。奴隶当然是不缴税的，他们的全部剩余产出都被直接剥夺了。在很多情况下，战胜者会满足于仅仅对他们征服的民众征税，而没有将其完全沦为奴隶。但古典时代的人并不会被这种形式上的差异所愚弄：他们将税收视为一种从属关系的标签。因此，自由人最令人艳羡的特征就是不需要纳税。当然，实现这种程度的财政自由最好的办法就是去征服他人。当这条路走不通或提供的资金不足的情况下，自由人就不得不从自己的口袋里掏钱。即便如此，他们依然通过很多手段将自己和非自由人区别开：他们是"像希腊人一样"（à la grèque）"自愿"把钱交给国家的；他们交出的钱将通过战利品的分配回到自己的手中；或者他们是通过信贷合约把钱借给国家的。古典世界充满着这种将部落财政在货币化时代进行改造的例子，公共信用并不是其中最重要的一种。

　　真正将可交易长期公债作为财政体系核心的是中世纪的商业城邦，它们的创新成功地将政治自由和商业便利结合在了一起，并由此引发了一系列它们自己也想象不到的变革。基于低成本长期公债的财政体系是如此有效，以至于欧洲的君主们不可能对其视而不见。到了 16 世纪末，西班牙和法国的债务水平已经高到了同时期非欧洲国家（如奥斯曼帝国）难以想象的水平。但无论是哈布斯堡王朝还是波旁王朝最终都没能很好地将这种新财政体系的政治内涵与专制主义的逻辑结合起来。它们最终不得不依靠经常性的违约来控制自己的债务水平，因而无法充分发挥信用市场的潜力。在 1688 年之前，只有商业共和国能够很好地利用公共信用，但光荣革命之后的英国改变了这一状况。英国虽然在名义上依旧保留了君主制，但它至少在财政方面"共和化"的程度绝不亚于尼德兰和意大利的任何一个城邦。

　　到了 18 世纪晚期，意大利商人在 500 年前的创新不仅已经发展成了一股看起来所向披靡的力量，而且其演化的情况似乎证明了孟德斯鸠"普适规律"的正确性。对税收的抵抗虽然是一种很好的反抗暴政的方式，但它会对国防造成不良的影响，因而不利于"保卫"来之不易的自由。没有可靠的税收收入来为公债提供担保，信用也就不可能成为最重要的财政工具。

　　但事实上，以低成本长期债务为基础的公共财政并不是原始的免税自由在 18 世纪再演绎的唯一可能的版本。商业共和国的财政体系还存在着另一面。在其起源地意大利，这种体系所代表的财政自由属于公民 – 商人阶层。只有他们拥有以贷款的形式缴纳"税金"的特权，也只有他们能够获得使这种特权无比诱人的公债利息。利息的担保毫无疑问依然是间接税（比起直接税，间接税更少"侮辱自由人的尊严"）。在理论上，这并没有什么不公平的地方：间接税并不存在免税特权。但在实践中，其负担更多地落到了平民的头上。这里所说的"平民"不仅包括没有公民资格的劳工，还包括一部分没有或只有很少资产的公民（*popolo minuto*）。当债务以及税收水平上升的时候，这种共和国财政体制潜在的累退性特点就逐渐暴露了出来。最终，共和国的财政体系似乎反过来印证了古典时代的结论：只有在他人代为纳税的情况下，自由人才能真正享受免于税收的特权。在 1340 年热那亚将西蒙·波卡涅拉推上权力宝座的起义以及 1378 年佛罗伦萨的梳毛工起义中，这一点都表现得非常清楚。这些起义的平民发动者都不约而同地批判了政府对公债的依赖，而要求以直接税取而代之。

意大利城邦共和国的公债财政体制具有其衍生品难以匹敌的纯粹性。通过将自由的双重性质明确地表现出来，它几乎解决了孟德斯鸠 – 米拉波悖论。在理想情况下，正如米拉波所言，公民们给国家的贡献应该以贷款的形式进行，这样每个人肩上的财政负担都将最小化。但在极端的财政紧张时期，政府不可能保证偿付给公民的利息。公债的市场价格将下降，进而变成事实上的税收。在这种情况下，公民的财政负担会增加到非常高的程度，正如孟德斯鸠的预测。更准确的逻辑可能是将意大利共和国的财政体系发展过程分成三个阶段。在第一阶段，政府的债务水平以及偿债所必需的税收都很低，公债的市场价格和面值基本一致。在这一阶段，公民享受着自己的财政自由，而其他的阶层也不会有太重的负担。在第二阶段，债务水平上升，公债的价格完全由贫困阶层缴纳的重税维持。公民的财政自由建立在没有政治特权的阶层的负担之上。而到了第三阶段，债务已经增加到间接税无法支撑的水平。债券的市场价格下跌，富有市民的财政负担达到了和穷人相当甚至超过穷人的水平（因为公债已经成为事实上的税收，其市场价格也会跌到很低的水平，使富人积累的债券价值大幅缩水）。

意大利体系并没能延续到 15 世纪之后。它最终不可避免地抵达了这一过程中的第三阶段，潜在但最终致命的矛盾开始出现。在债务水平不断上升的情况下，公债的高市场价格只能通过二级持有人的信心维持。但当政府没有绝对的偿债义务，且税基当中的一大部分只能通过进一步增发公债才能获取的情况下，潜在的投资者是不会给公债打上 3A 评级的。政府需要做的是将公债和税收进行明确的区分，并取消公债的强制性以及对二级持有人利益的歧视。这正是热那亚以及北方的城市所选择的道路（其中最重要的是荷兰共和国这样的城市联盟）。为了提高经济上的可行性，新的共和国财政体系模糊了其模板中蕴含着的一些政治原则。但体系前后的连续性依然体现在直接税和间接税的相对关系上。公民－商人阶层不再完全拒绝缴纳直接税，但直接税税额被控制在与公共偿付能力相适应的最小值，长期公债的利息担保依然完全由间接税构成。

如果"共和式"财政体系是和一个阶级的专政密不可分的话，那么它对于其他试图摆脱专制的社会来说就不会有那么大的吸引力。这些社会的平民可能会像佛罗伦萨的梳毛工以及 1340 年的热那亚起义军一样对其怀有负面的情感。当然，在 1600 年以前，平民几乎从未把持过政府。但这种经验是否能够预示着未来呢？

共和国财政体制的潜在局限性还不止于此。作为商人阶层的产物，它是"商治、商有、商享"的政府最完美的财政形式。它极大程度地依赖高水平的流动资产，并通过证券交易扩大公共债权人的范围。正是在这一点上，英国对这一体系的成功运用占据了非常重要的地位。这是历史上首次由农业利益占主导地位的国家达到了共和国财政体系的要求。但英国的经历为什么一定是可以复制的呢？首先，在1700年之前，英国已经是欧洲除商业共和国以外城市化程度最高的国家。其次，英国的土地阶层和"荷兰式"财政体系的逐渐和解在很大程度上依赖于英国以大土地所有为主的地产结构。即使在拥有这些优势的情况下，新财政体系的建立和巩固也经历了长达一代人的斗争过程，在很多年内斗争的最终结果都是不确定的。

这些都是怀疑英国的经验是否能够扩散到海峡对岸的理由。法国在18世纪晚期寡头化的程度可能并不下于英国，但其城市化的程度则远远不及后者。法国的土地所有制结构在很大程度上依然和中世纪基本一致。但从另一个角度看，法国在这些方面和1688年的英国很可能不相上下，法国人也已经积累了充足的流动资产以及管理金融资产和公共债务的经验。

但如果是一个比英国和法国的寡头化与城市化程度都要低的国家，它能否将商业共和国的财政体系作为自己政治自由的表现形式呢？

一 新世界

货币是一种绝妙的工具。当我们发行货币的时候，它完成自己的交易职责；它支付部队的军饷，购置士兵的军服；它提供补给和弹药；如果我们发行得过多，它还会通过贬值完成自我清偿。

——本杰明·富兰克林，1779 年 4 月

一个破产的信用全无的共和国将成为政治世界中的新奇事物。它处在其他的强国中间，就仿佛一个"走在正派人中间的妓女"一样。

——大陆议会，1779 年 9 月

　　1776 年联合起来宣布独立的英属美洲殖民地已经熟练地掌握了代议制政府的运行方式。考虑到在独立宣言中，主权几乎完全属于各殖民地——现在成了各独立的州——美国革命在政治上是不费力气的。和法国不一样，美洲殖民地不仅早已建立了必要的机构，而且积累了充分的共和制实践经验。在这一点上，它们更像 1570 年的尼德兰联省议会，而不是 1688 年的英国议会，后者在 1640 年之前的作用很大程度上仅限于抱怨大臣滥用权力和阻挠国王的收税企图。

　　在 1776 之前的 100 多年中，英国北美殖民地可能是地球上"最自由"的地方。这一自由天堂是由历史和地理等多方面因素共同促成的，不信国教者的传统是其中之一。很多殖民者将选举教区牧师的做法带到了美洲大陆。他们认为自己逃离了母国的宗教不容忍和宗教迫害，因此，他们中很多人支持在殖民地实行完全的宗教自由。其中的一个殖民地——宾夕法尼亚建立的目的就是给受到迫害的宗教少数派提供庇护。马萨诸塞最初是对非清教徒关闭的，而很多南部殖民地的建立就是为了赚钱，和宗教没有什么关系。尽管如此，没有人能够忽视不信国教者的遗产在建立多元化和民主化的美国社会过程中的长期影响。

　　无论殖民者追求的是精神上的还是物质上的福利，他们都把代议制的传统从自己的家乡带到了美洲。他们几乎是一到美洲就开始重建原来的社会。马萨诸塞公司最初可能并不想和外人分享权力，但公司的成员被称为"自由人"，而且常设法院的职位也是选举产生的。到了17世纪60年代，选举权已经被扩展到了信仰其他宗教的人群。在1691年之后，和英国类似，财产达到一定数额的人均可获得选举权。宾夕法尼亚的创始人威廉·宾对于英国人传统的自由有着坚定的信仰。和同时期的大多数人一样，他把这种自由追溯到盎格鲁－撒克逊人乃至凯尔特人时期。他的理想国不仅要成为宗教自由的天堂，还要稳固地建立在代议制政府的基础之上。在威廉·宾死后，宾夕法尼亚内部的政治辩论集中在宾家族的地位、半世袭制的上议院的可行性以及将非英裔移民纳入政治体系的问题上。但这些议题都没有质疑威廉·宾所创造的民主体制。其他的殖民地也殊途同归。最初的移民会组织一些定期的会议以商定事务，后来这些会议最终都发展成了与王室任命的总督分享权力的殖民地议会。即便是所有殖民地中贵族气息最浓的弗吉尼亚在这一点上也没有什么不同。正如埃德蒙·伯克在下议院警告那些执意要教训一下殖民地的议员时所说的那样：

　　　　美洲人的性格当中最重要的特征是对自由的热爱……英国殖民地所拥有的强烈的自由精神可能要超过地球上其他的任何民族。有很多原因促成了这一结果……首先，殖民地的民众是英国人的后代。英格兰，尊敬的议员们，我希望依然是一个尊重并珍视自由的国家。殖民者将我们的这种特质继承了下来，当他们从你们的手中脱离的时候，他们就是在行使自己的自由。[1]

历史的遗产也许起到了主要的作用，但地理因素的贡献也不可忽视。殖民者人数少和经济上不重要的特点确保了在很长时间内威斯敏斯特的政府不会主动对他们进行干涉。英国政府的大多数干预都来自殖民地内部不满的群体的要求。即使到了1775 年，英国人也只是缓慢地意识到那些人烟稀少的移民社区已经发展成了一个繁荣兴旺的社会。美洲殖民地的人口已经超过了荷兰共和国，而且每 20 年就会翻一番。殖民地和威斯敏斯特之间遥远的距离不仅使得前者一直拥有事实上的独立地位，而且使中央政府加强控制成为一种得不偿失的做法。

殖民者不仅习惯于伦敦政府对他们相对低水平的干预，而且其本地政府的权力也是非常有限的。由于大西洋——一条由皇家海军巡航的广袤的护城河——的存在，殖民地必需的军费开支非常有限。民兵足以应付与原住民部落之间零星的低强度战争。而当法国人开始支持印第安人的时候，殖民地政府的财政压力就会陡增。但只要有敌对欧洲势力的干预，殖民地总是能仰仗英国的军事以及经济援助。在和平时期，大多数殖民地政府的年收入在 1 万英镑以下。

地理因素还通过另一种方式促进了政治自由在全体殖民者中的扩散。殖民地人力资源紧缺和土地极度丰富导致了美洲高工资和低物价的特点。在 1776 年以前，北美殖民地可能已经

---

[1] Burke in the House of Commons on 22 March 1775, quoted in B. W. Hill, *Edmund Burke on Government*, *Politics and Society*, London, 1975, pp. 171 – 172.

成为全球人均收入最高的地区，这很好地避免了收入水平的两极分化和政治寡头的迅速崛起。在一个真正的普选权尚不存在的年代，只有有产者才能享受选举权。但在美洲达到拥有选举权的财产标准要比在英国容易得多，即使两个地区的标准定得基本一样。这使得殖民地的政治参与度比自意大利城市公社形成以来所有的国家都要高。研究奴隶制经济的历史学家通常认为，正是自由人劳动力的极度匮乏才造成了奴隶制在北美的兴起。和雅典公民一样，在 13 个殖民地中的至少 5 个，殖民者的政治自由建立在奴隶制的基础上。但至少在当时，奴隶制还没有成为美洲政治辩论的核心。

北美殖民地毋庸置疑的政治自由势必会体现在其财政体系中。但体现的形式会是商业共和国所创造的财政体系吗？答案将是否定的。殖民地有着大片肥沃的处女地，其经济不可避免地以农业为主。一些大西洋沿岸的港口城市开始成为重要的商业中心，但美国还要花至少一个多世纪才能成为以城市经济为主的国家。美洲不仅缺乏商人，而且缺乏流动资金，后者是商业共和国财政体系必不可少的一部分。殖民者在到达美洲的时候普遍都只带了基本的生活必需品，他们大多数的流动性资产（往往总量极为有限）都花在了跨越大西洋的旅程中了。他们以极度缺乏现金的状态开始了自己的新生活。在整个殖民地时期，由于进口英国的制造业产品，北美殖民地和母国之间有着持续性的贸易逆差。到了 18 世纪 70 年代，13 个殖民地所拥有的硬通货总额估计为 200 万 ~ 300 万英镑。无论是从人均拥有的铸币数量还是货币与 GNP 之比来看，美洲殖民地都不到英国的一半。

因此，殖民地需要的是一种能够满足缺乏流动资产而且厌恶"大政府"的农业社会需求的应急公共财政体系。18 世纪纸币在欧洲的活跃为殖民地政府提供了一种新的思路。马萨诸塞首先使用纸币作为财政工具。1690 年，新英格兰殖民地计划对魁北克的法国定居点进行一次远征。这次军事行动的组织方法和古希腊人颇为相似：士兵的军饷和政府的收益都将从战利品中支取。但整个计划实行的情况与预想的大相径庭，殖民地军队根本没有捞到任何的战利品，因而也就没有钱发给军队。政府并没有立即征税，而是向失望的退伍军人发放了47000 英镑的国库券，并承诺将用未来的财政收入逐步将其赎回。当然，大多数军人等不起那么长的时间，因而不得不亏本卖掉了国库券。但马萨诸塞州的选举人看上去非常欣赏这种做法，在接下来 20 年的英法战争中，类似的国库券发行总额达到了 43 万英镑。

新英格兰殖民地的做法并没有什么完全新奇的地方。英国的长期议会和荷兰共和国都用纸币支付过军饷，法国政府在30 年战争期间用国库券付给供应商。在 1689～1714 年的战争期间，英法两国都发行了大量的短期纸币以应付军费开支，其后果在前面几章已经讨论过了。在 18 世纪的战争中也都见证了类似的过程。

但美洲殖民地使用印钞机的方式与欧洲有着明显的不同。欧洲国家将短期的纸币只看作财政的三根支柱之一，剩下的两根分别是长期公债和税收。短期债务在理想情况下（尽管在实践中几乎从未实现）应当被控制在战争部门周转所必需的最小值上，而大量发行短期公债是长期信用市场疲软的典型标志。事实上，"英国－荷兰式"财政体制的最重要优势就在于有着极强的筹措长期债务的能力，这使得它们避免了像哈布斯堡王朝和波旁王朝一样大量依赖短期债务进而不得不破产的命运。而几乎所有美洲殖民地的财政体系的重心都完全放在短期债务上，完全没有长期公债，税收起到的作用也极为有限。

大西洋两侧的差异还不止于此。欧洲的短期国库券通常是支付利息的，并且至少在理论上能够兑换成硬通货。现代意义上的纯粹的纸币——不含利息、不可兑换、交易价格完全由法律强制维持——在1789年之前的欧洲几乎是不存在的。即使是约翰·劳的皇家银行的银行券在"约翰·劳体系"濒临崩溃之前也是可以兑换成硬币的。美洲殖民地的情况完全不同，殖民地的纸币就是完完全全不可兑现的纸质货币。类似的纸币只在1745~1776年期间的瑞典出现过。

北美殖民地的选择有着坚实的经济基础。既然殖民地苦于缺乏贵金属货币，纸币就成为不会影响铸币储备的自然选择。殖民地的经济增长速度要远超所有的欧洲国家，因此，人们有一定的理由相信印发纸币会促进这一增长而不会导致通货膨胀。在这一信念的支持下，殖民地政府在和平到来之后也没有停下自己的印钞机。① 1712~1737年，有10个殖民地都设立了公共银行，其主要职能就是以土地为抵押向土地所有者发放贷款，而这些贷款都是以纸币的形式发放的。这些贷款通常有比较优惠的利率，纸币也会在整个殖民地中自由流通。最终它们会在抵押人偿还贷款的过程中回到政府的手里，并逐渐退出流通。从经济的角度来看这种货币体系绝对是可圈可点的。纸

---

① 伦敦的威廉·波特在1649年首次提出建立土地银行的建议。这个提议在17世纪90年代的英国颇为流行，并促成了一家土地银行在1696年的建立。这家土地银行最终被解散。

币是根据经济中的货币需求创造出来的，因而也就不太容易导致通货膨胀。贷款利息有助于增加财政收入，在独立战争之前，纽约一半的财政收入都来自抵押贷款的利息。尽管这种"土地银行券"在理论上看依然是一种公共债务，但它们并非紧急公共财政工具，因为政府并不能通过发行银行券来购买商品及劳务。事实上，它们反倒进一步限制了政府在战时能够在不引发通货膨胀的情况下发行的货币数量，进而把战时财政复杂化了。

贷款需求不是指导货币政策的完美指标，但它至少和经济均衡之间有着一定的关系。战时财政需求对于政府来说就像一个会时不时地把船引到礁石上的舵手。政府没有任何手段可以精确地预测出究竟发行多少货币才能满足军事开支的需求，其估计的结果总是偏高，进而导致大量的货币留在了流通过程中。包括土地银行在内的所有政府机构发行的纸币在这种情况下都会开始贬值，留给政府一些熟悉但又极度令人不快的选项：它们可以提高税收或者进行长期贷款，它们也可以重新调整纸币的面值到市场水平，或者干脆放任自流。在这些选项中，所有殖民地的政府都坚定且不约而同地排除了第二项。它们似乎有着一种本能的对于长期公债的厌恶，而偏好将其他的手段结合起来使用。

这种财政体系极其符合殖民者的偏好。政府不需要增加税收以弥补公债利息支出，因而"大政府"的可能性也就得以避免。欧洲国家中存在的"纳税人的吸血鬼"——食利者阶层也因此不会出现在美洲的土地上。这种体系与商业共和国的有着明显的差异，但其中依然具有某种形式的"部落财政"精神的残余。尽管在同时期的其他地方没有相似的体系，但殖民地的纸币财政可以在 2000 多年前希腊城邦克拉佐美奈的"铁制银币"中找到先例。[①] 在公元前 360 年，克拉佐美奈需要拿出 20 塔兰特来偿还雇佣军的欠薪。城邦采取的办法是对富有的公民进行财产评估，然后铸造毫无实际交换价值的铁制德拉克马（银币）来交换他们持有的面值相等的银币。这些铁制银币被宣布为城邦内部的法定货币，并将用节省下来的雇佣军欠款利息（每年 20%）在 5 年之后赎回。克拉佐美奈和美洲殖民地之间的差异在于将"劣币"分发出去的手段。克拉佐美奈政府借入的是银币，实际上它也根本不可能拿铁制货币去打发雇佣军头子。克拉佐美奈人的目标是在短时间内筹集大量的纯银货币，而仅有的办法就是增税或贷款。他们采取的办法是在财产评估的基础上摊派强制公债（即最终可能变成实质性税收的公债），类似于中世纪意大利城邦的做法。而与之相反的，殖民地政府发行的纸币并没有被用在偿还外债上。纸币可以直接用于购买商品和劳务，进而进入经济流通中。

同样的情况还影响了赎回货币的过程。假设雇佣军领了钱之后就放过了城市——这可能也是克拉佐美奈的公民最热切的愿望——支付给雇佣军的 20 塔兰特已经足以减少国内的货币供给。因此，发行铁制银币会把流通中的货币数量恢复到最初的水平，因而不太可能引起通货膨胀。美洲殖民地发行的纸币不可避免地造成了货币供给的净增加，因此几乎总是有着贬值的倾向，将其赎回在政治上就更加困难。政府从未试图用硬通货按面值回购这些纸币，任何形式的赎回都会成为民众争论的

---

① Aristotle, *Economics* II, in: *Complete Works*, ed. J. Barnes, Princeton, NJ, 1985, p. 2138.

话题。

尽管殖民地的纸币是按照财产数量的等级分配下去的，但它依然是一种强制贷款。纸币贷款的性质体现在用未来兑现为硬通货的承诺来交换现期的商品和服务，而强制性则体现在它的不可拒收性上。和意大利城邦的可偿还税收一样，殖民地的纸币也是有两面性的。在发行量比较低的情况下，纸币的交易价值和面值基本相当，可视作政府的无息贷款。而当发行量过高时，纸币会不可避免地贬值，进而扮演起隐形税收的角色。这种通货膨胀税的负担就落在了持有纸币的人身上。而在纸币经过交易已经扩散到整个经济体的情况下，缴纳通货膨胀税的人也多得多了。如果政府最终决定通过允许用纸币缴纳税收来降低纸币流通量的话，贷款向税收的转变就会非常明显，通货膨胀税的负担就会被再分配到税收起征点以上的人身上。

因此，在表面的差异下，殖民地的财政体系和意大利城邦的有着本质上的共通性。事实上它可以被看作商业共和国财政体系在新金融技术指导下的一种更高级的演化形式。由于殖民地的纸币是不支付利息的，因而它比意大利城邦的公债成本低得多。在理想的情况下，政府根本不需要增加税收。而当情况（通常）不那么理想时，政府就会通过通货膨胀的手段对公民征税。

通货膨胀税的运行机制在凯恩斯于 1923 年所著的《货币改革论》中得到了最好的表达。凯恩斯写作的本意是想解释当时出现的通货膨胀税前所未有的毁灭性后果。他假设，有一个国家的硬通货储备为 3600 万英镑，在这个储备的基础上发行的纸币为 900 万张，每张面值为 4 英镑。假定政府现在决定再多印 300 万张纸币，将其总数增加到 1200 万张。在逻辑上，货币储备的真实价值没有改变，因此现在每张纸币的真实价值只有 3 英镑。在此期间，政府可以使用新印出来的这 300 万张纸币购买到的商品和服务的价值在 900 万 ~ 1200 万英镑，具体的数值取决于政府在价格上涨之前把纸币花出去的速度。这实际上就是一种对未超发之前的纸币持有人的税收。

> 税收的负担分布广泛，不可逃避，无需额外的征税成本。除此之外，粗略来看，通货膨胀税的税负是和"受害者"的财富成比例的。难怪这些表面上的好处吸引了如此之多的财政大臣。①

同样的表面优势还吸引了美洲的殖民者。通货膨胀税不可逃避，其税负的分摊方式也带有某种公平性。除此之外，对于美洲殖民者可能最为重要的优势在于，征税成本几乎可以忽略这一特点避免了政府官僚机构的膨胀。除了凯恩斯列出的优点之外，通货膨胀税的隐蔽性还不会伤害殖民者对自由的热爱。

但印钞机绝不是解决财政问题的"万灵药"。其政治上的优点暂且不提，增发货币的解决方案有着三个根本性的问题。首先，在不引起货币贬值的前提下能够发行的货币数量是有限的。具体能够发行的数量取决于经济体自身的情况，但通常不会超过 GNP 的 20%。与之相反的，商业共和国已经证明了通过低息长期债务能够筹集的资金可以达到 GNP 的 100% 以上，还不会造成公债价格的明显下跌。

凯恩斯还描述了纸币财政的另一个同样重要的经济局限

---

① J. M. Keynes, *A Tract on Monetary Reform*, London, 1923, p. 43.

性。货币贬值会将纸币由政府的无息贷款转变为隐形税收。但民众会逐渐意识到这一点，并选择减少货币的持有量。因此，政府能够从通货膨胀税中筹集的资金会逐渐减少，最终接近于零。民众甚至会反应过度，导致货币的市场价值跌到经济活动所必需的水平以下，使得彻底的货币改革成为必然。通过通货膨胀税筹集的资金在前两年到三年间是非常可观的，但民众的理性经济抉择为其树立了一面不可打碎的"天花板"，因而在货币体系崩溃前，通货膨胀税真正能够获取的金额要远远低于商业共和国的公债体系。

第三个问题出现在货币贬值之后。虽然税负分配的问题在18世纪的北美殖民地和14世纪的佛罗伦萨一样重要，但通货膨胀税带来了更加深刻的问题。由于私人贷款也使用法定货币，纸币的贬值势必会影响经济生活的所有方面，货币政策也因此成为社会斗争的媒介。

尽管披上了纸币的外衣，但这种冲突的规则并不新鲜。在14世纪晚期，纳瓦拉王国的财政大臣就为国王分析了其中的逻辑。

> 在任何国家中都有三类人，其中每一类人都希望货币符合自己的利益。因此产生了四类货币……
>
> 第一类是收取租金的人……他们想要的是成色十足的铸币……
>
> 第二类是从事商业活动的人，他们想要……一种中间类型的货币……贸易想要繁荣，币值就不能太高或者太低。受篇幅所限这里不进行详细的阐述。
>
> 第三类是从事体力劳动的人，他们想要"疲软"的

货币……

　　君主在战争时想要的则是第四类货币，他们需要将实际的币值铸造得尽可能地低，以支付给军队来保卫自己、自己的臣民和自己的土地。但到了战争结束的时候，君主应当把这些货币收回，使其退出流通。[1]

这种分析可谓非常精到。中世纪及其之后的政府都倾向于在战争期间以贬值的货币支付军费，而战争结束之后恢复货币的原始价值（至少能为下一次战争时的贬值打下基础）。政府也倾向于用自上而下的方式处理上述的利益冲突。地主（以及后来的各种债权人）都希望在收债时获得足值的货币，而佃户（或债务人）则很明显倾向于"疲软"的货币。商人的立场则在二者之间，既寻求稳定增长的货币供给以促进贸易，又不希望价格过度波动。通常来说，由于国王既是地主又是统治者，他们往往在和平时期站在稳健货币的一边。

美洲殖民地的社会力量对比与中世纪欧洲有着明显的不同。土地银行的运营特别促进了希望避免对货币进行重新估值的一派的实力的增长。只要殖民地货币贬值程度不是过于剧烈，贫困的或者欠债的殖民者和商人之间就有共同的利益基础，使他们在和平到来之后阻止通货紧缩。但情况并非一直如此。奠定殖民地财政潮流的是新英格兰的各殖民地（马萨诸塞和罗德岛）。到了18世纪40年代，新英格兰的纸币已经贬值到了足以造成社会分裂和阻碍经济生产的地步。1749年，

---

[1] Guillaume de Soterel, quoted in P. Spufford, *Money and Its Uses in Medieval Europe*, Cambridge, UK, 1988, p. 305.

马萨诸塞的纸币总面值为 250 万英镑，而实际价值还不到面值的 10%。1739 年，威廉·道格拉斯在波士顿发文，将整个纸币财政体系攻击为一场由平民发起的"阶级斗争"。

> 将一种不含利息、且在十几年之后才能兑现的纸币定为偿还债务的法定货币乃是专制暴政的最高形式……我们的殖民地政府还在邪恶的道路上更进一步，殖民地当中的民粹派大都背负着债务，而他们能够在选举中起到极为重要的作用。因此，政府将一种严重贬值的纸币强定为履行多年以前达成的合约的法定货币，它欺骗和歧视债权人的程度超过了历史上最暴虐的政府。[1]

激怒道格拉斯的并非纸币的财政工具地位，而是其对私人信贷合约的影响。他对于民主政治中存在的暴政因素的批判可能是"无产阶级专政"崛起的先声（虽然古希腊人已经对这个概念颇为熟悉），但道格拉斯也模糊地意识到了凯恩斯提出的通货膨胀税收益递减的特点。

> ［通过］大量且频繁地发行纸币，［殖民地］损害了自己的信用，进而不得不发行更多的纸币来弥补贬值带来的损失。这一过程的持续使得纸币的数量膨胀到非常高的

---

① William Douglass, *A Discourse Concerning the Currencies of the British Planta-tions in America*, Boston, 1739, quoted in R. W. Weiss, "The Issue of Paper Money in the American Colonies, 1720 – 1774," *Journal of Economic History*, 1970, p. 771.

水平，而其价值却小得可以忽略不计。①

　　道格拉斯关于纸币价值"可以忽略不计"的判断是正确的。马萨诸塞和罗德岛发行了如此之多的纸币，以至于其经济价值几乎消失了。纸币在这两个殖民地的货币总供给（指市场价值）中不超过 5%，而在像纽约和宾夕法尼亚这样更为审慎的殖民地则将近 50%。② 1751 年，英国的中央政府介入，禁止在新英格兰继续发行这种法定货币。英国的介入正是时候，因为波士顿已经成为美洲最繁荣的商业城市，而马萨诸塞的社会结构使其转向更传统的"共和式"财政体系的时机已经成熟。马萨诸塞以 7.5∶1 的比价（远高于其市场价值）赎回了旧的纸币，提高了税收并从此成为北美殖民地中货币最稳定的一个。后续的殖民地战争资金通过支付利息的债券进行筹集，其债券的担保税收尽管没能达到英国的标准，但也要高于其他的殖民地。

　　马萨诸塞只是一个特例。1764 年，英国议会禁止了所有殖民地发行法定纸币，但大多数殖民地还是继续发行一些不具有法定货币地位的纸币，在独立战争之前，美洲殖民地没有太多的军事开支，因此这种做法并没有带来太大的问题。法国与印第安人战争（即殖民地眼中的七年战争）极大地考验了新的体系。即使像纽约和宾夕法尼亚这样最成功的殖民地，纸币

① William Douglass, *Essay Concerning Silver and Paper Currencies*, Boston, 1739, quoted in R. Vernier, *Political Economy and Political Ideology: The Public Debt in Eighteenth Century England and America*, unpublished D. Phil. thesis, Oxford University, 1993, p. 184.

② Weiss, *op. cit.*, p. 779.

的交易价格也下跌到了面值的 50% 左右。殖民地民众对于纸币的支持体现在他们对 1764 年法定货币禁令的反应中。本杰明·富兰克林甚至提出要建立一个由英国运营的中央土地银行，其发行的银行券的利息归威斯敏斯特政府所有，以换取后者撤销饱受批评的印花税。这个意见最终没有被英国政府采纳。

虽然殖民地的财政体系相对成功地支持了法国和印第安人战争，但其局限性也在这场战争中暴露无遗。在战争期间，所有殖民地一共花掉了 280 万英镑。其中 80 万英镑是马萨诸塞通过"英国 - 荷兰式"的低成本长期债务筹集的。通过发行纸币筹集的数额达到了 170 万英镑，而税收只提供了 30 万英镑。[①] 考虑到殖民地当时的 GNP 为 1500 万 ~ 2000 万英镑，殖民地做出的财政努力与英法两国比起来根本不值得一提。战争开支占殖民地 GNP 的比重不到 20%，而英国则接近 90%。在战争结束之后，英国向殖民地政府转移支付了 150 万英镑的硬通货以补贴其军费。这笔款项对于殖民地的财政平衡和马萨诸塞的财政政策转变起到了很大的作用，但这一阶段的美洲殖民地历史为纸币财政支持战争的能力打上了一个大大的问号。

二 第一次和第二次美国革命

七年战争极大地提高了美洲殖民地在伦敦决策者眼中的地位。后者不仅看到了美洲迅速增长的财富，还看到了英国保护它们不受法国入侵所花费的巨额成本。英国虽然起初乐意补偿殖民地的战争开支，但随着殖民地经济和公共财政的迅速恢

---

① Figures from E. J. Ferguson, *The Power of the Purse: A History of American Public Finance 1776 - 1790*, Chapel Hill, NC, 1961.

复，它开始反过来寻求殖民地的资金支持。年轻的乔治三世的继位更加助长了这种观念。乔治三世是自 1715 年以来第一个在英国出生并长大的国王，也是自那以后第一个不满足于辉格党政治家"橡皮图章"角色的国王。美洲殖民地在他眼中的地位犹如尼德兰在西班牙的菲利普二世眼中一样，都是帝国边缘不服管教的省份。一些历史学家将美国的独立完全归因于乔治三世顽固的夺回美洲经济特权的企图（正如他决心在英国夺回政治特权一样）。如果没有乔治三世的存在，英国与殖民地之间的纷争也许的确有和平解决的可能，但即便是英国温和派主流的意见也认为现存的与殖民地之间关系的模式是不可持续的——尽管没有人知道如何有效且公平地对殖民地征税。

亚当·斯密就是这些温和派之一。在和《独立宣言》发表于同一年的《国富论》中，他详细地讨论了帝国和公共财政之间的复杂问题。

> ……美洲应帮英国偿还公债，这不是什么不公道的事情……在之前的战争中所发生的大量债务都被用于保护美洲……英国之所以保护殖民地，是因为殖民地应当是英帝国的省份。但一个既不贡献资金也不贡献军力的地区，是不能被称作省份的。它们或许是帝国光鲜亮丽的装饰品……但如果帝国的财力已经不足以维持这些装饰品的话……英国就应当把自己从保卫殖民地的沉重负担中解脱出来……在未来决策时也要考虑自己能力的局限性。[1]

---

[1]　A. Smith, *The Wealth of Nations*, London, 1776, Book 5, 3, p. 22.

斯密提出的解决方案非常宏大，但完全不切实际：殖民地将在威斯敏斯特的议会拥有充分的代表权，建立英国和殖民地之间的关税同盟，并征收统一的税收。这将使英帝国每年的税收增加超过 600 万英镑。这些新增的税收并不是完全来自美洲，但考虑到殖民地当时最高的税收记录也不过 10 万英镑，两者之间的差距显然是不可逾越的。其他对政府政策的批判者，如激进辉格党人理查德·普莱斯则主要聚焦于英国财政的糟糕状态。在他看来，"一个处在如此危险的深渊边缘的王国，除了撤退没有别的选择"①。

只有埃德蒙·伯克意识到了不干预殖民地发展的必要性。在他看来，殖民者继承了 17 世纪英国人对于未经公众允许的情况下征税的反抗热情。因此，向殖民地强加税收就会落得和强征造船税的查理一世一样的下场。更重要的是，伯克看到了亚当·斯密没有看到的问题：和世界发展最快的经济体进行贸易带来的好处要远远超过为其提供防卫的成本。

如果说英国政府在 1755 年之后开始更仔细地审视美洲殖民地的话，美洲殖民者也开始更仔细地审视着英国——他们可不喜欢自己看到的东西。在他们眼中，议会在沃波尔的腐败影响下，已经失去了代表人民的资格，退化成了寡头操控政治的工具。更糟糕的是，在乔治三世继位之后，他开始使用沃波尔控制下议院的伎俩来加强君主的权力。寡头制开始转变成专制独裁。他们看到了一个极为强势的政府，征收着全欧洲最重的

---

① Richard Price, *Observations on the Nature of Civil Liberty*, *the Principles of Government*, *and the Justice and Policy of the War with America*, London, 1776, quoted in Vernier, *op. cit.*, p. 134.

税负。他们看到了一个高度紧张的社会，富有的食利者阶层坐在悲惨的、没有代表权的穷人身上作威作福。总而言之，这样的一个社会绝不能被移植到新世界来。

殖民者并不需要自己总结出这些英国社会的弊病。由于辉格党的一党独大已经被乔治三世所打破，他们回到了 1688 年之前的反对派角色，在议会内部有埃德蒙·伯克和福克斯，在议会外部则有威尔克斯和普莱斯这样的激进分子。在本杰明·富兰克林这样的美洲人看来，激进辉格党路线的问题不仅存在于英国，还存在于所有的商业共和国中。真正的政治自由只能存在于古希腊这样的农业社会。英国、荷兰以及欧洲其他部分的人口过剩势必导致多余人口从事"非人道"的制造业。人口过剩不仅带来了社会不平等，还会导致社会内部对有限资源的激烈竞争。利用长期债务来负担战争资金的做法使得社会中的一部分人成为另一部分人的奴隶，从而加剧了这种不平等。欧洲的商业共和国所夸耀的政治自由只属于精英阶层。而且历史证明，它们的经济发展越成功，整个国家就越朝着寡头政治的方向前进。

这显然不是一种乐观主义的世界观。在工业革命前夕，本杰明·富兰克林认为"工业是建立在贫穷的基础之上的……正是那些一无所有、不工作就会饿死的穷人支撑起了工业体系"[1]。工业和农奴制联系到了一起。事实上，一位作者写道："封建体制的残余使得那些富人能够在自己工厂致命的阴影中

---

[1] Benjamin Franklin, *The Interest of Britain Considered*, 1760, quoted in D. R. McCoy, *The Elusive Republic*, Chapel Hill, NC, 1981, p. 51.

装下数以千计的悲惨的奴隶。"① 1789 年美国公报上有一篇文章声称，只有黑人奴隶制才能避免类似的情况在新生的美利坚合众国出现："欧洲人的历史已经证明，在没有黑奴的地方，白人就会沦为奴隶。"② 这无疑是对当时的情况既令人尴尬但又颇为准确的概括。

考虑到人类文明如此阴暗的前景，美国最应该做的就是不要发展得过快。理查德·普莱斯就祈祷说，美国应该保持在"文明的中间阶段，在最初的野蛮和最终的腐化堕落之间"③。

因此，很多的美国人抗拒哪怕以很小的程度将英国的税制应用到自己的身上，以防"英国－荷兰式"财政体系的全部社会和政治后果——高税负、强势的国家政府、拥有特权的食利者阶级以及被金钱腐化的法律机构——都在美洲重现。但值得注意的一点是，已经感染了"英国－荷兰式"疾病的马萨诸塞（尽管依然处在疾病的早期阶段）在美国独立战争中扮演了先锋的角色。波士顿的商人并不抗拒以硬通货偿付自己的债务，他们只是不想承担英国的那一份。

无论如何，殖民地绝不可能依靠滥发纸币来和 1775 年世界上最强大的财政巨头硬碰硬。如果说本书已经花费了大量的篇幅来描述殖民地极低的债务水平的话，那是因为在独立战争期间美国纸币的爆炸式增长并不能被仅仅看成一个弱小而贫穷的国家在为了生存而斗争时所采取的有失谨慎的便宜之计。

杰斐逊估计的美国独立成本为 1.4 亿美元。近期的研究得

① *Independent Chronicle*, Boston, October 1785, quoted in McCoy, *op. cit.*, p. 111.
② *Gazette of the United States*, New York, 2 May 1789, quoted in McCoy, *op. cit.*, p. 119.
③ Price, *op. cit.*, p. 70, quoted in McCoy, *op. cit.*, p. 66.

出的数字更为保守，约为 1 亿美元。无论具体数字如何，这个成本相对于约 1.4 亿美元的 GNP 来说已经相当高昂了。但尽管如此，美国的相对债务水平与英国是不可同日而语的。可以确定的一点是，独立战争的开支突破了旧殖民地财政原则的极限。战争的成本明细大致如表 7 - 1 所示。

表 7 - 1 美国独立战争的成本

单位：百万美元

项目	金额
大陆会议发行的纸币（法定货币）	37.8
政府开支（几乎全部由法定货币完成）	21.0
债务凭证（短期债券，非法定货币）	16.7
国内贷款（有息负债）	11.6
国外贷款（来自法国与荷兰）	7.8
税收（由政府交给大陆会议）	5.8
杂项	2.9
合计	103.6

资料来源：B. Mitchell, *The Price of Independence: A Realistic View of the American Revolution*, Oxford, UK, 1974, p. 101。

在 1774 年，埃德蒙·伯克警告议会，美洲殖民者将走上荷兰人的道路：拒绝支付外部强加的税收，而乐意为保卫自己的自由慷慨解囊。但他的预测并未成为现实。大陆会议没有任何征税的权力，其开支完全由各州的收入来补充，而州政府也几乎没有增加任何额外的税收。这就导致了无论是大陆会议还是州政府都几乎完全依赖旧的印发纸币的手段来筹措资金。事实上，革命政府总是处在一种两难困境中。在抵抗英国人的对外战争中，还有一场针对占总人口 20% 的亲英分子的内战。

绝大多数人都同意，至少到当时为止，英国真正在殖民地征到的税收基本上是可以忽略的。因此大陆会议贸然开始征税就会冒着使独立战争丧失群众支持的危险。在大陆会议第一次发行纸币之后，纽约的副总督科尔登向达特茅斯伯爵评论道："大陆会议非常清楚立即对民众进行财产评估并征税会导致民众的不满，甚至会威胁到他们的全盘计划。"① 但同样的问题——革命政府征收的税负比促使革命爆发的税负要高得多——早在英国和荷兰已经出现过了。很显然，美国人并不是孟德斯鸠的学生，而和多年之后的米拉波持相同的观点。当时的美国人无论如何也不会认同，"自由的统治"意味着"比专制暴政更重的负担"。

美国独立战争将纸币财政的优缺点都暴露了出来。通过印发纸币，政府一共筹集了将近6000万美元的资金。这也是战争总开支中数额最高的一笔。当然，发行纸币的总面值要远高于此。大陆会议发行纸币的面值总额达到了2.4亿美元，而各州发行的纸币总面值则为2.9亿美元，且贬值更为迅速。这些纸币的命运清楚地体现了凯恩斯提出的收益递减规律。1776年，大陆会议印发了面值为1900万美元的纸币，其市场交易价格在1700万美元左右。这是独立战争期间收益最高的一笔，毫无疑问高于殖民地之前的任何税收，相当于GNP的12%～13%（尽管这只不过与英国以及荷兰和平时期的税负基本相当）。值得注意的是，这一批纸币还不具有法定货币的地位。自从1764年英国议会禁止殖民地发行法定纸币之后，各殖民地已经逐渐适应了这一新的事实。大陆会议发行的纸币在

① Ferguson, *op. cit.*, p. 30.

1777 年贬值到了面值的 1/3，在此之后，大陆会议才重新开始赋予它法定货币的地位。因此，1900 万美元的新纸币在流通了一年的情况下没有经历严重的贬值。这一事实甚至博得了纸币财政最重要的反对者罗伯特·莫里斯勉为其难的赞赏。

> 当大陆会议发行纸币的时候，美国人表现出了其他民族不可比拟的信心。大陆会议根本不能算作一个政府，但它发行的纸币却被普遍接受，而且直到纸币因发行过量而贬值很久之后，人们才开始将其抛弃。[①]

伯克所预言的美洲人在税收上将表现出的爱国热情可以说体现在了他们对纸币的态度上，但这一热情并没能在 1776 年之后延续很长时间，政府发行纸币的收益在 1776 年之后也开始下降。1777 年，政府发行的总面值为 1300 万美元的纸币实际收益只有 450 万美元。在接下来的一年内，收益增加到 1170 万美元，但政府发行纸币的面值总额则上升到了 6340 万美元。1779 年是纸币财政起作用的最后一年，政府新印发的纸币面值总额达到了 1.25 亿美元，而收益只有可怜的 600 万美元。[②]

到了这一阶段，凯恩斯所描述的终极悖论已经出现了。1776 年底，流通领域的大陆会议纸币的实际价值约为 2000 万美元，到 1779 年底时已经下降到 500 万美元，各州发行的纸

---

① Robert Morris, *Journals*, Vol. XXII, p. 434, quoted in Ferguson, *op. cit.*, p. 51.

② Ferguson, *op. cit.*, pp. 30, 32, and 43.

币的实际交易价值很可能也不会高于此。考虑到战前殖民地的货币供给总额约为 2000 万美元，大陆货币的市场价值要远低于经济流通所必需的水平。具有讽刺意味的一点是，到了这时，美国的经济在很大程度上依赖英国在美洲进行军事活动而支付的贵金属货币存活。

1779 年 4 月，本杰明·富兰克林还在把大陆货币称为"完美的工具"。几个月之后这个工具就已经彻底失灵了，根本不堪战时财政之用。纸币不仅失去了作为战时财政工具的可靠性，还成为社会动荡的导火索。这引起了革命领导人的深刻思考。修正主义的历史学认为独立战争成本的分摊是不公平的。1789 年，大卫·拉姆塞在他的《美国革命史》中写道："穷人和债务人的黄金时代的确到来了，但不幸的是，这是建立在对他人的剥夺的基础上。"①

最重要的修正主义者是亚历山大·汉密尔顿。1775 年，他乐观地预测说英国根本不可能和殖民地对抗，因为"它将被沉重的债务负担压垮"②。汉密尔顿此时毫无疑问是和理查德·普莱斯等人的观点一致的。但到了 1780 年，英国在独力对抗欧洲各国的联军以及美洲殖民地的情况下，偿付能力并没有出现太大的问题。事实上，它依旧做到了在军事开支上超过所有对手之和。汉密尔顿不得不承认英国的财政体系"已经并且正在持续不断地创造奇迹"③。他还要等上几十年才能对美国的财政体系做出改革，但美国财政体系，乃至某种程度上

---

① D. Ramsay, *The History of the American Revolution*, Philadelphia, 1789.
② A. Hamilton, *A Full Vindication of the Measures of Congress*, 1775, quoted in Vernier, *op. cit.*, p. 216.
③ Quoted in Vernier, *op. cit.*, p. 248.

整场独立战争的拯救者罗伯特·莫里斯同样也是"英国－荷兰式"财政的半路出家的信徒。在一段时间内，他几乎成为整个美国财政体系的化身，使用自己的账目支付政府的开支并为政府举债。尽管这种做法自然会产生利益冲突问题，但即便是他的敌人也不得不承认，他几乎是完全用自己的杠杆在战争期间保证了政府的运行。

尽管莫里斯暂时使用的是一切随机应变的临时手段来管理财政，但他的终极目标是要把英国的财政体系完全移植到美国。正如他所言，"我们应当欣赏并模仿［英国的财政体系］"①。他的着手点是政府已经承担的 2000 万美元的付息债务。其中有800 万美元是从巴黎和阿姆斯特丹借入的硬通货。如果美国还想获得欧洲的援助，对这笔债务违约肯定是不可能的。剩余的1200 万美元则是国内的贷款。由于纸币已经被抛弃并退出了流通，这笔债务自然也需要以硬通货偿还。每年的利息支出因此达到了 120 万美元。莫里斯希望用这笔利息支出打开通往中央政府税收的大门。他的计划是由大陆会议征收 5% 的统一关税，用以支付公债的利息。在这个提议被采纳之后，他希望用同样的方式偿付流动债务——即债务凭证。莫里斯的计划将把长期债务增加到 3500 万美元，并推动美国转向"英国－荷兰式"财政体系。新生的共和国再也不会成为"走在正派人中间的妓女"了。

莫里斯差点达到了自己的目的。1782 年，除罗德岛（一直是民粹派财政的大本营）之外的所有州都批准了统一关税。

---

① Robert Morris, *Collected Papers*, Vol. III, p. 77, quoted in Vernier, *op. cit.*, p. 248.

《普罗维登斯公报》对其的评价清楚地体现了两种财政哲学之间不可逾越的鸿沟。

> 我们到底有什么理由必须要学习大西洋对岸的财政体系？欧洲、亚洲和非洲的君主从他们贫困不堪且遭到奴役的臣民那里榨取财富的手段，对我们有什么好处？现代财政的技术适用于由奴隶组成的国家。我向上帝祈求，美国人坚决不要同意这种将导致他们的钱包被彻底掏空的计划。①

英国在 1782 年就已经决定放弃夺回殖民地的努力了，但和平谈判一直拖到了 1783 年。这对于莫里斯来说是不幸的，因为财政紧张状态正是他和反对派较量的主要筹码。他甚至试图通过煽动士兵拒绝在领到足够的军饷之前解散来延长危机，但是没有成功。罗德岛始终拒绝批准他的税收计划，这给他的宏伟规划判了死刑。汉密尔顿在 1783 年从国会含恨辞职，而莫里斯则势单力孤，越来越多地被人用挪用公款的罪名指控。

国家党人——支持莫里斯的人的称呼——输了这一战，但战争尚未结束。在 1780 年之后，总有支持"英国－荷兰式"财政体系的力量和支持"殖民地"财政体系的力量相抗衡。事实上，这一过程可以追溯到马萨诸塞完成转型的 1751 年。但那时的争论还没有上升到国家层面，而在革命战争期间，马

---

① "Thoughts on the Five Percent," *Providence Gazette*, 19, October 1782, quoted in E. J. Ferguson, "Economy, Liberty, and the Constitution," *William and Mary Quarterly*, 1983, p. 404.

萨诸塞也不得不和其他州一样滥发纸币。而全国范围内关于公共财政问题的争执在1780年之后开始，直到100多年后，人们依旧能够听到这场争论的余音。

在1782年之后，"殖民地"财政的支持者显然处于上风。各州重拾发行纸币以及打折处理旧债务的手段。各州之间的具体手段和财政审慎程度各不相同。宾夕法尼亚和纽约非法定货币的纸币的交易价格接近面值。北卡罗来纳和佐治亚发行的法定纸币则贬值严重。而民粹主义的力量毫无疑问在罗德岛是最强大的。罗德岛的新纸币在1788年就已经跌到了面值的10%，州政府还试图在罗德岛以外也将其作为法定货币，这招致了其他州民众普遍的愤怒。与此同时，大陆会议每年能从各州那里获得的收入只有20万～30万美元——这勉强能够维持政府的运转，偿债则是根本不可能的。国内债务的利息已经不再用硬通货支付，而改用实际价值还不到面值20%的纸币。政府通过在阿姆斯特丹借新债的办法偿还了一部分旧债，而其余部分则不得不违约。

但在19世纪将被称为"稳健货币派"的力量并没有消失。大陆会议尽管钱包紧张，但依然开始通过长期债务来筹资偿还短期债务。1788年，付息债务已经增长到了1600万美元，尽管大陆会议根本拿不出钱来支付利息。1789年，这笔债务将成为汉密尔顿指挥下的"特洛伊木马"。在这个新生的国家的首都之外，斗争进行得更为激烈。在马萨诸塞，"稳健货币派"坚持州政府在战时发行的货币不应该按照其可怜的市场价值进行赎回，而应该通过发行付息的长期债务筹资，按照货币发行时的市场价值偿还。这种原则如果推广到全国，将把大陆会议的债务提高4000万美元，每年支付利息就需要花掉 240 万美元的硬通货。马萨诸塞州的税收自然地增加到了独立之前闻所未闻的水平。尽管马萨诸塞州在社会构成上已经非常接近商业共和国，但它依然有自己的西部边疆，农民的独立精神在那里依然根深蒂固。1786 年，丹尼尔·谢伊在北安普顿和斯普林菲尔德发动起义，对抗"用沉重的税收压迫公民的债权人阶层"[1]。这场起义被镇压了下去，但 1788 年的选举将稳健货币派赶下了台，新政府大量削减了税收，并停止了偿还债务的利息。

这些令人担忧的事件以及围绕着罗德岛纸币的争议使得大部分有产者改变了自己的观念。无论他们之前多么反对将自己的权力过渡给政府，但只有强力的中央政府才能够将他们从当前的困境中解救出来。这样的中央政府需要有发行货币的垄断权，以及最为重要的——征税的权力。这种新的税收权力将确保未来的战时财政没有造成政府破产或社会动荡的可能。实现这一点的第一步就是要对美国独立战争中发生的债务提供担保，无论这些债务是大陆会议的还是各州的。这正是新宪法中蕴含的政治和经济现实。新宪法仔细拟就的条文确保了获得新权力的联邦政府的权力局限在其圈定的范围内，各州及其公民在其他方面不会受到政府权力的干扰。

宪法代表着美国公共生活中对立势力历史性的妥协，尽管这种妥协来之不易，但它的生命力异常顽强，即使曾经缔造它的政治联盟解体了，它却依然存续了下来。联邦党人同盟以亚历山大·汉密尔顿和詹姆斯·麦迪逊为首。1789 年，汉密尔

---

[1] Theodore Sedgwick in the House of Representatives, 1790, quoted in Ferguson, *The Power of the Purse*, p. 246.

顿已经成为"英国－荷兰式"财政体系彻头彻尾的支持者。他对于美国的愿景要远超出稳健的货币和安全的公共债务的范围，他还想在美国建立一个以英格兰银行为模板的中央银行以及像伦敦和阿姆斯特丹一样繁荣的金融市场，它们将为政府、商业贸易和工业发展提供资金支持。麦迪逊并没有这样的愿景。他支持的中央政府起到的作用是保护私有财产和公民的个人自由，并消除经济和社会无政府状态的威胁。但作为一个农业国家的绅士，他对于金融阶层的厌恶不下于一个世纪以前的英国托利党人。他认为的理想国家不是商人的共和国，而是农民的共和国。正如他在后来的政治生涯中所表现的那样，从某种程度来说，麦迪逊是1789年妥协的核心人物。

1789年，联邦党人同盟保持了稳定。他们的辩论集中在创造一种新形式的政府上——这也是他们共识较多的一点。1790年，新的政府机器正式投入运行，辩论的目标集中在新宪法的财政细节上。关于美国未来的两种不同的愿景在这场辩论中暴露了出来，联邦党人同盟也不可避免地分裂了。汉密尔顿的目标是以一种能够立即完全恢复政府信用状况的方式来偿还全部的公共债务。为了实现这一点，他试图将长期债务的利率压低到和英国相当的水平。但汉密尔顿明白，除非债权人被完全按照市场规则公平对待，否则压低利率是办不到的。这意味着一级和二级持有人的权益不应当存在歧视。这是建立以低成本长期公债为基础的财政体系的根本要求，但同样也是一味苦药。

1789年，全部的国内债务（包括拖欠的利息）约为6740万美元，其中4240万美元属于大陆政府，2500万美元属于各州。其中大部分债务都不在原始的持有人手中。只有600万美元的贷款没有转手，因为债权人将自己的剩余资本借给了国家。但大多数纸币都是通过政府开支进入经济中的，因此纸币的原始持有人都尽快将其转手。各州债券的市场价格差别很大。一些宾夕法尼亚的债务凭证的利息采用可用于纳税的纸币支付，其交易价格达到了40。大陆会议的债务凭证则一直没有支付利息，交易价格在20～25。最初发行给军队供货商和士兵的债务凭证是不付利息的，价格只有10～12。如果汉密尔顿成功地通过偿债计划将债务的市场价格提升到接近于面值，二级持有人和投机者将获得约4000万美元的收益，这是他们初始投资额的数倍之多。

这已经超出了麦迪逊能够容忍的限度。1783年，他曾经支持由大陆会议接管所有的州债务并反对对一级和二级持有人区别对待。但汉密尔顿的计划被驳回，麦迪逊也没能看到计划一旦通过必然导致的投机狂热。到了1790年初，投资者已经意识到新的联邦政府将获得大量新增的税权，这使得债券价格迅速上涨。以财政部副部长威廉·杜尔为首的政府官员是公债最大的买家。出于对逐渐发酵的投机狂热的厌恶，麦迪逊决定反对汉密尔顿对所有债券持有人一视同仁的政策。他计划将二级持有人获得的收益限制在当前最高市场价格以内，剩余的收益将转给一级持有人。如果这个计划得以实施，债券投机一夜之间就能被制止。麦迪逊的这一举动造成了联邦党人内部的分裂，并最终导致他们在10年之后败给由杰斐逊领导的共和党人。

麦迪逊的提议实际上是复活了1491年的威尼斯法律：政府有权以原价从二级持有人手中赎回债券。威尼斯人的逻辑在于他们的公债是一种可偿还税收，因此政府将退税额支付给投机者是不合逻辑的。麦迪逊和威尼斯人的传承关系体现在前者要求严格按照合约和市场原则（也即完全自愿的）对待外国债务。麦迪逊和其他人难以抛弃的一个观念是将国内债务视为隐性税收。按照他们的逻辑，只有最初的"纳税人"才有资格享受投机带来的收益。

为了对抗麦迪逊的提议，汉密尔顿对于公平对待所有债权人的原则（换言之，政府债务不应该被当成一种或有负债）进行了最详尽的阐述。他批判了麦迪逊计划的经济可行性。汉密尔顿轻易地指出，麦迪逊的计划不仅对于二级持有人是不公平的，甚至对于一级持有人也是如此。但这并不是他的主要论点。

> 我们细想一下就会明白，证券的可转让性对其发挥货币的作用是必不可少的。受让人必须对证券有着完全的信心，并且相信自己和原始持有人之间不会受到区别对待……按照这一逻辑，[对二级持有人的歧视]势必会导致原始持有人手中证券价值的损失……因此，每一个借钱给政府的人都会要求对这一损失进行补偿。这会进一步拉大证券的市场价格与面值之间的差距。在公共信用这一复杂的问题上，这一点不得不纳入考虑。①

这是有史以来对意大利城邦的财政体系不可持续的根本原因最清晰的阐述。在长期内，公债成本实在是太高了。

---

① Alexander Hamilton, *Report on the Public Credit*, January 1790, quoted in G. Taylor, *Hamilton and the National Debt*, Boston, 1967, pp. 14－15.

406 / 债务与国家的崛起：西方民主制度的金融起源

汉密尔顿比较轻易地打败了麦迪逊对自己计划最初的反对。更激烈的争论出现在各州的债务究竟由谁来承担的问题上。对于汉密尔顿来说非常重要的是，联邦政府应当拥有公共债务的垄断权，这是为了防止农业州扰乱公共信用的秩序。马萨诸塞毫不奇怪地成为汉密尔顿计划最坚定的支持者。马萨诸塞本来的计划是按照汉密尔顿的方针偿还包括纸币在内的所有战时债务，但其立法机构被民粹派系所把持。剩下的州已经以打折的手段处理掉了大量的债务。它们没有任何热情接管其他州的债务，即使中央政府提供一系列的补贴使债务负担平均化。尽管在债务负担问题上的内部分歧和对债权人区别对待的问题上基本一致，但各州之间的讨价还价仍然将问题变得更加复杂。麦迪逊自己就搅了浑水，他提议允许已经基本偿清了债务的弗吉尼亚州按面值赎回转移给联邦政府的债务。这和他之前关于歧视二级持有人的提议是自相矛盾的，但麦迪逊此时的主要目标是将联邦政府承担州债务的成本提高到不可实现的程度，至少也要为自己的州捞到一些好处。最终汉密尔顿不得不同意在波托马克河岸建立首都这样的秘密条约来达成自己的目的。

汉密尔顿和债权人们谈了一笔好生意——超出了"自愿债务转换"和"契约的神圣性"的范围。在 1790 年 1 月提供给债权人 7 个极为复杂的方案之后，汉密尔顿最终确定了一个比较简单的方案。① 债务的利息依然为本金的 6%，但一部分利息的支付被推迟到 10 年之后以降低整体债务成本。为了补

---

① D. F. Swanson and A. P. Trout, "Alexander Hamilton, Conversion, and Debt Reduction," *Explorations in Economic History*, 1992. 汉密尔顿的方案以今天金融市场的标准来衡量并不会显得非常复杂，但在当时它们被看作一种对投机主义的鼓励，因而遭到了拒绝。

偿拖欠的利息而发行的债务凭证被加入了本金，但利率只有
3%。因此整体利率水平为汉密尔顿目标的 4%。在理论上，
债务转换完全是自愿的，但由于只有转换后的债务才能获得联
邦政府新的税收作为担保，没有多少人愿意保留旧的债务凭
证。一些心怀不满的人抱怨说，如果债务转换真正自愿的话，
政府就应当像 1749 年的英国债务转换一样为不接受转换的人
提供以面值赎回债券的服务，但大多数债券持有人对自己的收
益感到非常满意。

他们获得的利润是丰厚的。1790 年 8 月，新的 6% 债券
（其代表的债务在前一年的交易价格只有 15）的交易价格达到
了 75，投机热情逐渐上升。汉密尔顿给了投资者一个重要的
甜头：每年政府可以赎回的债券是有限的。因此，即使公债的
价格涨到 100 以上，汉密尔顿也不能降低 6% 的公债利率。投
机行为集中于纽约，那里的投机者和阿姆斯特丹银行建立了联
系。威廉·杜尔（他现在已经从政府辞职，专注于赚钱）和
亚历山大·马克姆建立的辛迪加试图利用外国资本的杠杆来撬
动市场。1791 年，债券价格持续上升，在 1792 年早期达到了
顶点。6% 公债的交易价格达到了 120，由于这些公债是不赎
回的，所以杜尔相信债券的价格只会继续上升，即使债券价格
上涨到 150，收益率依然能达到 4%。杜尔认为美国政府的公
债收益率能达到英国统一公债的水平——3%。在长期来看，
杜尔的预测是正确的；但市场的运行并不是线性的。2 月，受
到欧洲新一轮战争和美洲与印第安人战争的影响，欧洲的投资
者已经开始撤回自己的资金，债券价格开始下跌。到 3 月中旬
时，杜尔的辛迪加已经出现了债务违约的状况。他的困境导致
3 月底和 4 月发生了第一次华尔街金融危机。杜尔最终在债务

人监狱中度过了自己的余生。[①]

汉密尔顿急忙通过回购政府债券的公开市场操作来稳定价格。他毫无疑问是没有以投机牟取私人利益的嫌疑的（事实上，他在离开政府时要比入职时更穷）；但政治上的伤害已经产生。之前公债的繁荣被人们比作南海泡沫，汉密尔顿则被蔑称为"美国的沃波尔"。很多人开始认为麦迪逊是正确的，托马斯·杰斐逊就是其中之一。

在乔治·华盛顿担任总统期间，担任财政大臣的汉密尔顿掌握着政府的实权。在他的管理下，财政收入迅速增加。1796年，财政收入为800万美元——在10年前的基础上增加了30倍以上，公债总额达到了8000万美元。按照英国的标准来衡量或许很少，但至少建立了新的财政原则。其他"亲英派"的倾向体现在创建常备海军和国家银行——汉密尔顿的美国版英格兰银行上。证券市场繁荣，外国资本蜂拥而至，工业也得到了发展。汉密尔顿的长期目标包括常备陆军、保护幼稚工业的关税以及将政府的征税能力提升到 GNP 的 25%。

只要乔治·华盛顿依然是总统，反对汉密尔顿的势力就难以成气候。但到了1794年，农业反对派的领袖之一，卡罗来纳的约翰·泰勒就已经开始质问："宪法究竟是用来约束政府的，还是用来维持英国式的财政体系？"[②] 约翰·亚当斯的总统任期（尽管汉密尔顿已经离开了财政部，但亚当斯依然严格地遵循他的方针）让这一斗争浮上了水面，1798年美国处

---

① R. Sylla, "William Duer and the Stock Market Crash of 1792," *Friends of Financial History*, 1992.

② John Taylor of Caroline, *A Definition of Parties*, 1794, p. 7, quoted in Ferguson, "Economy, Liberty and the Constitution," p. 411.

于真实且严重的内战风险中。欧洲的局势加剧了之前已经存在的意见分歧。1792 年，美国独立战争的盟友法国也成为共和国，联邦党人天生的亲英派倾向在此之后变得愈发不得人心。这个姐妹共和国的公民打碎的不仅是专制君主和封建贵族的旧锁链，还有食利者阶层的新锁链。除此之外，法兰西共和国在对抗欧洲反革命势力的过程中使用的正是殖民地式纸币财政，而暴君乔治三世正在反法同盟之列。我们必须通过这个角度来理解对于联邦党人"君主主义"和"权贵主义"的指控。

杰斐逊将 1800 年的选举称为"第二次美国革命"。在他看来，18 世纪 90 年代的政治家将美国带上了邪路，并威胁着 1776～1783 年独立战争所为之奋斗的一切。因此，需要发动一场新的革命把共和国带回到正确的道路上。国家必须要摆脱商业寡头的控制，恢复自由农的主导地位。在共和党人眼中，汉密尔顿式国家的全套机制都是可疑的。它不应当扩张，而应当收缩。公共债务既非社会纽带，也不能促进经济福利，而是"国家的癌症"，必须被切除。共和国不应该发展会导致社会两极化的工业，而应该以农业为本。关税应当被废除，美国的农产品可以在自由贸易的情况下大量出口到欧洲人口过剩的城市。这意味着不但要停止对英国阿谀奉承式的效仿，而且要直接对其海洋贸易的垄断权——特别是英国的中立国贸易禁令发起挑战。

像麦迪逊这样更有远见的共和党人预见到了，就长期而言，城市化过程可以被减缓，但不可能被阻止。最有效的保全共和国美德的方式是确保永远有可供殖民的新土地。杰斐逊在 1803 年购买路易斯安那不仅是历史上最大的一笔不动产交易，还是他担任总统期间最重要的政治举措。1807 年对英国禁运和 1812 年对英宣战都是共和党人维持平等主义的农业共和国向欧洲出口产品的权力的自然后果。

但无论政治观念上多么偏向于农业，杰斐逊和麦迪逊都不是极端主义者。在很多方面，杰斐逊比汉密尔顿更适合"美国的沃波尔"的称号。正如沃波尔和托利党人之间的妥协造就了辉格党人的长期执政一样，杰斐逊和联邦党人之间的妥协也使得共和党长期独大成为可能。杰斐逊和重要的联邦党人可能达成了一些秘密协定，以图在 1800 年选举中打破联邦党阵营的统一性。他可能同意不解散国家银行和美国海军，以及不将联邦党人全部免职。这的确是杰斐逊在总统任内遵循的政策。一种很可能从未被公开讨论的更微妙的妥协则是关于国家财政体系的。杰斐逊在汉密尔顿合约的限制下以最快的速度偿还公共债务。在 1800 年上任时，他继承了 8300 万美元的公债，到 1808 年时，债务就下降到了 5700 万美元，而在 1812 年战争开始前已经下降到 4500 万美元。到了这时，公债占美国 GNP 的比例只有 8%，因此对于"共和国的美德"几乎不再构成任何实质性的威胁。但值得注意的一点是，政府在偿债时没有采取任何破坏合约的强制手段。共和党人没有试图颠覆汉密尔顿达成的合约或者取消联邦政府对于货币发行的垄断权，也没有回头采取之前的滥发纸币以及其他的殖民地时期的财政手段。政府是通过增加以硬通货缴纳的税收来偿债的。尽管农业派系对于证券从业者抱有天生的厌恶，但共和党人并没有阻挠纽约金融市场的发展。

简而言之，美国的政治妥协和 18 世纪的英国有着颇多的相似之处。（至少在联邦政府的层面）财政的管理方针依然类似于商业共和国，而政府的权力依然掌握在农业派系的手中。

但无论是在社会构成方面还是在政治利益方面，英美两国的土地阶层都有着非常大的差异，两国政府的施政方针因此也大不相同，美国的农业派系对商业 - 金融派系的限制要更为严格。但 1800 年的妥协最终被证明有着顽强的生命力，即便在战争的考验下也维持了相对的稳定。1812 年战争的爆发终结了美国成为一个免于债务的国家的梦想。在短短的三年内，杰斐逊的业绩就被毁于一旦——公共债务飙升至 1.27 亿美元。在当时，美国筹集长期债务的能力是有限的，因此政府不得不发行短期债务凭证。但这不过是一种应急措施，政府也没有通过发行法定纸币来筹款。

事实上，1812 年的战争反倒稳定了 1800 年的政治妥协。合众国银行在特许状于 1811 年到期之后没有维持太长的时间，1800 年达成的默契没能帮助合众国银行抵御民众对它的厌恶。因此，正在国家最需要中央银行的服务时，国家银行却被解散了。1812 年的战争清楚地体现了这一点，因此一个继承性的银行在 1817 年建立了起来。由农业派系的逻辑推动的和英国的贸易战最终反倒促进了美国工业的增长，它甚至带来了汉密尔顿一直希望建立的保护性关税。正如麦迪逊后来所言：

> 在外交环境发生一系列变化、人口增加了两倍、资源增加了两倍以上的情况下，共和党人现在执行的正是之前联邦党的政策。换言之，联邦党人在一个不成熟的时机推行了一系列现在广受欢迎的政策。①

---

① Quoted in R. Hofstadter, *The Idea of a Party System*, Berkeley, CA, 1969, p. 185.

事实上，1800 年的政治妥协从未受到真正的考验。在美国这样一个拥有得天独厚的地理优势的国家，汉密尔顿根本不可能实现自己把美国的公债提升到英国或者荷兰共和国的水平的理想。美国肥沃的处女地吸引了持续不断的移民，使得它能实现欧洲国家根本不可想象的潜在经济增长率。除此之外，绝大多数的西部处女地都在联邦政府的手中——这是比任何公债都要有价值的国家财富。

在这种情况下，美国哪里会有举债的需求呢？美国相对孤立的地理位置不仅在殖民地时期保护了它不受欧洲战争的波及，在独立之后也构成了天然的战争屏障。1812 年对英国的战争在财政上也只是一桩小事。在美国 GNP 已经达到 6 亿美元的情况下，最高达到 3500 万美元的战争开支只占 GNP 的 5%（原书如此。——译者注），公共债务的峰值为 1.27 亿美元，占 GNP 的 16%（原书如此。——译者注）。美国为了偿还公债而征收的税收水平从未达到能够考验 1800 年政治妥协的程度。1816 年，政府一共征收了 4800 万美元以偿还流动债务，但税收依然不到 GNP 的 6%（原书如此。——译者注）。这已经是税收相对水平的峰值了，通常情况下，税收占 GNP 的比重还不到 3%。

即使在此之前，美国追随英国道路的不可能性也已经非常清楚了。与杰斐逊和麦迪逊不同，汉密尔顿从未尝试降低美国的债务水平。在联邦党人执政时期，债务反而上升了——从 1790 年的 7500 万美元到 1800 年的 8300 万美元。但经济增长的速度要远高于此，GNP 从 1789 年的 1.58 亿美元增加到了 4.6 亿美元。这种增长一部分来自法国大革命爆发之后的普遍性通货膨胀，但即使是去除通货膨胀效应，真实 GNP 也在此期间由于劳动力和资本快速增加而翻了至少一倍，达到了 3.25 亿美元。换言之，联邦党人在减轻债务负担上反而比共和党人还要成功。在 1790 ~ 1800 年期间，债务占 GNP 的比重从 40% 降低到了 18%（见图 7 - 1）。在接下来的 10 年间，尽管杰斐逊有着"清除国家的癌症"的决心，但他只不过将债务占比降到了8%。汉密尔顿是通过推行促进经济发展的财政政策（在无意之间）实现了降低债务占比的效果。杰斐逊能够通过大量增加税收来偿还债务正是这种经济增长的反映。拿破仑战争期间的普遍通胀继续推动美国名义收入水平的增长，但实际 GNP 只增长了 16%。与之相对，之前的 10 年内 GNP 增长了 106%。

图 7 - 1　美国的债务占 GNP 的比重，1790 ~ 1810

资料来源：B. R. Mitchell, *International Historical Statistics*, Basing-stoke, UK, 1992.

汉密尔顿和杰斐逊财政体系所产生的看似自相矛盾的后果是美国历史众多的独特之处之一。通过一些极为幸运的购地交易，导致农业派系对商业财政敌视的地理特征也降低了不同的财政模式之间发生冲突的可能性。从这一点看，美洲确实是一片受到祝福的土地。

三　人民公敌

> 6 万名资产者和投机者决定了大革命的走向……他们为了让自己的投资获利，先是逼迫内克尔辞职，再是掀起一场革命，最终有可能要将一切都倾覆。在他们眼中，制宪会议不过是一个金融委员会。[1]
>
> ——安东尼·里瓦罗尔，保王派作家

1789 年云集巴黎的三级会议代表显然并不想成为另一场政府破产的发起人。他们被召集正是为了避免这样的一场破产。正如里瓦罗尔讽刺的那样，三级会议代表中有很多公债持有人。他们非常清楚自己当前的地位正是因为旧制度无力处理周期性破产问题。这些代表将这种公开无视信用条约的行为归因于政府的专制主义。即使改革者现在已经不再将英国视为法国改革的模板了，但英国良好的公共信用依然被大多数人奉为榜样。因此，制宪会议的第一项法令就是要"将政府的债权人置于法兰西民族的荣誉和忠诚的保护之下"[2]。

这种感情是很自然的。但如果公共债权人仔细阅读代表们全票通过的决议，他们就会发现事情并不那么乐观。决议当中最长的篇幅不是关于公债的，而是关于税收的。法兰西民族第

---

① H. Lüthy, *La Banque pratestante en France de la révocation: De l'Édit de Nantes à la Révolution*, Paris, 1959, p. 559.

② Assemblée Nationale, *Procès verbale*, Vol. I, 17 June 1797, pp. 11 – 13. 后面两段中的引文也出自此文献。

一次使用自己夺回的权力必须被用来"加强政府的力量",而加强的最好方式就是税收。但制宪会议在此陷入了左右为难的状态。由于合法的税收必须要经过人民的许可,制宪会议不得不宣布所有现存的税收"从未获得法兰西民族的许可,因此从征收的第一天起就是完全不合法的。所有的税收衍生物也都在法律上无效"。因此,从逻辑上来说,这实际上是一份立即生效的破产决议。为了避免这一情况,制宪会议还是"以法兰西民族的名义,同意继续缴纳这些不合法的税收"。尽管如此,问题并没有得到彻底的解决。这份临时性的税收许可只在制宪会议期间有效。如果国王试图解散制宪会议,这份决议实际上给予了纳税人立即全面起义的合法性。

如果说制宪会议的决议没有提到任何新增税收(如缙绅会议两年前的提案)的必要性这一点还不足以让公共债权人担忧的话,他们的注意力可能会被决议中接下来的一段所吸引。根据决议,只有当"制宪会议和国王陛下就重建国家的原则达成一致的情况下",政府才会对公共债务进行处理。但不幸的是,重建国家的原则本身就已经成为极有争议的话题,制宪会议最终也不可能和"国王陛下"达成一致。

在1788年晚期,关于重建法国的基本原则的争论就已经开始了。显贵会议原以为他们发动召集的三级会议和中世纪没有什么区别。在当时全欧洲的议会中,不同等级的人具有不同程度代表权的原则是根深蒂固的。法国的三级会议顾名思义就是全部三个等级——僧侣、贵族和平民共同出席的大会。在像英国这样的国家中,头两个等级(即贵族和僧侣)共同组成上议院。通常来说,各等级并不在一起开会。第三等级——即来自城市的代表——几乎总是在单独的议事厅里开会。按等级投票的制度确保了第一和第二等级能够维持自己的特权。那些"法兰克宪法"的鼓吹者认为 1789 年的三级会议也应当按照这种模式进行，不应该做出任何的调整。在他们看来，法国早已有了自己的宪法，是波旁王朝的专制君主对它的视而不见造成了宪政的衰落。过去的经历已经证明了专制主义的政府必然会导致频繁的债务违约，英国的例子证明了遵循宪法的政府总是要比恣意妄为的政府更为有效。

启蒙运动催生了与此大相径庭的观念。旧的按等级享受自由的观念已经逐渐让位于天赋人权的新思想。在法兰克贵族看来，他们的自由来自从未被征服者的权利。而从第三等级平民的角度来看，贵族的自由来自征服者的特权。如果说君主权力的合法性不能来自征服，那贵族的特权也是一样的。在启蒙主义者眼中，第一和第二等级最好的下场就是拥有和第三等级平等地坐在同一个议会当中的权利。他们的席位不能超过一半——最好是 1/3——并且应当按人头而不是等级计票。西哀士在令人振聋发聩的小册子《什么是第三等级?》中提出了更为激进的观点。在他看来，第三等级不是法兰西民族中的一个等级，而是法兰西民族本身。因此，凡是不属于第三等级的人，都是法兰西民族的寄生虫。

> 我们根本没有办法确定贵族和僧侣应该在社会等级中处于什么地位。这就好像在询问细菌在一个病人身上应该占什么位置一样。[①]

[①] Quoted in S. Schama, *Citizens*, New York, 1989, p. 304

用后来人的眼光看，法国的统治阶级显然是在自掘坟墓。1787～1788 年改革者的目标是实现扩大化的有产统治阶级对国王的控制。即便是那些支持取消等级区分的人也是这么想的。1788 年，马勒莱布向国王提出了如下的建议。

> 18 世纪晚期的国王不应该再像 14 世纪时那样区分三个等级了：他应当将所有的有产者都纳入同一个等级。[①]

即便西哀士也是对投票权进行财产限制的支持者。英国成功的关键就在于构建了这么一个由财产联合起来的统治阶级，法国则根本无法实现这一点。"假定"的统治阶级几乎在一开始就是分裂的。

1788 年秋季，高等法院提出的三级会议草案和 1614 年基本一致——三个等级有各自独立的会议（穿袍贵族和佩剑贵族共同属于第二等级），这导致了高等法院之前在群众当中的声望几乎在一夜之间消失殆尽。到三级会议于 1789 年 5 月最终召开时，关于会议程序的争论依旧没有解决。最终，在进步派贵族和僧侣的协助下，第三等级决定自行其是，宣布自己为全法国的代表。到了这时，革命就已经超出了其发起人最初预想的界限。第一和第二等级的顽固派现在转而成了"法兰西民族的敌人"。

对于这场政治辩论同样不祥的还有不断增加的群众暴力的威胁。18 世纪 80 年代持续的农业歉收使农民之间形成了一种紧张的，乃至日益绝望的氛围，这加剧了实现不流血的政治变

---

① Schama, *op. cit.*, p. 297.

革的难度。进口谷物以及补贴农业生产的需要进一步加大了财政压力，"面包暴乱"逐步转化为政治暴乱。1789 年 4 月，巴黎的民众洗劫了一个著名的取消粮食限价的支持者的住处，并在过程中和国民卫队交火。当路易十六受到王室顽固派的鼓动，在 6 月底试图解散已经开始攻击旧制度基础的制宪会议时，民众就开始自行其是了。7 月 12 ~ 13 日，王室军队被逐出巴黎，7 月 14 日，巴士底狱被攻占，这些事件标志着群众革命大幕的拉开。群众暴力不仅挽救了革命，还成为革命者战胜保守主义反对派的手段。巴黎的"暴民"就像一条被革命政治家驱使着的猎狗，但他们往往反过来推动着后者的行动。在 1789 年 7 月之后，政治辩论的语气已经变得越来越激烈乃至于嗜血，正如西哀士对于贵族的评论那样。

大革命是一个将法国由旧制度转向"英国 - 荷兰式"财政的好时机吗？英国体制的成功建立基于其团结的统治阶级和安静的民众，但很明显，法国的情况与此完全不同。更糟糕的是，法国统治阶级的一部分相当乐意利用民众的暴乱来攻击自己的对手。

在这种情况下，以内克尔为首的"英国 - 荷兰式"财政的倡议者显然不可能有任何的进展。制宪会议的确致力于避免另一次政府破产，但这并不意味着他们会接受债券市场为财政开出的处方。制宪会议对于国债的观念与其对于税收的观念有着根本性的冲突。

当制宪会议在 7 月的事件结束之后重新开会时，这种矛盾立刻就暴露了出来。内克尔面临的财政状况比 5 月时更加糟糕了。由于应急粮食开支，政府赤字增加。他从 1788 年 9 月到 1789 年 5 月积累起来的 5800 万里弗的现金储备都被花光了。

他提议以 5% 的利率举债，来填补短期亏空。但制宪会议坚持将利率下调至 4.5%，来标榜自己的信用要好于君主专制。在这种远低于市场的利率水平下，内克尔只借到了区区 260 万里弗。制宪会议已经展现出对市场原则的厌恶。在同一个月，制宪会议已经开始讨论要对公债征收新的利息税。这一议案使得米拉波公开强烈地表明了自己的立场。

> 先生们，你们不要忘记，我们的自由正是来自国王对政府债权人的良好信用。根据我所听到的内部消息，如果国王想要当一个不守信用的债务人的话，他根本没有必要解开我们身上的锁链。
>
> 是的，先生们，我不惧怕重复这一点。我们的宪法来自大臣的失职，我们的自由来自政府的赤字。公共债务才是我们自由的萌芽。你们难道想坐享其成，却不付出相应的成本吗？[1]

在这一阶段，米拉波看上去依旧是孟德斯鸠的门徒。但尽管制宪会议的主流意见依然抱着偿还债务的良好愿望，政府却没有出台与之相配合的税收政策。紧接着巴黎的 7 月暴动之后的是大恐慌时期的乡村暴力。结合糟糕的收成和面包价格的飞速上涨，只有无所畏惧的人才敢在此时提出加税的政策。事实上，法国人表现出来的革命逻辑和他们的同胞让·博丹在两百年之前描述的一样。

---

[1] H. - G. de R. Mirabeau, *Oeuvres: Les discours*, Vol. I, Paris, 1921, pp. 141, 153.

凡是由专制政府转向民主政府的时候，革命者都会废除所有的税收，以作为自由的标志。罗马人在驱逐了国王之后，执政官瓦勒里就是这么做的。[1]

美国人拒绝缴纳更多的税来支持革命是源于他们对强势的"大政府"根深蒂固的厌恶。而法国人则是出于另一个同样根深蒂固的观念：他们承担的税收已经过重了。从 1789 年夏天到 1795 年，实际税收数额降低了 84%。即便是在 1789 年，内克尔的预算中规划的税收为 4.75 亿里弗，但实际收上来的还不到 4 亿里弗。革命早期唯一的新增税收来自自愿投票支持废除贵族免税权和买官制度的自由派贵族以及买官者。制宪会议的行为非但没有改善国家的财政状况，反而使其变得更加糟糕了。

1789 年，制宪会议继承了约 50 亿里弗的公共债务，其中约 31 亿里弗是年金，13 亿里弗是其他各种中长期债务（包括定期贷款和出售官职的资本价值）以及 6 亿里弗各种短期债务。[2]

---

[1] J. Bodin, *The Six Books of a Commonwealth*, 1576, transl. R. Knowles, London, 1606; Harvard University Press facsimile edition, Cambridge, MA, 1962, p. 668.

[2] 法国在大革命前夕的债务总额并没有准确的数额。F. Braesch (*Finances et monnaires revolutionaires*, Paris, 1936) 是通过将所有纳入预算的利息支出和买官者的薪水按照 5% 的折现率资本化得到的结果。尽管这种方法显然低估了年金和卖官的价值，但实际值和他的估计相差不远。年金的数据来自 F. Marion, *Histoire financière de la France depuis* 1715, Paris, 1914, Vol. I, pp. 472–475；卖官和农民债券的数据来自 J. F. Bosher, *French Finances 1779–1795*, Cambridge, UK, 1975, p. 256。Braesch 关于其他债务的数据被接受了。

短期债务的数额显然是不稳定的。1789年的短期债务总额已经高于1788年，并且还在因政府的财政赤字不断增长，但情况还没有发展到不可控制的境地。如果政府的赤字问题能够得到解决，通过发行长期公债可以将短期债务降低到可持续的2亿~3亿里弗的水平。考虑到立即降低赤字的困难性，制宪会议理应将废除的官职的资产价值加入长期债务中。但情况并非如此，废除旧的财政体系的总成本（超过了8亿里弗）都被宣布为可以立即得到偿还的债务。废除封建捐税让政府又背上了1亿里弗的短期债务。因此，几乎在一夜之间，政府的流动债务就增加到了15亿里弗。这和"英国–荷兰式"财政的原则实在是相去甚远。

到了9月，内克尔已经对传统的税收和贷款彻底绝望了。他说服制宪会议将8月份的公债利息提高到5%，并允许投资者部分以（贬值程度严重的）纸币来支付认购款，以增加公债的投资吸引力。尽管如此，被认购的数额依然低得可怜，到了1789年底才只筹集了2000万里弗的硬通货。

如果民众不喜欢现代的公共财政处方，也许他们会接受从古典时代借鉴的手段。在古典时期，公民们对国家的贡献是一种捐赠、贷款和有条件税收的混合物。在9月，内克尔提出了所谓的"爱国公债"（contribution patriotique）。爱国公债是一种半自愿的无息贷款，其额度为认购人净收入的25%。这笔债务将在国家的新税制建立起来之后通过发行新的利率为4%的公债来进行偿还。内克尔估计的可征税收入总额约为8亿里弗，因此"爱国公债"应当足以支持国家度过政治转型的艰难时期。但现实令他大跌眼镜。在7个月之后，政府只收到了900万里弗。这和预期的2亿里弗实在是相去甚远。受罗马共和国的启发，内克尔还设立了类似的"爱国捐赠"来接受公民的无偿捐赠。这激起了后来的社会主义历史学家路易·勃朗热情的赞颂，尽管他的赞颂可能用错了地方。

> 我们国家伟大的热情和雄厚的实力再次展现了出来！富人的捐赠，穷人的牺牲，从全国各地而来的爱国者的财产像潮水一般涌入制宪会议的办公室。妇女们拿出了自己的耳环，孩子们捐出了自己的玩具。工人将自己的一半面包都交给了革命。还有你们这些买官者，你们这些醉生梦死的夜行的吸血鬼也不能免疫这种热情。只有铁石心肠的银行家依旧无动于衷。①

这笔"捐赠的潮水"最终包括100万里弗的现金和500万里弗的商品、珠宝以及贬值的纸币。在1790年3月，制宪会议的财政委员会不得不承认自己"震惊于政府的开销之大以及爱国捐赠之微薄"②。

在政府既不赖账、又不加税，而爱国公债和爱国捐赠又数量有限的情况下，法国进入了一个财政死局，只有通过一些迄今为止从未使用过的权宜之计才有可能解决。8月8日，拉科斯特侯爵就已经提出"教会的财产属于国家，是时候把它们夺回来了"。到了9月，一些最强势和有远见的制宪会议成员已经开始同意并倡议这种做法，其中就包括奥顿的主教夏尔-

---

① Louis Blanc, *Histoire de la Révolution française*, Paris, 1847, quoted in R. Stourm, *Les Finances de l'ancien régime et de la Révolution*, Vol. II, Paris, 1885, p. 261.

② Stourm, *op. cit.*, p. 255.

莫里斯·塔列朗。没收教会财产可以给政府带来约 20 亿里弗的收入。凑巧的是，这正是制宪会议试图偿付的债务总额：16 亿里弗流动债务和 5 亿里弗定期贷款。没收教会财产正可以将公共债务"置于法兰西民族荣誉与忠诚的保护之下"。

教会财产和可偿还债务（*dette exigible*）之间数额上的一致显然不是简单的巧合。第三等级中的 45% 都是买官者，而第一和第二等级中也有不少人购买了官职或者持有大量的政府债务。这些人在政府出售教会土地之后都得到了巨额的偿付。除此之外，他们还可以低价购进这些资产。第一批出售的教会土地的购买者包括大量旧制度下的官员，有谣言说甚至王后也参与其中。

这就是"指券"（*assignats*）——一种几乎是大革命的同义语的纸币——发行时的背景。考虑到约翰·劳的皇家银行倒闭后民众对于纸币的憎恶，大革命时期纸币的回归看起来是一件奇怪的事情。指券的第一次发行只是为了替换掉现存的国家存款银行发行的银行券（自 1788 年以来巴黎的法定货币）以及金融家为了给王室融资发行的私人债券。到了 1789 年 11 月，这些银行券和私人债券的总额达到了 4 亿里弗。内克尔提议增加国家存款银行的资本，并将其银行券定性为公共债务。制宪会议则怀疑一切会增加这个由日内瓦投资者控制的机构的权力的提案，除此之外，这个提案还会大额增加流通中的纸币数量。在制宪会议看来，由其发行的指券将完全由法兰西民族所控制，没有外国银行家的干预。除此之外，指券的发行面值不低于 1000 里弗，含有 5% 的利息，并且只能被用来购买从教会没收的土地（*domaines nationaux*）。换言之，指券原本不是作为能够支付经常费用的货币而发行的，其发行是为了以一种更保险（政治上也更正确）的方式来偿还现存的短期债务。

1790 年，法国的财政状况急剧恶化。税收相较于 1789 年（已经很寒酸的数额）下跌了一半。因此到了 4 月，制宪会议就认为有必要将指券定为法定货币，并将其利息下调至 3%。8 月，财政委员会的主席孟德斯吉乌建议将指券发行量增加到 12 亿里弗。新的指券将不含利息，最小面值将被降低到 50 里弗，并获得所有交易中的法定货币地位。当出售国有土地于 8 月开始之后，指券就可以退出流通。这一时期指券的价值很明显建立在能够"兑现"成土地的基础上，每张指券都印着"国有土地"的字样。事实上，指券这个词本身就来自被"指定"为纸币担保的真实资产。

接下来六年间，法国的财政体系和独立战争期间的美国有着明显的相似之处。法国大革命和纸币也紧密地联系在了一起。在 450 亿里弗的指券被焚烧，印钞机也被捣毁之后，法国财政部长拉梅尔为指券念出了如下的悼词。

> 指券成就了大革命：它带来了阶级和特权的毁灭；它推翻了王权，建立了共和国；它武装起了带着三色旗越过了阿尔卑斯山和比利牛斯山的所向披靡的军队；它们的价值就是我们的自由。[1]

但抛开这些表面上的相似性，法国的革命者并非美洲殖

---

[1] Ramel, in the Council of Elders, 9 Pluviôse An 5. quoted in Stourm, *op. cit.*, Vol. II, p. 284.

民地财政体系的门徒。他们使用纸币的方式有着很大的不同。和美洲殖民者一样，法国人也无视了孟德斯鸠的财政逻辑，而倾向于实现古典时期的财政自由。但正如美国和法国在地理位置和历史条件上有着极大的差异一样，两国人对于"财政自由"的理解也是大异其趣。美洲殖民者的应急财政体系建立在无息的或有税收基础上。他们通过大量的实践和惨痛的教训意识到纸币有可能通过贬值或强制退出流通变成一种隐形的税收。他们明白这种潜在的税收负担将落在他们自己的头上，因为和古典时期的部落共和国不同，他们不可能去征服别人，让别人代为缴税。美洲原住民所拥有的有限资源根本弥补不了对他们征税的成本。而进口的非洲奴隶的生产剩余直接落在殖民者的手中，因此不对殖民者征税是利用不到这一部分财富的。

法国革命者处在一个完全不同的状态。1789 年 7 月，人们已经逐渐意识到国家的很大一部分财富集中在那些"人民公敌"的手中，这些人拒绝和第三等级一起参会和投票。在这种情况下，法国革命者可以动用古典时期的手段：在敌人的资源穷尽之前，自由人绝不应当自掏腰包。革命政府发行的纸币因此不过是建立在没收得来的财富上的预付款。在 1793 年底，约瑟夫·康蓬（Joseph Cambon）就如此描述了革命财政的原则。

这场革命已经并将持续给国家带来巨额的财富，指券的信用和我们自由民族的征服就是建立在这些财富的基础之上。所有反革命同盟的力量也不能将其动摇。[1]

当康蓬说这些话的时候，雅各宾派的恐怖统治正大行其道。那些被送上断头台的人的财产自然被收归国有。在康蓬看来，断头台不仅可以被用于国内革命，还能被用于支持战争。到了1793 年，大革命的缰绳已经落到了受"无套裤汉"（sans‑cu‑lottes）挟持的激进派手中。1789 年制宪会议的很多成员要么已经被处死，要么就避难到了国外。但革命财政的基本原则——建立在没收财产基础上的纸币——并非来自雅各宾派主导的国民公会（1792~1795），而是来自第一次制宪会议的温和派代表。这些代表的一半都在旧制度下担任过官职。正是他们决定放弃预算平衡和自由市场利率的无聊逻辑，转而采取没收财产的便宜之策。

恶性通货膨胀并没有在指券大量发行之后立即发生。和美国独立战争期间的纸币不同，第一批指券并不是在战争期间发行的，它们只是被用来处理短期的信用危机。假设可用来偿还的税收已偿还完毕，剩余的债务总额约为 1.6 亿里弗，节省下来的 1.5 亿里弗将可以使预算达到平衡。在这之后，指券的持有人就可以用其交换国有土地，政府就能够回到稳健的财政政策上。但事情并没有按此逻辑发展。1790 年，税收已经减少到 2 亿里弗（见图 7‑2），财政赤字开始发酵。指券被用来填补政府的经常项目开支。在 1796 年印钞机被彻底摧毁之前，

---

[1] Joseph Cambon, report on the finances since 1791 to the Convention, Germinal An 2, quoted in J. ‑ F. Belhoste, "Le financement de la guerre de 1792 à l'an IV," in: État, finances et économie pendant la Révolution française, Paris, 1991, p. 342.

税收短缺的额度几乎完全是用纸币填补的。

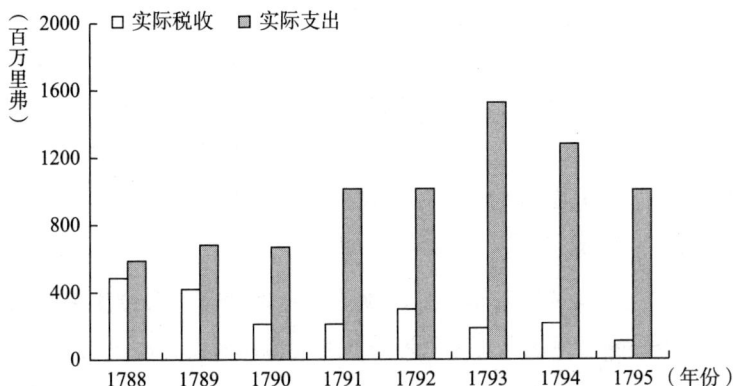

图 7 - 2　革命政府的预算，1788 ~ 1795

资料来源：Figures from S. Harris, *The Assignats*, Cambridge, MA, 1930, p. 51。Harris 的实际支出数据被减去了这一阶段债务偿还的实际额。

换言之，公民们不愿意在明面上缴纳的税，被隐形的通货膨胀税在暗地里征走了。但指券的最终崩溃直到 1795 年才发生。在这一年，政府一共发行了 165 亿里弗的指券，价格上涨了 4000%。通货膨胀税主要是通过这一次价格爆炸征收的，在此之前，指券基本上履行了将没收得到的财富投入货币流通中的职责。

革命货币的生命周期分四个阶段。从 1790 年 8 月到 1792 年 4 月，路易十六保住了王位，法国也还没有加入战争。指券的发行总额不到 20 亿里弗，其中很多都有国有土地作为担保，并被持有人在拿到承诺的土地之后烧毁。因此，流通当中的指券总额在 15 亿里弗左右。考虑到革命之前法国的货币存量总额约为 20 亿里弗，指券的发行将货币供给量提高了 75%。这本来应导致高度的通货膨胀，但由于政治动荡和经济上的不确

428 / 债务与国家的崛起：西方民主制度的金融起源

定性，法国的大量硬通货被藏匿或逃往国外，这反而减缓了价格上涨的速度。

革命在 1792 年进入第二阶段。一直延续到 1815 年的战争从 1792 年 4 月开始，革命政府向以奥地利皇帝为首的反革命联盟宣战。国民公会代表安纳查尔斯·克卢茨以先知式的口吻将法国的战争描述为政治和财政自由的标志。

> 国王以奴隶士兵和盘剥得来的钱向我们发动渎神的战争，我们则还以由自由的士兵和爱国捐赠支持的圣战。①

但法国的革命战争可不是建立在"爱国捐赠"基础上的。法国对外战争一打响，政府就开始没收所有流亡者的财产。这些人抛弃了人民甚至与之为敌，因而必须承受后果。通过这种手段，国库增加了 20 亿里弗的财富，政府就可以以此为基础发行纸币了。纸币才是法国战时财政的真正支柱。克卢茨所说的"爱国捐赠"只不过是一句空洞的修辞罢了。

第三阶段，也即指券的阶段开始于 1793 年夏季。在初期取得了巨大成功的革命战争正遭受着惨痛的失败。1793 年 1 月，路易十六的死刑使得英国加入了反革命联盟，也促使法国当时最著名的将军杜穆里埃抛弃了军队，追随其前上司拉法叶特加入了流亡者的行列。在国内，革命政府的敌人不仅来自像旺代这样的农村落后地区，还来自里昂、波尔多以及马赛这样的商业中心。在 7 月和 8 月，法国军队在东北方面遭受了一连串的大败，英国舰队在之后也攻占了土伦。流通中的指券总额

---

① Quoted in Schama, *op. cit.*, p. 597.

已经达到了 40 亿里弗，而民众对货币的信心正在崩溃。革命的失败必将使流亡者夺回他们被革命政府剥夺的土地，指券将失去其担保，进而被非货币化。到了 8 月，指券的价值已经不到面值的 20%。革命政府必须要采取一些新的手段来维持自己的存活。在 5 月时，政府已经出台了最高限价法案，但并没有得到彻底的执行，也没有太多的实效。5 月 31 号，温和的吉伦特派在"无套裤汉"的威胁下被剥夺了权力，政权落到了以罗伯斯庇尔为首的激进雅各宾派手中。9 月 5 日，国民公会决定采取新的政治和经济统制政策："恐怖就是当下的秩序。""自私的富人"和囤积居奇者被加入人民公敌的行列中，而限价政策将以断头台作为武器来强制执行。

新政策的有效性是毫无疑问的。革命政府通过征兵制武装起了一支前所未见的庞大军队，第一次反法同盟也被击败了。1794 年，一共有超过 100 万法国人被征募进了军队。每年的政府开支（在剔除通货膨胀的影响之后）达到了 15 亿里弗——这是波旁王朝时期不可想象的水平。指券的价格保持稳定，甚至还略有上升。法国并不是唯一一个在财政崩溃期间加强纸币作用的国家。美国大陆会议在 1777 年当大陆货币的价值跌到面值的 1/3 时也采取了同样的措施。1778 年，大陆货币的币值稳定了下来，政府从发行货币中获得的真实收入翻了一倍以上。但大陆会议通过镇压敌人敛财的能力与国民公会相比是不可同日而语的。即使在 1778 年，美国发行纸币的收入也只占 GNP 的 8% 的左右。在恐怖统治期间，雅各宾派的政府筹集到的金额占革命前 GNP 的 20%，而如果和经济缩水的 1794 年相比，所占的比重就要更高。

尽管 1794 年被收归国家的财富中的大部分都是士兵拿着

刺刀从平民那里强征来的，但革命政府还有专门针对有同情保
王党的嫌疑的人的财政措施。在君主制期间发行的指券上面印
有路易十六的头像，革命政府在年底宣布这批"王室指券"
无效。这是为了惩罚那些以 5% 的溢价持有这些指券的投资
者——他们无耻地背叛了共和国的兄弟。法令的措辞将这一目
标表达得非常清楚。

> 谁持有这些指券？是贵族，是奥地利人，是所有希望
> 复辟君主制的叛徒……印有暴君头像的指券在里昂、波尔
> 多、马赛和巴黎的售价达到了 105。我希望以其人之道还
> 治其人之身，惩罚他们对共和国犯下的罪行。①

除了对特定的指券进行非货币化之外，革命政府对待有保
王派嫌疑的人还有另一项财政手段：强制贷款。这和内克尔在
1790 年发明"爱国公债"时所援引的古典时代的爱国热情没
有任何关系。康蓬的提案是彻头彻尾的政治绑架。

> 我提议国民公会为富人和对革命无动于衷的人专设一
> 种公债，总额为 10 亿里弗……你是富人，你怀有对共和国
> 的财政不利的政治思想［例如，你保王党人的政治倾向在
> 间接地增加革命的战争开支］；不管你有何意见，我希望用
> 锁链把你和革命拴在一起：我要求你把财富交给共和国。②

---

① Chabot, in the Convention on 30 July 1793, quoted in Stourm, *op. cit.*, Vol. II, p. 322.

② Cambon, in the Convention on 27 April 1793, quoted in Stourm, *op. cit.*, Vol. II, p. 369.

这些所谓的"贷款"——不付利息，而且只在连续两年和平之后才会用国有土地来偿还——目标的数额为 10 亿里弗。但指定的强制认购人也可以通过认购另一种利率为 4% 的"自愿"公债来避免这种强制公债。这种利率为 4% 的"自愿"公债可以立即用来交换国有土地。持有印有国王头像的指券的人有动机在年底前就将其脱手，因为到那时这些指券就一文不值了。尽管有这些激励，强制公债并没有起到令革命政府满意的效果。很多政府内部人员都大量地购买了"自愿"公债，然后转手就将其换成了国有土地。恐怖统治是和（包括强制手段在内的）所有公共信用形式相矛盾的。康蓬在后来对限价政策的恶性后果表达了自己的感慨。

> 从发行的一开始，"自愿"公债就在减少，商业收入已经消失，因此特别针对商业收入的强制公债就不能产生任何的财政收入了。在我们建立革命税收的时候，革命军队就将所到之处洒满了恐怖……所拥有的力量看上去都在遏制强制及"自愿"公债发挥它们的作用。我们预计的公债总额应该达到 10 亿里弗，但实际上只筹集了 1.8 亿 ~ 2 亿里弗。[1]

事实上，革命政府已经开发出了如此之多的没收财产的手段，以至于这些手段之间已经开始互相冲突了。丰特奈·德·格雷奈尔就是这么解释强制公债为什么筹集的金额不足的。

---

[1] Cambon, in the Convention on 3 Pluviôse An 2, quoted in Marion, *op. cit.*, Vol. II, p. 87.

革命法庭通过处罚大量的叛徒并剥夺他们的财富，已经为国家积累了大量的财富。因此共和国现在实际上是在借钱给自己。[1]

恐怖统治事实上起到了看似自相矛盾的作用，在切断指券与国有土地的联系之后，指券的价格反而上升了。在恐怖统治期间，公开展示财富——无论是继承的还是最近获取的——都要受到革命法庭的审判，因此，任何人都需要有足够的胆量才敢出资购买别人被没收的财产。无论这些财产的价格多么诱人，断头台总是会将其收回到国库中。

纸币的第四阶段，也是最后的阶段开始于共和二年的热月政变（1794 年 7 月）。热月政变终结了恐怖统治，并把雅各宾派的领导人也送上了断头台。新政府迅速地摧毁了国家的镇压机器。但由于并没有其他可选的财政手段，经济统制政策一直延续到 12 月，最高限价政策直到年底才被取消。到了这一阶段，对于包括"无套裤汉"在内的所有人来说，最高限价降低总产出的效应已经非常明显了。但如果没有最高限价和没收财产，也就没有什么东西能支撑指券的价格。12 月，让诺乐观地预测说没收财产的总价值为 150 亿里弗，支持流通中的 70 亿里弗的纸币是绰绰有余的。但实际上，没收财产的实际价值要远低于此，而且其中有很大一部分是近期从原本支持革命的家庭那里盘剥而来的。几乎所有的能够巩固革命成果的和平计划都包括了与贵族阶层的和解以及允许流亡者回国。这样

[1] Quoted in Marion, *op. cit.*, Vol. III, p. 88.

一来，政府就很难再通过没收财产来充实国库了。1794 年 12 月，合约签订的传言导致了指券价格的大幅下跌。指券和没收的国有土地之间的联系在此表现得非常清楚。按照通常的逻辑，和平应该带来币值的上升，但现在纸币的持有人都在担忧流亡者会回国并夺回他们的财产，因此币值反而下降了。

在脱离了国有土地的支持之后，指券就只能自生自灭了。在指券最后的 14 个月寿命中，它已经完全蜕变为通货膨胀税的载体。民众逐渐（正如凯恩斯预言的那样）开始适应这种新的形势，他们拒绝持有比维持基本经济活动必要的更多的纸币。货币的市场价值已经低到了既不值得政府发行，又不能适应经济运行的水平。到 1794 年底时，货币供给的真实价值只有 28 亿里弗——这个数额仍然包含着限价政策的影响，而且对于缩水的经济来说仍然太高了。到 1795 年底时，政府已经将流通中的货币总面值翻了 3 倍以上，但其市场总价值已经跌到了 25 万里弗。到了 1796 年 2 月，印钞机被仪式性地公开焚烧，一位历史学家将其称为"大革命最后的节日"。到了这时，全面的货币改革已经不可避免。政府试图发行一种新的与国有土地挂钩的纸币（mandat territorial），新的纸币被赋予了一个和指券的极不现实的兑换比率，因此其贬值是不可避免的。到了 6 月，新纸币就已经基本上完全丧失了价值。可能政府采取这种措施太晚了，民众已经拒绝使用任何法定的纸币，只愿意以硬币进行交易。

很多历史学家都对革命政府持续性地未能有效地征税这一事实表示了困惑。在 1791 年底，旧的、不合法的、压迫性的税收已经被替换成了开明的、公平的以及负担更轻的新税制。制宪会议的代表遵循了早期改革倡议者的方针：取消包税商以及由他们征收的令人厌恶的大量的间接税，取而代之的则是新的直接税：土地税（contribution fonciere）、动产税（contibution mobiliere）以及收入税（contibution patriotique）。在孟德斯吉乌宣布 1792 年的预算时，他的口气是非常乐观的。

> 纳税人已经摆脱了教会什一税以及数以千计的其他苛捐杂税。因此，征税工作将是非常轻松的……这些明晰的、负担轻的、直接的以及确定的税收与旧制度下的横征暴敛有着天壤之别……旧制度下的税负总额达到了 7 亿里弗，而且其分配极为不公；与之相对的，现在的税负只有 6 亿里弗，而且分配非常公平。①

考虑到计划中通过出售教会土地偿还的 20 亿里弗的浮动债务，这份计划应该会带来健康的预算盈余。但孟德斯吉乌的乐观主义被证明是没有根据的。用一位近期的法国历史学家的话来说就是：

> 很惊讶的，纳税人和他们刚刚建立起来的政府之间有一种信任危机。尽管新政府有着依法建立的税收体制，而且这种新的税制也符合他们的偏好，但有产者依然拒绝缴纳自己的份额。财政部门和革命政府可悲的盘剥手段也没能起到太大的作用。②

---

① Montesquiou in the Legislative Assembly, quoted in Marion, *op. cit.*, Vol. II, p. 280.

② M. Bruguière, *Pour une renaissance de l'histoire financière, XVIIIe – XXe siècles*, Paris, 1991, p. 375.

在税收不足的情况下，革命不得不大量依靠建立在没收土地基础上的纸币来筹资。当然，革命和没收财产这一套组合拳并不是什么新发明。尽管公债持有人对于荷兰政府有着充分的信任，但荷兰人在独立初期也一笔勾销了所有欠哈布斯堡王朝的臣民的债务。英国议会在17世纪40年代没收了保王党人的财产。美国国会在独立战争期间也对亲英派采取了同样的手段。

但法国大革命期间没收财产的程度是前所未有的。荷兰共和国赖掉的外债总额不太好量化，但不会超过几百万荷兰盾。而独立战争的总成本则高以亿计。英国和美国没收财产的数额更高，也更易于计算。这两个国家没收财产的总额分别为500万英镑和1900万美元，都不超过各自GNP的15%，[①] 而法国大革命前六年没收的财产总额在40亿~55亿里弗。[②] 40亿里弗可能是更为准确的数字，但它没有包括对"王室指券"的非货币化以及1793年的强制公债。即便如此，40亿也相当于革命之前GNP的57%~70%。换言之，在剔除通胀影响之后，法国大革命的前六年政府一共花掉了60亿里弗。其中只有1/4来自税收，剩下的3/4全部来自没收财产。

当然，没收的土地并没有被直接用于支付革命开支。只有一定比例的土地被出售，而买家也只支付了土地价格的一部分。在第一批土地拍卖期间，土地的售价要远高于其实际价

[①] H. J. Habbakuk, "Public Finance and the Sale of Confiscated Property During the Interregnum," *Journal of Economic History*, 1963, p. 87, and Mitchell, *International Historical Statistics*, p. 34。美国革命的数据来自英国政府，后者补偿了所有亲英派被剥夺的资产损失。

[②] Harris, *op. cit.*, pp. 80 – 84.

值，后来价格才逐渐降低下来。但土地的买家无论在何种情况下都占到了便宜，因为他们可以用贬值严重的纸币进行支付，而且可以在认购几年之后再进行付款。政府获得了实际价值为10亿里弗的指券，但这些指券最后在贬值的浪潮中变得几乎一文不值。公共土地的重要性在于它是指券价值的支柱。每次发行新的指券时，财政部长都会保留大量的国有土地作为储备，而只将一部分放入市场。这对于政府通过发行指券进行融资有着重要的意义。当国有土地储备在1795年开始出现问题时，币值也随之下跌。

革命政府征税困难的原因就在于此。直到1795年，第三等级看上去都充分相信他们能够通过没收第一和第二等级的财产来支付革命的成本。从更深的层次上说，按照法国人对于自由的看法，在榨干自己敌人的财产之前，自由人绝不应当自掏腰包来纳税。政治自由在法国人看来就等同于免于税收的自由。第三等级也渴望拥有"法兰克人的自由"——建立在别人纳税基础上的免税自由。

这一点在历史学家弗朗索瓦·基佐的笔下得到了最清晰的表达。基佐在19世纪30年代法国实验君主立宪制时期（即奥尔良王朝）担任首相，他确实相信欧洲国家的政治自由是从日耳曼部落起源的。他的作品中有很深刻的"哥特人宪法"的痕迹。作为一个成长于大革命期间的人，他的观念毫无疑问打上了大革命的烙印。

> 大革命是一场战争，一场真实的战争，一场和国与国之间的厮杀别无二致的战争。在超过13个世纪的时间内，有两个法国——一个征服者的法国，和一个被征服者的法

国……在 1789 年全法国的代表聚集在一起开会时，这两个法国就立即开始了争斗。①

简而言之，法国人观念里的自由（*liberté*）根本不是建立在平等（*égalité*）和博爱（*fraternité*）的基础上，而是建立在从古典时代延续下来的武力征服（*hostilité*）的观念上。正如约瑟夫·康蓬所言，大革命是一次征服——自由势力的征服，它自然应该带来战利品。

正如历史学家一直公认的那样，热月政变是大革命具有深刻意义的转折点。恐怖统治已经将"人民公敌"的范围拓宽到了难以为继的程度。不仅贵族，还有一连串的革命领导人被定义为革命的敌人。无论他们是逃亡还是被捕，结果都没有太大的区别——他们的财产会被收归国有。根据最高限价和反囤积法案，所有的生产者都成了潜在的罪犯，他们的产品被士兵拿着刺刀强行征走。如果他们坚持反对革命政府的财政政策，他们也有可能会被定性为"人民公敌"，并和路易十六落得同样的下场。到了 1794 年 7 月，"人民公敌"的名单看上去还要进一步扩大。

因此，法国现在需要一种和解，在恐怖统治期间逃离国外的人应当重新回国定居。恐怖统治对于公共财政的影响在前文已经有了详尽的说明。支付了革命开支的"国有土地"库无法再继续增长了。1795 年，指券已经变成了一种彻头彻尾的

---

① F. Guizot, *Du gouvernement de la France depuis la Restauration et du Ministère actuel*, Paris, 1820, pp. 1 - 2, quoted in L. Poliakov, *The Aryan Myth: A History of Racist and Nationalist Ideas in Europe*, London, 1971, p. 31.

税收。民众也遭受到超级通货膨胀的苦难。1796 年，政府不得不回归到更传统的财政政策上来。但这种转变会导致法国采取"英国－荷兰式"财政体系吗？

法国想要快速转型为以信用为基础的财政体系存在着诸多的障碍。其中之一就是没有稳定的货币。大量的硬通货在革命期间分散到国外，这使得国内的贵金属货币储备——即使加上私人囤积的数额——也基本不够经济的正常运转所用。在恐怖统治期间，巴黎的货币市场关闭了，而法国在 1795 年对荷兰的入侵榨干了欧洲最大的国际资本来源。即便和平能够恢复这些市场，但债权人和资产者可不会轻易地忘记过去几年发生的事情。内克尔在 1790 年 3 月对制宪会议的警告在 6 年之后依然是一针见血的。

> 先生们，请你们明白，在恢复了财政秩序、找到新的政府收入来源以及重建收支平衡之后——总而言之，也就是你们不再用近期这些粗暴的手段来对待我们之后，信贷市场还需要更多的时间来恢复到原来的状况。①

信用市场恢复活力的必要条件是"重建收支平衡"，但这一点比前者还要困难。自 1789 年以来，平均每年的真实财政赤字高达 7 亿里弗。即使在恢复了和平之后，可能的赤字也要达到 3 亿～4 亿里弗。法国的纳税人会愿意将税收骤然增加三倍来满足潜在的债权人的需求吗？这看上去是不太可能的。最

---

① Necker, to the Assembly, 6 March, 1790, quoted in Stourm, *op. cit.*, Vol. II, p. 270.

后还有旧债务的问题。到了 1795 年，一共有约 10 亿里弗的革命前的债务用指券偿还了，还有超过 30 亿里弗仍处在违约的状态，信贷市场是不会在这种情况下开始恢复的。

在上述重重困难下，督政府（1795~1799 年期间法国的政府形式，由五位督政担任政府首脑）自然并没有采取"英国–荷兰式"财政体系。但督政府面临的问题并不比 1790 年的联邦党人以及 1815 年法国的复辟政府严重多少。汉密尔顿也面临着拖欠多年的大量政府债务，而波旁复辟政府不仅需要处理公债，还要筹集给外国的赔款。无论是在 1790 年的美国还是 1815 年的法国，民众都没有意识到迎合信贷市场的必要性，而是政治领袖起了带头作用。在 1795 年之后，督政府根本就没有重振政府信用的尝试。

法国大革命最奇特的现象之一——也是历史学家反复讨论的一个问题——在于革命者真诚地相信公债合约是神圣而不可侵犯的，而他们的政策却不可避免地造成了违约。制宪会议在 1789 年将公债置于"法兰西民族的荣誉"的保护之下。1792 年，著名的化学家和前包税商安托万·拉瓦锡为制宪会议提供了一份详尽的关于公债的数据分析，他的结论是实际债务总额要比自己记录的高得多。拉瓦锡还自豪地宣称，（在公共债务上）"政府的处理恪守原则，配得上整个民族的称赞"[1]。即使是国民公会也没有质疑这一原则，康蓬声称："旧制度想尽一切办法拖延偿债，革命政府则恰恰相反。"[2] 在恐怖统治期间，

---

[1] A. Lavoisier, "De l'état des finances en France au ler Janvier 1792," in: *Oeuvres de Lavoisier*, Vol. VI, Paris, 1864 – 1893, p. 492.

[2] Quoted in Marion, *op. cit.*, Vol. III, p. 82.

政府保持了对公债利息的偿付，甚至还偿还了一部分本金（尽管往往超过了规定的期限，而且使用的是贬值严重的纸币）。虽然西哀士将公债持有人定性为和贵族一样的"民族的寄生虫"，但革命政府并没有真正据此行事。公债持有人从未被整体打上"人民公敌"的标签。1794年，像拉瓦锡这样留在法国的包税商被大量逮捕并处死。至少在理论上，食利者还能受到他们的波旁王朝暴政受害者形象的保护。但正如20世纪很多的"濒危物种"一样，食利者最终也不可避免地走向了灭绝。他们并没有亡于断头台（虽然恐怖统治的受害者中有很多凑巧是食利者），而是亡于政府（尽管很不情愿地）对他们财源的剥夺。

进一步地使用这个可能不太恰当的比方，食利者和濒危物种一样，在理论上被保护，而在实际上被"猎杀"。这都是因为他们在社会中不创造任何实际的经济价值，还要消耗社会资源。他们被保护的目的就是给文明的先进性提供证据——而这不足以保证他们的存活。英国和荷兰公共债权人的兴旺发达绝不是依靠道德逻辑。法国的革命政府不愿意采取以信贷为基础的财政体系，这是法国公债持有人沦为可有可无的"图腾"的根本原因。

督政府最终降低了支付给债权人的资金数量，使其和政府缩水的收入以及债权人跌落的地位相适应。这一过程在1793年当康蓬对公共债务进行合并时就已经开始了。康蓬的债务合并遵循了和旧制度下的违约类似的方法：含有"高利贷"嫌疑的公债都被剥夺了"多余"的收益。革命政府还利用了旧制度白白资助的保险精算研究成果，将终身年金券的收益降低到了5%。1784年发行的有奖公债被剔除掉了奖金。除此之外，所有的债券收益都需要缴纳新的财产税，这就将其净收益率降低到了4%。到此为止，革命政府的债务削减程度可与1770年的泰莱相比。

热月政变之后，政府债权人的处境进一步恶化。他们收到的指券已经一文不值。在1796年指券退出流通之后，政府又发行了两种新的纸币来支付公债利息，其实际价值合起来约为应付金额的15%～25%。1797年，督政府将债务总额的2/3一笔勾销，这意味着公开承认了已经存在许久的政府违约行为。支持这种政策的演说毫不奇怪地仍然表达了将公债视为或有负债的观念。

> 政府不断重复的绝不会单方面削减公共债务的承诺只不过是一种道义上的原则，可能有轻率或鲁莽之嫌。这种承诺绝不会把政府对公民-债权人的还款义务扩展到政府合法掌握的资金限度之外。①

1797年的政府破产是食利者阶层命运的最低点与转折点。剩余的1/3债务的偿付将以硬通货的形式进行，而且也不会被预征利息税——尽管这一承诺直到督政府倒台后才得以实现。1801年，政府以硬通货支付了公债利息，这是自1788年以来的头一次。被取消的2/3的公债被按照市场价格转换成利率为5%的年金券。食利者因此能够获得原利息的36.67%。法国的债务总额从3亿里弗降低到8500万里弗左

---

① Crétet, in Council of Elders, 20 September, 1797, quoted in R. Stourm, *op. cit.*, Vol. II, p. 340.

右。总体上来看，革命政府的债务违约规模和 1708 ~ 1721
年基本相当。

正是督政府干了所有的脏活，拿破仑才能够将自己包装成
公共信用的保卫者。在执政府和第一帝国时期，大幅削减后的
公债得到了准时足量的偿还。新的年金券在 1797 ~ 1798 年的
价格只有 10，到了 1807 年就已经涨到了 80。但食利者在拿破
仑时代的公共财政中的地位并没有比革命政府时期高到哪里
去。拿破仑尽管相信应当遵守政府的债务合约，但这并不意味
着他信奉"英国 - 荷兰式"财政体系。和杰斐逊一样，他对
于公共债务的看法很大程度上是负面的。

> 公共债务是不道德的和具有毁灭性的；它会慢慢地腐
> 蚀掉政府的根基，让当代人受到后代的憎恶。①

因此，正如之前的政权一样，拿破仑时期的食利者依然是
一个受到保护的物种，只有象征性的职能。帝国时期的"野
生动物园"只不过保护得更好，动物们也更加地"干净"。拿
破仑做到了之前的政府没有做到的一件事：保护了法国的
"道德尊严"。1797 年破产的批判者主要攻击的正是这种"道
德尊严"的丧失。正如一位代表悲叹道：

> 我实在无法理解，一个拥有着远胜于敌人的资源且连
> 战连胜的民族，一个命中注定要成为世界楷模的民族，怎

---

① Quoted in L. V. Birck, *The Scourge of Europe: The Public Debt Described, Explained, and Historically Depicted*, London, 1926, frontispiece.

么能够让自己陷入如此耻辱和肮脏的境地。①

拿破仑对于"公共道德"的维护还隐含着一层更为微妙的信息。对于公共债务的保护是保护私有产权的一部分。用1815 年之后法国公共信用的恢复者路易男爵的话来说，公共债券是"财产权的先锋……它得到了保护，则所有人的产权都能得到保护"②。通过保护公债持有人的利益，拿破仑实际上是在向有产阶级发送一个信号：他比（渴望他政权倒台的）波旁王朝和雅各宾派更能保障他们的利益。

但如果拿破仑不愿意转向"英国－荷兰式"财政，而纸币已经失去了作为公共财政工具的效力，法国应当采取什么手段来支持连年的战争呢？除了勃兰登堡－普鲁士之外，在文艺复兴之后没有任何国家解决了这个问题。而普鲁士也在很大程度上依赖外国补贴。也许拿破仑能够创造出一种优于商业共和国的财政体制。

一种可能性是，尽管拿破仑对于公共债务有着消极的看法，但他实际上对于公债的利用要比他所宣称的更为频繁。政府显然不能再发行长期债券，但短期债券则依然是可选项。正如拿破仑时期的很多政策一样，短期公债的基础也是在督政府时期定下的。金融家也许是旧制度时期最受人憎恶的一群人，而拿破仑也继续将他们称为"国家的寄生虫"。但他们的服务现在看上去是必不可少的了。大革命成功地将他们永久地逐出了征税体制，但只是暂时地赶出了政府开支环节。1793 年，

---

① Rousseau, quoted in Marion, *op. cit.* , Vol. IV, p. 58.

② Quoted in Marion, *op. cit.* , Vol. IV, p. 384.

国民公会解雇了所有的私人军队承包商，最终却发现新的体制比旧的还要腐败。雷布尔在 1796 年抱怨说："滥用职权和营私舞弊不是偶然现象，腐败是普遍的，它是整个体系的一部分。"[1] 通过印刷纸币来购买军队补给品曾经是一件非常简单的事情。硬通货的回归带来了更复杂的问题，特别是当法国的军队越来越远离边境时更是如此。因此到了 1796 年，新一代金融家登上了舞台。其中最重要的是加布里埃尔－朱利安·奥拉尔在 1797 年成为财政总管，并且一直到第一帝国倒台都发挥着非常重要的作用。正如之前一样，这些私人承包商提供短期融资服务，但债务的总额不能过高，不能与拿破仑表面上反对公共债务的政策相抵触。

金融家给帝国财政的贡献是有限的。他们的杠杆并没能大量增加政府能通过税收获得的资金。根据路易男爵的统计，帝国留下了 13 亿法郎。[2] 的债务。但这些债务都是在帝国衰败乃至倒台的最后几年内形成的。

拿破仑也没有从他仿照英国设立的法兰西银行那里获得太多的资金援助。对于约翰·劳的皇家银行以及革命政府时期财政的糟糕记忆确保了法兰西银行将是一家私人所有的银行——正如英格兰银行与合众国银行一样。但和英格兰银行不同的地方在于，法兰西银行被禁止直接给政府提供融资服务。间接的政府融资更加难以控制，因为军队的承包商可以用个人的名义向银行借款。在 1805 年的信用危机之后，银行进行了资本调

---

[1] Quoted in H. G. Brown, "A Discredited Regime: The Directory and Army Contracting," *French History*, 1990, p. 51.

[2] 法郎是在指券崩溃之后推行的新法国货币。它或多或少可以被看作 1726 年之后的"里弗"的再创造。1 法郎代表 4.5 克白银。

整，这个漏洞也被堵上了。在帝国最后的危机中，法兰西银行没有起到任何作用。拿破仑倾向于让其偿清自己发行的银行券，然后关门歇业，而不是尝试另一轮的通货膨胀财政。

如果政府要在不进行贷款的情况下保持运转，它就必须要真正做到开源节流。而"节流"方面主要是督政府的成就。督政府大量地裁撤了冗员，如在国民公会时期雇用的四万名警卫员。督政府还恢复了国家的税收体系。首先被恢复的是土地税。1797年之后，土地税每年能带来2.4亿法郎的收入，而在1799年增加到3亿法郎。拿破仑时期的法国从未超过这个水平。更重要的则是间接税的回归。1790年，这些旧制度的令人憎恶的标志被废除，最后被废除的是城市的过路费（urban gate tolls）。但到了1797年，新的国家已经很明显不能完全依靠直接税运行了，因此革命的意识形态必须被暂时搁置一边。航行费在1797年恢复，城市过路费在1798~1799年恢复，酒税和盐税也分别在1803年和1807年恢复。到了1810年之后，每年的间接税总额达到了2亿法郎。这个数额和旧制度的最后一年几乎完全一样。在1795~1796年期间每年仅有5000万法郎的直接税在1810年达到了7亿法郎（1810年帝国正处于鼎盛时期，因此这个数字可能有些偏颇。帝国一般情况下每年的直接税收入为6亿法郎）。[1]

即使考虑到通货膨胀的影响，拿破仑时期的税收还是要显著地高于波旁王朝。这还没有考虑大革命带来的减轻公共债务的效果。1788年，波旁王朝政府在清偿到期债务之后所能支

[1] J. Delmas, *Histoire militaire de la France*, Vol. II, Paris, 1992, p. 314, and Marion, *op. cit.*, Vol. IV, p. 305.

配的收入约为 1.7 亿法郎。而到了 1806 年，拿破仑能够支配 5 亿法郎的年收入。这个数字在 1810 之后增加到了 6 亿法郎以上。如果路易十五和路易十六能够在对英国的战争中拥有如此雄厚的财力，他们能够取得什么样的战果呢？法国 1788 年的可支配收入相当于 670 万英镑，而英国则有 870 万英镑。而即便是按照大革命之前的汇率，拿破仑能够调配的金额也达到了 2000 万~2400 万英镑，如果按 1810 年汇率换算的话则相当于 3000 万~3500 万英镑。

即便在这种财政收入水平上，法国也并不存在过度征税的问题。法国的经济已经从 1790~1800 年期间的灾难中恢复了过来，1810 年法国的总产出约为 100 亿法郎，[①] 税收约占 GNP 的 7%，这并没有比旧制度时期高到哪里去。而且税收体制中不再包括那些引起法国人愤怒的税目——教会什一税、封建捐税以及包税商的利润，因此整体的税收负担要低得多。法国的税收负担要远远低于海峡对面的英国。

这种水平的税收显然并不能代表大革命早期追求的"法兰克人的自由"。但米拉波在 1790 年的断言——自由的统治一定要比专制暴政的负担更轻——并没有被完全推翻。到了 1795 年，通过剥削"人民公敌"来维持政府的政策已经走到了尽头，而且不会再被起用。拿破仑甚至试图通过向流亡者提供他们被没收的土地来吸引他们回国。但事实上，通过榨取和没收来敛财的手段只是由国内转向了国外。

依靠剥削敌人来养活自己并不是新发明，而是一种从古典

① T. J. Markovitch, *L'Industrie française de* 1789 *à* 1964, in: *Cahiers de L'I. S. E. A.* (Series AF, No. 6), June 1966.

时代就流传下来的政治实践。从纯军事的角度来看，由于军队完全实行就地补给，发动进攻性战争永远要好于被动防守。除此之外，从其他的国家榨取资源——无论是通过洗劫、贡金还是征税——总是要好于掏自家腰包。

革命法国的与众不同之处并不在于将这种掠夺"国家化"，而在于通过自由主义的意识形态为其找到了政治上的合法性。在革命理论家看来，法国的"征服"分为两个阶段：先是对内征服"人民公敌"，再对外征服国际上的敌人。正如西班牙的美洲征服者（conquistadors）是再征服运动（reconquista）的自然延伸那样，拿破仑的大陆征服也是大革命的对内征服的更高形态。在这两种情况下，对内和对外征服的合法性来源是一致的。

和拿破仑时期公共财政的很多方面一样，通过掠夺来敛财的基础也是在大革命时期打下的。国民公会于1794年没收了比利时教会的土地。这是前奥属尼德兰（即比利时）被并入法国之后的自然结果。同样的政策在拿破仑掌控西班牙之后也得到了推行，没收的财产也和大革命早期一样被当作发行纸币的担保。

没收教会财产在天主教国家也许是非常合适的，但它不太适用于新教国家。因此革命的逻辑在这些国家就必须要进行一定的微调。1795年，法军占领了荷兰共和国，荷兰的新政府必须要向法国支付将它从奥兰治家族统治下"解放"出来的成本，共计1亿荷兰盾（2亿法郎）。但事情并未到此为止。根据估计，荷兰在1804年之前至少向法国缴纳了2.29亿荷兰盾的贡金。拿破仑在将意大利从哈布斯堡王朝的统治下"解放"出来之后也强制推行了类似的政策。法国的第二大城市里昂在几个世纪的时间内都基本保持了独立地位，在它和其他一些城市一起反抗巴黎革命政府的集权政策时，国民公会派军队将其占领了。里昂原有的城市自治特权被统统废除，它的名字也被改成了 Ville‐Affrenchie——"被解放的城市"。

启蒙运动的遗产不只体现在给没收财产正名的逻辑上，还体现在法国就食于敌的（更为理性的）方式上。奥拉尔就批判了旧的通过洗劫来敛财的手段，"有两种方法可以让敌人为我们的战争买单，一是通过洗劫他们，二是让他们给我们付钱。后者显然是更为实惠的办法"[①]。

因此，法国是从效率的角度出发，坚持要求战败国支付赔款。法国驻扎在国外的军队几乎完全由当地人供养，因此并不是完全依靠洗劫能够满足的。"解放"的借口不能被用在更遥远的敌人身上，因为它们只是被打败了，而不是被征服并改革过了。这些国家也要支付高额的赔款。这只能被解释成对未来的对自由的威胁的预防。奥地利在普莱斯堡战役之后支付了1亿法郎，而在瓦格拉姆战役之后支付了2.5亿法郎。普鲁士在耶拿战役之后也被迫向法国支付了5.15亿法郎的赔款，以作为"对无礼进攻的惩罚"。

这些赔款的总额是有争议的。粗略来说它们不仅维持了法国在国外的军队，还为政府提供了一定的盈余。拿破仑的反对者莫利安认为赔款不足以支付军事开支，而拿破仑的财政大臣高登则认为"军事胜利极大地增加了国库收入，甚至还在4年内为我们留出了5亿法郎用来兴建公共工程和纪念性的建筑项目"[②]。

---

① Brown, *op. cit.*, p. 52

② Quoted in J. Gabilard, "Le Financement des guerres napoléoniennes et la conjuncture du premier empire," *Revue Historique*, 1953, p. 558.

这两种说法都不是完全公正的，因为拿破仑的目的是要稳住金融阶层，而他的敌人则在他战败之后试图对他进行进一步的打击。德国历史学家普遍认为法国榨取的资金总计为 10 亿法郎。拿破仑自己宣称从征服中获得了 20 亿法郎。按照更保守的估计，1799 年之后法国一共从战争中获得了 7.85 亿法郎（硬通货），而榨取的财富总量由于包括了各种商品（例如，被拿破仑搬到卢浮宫的艺术品以及拿破仑的将军们自己攫取的财产）还要远高于此。

即便假定革命的征服中所获得的资金只限于用来维持国外的军队，其数额也已经相当可观。再加上稳定的国内财政状况，法兰西帝国事实上成了欧洲历史上财力最为雄厚的君主国。除此之外，拿破仑攫取财富的方式对于其他欧洲的君王来说并不陌生。从某种意义上看，拿破仑建立的国家体系可以被看作旧制度的最高形态——甚至超越了之前的普鲁士。政府拥有在未经民众允许的情况下征税的权力。奥吉尔德在 1774 年提出，国王应当对高等法院拥有绝对的掌控能力，但同时在表面上又让其保持绝对的独立性。前者是为了政府的效率，而后者则是为了降低贷款的成本。这种策略已经过时了：高等法院早已不复存在，而政府也没有任何的贷款需求。拿破仑并非奥斯曼帝国式的专制君主，他的统治遵循了欧洲专制主义的传统——受到私有财产权的限制。这一类统治者很难像古典时期的帝王一样积聚起巨额的财富，但他们的审慎换来的是国家经济的繁荣。法兰西帝国的外交政策和之前的政权也没有本质上的差别，旧制度时期永不停息的王朝野心使得各君主国卷入了无休止的领土争夺战。1789 年，革命爱国主义精神取代了王朝野心的地位。拿破仑帝国可以被看作这些意识形态的黑格尔式综合：王朝野心（正）和大革命（反）结合起来形成了革命的王朝（合）；查理曼（正）和科拉·迪·里恩佐①（反）结合起来产生了拿破仑（合）。当法国在 1792 年向神圣罗马帝国皇帝弗朗茨二世宣战时，对他的称呼是"匈牙利和波希米亚国王"，而非"皇帝"。弗朗茨在 1806 年主动废除了神圣罗马帝国的头衔，目的就是不让拿破仑得到它。

至关重要的问题依然存在。拿破仑帝国的财政资源是否能够和海峡对岸的那个"小店主的国家"相抗衡呢？除此之外，帝国建立在剥削敌国基础上的财政体系的可持续性也是存疑的。它是否会像雅各宾派的实验一样，在不断增加的敌人的压力下崩溃？

四 大象与鲸鱼

英国的公债总额现在接近 4 亿英镑。假设我们像美洲或者法国一样，用指券或者纸币来偿还这些债务，英国的"指券"或者"纸币"就会像美国和法国一样开始贬值……面值一英镑的纸币可能实际价值只有一便士。

——托马斯·潘恩，《英国财政体系的衰落与崩溃》，1796

托马斯·潘恩尽管博闻强识，但并非财政问题的专家。他

---

① 科拉·迪·里恩佐（Cola di Rienzo, 1313 ~ 1354）是一个罗马酒馆老板的儿子，他希望恢复罗马帝国的荣光。1347 年，他发动了一场起义，将自己封为"护民官"。他建立泛意大利议会并选举一位新的罗马皇帝的计划失败了，因此不得不流亡国外。在 1354 年他试图回到罗马的时候，死在了暴民的手中。里恩佐后来成为浪漫主义运动的英雄，瓦格纳按照他的事迹写了一部歌剧。

对于财政的看法不过是他的政治理念的延伸。潘恩最初是纸币财政的支持者，但在 18 世纪 80 年代开始转向联邦党人的观点，支持强力中央政府和长期公共债务。当他于 1796 年在巴黎写下这些文字的时候，他的主要目标是打击自己的敌人——英国的体制。任何在 1796 年还将指券描述成"拥有国有土地作为基础"的作者都是在按照自己的偏见讨论问题。但潘恩的确指出了一个根本性的事实：英国的财政体系依赖的是出售长期债券，而非印刷纸币。如果英国真的像美国或法国革命者一样印刷纸币来还债的话，这些债券的确会变得一文不值。在这种情况下，打击投资者对于统一公债的信心的言论可能比法国的军队对英国是更大的威胁。为了刺激公共债权人，潘恩充满信心地预测英国信贷市场以及建立在这个市场之上的可耻的政权都行将崩溃。

> 我已经向所有的国家揭露了英国的体制，因为这本书将有所有语言的译本。我的目的是给这个欺骗性体制的受害者讨回公道，他们的财产（在英国体制崩溃之后）将受到严重的损失。①

潘恩的小册子是英法两国争夺霸权斗争的第二战线——公共财政之争——的一部分。到了 1796 年，双方不仅在战场上厮杀，也都在企图打击对方的财政能力。看到法国财政体系的混乱状况，英国首相威廉·皮特充满自信地预言法国革命战争

---

① T. Paine, *The Decline and Fall of the English System of Finance*, Paris, 1796, p. 23.

必然崩溃。但他的朋友威廉·威尔伯福斯却反问道："阿提拉的财政大臣又是谁呢？"

潘恩的小册子不太可能对实际的政治局势产生太大的影响。但他的预言并不太离谱。在战争早期，皮特使用的依然是英国屡试不爽的战时财政政策：一面大力举债，另一面增加税收以偿还新增的利息；但两个因素使得这一政策现在变得危险。首先，革命法国能够比英国调动更多的资源，因此战争的成本进一步上升。其次，英国在战争开始时的债务水平已经高到了近乎不可持续的水平。在 1795 年和 1796 年两年，政府的财政赤字分别为 2000 万英镑和 2300 万英镑。而在美国独立战争期间平均每年的赤字只有 1000 万英镑。因此统一公债的价格中止了 1790～1792 年期间的上升趋势，转而开始下跌。统一公债的价格在 1792 年达到了顶点 97，在 1793 年下跌到 70，而在 1794 年和 1796 年则分别只有 60 和 53——低于美国独立战争期间的最低值。市场的紧张程度迫使皮特考虑进行（按照市场利率）强制贷款。

英国财政体系的另一根支柱——货币则比信贷市场更加疲软。英格兰银行是法国大革命早期法国金银外流的主要受益者之一。当 1795 年以后法国督政府开始使用政策引诱贵金属回流的时候，银行的储备相应地开始缩水。1791 年英格兰银行的储备金高达 800 万英镑，而在 1796 年底则不超过 200 万英镑。①在 1797 年初，英国财政体系的末日看上去真的到来了。一小支法国军队于 2 月在菲什加德登陆。它并不足以起到很大的军事效果，但已经足以严重打击金融市场的信心并刺激流动性需

① J. H. Clapham, *The Bank of England*, Vol. I, Cambridge, UK, 1944, p. 275.

求的猛增。在挤兑的影响下，银行的储备金跌到了100万英镑以下。英格兰银行的储备金在1763年和1783年还要更低，但那些都是战后的通货紧缩带来的暂时的信用危机，而在1797年和平看上去依然遥遥无期。2月27日，英格兰银行停止了纸币的兑现服务。托马斯·潘恩所预言的英国财政体系的崩溃看上去已经近在咫尺。

1797～1798年注定要成为"英国－荷兰式"财政体系的转折点。1797年，英国政府的赤字已经膨胀到了3600万英镑，而统一公债的价格历史性地跌破了50的大关。即使英格兰银行停止兑现给整个体系提供了多余的流动性，信贷市场也难以承担这种公债水平。税收的增加赶不上利息增长的速度：自1792年以来，税收增加了300万英镑，而应付公债利息则增加了400万英镑。完全通过举债来进行战争的方式很明显已经失灵。英国已经进入了"共和式"财政体系的第二阶段：统治阶级已经不能通过由间接税支持的公债来规避战争成本了。如果他们要保护自己的自由免受来自大陆的威胁，他们就必须要更多地自掏腰包。

1798年，新的趋势已经非常明显了。富人的税负在一年内至少增加了500万英镑。奢侈品，如马车、马、仆人以及染发剂的纳税额翻了3倍，这些税目每年可以提供200万英镑；那些觉得自己纳税过少的人还自愿捐献了200万英镑。但皮特有足够的理由认为，无论这些结果在道德上有多么地值得敬佩，它们依然比不上信贷市场的作用。1799年，他引入了普遍性的所得税，它将拯救英国的战时财政体系。在头一年，所得税为英国带来了650万英镑。到1807年时，所得税的征收工作变得更加有效率，为国库提供了1200万英镑。1813年，所得税收入增加到了 1600 万英镑——相当于 1789 年以前英国每年的全部预算。考虑到有产阶级对所得税的厌恶，这些高额税收征收工作完成的容易程度是令人惊叹的。有产者对它的不欢迎是源于所得税的累进性质，收入低于 50 英镑的人完全不用纳税；而低于 150 英镑的人只需为部分收入纳税；10% 的税率也并不会令纳税人感到过于繁重。民众对其最大的抵触来自其征收工作对于隐私权的侵犯。①

前现代世界的直接税总会产生一种两难困境。想要将直接税的税负进行公平的摊派，就必须要进行每年的财产评估。但这种评估势必会侵犯个人自由。一位纳税人在 1816 年写给《泰晤士报》的信件中表达了公众的看法。

这是宗教裁判所才会使用的方法！行使如此权力的政府很容易跨越自己的界限……这种暴政的胚胎将结出各种各样的恶果。②

在法国，试图建立普遍所得税制的尝试也遭到了同样的反对。一位被委派进行财产评估的政府官员在 1705 年表达了类似的观点。

---

① 税收对象包括所有的收入，如政府债券的利息。尽管有些人认为利息税构成了事实上的违约，但政府有理可据地反驳，和康蓬在 1793 年强加的 20% 利息削减不同，并不是所有的债券持有人都需要缴纳利息税。外国持有人（包括侨居法国的外国人）以及收入低于 150 英镑的人都可以免缴利息税。因此，这种税收并不是一种伪装后的赖账行为。

② Letter to *The Times*, London, 16 February 1816, quoted in A. Hope - Jones, *Income Tax in the Napoleonic War*, Cambridge, UK, 1947, p. 114.

一个人拥有查验另一个人的财产并揭露别人家庭秘密的能力，再也没有什么比这更令人反感的事情了。它是最极端的手段，和整个国家的智慧相冲突。[1]

财产评估对于政治自由的威胁是如此强烈，以至于一位作者声称他自己"在土耳其将比在英国快乐 1000 倍"。对于财产评估的反对通常会将直接税改变成固定数额的税收，税收对象也会被调整为更容易计量的财产，如土地。在查理二世复辟之后，共和国时期的财产评估体系就遭到了同样的下场。但这种调整反过来又会降低税收的公平性，进而增加民众的反感。政府不得不降低税收的额度来打消这种不满。因此，英国的所得税在 1816 年战争结束之后就被撤销了。

英国财政收入的增长并不完全来自所得税。土地税翻了 1 倍，消费税（包括奢侈品税）增加到了原来的 2.5 倍，而海关关税在此期间几乎翻了 3 倍。战前税收总额约占 GNP 的 13%，而在战争期间则增加到了 20% 以上。在 1789 年以前，英国的税负已经是法国的 2 倍，而在战争期间则达到了法国的 3 倍。

但增税只是英国对拿破仑的反应的一部分。公债当然没有也不可能被放弃。在和平最终到来的时候，英国的公债水平已经增加到了近 8 亿英镑。1798 年发行的 3600 万英镑债务远非这一时期的顶点。在 1807 年、1813 年和 1814 年，政府的赤字都超过了 4000 万英镑。和 18 世纪时一样，政府首先要增加税

---

① Lamoiginon de Basville, quoted in R. Bonney, "'Le secret de leurs familles': The Fiscal and Social Limits of Louis XIV's Dixième," *French History*, 1991, p. 389.

收来为公债提供担保。由于财政收入增长的速度超过了债务成本，统一公债的价格从 1798 年的历史最低点 47 上涨到了 1799 年的 69。在战争的剩余阶段，统一公债的交易价格都在 55 至 70 之间。这意味着英国在拿破仑战争期间一共积累的 4.7 亿英镑债务的平均利息成本为 5%。尽管这高于美国独立战争期间的 4.35%，但考虑到债务水平之高，5% 的利率已经非常可观了。

这种有利的结果只能通过对旧的战时财政体系进行大的改革来实现。在之前的战争中，英国战争开支的 80% ~ 90%（见表 7 - 2）都可以用公债来筹集。这个时代在 1797 年结束了。在此之后，英国回归到了更温和的债务水平上。

表 7 - 2　英国战争开支与债务占比，1689 ~ 1815

战争	战争开支（百万英镑）	债务占比（%）
奥格斯堡同盟战争（1689 ~ 1697 年）	31	53
西班牙王位继承战争（1702 ~ 1713 年）	51	56
奥地利王位继承战争（1740 ~ 1748 年）	40	71
七年战争（1756 ~ 1763 年）	73	78
美国独立战争（1776 ~ 1784 年）	112	82
法国革命战争（1793 ~ 1797 年）	100	89
拿破仑战争（1798 ~ 1815 年）	772	49

注：战争开支等于战争期间政府的总开支减去和平时期开支的一般水平。在拿破仑战争之前的所有战争中，和平时期开支都采用战争之前数年的数据。由于 1798 年之前并没有这种和平阶段，1798 ~ 1815 年期间的"常规开支"被估计为 1000 万英镑，即 1789 年之前 500 万英镑和 1789 年之后 1500 万英镑的年开支的平均值。在本表中，拿破仑战争的开始被定为 1798 年而非 1799 年，以和英国财政政策的转变相一致。债务金额相当于政府累积的预算赤字总和，而非公债发生额的面值。Figures from B. R. Mitchell and P. Deane, *Abstract of British Historical Statistics*, Cambridge, UK, 1962.

　　但最大的改变并非所得税的引入和公债地位的下降，而是对低息货币的政策追求。1798 年，英格兰银行的储备已经从 100 万英镑的最低点增加到了 600 万英镑以上。银行的董事已经开始试图恢复纸币的兑现服务。皮特以国际局势的不确定性为由阻止了他们。如果再有一次危机出现，银行在没有兑现义务的情况下就能够受到更小的冲击。在 1809 年之前的大多数时间内，纸币的交易价格都以比贵金属和外国货币低 10% 的价格在市场上流通。而在 1809 年之后，葡萄牙政府向英国开放了巴西的市场，由此带来的短期贸易过热再加上维持威灵顿公爵在西班牙的军队开支使得英镑的汇率下跌了 20%。[1] 1810 年，下议院的货币委员会批评英格兰银行过度发行纸币，并要求在两年内恢复兑现。辉格党政府坚决反对在和平到来之前推行这种会导致通货紧缩的政策，并更坚决地支持纸币。在 1797 年之后，民众已经将英格兰银行的纸币视为和硬币等同的货币，尽管它并没有法定货币的地位。但在贬值程度接近 30% 的情况下，一些债权人已经开始要求政府以黄金偿债了。作为回应，英格兰银行纸币在 1811 年 7 月被给予了法定货币的地位。一些人以法国的指券和美国的大陆货币为例反对这一政策，但没有成功。

　　事实上，英国政府并没有像人们害怕的那样用纸币财政来进行战争。英格兰银行给政府的贷款的确从 1792 年的 1000 万英镑增加到了 1814 年的 3500 万英镑，但考虑到战争的总成本达到了 7 亿英镑，这笔钱实在是微不足道。疲软货币的政策也不是为了让公债贬值，而是为了避免会冲击整个经济或者金融

① A. E. Feaveryear, *The Pound Sterling*, Oxford, UK, 1931, pp. 228, 230.

市场的流动性危机。

英国的经济在战争期间处于繁荣状态，足以和 200 年前荷兰在反抗西班牙时的经济腾飞相提并论。货币贬值政策起到了一定的作用。在 1790～1815 年期间，英国的真实 GNP 很可能增长了 2/3，每年的增长率约合 2.25%。这显然不能和持续地受到移民推动的美国相提并论，后者的增长率接近 3.5%，已经超过了之前英国的增长率水平。英国并非唯一一个在战时经历通货膨胀的国家，商品价格即便以黄金衡量也在飞速上涨。在法国——硬通货占统治地位，而且几乎没有受到战争劫掠的影响——价格水平也上涨了 30%。而在英国，政府的廉价货币政策使得价格翻了 1 倍。在 1792～1813 年期间，平均通胀率为 3.33%，足以适当地刺激经济而不产生问题。通货膨胀加上实际 GNP 的增长使得国民收入总额从革命前的 1.3 亿英镑增加到了 1814 年的近 4 亿英镑。正是这种增长使得政府能够在 1814 年获得 7800 万英镑的税收和 6000 万英镑的长期贷款——这两者之和相当于英国 18 世纪 80 年代的 GNP。

"纸英镑"在表面上看起来是一种对"英国－荷兰式"财政原则的背叛。但我们必须要明白的一点是，纸币政策的成功不仅依赖于英国经济的活力，还有赖于政府稳定且良好的信用等级。没有这种信用，战时财政体系是不可能维持下去的。公共债权人愿意忽视潘恩的警告是对政府多年以来良好信誉的报偿，也是源于他们相信政府不会滥用这种信任，在战后就会恢复中规中矩的政策。

英国政府在拿破仑战争期间的财政政策虽然受到了敌对的政治家的嘲讽和谴责，却受到了历史学家和经济学家的广泛赞誉。英国是当时唯一一个拥有开明且智慧的政府的国家吗？在这么快地下这个结论之前，我们必须要考虑有关偿债基金的问题。尽管威廉·皮特是革命法国最坚定的敌人，但他早年在激进思想家中有很多朋友，其中包括废奴主义者威廉·威尔伯福斯以及美国和法国革命的坚定支持者理查德·普莱斯。普莱斯还是一位数理经济学者，他发表于1771年的《论复归支付》对于保险行业的发展起到了非常重要的作用，而1772年的《向公众解读公共债务问题》对于公债的管理体系也有同样深远的影响。普莱斯对于复利的威力有着一种近乎神秘的理解，他对于英国公债体系的厌恶既有政治上的原因，也有数学上的根据。普莱斯认为，想要打击债务指数性的增长就必须要从根源上下手。如果政府能够设立一种特殊的偿债基金，它回购了政府债务之后不会将其勾销，而是继续持有，它的资产就能以复利的形式增长，进而"以其人之道还治其人之身"地打击债务水平的上涨。到目前为止，普莱斯的计划还只是愚蠢的，尚且没有造成什么损害。持有回购的政府债券没有任何数学上的合理性，但在抛弃了常理之后，普莱斯涉及了更危险的投机领域。由于偿债基金的资产在更高的利率下膨胀得更快，普莱斯强烈反对降低公债的利率。事实上，他提议将英国的公债利率由3%提升到4%，甚至5%。他似乎根本没有意识到全部公债所增加的利息负担要远高于偿债基金利润的增加。

在19世纪，普莱斯的理论遭到了一致的嘲讽。最深刻的攻击对准了"偿债基金"这个概念本身。如果政府存在财政赤字，偿债基金的资本就只能用进一步的贷款来提供。而这正是和偿债基金的存在目的相违背的。但以复利计算的基金看上去更加荒谬。激进主义者威廉·科贝特是一位较早的批判者。

没有任何有理智的人会觉得，一个国家可以通过向自己支付利息来变得更加富裕。[1]

如果科贝特是正确的，那么威廉·皮特很明显不是一个理智的人。正是他在1784年接受了普莱斯的观点并建立了新的偿债基金。自从政府开始在战时从基金中抽钱后，沃波尔的旧偿债基金就已经停止使用了。皮特推动立法确保他建立的新基金不会落得同样的下场。按照普莱斯的提议，新偿债基金的资产以复利计算。幸运的是，皮特并没有像普莱斯提议的那样上调所有公债的利率，尽管他表达了没能这么做的遗憾："我一向认为，更高利率的公债要比低利率对国家更有利。"[2] 皮特的偿债基金在战争期间一直维持运作，到1813年时，基金已经积累起不低于2.38亿英镑的公债——几乎相当于1789年的债务总额。[3] 普莱斯理论的问题逐渐开始暴露出来。一年前，数学家罗伯特·汉密尔顿就认为，建立在贷款基础上的偿债基金是对金钱的浪费。他计算出在战争期间维持皮特的偿债基金一共花掉了1650万英镑。政府震惊于他的计算，并最终决定将偿债基金累积起来的公债一笔勾销，尽管并没有彻底废除偿债基金。

当面对战时财政问题的时候，皮特看上去又抛弃了自己的观点。他并没有像普莱斯建议的那样出售票面利率最高的公债，而是以折扣价格出售低票面利率的债券。市场之所以青睐

---

[1] W. Cobbett, *Paper Against Gold* (Letter VI), p. 95, quoted in E. L. Hargreaves, *The National Debt*, London, 1930, p. 137.

[2] Hargreaves, *op. cit.*, p. 112.

[3] Hargreaves, *op. cit.*, p. 127.

低票面利率的永续年金，是因为政府在其价格达到面值以上之前是不会将其赎回的。3%的统一公债一般价格在65左右，投资者除了可以获得4.6%的利息收益之外，还可以获得50%的资本利得。在战后，像 J. R. 麦克库洛赫这样的经济学家批判政府选择了一个让自己难以降低利息成本的政策，在账面上平白无故地增加了几百万英镑的债务。政府则辩称，如果它想要按面值出售公债的话，投资者要么会要求高于6%的利率，要么就要求5%的利率以及政府在很长时间内不得将其赎回。事实上，无论方法正确还是错误，政府都采取了以最小的现金成本筹集最多资金的方式。无论如何，这么高水平的公债是不可能以面值全部赎回的。

政府的货币政策也存在着让人难以理解的问题。包括"现代经济学之父"大卫·李嘉图在内的货币委员会批评英格兰银行过度发行纸币，导致英镑的黄金比价下降。英格兰银行则辩称自己不过是在适应经济内部对信贷的需求，英镑的贬值是由全欧洲范围内对黄金需求的上升所导致的。但这种托词是站不住脚的，因为商品价格并没有像英镑一样下跌。货币委员会对此事的评论或许可以刻在所有现代中央银行的门上作为警示。

> 没有任何人或者机构有能力精确地计算出一个国家所需要的货币数量，无论他对国家的商业活动以及货币流通的原则有多么深刻的认识。[1]

---

[1] Report of the Bullion Committee, quoted in Feaveryear, *op. cit.*, p. 198.

事实上，英国政府并非拥有格外出众的决策体系和英明的领导人，而是常常出于错误的理由做出了正确的决策。普莱斯关于偿债基金的理论在仔细推敲下是根本站不住脚的。但政府保留皮特的偿债基金的做法很可能是正确的，因为它起到了提振市场信心的作用。除此之外，政府在普莱斯和麦克库洛赫的反对下依旧将低票面利率的公债打折出售也很可能是正确的。英国政府最终确实开始按面值赎回3%的统一公债，但这已经是在公债发行很多年之后了，因此并没有对整体的债务成本造成太大的影响。李嘉图以及货币委员会做出的英镑贬值是由于过度发行所导致的结论在逻辑上当然是正确的，但在战争期间，实行冒通货膨胀风险的宽松货币政策显然要优于冒通货紧缩的风险。

这种财政政策——无论是来自理性的分析，还是来自误打误撞的决策——是否足以抵御拿破仑的威胁？和同时期的很多人一样，拿破仑将英法之间的战争不仅看作两个国家之间争夺霸权的争斗，还看作两种对立的财政体系之间的竞争：他的帝国建立在硬通货财富上，而海峡对面的帝国则深陷债务，以虚拟的财富为生。从军事角度来看，这两个国家就好像两个完全不同的物种——大象和鲸鱼——在自己的领域内都是不可阻挡的，但都无法打击到对方。拿破仑因此试图采用大陆封锁政策来打击英国的贸易，贵金属外流会迫使英国财政体系出现裂痕，并最终崩溃。拿破仑和英国的货币委员会一样仔细地研究外汇市场以寻求英镑崩溃的迹象。英镑贬值势必导致英国政府开始发行纸币，看上去潘恩在1796年的预言就要成为现实了。1811～1812年，潘恩的乐观看上去是有根据的。英镑兑法郎的比价从25跌到了17～18，统一公债的价格从70跌到55。

1812 年爆发的和美国的战争不仅损害了英国的贸易，还为财政增添了新的负担。而在此期间，拿破仑的军队在欧洲大陆上所向披靡，法国也维持了很好的财政平衡。

在一部分历史学家看来，拿破仑帝国的毁灭只是由于灾难性的对俄战争。如果拿破仑停下扩张的脚步，转而巩固自己的帝国，英国的财政困境最终会将自己拖垮。但事实上，对俄国的入侵并不是什么偶然的战略失误。建立在对外征服基础上的拿破仑帝国是以没收财产作为财政手段的革命共和国的自然延伸。这样的国家必须要为自己创造新的敌人，最终使自己的敌人增加到超过自己能够抵挡的程度。而英国的金融资源在 1812 年还远没有到被用尽的程度。1813 ~ 1814 年，英国每年的军费开支从 1812 年的 5700 万英镑增加到了 7200 万英镑（见图 7 - 3），即便在考虑英镑贬值的情况下，这也相当于 12.6 亿法郎。拿破仑的军费峰值是 1814 年的 8.17 亿法郎。英国这个"小店主的国家"依旧能比自己的对手在军费上高出一半以上。

从表面上看，在低水平的税收和没有债务的资产负债表下，法国可以在紧急情况下大量增加支出。但情况并非如此。在帝国的最后几年内政府的确提高了税收，但拿破仑发现纳税人并没有比波旁王朝时期驯顺多少。1813 年，纳税人看上去已经到了忍耐的极限，而公债发行看上去已经完全不可实行了，长期信贷市场已经彻底萎缩，政府也没有能够在短期内将其复兴的手段。拿破仑拒绝通过印发纸币来筹款，剩下的唯一办法就是暂停债务偿付并大量使用旧制度时期标志性的短期债务。1814 年，帝国政府拖欠的债务总额达到了 5 亿法郎，还在快速增加。流动债务总额高达 13 亿法郎，已经超过了英国

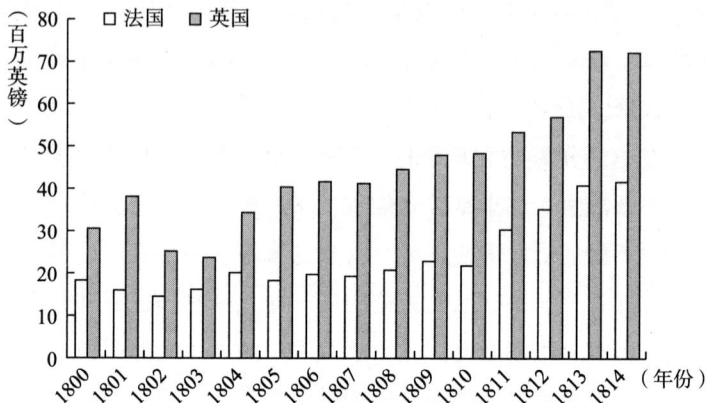

图 7 – 3 英法两国的军费开支，1800 ～ 1814

资料来源：英国的开支来自 Mitchell and Deane, *op. cit.*；法国的开支（事实上是军事预算而非实际的支出）来自 Delmas, *op. cit.*, Vol. II, p. 314。法国的数据没有包括从外国榨取并就地花掉的资金，这些资金在 1806 ～ 1812 年期间每年可能达到 500 万 ～ 1000 万英镑。但这些开支并不会对本图的结论造成影响。

的 6000 万英镑。[①] 自大革命以来，法国并没有发生任何足以使它承担这么高水平的短期债务的变革，军队的承包商已经开始破产。用一位法国历史学家的话说：

> 帝国灭亡的原因之一毫无疑问是对供应商、工人以及军队的拖欠……英国的财政体系尽管遭到了帝国金融家们的嘲讽，但毫无疑问要优于法国。在战争期间，灵活变通总要好过僵硬地死守规则。[②]

---

① Marion, *op. cit.*, Vol. IV, p. 375.
② Gabilard, *op. cit.*, p. 563.

因此，商业共和国的财政体系再一次证明了自己的优越性。它既有足够的韧性来应对长期的战争，也有充足的弹性在危机时刻做出调整，在刺激经济增长方面也要优于其他的财政体系。但英国的财政依然存在一个大大的问号，考虑到战争期间的通货膨胀和经济增长，公债已经相当于 GNP 的 200%，相比于美国独立战争期间的峰值这并没有高出很多。由于相信政府的通货膨胀政策只是暂时的，金融市场已经允许政府将自己的债务增长到极高的程度，还没有像一个世纪之前的荷兰人一样拖垮经济。但困难的部分现在才到来，政府会愿意，或者有能力承担将英镑恢复到战前水平的成本吗？如果通货紧缩的压力使得债务占 GNP 的比重不再是 200%，而是 300%，经济还能否维持稳定？也许战后的世界将见证的不是"英国－荷兰式"财政体系的大获全胜，而是其最终的崩溃。

第八章　资产阶级的世纪

　　古代人通常习惯于在和平时期为战争进行积累，以囤积财富作为治理或防卫的手段。他们不习惯征税，更不习惯使用公共信用……但［他们］忽视了这样一个事实：在囤积财富的过程中，大量的资金被抽离了生产活动……出于这些原因，这种做法现在已经被普遍认为是建立在错误的原则上。

——詹姆斯·拉姆塞·麦克库洛赫，《公债制度》，

《爱丁堡评论》，1823

　　对于代议制的自由政府来说，信用是格外有益的。那些有着代议制政府的国家是仅有的真正理解了信用的作用的国家，它们从中获得了大量的财富，变得日益繁荣。信用和自由总是互相联系的，它们互相保护、互相支持。

——约瑟夫－多米尼克·路易，在法国

下议院的演讲，1815①

　　在1815年之后，质疑看上去已经消失了——唯一合理的应急财政工具就是公债，而非储蓄。在法国大革命以及拿破仑战争期间，把财富囤积在国库里的做法看上去近乎不可理喻。腓特烈大帝充盈的国库在第一轮战争中就被花光了，在此之后，普鲁士国王也面临着和自己邻居的一样的财政紧张。拿破

---

① Quoted in G. Ardant, *Histoire de l'Impôt*, Vol. II, Paris, 1972, p. 269.

仑看上去是欧洲最后一个可以不利用信用市场来进行战争的君主。法兰西帝国的军事机器依靠的是国内的（低水平）税收和从国外搜刮来的战利品。但最终，他的帝国在强大的外敌同盟下崩溃了。在接下来的一个世纪内，英国的财政体系占据着绝对的优势地位，一些学者开始认为人类的进步最终将不可避免地导向代议制政府和以信用为基础的财政体系。正如法国财政大臣约瑟夫－多米尼克·路易所言，在一个公共债务的世界中，只有建立了代议制政府的自由国家才能真正地走向繁荣。

19世纪代议制的兴起和城市中产阶级的崛起是相辅相成的关系。在历史学家看来，1815～1914年这个期间被普遍认为是"资产阶级的世纪"，资产阶级的统治地位甚至得到了左翼和右翼的反对者一致的承认。公共信用的原则是由中世纪和文艺复兴时期的商业共和国发展出来的，而19世纪的资产阶级主导的国家则大多披着君主立宪制的外衣。尽管在19世纪内，大多数欧洲国家依然维持了君主制，它们的国王/皇帝也极力抓住自己慢慢流失的权力，但欧洲国家依然越来越向商业共和国的方向发展。

但在这一天真正到来之前，这种新政府形式的首创者英国首先要证明：建立在信用基础上的财政体系并非必然最终导致违约。

一　不列颠治世

> 国家的苦恼和绝望随着公债一起增长……［在拿破仑战争期间］英国的长期公债总额达到了8亿英镑。这的确是一笔巨额的债务，公众的绝望也达到了顶点……但英

国人的抱怨在英国财富的增长面前看起来就显得颇为滑
稽，这正如艾迪生笔下的那个过分担忧自己健康的人一
样，他不停地抱怨自己要死于肺炎，最终却不得不因为自
己的肥胖而羞愧地闭上了嘴。

——托马斯·巴宾顿·麦考莱，《英国史》，1855[①]

如果英国在 1815 年之后紧接着再进行一场战争的话，或
许那些毁灭性的预言就会真的成为现实了。40 年后，麦考莱
可以嘲讽上一辈的人是在杞人忧天。1855 年，英国的公债总
额依旧在 8 亿英镑以上，但 GNP 已经增长到了 7 亿英镑。[②] 公
共债务与 GNP 之比已经从 200% 降低到了 100% 上下。他当然
可以自信地宣称政府的偿付能力已经没有问题了。

但在 1815 年，情况看上去远没有这么乐观，公债水平
似乎已经达到了无法想象的高度。战后最严峻的问题并不是
公债本身，而是货币。在战争的最后阶段，英镑相对于黄金
贬值了 25% ~ 30%。但通货膨胀带来的问题还不止于此，自
1789 年以来，商品价格的增长速度超过黄金，英国的价格水
平翻了至少 1 倍。在正常情况下，商品价格在战争时期上
涨，在和平恢复之后下跌。战后的通货紧缩是痛苦的，但它

---

① T. B. Macaulay, *The History of England from the Accession of James II*, Vol. V,
London, 1914, pp. 2283 – 2285

② 债务总额在 1855 年为 8.07 亿英镑，GNP 据估计为 7.03 亿英镑。在本节
中，债务数额来自 B. R. Mitchell and P. Deane, *Abstract of British Historical
Statistics*, Cambridge, UK, 1962；1855 年的 GNP 来自 C. H. Feinstein, *Na-
tional Income, Expenditure, and Output of the United Kingdom 1855 – 1965*,
Cambridge, UK, 1962；1855 年之后的 GNP 来自 C. H. Feinstein, *National
Income, Expenditure, and Output of the United Kingdom 1855 – 1965*, Cam-
bridge, UK, 1976。

至少终结了战时的短缺式经济。而在英国，和平时期的通货紧缩效应要比其他国家高得多，因为英国同时还要通过减少纸币的发行来提升英镑的价值——这也是政府和信贷市场不成文的约定的一部分。

政府并非不知道通货紧缩的后果。在议会的内外，有非常多的人希望将英镑的价值固定在贬值后的水平上，大卫·李嘉图和托马斯·马尔萨斯就在其中。但事态的发展抢在了他们的前面。市场对于政府恢复货币价值具有极强的信心，到了1816年，英镑的交易价格已经达到了面值的95%以上。李嘉图改变了自己的看法，认为最好还是任由市场完成它的工作。① 英镑的价格在1817年出现了暂时性的回落，但最终于1819年恢复到了旧的黄金比价上，英格兰银行在两年后也恢复了纸币兑现的服务。

英国付出的经济成本是巨大的。商业低迷一直持续到19世纪20年代。在1814～1822年期间，价格几乎下跌了一半，实体经济的发展也陷入了停滞。退伍军人找不到工作，而那些在战时繁荣期间大量举债的农民和工厂主开始破产。在拿破仑战争结束之后，充斥着英国的并非战胜者的荣耀，而是民众的大规模抗议与官方的铁腕镇压。这一时期的标志性事件是1819年8月的彼得鲁大屠杀。1819年8月，一队骑兵冲击了曼彻斯特城外的民众集会，导致500多人受伤，11人死亡。英国的经济产出更加难以准确衡量，但普遍的估计认为GNP

---

① 如果说在1819年1英镑纸币的价值相当于14先令的话，和1813年基本一致。那权衡利弊，从总体上来看应该将币值固定在现存合约达成时的水平。但如果币值已经达到了面值的95%以内，那还是应该允许币值回到旧的水平。——1822年李嘉图在议会的演讲。

在 1814 年达到了约 4 亿英镑的峰值，而在 19 世纪 20 年代初期还不到 3 亿英镑。名义公债总额为 8.56 亿英镑，几乎相当于 GNP 的 300%。[①] 违约看上去已经是不可避免的了。

"名义"这个词是非常关键的。政府真正从贷款中获得的金额要远低于此。由于公债最初是打折出售的，政府偿债的成本要远高于最初实际借到的数额。在 1794～1817 年期间，债务的名义发生额总计为 5.69 亿英镑，而政府真正获得的资金只有 3.96 亿英镑。[②] 政府打折出售公债是因为认购人愿意以更低的现期收益换取未来的资本利得。但正如公共信用史上多次发生的情况一样，以低于面值交易的公债势必会让一部分政府官员认为公债持有人必须接受低于面值的偿付。1790 年美国的詹姆斯·麦迪逊就抱有这种看法。除此之外，英国的战时债务总额是如此之高，以至于政府实际收到的资金和债券面值之间的差距几乎相当于英国 GNP 的 50%。因此，英国政府有足够的动机进行单方面的债务削减。1816 年，大卫·李嘉图提议对所有形式的资本（包括政府债券在内）征税，这笔税收的收入将被用于按市场交易价格（而不是面值）赎回大部

---

① Patrick O'Brien 认为 1809 年和 1819 年英国的国民收入都在 3.6 亿英镑，见 "The Rise of a Fiscal State in England 1485 – 1815," *Historical Research*, 1993。但 1814 年的零售价格要比这两年高出 15%～20%，而在 1822 年之后则要低 30%。P. Deane and W. A. Cole (in *British Economic Growth*, Cambridge, UK, 1962) 估计 1821 年的国民收入为 2.91 亿英镑，1821 年的公债总额为 8.38 亿英镑，但这并没有包括年金的成本，后者在这一年达到了 180 万英镑。

② J. R. McCulloch, *Inquiries with Respect to the Influence and Operation of National Debts and Taxes*, London, 1827, p. 80, reprinted in: L. C. Kaounindes and G. E. Wood, *Debts and Deficits*, Aldershot. UK, 1992。这些都是在战争期间偿债基金操作之后的净值。

分公债。① 他的提案遭到了议会的否决。

随着英镑价值的回升以及价格水平的下降，另一位著名的经济学家约翰·拉姆塞·麦克库洛赫提出了一种新的方案。他的想法是将公债价格和（迅速下跌的）谷物价格挂钩。

> 即便债权人收到的资金只有他们当初借出去的一半，他们也能拿着这一半在市场上购买到同样数额的公债。他们没有受到任何不公正的对待，恰恰相反，这正是公平原则的体现。②

这也许真的体现了"公平的原则"，但显然不是"法律的原则"。麦克库洛赫的提案和李嘉图的一样被否决了。英国议会尽管为高额的债务头疼不已，但依然不愿意单方面违背与债权人的合约。

英国政府恪守条约的最重要原因在于公债持有人在政治体系中的主导地位。在拿破仑战争的晚期，公债持有人的数量在30万人左右，是18世纪中期的6倍，在选举人当中占据了大多数。更为重要的是，他们几乎包括了所有的议员。但英国的

---

① 和麦迪逊1790年的提案不同，李嘉图的计划并没有对一级和二级持有人区别对待。但它也不过是一种（并没有加以掩饰的）违约，但这并不是他的议案被否决的原因。公债持有人可以通过放弃一部分债券来缴纳资本税，但对于其他金融资产的持有人而言，情况则没有这么简单。如果他们被迫出售自己的资产，唯一拥有足够流动性的购买者就是旧的公债持有人，后者能够廉价购买他们的资产。如果他们选择贷款，他们的债务成本必将超过政府。如果政府允许拓宽纳税的范围，则资本税和所得税就没有什么区别了。

② J. R. McCulloch, *Essay on the Question of Reducing the Interest of the National Debt*, 1816, in: *Collected Works*, Vol. I, ed. P. O'Brien, London, 1995, p. 198.

统治阶级同样也是土地利益的代表，而地主则是在战后的通货紧缩中受到打击最大的群体。① 尽管如此，依然由地主把持的议会不仅选择了尊重与债权人的合约，而且冒着增加真实债务负担的风险尽力将英镑恢复到战前的水平。我们只能认为政府的信用等级在英国统治阶级心中已经拥有了不低于英国海军的重要地位。因此，为了确保政府未来的举债能力，10 年的经济困难是一个可以承受的成本。

但仍然有一个问题没有解决。即便英国政府愿意偿还债务，它是否有偿债的能力呢？在 19 世纪，达到 GNP 60% 的债务水平就被认为是危险的，而 100% 的债务水平则被认为不可持续。英国想要在债务达到 GNP 3 倍的情况下依然不破产看上去简直就是天方夜谭。但是，一系列得天独厚的外部条件使英国政府的信用稳定成为可能。首先，英国在 19 世纪初占据了工业和商业的霸权地位，几乎可以和二战之后美国的地位相提并论。皇家海军将所有的竞争对手逐出了海洋。法国已经失去了绝大多数的海外殖民地，西班牙的拉美帝国也迅速崩溃瓦解。战争刺激了英国商业和制造业的繁荣，而拿破仑的统治在大陆上产生了相反的效果。英国的经济霸权在接下来的半个世纪内都不会受到任何实质性的冲击，而债务水平在此期间已经降低到了可以承受的水平。

政治考量也占有同样重要的地位。有产阶级在战后牢牢地

---

① 通过一个巧合，我获得了一份我童年在萨摩萨特居住的房子的转让记录。这份记录为地主受到的损失提供了证据。厄钦伍德庄园在 1814 年——战时通货膨胀的最高峰——被出售，然后在 1834 年又被再次出售。第一次的售价为 18826 英镑，而第二次仅有 6650 英镑。如果 1814 年的出售者威廉·科德林顿将他的收入用于投资政府债券，他将获得不菲的收益。在 1814 ~ 1834 年期间，统一公债的价格从 54 上涨到了 93。

掌握了英国政府的方向，并开始压制反对自己经济政策的力量。1832年议会改革法案给城市中产阶级提供了更多的权利，但城市以及乡村的穷人依旧没有任何的政治权利可言。他们的议会代表权要等到19世纪60年代和80年代的改革后才能实现。而到了那时，公债的利息成本已经从GNP的10%降低到2%以下，不再成为民众不满的来源。如果是像威廉·科贝特这样的人在1815年之后掌权的话，英国的信用等级可能不会保持稳定。很明显，下一次英国的债务水平再提升到总收入的3倍时，财政上的后果将大不相同。

英国政府虽然拒绝违约，但在很长时间内，它也几乎没有任何降低公债水平的尝试。偿债基金功效的被证伪在其中起到了一定的作用。还有一些其他的提案，诸如用定期公债交换永续年金等，但这些提案也没能获得政府的许可，因为只有利用财政盈余偿还债务才是真正减少了公债总额，而提案当中的其他公债形式都有可能比利率为3%的统一公债的成本更高。

还有一种被广泛接受的降低债务负担的手段依然存在：引诱公共债权人自愿降低利率。在19世纪，将大量的债务重新协商为低利率的能力是政府信用等级的标志。要使自愿的债务转换成为可能，债券的交易价格就必须要在面值以上。只有在这种情况下，政府才能够威胁债权人要么接受债务转换的提议，要么就要承担政府将债券按面值赎回的损失。考虑到英国大多数的公债都是以30%的折扣发行的，公债价格看上去不太可能涨到面值以上。在和平协议签订之后，政府表现出坚持稳健的货币政策的决心，这帮助了市场的恢复。早在1822年，一部分利率为5%的公债就被转换为4%。到了1834年，利率为4%的公债又被进一步转换为3.5%。但公债的主体部分依然是由 3% 的统一公债构成的，而在英国当时的高水平债务情况下，想要把收益率降到 3% 以下看上去就是痴人说梦。统一公债的价格在 1854 年短暂地涨到了面值以上，这使得格莱斯顿能够将利率为 3.5% 的公债转换为 3%。克里米亚战争的爆发终结了市场的上扬势头。1880 年之后，公债的价格才再一次高于面值。1888～1889 年，政府已经能够将 5.56 亿英镑的利率为 3% 的统一公债转换为一种利率为 2.75% 的新统一公债。1903 年，统一公债的利率被进一步下调到 2.5%。[①] 到了那时，每年的公债利息成本已经从 1817 年的 3000 万英镑以上减少到不足 1600 万英镑。

降低公债的利率的确降低了政府的利息成本，但并没有真正降低债务水平。如果说降低债务水平只能通过财政盈余来实现的话，议会为什么没有采取相应的措施呢？其原因在于，从整体上来说，议会更倾向于减税，而不是偿还政府债务。正如自由主义的经济学家所言，金钱"在民众的手中能结出更多的果实"。在连续性的减税政策的推动下，英国的国民收入实现了持续性的增长，公共债务占 GNP 的比重也因此开始下降。1860 年，公债总额已经降低到了 GNP 以下——主要的功劳在于 GNP 增长到了 8 亿英镑。到了 1880 年，GNP 已经增长到了 14 亿英镑，而债务只是略微减少到了 8 亿英镑。而到了 1913 年，公债总额依然高达 7.1 亿英镑，但它只相当于 GNP 的 25%，后者已经增长到了 27 亿英镑以上。[②]

---

① 可供交换的公债总额达到了 5.91 亿英镑；一共有 2500 万英镑的持有人拒绝接受债务转换，其债券被政府赎回。

② GNP 来自 Feinstein, *op. cit.*

尽管如此，我们并不能说政府没有尝试过降低债务的绝对水平。19世纪上半叶的英国议会总体上满足于维持对利息的偿付。而到了下半叶，政府对公债开始持有更强硬的态度。格莱斯顿在1854年以他惯常的布道式口吻宣称，他希望通过征税而非贷款来支持克里米亚战争。

> 通过举债来进行战争……是对民众的系统性欺骗……战争的成本是全能的上帝用来限制国家征服贪欲的手段。①

尽管如此，英国政府依然采取传统的手段支持了克里米亚战争以及成本高得多的布尔战争。在这两场战争之间的阶段，英国政府一共借了1.9亿英镑②。除此之外，在1836年政府借入了1500万英镑，用以补偿在废除奴隶制的过程中殖民地种植园主的损失。加上这些新发生的债务，19世纪英国在和平时期赎回的公债净额大约为3.6亿英镑③，其中只有7000万英镑是在1854年之前赎回的。

19世纪60年代，格莱斯顿回到了首相的位置上，继续对公债发起攻击。在他看来，公债是对国家未来的威胁。英国的债务总额是法国的两倍，甚至要比南北战争期间的美国高出40%。格莱斯顿没能回答的一个问题是为什么英国要在这个时间点上突然开始对公债进行调整。英国的债务占GNP的比重

---

① Gladstone, budget speech of 1854, quoted in E. L. Hargreaves, *The National Debt*, London, 1930, p. 169.

② 政府在克里米亚战争期间的贷款总金额为3000万英镑，在布尔战争期间则为1.6亿英镑。

③ 这次削减是以1819年的债务峰值8.44亿英镑（如果加上终身年金的资产价值则为8.64亿英镑）为基础计算的。

略高于 75%，比起美国和法国的 50%，并没有高多少。公债在 1815 年的危险程度要高得多，那时英国的债务水平是 GNP 的 3 倍，而法国和美国分别只有 30% 和 15%。可能正是 19 世纪 60 年代债务相对水平的下降使得政治家开始考虑彻底偿清债务。无论具体的原因如何，格莱斯顿的观念是公众意见的一种反映。民众开始愿意以高税收为代价来降低公共债务水平。政府专门留出一部分预算来在二级市场上回购公债，由于偿债基金的概念已经被抛弃，新的降低债务水平的工具被称为"确定公债费"（fixed debt charge）——尽管两者并没有本质的区别。第二种方法是用更高利率的定期年金交换储蓄银行和邮局持有的统一公债。① 通过这两种方式并用一定的财政盈余，大量的公债得到了偿还：在克里米亚战争和布尔战争之间一共 2 亿英镑，而在布尔战争和第一次世界大战之间一共9000 万英镑。到了那时，英国已经从欧洲债务水平最高的国家转变成了最低的。

在此，我们必须对英国公债的历史进行回顾和反思。在 1760～1860 年期间的"不列颠治世"中，英国的公债水平从未低于 GNP 的 100%（见图 8-1）。其中约 2/3 的时间内（1780～1845），它都要高于 150%。将国家的实力与公债视为不可调和的简单化观念在这个历史事实面前是站不住脚的。对于一个有着合理的政治结构和极强的经济实力的国家，政府偿

---

① 这是一种政治上的花招。很明显储蓄机构并不需要有固定期限的证券。每当它们到期之后，储蓄机构就必须要购买一批新的固定期限证券。由于年金的本金部分被纳入预算中，议会不得不接受比债务全部由永续年金构成的情况下更高的偿债成本。在 1863～1883 年期间，一共有 1.18 亿英镑的永续公债被通过这种策略转变为固定期限的年金。

付能力的限制显然要比一般情况下宽松得多。

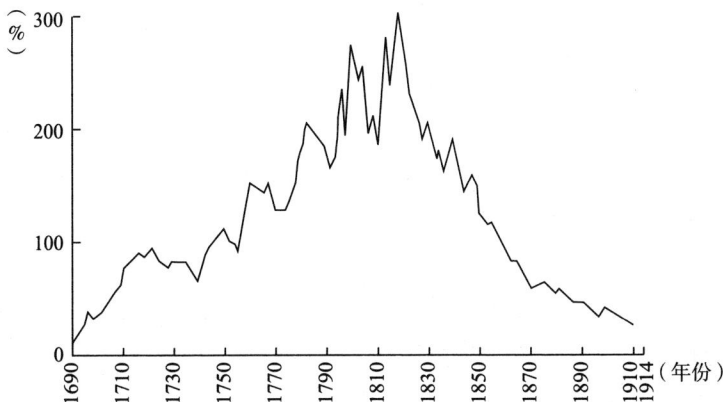

图 8-1 英国公债和 GNP 的相对水平，1690~1914

资料来源：1790 年前的数据来源和第 320 页图 6-1 注释基本一致；
1790 年之后的数据来自 Mitchell and Deane, *op. cit*；1855 年之前 GNP 的
时间序列数据是通过将 Deane and Cole, *op. cit.* 中的十年期 GNP 数据以
零售价格指数平减得到的，1855 年之后的 GNP 年度数据来自 Feinstein,
op. Cit。

除此之外，一个在拿破仑战争期间购买了统一公债的投资
者可以永久性地（至少在政府决定按面值赎回公债之前）获
得每年 5% 的收益。而在接下来的一个世纪内，由于 1814~
1897 年英国的总体价格水平几乎是持续性地下降，真实收益
率要远高于此。即使在 1897~1914 年的小规模通货膨胀之后，
价格水平依然只有拿破仑战争期间的一半。在此期间，统一公
债的市场价格从战时的 55~70 上涨到了 110 以上。按照凯恩
斯的计算，政府债券的真实购买力在 1815~1896 年几乎翻了
4 倍。[①] 它们自然配得上"上等的投资品"的称号。

---

① J. M. Keynes, *A Tract on Monetary Reform*, London, 1923, p. 15

二 资产阶级财政的巅峰

> 自从 1848 年之后，全世界平均每年的财政赤字总额
> 超过了 5.3 亿美元。这种赤字的持续性体现了政府政策的
> 特征。
>
> ——亨利·C. 亚当斯，《公共债务》，1887

考虑到之前的历史，英国能够在 1815 年之后偿还自己的债务并不是什么奇怪的事情。法国的情况则大不相同。1814～1815 年的事件对于法国的影响要超过所有其他的国家。从某些角度来看，拿破仑帝国的崩溃为法国带来的变革不亚于 25 年前的大革命。1789 年的三级会议揭示了旧制度的（字面上和比喻意义上的）破产，看上去为法国指明了一条像英国一样的道路。正如杜邦·德·内穆尔所称，"法国的君主制已经和英国别无二致"。他的预言当然是错误的。在接下来的 1/4 个世纪内，法国的政治走上了一条充满动荡的道路。

在 1815 年之后，法国看上去重新获得了学习英国实行君主立宪制和以信贷为基础的财政体系的机会。当法国的君主制最终彻底垮台之后，公共债务将继续成为法国政治中的重要组成部分。和拿破仑时代对食利者阶层的保护不同，新时代下对于公共债务合约的尊重不再是为了掩盖公众对于食利者的厌恶，信贷市场将成为法国财政体系不可分割的一部分。

在法国转向"英国－荷兰式"财政体系的过程中起到最重要作用的人是约瑟夫－多米尼克·路易，他先是一位牧师，

最后成为一位男爵。在雅各宾派恐怖统治期间，路易待在伦敦，并逐渐开始认识到法国在未来也必须要利用信用市场的魔力。他在拿破仑统治期间回到了法国任职，但很明显他只是在等待一个更适宜推动自己理念的政权出现。除此之外，公共信用体系需要自由选举的议会机构为其提供合法性，它还需要这些议会机构的成员充分地认同坚决遵守债务合同的义务。在波旁王朝复辟时期，这种前提条件并没能被完全满足。在复辟的早期，选举权受到了严格的限制，法国选举人的总数只有 9万，大部分的议会成员都是保王党人，他们乐于将拿破仑时期的所有债务一笔勾销。1815 年底，由塔列朗、路易和富歇——都是拿破仑时期的官员——组成的内阁被赶下了台，取而代之的是一批与拿破仑关系更小的大臣。但在路易十八的支持下，新政府任命了一位同样热衷于公共信用的财政大臣——路易 - 艾曼纽尔·科维托。在拿破仑终结圣乔治银行 400 年的寿命之前，科维托正是圣乔治银行的董事。在他的领导下，法国政府的信用等级得到了极大的恢复。1817 年，法国政府在伦敦通过巴林银行（当时最重要的商业银行）发行了利率为 5% 的年金，其发行价格仅为 55。对于极端保王党人来说，这是对法兰西民族尊严的冒犯。这次公债发行是法国乃至欧洲金融史上的关键节点。在 18 世纪，法国没有采取大多数高信用等级的政府采用的发行永续年金来举债的办法，而采用了可以掩盖政府真实债务成本的终身年金。内克尔在 1789 年夏天试图说服制宪会议接受市场利率，但并未成功。制宪会议为了展现新政府信用等级上的优越性，坚持要求不切实际的 4.5%。1817 年的年金发行不仅代表着法国最终服从了信贷市场对政府信息公开的要求，还代表着永续年金回到了法国财政体系的核心。这次发行取得了显著的成功，在短短的一年内，债券的交易价格就涨到了 70 以上。到了 1824 年，在有罗斯柴尔德家族背书的另一次更大规模的年金发行之后，公债的市场价格在法国财政史上首次超过了面值。

在接下来的一个世纪中，除了一个短暂的特殊时期外，法国始终没有放弃对于公共信用的使用。考虑到之前几个世纪的情况以及 19 世纪法国政治的动荡局势，这可以说是一种了不起的成就。波旁王朝的复辟政府只延续到了 1830 年，路易十八的接班人专制主义者查理十世被革命所推翻。如果我们把查理十世看作法国的詹姆士二世，那么 1830 年革命就相当于法国版的光荣革命，而奥尔良公爵路易-菲利普则扮演着奥兰治亲王威廉的角色。在一段时间内，法国看上去在"市民国王"的统治下的确走向了稳定的"英国式宪政"道路。在很多方面，1848 年革命中奥尔良王朝的倒台都是一件难以解释的事情。路易-菲利普的政府显然没有出现任何的财政危机，尽管路易-菲利普没能像拿破仑那样激起自己臣民的热忱与忠心，但他绝非一位让人讨厌的国王。法国在 1848 年的宪政发展程度要高于同时期爆发革命的所有国家。激起民众推翻奥尔良王朝的导火索除了一系列的粮食歉收以及革命情绪在欧洲范围内的传播之外，还有七月王朝统治下政治权力的高门槛。在法国 900 万成年男性人口中，只有 25 万人拥有选举权，大部分中产阶级甚至都不在选举人范围之内。①

---

① 在相对水平上，英国的选举权范围可能要比法国大 5 倍。法国的选举权仅限于每年纳直接税超过 200 法郎的人。当奥尔良王朝的首相弗朗索瓦·基佐在这个问题上遭到质询的时候，他的回答是："多赚些钱。"这句话在政治上的荒唐程度不亚于玛丽·安托瓦内特的"让他们吃蛋糕"。

在 1848 年的头几个月，法国看上去又要出现类似于大革命时期的财政崩溃。和之前一样，大量的税收被取消，纳税人似乎也并不愿意缴纳剩余的部分。利率为 5% 的年金的价格从 2 月 23 日的 116 暴跌到 4 月 7 日的 50，发行新公债的尝试只为政府带来了 50 万法郎。正如法国当时的财政大臣加尼尔 – 佩吉在自己的回忆录中所说的那样：

> 资金如决堤洪水一般从国库中流出。国库的储备几乎是以肉眼可见的速度减少，我们甚至可以精确计算出彻底枯竭的时刻。管理国库资金的经理每天从早到晚都在不停地警告大臣："我们离破产只有 15 天，12 天，10 天，8 天……" 破产就意味着一切都将被毁灭殆尽，内战将降临到我们的头上。[1]

事实上，加尼尔 – 佩吉所恐惧的破产早已经到来了。法国政府在 3 月 16 日宣布短期债务违约。法兰西银行的纸币——尽管发行数量有限——被给予了法定货币的地位。在 1818 年建立的为了吸收小额存款的中央储蓄银行（Caisses d'Épargne）在资金周转上出现了问题，只有政府的年金依然保持了稳定。4 月 16 日，在全民普选产生的议会中保守派占了多数，但和大革命时期一样，政治家们受到了巴黎工人的左右。最终在 6 月底，正如 1795 年 10 月的拿破仑·波拿巴一样，卡芬雅克将

---

[1]　L. – A. Garnier – Pagès, *Histoire de la révolution de 1848*, Vol. IV, p. 26, quoted in F. Marion, *Histoire financière de la France depuis 1715*, Vol. V, Paris, 1914, p. 242

482 / 债务与国家的崛起：西方民主制度的金融起源

军通过数日的血腥镇压拆除了巴黎的街垒。之后建立的更为务实的政府恢复了财政体系的稳定，公债的价格也回升到了90以上。在路易·拿破仑于1796年被选为总统之后，公债价格再次超过了面值。

1851年12月，路易·拿破仑发动政变，法兰西第二帝国取代了第二共和国。这次政治动荡几乎没有对信贷市场产生影响。1870年，在普法战争战败和巴黎面临社会主义革命威胁的情况下，第三共和国取代了法兰西第二帝国。但即便是在这样紧张的情况下，新政府依然成功地稳定了自己的信用等级。这个看上去内外交困的国家相当轻松地筹集了俾斯麦所要求的50亿法郎的赔款，可谓19世纪晚期的财政奇迹。法国的公债总额超过了英国，成了世界第一。在此之后，尽管第三共和国的政治出了名的不稳定，但它的政府在公债问题上始终没有含糊过，由此导致的是公债利息成本的持续下降。为了给德国支付赔款而发行的利率为5%的公债，交易价格为82.5，年收益率约为6%。到了19世纪末，它们的价格已经上涨到了面值以上。1883年，公债的利率被转换为4.5%，4年之后又被转换为4%。到了1894年，公债利率进一步下调为3.5%。1902年，几乎所有的法国公债的利率都为3%。[①] 在一战前的最后10年内，法国的债务成本和英国基本相当。这的确是1815～1817年法国财政革命的成就。在19世纪，英国的公债无论是在绝对水平上还是相对水平上都大幅下降，而法国却在持续地上升。到了1914年，法国公债的绝对水平是英国的两倍，而相对水平则是英国的3倍。

---

① Marion, *op. cit.*, Vol. VI, pp. 51, 162, 261.

法国并不是唯一一个在 1914 年负债更多但偿付能力却变得更强的国家。在 1800 年之后，全欧洲范围内都出现了类似的趋势。法国大革命和拿破仑战争在整个欧洲大陆掀起了一段财政混乱的历史。除英国之外，出席维也纳和会的国家或多或少地都处于破产的状态。

奥地利是荷兰投资者在 18 世纪最后几十年内最青睐的投资对象。但在 1796 年，奥地利暂停偿还欠阿姆斯特丹的债务——毕竟后者已经落到了法国的手中。奥地利内部的公债市场不足以应对战争的需求。政府只能向维也纳银行借钱，后者则使用即期票据筹款。1797 年，银行券的发行总量已经从战前的 1800 万弗洛林（约合 190 万英镑）增加到 7400 万弗洛林，维也纳银行不得不停止兑现。这成为之后的纸币通货膨胀的先导，到了 1811 年，流通中的纸币面值总额超过了 10 亿弗洛林，其实际的市场价格还不到面值的 12%。政府正式宣布破产，利息被降低了 50%。维也纳银行的纸币被政府用几乎同样一文不值的"偿债票据"（redemption notes）回购。后来这些"偿债票据"部分地遭到了违约。[1]

这种所谓的"奥地利模式"（使用纸币来对国内债务进行间接违约，而对于外债进行直接违约）在拿破仑战争的其他参战国中也反复出现，这些国家的信贷市场都不足以支持大革命时期的战争成本。瑞典在 1789 年重新开始发行不可兑现的纸币。1803 年，瑞典纸币的兑现价格是面值的 67%。而到了

---

[1] J. C. Riley, *International Government Finance and the Amsterdam Capital Market 1740 – 1815*, Cambridge, UK, 1980, pp. 135, 203 – 207.

1812 年，瑞典将 2/3 的外债一笔勾销。[①] 丹麦的纸币在 1812 年晚期的价值只有面值的 13%。1813 年 1 月，丹麦宣布破产，政府的外债没有受到影响，但内债被削减了 39%。[②] 自从叶卡捷琳娜大帝于 1768 年创立了指券银行之后，俄国也开始发行自己的指券。在法国大革命之前，俄国的指券交易价格和面值基本相当，在 1805 年依然相当于面值的 77%。但战争的压力最终还是产生了影响。到了 1815 年，俄国指券的价格已经跌到了面值的 26% 以下。1812 年，俄国暂停了对外债的偿付。西班牙于 1809 年宣布违约，此时其政府发行的纸币（the vales reales）已经基本一文不值了。[③]

可能最让人震惊的一次破产发生于 1810 年。在法国的压榨下，荷兰最终无法继续承受战争的负担。荷兰政府基本上避免使用纸币通胀来筹款，但公债水平在已经极高的 1789 年之前的水平上翻了 1 倍。到了 1810 年，虚弱的荷兰共和国被法国兼并。这个一度成为公共信用代名词的国家宣告了破产。1815 年，英国在公共信用的领域独领风骚。英国不仅是唯一一个偿付能力没有出现问题的欧洲国家，而且它的债务水平超过了其他国家之和。在接下来的 100 年内，这种两极分化的情况得到了缓解。到了 1914 年，几乎所有的旧大陆国家都有大量的公债。在像法国和俄国这样的国家，公债总额在 19 世纪增长了 10 倍。英国的公债总额尽管依然很高，但其占 GNP 的相对比重低于其他国家（见图 8-2）。

---

① Riley, *op. cit.*, p. 207
② L. V. Birck, *The Scourge of Europe*, London, 1926, pp. 298-299.
③ Riley, *op. cit.*, pp. 209-211.

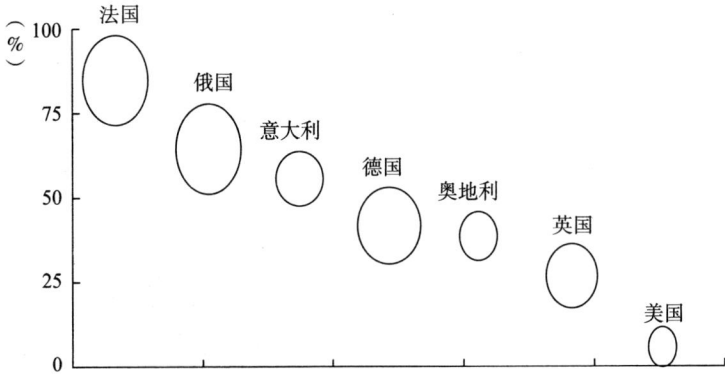

图 8 - 2　各强国的公共债务占比，1914

注：气泡大小代表债务的绝对值大小。

资料来源：*GNP/NNP*：英国的来自 Feinstein, *op. cit.*；法国的来自 T. J. Markovitch, *L'Industrie française de 1789 à 1964*, Paris, 1966；德国的来自 B. R. Mitchell, *International Historical Statistics*, Basingstoke, UK, 1992；俄国的来自 P. Gregory, *Russian National Income, 1885 - 1913*, Cambridge, UK, 1982；奥地利的来自 N. Ferguson, "Public Finance and National Security," *Past and Present*, 1994；意大利的来自 B. R. Mitchell, *op. cit.*；美国的来自 B. R. Mitchell, *International Historical Statistics*, Basingstoke, UK, 1993。公共债务数据：英国的来自 Mitchell and Deane, *op. cit.*；法国的来自 *Annuaire Statistique de la France*, Paris, 1924；德国的来自 D. E. Schremmer, *Cambridge Economic History of Europe* Vol. VIII, Cambridge, UK, 1989；俄国的来自 A. Michelsen, P. N. Apostol, and M. B. Bernatsky, *Russian Public Finances During the War*, New Haven, CT, 1928；意大利的来自 A. Confaloniere and E. Gatti, *La politica del debito pubblico in Italia, 1919 - 43*, Bari, It., 1986；美国的来自 *Historical Statistics of the United States*: *Colonial Times to 1957*, Washington, DC, 1952。

看到这种西方强国的财政情况对比，我们不能不同意亨利·C. 亚当斯在 19 世纪 80 年代的观点：公债几乎成了财政的同义词。更重要的一点是，像奥地利和俄国这样的国家在 100 年之前难以承担占 GNP20% 的债务，但现在的债务相对水平与英国和荷兰基本相当。这毫无疑问是一种整体性趋势的体现。

这些改变不仅限于政府由储蓄向公债的转变，欧洲的资本市场在 19 世纪有了非常大的发展。而在第一次世界大战之前的 50 年内，经济工业化的水平也大大提升，这导致了欧洲范围内流动资本的增长，各国都能在更合理的条件下处理自己的赤字。1913 年，欧洲大国的公债利息从英国的 3.4% 到奥地利的 4.6% 不等。考虑到自 1897 年以来欧洲的主要经济体一直处于 1% 的持续性通胀中，这种低利率就更值得关注。美国的公债利率要低于所有的国家（见图 8 - 3）。美国的商业银行为了满足储备金要求，对于公债的需求很大，这使得联邦公债的市场收益率只有 2%。美国州政府、市政府以及企业债券的收益率在 4% 左右，和英国信用等级最高的非政府债券基本相当。

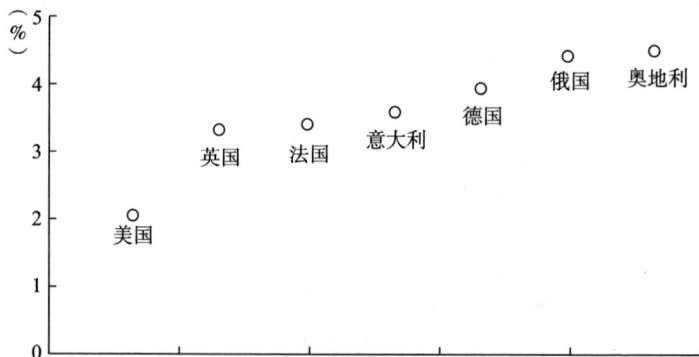

图 8 - 3　各强国的公债成本，1913

注：此处收益率指长期公债的收益率。美国、英国和法国的收益率数据是该年收益率的平均水平。数据来自 S. Homer and R. Sylla, *A History of Interest Rates*, New Brusnwick, NJ, 1991；意大利、德国、俄国和奥地利的收益率数据为 1913 年 10 月 11 日的收益率，来自 *The Economist*。

这种公债利率水平毫无疑问地反映了资本市场流动性的增加和复杂程度的提升。从后来人的角度来看，它们或许还是投资者过度乐观的结果。但更为重要的一点是，它们体现了英国财政体系在全世界范围内缓慢但稳定的扩散。

并不是所有国家都像法国一样迅速且成功地引入了英国的财政体系，但在第一次世界大战前，几乎所有大国的财政体系都有着相同的特点。首先是议会逐步建立了对国家财政的控制。在拿破仑战败之后的余波中，法国、荷兰以及一部分德意志邦国都建立了议会体制。但在东欧，梅特涅在沙皇亚历山大一世的支持下重建了 1789 年之前的秩序。1848 年革命尽管在奥普俄三国联军的绞杀下无果而终，但它对议会的财政控制权在全德意志范围内的扩散起到了关键性的作用。斯堪的纳维亚各国和皮埃蒙特王国也走上了类似的道路。越往东，宪政的发展就越是缓慢。哈布斯堡王朝只是在 1859~1866 年的军事惨败之后才接受了改革的必要性。普鲁士——以及之后的德意志帝国——尽管建立了名义上的议会财政控制权，但政府的军事支出是保密的。俄国看上去几乎免疫所有的宪政浪潮的影响，1848 年革命几乎没有在那里留下任何痕迹。克里米亚战争的失利让亚历山大二世意识到废除农奴制而非起草宪法的必要性，俄国要等到日俄战争之后才会走上改革的道路。即便如此，1906 年的新《基本法》虽然确认了杜马的宪法地位，但依然将俄国定义为"专制国家"（autocracy），只不过移除了前面的定语"不受限制的"（unlimited）。尽管如此，同时代的大多数人都相信，俄国（以及剩下的全世界）假以时日也会建立起君主立宪制。

488 / 债务与国家的崛起：西方民主制度的金融起源

英国财政体制的第二个支柱是具有独立地位的中央银行。议会应当掌握预算，但不应当掌握货币。表面和名义上的独立地位不足以阻止政治家对于中央银行的控制。英格兰银行在1694 年建立时是一家私有企业。到了 19 世纪末，英格兰银行举世无双的声望以及其他大多数国家在法国革命战争期间的财政困难迫使它们开始学习英国的财政模式。在法兰西银行于1800 年建立时，关于约翰·劳的皇家银行所造成的混乱以及指券贬值的糟糕回忆使得政府被排除在法兰西银行的控制者行列之外（尽管政府在 1806 年银行接近崩溃的情况下重新获得了有限的控制权）。10 年之后，在拿破仑战争的余波中，荷兰和奥地利分别建立了私有银行来取代之前由阿姆斯特丹银行和维也纳城市银行所占据的非正式的中央银行地位。荷兰政府拥有新建立的荷兰银行的一部分初始资本，但政府的股份在1847 年也被出售了。19 世纪末，完成了统一的德国和意大利也采取了类似的模式。俾斯麦在 1871 年建立了帝国银行（*Reichsbank*）。1893 年，意大利银行合并了旧的地方性银行（那不勒斯银行和西西里银行被保留下来，以安抚在统一后感觉不满的南方）。由英格兰银行所享有的完全的独立性逐渐被一种更为均衡的路线所取代，银行股份依然是私有的，但政府拥有任命中央银行行长以及高级管理人员的权力。这种趋势体现在德意志帝国银行中。唯一非私有的中央银行存在于俄国，帝国政府对于中央银行有着绝对的所有权和控制权。在美国，建立"英国式"中央银行的提议遭到了民众的反对。农业部门对于汉密尔顿建立的财政体系的怀疑情绪使得美国在 19 世纪的大多数时间内都没有中央银行。建立于1913 年的美联储更偏向于德国而非英国的中央银行模式,[①] 但它依然是私有的。

信贷市场对于负责任的政府的回报不仅是低利率,还有非常长的贷款期限。永续年金一如既往地仍然是信用等级最高的政府所选取的公债形式。除俄国之外,所有的欧洲国家都在向着这个原则看齐。俄国的大部分长期公债都是外债,永续年金在其中的占比并不高。1913 年,俄国公债中只有 38% 采取了这种形式。[②] 而在大西洋的另一边,民众对于永久性公债的不信任也使得美国的大多数公债都是有固定期限的。但到了 19 世纪末,这种偏好在维持货币稳定的需求面前被抛弃了。[③]

长期债务在公债中占比的提升带来的是流动债务占比的下降(在当时的语境中,流动债务包括了我们现在所称的中期债务)。在一战前夕,英国高达 7.06 亿英镑的公债总额中只有 3300 万英镑是流动债务,而在法国 335 亿法郎的债务总额中也只有 15 亿法郎是流动债务。

投资者只有在币值稳定的情况下才会愿意以如此优厚的条件借给政府巨额的资金。中央银行正是在这一点上起到了至关

---

① 这在很大程度上是德国银行家 Paul Warburg 的成就。他在很多方面可以被称为"美联储之父"。

② Michelsen, Apostol, and Bernatsky, *op. cit.*, p. 240.

③ 为了解决第二合众国银行被取消之后的货币紊乱状态,联邦政府在 1863 年通过了《国家银行法案》,批准符合条件的银行以持有的公债为担保发行银行券。这些"国家银行"的银行券可以被用于缴纳税收。在没有中央银行的情况下,它们对整个经济起到了至关重要的作用;但 19 世纪末,美国的公债总量是如此之低,以至于威胁到了国家银行发行银行券的能力。因此,美国政府有强烈的动机发行永续公债。在 1914 年的美国公债中,有很大一部分是利率为 2% 的"统一公债"。这批公债在 1930 年之前都免于政府的赎回。

重要的作用。到了 19 世纪，在经济中只使用贵金属铸币已经不再可能了。除零售业之外，欧洲的贸易主要依靠纸质媒介进行。中央银行的主要工作因此就是要在纸质金融工具不断扩张的情况下确保货币的稳定性。在 19 世纪，除了确保纸币的可兑现之外没有别的办法能够实现这一点。一般性的商业合约都是通过中央银行发行的纸币进行结算，而中央银行的债务则必须要以硬通货偿还。有一点是确定的：任何想要建立资产阶级财政体系的国家都必须要保证政府以硬通货（或者能够兑换成硬通货的货币）来偿还自己的债务。

19 世纪初，并没有什么理由能够使我们断言这里的“硬通货”只包括黄金。英国（几乎是完全出于偶然因素）在 1696 年将黄金定为本位货币，其他的国家要么采取银本位，要么采取金银复本位。1870 年之后大量发现的新银矿（大多位于落基山脉）破坏了旧金银比价的稳定性。① 到 1895 年时，白银价格已经下跌了一半以上。各国的中央银行为了增加自己的黄金储备都逐渐放弃了与白银的兑换关系，这进一步加速了白银价格的下跌。到了 19 世纪末，几乎所有的强国都采取了金本位。

对于 19 世纪 70 年代之前采取复本位的国家来说，向金本位的转变过程是相对容易的。在 1871～1873 年期间，丹麦、荷兰、瑞典和瑞士都切断了本国货币和白银之间的联系。1871

---

① 在古典时代的大部分时期以及中世纪，黄金和白银的比价为 10～12∶1。1530 年之后西属美洲白银的流入使得白银价格开始下跌，但在 1650 年之后金银比价稳定在了 15～16∶1，直到 19 世纪 70 年代落基山脉银矿的开发使得白银的价格以更为迅猛的速度下跌。到了 19 世纪 90 年代中期，金银比价为 30∶1。本书成书时金银比价为 60∶1。

年，德国从战败的法国那里抽取了大量的黄金储备，为自己建立金本位打下了基础。法国转型的道路则更为艰难，但它也在1876年放弃了白银。

其他国家的转型则复杂得多。奥地利花了几十年的时间才让拿破仑战争时期发行的贬值严重的纸币退出流通。在1848年之前，政府保持了某种形式的纸币兑现关系，但1848年革命为此画上了句号。在此之后，帝国的财政始终无法支持彻底恢复币值。即便是在和平恢复之后，奥地利也要面对几乎完全由白银构成的国库储备。直到1892年，奥地利才开始考虑（而非立即实行）完全采取金本位。俄国的历史和奥地利基本相似：拿破仑时代留下了大量的贬值纸币，一直到19世纪中期逐渐回归到可兑现纸币上；在此之后开始发行不可兑现的纸币；最终在1894年，新建立的国家银行重新建立了纸币与黄金之间的兑换关系。

完成统一的意大利王国在1860年采取了可兑换的货币。但到了1866年，累积的统一成本（意大利并不像德国那样能从战败国那里榨取赔款）已经超出了脆弱的意大利政府所能承担的范围。在接下来的财政危机中，政府切断了里拉与贵金属之间的联系。尽管政府在1884年名义上恢复了货币的兑现，但兑换需要的烦琐程序使其丧失了实际意义。正如奥地利和俄国一样，真正的兑现要等到19世纪的末尾，而即便到了那时，意大利中央银行发行的纸币依然具有法定货币的地位。1870年之后落基山脉发现的大批银矿使得美国转向金本位的过程变得复杂起来。要等到1896年的选举之后，美元的金本位才被确定。在这一年的选举中，支持银本位的民主党人威廉·詹宁斯·布莱恩被黄金的坚定支持者、共和党人威廉·麦金莱所击败。

三　身份的纽带

　　因此，在 1913～1914 年期间强国所享受到的低利率可以被看成它们采取"英国式"财政体系的回报。持这种观点的人可以举出一条西欧和东欧之间的利率分界线，而这条分界线看上去和代议制政府在欧洲扩散的程度基本一致。最彻底的民主制国家——美国、英国和法国——享受着最低的公债利率。而俄国这个"东方式"的专制君主国按照逻辑应该承担比奥地利还要高的利息成本。这种观点看上去可能是有一些问题的。事实上，我们只需要将时间向后拨几年，就会看出这种"民主－低利率等式"中的谬误。

　　这种看上去很有吸引力的结论掩盖了更为复杂甚至与其完全相反的事实。举例而言，美国虽然毫无疑问是一个民主国家，但在 19 世纪的大部分时间内，美国的信用等级都遭到了极大的怀疑。1869 年，南北战争的余波已经平息，美国的经济复苏也基本完成了。美国的 GNP 无论是总额还是人均都要高于英国，公债占 GNP 的比重只有 35%，而在英国则达到了 75%。这两个国家的公债都是按时以黄金偿付的。在这种情况下，自然的推断是美国公债的市场收益率应当低于英国。但情况恰恰相反：1869 年 1 月，英国利率为 3% 的统一公债的市场价格为 92，而美国利率为 6% 的公债的价格则不超过 82。

　　这并非 19 世纪公共信用中唯一的悖论。俄国 1913 年的低贷款利率和 1905 年颁布的宪法以及 1894 年采取金本位看上去关系都不大。即便作为一个"君权不受限制的专制国家"

（unlimited autocracy），沙皇俄国也能够以很低的利率借到大量的资金。当汉密尔顿将军在 1840 年到阿姆斯特丹为新成立的得克萨斯共和国筹集贷款时，他凑巧碰到了沙皇的使者也在同一时期筹款。他困惑地发现，沙皇俄国比起得克萨斯更受荷兰的青睐。

> 沙皇借钱只不过是为了将其挥霍在黑海以及其他未来的战争中，但他的贷款在 3 天之内就被认购完毕。而美国没有任何州能够在 3 个月内以 10% 的利率达成类似的协议。[1]

俄国公债在阿姆斯特丹的市场收益率达到了 4.45%。这不仅低于美国各州，甚至也没有高过 1913 年宪政改革后的俄国自身。的确，在 1840 年俄国的债务总额不超过 4.6 亿卢布，而到了 1913 年时这一数字已经膨胀到了 130 亿卢布，相当于GNP 的 60%。除此之外，俄国在这几十年内还有着高额的政府开支：克里米亚战争、19 世纪 70 年代的大量铁路建设以及1905 年的日俄战争。也并不是所有国家的投资者都像荷兰人这样对于专制君主如此慷慨，直到 19 世纪末，俄国的贷款从未在伦敦获得青睐。考虑到沙皇权力的专断独裁特性，从表面上来看俄国的贷款风险应当要高于其他的宪政国家。

尽管如此，荷兰人绝不是判断信用风险的菜鸟。在所有拿破仑战争期间发生外债违约的君主国中，俄国是第一个在

---

[1] D. C. M. Platt, *Foreign Finance in Continental Europe and the United States 1815 – 1870*, London, 1984, p. 69.

1815 年之后恢复偿债的国家，也是唯一一个补足了拖欠的利息的国家。这种良好的信用表现自然不会被阿姆斯特丹所遗忘。在评估汉密尔顿将军的提议时荷兰人也做出了同样正确的抉择。遥远而人烟稀少的得克萨斯共和国的信用记录既短暂又糟糕。等到得克萨斯最终成为美国的一个州的时候，它的纸币交易价值只有面值的 10%。即便美国联邦政府为其提供了处理旧债务的手段，得克萨斯的立法机关也不愿意按其行事。最终在民众的敌意面前，州政府的债权人对于能拿回 77% 的投资已经颇感庆幸了。除此之外，1840 年得克萨斯在欧洲投资者的眼中与美国的南部和西部各州属于同一类债权人，其信用等级每况愈下。美国联邦政府在 19 世纪 60 年代所支付的高额利息与此不无关系。

因此，在 19 世纪，如果一个国家想要拥有好的信用评级，光是采取民主制是远远不够的。这一点并不奇怪。在之前的几个世纪中，仅有的几个信用等级高的国家——几乎全部都是商业共和国——被各种专制君主国所包围，后者的违约几乎是家常便饭。亚洲的帝王依然在国库中囤积了大量的财富。在 1815 年之后，这两种财政体系都被证明是失效的。即便对于那些坚决反对议会制的统治者来说，看上去唯一有效的财政手段就是依赖信贷市场。除此之外，公共债务开始从欧洲扩散到全球，它随着大英帝国的旗帜抵达了世界的各个角落。到了 1900 年，几乎所有的英国殖民地都积累了大量的债务。在崩溃的西班牙帝国和奥斯曼帝国的残骸上建立起来的国家以及用光钱袋的中亚和东亚的专制帝国也都走上了这条道路。在全球性的公债浪潮下，更微妙的差异开始显现。

达德利·巴克斯特（可能是世界上第一位公共债务史的

作者）在考察 1870 年的公债情况时，依然试图使用旧的种族刻板印象来解释各国信用等级的差异。

从英国开始，我们首先考察与英国种族和制度联系最紧密的国家——美国，我们从前的殖民地；德国、比利时和荷兰，盎格鲁-撒克逊人的故土；丹麦、瑞典和挪威，我们维京人血脉的来源；以及自由的瑞士联邦。我们可以看到这些国家公债体系之间的相似之处，它们与凯尔特人、斯拉夫人和土耳其人之间的差异是巨大的：更节俭、更精明，偿付也更加及时。

拉丁人国家——法国、伊比利亚半岛及其殖民地——的公债情况则完全不同。这些民族是朴素和节俭的，但它们的统治者往往鲁莽而挥霍无度，无论是在和平时期还是战时都花费大量的金钱。他们更信赖偿债基金而非经济和财政盈余，有时甚至连利息的支付都不能保证。[1]

巴克斯特还认为"宪政"在政府的信用等级中起着非常重要的作用。对于拉丁国家，他认为"［这些国家］连续性的赤字和它们专断且不负责任的政府有着很大的关系"。在 19 世纪人的观念中，民主和种族之间有着不可分割的关系，这可以被看作 17~18 世纪政治哲学中将欧洲的议会制追溯到"德意志的森林中"的观念的逻辑延续。同样的偏见出现在著名的奥地利经济学家庞巴维克的著作中。他在 1889 年断言，一个

---

[1] R. D. Baxter, *National Debts*, London, 1871, pp. 26, 48.

国家的利率和这个国家的整体智力水平负相关。①②

　　尽管巴克斯特的种族理论显然不能解释 19 世纪国家的信用等级差异，但民族历史显然起到了一定的作用。在 19 世纪的法国，尽管政治上的动荡持续不断，但法国的各届政府始终保持了信用的稳定。这毫无疑问是与法国人强烈的避免 17 ~ 18 世纪财政混乱的意愿紧密相关的。毫无疑问，法国政府信用在 1848 年避免了全面崩溃完全是因为政府迅速地从革命转向了反革命。在 18 世纪 90 年代，巴黎工人在长达 6 年的时间内将法国政府置于自己的控制之下。但在 1848 年，他们对于街道的掌控没有超过 4 个月。在大多数国家，历史的遗产带来的是一种惯性，而非反向的警示。西班牙在 19 世纪连续性的破产与哈布斯堡王朝时期的遗产有着撇不开的关系。西班牙在 1820 年、1834 年、1841 年、1867 年、1872 年和 1882 年都发生了破产，尽管其政治体制在此期间完成了转型。这种正反馈效应也存在于很多其他国家：累积数十年甚至上百年的良好信用记录为国家带来了低利率的回报，良好的信用等级逐渐成为整个国家的自我印象的一部分，即使外部环境出现恶化也很难被放弃。举例而言，在一个半世纪的时间（1710 ~ 1860）内，

---

① E. von Böhm - Bawerk, *Positive Theory of Capital*, Vienna, 1889. See J. A. Schumpeter, *Ten Great Economists*, Oxford, UK, 1951, p. 182.

② 巴克斯特很明显忽视了早在几个世纪之前，由"拉丁人"构成的意大利城邦享受着同时代最低的公债利率水平，其信用等级也要远高于他同时代的"盎格鲁 - 撒克逊人"的美国。另外，巴克斯特在世界上没有任何凯尔特人国家的情况下将凯尔特人纳入他的"鲁莽民族"的名单，这可能是一种将美国南部各州在 19 世纪 40 年代的违约记录与苏格兰移民的高比例相联系的微妙的方式。公平起见，我们应当指出种族歧视观念在巴克斯特的书中并不起任何重要的作用。他的著作包含了大量准确的信息和精到的见解。

荷兰的经济尽管相对于邻国陷入停滞，但它依然乐于承担GNP 两倍以上的公债。俄国罗曼诺夫王朝（相对于波旁王朝而言）几乎完美的外债记录也与这种"惯性"有着很大的关系。

为了更好地讨论这个复杂的问题，我们必须要回到本书最初所讨论的民主制度和公共信用之间的关系上。所谓民主制（包括其最原始的形态）指的是一种由公民控制国家的政府形式。只要民主国家从自己的公民那里贷款，它良好的信用等级只不过是公债中债务人和债权人一致性的反映。

带着这种观念再回看 19 世纪的公债体系，我们就可以清楚地发现，信用等级最高的国家正是那些在 16 ~ 19 世纪积累起大量国内资本的国家，它们可以从自己的国民那里获取贷款。这些国家的债务人和债权人之间有着极强的同质性，国内也因此有大量稳健货币（sound currency）的支持者。在 19 世纪的大部分时间内，这个俱乐部的成员包括英国、法国和荷兰。美国最终在 1914 年加入了这一行列。19 世纪末和 20 世纪初美国利率的逐渐下降正是这种变化的反映。

在那些公债持有人和纳税人之间差别较大的国家，民主政体并不一定会带来更高的信用等级。依赖外国资本的国家信用整体上总是更糟糕，这不仅因为它们资金匮乏，还因为在财政危机期间底层民众总是会对外国的债权人产生敌意。在很多方面，这种敌意和文艺复兴时期的欧洲君主们对于自己债权人的敌意有相似之处，而且有着同样的消极作用——都会产生更高的利率。但欧洲的君主已经有了几个世纪的糟糕经历，他们不仅缓慢地被限制为君主立宪制下仪式性的角色，而且已经意识到如果自己在信贷市场上维持良好的信誉，所能得到的好处要比周期性的破产多得多。在伊比利亚半岛之外，没有任何君主国在 19 世纪发生过破产。沙皇俄国的良好信用记录也应该从这种角度来理解。东欧的开明专制（或半开明）君主国相比于贫穷且选举结果变动剧烈的美国边境州更有可能懂得准时偿债的重要性。而当一个国家兼具缺乏信贷市场经验、贫穷和专制三个特性的时候，这个国家的信用记录就可能变得非常糟糕。举例而言，洪都拉斯在二战前 118 年的独立历史中，有 91 年都处于债务违约的状态。①

充足的国内资本并不能保证稳定的信用等级。当政权的合法性出现问题的时候，再多的国内财富也是不起作用的。我们只需要回顾法国在 18 世纪的财政困境就可以将这一点看得非常清楚，由专制君主制转向君主立宪制恰恰应当解决政权的合法性问题。但在 19 世纪，代议制政府的崛起带来了意想不到的问题。长期以来保持沉默的地方主义和少数族裔日益开始表现出从现在的国家中脱离的渴望，这将降低受影响的国家的税收效率以及信用等级。这些民众觉得自己在现在的国家中是"不自由"的，因而采取传统的反抗压迫的方式——拒绝为维护这个国家贡献自己的财富。在大多数情况下，这种反抗所造成的财政后果会证实孟德斯鸠的"普适规律"：政府会倾向于在反抗情绪更为强烈的地区降低税率，以避免引起更极端的抗议。这种措施并不总能取得成功。在分析了 19 世纪国家的公债利率之后，我们可以看出，正是那些实行宪政的国家最少受到这种情况的影响。以奥地利和俄国的情况为例，哈布斯堡帝国内部的分离主义势力已经强大到了威胁帝国生存的地步。在

---

① C. Suter, *Debt Cycles in the World Economy*, Boulder, CO, 1992, p. 2.

第一次世界大战之前，正是分裂威胁的反复出现降低了奥地利公债的市场价格。而俄国则看上去能够毫不费力地压制国内的少数族裔。尽管波兰人掀起了多次起义，但几乎没有任何的投资者将其视为对沙皇不断扩张的帝国的实质性威胁。同样，也几乎没有人将"爱尔兰问题"视为对大英帝国财政稳定性的实质性威胁。分离主义并非完全由民族主义导致的。在美国，造成潜在分裂危险的原因差异极大，但南部各州的分离主义毫无疑问是联邦政府公债在 19 世纪 50 年代末收益率与其稳定的财政状况不相称的原因之一。

即便对于那些幸运的既没有受到分离主义影响也不需要依赖外国资本的国家来说，它们面临情况的复杂程度也要远超 1815 年之前。由商业共和国创造并由英国继承的财政体系一直处于有剩余资产阶层的掌控中。土地阶层不喜欢这种财政体系的原则，但或多或少地与其达成了妥协。这当然是一个适合"资产阶级的世纪"的财政体系，而且与将无产者排除在外的有限民主制实现了完美的契合。尽管 19 世纪是资产阶级政治经济体系——自由放任的经济原则、稳健的货币政策以及"守夜人"政府——的顶峰，但这同样也是一个选举权的财产限制快速消退的世纪。19 世纪下半叶，男性普选权逐渐成为一股势不可挡的力量。在第一次世界大战之前，所有资本主义强国的选举人都包括了大部分的成年男性人口。如果说公债和代议制政府之间的联系依赖于公共债权人和债务人之间的同质性的话，那么在有产者不再垄断政权的情况下，这种联系会向着什么样的方向发展？事实上，我们只需要回想美国独立战争和法国革命期间由平民建立的财政体系出现的问题就足以明白，为什么"民主"在 19 世纪的大部分时间内都被视为"暴民"政治和群众暴力的"肮脏"同义语。

当普选权是在革命的推动下（正如在 1848～1849 年）推行时，它对于公共信用所起的作用完全是负面的。但在这两年的革命热情过后，19 世纪的欧洲进入了一个更为平静的阶段。像卡尔·马克思这样的预言家开始担忧革命永远不会到来，他在革命退潮期主要致力于推动工会运动。在大多数国家，普选权是通过渐进式和平改革来实现的。即便如此，稳定公共财政体系的支持者往往对普选民主抱以悲观的态度。他们预测普选民主制将带来纸币滥发，把资产阶级花了几十年维系的政府信用毁于一旦。但奇怪的是，民粹主义者对于纸币的呼唤只出现在了美国，在欧洲，财政辩论突然转向了一个全新的领域。

长期以来，无论是在激进的还是温和的改革派眼中，君主的大手大脚和廷臣的穷奢极欲才是过度公共开支的根源。君主立宪制从本质上一定要比专制统治成本更低，而共和制的开销就应该更低。1848 年 3 月法国的激进派报纸《人民之友》就表达了这种观点。

> 共和国在行政上的花费要少得多，因而政府储蓄的增长将很快消灭所有的拖欠债务……共和国的领袖不需要养名马、随从和情妇，这些开支都是没有任何经济价值的……请相信，共和国在和平时期的税收将不超过君主制的 1/10。[1]

---

[1] *L'Ami du Peuple*, 19 March 1848, quoted in Marion, *op. cit.*, Vol. V, p. 237.

1848 年建立的第二共和国很快就被第二帝国所取代，因此这种乐观主义的理论并没能获得实践的检验。第二帝国时期的铺张浪费被反对派归因于缺乏议会机构的控制。因此，当第三共和国于 1871 年建立之后，人们又开始憧憬节俭的政府。这种愿望很快就被击碎了，新设立的议会在政治构成上和之前的完全不同。1882 年，经济学家莱昂·萨伊不得不对新的趋势表达自己的反对意见：

> 我们必须要……对议会体制中的奇怪倾向进行纠正。议会代表被选举出来是为了保护个人的财产不受政府过度开支的侵犯，他们却逐渐成为政府大手大脚花钱的代理人。[1]

到了 19 世纪末，《法国经济学人》用更重的语气表达了同样的观点。

> 我们从别国模仿来的议会制现在已经演变成了一个奇形怪状的造物。英国的议员是没有提案的权利的，而我们的议员则不然。他们使用这种权利一心一意地增加政府开支。无论是之前还是现在，中央以及地方的议会的管理原则可以被总结为三个字："赤字万岁"（*Vive la déficit*）！[2]

---

[1] Léon Say, *Journal des Economistes*, November 1882, quoted in Marion, *op. cit.*, Vol. V., p. 49.

[2] *Economiste Français*, December 1888, quoted in Marion, *op. cit.*, Vol. VI, p. 109.

502 / 债务与国家的崛起：西方民主制度的金融起源

法国的这种变化绝不是独有的。普选权的出现伴随着的是国家职能的重构。在此之前，国家的作用不过是抵御外敌以及确保法律的执行。但现在国家被要求提供越来越多的公共服务，教育、卫生、运输等等都被视为公共品的一部分。在德国，政府的新职能在几乎没有任何争议的情况下就被接受了。俾斯麦可以被称为"福利国家之父"，这种新的公共财政趋势被写进了德国的法律。在 1877 年，阿道夫·瓦格纳发表了开创性的《财政科学》(*Finanzwissenschaftlich*)，在这本书中，他宣称西欧和美洲的公共开支超过 GNP 的增长速度是社会发展趋势的体现。

瓦格纳所举出的经验性证据现在看起来是无可争议的。大多数增加公共开支的压力都来自地方而非中央。我们必须要将地方政府的开支和中央政府的开支加总才能看出公共开支增加的趋势。在英国，地方政府的开支在 1870 ~ 1910 年翻了两倍，而 GNP 只翻了 1 倍。在这一阶段，地方政府的开支总和已经与威斯敏斯特中央政府基本相当。地方政府债务在 1913 年已经增长到了 6.4 亿英镑——这是 1870 年的 10 倍。格莱斯顿以及之后的英国首相降低拿破仑战争时期遗留下来的债务的尝试在地方政府债务飞速增长的情况下失去了意义。[1] 同样的趋势也出现在其他国家。美国的经历和英国基本相似，连续数届财政部长都试图尽力降低内战时期积累的债务，1913 年，联邦预算已经跌到了 GNP 的 2%。但到了这时（特别是在地方政府层面），"扬基人"对于政府活动的厌恶看上去已经消失了。

---

[1] E. J. P. Benn, *Debt（Private and Public, Good and Bad）*, London, 1938, p. 46.

州政府以及地区性政府的开支总和到 1913 年时已经增加到了 GNP 的 5.5%。尽管联邦政府的债务从 27 亿美元减少到了 12 亿美元，但州政府和地方政府将自己的债务从 8700 万美元增加到了 44 亿美元。[①] 在欧洲大陆上，各国对于旧的"节俭政府"的原则几乎没有任何依恋。在德意志帝国境内，各级政府看上去在进行一场开销竞赛。公共开支的总和在 1880～1913 年期间从占 GNP 的 10% 增加到 17%。公共债务的绝对额增加到了原来的 7 倍，而占 GNP 的相对比重增长了接近 3 倍，达到了 55%。[②] 在实行单一制政府的法国，公共开支和公债的增加主要是由中央政府带来的。各级政府的公共开支占 GNP 的比重从普法战争之后的 12%～13% 增加到 1913 年的 17%，公债总额增加了约 150 亿法郎，介于德国和英国的水平之间。[③]

正如瓦格纳所言，"社会"开支的增加从某种意义上来说是人均收入增加的反映，但我们也可以将其看成民众政治参与度提高的结果。在古典时代，雅典的平民就已经将大部分伯里克利时代的公共开支称为"给亲信们的工作"（jobs for the boys）。按照亚里士多德的说法，有 2 万雅典人——全体公民当中至少一半的人——都是某种形式的政府公务人员。政府雇

---

① 1913 年的数据来自 U. S. Bureau of the Census, *Historical Statistics of the United States：Colonial Times to 1957*, Vol. II, pp. 1126－1127；1870 年政府和地方债务总额来自 H. C. Adams, *Public Debts*, New York, 1887, reprinted New York, 1975, p. 305。

② 开支的数据来自 S. Andic and J. Veverka, "The Growth of Government Expenditure in Germany," *Finanzarchiv*, 1964；债务的数据来自 R. Goldsmith, *Comparative National Balance Sheets*, Chicago, 1985（for 1875）, and Schremmer, *op. cit.*

③ 开支和债务数据来自 *Annuaire Statistique de la France*, Paris, 1924；GNP 数据来自 Markovitch, *op. cit*。

员的膨胀也体现在了法国大革命的雅各宾派掌权时期以及第二共和国短暂推行的"公共工厂"（ateliers nationales）里。

可能同样有趣的一点是支撑这些公共福利的财政手段。雅典人最初可以依赖其"同盟"的贡金，但在伯罗奔尼撒战争之后，这些贡金就消失了。在这之后，雅典人越来越倾向于向富人征税。在法兰西第二共和国的激进主义早期，政府废除了一系列的间接税，而设立了一种对富人征收的累进税。这种新的累进税很快被废除了，在19世纪接下来的大部分时间内，由食利者阶层带领的有产阶级对于这种"政治暴行"进行了持续的反抗。朱尔斯·洛歇在1895年的议会辩论中将古典的税收观表达得非常清楚。

> 你们在法兰西议会面前提议的这种税收并非所有国民都需要承担。你们选出一小批公民，将其定为一个"种姓"，在这个"种姓"之外的人都不需要为国家承担责任。①

换言之，在普选民主制下，平民获得了"法兰克人的自由"。旧的政治结构被颠倒了过来。现在统治阶级需要纳税，而平民则可以享受象征性的免税自由。

英国的统治阶级将这种不平衡的税收体制看作为维持社会结构稳定所必须付出的代价。1900年，英国选举人总数在800万左右，需要缴纳所得税的人数只略多于100万。但这并不意味着大众民主和公债偿付能力之间不存在潜在冲突的可能。

---

① Quoted in Marion, *op. cit.*, Vol. VI, p. 173.

1909 年劳合·乔治推出的预算成为二者之间关系的分水岭。他提议对所有"不劳而获的收入"增加税收，并对所有超过 3000 英镑的收入加征"超级税"。这使得罗斯柴尔德勋爵做出了悲观的预言："财政大臣最终……将意识到他所提倡的社会主义的税收将对公共信用造成不利的影响……国内证券的贬值将沉重地打击社会主义的立法。"[①] 在 1909 年，他的预言显得过早了。新的"民主化"税收和开支体制是从非常低的水平上发展起来的，因而劳合·乔治的激进改革从数量的绝对值上来看也显得颇为温和。除此之外，英国的预算平衡也并没有被打破。金融市场感受到了新立法带来的震动，但最终接受了这一改变。

四　食利者的国度

> 通过为它们披上民主的外衣并号召全国民众来认购，皇帝［拿破仑三世］像 1789 年大革命改变了土地一样改变了长期公债；从现在开始，农民和工人对国家信用的稳定性的关注程度已经和资本家不相上下了。
>
> ——《箴言报》，1789 年 6 月 9 日

考虑到上述的变化，我们不可能认为公共债务依旧是 1815 年之后民主制度发展的主要推动力。旧的原则有时依然能够起一定的作用。1818 年，普鲁士总理大臣哈登堡在伦敦

---

① Quoted in N. Ferguson, *The World's Banker: The History of the House of Rothschild*, London, 1998, p. 951.

试图通过发行债券来筹款。内森·罗斯柴尔德坚定地告知他，和前一年的法国复辟政府不一样，普鲁士必须要拿出国有土地作为抵押才能借到任何的款项。

> 英国臣民对于法国公债的投资是基于这样的信念：由于代议制政府已经在法国建立起来了，议会能够为公债提供的担保要好过任何拥有不受控制的行政权的君主。①

可能是罗斯柴尔德的诘难起到了作用，普鲁士在下一年颁布敕令，宣布未来的所有公债都需要获得等级会议的批准。这道敕令或许可以被看作开明专制从东欧退潮的标志。这种退缩的下一个节点是 1859 年奥地利的财政危机，它标志着自 1848 年革命之后 10 年的新专制主义反动的结束。在此之后，哈布斯堡王朝帝国走上了宪政实验的道路并最终在 1867 年推行了宪政改革。

这些不过是旧时情节的重演，筹集资金的需求迫使不情愿的君主走上了改革的道路。公共信用和后来"真正的"民主制度——普选权——的发展之间并没有任何明确的关系。在工业革命之后，甚至可以说民主的发展不再需要来自信贷市场的任何协助，城市化率的提高和生活水平的改善就足以推动民主化的进程。

虽然大众民主的发展并不依赖于公债，甚至还潜在地与其对立，但这并不意味着公共债权人——本书目前为止的主角——在接下来的历史中没有任何地位。如果说普选制降低了

---

① Quoted in Ferguson, *op. cit.*, p. 132.

高公共信用等级的支持者在政治体系当中的地位，那为什么西方国家的政府信用在一战之前出现了持续性的改善？

对于这一问题有很多可能的答案，一种解释是政策理念上的惯性。19世纪的政府很难摆脱资产阶级的政治遗产，他们的价值观成为整个国家价值观不可分割的一部分。很多（特别是来自乡村的）新选举人形成了特定的思想偏好，这种偏好可能要花上几个世纪才能消退。另一种解释则认为，无论"美好时代"（belle epoque）留下了多深的痕迹，节俭的、资产阶级的"守夜人国家"的时代在19世纪末就已经结束了，取而代之的是大手大脚的、平民阶级的"保姆式国家"。这一转变在一战之前并没有造成国家信用等级的下降只是因为政府的社会开支是从很低的基数上开始增长的，在这一阶段，社会开支的绝对额按照现代的标准来看几乎可以忽略不计。

一战前各国信用等级的提升更合理的解释是长期的和平和繁荣所带来的普遍的富足感（well-being）。普法战争和一战之间的45年见证了欧洲前所未有的经济增长，各大强国之间也维持着稳定的和平共处。除了无政府主义阴谋家和数量同样稀少的前卫（avant-garde）艺术家之外，在"镀金时代"希望对现存的秩序进行激进改变的人非常有限。世界大战和1914年之后的贫困将改变这一切。

尽管如此，如果没有一种新的因素抵消掉大众民主潜在的反公债倾向，那么平民阶级闯入资产阶级舒适的"宪政小屋"势必会带来严重的财政后果。这种新的因素就是大量的新选举人被纳入公债持有人的行列。

英国在拿破仑战争之后立即迈出了重要的第一步。拿破仑战争期间政府的大量举债将公债持有人总数增加到了30万，使其在选举人中占据了多数。但考虑到英国的成年男性人口总数接近 400 万，有选举权的公民在其中只是很少的一部分。事实上，英国选举权的扩大速度还赶不上英国人口的增长速度，选举人占成年男性人口的比重从一个世纪之前的 20% 降低到了 10%。由军队复员和经济萧条导致的赤贫者的大量增加虽然并没有造成"救济金"的过度膨胀，却带来了爆炸性的政治后果。1817 年，乔治·罗斯爵士推动立法允许在全国范围内设立储蓄银行。这些银行的设立既是为了将穷人的资产从他们的床垫下引诱出来，也是要鼓励一种节俭的习惯，来最终降低政府的经济负担。在其提倡者的构想中，这些银行将成为现代社会最伟大的创造之一。

> 正如疫苗接种技术成功地解决了最可怕的疾病一样……储蓄银行的建立也有可能将贫穷与罪恶彻底地逐出社会。①

这些银行从公众那里吸纳的存款将被完全用于投资政府债券。银行的设立者认为，政府既然鼓励了民众存款，就应该为这些存款的安全负起道德上的责任。除此之外，政府也希望保护这些头脑简单的民众不受信贷市场的欺诈与风险的影响。在这些利他主义的目标之外，这些存款银行还有着另一个隐含的目的：民众对于公债的投资会增加对政治稳定支持者的数量。像约翰·史密斯这样的储蓄银行计划的反对者对这点看得非常

---

① *Sheffield Mercury*, December 1818, quoted in H. O. Horne, *A History of Savings Banks*, Oxford, UK, 1947, p. 13.

清楚。

　　这些［储蓄银行］究竟会带来什么实际的结果呢？为什么这个国家里勤劳的工人和公民要将自己的财富投入这个所谓的"基金"中？这个基金是巨额的公共债务的一部分。通过这种手段，所有人都被捆绑到现行的财政体系中，再也没有人会提议减税了，因为每个人都在担心自己的利息。[1]

　　尽管激进派提出了各种反对意见，但储蓄银行几乎立即获得了成功，政府提供的相对优惠条件起到了一定的作用。在两年内，一共有超过250家储蓄银行被设立了起来。到了1860年时，存户总数已经超过了150万。邮政局在1861年被允许开设自己的存款账户，后来的事实证明它比银行的存款账户还要成功。到1910年时，英国的存户总量达到了惊人的1020万（相当于总人口的1/4，略大于选举人总数，后者已经包括了大多数成年男性人口），他们的存款总额超过了2.2亿英镑，构成了公债中数额最高的一个类别。[2]

　　英国并不是欧洲历史上首个设立存款银行的国家，但其规模让它成为其他国家的模板。法国紧随英国之后在1818年也建立了自己的储蓄银行，法国的储蓄体系在规模上足以和英国相媲美。在1910年，法国已经拥有超过800万的存户以及超

---

[1] John Smith addressing the Bolton weavers in 1816, quoted in Horne, *op. cit.*, p. 76.

[2] Horne, *op. cit.*, pp. 389, 392.

过 50 亿法郎的长期公债投资。类似的模式随后被复制到了整个欧洲，例如，意大利作为一个后来者在 1875 年建立了自己的存款体系。但到 1910 年时已经有了 500 万存户，存款总额达到了 15 亿里拉。[1] 到 19 世纪末时，所有的大国都建立了复杂的储蓄银行体系，而这些银行体系吸收的存款几乎全都被投资到了公债中。只有在美国，储蓄银行才拥有选择投资品的完全自由，原因也很简单：在 19 世纪的大部分时间内，根本就没有足够的联邦政府公债来给它们投资。

储蓄银行资产的惊人增长也增加了政府处理公共债务的手段。在英国，格莱斯顿通过将定期年金（而非无限期的统一公债）出售给储蓄银行，颇为隐蔽地降低了政府的债务水平，这有效地迫使议会增加了用于偿还公债的预算。除英国之外的国家并没有多大的兴趣降低公债水平，但储蓄银行在这些国家带来了另外的优势。政府可以逐渐地降低对像罗斯柴尔德家族这样的大金融家族的依赖，因为现在有了大量可以信赖的资本供自己支配。在英国、法国和意大利于 1883 ~ 1906 年期间进行巨额债务转换时，这些存款的存在起到了非常重要的作用。因为要使债务转换取得成功，债券持有人所面临的赎回威胁必须是可置信的，储蓄银行的资本正是这种威胁的可信度的来源。

储蓄存款的增长毫无疑问是一战之前各国公债利率水平很低的原因。它还有另外一个作用：压制新增的平民阶级选举人

① U. S. National Monetary Commission, *Banking and Currency Systems in England, France, Germany, Switzerland, and Italy*, Washington, DC, 1910; and A. Valentino, *L'Emploi des fonds des Caisses d'Épargne Ordinaire*, Paris, 1969.

对激进的财政改革的热情，这也是它的反对者对储蓄银行体系的看法。在他们看来，鼓励大众储蓄的目的完全是政治上的。在卡尔·马克思的眼中，储蓄是"政府用来拴住工人阶级的镀金锁链"①。列宁用更激烈的语气表达了同样的观点。

> 在俄国，这些资本主要被用来增强军国主义和资本主义的警察国家的力量。沙皇政府……处理这批资产的专断程度和它能掠夺到的其他公共财产不相上下。②

我们必须承认，储蓄银行在各国转向普选民主制的过程中起到了极为重要的政治作用，但它也有自己的局限性。在政治层面上，存户和公债持有人之间的确有着利益联系，但二者毕竟并非同一个群体，因此，存户对于整个国家的财政利益和自己之间关系的看法并不固定。很多存户对于自己的存款究竟被用于什么样的投资仅有一些模糊的感觉。③ 尽管他们更不易于成为革命者，但他们对于政府偿付能力的关心程度显然比不上公债的直接持有人。除此之外，通过储蓄银行能够筹集的资金的弹性相当有限。19 世纪末储蓄银行积累的大量资金是通过缓慢而稳定的积累聚集起来的——在大战的情况下，这种缓慢

---

① Moscow Financial Institute, *The Soviet Financial System*, Moscow, 1966, p. 275.

② Lenin, *Works*, Vol. VI, p. 92, quoted in Moscow Financial Institute, *op. cit.*, p. 275.

③ 例如，在 1859 年，格莱斯顿声称："将公债委员会手中的资金和存户在储蓄银行中的存款相等同是一件非常荒谬的事情……存户对于存款的使用问题毫不关心；银行就算把存款沉到海里，对他们来说也没有什么不同。" Quoted in J. Wormell, *The Management of the National Debt of the United Kingdom, 1900–1932*, London, 2000, p. 700.

512 / 债务与国家的崛起：西方民主制度的金融起源

的积累起不到太大的作用。更糟糕的一点是，活期存款还有可能在金融危机时产生雪上加霜的后果。正如 1848 年的法国一样，政府将不得不暂时取消存户的提款权。可能正是考虑到这一段历史，洛利茨委员会在 1904 年向议会报告说英国的存款总量已经增加到了"危急时刻会对国家信用造成影响的程度"[1]。

因此，合乎逻辑的下一步就是要增加公债直接持有人的数量。在这一点上英国处于落后地位，因为它在 19 世纪从未遇到严重的政治和财政危机，是法国建立了 1914 年之后各国效仿的模式。

法国成为先驱者的原因正是它在 19 世纪所经历的剧烈的政治动荡。在 1830 年革命期间，拉法叶特侯爵将三色旗披在路易－菲利普的肩上并向他献上了王座，这才勉强避免了新一轮的雅各宾派革命。在此之后，"公民国王"迅速地将长期公债的面值从 50 法郎降低至 10 法郎，以吸引小额投资者。到了 1847 年，公债持有人的数量已经接近 30 万——甚至超过了选举人的数量。在 1848 年革命期间，储蓄银行的关闭尽管短期内证明了怀疑论者的观点，但从长期看则有潜在的好处。大额存户获得了长期公债，到 1850 年时，公债持有人的总数已经膨胀到了 82.4 万。尽管一部分人最终出售了自己的公债，但在 1854 年的克里米亚战争前夕持有人总数依然在 64 万左右。路易·拿破仑做出了关键的决定：绕开罗斯柴尔德和拉斐特这样的大金融家族，直接向公众筹资。政府一共发行了 3 次公债来支持克里米亚战争，其中第三次发行吸引了 31.7 万名认购人，他们一共提供了 36.5 亿法郎——接近政府目标资金总额

① Horne, *op. cit.*, p. 277.

的 5 倍。到了 1857 年，公债持有人的总数已经高达 90 万。正是这些成就让《箴言报》在 6 月 9 日的社论中高声赞颂"信用的民主化"。

> 通过为它们披上民主的外衣并号召全国民众来认购，皇帝［拿破仑三世］像 1789 年大革命改变了土地一样改变了长期公债；从现在开始，农民和工人对国家信用的稳定性的关注程度已经和资本家不相上下了；从现在开始，所有的阶层都会分享这个国家的收益和开支……我们能够清楚地预知这会对战争和法国在海外的声誉带来的影响……即使是最小的村庄也在以最大的热情认购公债，这种贡献不亚于我们的士兵在塞瓦斯托波尔的城墙上的英勇拼杀。其他欧洲国家将惊异于我们的财力，正如它们惊异于我们的军力一样。[1]

看上去阿纳卡西斯·克卢茨在 1792 年的预言——一个由爱国者的捐赠维持的公民士兵的国家——终于成为现实。金融民主化的力量在 15 年后得到了更惊人的体现。1871 年，法国已经丢掉了自己欧洲第一军事强国的地位，但它在危急时刻所展现出来的调动公民金融资源的能力让世界瞩目。德意志帝国所要求的战争赔款是通过两次公开发行年金的方式来筹集的。第一次发行是在 1871 年 6 月，总金额为 20 亿法郎。第二次发行是在 1872 年 7 月，总金额为 30 亿法郎。第一次发行所筹集到的金额已经达到了政府目标的 3.5 倍，第二次则取得了更为

---

①　Marion, *op. cit.*, Vol. V, p. 368.

惊人的成功。认购人次达到了 93.4 万，其中有 79.2 万来自法国。总金额共计 438 亿法郎[1]——这是法国当时 GNP 的 1.5 倍，也是英国公债总额的 2 倍。这个数字不一定完全准确，因为很多认购金额被夸大了，但毫无疑问，它依然代表了有史以来金额最大的一笔公债。[2] 几个世纪以来，法国人都习惯于将拥有的黄金藏在自家的床垫下面，以躲避政府的掠夺，而现在他们却愿意把自己辛辛苦苦挣来的财富交到第三共和国政府的手中。

1872 年之后，有超过 100 万的法国人持有公债，但这还不是民众国债参与度的最高点。到了 1909 年，公债持有人总数达到了 4631857 人——这相当于全国家庭总数的一半。我们有理由认为，在长达 80 年的革命与动荡之后，第三共和国整体上的政权稳定与此有着极大的关系。1848 年由全体男性普选权的引入带来的政治动荡最终被波拿巴主义的复兴所抑制，正如古希腊的民主派与寡头派之间的斗争往往导致僭主的产生一样。在第三共和国时期，选举人（依旧是在普选权下产生的）有 1000 万 ~ 1100 万，他们的政治观念五花八门，从绝对君主主义到激进社会主义各不相同。在这些人中间，大量的食利者组成了一个坚硬的核心，保证了政府偿付能力的稳定，这既避免了政府权力的过分扩张，又保持了政权的稳定。

法国在鼓励直接持有公债方面取得的巨大成功引起了国外观察者的注意。1909 年，C. A. 斯塔内尔比较了英国统一公债和法国长期公债之间的价格差距，认为两者之间微小的收益率

---

[1]　Marion, *op. cit.*, Vol. V, p. 570.
[2]　两次公债的数额是政府从发行中实际获得的金额，而非公债的总面值。

差（0.15 个百分点）是和两国之间根本性的差异相悖的。

法兰西是一个更小的民族，有 3900 万人，而英国有
4100 万人，因此他们的纳税人也就相应地更少。英国人
要远比法国人富裕，他们的财富不仅有金钱，还有矿山、
铁路、商贸，他们的工业发展水平在世界上遥遥领先，因
此，英国人能够更轻松地承担税收的负担。法国公债总额
为 10 亿英镑，人均债务负担达到了 25 英镑，而英国的债
务总额则只有 7.5 亿英镑，人均 18 英镑……法国有着脆
弱的陆地边境，而英国则受到了海洋的保护，因此法国不
得不建立一支规模更大也更昂贵的陆军。在这种情况下，
英国统一公债的信用等级理应高于法国的长期公债，其市
场价格应该在法国的 120% 以上。[1]

在斯塔内尔看来，如果英国的债务增长到和法国一样高的
水平，"法国公债在国际货币市场上的受欢迎程度就要超过英
国"。他将两国在公债地位上的逆转直接归因于统一公债的市
场规模太小。统一公债的持有人仅有 20 万左右——甚至低于
100 年之前的水平。除此之外，统一公债的交易几乎完全局限
在伦敦进行。他的建议是模仿法国的体系，降低统一公债的面
值以尽量扩大其持有人的范围。1911 年，《经济学人》继承了
他的观点，建议"像邮局出售邮票一样出售统一公债"[2]。

[1] C. A. Stanuell, *British Consols and French Rentes*, London, 1909, p. 5.

[2] *The Economist*, 16 December, 1911。这篇文章也强调了扩大公债持有人的
范围的政治意义："调整了民众对于财政问题的看法。"

这些建议很快就被投入了实践。

五　林肯绿币和 5～20 年期公债

[公债]已经为大多数的民众所持有，它成为我国国民财产中极为重要的一部分……民众已经接受了这样一个事实：他们不可能被自己欠自己的债务所压迫。

——亚伯拉罕·林肯，年度国情咨文，1864 年 12 月

我们已经给予了 400 万有色人种自由，并应当为此感到自豪。如果这 400 万人只不过是将自己服侍的对象从奴隶主转变为证券持有人和包税商的话，那将是我们的耻辱。

——安德鲁·约翰逊，年度国情咨文，1868 年 12 月

19 世纪财政领域最具决定性也最引人注目的发展并未出现在欧洲，而是在大西洋对岸的美洲。"民主"和"公债"这两个词之间达成妥协的可能性只有在美国才能得到检验。1800 年杰斐逊促成的政治妥协并没能抹平美国内部的分裂。这种政治妥协确保了合众国的财政将按照资产阶级的原则来管理——没有纸币、所有的债务都准时地采用金币来偿还。作为交换，现存的债务的偿还速度必须加快，永续公债的存在也必须被禁止。这种妥协在 1812 年对英国的战争中保持了稳定，但在这之后，共和国迅速地回到了削减债务水平的老路上去。1815 年，公债总额达到了 1.27 亿美元的峰值，1829 年，债务总额已经降至 6000 万美元以下，和战前的水平基本相当。8 年之后，所有的债务都被偿还完了。在 19 世纪 40～50 年代还有一

些新的债务产生，共和国在内战前的债务总额再次达到了6000万美元，但只相当于 GNP 的 1.5%。

在这种情况下，我们自然会认为这些年中很低的公共债务水平将使得旧的财政辩论失去意义。但农业部门对于"英国式"财政体系的厌恶并没有在 1800 年彻底消失，它只不过是采取了其他的表现形式，对于中央银行的抵制就是其中之一。杰斐逊在 1800 年并没有对合众国银行动手。很多中央银行的反对者，如詹姆斯·麦迪逊和阿尔伯特·加拉丁在 1810 年都已经改换了阵营。当银行的特许状需要更新时，众议院很轻松地以 75∶35 的多数予以通过。但在参议院，事情却没有这么轻松，参议院的选举模式更有利于人口稀少的边境州。在中央银行的特许状问题上，参议院产生了 50∶50 的僵局。副总统乔治·克林顿投下了决定性的反对票。

美国在 1812 年对英战争中所遇到的财政困难让大部分政治家意识到他们犯下了一个错误。1816 年，第二合众国银行设立，它依然是一家私有的股份制银行，和全欧洲的趋势保持了一致。这家银行最终也没能活到自己的特许状到期日。在 1828 年的选举中，东海岸商业利益的支持者约翰·昆西·亚当斯被赶下了台，新上任的总统安德鲁·杰克逊来自开拓地的田纳西州。在接下来的 4 年内，联邦政府和中央银行之间的关系急剧恶化。尽管如此，当银行的特许状更新问题在 1832 年的国会上被提出的时候，合众国银行在参众两院都赢得了多数。在这一时刻，总统安德鲁·杰克逊行使了自己的否决权。合众国银行的命运成为在接下来的选举中的核心议题。杰克逊派的民主党人取得了决定性的胜利，并在南北战争之前都占据着统治性的地位。1836 年，美国又一次处在了没有中央银行的状态。

在接下来的 30 年内，美国的财政政策既自相矛盾又充满了混乱。杰克逊和他的支持者们都是头脑简单的人，他们只相信硬通货，还将所有的银行都视为邪恶的造物。其他共和党同盟内部的人反对中央银行，只是因为它对于稳健货币的坚持与他们对于疲软货币的偏好相抵触。联邦政府拒绝以金银之外的货币进行交易。与此同时，它又将银行业的监管权留给了各州的政府，后者则完全按照自己的偏好行事。东海岸各州的银行以黄金偿还自己发行的银行券。而在西部，各州的银行发行的纸币要么是不可兑现的，要么只能在"有野猫嚎叫"的荒山野地里兑现。J. K. 加尔布雷斯将西部各州的银行业状况总结如下。

> 这些简单的社会中信用的运作方式是极度平均主义的。有产者和无产者参与经济活动的方式基本相同。信贷给予的方式越是随意……信用就越平等……美国一直延续到今天的设立银行的迅猛态势以及美国人对于劣等银行的偏好都是源于此。和优秀的银行不同，劣等银行贷款给风险极高的债务人——也即穷人。①

加尔布雷斯认为"劣等银行"更适应西部经济发展的观点不一定站得住脚。到了 19 世纪 50 年代，对于这类银行的怀疑已经增长到了很高的程度，以至于在阿肯色、加利福尼亚、佛罗里达、伊利诺伊、爱荷华、密歇根、威斯康星、俄勒冈以

---

① J. K. Galbraith, *Money: Where It Came, Where It Went*, New York, 1975, p. 71.

及明尼苏达根本就没有任何银行的存在。① 由于杰克逊民粹主义的政治遗产，美国的货币体系在 1861 年根本不足以支持一场大规模战争。由于 10 年前在加利福尼亚发现的金矿，美国幸运地拥有足够的铸币流通。但除铸币之外的货币供给包括不下于 7000 种地方性的银行券，其中几乎没有任何一种能够获得全国范围内的承认，而且大部分面临着严重的伪造问题。

19 世纪 30 年代还留下了另一项遗产。1826 年伊利运河的成功建造让美国人以及外国投资者坚信所有改造美国开拓地的项目都一定是有利可图的投资机会。这种乐观主义使得大量的欧洲证券交易所贷款给美国的州政府。事实上，在这些贷款议定的期限内，这些建设项目大多数并没有真正的赢利机会。另外，州政府在借款时抱有建设项目一定能自我清偿的信念，但这些州的公民根本没有对自己征税来偿还利息的意愿。潜在的债务危机在农业政治所内含的矛盾下变得不可避免。1836 年，杰克逊总统坚持所有向联邦政府的（税收）支付必须完全以硬通货的形式进行，这导致了通货紧缩。美国各州的信用等级很快就跌到和拉丁美洲国家不相上下的水平，后者在几年之前发生了大规模的赖账行为。联邦政府和 18 世纪 90 年代时期一样坚称各州为主权实体，免于联邦法院的诉讼，因而拒绝承担各州的债务。这反过来伤害了联邦政府的信誉。支持联邦政府承担州债务的人正是合众国银行的支持者，他们痛心于政府信用遭到的打击，美国再一次陷入了成为"走在正派人中间的妓女"的风险。同时，那些反对联邦政府承担州债务的人，

---

① P. Studenski and H. E. Krooss, *Financial History of the United States*, New York, 1963, p. 121.

如俄亥俄州的参议员艾伦（他自己的州只是勉强逃脱了违约的命运）则将合众国银行视为"英格兰银行的分行"。如果联邦政府接管了州债务，就意味着汉密尔顿在18世纪90年代的"邪恶工程"得以完工，他的目标——让全体美国人背上永恒的债务负担——也将实现。最让伦敦的投资者恼火的是有些州甚至根本就没有任何还债的尝试。一位遭遇了赖账的宾夕法尼亚州的债权人向美国众议院寄出了这样的一封信。

> 如果州政府的违约……是强大的外敌逼迫下的结果……或者是一个贫穷的州在与荒原做斗争，每一个美国的朋友都会乐于等待更合适的时机。但这次欺诈发生在和平时期，而宾夕法尼亚则是美国最富有的一个州，它将贷款聪明地投资到了道路和运河上，这些赖账的债务人每天都在享受着这笔贷款带来的好处。①

在这些发生债务危机的州中，明尼苏达州的债务直到今天依然存在法律纠纷。但除了这些极个别情况之外，大部分的违约州在19世纪40年代末解决了危机涉及的债务问题。外国的投资者依然将美国视为投资的绝好去处，但他们现在更加青睐私人部门。尽管如此，违约的历史所产生的影响在1860年依然没有完全消退。

在内战开始之后，南部邦联立即出现了财政困难。在美国境内流通的2.5亿~3亿美元的硬币中，南部邦联只拥有2500万美元。南部邦联既没有中央政府，也没有建立中央政府的意

---

① M. Winckler, *Foreign Bonds, An Autopsy*, Philadelphia, 1934, p. 9.

愿。它的宪法基本上就是 1776 年《十三州联邦宪法》的复制版，而我们只需要回想独立战争期间的情况就能够预言南部邦联的财政状况。北方不仅拥有人力和财力上的优势，而且掌握着政府的缰绳。美国联邦宪法并非完全按照拿破仑式的集权原则起草的，但它至少保证了政府能在不发生财政崩溃的前提下进行战争。除此之外，联邦政府在战争开始时的债务负担可以忽略不计，这是自文艺复兴以来很少有西方国家能享受的优势。

尽管如此，在南北战争开打 6 个月之后，北方也出现了财政危机。联邦政府的确表现出不愿意增税来支持低成本长期债务的倾向，但这并不是主要的问题，杰克逊时期留下来的"只使用硬通货"的原则依旧在束缚着北方政府。在预算只相当于 GNP 的 1% 的情况下，这并不会带来什么问题，但现在联邦政府需要在战争上花费 GNP 的 10% 以上。从某种程度上来说，政府究竟是通过债务还是税收来筹集这一笔资金并不重要，因为美国的铸币总量根本不足以支持这种程度的政府活动。到了 1861 年底，联部政府的需求已经抽干了东海岸所有银行的黄金储备，使得它们不得不暂停兑现。因此，表面上已经被联邦宪法彻底放逐了的法定货币的回归就被提上了议程。参议员约翰·谢尔曼是后来被称为"林肯绿币"的纸币的支持者，他在辩论中声称：

> 购买公债的投资者是得不到黄金白银作为回报的……流通当中几乎没有任何大规模的黄金和白银硬币了……[因此相对于法定货币提案] 唯一的其他可选项就是将所有的地方性银行的货币都承认为法定货币，而这些银行你

们既无法控制，也无法进行任何程度的监管。①

　　谢尔曼是非常正确的，没有某种统一的全国性货币就不能够进行战争，依靠地方性银行券的想法显然是荒谬的。谢尔曼使用英国在拿破仑战争期间的旧例佐证了他的提案。

　　　　在战争期间政府不应该使用贵金属货币偿债，每一个进行大规模战争的国家都是如此。②

　　但事实和他所声称的并非完全一致。英格兰银行的确在拿破仑战争期间停止了纸币的兑现，但这是在长达四年半的战争成本已经吞噬了 GNP 的一半的情况下才采取的权宜之计，而美国则是在只有 6 个月的相对低强度战争的情况下就要印刷纸币，其军费只相当于 GNP 的 3%。一方面，美国内战的规模和惨烈程度超过了之前的所有战争，北方在内战 4 年内的军费相当于 GNP 的 55% 以上。另一方面，北方在战争开始之前并没有遗留的债务负担，因此它的战争成本要远低于拿破仑战争时期的英国。即便是在 1865 年之后，公债水平也只相当于 GNP 的 50%。③ 可能即便是在有中央银行的情况下，政府也不会一直将兑现维持到战争结束。但在战争的最后一年发行不可兑现

---

① Quoted in R. P. Sharkey, *Money, Class, and Party*, Baltimore, 1959, p. 44.

② This quote is from a speech in the Senate on 9 February 1863, in: *Speeches and Reports on Finance and Taxation by John Sherman*, New York, 1879, p. 51.

③ 1865 年，联邦政府的债务总额为 26.8 亿美元，GNP 则为 65.6 亿美元。但债务的真实价格要高于面值，因为政府是通过黄金偿还利息的，而黄金当时的交易价格有 33% 的溢价。这种情况带来的全部影响后续在正文中还有讨论。

纸币必然会带来像 1862 年之后一样的超级通货膨胀。

毫无疑问，有大量的人希望通过发行纸币来进行战争，可能有一部分国会议员在暗地里支持这种观点。但这归根结底并不是大多数人的意见，也不是政府采取的政策。纸币的发行被限制在了进行战争所必需的最低水平。最终，"林肯绿币"只承担了 13% 的战争开支，剩余的部分则来自税收（23%）、公债（31%）以及付息短期债券（32%）。[①] 政府的问题在于它们过早地开始求助于印钞机，这加重了它主要的财政困难：如何以合理的利率借到大量的资金。

为了保证一定的信用等级，政府承诺继续使用黄金偿债。但随着纸币的贬值，这种承诺带来的成本越来越高昂。到了 1864 年春季，纸币的价值已经降低到了黄金的 50%。换言之，投资者每借给政府 1 美元，政府在到期时就要偿还 2 美元的本金以及两倍于名义利率（6%）的利息。纸币的支持者在 1862 年提出的主要论点正是政府如果支付高于 6% 的利息，将是对民族尊严的一种侮辱。正如参议员霍伊所言："半个世纪以来的经验已经证明了使用资金的成本不应该高于 6%，政府也应当支付这个数目。"[②] 众议员斯波尔丁也认为："如果资金不能以 6% 的利率获得，我宁愿让政府发行大量的法定纸币。"[③] 国会批准了政府发行面值总计 5 亿英镑的利率为 6% 的公债，其赎回期限为发行日期之后的 5～20 年，公债的出售价格不得低

---

① W. C. Mitchell, *A History of the Greenbacks*, Chicago, 1903, p. 129. 一共有 2.36 亿美元（开支总额的 7%）的付息国库券被给予了法定货币的地位，尽管其发行的目的并不是承担货币的流通职能。

② Mitchell, *op. cit.*, p. 64.

③ Mitchell, *op. cit.*, p. 96. 这是在 1862 年 7 月第二次发行"林肯绿币"时做出的评价，但与之相关的辩论基调基本相同。

于面值，尽管国会明白政府的信用等级还没有好到能够实现这一目标的程度。因此，为了"保全自己的尊严"，北方选择了发行纸币而不是贷款。而当纸币开始严重贬值的时候，政府就可以按面值出售 5～20 年期的公债以换取纸币，不需要承认实际的债务成本要远远高于 6%。

我们只需要简单看一眼图 8 - 4 就可以对北方的战争成本有一定的感性认识。在 19 世纪 50 年代，联邦政府可以获得 4.5% 的贷款利率，但流通中的联邦政府债券数量很有限，它们的价格并不能被用来预测在危机时刻政府能够获得的贷款的利率。1861 年，很明显政府不能以低于 6.5%～7% 的利率获得足够的长期贷款。这还是在政府停止使用贵金属偿债之前。在内战剩下的时间内，政府的平均贷款成本（除了短期国库券之外）为 10.5%，而在 1864 年夏天达到了峰值——16%。只有在战争胜利即将到来的时候，政府贷款的利率才开始下降。在内战的最后 6 个月内，平均利率降低到了 13%。

这种收益率的水平意味着极高的风险。君主制下的法国在 18 世纪晚期的政府贷款利率在 8% 左右，最高也只有 10.5%。但历史学家将其称为"有预谋的赖账"（prepaid repudation），它们最终导致了 1788 年法国政府的破产以及旧制度的垮台。那图 8 - 4 是否表示美国也会像波旁王朝一样走上破产的道路呢？这是不是信贷市场对杰克逊时代政治遗产的惩罚？

事实上，将 18 世纪的法国和 19 世纪的美国相对比是不公平的。19 世纪中期的美国依然需要依赖外国资本，其国内资金储备没有承担内战期间的财政负担的能力，而外国的信用市

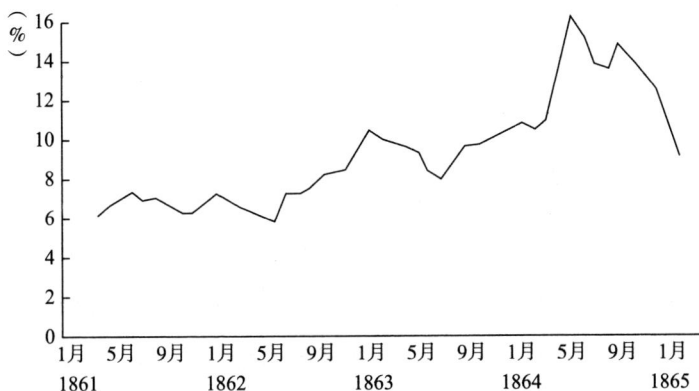

图 8 – 4　美国利率为 6% 的公债的市场收益率，1861 ~ 1865

注：本图展现的是美国利率为 6% 的公债在最晚的到期日（1882年）以黄金计价的收益率。债券价格数据来自 *The Bankers Magazine and Statistical Register*，New York，1862 – 1865。在 5 ~ 20 年期公债的价格无法获得的情况下，本书采用 1848 年发行的利率为 6% 的公债在1868 年之后的赎回价格作为替代。黄金和纸币之间的比价关系取自W. C. Mitchell，*op. cit.*，p. 423。

场在战争期间也对美国关闭了。为了解决由此带来的流动性问题，政府先是选择印发纸币，然后通过 1863 年的《国家银行法案》，允许官方认可的银行以持有的政府债券作为担保发行银行券。到了战争结束时，美国已经面临着流动性过量的问题了，而很多投资者正是出于对美国货币政策的不信任从而拒绝贷款给美国政府。

除此之外，北方在 1861 年面临的威胁要比 18 世纪的典型战争更为严重。部分州的脱离有可能会导致整个联邦的解体。北方有着漫长且暴露的边境线，其首都就坐落在敌人的眼皮子底下。很多外国的观察者倾向于认为这是一场不可获胜的战争，至少也觉得打赢战争的成本和收益不相称。1862 年 10

月，英国的《经济学人》宣称南方的独立不可避免。① 即便是在军事上的威胁开始消退的情况下，财政上的危险仍在不断上升。政府的开支逐年增加，债务达到不可持续的水平的风险也随之提高。按照这种逻辑，美国的高利率的确反映了政府信用的高风险，但这种风险取决于政府的偿付能力，而非偿债意愿。

我们无法准确衡量北方如果在不求助于发行纸币的情况下进行战争所需要花费的成本。但我们的确可以将战时恐慌和资金短缺的因素从利率中剔除。在罗伯特·李将军于 1865 年 4 月投降之后，联邦分裂的威胁就消失了。到了 1866 年之后，财政开始出现盈余，因此对于政府偿付能力的担忧也不复存在。美国债务的总额虽然很高，但与 GNP 相比可以说只是九牛一毛。几乎所有人都认为美国雄厚的财力可以让它在很短的时间内减轻债务负担。北方的胜利使得外国资本迅速回归美国市场。到了 1865 年底，外国持有的美国公债总额已经超过了 3 亿美元。在仅仅 3 年之后，这一数字就涨到了 7 亿美元，不少于国债流通总量的 30%。② 美国的公债利率显然不再受到资本短缺的影响了。

尽管如此，政府的贷款成本依然保持在十分高昂的水平。从 1865 年 4 月到 1868 年底，5 ~ 20 年期公债的市场交易价格不超过 80，到期收益率在 8.5% 左右。这不仅高于那些有着充足的国内资金储备以及维持了纸币兑现的国家（如英国和荷

---

① H. M. Lawson, *Jay Cooke, Private Banker*, Cambridge, MA, 1936, p. 115.

② M. Wilkins, *The History of Foreign Investment in the United States to 1914*, Cambridge, MA, 1989, p. 91. 这个数字代表了当时联邦政府债务总额的 30%（债务不包括纸币，因为纸币显然不是外国投资者青睐的目标）。

兰），还要高于一些并不满足这两个条件的国家。例如，俄国的公债在 19 世纪 60 年代晚期的市场收益率在 6% 左右，但俄国的债务占 GNP 的比重与美国基本相当，其政府处于长期赤字中，经济前景和美国完全不可同日而语。在这一阶段，美国的信用等级和意大利处在同一水平线上，后者公债的市场收益率达到了 9%。和美国一样，意大利也是在巨额公债和停止兑现的情况下完成了自己的统一。但与美国不同的是，意大利的预算看上去已经失去了控制，其债务超过了 GNP 的 70%，还在继续增长。除此之外，意大利在 1866 年对公债预扣了利息税（外国投资者持有的公债也在被征税之列），这在投资者眼中已经构成了事实上的违约。

在这种情况下，美国公债的高收益率只能用投资者挥之不去的对于违约的恐惧来解释，而这种恐惧并不是完全没有道理的。1861 年南方各州脱离联邦使得旧的杰克逊派共和党人陷入了分裂。取而代之的主宰美国政治的联盟首次包括了稳健货币的支持者。但这并不意味着美国农业时期的情感就此消失了。除此之外，政府的债权人能够拿到真金白银的偿债款，而其他人只能将就着用纸币，这毫无疑问会引起民众的不满。正是部分出于这个原因，政府最初试图在战后以最快的速度赎回所有的纸币，这样公债持有人的特殊地位就会在他们持有的债券到期前消失。这种做法导致的通货紧缩效应很快招致了广泛的反对。美国在内战后所面临的货币问题和英国在拿破仑战争之后所面临的问题基本相当，但 1865 年美国国会的政治结构和 1815 年的英国议会相去甚远。很难想象美国政府会为了维护公债持有人的利益做出彼得鲁大屠杀这样的事情。

除此之外，美国农业部门的势力在 1865 ~ 1868 年远没有彻底消退。在亚伯拉罕·林肯被刺杀之后，美国的总统成了他们的"自己人"。在安德鲁·约翰逊看来，一场针对奴隶主的战争最终会使北方自食其果。

一个建立在 25 亿美元的政府债券基础上的新贵族阶层在奴隶主寡头的尸体上崛起了。①

林肯的任期使行政权扩张到了开国元勋无法想象的水平，约翰逊则见证了行政权的最低谷。由于没有控制财政政策的实权，约翰逊只能从政治的边缘进行一些破坏性的影响。在他于 1868 年的最后一次国情咨文中，他（在美国总统历史上唯一一次）公开建议进行债务违约。按照约翰逊的观点，公债持有人已经获益颇丰了，因此，他们应该满足于从此之后按照原始本金获取利息。在这种情况下，债务总额将在 11 年内还清。② 参众两院很快对这一建议提出了激烈的批判，但信贷市场在很长一段时间内依然对美国的承诺持保留态度。

在某种程度上，约翰逊和他的支持者步调并不一致。作为一名杰克逊派的硬通货支持者，他并没有忍受"林肯绿币"很长时间就要求将其迅速赎回。大多数人的观点则与之不同。对于西部的农民来说，由赎回纸币带来的土地和谷物价格的下

---

① Studenski and Krooss, *op. cit.*, p. 161.
② 有趣的是，约翰逊的提案在威尼斯有着先例。威尼斯新公债在 1530 ~ 1560 年期间正是通过这种方式偿还的。约翰逊不太可能研究过威尼斯的财政史，但他们的思想有着内在的相似性。

跌是毁灭性的。大多数杰克逊硬通货派的支持者现在转向了自己曾经痛恨的纸币。为了减轻国家的公债负担，他们建议以贬值严重的纸币来偿还政府债务。《法定货币法案》中存在一个支持这一观点的漏洞：法案中明确规定政府债务的利息必须要使用黄金偿还，但关于本金并没有类似的规定。即便是那些在出售时就已经规定了以黄金偿还本金的债券，在 1868 年的选举中也承受了日益增长的群众压力。迄今为止一直在公共债务方面持强硬态度的政治家也被这种群众压力所影响。参议院谢尔曼就建议：

> 如果在政府债券到期时，政府使用与其发行时价值相等的货币偿还，平等和公正的原则就得到了践行。[1]

以纸币偿还公债成为民主党的核心政策，[2] 而与之相对的则是同样强有力的内战英雄格兰特将军。他对于公共债务的不可侵犯性有着坚定的信仰。在 1868 年选举获胜之后，他在 1869 年初进行的演说中清楚地表明了自己的立场。

> 为了保护国家的荣誉，政府的每一美元债务都需要用黄金偿还，除非合同中有不同的规定。我们必须认识到，

[1]　U. S. Senate, 27 February 1868. From *Speeches by John Sherman*, *op. cit.*, p. 165。谢尔曼认为那些拒绝接受债务转换的公债持有人将面临被使用纸币偿债的威胁。而反对者则认为这一过程无异于强制的债务转换。

[2]　事实上，民主党人和共和党人在这一问题上都不是完全统一的。以纸币偿债的倡议者们的领袖乔治·彭德尔顿将民主党党魁的位置输给了霍雷肖·西摩，一位硬通货的支持者。在另一方面，一些共和党人也倾向于谢尔曼的强制债务转换方案。

任何想要促成公债违约的人都不应当获得公职，只有这样，我们的信用等级才能成为世界上最好的，我们也能够最终将公债的利息降下去。①

在这次演讲之后，在 3 月国会通过了《公共信用法》(*Public Credit Act*)，堵上了 1862 年立法中的漏洞，规定所有的公共债务都必须以硬通货偿还。正如格兰特预测的一样，美国公债的价格迅速上升，市场收益率下降到了 5.5%。如果美国能够在此之后将国内货币与黄金挂钩的话，政府的债务成本还会进一步下降。但在那之前，美国的信用等级与其他的中等国家一样，如俄国。俄国的信誉很好，但它的货币政策是值得怀疑的。在 19 世纪投资者的眼中，这样的政府的债务是肯定不会获得 3A 评级的。格兰特政府面临的反对通货紧缩的政治压力实在是过于强大，普遍认为更理性的做法是在经济增长的情况下保持纸币数量不变，这样纸币就会自然升值。等到 1875 年时，将纸币与黄金挂钩的政策才再度成为可能。这一年通过的法案规定在 1879 年之前恢复以硬币偿还债务。政府的贷款成本毫不奇怪地进一步下降。在 1877 年之后，长期公债的市场收益率在 4% 左右。到 1881 年时，收益率已经下降到了 3%，在美国历史上首次和英国统一公债达到了同一水平。美国的信用等级在这些年间发生的惊人转变在图 8 - 5 中得到了很好的体现。

① J. Richardson, ed., *Messages and Papers of the Presidents*, New York, 1897, p. 3961.

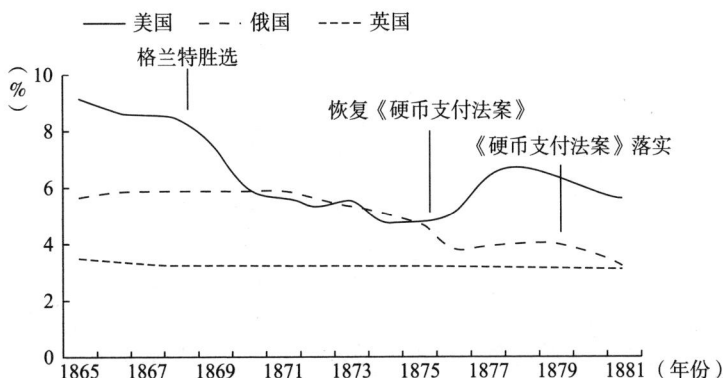

图 8 - 5 美国、俄国和英国公债收益率，1865 ~ 1881

注：美国和英国的长期公债收益率来自 Homer and Sylla, *op. cit.*，美国的收益率是以黄金计量的到期收益率。俄国的收益率来自伦敦证券交易所的价格。感谢牛津大学的尼尔·弗格森，这些数据来自他发表于《经济学人》的关于债券价格的数据资料。俄国在 1877 ~ 1879 年的收益率突然提高是 1877 ~ 1878 年俄土战争的结果。在此之后，俄国的收益率回到了原来的水平上。

疲软货币派和稳健货币派之间的斗争在 1878 年并没有完结，它甚至延续到了 1896 年威廉·詹宁斯·布莱恩选举失败以及 1913 年美联储建立之后。但 19 世纪 60 年代发生的事件毫无疑问是这场斗争的转折点。1790 年，汉密尔顿能够说服国会承担在相对比重上与内战时期基本相当的公债。但在开国元勋的时代，选举权的覆盖范围仍然是有限的，美国也还不存在一个真正意义上的"统治阶级"。在 75 年后情况已经有了很大的变化。西部的扩张与开发、普选权的确立以及旧式的社会偏好的消失使得汉密尔顿期望的结果不再那么容易产生，一些明智的政府成员已经清楚了这一点。对于美国的农业人口来说，如果他们的宿敌——东海岸的银行家和资本家依然在巧取豪夺整个国家的财富，无论有多少关于良好的政府信用的好处的演讲都是没有意义的。唯一的解决方案就是尽量扩张公债持有人的范围。亚伯拉罕·林肯就持有这种观点。

> 很明显，[公债] 在所有人当中分配得越广泛，带来的好处就越多……民众已经接受了这样一个事实：他们不可能被自己欠自己的债务所压迫。①

但对于实现这个政策出力最多的人并非一位政治家，而是一位来自费城的银行家杰伊·库克。他是美国第一个认识到法国在克里米亚战争期间直接向公众出售公债的意义的人。1861年，他已经在自己的故乡宾夕法尼亚州（其信用等级依然受到 1840 年违约的影响）复制了法国的做法。通过向公众呼吁"在危急时刻展现爱国主义和宾夕法尼亚州的热情"，库克成功地按面值向公众出售了利率为 6% 的公债，而在之前，银行家要求的包销折扣达到了 25% 以上。很多小额的投资者购买了低至 50 美元的公债。1862 年初，库克向财政部长萨尔蒙·P. 蔡斯写信建议对联邦政府的债务采取同样的策略。为了佐证自己的观点，他随信附上了法国在 1854～1856 年期间的公债销售记录，并描绘地方政府的大门"被成群的农民认购人所包围"②。

在 1862 年 10 月到 1864 年 1 月以及 1865 年 1～7 月期间，库克成为政府的债务代理人。在第一个阶段，他出售 5～20 年期的公债。他成功地在 15 个月内按面值作价卖出了不下 5 亿

---

① Richardson, *op. cit.*, p. 3348.
② Lawson, *op. cit.*, pp. 106, 121.

美元的公债，但这并不能为他赢得国会的感激，后者更关心的是他从中捞到的 7.3% 的佣金。1864 年 1 月，库克被免除了职务。在此之后，政府出售长期债券的能力基本上消失了，因而不得不发行短期国库券，甚至将其中一部分定为法定货币。

林肯的胜选使得他能够让库克官复原职，但到了这时政府的信用等级已经非常糟糕了，因此他能做的只是用 5 ~ 20 年期公债取代 3 年期财政部债券，来支付利率为 7.3% 的公债。尽管如此，库克筹集到的资金依然是相当可观的——在 5 个月内共计 7 亿美元。

在两个阶段，库克的销售策略都是一样的：利用大众媒体向民众传送包含着明显互相矛盾的情绪——爱国主义、精明的自利以及内疚——的信息。他甚至试图调动民族感情。

> 如果我们承担起简单的责任——购买政府债券，我们对于下一代人的意义就不下于开国元勋对我们的意义。[①]

而在另一些时候，他会宣传政府债券能够获得的高收益率，或者将公债宣传为"工人的储蓄银行"——小额投资者能够获得政府保护的安全房。在此期间，关于穷人和伤者向国家贡献资金的故事维持了对民众情感上的压力。正如在现代的融资中一样，公众被持续性地告知筹资的具体情况。在很多方面，库克是现代大规模市场营销手段之父。简单地让民众认购公债还不是问题的全部，库克对于自己角色的政治意义有着深刻的认识。他的 2500 名次级代理人遍布整个美国，花费大量

---

① Lawson, *op. cit.*, p. 130.

的精力将公债不仅推销到西部，还有南方。面值为 50 美元和 100 美元的小额公债一共卖出了 200 多万份。这次将公债扩展到全国的"十字军东征"展现了库克对于国家稳定以及团结的深刻认识。在 1865 年的一份小册子中，他声称：

> 如果我们在 1860 年就有高额的联邦公债，而且其在南卡罗来纳、阿拉巴马、佐治亚、弗吉尼亚的山地人和种植园主中的扩散程度与罗德岛、印第安纳、明尼苏达和康涅狄格相当的话，针对奴隶制度的战争根本就不会发生。①

在 1865 年之后，库克停止担任政府公职，但他继续参与了接下来几年内关于公共财政的辩论。正当在 1868 年的选举期间关于公共债务的争论达到顶点的时候，他关于这一问题写了一封一针见血的长信。他陈述了大部分利率为 7.3% 的国库券都是以小额的面值发行的，全部认购额中接近 90% 都是在 500 美元及以下。

> 资本家只是公债持有人中的少数，任何全部或部分赖账的法案都会打击寡妇、孤儿和小额的投资者……很多公众人物要求对利息征税、使用纸币偿债等，他们都将债券持有人称为"有特权的"或者"富有的"……这些都是

---

① S. Wilkeson, *How Our National Debt May Be a National Blessing*, Philadelphia, 1865, p. 6. Wilkeson 是一个为库克工作的记者，人们通常认为他的小册子都只不过是库克的传声筒。

煽动行为与扭曲事实……在我们各种公债的 300 万持有人中，有 90% 以上都是平民。[1]

库克紧接着批判了那些"赖账"的支持者，将他们称为自私自利的小人，只愿意投资不动产而不愿意购买政府债券。他们只是以忠诚的公民为代价来保护自己的投资。他最后指出了赖账会对经济造成的糟糕影响："向［他们的计划投降］将极大地打击整个国家……其成本将不可估量。"

我们并不能确定库克的公开信是否对选举产生了影响，但他在担任政府债务代理人的任期内起到了关键的作用。按照库克的估计，在他的任期内一共有 300 万人次认购了公债。即便考虑到重复计数的情况，美国公债持有人的数目现在也已经大大超过了法国，而两国的人口基本相同。一些初始的认购人在 1868 年可能已经卖掉了自己持有的公债，但谁又能说在约 800 万的选举人中（其中只有 570 万人真正参与了投票），200 万 ~ 300 万人的公共债权人没有起决定性的作用呢？

在 1865 年的筹款中，一位库克派到伊利诺伊州的次级代理人汇报说："那些住在小木屋里，穿着自己织的衣服并驾着两匹马拉的马车去教堂的农民，很多都持有几千美元的政府债券。"[2] 这的确是一种奇妙的转变。在几年之前，这些自由农民正是杰斐逊式农耕美国的核心。而现在，美国看上去也变成了一个公民债权人的国家。

① 库克的公开信全文可见 E. P. Oberholtzer, *Jay Cooke, Financier of the Civil War*, Vol. II, Philadelphia, 1907, pp. 44 – 53.
② Lawson, *op. cit.*, p. 174.

第九章　全民皆兵

一　全面战争（第一部分）

> 一次公债发行的失败将比一次战场上的惨败带来的影响更严重。
>
> ——美国财政部，第四次自由公债：手册/宣言，1918

1914 年 6 月 28 日，弗朗茨·斐迪南大公在萨拉热窝遇刺，这为"资产阶级的世纪"画上了句号。西方国家在过去 100 年内所取得的空前进步最终要在战争的泥潭中遭到考验。交通和工业上的进步使得士兵能够以前所未有的速度被运送到前线上，然后在那里被屠杀。但在 19 世纪取得进步的不只是机器工业，各国的政治体系也产生了深刻的改变：首先，绝对君主制已经逐步被议会制所取代；其次，有财产限制的选举体系被全体男性的普选所代替。各国的财政体系也随着政治一同转变。与议会政府和有限选举权相辅相成的英国公债体系被法国和美国改造成了更适应大众民主（*mass democracy*）的形式。第一次世界大战的进程也将反映出这些革命的成果。

这场战争不仅是第一次"世界大战"，还是历史上第一次"全面战争"，交战双方都将自己能够调动的全部资源投入了战争当中，而各交战国的国民也都全心全意地投入其中。这种人民战争参与度的提升是他们政治参与度提升的自然后果。战争现在被看作敌对民族之间的斗争，而非王公贵族们的角斗场。主要交战国所动员起来的数以百万计的军队的确可以被看作"全民皆兵"。这场战争实际上可以被看作法国大革命的成就的巅峰，大革命将大量武装起来的"民众"释放到文雅的贵族战争中，革命军队看上去是不可阻挡的。但革命军队的优势被法国政府拒绝接受信贷市场的准则抵消了。雅各宾派的财政体系依赖纸币和没收财产，拿破仑则依靠税收和征服，而这两种手段都被英国几乎无穷无尽的统一公债供给击败了。拿破仑的成就是将革命的民族主义和传统的王朝帝国主义结合在了一起，但民众的全部潜力反倒在"小店主的国家"的资产阶级议会制中得到了最充分的发挥。19 世纪将大量的民众变成了公债的持有人，这促成了大众民主与资产阶级财政体系之间的和解。因此，第一次世界大战不仅展现了工业革命和民族主义的爆发性成果，还展现了以信用为基础的民主化财政体系的实力。在很多方面，这三者是共生的。工业革命导致的战争规模的扩张使得在没有全体民众参与的情况下进行战争成为不可能的事情，这种大规模的全面战争也就要求极高的资金投入。而反过来，民众的战争参与度提高又使得政府能够以前所未有的规模消耗人力、物质和金钱资源。最终，信贷市场的力量使得这种消耗几乎没有任何限制。

各交战国在战争期间从自己的公民那里借来的资金数额的确是巨大的。美国 1916 年的债务总额仅有 10 亿美元，但在接下来不到 2 年时间内就增加了 240 亿美元。法国、俄国和意大利分别借了 180 亿美元、80 亿美元和 60 亿美元。① 可能更引人注目的一点是税收在战时开支中的占比极为有限，法国、德国和俄国在战争期间的真实税收甚至下降了。这三个国家的战争开支几乎完全由公债承担。但即便是在税收额迅速增加的英国和美国，情况也没有太大的不同，英国和美国的债务占军费开支的比重分别为 80% 和 75%。为了看清楚这些数字的意义，我们需要回顾英国在拿破仑战争期间的债务记录。在 1792 ~ 1797 年期间，英国的债务承担了几乎 90% 的军费。在这个政策难以为继时，信贷市场接近崩溃，英格兰银行面临挤兑不得不停止纸币兑现。在此之后，英国不得不改变了自己的策略，变得更为审慎。在战争接下来的阶段，只有 50% 的军费来自贷款。在这种情况下，毫无疑问，一战的参战国将把公共债务的潜力发挥到极致。

1914 ~ 1918 年各主要国家的税收、开支与公债如图 9 - 1 所示，各国的开支和公债都是按照战前的价格来记录的，这是为了免受战时通货膨胀的影响。法国和德国的公债规模都相当于战前 GNP 的 150%；英国和意大利的相对水平只略少于此。我们很容易看出欧洲的大国都将战争公债推向了可能承受的极限。像法国和俄国这样的国家在战前就已经有很高水平的债务

---

① 这些数据是通过将每年的开支按照当年的汇率进行换算的结果。基础数据来自 United Nations, *Report on Public Debt*, Lake Placid, NY, 1947, for Great Britain, Germany, and the United States; R. M. Haig, *The Public Finances of Post - War France*, New York, 1929, for France; D. Forsyth, *The Crisis of Liberal Italy*, Cambridge, UK, 1993, and F. A. Répaci, *La finanza pubblica Italiana nel secolo 1861 - 1960*, Bologna, 1962, for Italy; A. Michelsen, P. N. Apostol, and M. B. Bernatsky, *Russian Public Finances During the War*, New Haven, CT, 1928, for Russia。

了，只有战前债务几乎不构成任何问题的美国才能以平和的态度面对战时的债务问题。

公债的无处不在不仅体现在这些简单的数字上。在之前的战争中，往往只有一方能够充分利用低成本长期信用的威力，而现在所有人都已经做出了改变。爱国性质的筹资在18世纪的法国首次出现，并最终成为战时财政计划的基石。德国已经从法国在战败之后筹集赔款的轻松与迅速程度理解了向大众推销爱国性质的公债的重要性。其他的国家则花了更长的时间，直到1915年年中，英国在表面上基本只依赖富有的投资者，但在此之后英国也开始像大陆国家一样向小额投资者推销公债。

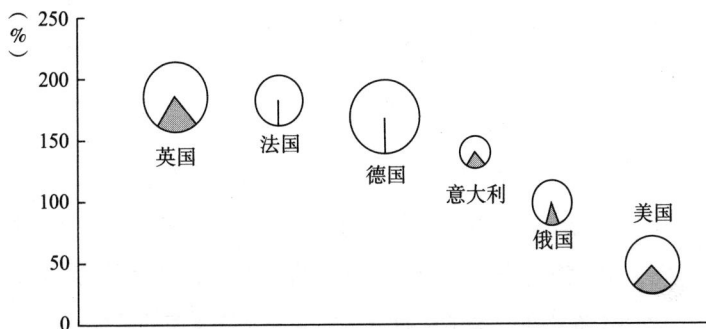

图9-1　各主要国家的税收、开支与公债，1914~1918

注：气泡大小代表全部战争开支与战前GNP之比，黑色部分表示税收占开支的比重；白色部分表示公债占开支的比重。除俄国之外，每年的公债数额是采用零售和批发价格指数进行调整后的。俄国的数额只采用批发价格进行调整。战争开支包括偿债成本的增加，但排除了战前的军费水平。价格数据的来源：United Nations, *op. cit.*, except for Russia where the source is G. Y. Sokolnikov, *Soviet Policy in Public Finance*, Stanford, CA, 1931。债务的数据来源与第538页脚注①相同，除此之外还来自 U. S. Bureau of the Census, *Historical Statistics of the United States: Colonial Times to 1957*, Washington, DC, 1960；B. R. Mitchell and P. Deane, *Abstract of British Historical Statistics*, Cambridge, UK, 1962；and W. J. E. Lotz, *Deutsche Staatsfinanzwirtschaft in Kriege*, Stuttgart, 1927。

但这些公债促销远不只是一种以最小成本筹集最大数额资金的手段，它们对于战争的心理有着核心作用。公共债务从未像此时一样成为公民权的同义语，正如美国第三次"自由公债"的宣传海报所言："你是 100% 的美国人吗？证明这一点！购买联邦政府债券！"财政部长威廉·麦卡杜甚至声称："一个不愿意以 4% 的利率借给联邦政府 1.25 美元的人不配被称为一个真正的美国公民。"[1] 购买公债和参战被看作道德上的同义语。海报上通常写道："参军或者购买公债""参军或者投资"，其他的一些信息则更加直接："要么为国家贡献自己的资金，要么贡献自己的鲜血。"事实上，公债已经不再仅仅是战争的替代品，它成为战争整体的一部分。

在政府的宣传中，公债成了战斗的一种形式。认购公债的意愿对于平民的意义就如同战斗意愿对于士兵的意义一样。不购买公债或只购买少量的公债就等同于在敌人面前临阵脱逃。公债的发行就是一场志在必得的胜利，它对于敌人心理的伤害不亚于一次军队的撤退或者一个同盟国的投降。[2]

"公债战争"有双重的意义，民众对于战争公债的积极态度既说明了这个国家存在着尚未被政府利用的资金储备，也说明了民众的战争热情尚有剩余。正如劳合·乔治在 1915 年所

---

① Quoted in N. Ferguson, *The Pity of War*, London, 1998, p. 325.

② 法兰西银行的查尔斯·李斯特对德国战争公债的描述引自 G. Jèze and H. Truchy, *The War Finance of France*, New Haven, CT, 1927, p. 283。李斯特认为法国的公债促销活动与德国相比是非常随意和无组织的，但他的描述抓住了各交战国战时债务的特征。

说的，英国将自己的战争胜利归因于政治和财政体系的协调性，因为它总能获得最关键的"最后100万"。在新的"民主式"财政体系下，这"最后100万"将被最有能力通过公债促销调动民众资金支持的国家所获得。

当美国于1917年对德国宣战时，最先被调动起来的并不是士兵和火炮——这些东西美国手头上暂时并没有多少。美国和德国首先向对方发射宣传炮弹。一份第七次德国战争公债的海报将伍德罗·威尔逊描绘成一条被德国的钱币组成的锁链击退的恶龙。美国则在第一次"自由公债"宣传中做出了与之类似的回应。

> 德国人厚颜无耻地将他们的上一次战争公债称为"对威尔逊的答复"，他们的公债发行取得了极大的成功。你对于德国的答复是什么？[1]

1918年：

> 鲁登道夫最近告诉德国人"第八次战争公债必须证明我们的权力意志，这也是一切战争的源泉"。第四次自由公债的认购则需要美国的人民来完成。它必须证明我们的权力意志……一次公债发行的失败将比一次战场上的惨败带来的影响更严重。[2]

---

[1] Liberty Loan Committee, *The Liberty Loan of 1917*, New York, 1917, p. 12.
[2] U. S. Treasury, *Fourth Liberty Loan: A Handbook for Speakers*, Washington, DC, 1918, p. 36.

公债因此成为"民族"之间战争不可分割的一部分。对于有些人来说，战争展现了达尔文"物竞天择，适者生存"的原则，只有最强大的民族才得以存续。而对于另一些人来说，第一次世界大战全民性的参与让他们回想起了古典时期部落共和国之间的战争。在《凡尔赛和约》被称为"迦太基"式和平之前，一战就已经被人拿来和布匿战争进行比较了，其中一些人特别提出了民主国家的战争和自愿公债之间的联系。1917 年，罗马大学的兰奇亚尼教授就呼吁人们效仿罗马共和国的公民在第二次布匿战争期间向国家自愿捐献贵金属和珠宝的爱国壮举（当然，这些捐赠后来都从迦太基的赔款中得到了偿还）。他在罗马建城的纪念日组织了一次广场游行，以鼓励现代的罗马人也像他们的祖先一样为国家做出贡献。[1] 而在美国，一篇获奖的学生演讲被公开发表以支持第四次自由公债的发行，其中有如下的文字。

> 全世界的人都知道我的存在，我被称为自由斗士的左右手。德国皇帝已经撕碎了很多张纸，而我则要反过来撕碎德国皇帝。可能你们已经猜到了，我就是自由公债。
>
> 可能你还想要了解我的家庭。我的家族源远流长，在基督降世之前，我的祖先就已经拯救过文明：在他们的帮助下，罗马摆脱了迦太基的魔爪。[2]

可能这位教授和这位学生都受到了过度的古典学教育的不

---

① T. Frank, *An Economic Survey of Ancient Rome*, Vol. I, Baltimore, 1933, p. 89.

② U. S. Treasury, *op. cit.*, p. 63.

利影响，但现代大众民主的产生看上去的确像是历史又回到了原点。在古典时代的雅典和罗马，由于税收被普遍认为是一种对于公民尊严的侵犯，战争开支尽可能地通过公民的自愿捐赠来筹集。第一次世界大战则将各国在战争中对公债的依赖推向了新的高度。

当然，这个问题还有另一个方面。一战从某种意义上来说是第一次"民主战争"。但在另一些人的眼中，它只不过是欧洲摇摇欲坠的王朝之间最后一次争夺霸权的战争。在19世纪，在民主民族主义（democratic nationalism）之外兴起了另一种对立的意识形态。在马克思主义者看来，欧洲的各国并不是统一的"民族"，而是由互相对立的阶级构成的，欧洲的君主是各国统治精英的傀儡，他们不过是在进行一场帝国主义的争霸战争。工人阶级为什么要自愿在这场战争中当炮灰呢？他们真正应该效忠的对象是所有国家的工人同盟，而不是自己的压迫者。在战前的几年内，欧洲的社会主义政党将其和平主义倾向表达得非常清楚，尽管在1914年战争爆发之后其也没能免疫爱国主义的战争热情。对于像墨索里尼这样的人来说，一战就好像《圣经》中前往大马士革路上的异象。但大多数人则坚持了旧的信仰并静静地等待着热情的消退，一部分人则始终保持着社会主义者坚定的世界主义的立场。在这种环境下，欧洲国家的政府必须要一手对抗外敌，一手防备内患。它们并不能够准确地知道新获得选举权的民众从什么时候开始把自己视为"同志"，而非"公民"。欧洲国家（尤其是在德国）有持续性的流言说社会主义者与和平主义者将要联合起来抵制战争公债，以推动战争的结束。这也是战争公债筹集失败所造成的危险不亚于军队在前线战败的原因之一。

协约国通常在战争公债宣传中把第一次世界大战描述成抵抗专制主义的战争（至少在沙皇俄国退出战争之前，这显然是站不住脚的）。的确，威廉二世比英国的乔治五世拥有更大的政治权力，而在1916年之后德国则掌握在军事贵族的手中，但这对于帝国的财政体系几乎没有实质性的影响。在一个政府必须要每隔六个月向民众乞求资金才能进行战争的时代，任何不受欢迎的政策（或政府）都不可能长时间存活。一战时期的公债促销事实上是一场财政上的全民公决（financial referendum）。

各国的公债之战有一些共同的特征。由于战争公债是对民族意志的考验，志愿主义成为各国通行的促销方式，由爱国公民组成的队伍自发地提醒每一个人必须承担其财政职责。在美国，地区性银行是这些组织中最重要的一部分。它们具有一个得天独厚的（隐含的）优势——它们知道每个本地的公民具体能够贡献多少。各地的电影院都在放映宣传片。这些志愿组织还组织了民众集会以及其他一些公开筹款活动，并取得了惊人的成功。由恩里科·卡鲁索以及其他顶级歌剧艺术家在1918年10月于卡耐基音乐厅的表演一共募集了480万美元（相当于今天的约6亿美元）。宗教也被利用了起来，俄国东正教会成为沙皇事实上的财政代理人。1919年，10万名牧师在讲道中支持了美国的"胜利公债"。在德国，古老的异教仪式也被复兴了，兴登堡元帅的木质巨像在全国范围内巡回展出，公债认购人可将钉子钉入这个巨像，以表达对第四次战争公债的支持。甚至小孩子都被呼吁捐出自己的零花钱，他们绵薄的捐赠则被用来给他们的父母施加更大的心理压力。

今天晚上每人回家之后都要问你们的父母他们是否购买了公债，是否承担起了供养欧洲饥饿的小孩子的责任，是否尽力帮助同盟国进行战争并为战壕中的士兵输送武器弹药。告诉他们，你会放弃零花钱以及所有的一切来让他们购买战争公债。①

海报可能是公债促销最经常采用的形式，它们为我们提供了研究当时的审美以及大众观念的重要材料。绘制海报的艺术家的风格从新哥特式到超现代主义，各不相同。俄国的海报风格在沙皇倒台前后发生了剧烈的变化，在 1917 年之前，它们看上去像东正教教堂上的壁画，而克伦斯基临时政府时期海报的风格则更倾向于 20 世纪 20 年代的革命艺术。当然，这些视觉宣传的洪流不只被用在战争公债上，在那些没有实行征兵制的国家，海报还被用于招募志愿兵。除此之外，还有鼓励增加生产、减少消费的海报以及通过丑化敌人来提高民众战争热情的海报。

在民众参与度方面，第一次世界大战毫无疑问取得了惊人的成功。例如，在德国，第一次战争公债的认购人共计 115 万，第二次和第四次公债则分别达到了 270 万和 528 万。这个数字在 1919 年 4 月的第八次战争公债筹集中已经增加到了接近 700 万。1917 年初，英国财政大臣博纳尔·劳痛心地将英国的民众参与度与敌人进行了对比，认为这些数字"说明了不同民族精神的差异"。但他同时也乐于宣布，利率为 5% 的

---

① 威廉·马塞尔·刘易斯（William Mather Lewis）给学生做的演讲，来自 *Fourth Liberty Loan: A Handbook for Speakers*, p. 87。

战争公债在英格兰银行以及邮政局（《经济学人》在 1911 年
的建议"像邮局出售邮票一样出售统一公债"已经成为现实）
都已经有了超过 100 万名认购人。但英国公众在公债当中的参
与并不止于此。加上战争储蓄券的持有人，财政大臣将英国公
债持有人的总数估计为至少 800 万——因此（在他看来）已
经胜过了德国人（the Hun）。① 到了战争结束时，英国几乎所
有家庭的保险箱或者床垫下面都有一些战争公债，但美国才是
公债持有人数量最多的国家。1918 年的第四次自由公债一共
获得了 2280 万份认购，其中有 1350 万份都是 50 美元的最小
面额。

认购人的数量体现的是战争公债在政治上取得的成功。而
在财政上，最关键的问题是要避免危险的短期债务的大量堆
积。从国家偿付能力来看，长期国内债务的好处仅次于税收。
因此，战争公债的超额认购意味着政府的信用等级依旧良好。
事实上，以比对手更低的利率取得贷款本质上并不是非常重
要，尽管它可以被用作宣传上的武器。考虑到战争公债的巨额
数目，各国利率在战争期间上升是非常自然的，但按照历史的
标准来衡量，利率在一战期间仍然处在非常低的水平（除了
美国和英国最早的战争公债所定的极低的利率之外），一战期
间最高水平的长期公债利率是奥地利的 6.04%，最低的则是
美国的 4.25%（见图 9 - 2）。短期债务的利率水平还要更低。

就交战国偿付能力而言，利息成本并非主要威胁。图 9 - 3
更清楚地展示了各国战争开支的来源情况。

---

① J. Wormell, *The Management of the National Debt of the United Kingdom*, *1900 - 1932*, London, 2000, p. 340.

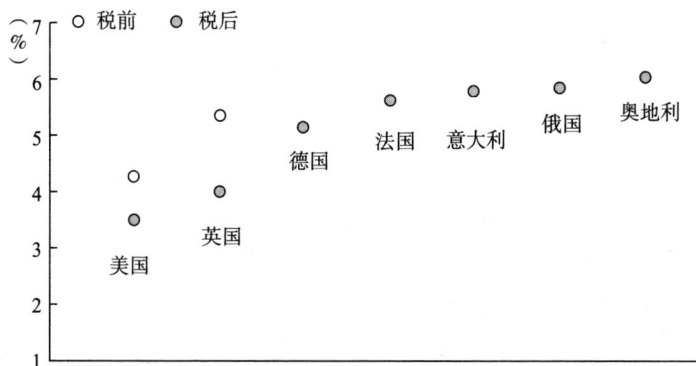

图 9 - 2　各国长期公债利率水平的峰值，1914 ~ 1918

注：此图描述的是每个国家战时发行的最高水平长期公债利率。美国和英国扣除基本所得税前后的数据都纳入了本图，以和战争公债免税的国家进行比较。税前收益率只存在于公债需要纳税的国家。

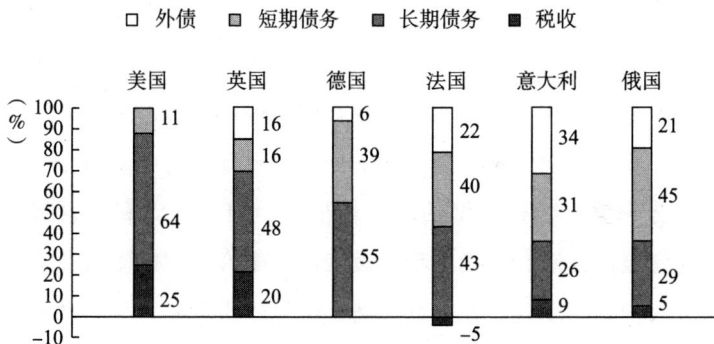

图 9 - 3　各国战争开支的来源，1914 ~ 1918

注：本图的数据来源和第 538 ~ 539 页注释中一致。税收的贡献是通过将战时利息的增加值加到战争开支中获得，但减去了战前的军事开支。法国的数字是负的，因为法国的税收甚至不能完全承担和平时期的开支。盟国之间债务的存在使问题复杂化，其中原因之一是它们战后的可偿还程度引起了大量的争论。为了避免猜测所造成的误差，盟国之间债务都按照预算中的记录纳入图中，但这会带来重复计算问题，因为债务国——美国、英国和法国——会将其贷给盟国的资金记为自己的战争开支。德国的外债由来自外国供应商的信贷构成。

考虑到美国在战争开始时的财政和经济地位，它拥有最好的信用记录毫不奇怪。美国战争开支中接近90%由税收和长期公债构成，而短期债务只略多于10%。1914年引入的所得税成为战争期间新增的税收主体，这毫无疑问是美国财政的一针强心剂。但美国战时财政中最重要的部分依然是四次"自由公债"（得名于财政部长威廉·麦卡杜，他将其称为"对专制暴政发动战争的工具"）。① 这些贷款的还款期限为10～30年。1919年，政府又以和之前一样迅猛的宣传攻势发行了五年期的"胜利公债"，进一步提高了政府已经过高的短期债务水平。

而在另一个极端，意大利和俄国的战争开支中只有约1/3是由税收和长期债务构成的。它们的公债在战前的低收益率掩盖了其信贷市场的不发达，而这种不发达使得这两个国家很难大规模地向公众出售公债，因此它们不得不依赖短期债务。在俄国，政府短期债务的3/4都来自中央银行。这个比例在意大利只有36%，但这更多的是一种形式，因为意大利有发行纸币权的银行普遍愿意接受政府短期债券作为抵押以便向私人部门发放贷款。除此之外，意大利战时债务的很大一部分来自盟国，这极大地降低了其国内的财政压力。

三个主要的欧洲交战国——英国、法国和德国——在这两个极端之间。从表面上来看，法国的情况没有比俄国好到哪里去，其全部战争开支中只有38%是税收和长期债务。事实上，法国的税收甚至不能维持其和平时期的预算开支。除此之外，

---

① A. D. Noyes, *The War Period of American Finance*, *1908 – 1925*, New York, 1926, p. 183.

接近45%的短期债务是由法兰西银行持有的。但我们必须要考虑法国的特殊性。首先，在战争期间法国的一大部分工业核心区域要么在德国的控制之下，要么毁于战火，这对于国民收入和税收总额都有着极其不利的影响。其次，法国的资金需求由于其要向比利时、意大利和俄国发放贷款而进一步增加。更重要的一点是，和俄国不同，法国可以将大量的短期债券出售给普通民众。1914年底，法国开始发行小面值的"国防公债"（bons de la défense nationale），迅速地获得了公众的欢迎，到1918年底时，一共约有220亿法郎的"国防公债"在市场上流通，占短期债务总额的一半。作为一种吸收公共储蓄的手段，"国防公债"取得了相当的成功。但法国政府没有在"国防公债"之后发行长期公债，这是一个重要的战略失误。1914年之前，法国的投资者如果想要投资政府发行的证券，只有长期公债可以选择。但到了1915年底，他们已经被具有提前赎回特权的政府债券所吸引。因此，政府通过长期年金筹资的能力会受到影响。尽管如此，法国在1918年底依旧通过永续公债筹集了560亿法郎的资金。

相比于法国公债计划的随意性，德国的战争公债体系则充满了"条顿式"的效率。战争公债每隔6个月发行一次，每一次发行的形式都是利率为5%的永续公债，在1924年之前政府不得赎回，发行价相对于面值有一定的折扣。在战争期间，政府一共筹集了976亿马克，而偿债基金和允许以公债纳税使得长期债务只增加了875亿马克。1917年9月，德国国家银行行长鲁道夫·哈温斯坦对德国相对于宿敌的财政优势感到非常欣喜。正如皮特和拿破仑将拿破仑战争看作交战双方财力的斗争一样，哈温斯坦也对世界大战持有类似的看法。

决定性的因素是在经济领域……我们的 U 艇在我们最痛恨也最强大的敌人周围筑起了一道铁墙……它们通过摧毁英国的商船船队一点点地摧毁它的世界贸易霸权。英国唯一的希望在于我们的经济与财政的脆弱性。这一个早已摇摇欲坠的幻想必将被第七次战争公债发行的巨大成功所彻底击碎，英国必须接受这样一个事实……劳合·乔治曾经自诩能够获得的"最后 100 万"将落在德国手中……

敌人的财政和经济状况要远逊于我们。俄国已经开始崩溃，法国和意大利快要用尽所有的资源，英国的债务负担比我们要重得多。这场战争的所有负担只有 1/3 落在德国身上，而 2/3 落在敌人身上……以人均水平来衡量，英国的开支毫无疑问要高于德国，他们每人的负担为 2500 马克，而我们只有 1400 马克。除此之外，英国的利率已经从 2.5% ~ 3% 增长到了 5%，而德国只是从 4% 增长到 5%……英国的中长期债务只占战时开支的 2/3，而德国在第七次甚至第八次和第九次战争公债的帮助下，可以将公债占军费的比重提高到 7/9 至 8/9。①

哈温斯坦的分析只是部分正确。德国的战争成本确实更低——证明了德国的军事效率确实名不虚传，在战前就震惊了协约国的政治家。在 1916 ~ 1918 年期间，英国和法国合起来

---

① Address of Dr. Havenstein at the Frankfurt Chamber of Commerce, 20 September 1917. From R. H. Lutz, ed., *The Fall of the German Empire*, Vol. II, New York, 1969, pp. 210 – 212.

花了德国两倍的钱，而只是勉强避免了战败。经过计算，协约国平均要花掉 36485 美元才能杀死一个敌军士兵，而同盟国只需要花费 11345 美元。① 德国人在筹集长期债务方面也取得了远好于怀疑论者预测的业绩。但问题已经开始出现，在第四次战争公债发行之后，民众认购公债的速度已经赶不上开销增长的速度，短期债务开始增长。在哈温斯坦说出这些话的时候，德国的长期债务占比只有 70%，而不是他所宣称的 80% ~ 90%（英国的占比也是 70%，而非他所称的 40%）。到了战争晚期，德国的债务中只有 40% 是短期的，其中有一半都来自德国国家银行。

但哈温斯坦在一件事情上是正确的：英国的战时财政表现的确配不上其战前的信用等级。尽管英国在 1914 年财政状况良好，但有一个因素阻碍了它真正获得低成本的战时债务。从 1897 年开始，证券市场经历了一段长达 17 年的熊市，英国受到的打击尤为严重。在这一年，统一公债的价格达到了 113 的峰值。到了 1897 年 7 月，价格已经跌到了 75。美国的公债价格尽管要低于 1897 年，但公债的相对稀缺性以及它作为银行储备资产的价值将其价格稳定在了较高的水平上。法国和德国的公债下跌的幅度也要低于英国统一公债，但这主要是因为它们原先的价格本身就较低。② 这些国家的公债价格，和那些一直到 19 世纪 90 年代才成为高信用等级债权人的俄国、奥地利和

① Ferguson, *op. cit.*, p. 337.
② 由于政府可以赎回债券，永续公债的价格极少上升到面值以上。在 19 世纪 90 年代，英国统一公债达到高价的原因正是政府在 1923 年之前都不可赎回债券。除此之外，统一公债的价格也被 1889 年发生的法律变化所影响。这一年的法律改变给之前只能投资政府债券的受托人赋予了更大的投资选择自由。

意大利一样，几乎没有任何的下跌。1898～1910年，投资法国利率为3%的公债的到期回报率（包括本金的贬值）为2.5%，而德国利率为3%的公债到期回报率为2.05%——这些收益率并不高，但至少是正值，而对英国统一公债进行一笔类似的投资只能带来0.06%的回报，对长期以来世界范围内信用最好的政府债券来说，这种回报率很难说是令人满意的。

正当英国政府在1915年试图为战争举债时，伦敦金融城明确表示，在过去17年的熊市之后，金融市场已经丧失了对永续公债的兴趣。事实上，没有任何一笔英国战争公债是以永续年金的形式发行的。第一批英国战争公债的期限都在1928年以前。政府后来又大规模发行了3次战争公债。其中头两次允许认购人使用之前的公债转换，而且每一次发行的条件都相比之前有所改善。因此，到了战争结束时，英国长期公债的主要部分都来自后两次发行：1917年利率为5%的战争公债，总额为20亿英镑；1917～1918年的国家战争公债（national war debt），总额为14亿英镑。这两笔公债的收益率都在5.35%左右，第二次公债在发行30年之后才能被赎回，第三次公债赎回期则在1923～1928年。在1918年底，长期债务增加了40亿英镑，其中接近一半期限在10年及以内。尽管它并没有立即对英国的流动性造成威胁，但它对于一个不习惯有固定期限债务的国家来说依然构成了一个问题。在对短期公债的相对依赖性上，英国相比于其他主要欧洲国家的表现要更好些。在战争末期积累起来的14亿英镑流动债务的确在英国政府内部造成了极大的担忧，但英国短期债务占战争开支的比重要远低于德国和法国，而且伦敦发达的货币市场意味着只有1/5的公债来自英格兰银行。① 从另一个角度来看，我们必须要明白英国和法国一样在战争的最后 18 个月内获得了美国的财政援助，而德国几乎只能依赖自己的资源。到战争结束时，英国欠了美国政府 40 亿美元。

战时财政的通货膨胀效应不仅体现在短期债务的重要性提升上。为了鼓励民众认购战争公债，政府试图采取措施为民众提供必要的流动性，其中包括鼓励银行为民众提供用来购买公债的贷款，在美国这被称为"为了购买公债而贷款"（borrow to buy）。在这种情况下，由于公债投资者的资金并非来自储蓄，通货膨胀势必会产生，在这些发放贷款的银行可以转过来从中央银行那里取得贷款的情况下就更是如此。由于战争对金本位造成了严重的打击，中央银行发行货币的数量是没有限制的。到了 1918 年，英国的货币供给已经增加了 91%，法国增加了 386%，而德国则达到了 600%。德国货币发行量的高速增长是中央银行购买政府债务的直接后果。如果以更宽泛的货币定义来衡量，德国的货币供给增加了 285%，英国增加了 110%，美国增加了 78%。货币数量的迅猛增加将在战后的债务处理中造成非常严重的问题。

二 账户的结算（第一部分）

"要么获得战争赔款，要么宣布破产！"几乎所有的

---

① E. V. Morgan, *Studies in British Financial Policy 1914 - 25*, London, 1952, pp. 160 - 162, 170. 英国战时开支中只有 3% 来自政府向中央银行的贷款，而法国和德国则分别达到了 17% 和 20%。

泛德意志的宣传中都反复出现这样的口号。他们害怕直接税，他们害怕资本税。这也是为什么洛斯基博士和斯特莱斯曼博士反复强调"无论如何，我们必须取得战争赔款"。

——埃瓦德·沃泰尔，独立的社会主义代表，在帝国议会的发言，1918 年 3 月 1 日 ①

到了战争的末期，几乎每一个欧洲大陆上的人都在担忧如何处理战争期间积累的高额债务。这场战争已经成为一个对公众在财政体系中参与度的实验，在战前，几乎每一个国家的每一个公民都成了某种形式的公共债权人。法国是其中的例外，长期公债在战前就已经有非常多的持有人了，其中大部分都是被大规模的爱国主义宣传吸引来的。除此之外，在欧洲，很多人多年的积蓄都被投入到公共债务中了。这种新局面将带来巨大的、前所未有的政治后果。

当然，如果债务规模很小的话，这并不会造成什么问题。但在和平到来之后，绝大多数交战国的公债已经增长到了只有英国曾经达到过的水平。唯一的例外是美国，其公债只相当于 GNP 的 30%，这对于世界最大的经济体来说基本不构成任何威胁。英国的债务水平相当于 GNP 的 130%，虽然远低于拿破仑战争时期，但英国曾经拥有的世界最大经济体的地位现在已经被美国取代了。德国和法国的战后收入与产出的数据难以获得，但据估计德国和法国的债务占 GNP 的比重分别为 150% ~

---

① Quoted in B. Kent, *The Spoils of War*, Oxford, UK, p. 52.

160% 以及 170% ~ 180%。① 对于这两个国家而言，这都是没有达到过的水平。

政府在举债时显然是没有赖账的企图的。但在战争结束之后，新增的债务究竟如何处理？一些人开始质问，债务究竟为何被允许累积到这种程度。公债政策有一些显而易见的经济上的逻辑。古典时期的战争金库早已被现代人抛弃了（德国还保留了一些形式上的残余。普法战争中法国赔款的剩余部分被储存在施潘道的堡垒中作为战争储备，但这笔钱只能勉强支持两天的作战），大部分人都认同战争资金应当从公民的腰包中去寻找，而完全依赖税收来获得这笔钱则是不明智的：税收不仅会打击民众对战争所需的额外工作的积极性，而且新税制的制定和有效执行也需要花费大量的时间。

尽管如此，如果在当时让国际上的经济学家进行一次投票的话，他们一定会对第一次世界大战中的债务水平持批判态度。和公债的历来情形一样，一战期间的公债还包含着政治上的动机。一战的交战国面临的问题可以从本书所记述的过去几千年的历史中得到很好的解释。

在最原始的形态下，公共债务只不过是自由民为了部落的战争而做出的捐赠，为国家做出贡献的人将从战利品中得到回报。这一过程是那些还没有被征服或者革命转变为"法老式"

---

① 法国战前 GNP 在 400 亿法郎左右。即便考虑到收回阿尔萨斯－洛林的影响，1918 年的 GNP 也要比战前少了 20%。在此期间价格水平增加了约 200%，因此，战后的名义 GNP 应该在 900 亿~1000 亿法郎，公债总额为 1730 亿法郎。德国的 GNP（国民生产净值）从战前的 500 亿马克降低到战后的 350 亿马克。德国的价格水平在 1918 年底比战前高出约 200%，因此名义 GNP 应该在 1000 亿~1100 亿马克。战后的 GNP 据估计在 1150 亿马克左右，公债总额是 1800 亿马克。

的专制政体的社会中最基本的自由权利的表现，而在专制国家中，统治者的战争金库来自其奴役下的臣民缴纳的税收。这种原始的部落传统经过了一系列的演变，但其本来的面目在 20 世纪初期仍未完全消失。很多的变化都来自固定利息支付的引入，在中世纪晚期，意大利城邦共和国将原始的捐赠－再分配循环转变为一个无比强大的财政体系，而正是这种新的"英国－荷兰式"财政体系为代议制政府在 18 世纪的兴起打下了基础。尽管利息的支付对于这个体系的功效起到了根本性的作用，但它也埋下了社会冲突的隐患。公共债务在最初仅仅是一种对于战利品的预支，现在却和社会内部的阶级斗争交织在一起。从中世纪意大利重新发明公债的第一天起，它一直都是有产阶级的精英所偏爱的财政工具。在理想情况下，城邦的债务需要使用战利品来偿还，但如果战利品并不存在，利息的负担就主要落在缺乏政治特权的平民阶级身上。因此，公共债务自然经常受到无产者的反对。19 世纪的各国通过尽量扩大公债持有人的范围成功地调和了大众民主和"资产阶级"财政体系之间的矛盾，但在公债水平极高的情况下，负担的公平问题必然会再次出现，在关于社会财富分配问题的辩论达到白热化的 19 世纪就更是如此。

简单地考虑一下以上的问题能够帮助我们理解一战时期各国领导人的选择。由于大多数国家的社会主义者都反对这场战争（除列宁以外，他将其看作期待已久的资产阶级社会崩溃的前奏），我们很容易理解各国政府试图通过公债将民众拉入战争中的企图。除此之外，社会主义者也希望避免战后关于战争成本分配的内部纷争，因此，他们更倾向于从外国那里收回战争成本。在包括德国在内的很多国家，社会主义者都呼吁对富人征收财产税来偿还战争公债。事实上，社会主义者甚至乐于放弃从外国榨取赔款以换取国内的财富再分配。

当战争的成本不断增加时，各个国家及其国内的社会各阶层都在盘算着如何降低自己的负担。传统的做法是将账单转交给战败的敌国，但在"好时代"（belle époque）被战争的阴云打破的时候，一大批有影响力的作者和思想家开始批判榨取战争赔款的合理性。这一运动的代表性作品是诺曼·安吉尔于1909 年出版的《大幻觉》。他认为 1871 年从法国那里榨取的赔款对于德国没有任何实际价值，因为"国民财富是不可能被吞并的"。他声称，各国的经济已经密不可分地联系在了一起，因而任何大规模战争带来的经济动荡的成本都远远超过胜利者能够获得的收益。

很显然，当时的政治家对于他的论调置若罔闻。无论是德国还是法国都不会认为 1871 年的赔款只是一次毫无意义的国际会计转账，而且阿尔萨斯－洛林对于德国来说也是一块实实在在的心头肉。1915 年，H. 琼斯在一本名为《战争与征服的经济学》的小书中反驳了安吉尔的观点，他认为尽管战争赔款不太可能偿还所有的战争成本，但它至少能够帮助抵消其中的一部分："如果英国和它的同盟在当前的战争中取胜，比利时以及法国毫无疑问要在最终的合约中获得赔款。"[1] 除此之外，法国还要夺回阿尔萨斯－洛林———一个富含煤矿和工业发达的省份。

无论是法国还是德国都毫无疑问地认为自己将在获胜之后获得包括金钱在内的大量补偿。德国政府明确地表示了战争公债将使用战败国的赔款来偿还。1915 年，财政大臣卡尔·黑

---

[1]　J. H. Jones, *The Economics of War and Conquest*, London, 1915, p. 212.

尔费里希拒绝增税，因为"敌人必须要为我们的债务买单"。商人阶层也持有同样的观点。汉堡银行家马克斯·沃伯格在1914 年提议对战败国榨取 500 亿马克的赔款，因为他认为战争将在 4 个月内结束。即使到了 1918 年，他依然建议在战胜之后要求 1000 亿马克的赔款，这个数字只比德国当时的公债总额少 250 亿马克。考虑到德国在布列斯特－立托夫斯克条约中对俄国的狮子大开口，我们毫无疑问能够预测到英国和法国如果投降将获得怎样的对待。

而在协约国的一面，情况则更为复杂。美国总统伍德罗·威尔逊明确地表达了自己理想主义的反对惩罚性赔款的意见，但他的反对没有起到太大的作用。法国最看重的是自己失去的省份。除此之外，美国政府并没有真正反对获取战争赔款。由于西线的战争主要在法国的领土上进行，因此它有足够的理由为此获得损失的赔偿。与之相反，英国遵照 200 年以来的传统，倾向于获得经济上的报偿——限制乃至铲除潜在的商业竞争者并夺取其海外领地。但在 1918 年下半年，当胜利近在眼前时，英国人也开始逐渐倾向于要求战争赔款。只有美国明确地表达了没有任何兴趣从战败国那里榨取赔偿。

但是，掠夺敌人并不是唯一的处理战争债务问题的途径。美国联邦政府筹集的资金中有接近 40% 都被转贷给了它的盟国。事实上，美国战争公债和它向盟国的转移支付之间的联系被明确地写在了批准"自由公债"的议会法案中。英国也部分地扮演了盟国银行家的角色，它给盟国的贷款总额达到了17.4 亿英镑（约合 85 亿美元），只略低于美国（95 亿美元）。但在实践中，英国的情况更加糟糕，因为它 1/3 的贷款都给了俄国，而在 1917 年的十月革命之后，它显然不再可能收回这笔钱了。与此相反，美国幸运地几乎没有贷给俄国任何钱，而贷给了英国 40 亿美元，后者的信用虽然也出现了一定的问题，但总体上依然保持良好。除此之外，英国还贷给了法国和意大利 12 亿英镑，它们的信用在长期来看依然令人满意。这一数额足以承担它欠美国的 8.5 亿英镑，还能清偿 13% 的国内债务。法国欠盟国的债务占其债务总额的 22%，而意大利则约为 37%。如果这些债务转变为不需要偿还的战争补贴（正如七年战争时期英国对普鲁士的补贴一样），这两个国家的资产负债表都会有非常大的改善。

各交战国的代表正是带着这些盘算在 1919 年走入了凡尔赛的大厅。德国试图尽量减少战争赔款的数额。欠了外债的国家——法国和意大利——希望最大化地从敌人身上榨取赔款，同时尽量降低偿还给盟友的数额。而英国既是国际债权人又是国际债务人，它希望最大化德国的赔款，而在同盟内部的债务上则显得模棱两可。美国已经明确表示不会寻求战争赔款，只希望盟国能够尊重欠自己的债务。事实上，美国的立场可能存在着一定的内在逻辑。如果美国试图在赔款中分一杯羹的话，它不仅会暴露自己在战争中的牺牲相比于法国是多么的微不足道，而且会重新开启（法国所热衷的）在盟国之间平均分摊战争成本的问题。因此，更安全的做法是强调美国参战的独特的"理想主义"本质，并在其盟国的债务上持同样的"原则性"立场。

而在实践中，除了德国之外，各国的立场要远比上述的复杂。法国并不是传统历史学家笔下的复仇狂人，它的主要目标是采取一切必要的手段压制德国的军国主义。尽管法国依旧希望获得最多的战争补偿，但它愿意降低自己的赔款需求以换取削减自己欠盟国的债务以及保证德国在战后的和平。英国的目标也同样复杂。为了从赔款池中抽取尽可能多的份额，英国必须要将一些本来不能纳入赔款考量的项目加入谈判的范畴，如战争抚恤金（这毕竟是它能代表加拿大和澳大利亚获得的唯一的赔款项目）。因此，英国的代表在协商一开始时的态度比法国人还要强硬。同时，尽管英国乐意将它欠美国的债务一笔勾销，但它更关心的是在战后重新建立自己的国际商业与金融中心地位，因此它不能放弃自己良好的信用记录。美国立场的简单性可能仅次于德国。尽管如此，它不能忽视自己能从法国和意大利这样的国家获得偿还的可能性，而这（在事实上）依赖于它们从德国那里获得充足的战争赔款。但我们必须指出，美国观念中的"充足"是一个远低于那些在凡尔赛情绪化环境下的代表所认为的合适水平。

本书不讨论充满钩心斗角的复杂的谈判过程。事实上，美国根本不允许盟国内部的债务在谈判中成为讨价还价的议题，因此，德国需要支付的赔款不得不随之增长。1920 年战胜国向赔款委员会提交的"合理要求"最终膨胀了不少，不仅是由于谈判代表需要为国内的选举情况考虑，还因为各国都希望从最终的赔款中抽取尽量多的份额。法国要求了 2185 亿法郎，超过了它 1918 年 12 月的债务总额。意大利要求了 330 亿里拉的战争赔款和 380 亿法郎的抚恤金。英国要求的赔偿金总计 25 亿英镑，其中 17 亿英镑是战争抚恤金。[①] 代表们事实上都默认了这些数字是夸张后的初次报价，在谈判过程中会被逐渐

---

① 数据由赔款委员会于 1921 年 2 月 23 日发布，引自 J. M. Keynes, *A Revision of the Treaty*, London, 1922, pp. 195 – 196。

修正和减少。1921 年，委员会最终核定的数字为 1320 亿马克
（相当于 66 亿英镑，或者按照战前的汇率换算的 321 亿美元），
用来支付战胜国所有的债务已经绰绰有余。但毫无疑问，这也
会给战败国的债务添上重重的一笔。将战争赔款和盟国之间的
债务结算之后，情况基本如表 9 - 1 所示。

表 9 - 1　理论上战后的资金流动

单位：十亿美元，%

国家	支出	收入	国内债务净变化	占战争公债的比重
德国	32.0	—	32.0	+ 119
意大利	4.1	3.2	0.9	+ 16
法国	6.3	16.6	- 10.2	- 53
英国	4.6	12.1	- 7.5	- 28
美国	—	10.8	- 10.8	- 48

注：盟国之间的债务数额来自 Keynes, *op. cit.*, pp. 219 - 220，俄国应偿还的
债务被排除在外。各国欠英国的债务被按照战前的汇率（4.86 美元兑 1 英镑）转
换为美元。盟国间债务的数额要略高于战后立即记录的数值，因为它们包括了一
部分战后新发生的债务和拖欠的利息。国内债务数据的换算采用的是债务发生当
年的平均利率。战后新发生的内债没有计入。

因此，在理论上，和平协议会使资金自东向西流动：从德
国开始，经过罗马、巴黎、伦敦，并在华盛顿结束。但事实上，
上述这种规模的资金流动根本就没有发生。1320 亿马克的总额
很大程度上只是纸面上的游戏，战胜国收到的是三类德国债券。
其中，A 类和 B 类的总额为 500 亿马克，只有它们支付利息，
且计划在可预见的未来偿还。剩余的部分则是延期的 C 类债券，
其最终支付的可能性微乎其微。比利时的首相乔治·特尼斯甚
至开玩笑说，C 类债券根本就不需要上锁，因为没有哪个小偷
会看得上它们。可以实现的 500 亿马克的数目和德国自己在

1921 年提出的赔款金额基本一致。凯恩斯在他著名的《和约的经济后果》中也建议了类似的数额。最终，不仅赔款的期限被拉长了，而且后续的谈判进一步降低了德国的短期负担。

几乎在战争刚一结束的时候，某种形式的赔款就已经通过没收德国的资产开始了。举例而言，英国（以及其他一些国家）没收了德国的商船以补偿 U 艇造成的损失。到 1921 年德国正式接到赔款账单时，一共有 45 亿马克的资产已经被没收了，其中有一半都是尚未被出售的德国海外投资。这些资金只勉强支付了战后的占领成本以及紧急的食物支出。在此之后，德国在理论上每年需要支付给盟国 500 亿马克的 A 类、B 类债券的 6%（5% 是利息，1% 是偿还本金）。这一目标在第一年得以实现，但在此之后，特别是在德国对于鲁尔区被占领的消极抵抗政策下，偿付的金额迅速下跌。1924 年，道斯委员会制定了一份新的赔款方案，首次将德国的支付能力纳入了考量。在接下来的 5 年内，每年的支付总额平均为 16 亿马克，但要少于 A 类、B 类两类债券的利息，因此，由这些债券带来的德国的债务总额还是会继续增长。1929 年，由杨格领导的委员会制定了一份"最终"方案，这个方案放弃了最初的赔款需求，而要求德国在接下来的 59 年内平均每年支付 18 亿马克。按照杨格计划，德国在 1929～1988 年支付的总金额甚至要少于凯恩斯在凡尔赛提出的 300 亿马克。[①] 但杨格计划也执

---

① 这里的计算是通过将德国 1919 年的支付额按照 5% 的年利率折现的结果，共 270 亿马克。德国在《凡尔赛和约》中提出的条件是在 33 年内支付 600 亿马克，不支付利息。凯恩斯在《和约的经济后果》中将这笔赔款在 1919 年的资产价值估计为 300 亿马克。*The Economic Consequences of the Peace*, London, 1919, pp. 206 – 207.

行了不到两年，西方世界前所未见的大萧条就迫使美国的胡佛政府于 1931 年允许盟国停止偿还所有的战时债务。最终，在 1919～1931 年德国支付的总额为 210 亿马克，其中约 40 亿马克是以军事占领和其他战后支出完成的，只有 170 亿马克（略高于 40 亿美元）是战争赔款。换言之，战胜国远没有实现 1919 年的目标。

盟国之间的债务偿还也出现了类似的现象。英国是最早倾向于债务削减的国家，这可能是因为它从赔款中获得的收益要少于法国和美国。在《和约的经济后果》中，凯恩斯建议将所有盟国之间的债务一笔勾销，并将赔款金额降低到 400 亿马克（他的建议引起了除德国之外的所有相关国家的愤怒）。1922 年，伦敦的意见在此基础上还要更进一步。英国政府提出愿意放弃所有的盟国债务，只要美国也做同样的事情。当这个提议遭到了美国的冷遇时，英国转向了"不追求净收益"的立场。在 1922 年 7 月的鲍尔福照会中，英国明确表示自己只从盟国那里收取足够偿还自己欠美国债务的钱。

美国的立场转变得更加缓慢。鲍尔福照会将美国描绘成了一个站在和平和繁荣道路上的吝啬鬼，这引发了美国的反击，声称它和英国不一样，没有攫取德国的殖民地和商船队作为战利品。美国对于盟国欠它的债务的坚持和法国对于赔款的坚持不相上下。而事实上，盟国除非获得了德国的赔款，否则也不认为自己有任何道德上的义务必须要偿还欠美国的债务。在多年无果的争执与照会之后，美国最终在 1923 年以及 1925～1926 年分别与英国和其他的债务人之间达成了妥协性的协议。实际上，这些协议都无视了国会的要求：尊重自由公债的合约，拒绝任何让步。尽管协议中提到了债务的总额，但其支付期限被延长为 62 年，利率也降低到了合同中的 4.25% 以下的水平。英国的公债利率被单方面降低到了 3.3%，理由是这是历史上的"正常"利率。法国和意大利分别将利率降低到了 1.6% 和 0.4%，这意味着它们的债务总额分别降低了 60% 和 80%。

美国这些妥协性的条件显然都是建立在债务人具备偿付能力的基础上——正如道斯计划是建立在德国的偿付能力基础上一样。1929 年的杨格计划将德国赔款中止的年份定在了盟国欠美国债务偿还中止的同一年，这将两者之间的联系表现得非常明显。1931 年胡佛政府同时暂停了德国的赔款和盟国的债务偿付。协约国和德国协商同意在 1932 年终止了赔款，而盟国之间的债务最终在 1933~1934 年以单方面违约终结。到了这时，美国只获得了 20 亿美元的还款——远低于按照最初的 4.25% 的利率能够获得的还款总额。将战后的成本和失去的利息结合起来，美国只收回了其最初贷给盟友的 15%，意味着只能抵消国内债务的 6%。

除此之外，有可能这些争执是建立在完全不存在的基础之上，因为资金的流动并不是自东向西，而是自西向东。一位历史学家甚至将其称为"美国给德国的赔款"①。这一过程如下。当 1921 年德国的赔款支付正式开始时，魏玛共和国的政府在表面上努力满足战胜国的要求，但与此同时，其政策却在千方百计地向战胜国证明完全支付赔款是不可能的。其实际做法非常简单：政府拒绝增税，因而每年都会有大量的财政赤字，而

① S. A. Schuker, *American Reparations to Germany, 1919-1933*, Princeton, NJ, 1988.

政府随即通过印发纸币来填补赤字。德国的货币因此不可避免地迅速贬值，而支付赔款所必需的外汇则来自外国的投机者，他们认为德国会回归到更适合战前的经济情况的货币和财政政策上去。德国马克的贬值还促进了德国海外贸易的增长，战胜国的市场上充斥着物美价廉的德国商品。这进一步加大了要求战胜国降低赔款要求的压力。

这一策略在短期内取得了惊人的成功。1922 年 2 月，马克斯·瓦尔堡得意地注意到了国际情绪的缓和：

> 如果你回想一下：在三年前，坎里夫［英国银行家和政府顾问］要求每年 280 亿马克；在两年前，克洛茨［法国财政部长］要求 180 亿马克；在一年前，赔款委员会要求约 80 亿马克，而英国的最终条件要求……约 40 亿马克，那么你就能清楚地看出事态发展的趋势了。我们已经离最终的目标——不支付任何现金赔款——不远了。①

据估计，外国投机者在 1919～1923 年的损失达到了 150 亿马克，而（包括实物在内的）赔款总额共计 100 亿马克。用德国历史学家卡尔-路德维希·霍尔特利希的话来说："考虑到在 1919～1923 年德国从外国人在德国银行的存款中获得的 70 亿～80 亿马克，我们得到的数字甚至在名义值上超过了二战之后联邦德国在马歇尔计划中获得的资金——15 亿美

---

① Quoted in N. Ferguson, *Paper and Iron: Hamburg Business and German Politics in the Era of Inflation, 1897－1927*, Cambridge, UK, 1995, p. 345.

元。"[1] 同时代的人也并非对德国的货币贬值视而不见。1922 年
8 月，凯恩斯拜访了汉堡并公开对这种通货膨胀表示了赞扬。

> 我们不能忽视资产负债表的另一端……国际债务的负
> 担正在被抹去。迄今为止德国向战胜国支付的赔款……完
> 全来自外国投机者的损失。我不认为德国从自己的资产中
> 拿出了一分钱。外国投机者偿清了所有的债务，还为德国
> 留下了盈余。[2]

赔款的通货膨胀阶段伴随着法国对鲁尔区的占领和马克在
1923 年的崩溃画上了句号。在道斯计划和杨格计划的几年内，
德国来自外国贷款以及直接投资的资本流入总额共计约 300 亿
马克。这一数目同样大大超过了这一时期德国支付赔款的总额
（110 亿马克）。在 1932～1933 年德国普遍的债务违约中，这
些外国投资也都被一笔勾销。总而言之，在 1919～1932 年期
间，德国从外国投资者那里获得了 450 亿马克，而它一共支付
了 210 亿马克的赔款，其中只有约 100 亿马克流入了美国的国
库。因此，德国绝不是那个真正为一战赔款买单的国家。

最终，有一点是非常清楚的：无论战胜国最初有着怎样的计
划，巨额的战争公债的处理问题要留给国内政治，而非国际政治
来决定，而公债引发的阶级斗争看上去不可避免。因此，问题在
于：公债持有人的数量庞大到了足以确保他们的投资在大众民主
的时代安全吗？自然，不同的国家对这个问题有着不同的答案。

---

① K. - L. Holtfrerich, *The German Inflation 1914 – 1923*, Berlin, 1986, p. 295.

② Quoted in Ferguson, *Paper and Iron*, p. 359.

美国是这些国家中的一个极端情况，其战后的债务总额不超过 GNP 的 30%——在相对水平上还要低于其内战时期。在这种情况下，公债显然不太可能成为社会冲突的源泉。1919 年，经济学家哈维·菲斯克写了一本名为《我们的公债》的小书，他在其中对新一代公债持有人的未来给出了光明的预测。

> 那些出于爱国的热情而购买了公债的人如果想在债券到期前获得收益的话，他们毫无疑问会获得硬通货作为报偿。美国自由公债现在的市场收益率接近 5%，这毫无疑问将和内战之后一样最终消失……独立战争、1812 年战争和美墨战争之后的公债都出现了总额的大幅下降和市场价值的相对上升。
>
> 美国还要等上很多年才能再次成为一个没有债务的国家，而在此期间，政府债务的幸运的持有人将可以获得丰厚的回报。但这一次，我们至少可以幸运地看到，获益的将是普通民众。今天，几乎所有的家庭都持有至少一份自由公债。①

实际情况并不像菲斯克描述的那样简单。美国在一战之后面临着和 1865 年一样严重的货币超发问题。紧接着停止的是一次由流动性泛滥导致的不健康的经济繁荣。到了 1920 年初，价格水平比 1918 年高出了 30%。美联储面临着一个艰难的抉择：要么提高利率，阻止通货膨胀，但同时也会压低自由公债的价格；要么保持弱势货币的政策以维持债券的名义价值，从而降

---

① H. E. Fisk, *Our Public Debt*, New York, 1919, p. 60.

低其实际价值。① 在反复思考之后，美联储最终选择了第二条道路，导致了物价水平的迅速下跌和短暂但严重的经济衰退。那些觉得自己因为美联储的优柔寡断而蒙受损失的人、不喜欢债券价格短期下降的人以及杰克逊时代传统的坚持者都对美联储展开了攻击。美国棉业协会批判美联储像合众国银行一样行事，这预示了杰克逊时代反银行风潮的回归。纽约储备银行的行长本杰明·斯特朗被迫在一个国会委员会面前说明通货紧缩是自然的结果，而不是银行操作造成的。尽管如此，美联储的政策并没有改变，菲斯克对于自由公债持有人的"美好预言"最终成为现实。和南北战争之后的混乱相比，一战之后货币秩序得到了迅速和稳定的恢复，没有人再敢于像1868年时那样建议采用不可兑现的纸币来偿还债务。这一点本身就证明了自由公债促销的成功。战争期间的财政部长助理罗伯特·莱芬韦尔就在1922年将其盛赞为"所有民族中最伟大的经济成就"②。

德国是和美国相对的极端。德国的公债水平在战争结束时是 GNP 的 160%。战争赔款将德国的债务总额增加到了 GNP 的 3 倍以上。的确，英国在拿破仑战争结束时的债务负担和这时的德国不相上下，但英国的债务完全是国内事务。我们并不能确切地得出，如果没有赔款的负担，德国的债务会发生什么样的变化。但战争时期积累起来的大量流动性以及战后的共产主义浪潮使得九次战争公债的持有人不可能愿意接受贬值严重

---

① 投资者心理学始终没有解决这样一个问题：为什么投资者相较于实际价值更看重名义价值。1919~1920 年期间的通货膨胀正是由于政府试图避免自由公债的名义价值下降，尽管这会造成其实际价值下降得更多。同样的问题也出现在第二次世界大战中。

② Leffingwell testifying to a congressional committee in 1922. Quoted in C. R. Wittlesey, *The Banking System and War Finance*, New York, 1943, p. 31.

的货币。战后的赔款负担决定了他们的命运。1919～1921 年的温和通货膨胀以及 1921～1923 年的超级通货膨胀将所有国内债务的价值降低到了零。

德国人将自己的超级通货膨胀解释为为避免大规模失业、随之而来的共产主义浪潮以及满足近乎不可能完成的赔款要求的不得已之举。法国人将这一过程称为"假破产"（*faillite frauduleuse*）——德国假装自己无力筹集赔款所必需的税收。这两种观点一直流传到现在。无论如何，德国的公债持有人尽管数量庞大，但他们的力量不足以对抗那些更倾向于赤字和通货膨胀的人。在 1924 年的货币改革确定了公债持有人的损失之后，他们在帝国议会和最高法院开始了一场斗争，要求对长期公债进行重新估值。他们的斗争取得了非常微弱的效果：公债持有人只获得了一些毫无价值的延期支付利率的新债券，其名义价值只有原先的 2.5%。只有那些在此期间从未放弃过战争公债的人获得了略微好些的待遇——原先债务总额的 12.5%。[①] 在这种情况下，德国的债务总额尽管在战争结束时高达 1790 亿马克，但到了 1925 年时已经被减少到了 68 亿马克，仅相当于 GNP 的 10%。

法国在战后的负担不仅有战争公债，而且它战后重建的成本要高于所有的国家。其国债分配背后的动机要比所有的参战国都要复杂。一个美国的观察者清楚地描述了交织着希望和恐惧的法国人。

---

① 债务的 1/13 是通过每年抽签进行偿还的。利息只有在政府赎回公债时才会被支付，其数额也并非按照复利计算。支付一直延续到了 1944 年。M. L. Hughes, *Paying for the German Inflation*, Chapel Hill, NC, 1988, pp. 189 - 193.

法国人作为纳税人，没有对战争做出一分一毫的贡献……他的贡献是作为公债持有人做出的……在德国崩溃之后，他发现自己的口袋中装满了国防公债（bons de la défense nationale）。他（可能愚蠢地）觉得它们要好过税单。

在普法战争结束的时候，法国人就已经领教到了作为战胜国的财政意义。而现在他们时来运转，德国人将不得不乖乖掏钱。在战争之后，法国的财政问题就被转嫁到了德国人身上。法国人只需要整理好账单就可以了……

但随着时间向前推进，开始有谣言声称德国既没有能力，又不愿意支付赔款，至少不愿意全额支付。对于一个口袋里装满了国防公债的法国人来说，这种谣言带来的是恐慌。这是因为他意识到如果德国人不愿意付账，他持有的公债就会自动转变成税收……在他眼中，进行财政"切腹"（hara‑kiri）可不是征服者所应得的下场。①

在这种情况下，法国公债持有人的命运就和德国紧密地联系在了一起。在战争结束时，法国的财政部长路易‑吕西安·克洛茨为法国在接下来10年内的财政政策定下了基调。

自从和约签订之后，平衡预算的工作就已经采取了全新的形式。我作为财政部长的神圣职责就是为敌人开好账单……如果最终我们法国人虽然没有挑起这场战争，却依

---

① Haig, *op. cit.*, pp. 42–43.

然要为自己加税的话，我会采取必要的措施。[1]

因此，法国在收到足够的赔款之前是不会试图平衡预算的。由于战后重建的工作不可拖延，政府设立了一个特殊的"可回收的预算"（recoverable budget），其赤字将在德国的赔款支付完毕之后得到填补。通过这种手段，法国保全了财政状况稳定的假象。当这一理念深入人心之后，即便德国没能完成支付赔款的义务，"可回收的预算"也没能被剔除掉。承认国家需要重新平衡收支就意味着承认已经不可能再收到赔款了。1919～1923 年整个时间段都可以被看作法国和德国之间制造赤字的竞赛。

在几年时间内，法国人继续配合着"可回收的预算"的幻象并购买国防公债。但 1921～1924 年赔款的糟糕情况让他们逐渐意识到法国要是能收回战后重建和盟国债务的成本就不错了。[2] 和其他国家一样，法国战争公债的处理问题最终也需要留给国内政治来解决。1926 年，大规模的信用和外汇危机最终导致了执政的左翼联盟下台，保守主义的老兵彭加勒重新掌权。他最终实现了财政平衡并"拯救了法郎"。但到了这时，法郎的价格已经不到战前的 1/5。无论公债持有人还抱着什么微弱的希望，法国的内部债务也只能以高度贬值的纸币来偿还了。

从表面上看来，法国公债持有人的遭遇没有比德国的好到

---

① Klotz addressing the Chamber of Deputies on 3 December 1918, quoted in Kent, *op. cit.*, p. 27.

② 事实上，德国的赔款甚至不足以支付战后重建的成本。截至 1926 年，法国战后重建一共花掉了 856 亿法郎——相当于 66 亿美元，而直到 1931 年法国从德国那里获得的赔款也仅有 20 亿美元。这还没有包括被法国放入"可回收的预算"的 445 亿法郎的战争抚恤金。

哪里去。德国公债持有人收到的利息是使用在 1923 年几乎一文不值的纸币支付的，而法国的公债持有人可以将利息再投资到政府债务中（战后巨额的赤字使这种投资成为必然），因此在财政状况于 1926 年稳定下来之后法国的公债依然保持着不错的价值。以实际价值来衡量，法国的长期公债持有人在 1926 年依然拥有初始投资额的 33%，而德国则（最多）只有 10%。[①] 其他政府债券的差异则更加明显。魏玛共和国在 1923 年将所有的短期债务一笔勾销，而法国战后发行的重建公债在 1927 年只下跌了 30%。

在战后的头几年内，通货膨胀对法国战争公债的削减效应被战后新增的债务所抵消。国内债务占 GNP 的比重从 1918 年的 140%～150% 增加到了 1921～1922 年的 200% 以上。[②] 在此

---

① 这个计算是基于这样的假设：法国投资者以 5% 的复利每年获得利息。资产价值通过相对价格进行了调整，使用 1927 年作为经济稳定之后价格的标准水平。零售和批发价格指数都被使用了，因为它们产生了不一样的结果。真实现值从 1915 年的 21.6% 到 1918 年的 55% 不等。所有 8 个计算结果的算术平均数为 33%。笔者对德国也做了同样的计算，其假设是公债持有人在 1918 年之前都可以将自己获得的利息进行重新投资，但这在 1918 年之后就不再可能了，因为 1918 年发行的货币在 1923 年基本上已经一文不值了。投资者收到的利率为 4.5% 的有奖公债被使用 5% 的利率进行折现，这是因为利率只在到期的时候才进行偿付，且利息的计算也不是按照复利的模式进行的。1925～1926 年被当作价格和债券稳定价格的基准年份。剩余的资产现值从 1915 年认购的 7.5% 到 1918 年的 16%，算术平均数为 9.8%。

② 法国在战争期间和战后的 GNP 至今尚无定论。Markovitch 认为 1920～1925 年平均水平为 1880 亿法郎。为了完成计算，我采用了 B. R. Mitchell, *European Historical Statistics*, London, 1992 中的 NNP 数据。我略显武断地采用批发价格指数以及将其和 1913 年 GNP 数据的 400 亿法郎进行比较，将其转换为 GNP 的数据，得到的结果和 Markovitch 的基本相似。1918 年的数据是基于真实 NNP 即便在考虑到阿尔萨斯 - 洛林回归的情况下在战争期间也降低了 20% 的假定。

之后，通货膨胀将其降低到了更可持续的水平。凯恩斯准确地预测道："除非食利者所持有的债券的总价值降低到了和这个国家的习惯相适应的水平，否则法郎的汇率还会继续降低。"他在1923年做出了这样的预言。[①] 最终，到了1927年，法国的国内债务总额回落到了 GNP 的 100%——这也是法国在 19 世纪末的稳定水平。

英国的情况则有所不同。英国战后的财政状况虽然难以让人满意，但显然要远远好于法国，其公债水平在战前就相对更低，税收在其战时财政中的地位也要高于法国。战争带来的损失主要出现在船只上，而英国在战后也没收了一部分德国的商船算是进行了补偿。在很多人眼中，一战对于英国最大的伤害是它将自己的国际商业和金融霸主的地位拱手让给了美国。

因此，关于赔款的幻想在英国只持续了很短的时间。1918 年的选举战激烈到了前所未有的程度，保守派的媒体竭尽全力将新增加的选举人带离社会主义的资本税计划，而以"德国必须付账"取而代之。但到了1920~1921年，这个口号的吸引力已经消失了。英国本来能从战后的清算中得到的好处就要少于法国和美国，而且它还在没收德国财产的过程中获益最多。但在这些计算之外，更重要的一点是大多数英国政治家都认为更好的做法是回到经济常态上去，而不是徒劳地跟在德国屁股后面追债。只有这样，英国才有可能恢复战前的繁荣。

这一过程的第一个合乎逻辑的步骤就是对赤字进行控制。在1920~1921年期间，英国政府的财政盈余高达 2.38 亿英镑，接近于 GNP 的 5%。第二步则是寻求减少阻碍国际贸易的战后

---

① J. M. Keynes, *A Tract on Monetary Reform*, London, 1923, p. 73.

债务。甚至有人提议英国单方面将自己所持有的外国战争债务一笔勾销。这个议案在内阁并没有获得太多的支持，因为英国政治家认为被极高的税收压得喘不过气来的民众不太可能接受这一"舍己为人"的计划。英国政策的核心目标是重建被战时财政政策切断的英镑与黄金之间的联系。英国的政治家认为只有通过这种手段，伦敦才能恢复自己世界金融中心的地位。他们当然清楚恢复金本位将把英国拖入一场痛苦的通货紧缩中，拿破仑战争及其之后的历史并未被人遗忘。和尽力展现自己财政虚弱的法国和德国不同，英国选择了展现自己的财政稳定性。

英国战后的政治辩论受到了这些信念的深刻影响。和欧洲其他地区一样，英国的社会主义者也倾向于将累进资本税作为最好的分摊战争成本的办法。[①] 但与欧洲大陆的社会主义者不同，他们不赞成通过通货膨胀的方法降低债务。这和英国社会主义领袖的卫理公会背景不无关系，他们将财政上的放纵等同于道德堕落。除此之外，资产阶级的财政体系已经成为英国自我印象的一部分。在战后，英国阶级斗争的强烈程度并不弱于其他的国家，但对于财政体系的尊重使得英国公债持有人的利益从未受到真正的威胁。正是因为英国战时的通货膨胀比美国还要严重，1920 年之后想要恢复旧汇率所必须经历的通货紧

---

① 在理论上，资本税并不具备特殊的社会主义性质。资本税会降低民众的显性财富，但它同时也会减轻税收负担。如果说减轻的税收正是那些原先落在富人身上（如累进所得税、对于"不劳而获"的收入征收的附加税以及遗产税等）的税收的话，资本税并不会带来很大的收入再分配效应。当然，所有人都明白，社会主义者心中并非这么想的。通常反对资本税的人都会举出资本税将导致人们大量抛售个人财富并扰乱市场价格。除此之外，如果政府愿意直接接受资产而不是现金，就会打开经济国有化的大门。这也是资本税的反对者的另一个理由。

缩也就更为严重，时间也要更长。英国在 1920 年之后的失业
人数一直保持在 200 万以上，由此带来的不满使得工党在
1923 年的选举中获胜，但新的财政大臣菲利普·斯诺登最终
被证明是一个和他的前任一样的通货紧缩派，他的任期为金本
位在 1925 年的回归铺平了道路。

如果卡尔·马克思当时还在世，英国工党的财政政策一定
会让他惊讶不已。俄国"无产阶级专政"的财政政策更符合社
会主义的原则。列宁在 1917 年推行的第一批政策就包括将所有
的（无论是国内还是国外的）公债一笔勾销，只有低于 1 万卢
布的债券幸免于此，但这一点小小的对于资产阶级的妥协也在
货币贬值下变得毫无意义。这些政策并不是财政困难情况下的
权宜之计，而是用来摧毁资本主义制度的革命措施。1920 年，
一位重要的共产主义思想家对于革命财政给予了正面的评价。

> 我将此文献给人民财政委员会的印钞机，正是它以自
> 己丰富而完美的工作激发我写下这些文字……的确，它的
> 寿命就要结束了，但它已经完成了 3/4 的工作任务。在伟
> 大的无产阶级革命的档案馆中，除了摧毁了无产阶级敌人
> 的机枪、步枪和大炮之外，还应该给印钞机留出荣誉席
> 位，因为它打击了资产阶级政权的核心——货币体系，它
> 将资产阶级的货币流通转变成了将其摧毁的武器以及支持
> 革命的手段。[1]

---

① F. Preobrazhensky, *Paper Money During the Proletarian Dictatorship*, Moscow, 1920, p. 4. Quoted in G. Y. Sokolnikov, *Soviet Policy in Public Finance*, Stanford, CA, 1931, p. 111.

　　苏联的通货膨胀是凯恩斯于 1923 年发表的《货币改革论》的主要创作源泉之一。他注意到布尔什维克政府的通货膨胀税收入从 1918 年的 5.25 亿卢布下跌到了 1922 年的 5800 万卢布。在凯恩斯的分析中，这种下跌是由于民众逐步学会了绕过通货膨胀税的手段。但在苏联，实物交易的出现并没有让激进的共产主义者感到不满。恰恰相反，它被盛赞为"经济关系的自然化"。在未来的共产主义社会中，没有货币的位置。

　　布尔什维克对于沙皇俄国时期债务直截了当的违约并不是一战之后唯一的违反战前惯例的行为。除了美国以外，战时从民众那里大规模举债的政策很难说取得了成功。战胜国既没能把成本转嫁到战败国身上，又没能从盟友那里获得补偿。最终，还是要本国的民众来买单。除此之外，无论公债持有人的范围如何扩张，关于战争成本分摊问题的斗争始终不可避免。在欧洲大陆上，各交战国失去了战前辛苦维持的良好的信用等级，它们的战争债务要么遭遇了违约，要么消失在了通货膨胀中。只有英国决心按照旧的规则行事，然而，英国试图通过表现财政稳定性来恢复繁荣的尝试却起到了反作用。总体上来看，法国专门表现财政混乱的政策反而取得了更大的成功。尽管法国经济在战争期间的确出现了下滑，但在 1928 年，法国的真实 GNP 比 1914 年高了 25%。与之相对，英国的真实 GNP 在 1928 年只勉强和战前的水平相当。

　　20 世纪 30 年代的情况更加糟糕。1931 年 9 月，英国忍受了 10 年的高失业率之后最终放弃了金本位。但这一次情况要比 1919 年严重得多，它标志着英国历史的一个分水岭。在过去的 1000 年内（除了 1543～1553 年的 10 年外），英镑一直是欧洲范围内最稳定的货币。民众普遍对此感到自豪，并愿意支持一些保证英镑币值稳定的特别措施。但现在一切看上去都改变了。稳健货币的观念不再流行。在接下来的几十年内，英国的政治家总是倾向于货币贬值。1931 年 8 月，工党政府集体辞职以避免面对放弃金本位的耻辱，但他们本不必这么做。

在放弃金本位一年之后，英国中止了所有战时债务的偿付。英国和法国最终能够违约而不受惩罚与旧的公共信用观念相悖。赔款的中止来得太晚，不足以拯救魏玛共和国。在英国，财政困境的代价是 10 年的经济困难，而在德国导致的后果则糟糕得多。阿道夫·希特勒的崛起是德国诸多战后困境的产物，20 年代早期中产阶级的积蓄毁于一旦也是其中之一。压死骆驼的最后一根稻草则是魏玛共和国的波卢宁政府拒绝采用通货膨胀手段来对抗从 1930 年开始的全球性大萧条。

迄今为止，只有美国有能力在既不进行货币贬值也不引起社会反抗的情况下偿还战时债务。战后的通货紧缩带来的创伤在 20 世纪 20 年代的大繁荣环境下很快就被忘却了。到 1929 年初时，连续的财政盈余将债务总额减少到了 170 亿美元。但这一年美国转变了对于公共债务的看法。在接下来的 3 年内，美国的真实总产出减少了 30%，价格水平的下降还加速了经济萧条。到 1929 年底时，由于经济的缩水，公债占 GNP（依然高于战争结束时的水平）的比重突然上升到了 50%。在下一年，公债总额（包括州债务和各地区性政府的债务）在美国历史上首次上升到了 GNP 以上。

当富兰克林·罗斯福在 1933 年就职时，他的目标之一就是将价格恢复到旧的水平上，他认为最好的办法就是使美元对黄金贬值（尽管美联储认为这一政策对国内价格不会产生什么影响）。但是，贬值的政策会与公债中的"黄金条款"——

所有的公共债务都必须要以足值的黄金铸币来偿还——相违背。这个条款是 19 世纪 60 年代货币"内战"的结果，但在 20 世纪 30 年代的民主党人看来，使用硬通货偿债会给予公债持有人不应该获得的财富。[1] 在这种情况下，舆论的风向明显出现了转变。公债持有人不再被看作用自己的积蓄为国家带来了胜利的爱国民众，而是再一次被打上了"贵族"的标签，他们的权益被认为需要受到限制。国会没有拘泥于法律细节，在 6 月通过法案废除了"黄金条款"。为了支持这一法案，司法部长警告说，如果最高法院驳回这一法案，它将"创造一个人类历史上前所未有的、权力不受限制的特权阶层"[2]——自安德鲁·约翰逊的时代以来就没有任何美国官员说出这样的话了。最高法院尽管没有采取司法部长这样激烈的口气，但同样支持了政府的决定。它的理由是宪法赋予政府的调节货币价值的权力优先于保护私有财产的义务，这并不意味着违约绝不会发生，因为现行的宪法解释允许政府在特定情形下违约。公债持有人权益的支持者徒劳地预言了随之而来的财政混乱。

尽管如此，他们预言中的厄运并没有成为现实。美元 41% 的贬值完全没有起到预想中的调节经济的后果，这意味着政府债券的牛市持续了下去。长期公债的市场收益率从 1929 年的 3.6% 降低到了 1941 年的 2% 以下。同样的情况也出现在了大

---

[1] 民主党人论证其中的漏洞在于，如果价格像预言当中一样地上涨，即便在保持"黄金条款"的情况下，真实债务负担也将保持不变。"黄金条款"的废除正是因为没有对价格水平产生任何实质性的影响，才能被看作公平的。在很多经济学家看来，货币贬值实际上通过促进世界保护主义倾向的增长和打击国际贸易的增长进一步延长了大萧条。

[2] Quoted in J. Grant, *Money of the Mind*: *Borrowing and Lending in America from the Civil War to Michael Milken*, New York, 1992, p. 231.

西洋对岸。在 10 年的时间内，英国战争公债的收益率始终未能降低到 5% 以下。在此之后，政府最终回到了 20 世纪 30 年代的债务转换政策上去。1932 年，现存的战争公债被合并为利率为 3.5% 的永续年金。1935 年，利率为 2.5% 的统一公债的价格也逐步接近了面值。利率的下降是如此稳定，以至于一些（特别是左翼的）评论者甚至开始宣布"食利者的安乐死"。

以约翰·梅纳德·凯恩斯为首的新一代经济学家为这些打破公共信用传统的行为进行了背书。他毕竟已经赞扬了 1922 年德国的超级通货膨胀以及 1936 年的"食利者的安乐死"，在凯恩斯的眼中，"在战争时期政府更适合贷款而不是增税的事实并不能让纳税人沦为公债持有人的奴隶"①。尽管凯恩斯更偏好的处理公共债务的手段是资本税，但通货膨胀在他看来也是次优的办法。当 1925 年被询问关于英国公债的意见时，凯恩斯回答说：

> 我认为偿清公债的尝试只是一种"审美"上的偏好，人们喜欢看到干净的资产负债表。这实际上是一种从私人会计学出发的错误的推理：所有人都愿意无债一身轻，但对于国家整体来说，这不过是一种账目的转换罢了。②

凯恩斯主义的矛头是消除预算平衡的道德优势。在很长时间以来，在大众的观念中，财政赤字和挥霍无度画等号。现在

---

① Keynes, *Monetary Reform*, p. 67.

② Keynes, giving evidence to Colwyn Committee in 1925, quoted in S. Harris, *The National Debt and the New Economics*, New York, 1947, p. 68.

公债被委婉地称为"财政部对于购买力的净贡献"。在凯恩斯眼中，公债已经成为政府宏观调控工具的一部分，后者将取代失灵的"看不见的手"。

> 我引入国家干预，放弃"自由放任"（laissez - faire）——这并不是因为我厌恶旧的教条，而是无论我们喜欢与否，其成功的环境已经消失了。①

1936 年，凯恩斯在《就业、利息与货币通论》中为新的信条打下了基础。凯恩斯在本书中重新定义了政府预算的目的。在 19 世纪，政府的职能限于提供国防、维持法律和秩序，预算并不被认为有特殊的经济价值。但现在，当自由市场被证明不能实现生产、消费、储蓄和投资之间的平衡以及创造充分就业之后，国家就必须要通过调节税收和开支来完成这一工作。直接调控利率也是政府的工具之一。凯恩斯并不是全盘国家计划经济的支持者，他的自由主义（以及精英主义）倾向限制了他向社会主义前进的程度。但他的经济学和更极端的政府指导经济的理论之间有着清晰的联系。

凯恩斯在 20 世纪 30 年代反复宣传充分就业只能通过财政赤字来实现。但在当时，他的建议基本被忽视了。在 1921 ~ 1939 年期间（除 1934 年之外），英国每年都维持了财政盈余。而在大西洋对岸，凯恩斯主义的"福音"受到了更热情的欢迎。美国在 1931 ~ 1941 年期间每年都有大额的赤字，而且公

---

① Keynes in 1924, quoted in J. M. Buchanan et al. , eds. , *Deficits*, Oxford, UK, 1987, p. 130.

债总额增加了 270 亿美元。但这一结果并非来自理论的革新，因为政府在表面上依然支持预算平衡原则，其财政赤字完全是形势所迫。事实上，凯恩斯的理论在 30 年代时只在纳粹德国获得了真正的应用（当然换上了"国家社会主义"的新名头），它在别的国家的实践要等到二战之后。

三　全面战争（第二部分）

> 各交战国的财政政策让我们对现代经济的运行规律有了崭新的见解。我们在上一次战争中已经意识到了，在今天，战争的成本已经不再受到财政资源的限制。"金钱是战争的核心"这句老话已经没有什么意义了。
>
> ——奥托·内森，《纳粹战时财政》，1944[1]

第一次世界大战最终没能成为"终结所有战争的战争"，它只不过是德国争夺欧洲霸权的"30 年战争"的第一阶段。第二阶段在 1939 年拉开序幕。这一次，民众动员的宣传获得了新的意识形态的支持，它将战争视为国民性的终极考验。正如墨索里尼所言："只有战争才能将所有的人类能量激发出来，敢于直面战争的民族将获得无上的荣耀。"[2] 到了这时，各交战国都已经明白了"全面战争"的经济和大众心理原理。公债促销是第二战线重要的组成部分，大众通过购买公债参与

---

[1]　O. Nathan, *Nazi War Finance*, New York, 1944, p. 90.

[2]　A. S. Milward, *War, Economy and Society, 1939 - 1945*, London, 1977, p. 4.

这一场战争。公债不仅是战时财政的主要工具，还是公众对于战争的热情的展示台。在当时，我们可以合理地预测，新一波战争公债的促销即将拉开序幕。

但情况并非如此简单。自 1914 年之后，很多事情都发生了变化。首先，苏俄处理一战时期债务的方式是一笔勾销，其共产主义经济体系对于整个西方来说都是陌生的，它的战时财政体系也自然会与众不同。而在德国，一种对立的意识形态占据了统治地位并已经成功地将资产阶级的财政传统连根拔起。只有美国和英国（以及英联邦国家）继承了一战的财政遗产。这些国家也是一战的战胜国，它们的政体没有受到挑战，而且其政府的信用在两次大战期间也（基本）没有受到影响。因此，也正是在这些国家战争公债存续了下来。

二战时期的公债促销最初使用了和一战时期类似的宣传手段，宣传海报将战争描述为将世界从野蛮人手中拯救出来的义举。加拿大的一张海报描绘了一位德国党卫军军官手持皮鞭驱赶着奴隶，上面的标语是："公债或者锁链——为胜利而购买。"和一战时一样，大批的志愿者上街发放传单，挨家挨户敲门宣传并在地区性的聚会上发表动员演讲。美国的志愿者总人数达到了 500 万（与之相对的，内战时期为杰伊·库克推销公债的人数为 2500 人）。志愿者的名单包括流行文化的各大明星——亨弗莱·鲍嘉、加里·格兰特、朱迪·嘉兰、平克·劳斯贝、弗兰克·辛纳屈以及艾灵顿公爵，甚至包括兔八哥和唐老鸭。[①]收音机带来了崭新的宣传手段，但它传达的信息并没有什么不

---

① L. R. Samuel, *Pledging Allegiance: American Identity and the Bond Drive of World War II*, Washington, DC, 1997.

同。和之前一样，公债的促销从爱国的自我牺牲精神而非理性的自利心入手。在战后关于公债促销心理的研究中，罗伯特·默顿使用了"镀金公债"这个词。

> 公债的购买行为获得了全新的定义。它被赋予了自我牺牲的意义。在去除了公开市场交易这一朴实无华的形式之后，购买公债成了一种神圣的牺牲礼。[1]

在有些人眼中，男性（特别是男性商人）比起他们的妻子更不容易动感情。CBS 的公债促销主持人凯特·史密斯为她的男性听众准备了下面的话。

> 有人说理性的听众不会打电话过来认购公债，因为他们觉得这是感情用事……债券购买是一项精明的投资决策，而不能被美国士兵在日本人手中遭到的惨无人道的对待所打动。那将是感情用事……
>
> 那正是他们所说的话。先生们，我告诉你们，我不相信！这些都是谎话！那些认为我们美国的商人毫无感情的人，才是真正的没有良心。
>
> 你又将做出什么样的抉择？你难道要在美国的孩子在海外浴血奋战的时候精打细算投资的收益吗？你能否让自己的良心做出抉择？[2]

---

[1] R. Merton, *Mass Persuasion: The Social Psychology of a War Bond Drive*, Boston, 1945, p. 53.

[2] Merton, *op. cit.*, pp. 180–182.

在这种热情的推动下，大量的资金自然涌入了政府的手中。关于第二次世界大战公债分配的具体数据我们能够获取的很少。这一部分是因为有一些筹资工具不太容易用数据计量，另一部分是因为几乎每一个美国家庭都持有一定的政府债券。在英国，政府的储蓄账户在 1944 年已经拥有了不低于 2300 万个存户；在美国，第四次战争公债一共发行了 6000 万份（当然，实际认购人的总数毫无疑问要少于此）。在加拿大仅有 1200 万的总人口中，一共有 300 万人次认购了战争公债。

尽管如此，在同盟国的战时财政的相似表象下仍存在着微妙但深刻的差别。第一次世界大战的经济动员程度让很多国家措手不及，它们花了很长时间适应"全面战争"的原则。但 1939 年任何国家都没有毫无防备的借口了。从战争一开始就很明显，这次战争的成本至少和 25 年前的相当，甚至还要更高。各国从第一次世界大战的经历中学到了很多，而战后的阶段造就了很多的新思想。

政府对于税收的依赖在第二次世界大战期间增强了。美国的税收在 1940 年不到 40 亿美元，到 1945 年时已经增加到了近 480 亿美元——其增长的幅度和一战时期基本相当，但这一次基数要高得多。在英国，税收从 10 亿英镑以下增长到了 34 亿英镑。在这两个国家，税收的增长都受到了经济迅速扩张的推动。"凯恩斯主义"的财政政策对于经济的刺激作用达到了其创始人难以想象的程度。税率也提高了很多，正是在这一时期税收占 GNP 的比重达到了基本稳定的水平。这并不意味着税收在支持战争上所起到的作用要高于债务，英美两国约 60% 的战争开支（见表 9－2）依然来自公债，但税收的作用比一战期间的确有很大的提升。

表 9 - 2　英美两国在一战、二战期间的财政状况

单位：十亿美元

项目	第一次世界大战		第二次世界大战	
	美国	英国	美国	英国
战争开支	32	42	328	106
公债	24	33	200	64
——占战争开支的比重（％）	75	80	61	60

注：数字均遵照原书。——译者注。

资料来源：公债的数字来自 United Nations, *op. cit.*；美国的财政收入来自 U. S. Bureau of the Census, *op. cit.*，英国的财政收入来自 Mitchell and Deane, *op. cit.*；战争开支等于政府总支出减去和平时期的开支（美国每年 90 亿美元，英国每年 10 亿英镑。这些数字代表了政府在战争开始前的最后一年的开支水平）。

　　税收重要性的提升并不仅仅是财政审慎程度增强的结果。在新的宏观经济学思想影响下，整个战时财政的理论都发生了改变。政府的工作不再只是寻找政治成本最低的筹资手段，为了避免第一次世界大战之后通货膨胀浪潮的重现，政府筹集的资金应当来自生产超过消费的盈余，而不是简单地对现存的资源进行转移。美国经济研究所在 1942 年的研究中将新的原则表述得非常清楚。

　　　　战时财政的主要工作是减少平民对战争必需的资源的占用，以及阻止由平民财富的增长和商品产量的下降而可能带来的通货膨胀。[1]

---

[1]　W. L. Crum et al., *Fiscal Planning for Total War*, New York, 1942, p. 127.

两次世界大战期间无处不在的海报是为了引导民众的三种行为：入伍、购买公债以及储蓄。第一个目标在两次战争中都没有改变。① 但第二个和第三个目标在两次战争中被鼓励的方向是相反的。在第一次世界大战期间，海报的主要着力点是鼓动人们购买公债；而在第二次世界大战期间则是增加储蓄。一旦资金进入储蓄，政府控制它就容易了很多。正如美国财政部经济学家亨利·墨菲在战后所言：

> 值得强调的一点是，刺激民众储蓄比鼓励他们投资政府债券更为重要。一旦民众的资金进入储蓄体系，一些简单的金融手段就可以将其投资到公债中。如果他不这么做，银行或者他拥有债务的其他金融机构也会为他代劳。②

因此，政府应当更多地从国民收入中获得战争资源，而降低资本的比重。除此之外，平民阶级的贡献也比第一次世界大战有了很大的提升，因为收入的不平等程度要低于资本，凯恩斯在 1939 年末将这一点表达得非常清楚。在《如何准备战争》的小册子中，他从新宏观经济学的角度表达了对战时财

---

① 即便在征兵制引入之后，鼓动民众参军也是政府的主要目标，女性被要求加入类似的军事组织以及参与公债促销。在第二次世界大战期间，海报还承担了对敌人的"反宣传"作用。长距离无线电的引入使得间谍活动在二战期间构成了比一战期间严重得多的威胁，特别是在美国这样的移民国家中，公民的忠诚归属并不是非常明确的。

② H. C. Murphy, *The National Debt in War and Transition*, New York, 1950, p. 72.

政的看法。他反对一些社会主义领袖提出的工人不应该承担战
争成本的看法。

> 每周工资 5 英镑以下的阶级不分担日益增加的战争成
> 本，这根本没有任何道理。因为这个阶级的收入占……国
> 民收入的 60% 以上，其消费占总消费的 2/3……因此，唯
> 一的问题就是这个阶级的贡献究竟应该是多少，以及怎样
> 使用最经济、公正的办法获得这些贡献。①

凯恩斯明白通过税收以及自愿储蓄能够筹集的金额存在心
理上的限度。因此，他想出了一个新的点子："强制储蓄"
（compulsory savings）。由于工人阶级比中产阶级自愿储蓄的倾
向更低，凯恩斯建议政府通过税收来获取一部分他们的收入，
在战后再连本带息地偿还给他们。凯恩斯的提案还有一个额外
的好处，政府可以通过调整战后的偿还时间来对抗很多人觉得
不可避免的战后萧条。这个提议产生了极大的争议，很多人认
为它"让有识之士厌恶"（repugnant to the intellect），甚至是
"反民主的"（antidemocratic）。这些批判并不正确。正如本书
所证明的那样，可偿还税收在民主国家的财政体系中长期扮演
着重要的角色。凯恩斯的提案事实上可以被看作意大利商业共
和国的财政体系的"倒置"。在中世纪的意大利城邦中，享有
政治特权的公民阶层的税收能够获得连本带息的偿还，而政治
特权更少的阶层缴纳的税收则不可偿还。在大众民主的时代，

---

① J. M. Keynes, *How to Pay for the War*, London, 1940, pp. 25 - 26.

两者的地位颠倒了过来。①

　　强制储蓄虽然受到了经济学家的欢迎，但对于政治家来说它实在太过于陌生，因而只对战时财政起到了边缘性的作用。英国、加拿大和南非建立了小规模（远小于凯恩斯的提议）的强制储蓄计划。一些经济学家也试图在美国推动这一计划。尽管社会保障体系已经为强制储蓄建立了模板，但它招致了富兰克林·罗斯福以及财政部长亨利·摩根索的坚决反对。他们（很可能正确地）认为强制储蓄将与最重要的公债促销发生冲突。战争公债不仅是一项重要的筹资手段，还对于维持公众的士气起到了关键性的作用。摩根索认为：

> 　　有几百万人都在问："我们能做些什么"……我做这件事情［公债促销］60% 的原因……是为了给民众机会去做出自己的贡献……这是困难的方式……也是民主的方式。②

　　凯恩斯理论的强烈支持者亨利·墨菲批判了将志愿主义（voluntarism）和民主相等同的观念。税收和征兵制难道不是和民主制完全契合的吗？除此之外，他还指出：

---

① 在凯恩斯的提议中，每一个人所缴纳税收的一部分都会被归类为"递延收入"。但对于收入最低的人来说，全部的税收都可以得到返还。而高收入者递延的比例非常之低。例如，收入为 300 英镑的税率为 30%，完全可以被偿还；而收入为 20000 英镑的税率达到 80%，其中只有 15% 是可偿还的。

② J. M. Blum, *From the Morgenthau Diaries: The Years of War*, Boston, 1967, pp. 19–20.

　　理论家观念中的自愿公债和具体操作中的自愿性并不完全等同。事实上，自愿公债越是被宣传为一种"方式"（way），就越失去真正的自愿性质，而成为半强制性的公债。这是因为公债的地位已经被提得太高了，超出了自愿情况下的公债本来能够提供的数额……

　　公债的强制性来自社会宣传以及雇主（部分是为了减少工资支出）的压力，这些压力采取了从温和的劝导到解雇的威胁等各种形式。这种强制与民主理念的冲突甚至要超过强制储蓄。①

　　墨菲认为公债中的"志愿主义"实际上只是半自愿的。在两次世界大战中，他的观念毫无疑问都是正确的。但他将社会强制看作不民主的观念则是错误的。可偿还税收和半自愿捐献都有着古典时代的先例。古典时代雅典的公益捐赠是半自愿的，但社会强制力（陶片放逐法）的压力正是雅典民主制度的黏合剂。除此之外，罗斯福以及志愿主义的支持者明白了一个简单的事实：强制计划只有在被选举产生的议会同意的情况下才真正符合民主的原则。但选举在一定时间内只进行一次，而在战争期间往往根本不进行选举。公债促销给予了民众一个支持战争的机会。正如一战时期一样，它们事实上是一次财政上的全民公决。

　　关于志愿主义的辩论涉及两次世界大战的根本性差异。第一次世界大战是最后一场符合"金钱是战争的核心"的战争。推翻波旁王朝的政权合法性危机就包含在这一准则中："如果

①　Murphy, *op. cit.*, p.87.

人们相信 [路易十六] 是一个专制暴君, 举债就是不可能的; 即便政府真的能够获得贷款, 其成本也会非常之高, 而英国却总是能够获得关键的'最后一笔钱'。"同样的观念也回响在第一次世界大战期间, 劳合·乔治宣称英国将会获胜, 因为它总能筹集到"最后100万", 而战争公债的发行失败"要比战场上的失利造成更大的伤害"。战争不仅是交战双方军力之间的较量, 还是对于它们政治和财政体系稳定性的考验。一战最终证明, 只有建立在选举产生的政府基础上的低成本长期公债体系才能够榨取那具有魔力的、能够带来胜利的最后一美元、一英镑或一马克。

在两次世界大战期间, 一种截然不同的观念开始出现。纳粹德国已经证明了可以通过传统财政体系之外的手段获取资源。凯恩斯创造的新经济理论强调了政府推动经济发展的职能。在这种情况下, 传统意义上的财政现在已经成为政府用来掌控资源并进行战争的更广泛过程的一部分。商品和服务的配给制可以迫使民众储蓄, 而非花掉他们的收入。关闭针对个人投资者的信贷市场可以强迫有剩余资本的个人直接投资于政府债券, 而不需要花大量的时间进行公债促销。工资单的引入使得所得税 (或者强制储蓄) 能够从源头进行征收, 这使得直接税的水平可以增长到之前难以想象的水平。政府能掌控的总产出的比例看上去没有极限。战时财政有了新的准则: "全面战争的限制来自身体和心理, 而非财政。"[1] 换言之, 撬动交战双方实力平衡的不是最后一美元, 而是最后一颗子弹和最后一

---

[1] J. L. Ilsley, Canadian Minister of Finance, in 1940, quoted in F. I. Ker and W. H. Goodman, *Press Promotion of War Finance*, Toronto, 1946, Introduction.

滴血。正如亨利·墨菲所言："无论是否存在储蓄和公债体系，战争都将进行下去。现代国家不会由于财政原因向敌人投降。"①在一份名为《金钱从哪里来?》的战时出版物中，斯图亚特·蔡斯将这一观点表达得更加直接："现在，金钱是奴隶，而不是主人。"②

在这种情况下，旧的筹资手段的存续很大程度上仅仅只是一种传达民众爱国热情和展示战争的民主性的宣传工具。富兰克林·罗斯福在1943年9月的广播讲话中宣布发行第三次战争公债："你投资在战争公债中的每一美元都是向我们的敌人发送的个人信息，表达你的抵抗意志。"③ 这个信息在德国人耳中代表着美国还有未被用尽的战斗精神，而不是充足的资金储备。

爱国的战争公债当然能够起到非常大的作用，但过去10年内的经历已经证明了举债容易而偿债难。有一点是肯定的：没有人再觉得可以从战败国那里获得足以偿债的赔款。的确有某种形式的赔款提议，主要来自苏联，但这些提议大多数都是消灭德国的工厂以决定性地毁灭它的战争机器。赔偿金的观念几乎被彻底抛弃了，对于美国和英国的财政计划没有产生任何影响。美国也并不认为自己在战争期间给英国以及其他国家的物资援助将获得连本带息的偿还。罗斯福于1941年推行的《租借法案》事实上承认了美国在上一次战争中在这一问题上的失败。但在没有任何外来资源的情况下，战时债务的分担问

---

① Murphy, *op. cit.*, p. 196.

② S. Chase, *Where's the Money Coming From? Problems of Postwar Finance: Guidelines to America's Future as Reported to the Twentieth Century Fund*, New York, 1942, p. 26.

③ Radio Broadcast, 8 September 1943, from the Franklin D. Roosevelt Library and Digital Archives Website.

题必须要由国内政治来解决。经济学家阿尔文·汉森乐观地预言："在现代环境下，［纳税人和公债持有人之间的统一性］将达到前所未有的程度。"[①] 这也许是真的，但第一次世界大战已经证明，无论公债持有人的范围扩展到何等程度，纳税人和公债持有人永远都不可能完全一致。当偿债成本增加到一定程度的时候，阶级冲突将不可避免。除此之外，尽管英美两国在 1914 年的债务水平都很低，但它们在 1940 年二战开打时就没有这么好的运气了。这一次，即便是美国，到战争结束时债务水平也要远高于 GNP。

因此，战争公债的社会成本就必须要严格地控制下来。最简单的做法是降低利息。在第一次世界大战中，利率水平提高到了足以吸引逐利资本的程度。而在第二次世界大战期间，这种策略被政府拒绝了，后者决心降低战争公债的成本。在英国，政府决定这将是一次"利率为 3% 的战争"，尽管战前的利率要略高于此。在美国，利率在 20 世纪 30 年代就在持续下降，战争公债利率的最高值被规定为 2.5%。这两个国家都没有任何人拥有免税特权（除了一些用来吸引小额投资者的小面值储蓄债券外）。这是前所未有的尝试。当然，这种低水平的利率只有通过加大爱国主义宣传和使用亨利·墨菲所提到的半强制手段的力度才能实现。

高于一般水平的利率并不是传统的战争公债促销的唯一手段。长期公债还提供获得本金收益的可能——特别是在公债以

[①] A. H. Hansen, *Fiscal Policy and Business Cycles*, London, 1941, p. 179, quoted in H. G. Moulton, *The New Philosophy of Public Debt*, Washington, DC, 1943, p. 58.

低于面值的价格发行的情况下更是如此。除此之外，在历史上，价格水平总是在战时上升，而在和平回归之后下降。这进一步增加了公债持有人的收益。在新的政策下，这些额外的收益都被认为政治不正确，因为它们最终都来自缴纳的税收。

小额储户对于市场风险的规避进一步减少了潜在的本金收益。在第一次世界大战之后，他们被自己投资价值的波动吓坏了，因而非常乐意接受更低的收益来换取本金的安全。为了实现这一目的，政府向他们发行不可流通的储蓄债券，投资者可以以主动降低利率为代价在到期之前将其赎回。这种类型的投资在第一次世界大战期间在英美两国都有，但只占全部公债的一小部分。而在第二次世界大战期间，美国的 E 类储蓄债券和英国的战争储蓄凭证成为最受欢迎的财政工具。它们提供政府债券中最高的利率，但数量有限，因此很难吸引富有的投资者。它们相对慷慨的利率（美国2.9％，英国3.17％）一部分是因为它们从工人阶级的钱包中抽走的资金对于控制通货膨胀具有关键性的作用。但这种收益的重新分配也起到了避免战后对公债持有人进行反攻的作用。

政府向更富有的投资者提供了更为传统的长期公债，但它们的票面利率往往极低，而且发行价格也没有在面值基础上有任何的折扣，因此，投机获益是不可能的。除此之外，政界人士还担忧公债发行中的"搭便车"行为，即有些人认购公债并不是为了持有，而仅仅是想在二级市场上投机获利。在过去，这种投机行为被看作增加市场流动性的有用的润滑剂，但在二战期间"反市场"大行其道和社会主义思潮涌动的情况下，它被看作"政治不正确"的。战争公债结构的改变在图9-4中可以看得非常清楚。

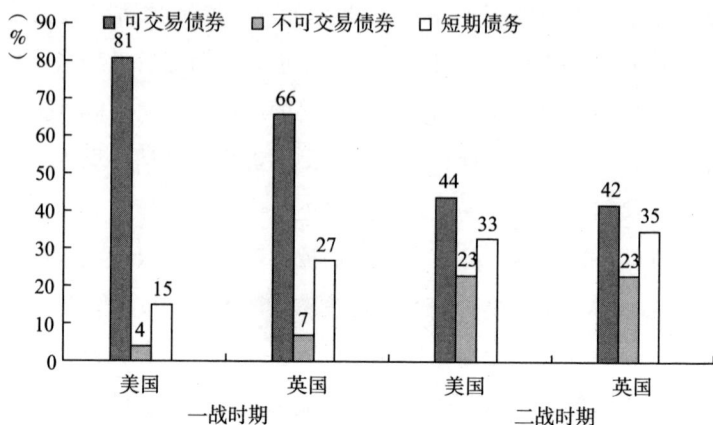

图 9 – 4　英美两国公债结构的变化

注：美国数据来自 United Nations, *op. cit.* 以及 the Federal Re-
serve, *Banking and Monetary Statistics*，政府的代理人持有的美国公债被
剔除以便于进行比较。英国数据来自 United Nations, *op. cit.* 和
H. O. Horne, *A History of the Savings Banks*, Oxford, UK, 1947。邮政储蓄体
系持有的资产总额是利用联合国记录的长期债务增加值推算而得。

　　战时财政体系成功与否的终级标准是整个经济体价格水平
的高低。凯恩斯的战时财政理论的核心就是如何同时避免通货
膨胀和通货紧缩的风险，这不仅是为了避免对经济的冲击：通
货膨胀会增加企业的收益，但同时也会影响政府和公债持有人
之间的信任；通货紧缩则会加剧公债持有人与纳税人之间的矛
盾。因此，在凯恩斯看来，政府应当尽力维持价格水平的稳
定。但在实现价格稳定的道路上有两个重要的障碍。凯恩斯主
义经济学指出了所谓"通货膨胀缺口"的危险。如果消费者
的储蓄不足以填补政府的财政赤字，那么他们的"剩余"将
被隐性的通货膨胀税所剥夺。但只有在储蓄资金被投资于公债
的情况下，储蓄才是"安全"的，如果储蓄资金停留在商业
银行的账户中，就会导致货币供给过多并推动战后的经济过

热。因此，对于政府战时财政体系的第二大考验就是如何避免从商业银行贷款。在这一点上，英国（以及加拿大）的政府要比美国更加成功。银行（包括中央银行）提供了美国战争公债的40%，而英国只占20%，但英国的这种值得敬佩的财政自控力带来的好处相当有限。由于英国的整体债务水平比美国更高，两国商业银行贷款占 GNP 的比重基本相当。

在表面上，战时的通货膨胀问题已经被经济学和金融工具的发展压制了。在1939～1941年期间的小规模上涨之后，零售价格在战争开支达到顶点的数年内基本保持稳定。在美国，价格水平在1942～1945年期间增长了10%，而英国的价格水平在战争的最后4年内只增长了3%。但事实上，这些鼓舞人心的数字很大程度上要归功于价格管控，英国战时通货膨胀程度低于美国的唯一原因就是英国的经济管控更加严格。商业银行的资产负债表证明，二战时期的货币剩余和一战结束时基本相当。在1941～1945年期间，英国的 GNP 增长了近10%，而银行存款则增长了近60%。而在战争的最后3年内，美国的 GNP 增长了1/3，而银行存款增长了近2/3。在英美两国，流通中的货币总量都比经济产出高了50%。战后的公债处理仍然是一个非常严峻的问题。

四 苏联和德国的战时财政

（一）苏联的战时财政

> 预算赤字是不存在的。财政收入永远要高于支出。
> ——《苏维埃财政体系》，莫斯科财政研究所，1966

共产主义国家的财政体系与英美两国的截然不同。卡尔·马克思并未对公债问题做出详细的论述，但在他眼中公债毫无疑问构成了早期资本主义体系的基石之一，在"财富的资本化和对民众的剥削过程中起到了……重要的作用"。

> 英国在 17 世纪将殖民地、公共债务、现代税收体制和贸易保护主义系统性地结合在了一起。这些工具……都需要利用政府的权力……公共信用成为资本的准则……以及原始积累最有效的杠杆之一……现代税收体制是公债体系的必要补充……［资本主义国家的］过度征税不是一个巧合，而是它们国家原则的一部分。因此，在这个体系的起源地荷兰，伟大的爱国者德·维特将其称为迫使劳工驯服、节俭以及勤劳的最好手段。①

考虑到马克思对公债持这种观念，列宁在执政之后立即将所有革命前的债务一笔勾销也就显得非常自然了。但之后该怎样呢？马克思和恩格斯对于资本主义体系的历史起源、现状以及必然的灭亡进行了卷帙浩繁的论述，但对于未来的社会主义究竟应当如何建设仍着墨不足。但有一点是肯定的：无产阶级专政的当务之急是剥夺资本家的资产。因此，在理论上，在共产主义的财政体系中没有公共债务的容身之处。在财富被全盘国有化之后，政府又有什么举债的必要呢？共产主义的理论对西方国家的赤字财政并不认同。由于政府的预算是"整个经

---

① Karl Marx, *Das Kapital*, Vol. I, Part 8, Ch. 31, "The Genesis of Industrial Capital."

济体的预算",财政赤字在逻辑上就是不可能出现的。共产主义者自豪地宣称,除 1941 ~ 1943 年以外,苏联的财政始终处于盈余状态。官方的报告声称:"[1943 年]财政收入可以支付 97.3% 的开支。从 1944 年开始财政再次实现盈余,和战前情况一致。"①

但实际情况并没有账面上这么简单。在 20 世纪 70 年代末,变节者伊戈尔·伯曼将苏联的财政盈余描述成长期的"数据把戏",因为年度财政报告隐藏了一部分货币支出。② 但无论这些所谓的"诡计"是真是假,还存在着另一个没有被掩盖的事实:在 1922 ~ 1956 年期间,苏联在持续性地向民众发行公债。苏联公债的数额以西方的标准来衡量是很有限的,在 1957 年只相当于 GNP 的 20%。赫鲁晓夫在这一年停止了公债发行,并将债务偿付推后了 20 年。③ 即便我们认同将出售公债所筹集的资金记为"收入"而非"负债"的逻辑,公债发行在斯大林执政时期本身就已经是一个值得关注的问题了。

苏俄内战时期所经历的超级通货膨胀促使一些激进分子开始梦想一个没有货币的社会。但列宁则更为务实,他明白用武力强制征收的做法会损害农民的利益,而他们的支持对于苏维埃政权的存续必不可少。他也知道纯粹的以物易物被普遍认为是在极端情况下的无奈之举,民众更倾向于传统的交易手段。1921 年 10 月,他承认了实物交易的失败:

---

① Moscow Financial Institute, *Soviet Financial System*, Moscow, 1966, p. 112.

② I. Birman, *Secret Incomes of the Soviet State Budget*, The Hague, 1981.

③ J. R. Millar, "History and Analysis of the Soviet Bond Program," *Soviet Studies*, 1975. 1957 年流通中的债券总额为 258 亿卢布,而净物质产品(苏联版本的 GNP)总额为 1130 亿卢布。

> 实物交易没有产生任何效果。私人市场比我们更加强大。正常的消费、出售和贸易取代了实物交易。①

事实上，当时的苏联还不具备成功地运行社会主义经济的条件。国家财富的主体落入了没有受过教育的小农手中，他们对于苏维埃政权的忠诚度是可疑的。总产出降到了战前水平之下，而最快的重振生产的办法是重新引入遭到鄙视的"看不见的手"。列宁的计划是：

> 一定的商品和服务的交易自由将激励农民增加生产，促进农业的复兴。在农业重振的基础上，我们可以建立国有工业，减少私人资本；只有在这之后，我们才能聚集起足以建立强大的社会主义国家的经济基础的力量，并对国内资本主义的残余发动最后的总攻。②

这种不情愿的对于资本主义经济部门的容忍乃至于鼓励意味着资产阶级财政体系的全套工具的复兴：货币、财政、税收——甚至于公债和债券市场。第一次公债发行于 1922 年，民众对其热情不高，因此政府不得不采取一定的强制手段。这种认购热情低的情况是很自然的，因为自由市场的利率已经高

---

① Quoted in R. W. Davies, *The Development of the Soviet Budgetary System*, Cambridge, UK, 1958, p. 50

② Vladimir Lenin, *History of the Communist Party of the Soviet Union*, p. 223, quoted in O. Kushpeta, *The Banking and Credit System of the USSR*, Boston, 1978, p. 29.

达每月 16%。正如人民财政委员会所言："货币资本的积累仍处于初级阶段……股票和债券交易市场保证了证券的价格维持在现在的水平，但它们的运转并不良好。"① 但在 1924 年之后，（暂时的）币值稳定和经济自由主义使得政府能够以完全自愿的手段筹集到一小笔资金。在新经济政策时期，公债的存在是共产主义政权对私人部门依赖的反映。

　　但政府并不希望维持这种依赖关系。在 1928 年之后，斯大林决定加速经济转型的步伐，工业化的社会将被自上而下地强行建立起来，政府也不再过多考虑小农的利益诉求。由此产生的是经济五年计划和农业集体化——正如列宁曾经希望的那样。在理论上，公债也会随着新经济政策一同消失。但实际情况并非如此。在工业化的早期，政府需要尽可能地筹集到一切能够获得的资金，通过从工人的工资中预扣公债认购款可以为政府提供一大笔钱。而在斯大林体系成型之后，政府已经掌握了比公债强大得多的汲取资源的工具，因此公债的存续就需要新的解释。经济五年计划将国家的经济产出侧重于资本品，消费品的生产被放在了次要地位。后者的价格往往被提高到足以攫取民众的全部剩余收入的程度。通过这种手段，苏联将强制储蓄额提升到了 GNP 的 50%。公债在这一过程中只起到了辅助性的作用。

　　但可能正是用来建设共产主义社会的方式的极端性确保了公债的存续。为了掩盖在工业化中的牺牲，苏联政府认为更审慎的做法是向民众支付超过他们（实际上）能够花费的金额，超额的收入将通过付息贷款的方式回到政府的手中。这样，政

---

① Sokolnikov, *op. cit.*, p. 265.

府就能够维持购买力增长的期望和一定的经济自由的假象。因此，20 世纪 30 年代的公债构成了对苏维埃经济统制的一种伪装。

民众不太可能真正被这种伪装所说服。"投资者"对于他们所持有的债券的购买力的持续增长看上去并没有什么信心，民众很快对于债券附加的抽奖表现出了比利息更大的兴趣。在年通胀率高达 22%，而债券的利息逐渐从 10% 下降到 4% 的情况下，这是完全理性的反应。除此之外，符合抽奖标准的公债可以立即被政府赎回，而其他的公债则不可出售，在其到期之前将经历周期性的延期支付。尽管从工资中扣款认购公债的计划在名义上是自愿的，但面临着流放西伯利亚的威胁，没有多少人真的敢于退出。在不能进行工资扣款的地方，如乡下，政府的公债很难卖出去。农民具有的对金融工具"不感冒"的传统再加上集体化运动给他们造成的创伤使他们更倾向于将自己的卢布藏在床垫下面，而不是借给一个刚刚剥夺了他们财产的政府。

一位美国的观察者在 1936 年对苏联公共债务的情况做出了如下评论。

由于消费品的总产出被［五年］计划固定了下来，即便政府取消直接税和强制公债，总消费也不会增加，唯一的办法就是价格水平上涨……政府最有效的获取资金的手段是价格操纵，和它相比，直接税和发行公债能够带来的资金简直不值得一提。当民众消费水平能够通过提高价格被非常好地限制的情况下，政府就没有增加直接税和发行贷款的必要了。当然，出于某些心理原因，政府也不愿意将这些工具彻底抛弃。[①]

　　无论这些影响苏联政府决策的"心理原因"究竟是什么，苏联保留一部分私营经济的决定真正成型于第二次世界大战期间。二战在西方导致政府职能的发挥达到了前所未有的高度，而在苏联则起到了相反的效果。1941年夏季毁灭性的战争局势将全国近1/3的工业产出交到了德国人的手中。为了刺激经济生产（尤其是农业），私人企业和集体农庄获得了更大的经济自由，政府转而通过特殊的战争税和战时贷款将增加的私人收入收归国有。国有经济在战时实际上出现了下滑，而来自直接税和公债的收入迅速地增长（见表9-3）。

表9-3　二战时期苏联的资金来源

单位：亿卢布

项目	1940 年	1944 年
国有经济部门收入	1280	1160
直接税	90	470
公债	90	300

资料来源：J. R. Millar, "Financing the Soviet War Effort in WWII," *Soviet Studies*, 1980。

　　总体上来看，战争公债一共为苏联提供了1000亿卢布，其中大部分依然来自工资扣款，但在"伟大的卫国战争"的环境下，民众对这种做法的容忍度显然要更高。正如20世纪30年代时一样，有奖公债占据了主要的地位，它们的投资吸引力更多地体现在投机收益上，因为只有25%的公债有资格

[①]　L. E. Hubbard, *Soviet Money and Finance*, London, 1936, pp. 181, 191.

获奖。但和西方的盟国相比，苏联对于公债的依赖程度简直不值得一提。公债占战争开支的比重仅为 17%，而在美国和英国分别占到了近 60%。

当税收和公债依然不足以支持战争时，战时财政的负担被转到了印钞机上。苏联的官方历史承认货币流通量在战争期间增加了 4 倍。这些货币中的很大一部分都流向了那些受益于战时价格自由化的经济部门。但在战争结束之后，对这些部门彻底的清算不可避免。1947 年的货币改革将私人持有的货币削减了 90%，理由是高额的货币持有量必然是战时投机倒把的结果。事实上，由于农民一直以来才是贮藏货币的主要群体，他们受这一政策打击最大。再从农业人口的角度来看，二战及其余波就像是 20 世纪 20~30 年代的悲惨经历的重现。积累了大量战争公债的城市人口的遭遇也没有好到哪里去，1947 年改革将所有现存的公债强制转换为利率为 2% 的新公债，其面值仅相当于之前的 1/3。

事实上，尽管斯大林执政时期的公债的确代表着政府向私人经济自由的妥协，但它们归根结底（正如在预算中的科目一样）是一种财政收入。政府根本没有偿还公债或维持债券收益率的打算。斯大林在以下两个条件成立的情况下乐于保存公债体系：（1）通货膨胀持续性地压低公债的真实价值；（2）偿债成本远低于发行新公债带来的收入。在 1928~1947 年期间，这两个条件都得到了满足。这一阶段的年平均通胀率高达 20%，而对债务偿付额的削减和持续性的推后偿债期限确保了政府在名义债务总额增加的情况下依然能够获得正的净现金流收益。

因此，从历史的角度看，1947 年的改革是一件很自然的事情。利率的降低和到期日的推迟与之前苏联的政策基本一致。这次改革与之前唯一不同的地方在于对债券面值的削减。考虑到战后的通货膨胀已经在 1947 年将公债的实际价值降低到了 GNP 的 25%，这种削减的必要性是值得怀疑的。[①] 最可能的解释是苏联经济政策在这一年出现了大规模的转向。苏联政府放弃了提升价格水平的政策，转而开始通过压低价格来改善城市的生活水平。但在通货紧缩的环境下，政府的公债负担势必会加重。因此，更便捷的做法是在政策转型之前先行削减公债的面值，并将其定性为战争所必需的牺牲。[②]

（二）德国的战时财政

从表面上看，纳粹德国的财政体系完全不同。在对公债的依赖程度上，没有哪个国家能与纳粹德国相提并论，几乎 3/4 的德国战争开支都来自公债。但这种表象是具有欺骗性的。尽管国家社会主义的意识形态看上去与通过爱国宣传进行公债促销可以天衣无缝地结合在一起，但（和一战时期不同）并没有巨大的希特勒雕像在全国范围内巡回展示，没有海报，没有公

---

① 在二战结束的时候，苏联的公债总额相当于总产出的 45%。尽管战后依然有新债务发生，1945~1947 年期间的价格翻倍将这一比重在 1947 年 12 月之前降低到了 25%。

② 苏联公债的后续历史需要进一步的介绍。斯大林可能是完全出于习惯恢复了公债发行，但其寿命毕竟是短暂的。最初，高现金流收益掩盖了债务真实水平增加的问题。但在 1956 年，资金流出/流入比已经达到了 87%。赫鲁晓夫决定将公债一笔勾销。但苏联政府依然无法（或者不愿意）支付给民众多于消费总额的资金。在没有公债体系的情况下，政府转而将多余资金投入储蓄体系中。这样做的优势是在表面上减轻了强制性，而且也不需要给民众固定的转移支付，但对未来造成了威胁。苏联民众手中留存的大量购买力或许是苏联解体的众多原因之一。20 世纪 90 年代的超级通货膨胀将储蓄账户所代表的财富都抹掉了。

债认购单，没有人将战争公债描述为"给罗斯福的信号"——
纳粹政权看上去试图尽可能平静地筹集到所需的资金。

当然，纳粹政权显然有充分的理由避免提及一战期间不愉
快的回忆。那些热情地认购了 1914 ~ 1918 年战争公债的德国
公民最终不得不面临自己的投资损失殆尽的后果。尽管纳粹政
权拥有世界上最强大的宣传机器，但它并不能确定民众会对新
一轮的公债促销做何反应。在某种程度上，纳粹政权的处境还
算比较好的，因为将一战时期遗留的公债一笔勾销并不是在它
执政时期发生的。事实上，纳粹政权常常将自己良好的财政状
况与魏玛共和国时期滥发纸币的行为进行比较。

纳粹政权真正的困难在于别的地方。尽管德国民众对于洗
刷《凡尔赛和约》的耻辱有着强烈的热情，但这并不意味着
他们愿意加入希特勒在 1939 年之后进行的豪赌。纳粹领导层
始终担忧的正是"来自背后的一刀"——他们害怕社会主义
者会像 1918 年一样在国内煽动反战情绪，并最终导致战败。
作为公共关系学的大师，他们非常清楚公债促销具有双重的性
质：一方面，它能够煽动民众的爱国热情；但另一方面，它也
是一场财政上的"全民公决"，将给持有不同看法的人们表达
自己的机会。除此之外，政府无论如何也不可能将这场战争包
装成"卫国战争"。德国民众必须要从自己的钱包里看到成为
"高等种族"带来的好处。

希特勒对此自有妙计。德国经济在 1932 年之后显著的复
苏应归功于政府管控和增加公共开支。大规模的重整军备和基
础设施投资在 1932 ~ 1939 年期间的经济增长中占了 80%。而
在这一阶段，大多数的国家还受困于大萧条。对于武器生产的
强调意味着到了 1939 年，德国的经济已经进入半战争状态。

希特勒因此可以采用"闪电战"的策略——使用占据压倒性优势的军力来快速决胜——以尽量减少战争对经济的影响。当"雅利安种族"天生的武力优势获得了胜利的报偿时，未来保卫帝国的成本都将来自被打败的敌国。

我们很容易从希特勒的财政计划中看到拿破仑的影子，但欧洲"文明"在19～20世纪的进步带来了经济工具和意识形态严酷性的同等"进步"。拿破仑从占领区搜刮的金额和希特勒不可同日而语，后者一共从敌国那里获得了超过1200亿马克的财富。作为对比，德国在1921年被要求支付的赔款总额为1320亿马克，其中500亿马克被要求在近期支付，而德国真正支付的金额只有210亿马克。

在理论上，德国将在东方找到足以支持"高等种族"的资源。但在实际过程中，东部地区的经济落后程度被战争的摧毁和纳粹惨无人道的种族政策进一步加重了。这阻碍了德国系统性地剥削当地的资源。除了掠夺来大量资源之外，东部主要被作为"奴隶"劳动力的产地，榨取的"科学"在西部才达到了高峰。在20世纪20年代，有人认为要求德国每年支付超过20亿马克的赔款将毁灭德国的经济，现在法国每年需要向德国缴纳73亿马克的"占领成本"。在20年代，德国支付的赔款金额占国民收入的3%左右，而法国在1941～1944年期间每年要向德国进行的转移支付总额相当于其战前国民收入的26%。[1] 德国榨取的手段有三种：一是税收；二是使用贬值严重的纸币在

---

① 赔款数额来自Ferguson, *Paper and Iron*, p. 477；法国的占领成本来自Milward, *op. cit.*, p. 140。由于没有战争期间法国国民产出的数据，这一数据被转换成1938年的价格水平，并与1938年的国民收入进行比较。

法国购买商品；三是使用从未结算过的交割单从法国进口货物。同样的手段还被用在了比利时、荷兰、挪威以及其他地方。

但第三帝国收取的贡金从未足够过。对于希特勒来说，军事和经济形势在 1940 年底到 1941 年初都达到了顶峰。欧洲北部繁荣的大西洋沿岸地带、捷克斯洛伐克和波兰西部都落入了纳粹德国的掌控，英国是仅存的反对力量。但即便在这时，纳粹政权也不能够完全以战养战。在 1941 年 4 月之前的 12 个月内，德国的战争开支共计 540 亿马克，考虑到占领的成本，和英国的 30 亿英镑的开支基本相当。但即便是在占领 – 剥削体系达到顶峰的 1943 年，占领区每年也只能提供 300 亿马克。"全面"战争的成本已经增加到无论在什么情况下都无法被完全转嫁的程度。在苏联和美国相继对德宣战之后，德国人的负担毫无疑问将会上升。到了战争的最后阶段，为了减缓战败的进程，德国每年要花掉 1000 亿马克。

这些高额的资金只能通过税收和公债来筹集。如果希特勒希望将战争的成本排除在德国民众的视线之外，他就必须对税收的使用加以限制，更何况德国的税率已经很高了。在战争开始之后，政府增加了一系列特殊的战争税，但希特勒在 1940 年明确表达了对进一步增加税收的反对意见。在战争期间，名义税收收入增加了 70%，但与英国和美国相比，这个增长水平已经很小了，而且它很大程度上是战争期间工资率上升的反映。税收与战争成本的相对水平并没有比一战时期高多少。①

———

① 在二战期间，德国国内的税收一共提供了 1850 亿马克财政收入，"民政开支"共计 2000 亿马克。如果排除战争公债带来的公债增加值，"民政开支"在 1760 亿马克左右——其中税收只有 90 亿马克。其（转下页注）

因此，唯一的可选项就是公债。即便是在 1940～1941 年第二帝国的极盛时期，德国每年的财政赤字也达到了 370 亿马克。

军事胜利所排除的财政手段不仅加税一种。公债促销隐含着对征服者形象的自我否定，因此，德国纳粹宣传机器在苏联战败之后才开始要求民众更大程度的自我牺牲。但用来刺激民众的并不是胜利的愿景，而是对布尔什维克的复仇、国际犹太人的剥削以及亚洲野蛮人的劫掠的恐惧。在这种情况下，政府很难说服民众拿自己的储蓄来冒险。因此，最好的策略还是进行"秘密的贷款"。早在 30 年代，德国政府就已经停止公开预算，并更多地从金融机构贷款，而非直接向公众寻求资金。在二战期间这种方式得到了进一步发展。

纳粹贷款的工具并没有什么特别之处。德国在美国和英国之前很多年就对新兴的宏观经济学说有了充分的理解。政府极力劝告民众增加储蓄，并建立了对税收有利的储蓄账户以及半强制的工资扣款体系。由于配给制限制了消费者的开支，达到计划中的储蓄增加额并不是一件很难的事情。政府接下来便可以从商业银行那里借到需要的资金。帝国的财政部长施威林·冯·克罗西克在自己的回忆录中写道："存户在自己没有意识到的情况下成了帝国的债权人。"[①] 在对储蓄的挪用依然不足以

（接上页注①）余的部分则来自内债（74%）、占领的领土（23%）以及来自中立国供应商的信贷（1%）。"民政"预算可能包括了某些特定的间接战争成本。如果将 1938～1939 年的预算看作和平时期的一般情况，各财源的贡献比例分别为：税收，11%；内债，67%；占领的领土，21%；外国供应商，1%。真正的情况可能在这二者之间，但无论如何，税收的贡献都是非常有限的。数据来源于 W. A. Boelke, *Die Kosten von Hitlers Krieg*, Paderborn, Germany, 1985, pp. 98－114。

① Graf Schwerin von Krosigk, *Staatsbankrott: Finanzpolitik des Deutschen Reiches 1920－1945*, Göttingen, Germany, 1974, p. 297.

支持战争的情况下，政府直接从帝国中央银行贷款，这导致流通中的货币总量到战争结束时增加了 7 倍，潜在的通货膨胀"炸弹"只是在严格的价格管控下才并未爆炸。

在这种情况下，德国的债务水平自然要远远超过其他的交战国。从 1939 年 9 月到 1945 年 5 月，德国的公债总额增加了 12 倍以上，从 320 亿马克增长至近 4000 亿马克——相当于战时 GNP 峰值的 3 倍以上。

第三帝国的预算虽然是保密的，但公共信息不可能完全不被泄露出来。1943 年，已经有报纸宣称第三帝国的公债已经增加到了惊人的水平，政府大臣必须要对此事做出回应。施威林·冯·克罗西克在 4 月声称他理解公众对于债务水平的焦虑，但他认为很大一部分债务能够通过分配征服获得的土地得到偿还。即便在 1945 年初，当战败很明显已经不可避免的情况下，路德维希·埃尔哈特的报告依然认为有可能在战后以 1% 的利率对债务进行合并。但到了这时，政府已经对整个货币体系丧失了信心。

奥托·内森在 1944 年初为国家经济研究院研究纳粹战时财政体系。在他的《纳粹战时财政》一书的引言中，研究院的院长拉尔夫·杨格提到：

> [纳粹] 使用的财政工具和英国、加拿大与美国有非常多的相似之处。但这些相似之处都是表面上的，不能够掩盖其本质上的差异。经过民主过程推行的财政措施无论是在本质上还是在效果上都和独裁暴君不同。[1]

---

① Nathan, *op. cit.*, Introduction.

　　但事实上，两者之间的相似程度是惊人的。纳粹的经济和财政体系与西方国家在新宏观经济学指导下的经济控制手段几乎没有不同。定量配给、价格控制和将私人借款者排除在信贷市场之外使得政府能够随心所欲地贷款。这些政策在不同的政府体制和意识形态下投入实施究竟会产生什么实质性的差异呢？杨格将民主和极权主义的财政体系之间的差异定性为"价值观上的对立"，但没有做进一步的分析。他的言论看上去更像是哈耶克在《通往奴役之路》中所批判的自由主义者在未经思考的情况下对计划式政府的接纳。

　　尽管如此，民主政府和"专制独裁者"的财政体系的确有一个明显的不同。民主国家战时财政体系非常重视"自愿性"原则，这种原则被罗斯福和其他老牌的政治家所珍视，但在新一代经济学家的眼中并不那么重要。在凯恩斯主义经济学中，"［储蓄］是否直接被投资到政府债券中只是一个无关紧要的细节。如果储户不愿意投资，商业银行将会代劳"[1]。但从政治的角度来看，这个"细节"则至关重要。正是民主国家说服公民直接投资政府债务的能力（以及意愿）将它们与专制政权区分开来。

五　账户的结算（第二部分）

　　　　无论其他的战后目标有什么不清楚的地方，有一点是明确的。在全世界范围内，民众都认为未来的世界将实现

---

[1]　Murphy, *op. cit.*, p. 72.

充分就业与生产——这并不是什么过分的要求。正如伦敦的《经济学人》杂志近期声称的那样，这个目标的地位超过了其他所有的政治和社会理念。

——《纽约时报》，1942 年 12 月 9 日

在欧洲的战事于 1945 年 3 月结束的时候，太平洋战争尚未结束，对德国进行军事占领的成本也相当高昂。政府贷款至少要等上一年的时间才能真正得到控制。但负债严重的并非只有战胜国和它们打败的对手，被纳粹德国从占领区榨取的财富同样反映在被占领国的资产负债表上：法国、比利时和荷兰的债务水平都增长到了战前的 4.5 倍左右。

在与总产出的相对水平上，公债水平已经达到了前所未有的（甚至荒谬的）程度，在欧洲大陆上尤其如此，因为经济已经由于长期的战争严重缩水了。据计算，在德国，由纳粹政权留下的债务相当于国民收入的 675%，荷兰达到了 400%。同盟国的情况也没有好到哪里去。在英国，公债占国民收入的比重为 270%，加拿大、澳大利亚和美国则分别为 180%、210% 和 150%。[①] 法国、意大利和日本的债务水平更低，仅仅是因为通货膨胀已经失控了，债务实际价值减少的速度比新发生的速度还要快。

赔款的问题不可避免地再次被提出。只有苏联试图通过赔款获得一些实质性的收益，斯大林在雅尔塔提出了 200 亿美元的要求。由于人们对《凡尔赛和约》依然记忆犹新，他并没

① 数据来源于 United Nations, *Statistical Yearbooks*, Lake Placid, NY, 1947 - 1950。

有要求这笔钱必须以现金支付，而是来自商品、强制劳动以及对工厂的转移。最后一个计划特别受西方国家的欢迎，德国不仅将被彻底地非军事化，武装了纳粹国防军的重工业也将被彻底摧毁。尽管这个计划并没有给各交战国带来物质上的补偿，但德国的军事强国和工商业大国的地位将被摧毁，给它们除去了一个重要的竞争对手。这个计划甚至在伦敦和华盛顿都产生了一定的影响。在 1944 年 9 月的魁北克会议上，同盟国宣布它们"致力于把德国转化成一个专注于农业的田园式国家"。凯恩斯对这个计划进行了批判。像德国这样人口稠密的国家在其出口工业被摧毁的情况下，有什么能力填饱自己的肚子呢？当掌控了整个东欧的苏联把德国最好的农田的 1/4 都划给了波兰，与此同时将数百万德国人驱赶到西部之后，这一计划的实施就更成问题了。正如凯恩斯所言：

> 如果我们把鲁尔区彻底去工业化来取悦苏联，把德国的工厂乃至领土交给国际组织来取悦法国，而独自承担喂饱德国人的重担的话，这实在是一件荒谬的事情……我们现在对德国的策略可能是最疯狂的——如果我们不算上上一次的话。[①]

最终，同盟国采取了截然不同的策略。联邦德国一共筹集了 10 亿美元的资产作为赔款，其中很大一部分都被送往苏联的工厂。当苏联在东欧的霸权地位愈发明显时，西方盟国不得不意识到将联邦德国重建为一个强大的民主（以及工业国家）的重要性。在这一过程中，马歇尔计划以及盟国的食品援助向联邦德国输送了近40亿美元。联邦德国再一次从美国那里获得了"赔款"，但这一次有着更乐观的结果。而在民主德国，苏联采取了榨取手段。据估计，按照战前的物价，苏联在1955年之前至少获得了70亿美元。[①]当苏联意识到国内没人能够操作掠夺来的机器之后，工厂的拆卸和搬运就停止了。取而代之的则是大量的民主德国产品被搬运到苏联，而民主德国的消费水平被控制在战前水平之下。只要熟悉20世纪30年代的五年计划的人对这一过程都很清楚。

　　在苏联之外，赔款并没有对缓解战后的财政困难提供足够的帮助。财政稳定的过程在国与国之间各有不同。轴心国的战时债务被简单地一笔勾销了，联邦德国通过货币改革，日本则通过超级通货膨胀。到了20世纪50年代中期时，这两个国家的公债都已经不超过GNP的10%了。法国和意大利的情况则有所不同，这两个国家都遭受了严重的战争蹂躏，其亲纳粹政权的倒台极大地促进了领导抵抗纳粹运动的共产党的发展，因此这两个国家将进入什么意识形态阵营是不确定的。在政治辩论结束之前，暂时还没有恢复财政体系稳定性的希望。当赤字在20世纪50年代恢复到正常水平的时候，各国的财政状况已经发生了巨大的变化。法国的公债已经增加到了1939年水平的10倍，而价格水平则提高了25倍。因此，公债占GNP的比重从110%降低到了仅30%。在意大利，债务增加了34倍，而价格则提高了55倍。公债占GNP的比重在战争开始时是

---

① 数据来自 Cairncross, *op. cit.*, p. 219。

80%左右，在1943年达到了120%的峰值，而在通货膨胀失控之后开始急剧下跌，价格水平在1945年增加了340%。到1947年时，新生的意大利共和国继承的债务总额占GNP的比重只有30%。

在其他的被解放的西欧国家中，情况并没有这么困难。它们的基础设施和政治框架受到的打击更小，在不引起高水平通货膨胀的情况下，财政和货币稳定可以在一定程度上得到恢复。在获得解放之后的几个星期内，比利时政府就（在共产党的支持下）采取了坚决的通货紧缩政策。除此之外，战争结束之后经济活动的迅速恢复也促进了债务水平的下降。荷兰的经济在1944年的最低点之后出现了迅猛的回升，其（实际）总产出在1948年要比战前的水平高出了约1/3。公债占国民收入的比重降低到了160%，（按照荷兰历史上的标准）已经达到了可以管理的水平。

和平在战胜国产生了更为有趣的问题。它们应当按照什么样的规律调整战后的政策？第二次世界大战从某种角度来看是财政上的伟大成功，向公众借款造成的经济和社会动荡从未被控制到这么低的程度。尽管税收的重要性得到了提升，公债的水平（即便在英国）也超过了第一次世界大战。图9-5为英美两国在两次世界大战期间的国内债务占按战前价格水平计算的GNP的比重。

同样值得注意的是战争公债极低的利率。在第一次世界大战期间，利率尽管按照历史的标准来衡量并不高，但它在战争期间保持了持续的上升势头。在第二次世界大战期间，利率不仅要显著低于一战时期的水平，而且基本保持稳定。英国和美国在一战期间的平均债务成本分别为4.2%和5.1%。在第二

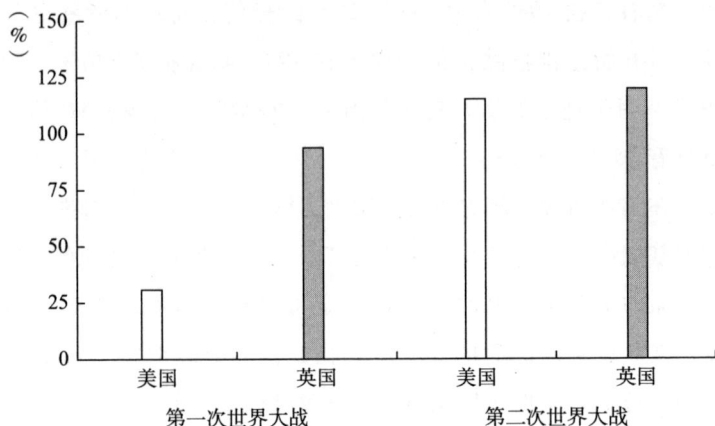

图 9-5　英美两国在两次世界大战期间的国内债务占按战前价格水平计算的 GNP 的比重

注：为了计算公债占 GNP 的比重，对每年的债务增加值均按照战前的价格水平重新进行计算，第一次世界大战的数据和战前的 GNP 相比较。第二次世界大战的数据则用战争期间 GNP 的最高值按照战前的价格水平重新计算。和战前 GNP 直接比较会产生问题，因为英国和美国的经济在 1939 年都出现了大幅的下滑。

次世界大战期间，这两个国家都能够以低于 2% 的利率举债。这不仅是因为它们对战争公债的利息设置了上限，而且得益于更低的短期债务利率（短期国库券利率在 1% 以下）。在这种条件下，尽管英国的公债增加到了拿破仑战争之后从未达到过的高水平，但其应付利息在 1946 年只相当于 GNP 的 4.7%，而在 1816 年和 1919 年则分别达到了 GNP 的 10% 和 5%。美国的公债利息在 1946 年只相当于 GNP 的 1.7%，而在 1866 年则为 2.7%。因此，从表面上并没有任何理由担忧盟国战后的债务问题。

但战时财政体系在一个方面并未取得成功。正如专家所言，对经济的关键考验是控制通货膨胀的水平，但各交战国的政府无法完全依赖税收和长期债务支持战争。短期债务水平出现了不可避免的上升，其中很大一部分由银行系统（包括英美两国的中央银行①）所持有。在战时的价格管控政策被取消之后，潜在的通货膨胀势必会失去控制。因此，政府所面临的财政困境和一战之后并没有什么不同。民众再一次被呼吁通过投资战争公债来为爱国事业做贡献，他们的大部分投资也再一次与政府的信用捆绑在了一起。如果政府不立即采取措施减少货币供给，那些热情地响应了政府呼吁的公民将第二次面临储蓄大幅缩水的局面。

即便在二战期间，公债持有人的命运已经出现了恶化的征兆。和一战时不同，政府并没有通过提供高于市场水平的利率来吸引民众的储蓄。能够给战时储蓄提供的最好的经济学证据就是它能够为未来提供某种形式的储备。哈维·菲斯克在20世纪40年代声称："那些出于爱国动机购买了公债的投资者［在战后利率下降的情况下］将获得真金白银作为报偿。"② 这一说法在当时没有受到任何的欢迎。可能战争公债宣传中反复使用的爱国主义口号正是为了打消公债持有人获得实际投资回报的期望？

除此之外，战时财政还具有收入再分配的性质。在凯恩斯关于强制储蓄的提案中，低收入者缴纳的税收可以获得连本带息的偿还。即便政府并没有采纳凯恩斯的建议，战争期间高度

---

① 1919年，美联储持有相对有限的短期政府债务总额中的9%，而在1946年美联储持有相对更高的短期债务中的32%。1919年，英格兰银行持有短期债务总额的20%，而在1946年则持有23%。

② H. E. Fisk, *Our Public Debt*, New York, 1919, p.60.

累进的税制也产生了同样的结果。例如，申报收入在 6000 英镑以上的英国纳税人从 1938 年的 7000 人下跌到了 1944 年的 80 人。英美两国的收入分配都平均了很多。

战争还推动了社会强制和公共福利理念的发展，典型的代表为"罗斯福新政"和"贝弗里奇报告"。在美国，国家资源计划委员会 1942 年发表的报告建议颁布一份新的权利法案，纳入"免于对衰老、贫困、疾病、失业以及意外的恐惧的自由"①。在英国，保守党在 1945 年 7 月下台，政府的方针进入了新的阶段。战后影响最大的是"对失业的恐惧"。在充分就业在战争开支的刺激下得以实现之后，30 年代大萧条留下的创伤依然没有愈合。正如《纽约时报》和《经济学人》所言，对于充分就业的渴望压倒了其他政治和社会目标。无论是在欧洲还是在美洲，政府都将充分就业作为官方的政策目标。② 政治风向的变化使得战后的财政收缩变得不太可能。

因此，战后的通货膨胀不可避免。价格在 1946 年和 1947 年持续上升，在 1948 年稳定下来后比 1945 年提高了 30%。如果没有朝鲜战争，价格可能就会稳定在这个水平上。价格在 1951 年再次攀升，1953 年比二战结束时高了 50%。在战后，各国普遍认同战败国可能无法偿清战时的债务了。现在，战胜国看上去也要走上同样的道路。同盟国战争公债的真实回报率情况见表 9-4。

---

① National Resources Planning Board, *Post - war Agenda*: *Full Employment Security, Building America*, Washington, DC, 1942, quoted in A. S. Milward, *War, Economy and Society 1939 - 1945*, London, 1977, p. 340.

② 在美国，关键性的文件是 1946 年的《就业法案》；在英国，关键性的文件则是 1944 年 5 月的《就业政策白皮书》。

表 9 - 4　同盟国战争公债的真实回报率（发行 10 年之后）

单位：%

国家	第一次世界大战	第二次世界大战
美国	+4.2	-1.7
英国	+4.6	-2.0

注：这些数字代表了在战争期间从公众那里借到的一般性贷款的利率。在构建这样的表格时笔者必须要做出一些困难的抉择。第二次世界大战的数据来自向小额投资者出售的美国的储蓄证券和英国的储蓄凭证。这些都是战争期间利率最高的政府贷款，而且受到免于贬值的保护。如果我们采用可交易的长期公债的数据，收益率的数据就要差得多。第一次世界大战的数据则是根据战争期间每一年新发行的公债计算的。当在后面几年向高收益率贷款的转换成为可能的情况下，本书假定这种转换确实发生了。由于美国自由公债的利息不在所得税征收的范围内，其 1918 年及其之后的名义收益率分别被提高了 4% 和 12%，以便与无免税权利的英国公债进行比较。如果不进行这种调整，平均收益率将是 3.7% 而非 4.2%。为了和第二次世界大战进行合理的比较，美国和英国所有第一次世界大战期间的公债都被假定为在 10 年之后按照面值赎回。这并不是没有道理的，因为这两个国家的公债在 20 世纪 20 年代的价格基本都和面值一致。由于在两次世界大战期间，零售价格（CPI）和批发价格（WPI）之间存在着极大的差距（部分源于价格管控政策），本书采用 2/3 的零售价格加上 1/3 的批发价格构成的综合价格指数。如果仅采用零售价格或批发价格，结果会发生非常大的变化，见表 9 - 5。

表 9 - 5　调整后的同盟国战争公债的回报率

单位：%

国家	第一次世界大战		第二次世界大战	
	CPI	WPI	CPI	WPI
美国	+2.4	+7.8	-1.5	-2.4
英国	+3.8	+6.4	-0.3	-3.8

　　导致这种新局面的政治和经济原因在英美两国并不相同。美国在战争结束时经济实力比之前更强了，而英国则被大大削弱。除此之外，英国还处于暂时性的破产状态。凯恩斯帮助英国从美国那里协商获得了一大笔贷款。新上台的工党政府的主要目标是进行财富的再分配。财政大臣休·道尔顿采用"弱

势货币"（easy - money）政策，因为这有助于推动"食利者
的安乐死"，以及"完美契合我们打击财富分配不公平的目
标"①。"弱势货币"政策在包括美国在内的很多国家都得到了
推行，其经济动机和通货膨胀后果也基本一致。除此之外，英
国的财政问题主要是从消费品生产转向军事工业的后果，基础
设施基本保持完好，GNP 也比战前的水平更高。政府的国内
债务并没有发生违约。

战后的"弱势货币"政策阶段一直持续到 1951 年，但其
最高峰出现在 1946 年。英国政府花费了大量的精力试图将长
期利率降低到 2.5%，这恰好和长期债券市场短暂的牛市出现
在同一时期。公众投资者已经适应了低收益和政府对金融市场
的"管理"。除此之外，由于 20 世纪 30 年代的记忆依旧清晰，
很多人不相信私人企业能够取代国家，为他们的闲散资金提供
投资目标。政府贷款需求大幅下降的迹象使得投资者在 1946
年初开始大量抢购政府债券，这导致公债收益率达到了与 19
世纪 90 年代相当的水平——美国 2% 左右，英国 2.5%。之后
它们又回到了战时的水平。25 年的证券市场牛市已经中止了，
之后则开始了 35 年的熊市。但在最初几年内，公债收益率依
然接近历史上的较低水平。② 对于投资心理学来说，有一个问
题始终没有得到很好的解释：在 20 世纪 40 年代末，看上去没

---

① Article in the *New Statesman*, 21 February 1948. 在像罗宾逊夫人这样的偏左
翼的经济学家看来，降低利率政策的主要问题是可能会带给长期公债的持
有人不应得的资本收益，而这些人正是应该被"食利者的安乐死"打击的
对象。S. Howson, *British Monetary Policy 1945 - 51*, Oxford, UK, 1993, p. 89.

② 英国和美国债券价格的走势存在着一定的差异。在美国，债券价格在 20
世纪 50 年代末才开始从战时的高水平下跌。而在英国，债券的熊市在
1949 ~ 1952 年期间出现，统一公债的价格从 80 左右跌到了 60。

有任何人在意通货膨胀水平已经达到了 10% 以上，而 19 世纪 90 年代时价格水平则在下降。

美国政府和 1919~1920 年时一样，掉进了同一个圈套。美联储被要求尽全力将长期公债的价格维持在面值以上，而不考虑随之而来的货币超发和通货膨胀。1951 年初，财政部长约翰·斯奈德和他在中央银行的反对者之间发生了争论。在斯奈德看来，将政府储蓄债券和长期公债的利率维持在 2.5% 已经成了关乎国家尊严的事情。

我们不仅有义务将政府的财政状况建立在最稳固的基础上，还有义务承担起对数以百万计的联邦政府债券的持有人应负的责任。

联邦政府债券市场的稳定是我们财政部门的第一道防线……

在我看来，长期国库券 2.5% 的利率是非常公平的，无论是对于政府、公债投资者还是纳税人来说都是如此……2.5% 的利率……是我国财政结构不可分割的一部分……

美国联邦政府的信用已经成为整个世界经济结构的基石。我们政府债券的稳定对世界来说都是必不可少的，其重要性再怎么强调也不为过。我认为它对于我们国家的存活至关重要。[1]

---

[1] John Snyder in August 1950 and January 1951, quoted in U. S. Congress Joint Committee on the Economic Report, *General Credit Control*, *Debt Management*, *and Economic Mobilization*, Washington, DC, 1951, pp. 37-40.

斯奈德的言论和威尼斯将旧公债称为"我们国家长治久安的基础"[1] 有着异曲同工之妙，它们都发生在公债逐渐贬值的情况下。反对斯奈德的人则声称，只有提高利息才能遏制通货膨胀，而在政府债券实际价值下降的情况下依旧维持其名义价值对经济将是不利的。如果美国的公共信用在内部已经被通货膨胀所腐蚀，再强调它对于世界的意义又有什么价值呢？

> 在过去的 10 年内，投资在收益最高的政府债券中的 1000 美元现在只能实现 750 美元的购买力……在这种情况下，对于名义利率的过度关注将成为财政短视的典型表现。[2]

> 人们将对货币失去信心才是政府信用真正的威胁。美元、公债以及其他名义价格固定的资产在过去 10 年内，实际价格都至少下降了 40%。如果这种趋势持续下去，我们并不能确定民众是否会继续愿意购买和持有政府债券。[3]

政府最终输掉了这场辩论，利率被允许继续上涨。在保守党重新掌权之后，类似的过程也发生在了英国。[4] 利率的上涨一方面使公债持有人的损失成为板上钉钉的事实，另一方面（在一定时间内）阻止了他们的收益被通货膨胀进一步侵蚀。

---

[1] 威尼斯元老院的法令，见 G. Luzzatto, *Il debito pubblico della Repubblica di Venezia*, Milan, 1963, p. 257。

[2] G. L. Bach of the Carnegie Institute of Technology, testifying to Congress, quoted in U. S. Congress, *op. cit.*, pp. 61 – 65.

[3] Lester V. Chandler of Princeton University, ibid.

[4] 在 1951 年底，英格兰银行的贷款利率从 1940 年以来稳定不变的 2% 开始上涨，到 1952 年时已经达到了 4%。

　　战后通货膨胀最引人注意的特征是它基本没有引起任何的社会不满，针对政府违约的大规模社会抗议并没有发生。这一阶段总体上表现出了高度的社会共识。没有人为战后的通货膨胀唱赞歌，但话又说回来，通货膨胀也从未受到人们的欢迎。无论这一时期存在怎样的困难，至少实现了充分就业。富人在共产主义浪潮面前不得不接受财富再分配的政策，数以百万计的公债持有人对于通货膨胀的容忍程度显然要高于部分违约或者征收资本税。和法国、德国以及意大利相比，美国公债持有人的下场已经好了很多。可能他们内心明白，对于战争必须要做出爱国主义的牺牲。战后的通货膨胀实际上正是公民没能充分响应战争公债促销的后果。

结语　联盟的瓦解

在战争期间大举借债，在战争结束之后用通货膨胀来消除这些债务——这究竟是理想的筹措战争资金的方式，还是在埋下自我毁灭的种子？幸运的是，到目前为止，并没有第三次世界大战来检验究竟哪个才是事实。但我们有足够的理由相信第二个假说才是正确的。如果投资者没有继续抱着传统的预期认为价格在战后下降的幅度将和战时上升的幅度相当，第二次世界大战期间战时财政的成功就是不可能的。正是这种预期使得长期固定利率证券的持有人愿意接受低于通货膨胀水平的收益率。但在 20 世纪 40 年代，官方的政策变成了确保价格水平再也不会下跌。尽管舆论依然不欢迎通货膨胀，但所有的政治家都决心尽一切努力阻止通货紧缩的发生。因此，只有相信政治家无法达成他们的目标，二战之后依然会出现价格水平下跌的投资者才会有理由继续持有收益率低于 3% 的公债。

众所周知，这种情况并没有出现。战后的通货膨胀在 1948 年的确出现了减缓，但朝鲜战争的爆发摧毁了价格水平下跌的可能性。在这种情况下，美国长期公债的利率在 1954 年初依然降至 2.5% 的事实看上去简直有悖常理。在 3 年之后，新发行的公债利率就不得不被提高到 4% 以上，但在价格水平只会上升的世界中，即便是这个利率也是过于乐观了。假设经济状况良好，每年的通货膨胀率为 1%，那么 4% 的收益率依然是合理的。但在任何短期的经济冲击都会不可避免地提高价格水平的情况下，1%的通胀水平并不是合理的预测。当低通胀（而非通货紧缩）在 20 世纪 90 年代再次成为可信的预期时，长期政府债券的市场收益率达到 5%～6%。这种收益率水平在 60 年代首次出现时曾经让美国的公债持有人紧张不已。在英国，通货膨胀一直要比美国更加严重，这种收益率水平债券的出现也要早约 10 年。到了 60 年代末，英国的公债持有人已经开始拒绝在 10%的利率以下贷款给政府。

在 1965～1990 年期间，通货膨胀没有受到任何的限制。在自由主义－凯恩斯主义者看来，价格水平的上涨完全是越南战争和连续两次石油危机造成的不幸结果。但 20 世纪 30 年代发生的经济和政治思潮的变革并不能完全消退。也许事实正如 J. K. 加尔布雷斯所言，"面对在失业和通货膨胀之间的抉择，自由主义政治家哪个都不会选"[1]。但不可否认的是，战后舆论的变化使得民众的通货膨胀预期出现了不可逆转的增长。民众愿意接受的债券收益率降低了，而可以容忍的通货膨胀水平则提高了。凯恩斯在剑桥的门徒开始宣称任何高于 2%的失业率都是"冷血的"[2]。如果说在短期内将失业率提高到 5%才能将长期的通胀率压到 1%以下，那么需要调整的可能是通货膨胀率目标。在 1959 年发表在《经济学人》上的文章中，经济学家萨姆纳·H. 斯利希特声称："高通胀率是避免更大的失业问题和达到潜在经济增长率所需要付出的必要的代

---

[1] Quoted in S. Homer, *The Great American Bond Market*, New York, 1978, p. 280.

[2] 罗宾逊夫人 1966 年语。See C. T. Rowley, "The Legacy of Keynes: From the General Theory to Generalized Budget Deficits," in: C. T. Rowley et al., eds., *Deficits*, Oxford, UK, 1987, p. 159.

624 / 债务与国家的崛起：西方民主制度的金融起源

价。"① 在斯利希特看来，这种政策意味着长期债券的收益率
将达到5%及以上，但对于其他人来说50年代末和60年代初
的小规模利率上涨已经太严重了。美联储的独立性遭到了攻
击，1964年，《华盛顿邮报》抱怨道："美国是唯一一个现任
政府对货币政策没有掌控力的大国……彻底改革的时机已经
到了。"②

在这些经济学思想的转变之外，政府的角色也出现了不可
逆转的扩张。在20世纪50年代，"社会"预算（除军费和公
债利息之外）占GNP的比重不到7%。③ 到了70年代末，这
个比重已经增加到了15%左右——大多数增长都发生在1965~
1975年期间的"伟大社会"计划中。在某种程度上，社会开
支的增加可以被"和平的分红"——军费的下降——所抵消，
但军费的下降只占了GNP的4%还不到。审慎的财政原则应当
要求税收有相应的增加，但纳税人在很早之前就已经达到了自
己忍耐的极限。联邦政府的税收占GNP的比重从30年代的
5%~6%增加到了二战时期的20%，由于一些政治原因，税
收从未下降。在1953年，它占GNP的18.8%，在1963年占
17.5%，在1973年和1983年分别占18%和19%。

在这种情况下，公债不可避免地开始攀升。正如罗伯特·

② Editorial in the *Washington Post*, 14 July 1964, quoted in *The Rising Toll of Interest Rates*, issued by the Conference on Economic Progress, Washington, DC, 1964, p. 83.

③ 由社保体系持有的公债的利息没有被纳入计算，因为基金运营的费用被
包括在了"社会"开支中。

萨缪尔森在 1993 年指出的那样："我们基本上就是在通过贷款来维持所谓的'大政府'，因为税收基本保持不变。"① 但在 70 年代，公债并不是填平收支之间差距的唯一手段。大量的支出是通过通胀——换言之，为公债支付负利率——来实现的。1971～1980 年，联邦政府支付的实际年利率为 -1.3%，平均每年的预算赤字为 GNP 的 1.7%。如果公债有着合理的收益率，那么赤字率将达到 3%。英国的情况更糟糕，价格水平在 1975 年增加了 25%，而 70 年代的平均通货膨胀率达到了 14%，赤字率则达到了 4.2%。如果债券有着合理的收益率，赤字率将达到 11%。②

70 年代的通货膨胀达到了前所未有的水平，因此投资者的预期花了数年的时间才完成了转变。每当收益率提高的时候，价格水平提高得更快。最终，投资者拒绝接受低于 10% 的收益率。在美国，熊市的最低点出现在 1981 年秋，政府不得不将 20 年期国债的收益率提高到 15.75%。在英国，最糟糕的情况出现在 1974 年，统一公债的价格下跌到了 13.875，市场收益率达到了 18% 以上。

1946～1981 年期间的大熊市的重要性体现在政府公信力的逐渐下降上。在战争期间，高通货膨胀率或许情有可原，但在和平与繁荣时期就难以有合理化的借口了。除此之外，政府债券并不能像私人企业那样合情合理地提供负回报率，因为它毕竟拥有调整价格水平的权力。一部分人开始认为政府在占平民的便宜，而非履行自己的职责——保护他们的储蓄。

① R. J. Samuelson, "Clinton's Nemesis," *Newsweek*, 1 February 1993.
② 数据计算基于这样的假设：公平的回报率应该比通货膨胀率高 3 个百分点。

当通货膨胀率继续增长的时候，有些人开始质疑民主制度的可持续性。研究利率的历史学家西德尼·霍默在 1974 年用讽刺的语调描述了这种新趋势。

> 当我还是一个大学生的时候，我们都被教育说，和平时期的通货膨胀在我们伟大的美国——或者说除了法国以外的第一等文明的工业化国家——是不可想象的事情。在那时，只有"香蕉共和国"才会出现和平时期的通胀，而它们需要做的唯一的事情就是寻求一位著名的经济学家的建议并依计行事……我们［现在］的通货膨胀在和平时期的经济史中还没有出现过……那些热衷于指导南美洲小国如何审慎行事的经济学家都到哪里去了？事实上，他们中的一部分开始建议我们转过来去模仿南美国家的策略，尽管其中很多政策非军事独裁不可推行。①

在 1980 年 3 月的一次名为"债券市场危机"的国会听证会中，南卡罗来纳州的财政部长引用了 18 世纪政治理论家亚历山大·泰特勒的话。

> 民主制度注定是不可持续的，它只能在选民发现自己能够通过投票从国库中获得大笔财富之前维持运行。一旦他们意识到了这一点，大多数选民总是会投票给承诺最为慷慨的候选人，进而导致民主制度在不负责任的财政政策

---

① "Myths and Facts about Inflation," a speech in Cleveland, Ohio, 10 June 1974, in: Homer, *op. cit.*, pp. 129 – 131.

下崩溃以及独裁的产生。①

    这就把我们带回了本章开始时的问题：第二次世界大战期间战时财政的成功是可复制的吗？如果政府在 70 年代末再去试图通过鼓动民众的爱国热情来推销真实利率为负的公债，那只不过是在为周六的电视节目提供讽刺的材料。这并不意味着各国无法再支持一场二战规模的战争，因为政府总是有办法筹集到自己需要的资金。事实上，债券市场在高通胀的年代并没有枯竭，即便当经济学家预测它将要崩溃时依然保持了相对的稳定。早在 1969 年 5 月，《机构投资人》杂志将一只恐龙放到封面上，寓意美国债券市场的消亡；在 60 年代和 80 年代早期，欧洲和美国都出现了间歇性的"投资者罢工"。但一旦收益率增长得足够高，即便是长期债券也能找到买主。因此，问题就转变成了：在 1980 年，美国政府是否愿意提供高于 15%的利率来吸引自愿的认购人？答案很显然是否定的，而这一策略很快就被证明成本高到了难以为继的程度。更可能的结果是政府会自上而下地推行一套类似于战时管控的体制，强迫消费者储蓄一部分收入，然后再安静地通过银行体系将储蓄引导到政府的手中。"极权主义"的战时财政体系将最终取代"民主"的财政体系。

    对于这一结论很明显的反击是战争形态的改变。第三次世界大战将不会是二战的简单重现，因为核武器的发展将极大地缩短战争的时长并降低其成本。也许正是这一点使得政府在

---

① "Crisis in the Bond Market," hearing before the Joint Economic Committee, Congress of the United States, 12 March 1980.

1945 年之后不再尽力维持自己的信用等级。

除此之外，在一个超级大国之间的战争必然导致"确保相互摧毁"的世界中，只有小规模的常规战争才会发生。而这种战争不足以使国家像两次世界大战期间那样大规模举债，即便是越南战争在美国的长期公债账单上也几乎没有留下任何痕迹。在核威慑时代，战争和公债之间的联系已经终结了。

剩下的就是和平时期的公债了——1945 年以来，它们很明显占据了重要的地位。但和平时期的公债与战争公债有着一些非常重要的区别。和平时期的赤字尽管会引起大量的指责，但其规模相对是很有限的。美国在里根时期的赤字最高值也不过占 GNP 的 5.5%，而在二战期间，美国在数年之内每年的公债占 GNP 的比重高达 25%。美国显然不需要进行大规模的促销来售出相当于 GNP 5% 的公债。

但和平与战争期间的公债之间还有着一个更为深刻的差异。由于战争往往是民族凝聚力高涨的阶段，它为债务提供了和平时期所无法提供的政治合法性。凯恩斯主义为和平时期的赤字提供了一定的根据，但由于和平时期的赤字往往出现在经济萧条中，民众对于储蓄和安全的偏好使得政府根本不需要打出爱国主义的旗帜就能够筹集到足够的资金。事实上，由于政府在这种情况下的全部政策目标就是要鼓励民众少储蓄、多消费，隐含着鼓励储蓄含义的公债促销将成为荒谬的行为。

有一点可以确定：社会无法在税收和开支水平（以及分配）方面达成共识，是战后时代最通常的赤字来源，而这一问题是没有借口可找的。这种情况下的赤字仅仅是社会政治僵局的财政表现。在一个国家远不是一个拥有统一目标的团体，而是很多拥有互相冲突的经济利益的团体的集合体的时代，在公债中加入爱国主义和公民精神的元素将毫无意义。

　　因此，和平时期的公债总是要比战争时期更缺乏政治意义和人情味。战后经济的变化进一步加速了这种去人格化的过程。首先是机构投资人的崛起。在 19 世纪末，银行（以及某种意义上的保险公司）是唯一重要的金融中介。养老基金（pension funds）和投资基金（investment funds）后来加入了这一行列，而且它们的重要性与日俱增。在本书成书的近几年内，各国金融中介持有公债的比重达到了惊人的水平（美国为 37％，日本则高达 77％）。[①] 其次，与投资机构化相应的是随着经济全球化的进程，由外国（机构）持有的公债数量也在快速增长，在美国、德国、法国和意大利，这一比重都达到了 30％ 左右。[②] 而在 1970 年，外国持有的美国公债比重仅为 5％，德国则低于 2％。事实上，大量的公债由外国持有已经被看作良好的国际信用等级的标志，而非经济不成熟或财政困难的表现。

　　这些趋势导致了本书的主人公——"公民债权人"——逐渐退出了政治舞台。在美国，曾经被视为国家安全不可分割的一部分的储蓄债券现在仅占公债总额的 5％。即便把其他国

---

①　这个计算没有包括政府的代理人持有的公债。日本的数据仅指政府债券。日本政府债务还包括贷款（21％）和国库券。其他国家的机构投资者持有比重如下：意大利，44％；英国，55％；法国，68％。数据所属时间分别为 1998 年（美国和英国）、1999 年（意大利）和 2000 年（法国和意大利）。

②　1999～2000 年的数字如下：美国，33％；德国，34％；意大利，33％；法国，28％。这些数据排除了政府代理人持有的公债。英国是这个趋势中的例外，在二战结束之后，外国持有公债的比重基本保持在 15％ 不变。外国持有的"金边债券"一直很重要，因为英镑是重要的储备货币。唯一发生的变化就是私人投资机构逐步取代了外国政府的位置。

家的政府债券纳入考虑，直接由美国公民持有的公债比重也不到 10%。① 在其他的国家，这一比重甚至还要更低。法国公民现在仅持有所有政府债券中的 1.6%。② 当超级通货膨胀终结了爱国的公债持有人时代之后，德国的公民再也没有重新获得在财政体系中的核心地位，德国总是更倾向于从银行那里获得贷款。③ 日本的公民只持有政府债券中的 2.3%。④ 旧的公债哲学——公债是政府与公民之间的亲密契约——只在英国依然有一定的残余，国家储蓄体系依然购买了公债的 17% 左右。这并不是说现代国家的公民在公债中没有任何经济利益，而是金融中介的存在使他们忘记了这一点。

可能像"9·11"这种突然袭击的冲击会复苏旧的民主财政体系。在"9·11"之后，公众的爱国情绪的确出现了迅速

① 美国拥有最完善的公债分配的数据，其记录可以追溯到第一次世界大战。但不幸的是，私人和投资机构持有的公债在 1940 年之前并没有被区分开。但我们可以合理地估计个人持有的公债比重在 1919 年约为 45% ~ 50%，因为有 80% 的投资是记在了非银行的投资者名下。在第二次世界大战期间，政府对于银行的依赖程度有了很大的提升，个人投资者仅占政府债务总量的 27%。25% ~ 30% 的比重一直延续到 70 年代初，在此之后开始了持续性的下降。1999 年，财政部停止公布私人持有的可交易证券数量，再次将其与机构持有的数量合并。1998 年 6 月，个人仅持有联邦政府债券中的 9.3%。上述资料来源于 *Treasury Bulletin*，March 1999。
② 这个数字仅包括了可交易证券——占总量的 92% 左右。如果包括了法国公民在邮政储蓄体系和财政部的存款，整个比重将增加到 5% 左右。上述资料来源于 *Bulletin de la Banque de France*。
③ 国内银行提供了 1999 年德国公债中的 50% 左右。在美国和英国，这一比重分别为 7% 和 4%。德国的数据没有排除由个人持有的公债，但所有国内非银行机构——包括企业、保险公司和其他投资机构——持有的公债比重的总和也只是总量的 18%。上述资料来源于 *Bundesbank Monthly Report*。
④ Japanese Ministry of Finance, *Japanese Government Bonds*: *Quarterly Newsletter of the Ministry of Finance of Japan*, No. 5, Tokyo, 2001.

的恢复，美国国会也批准了新的战争公债以支持"反恐战争"。2001 年 12 月，财政部发行了"爱国债券"以响应这种趋势。但这更像表现出一种号召性的政治姿态，而非 21 世纪的务实政策。美国政府的贷款需求是很有限的，而且创造贷款的更多的是减税，而非军事开支。财政部并没有将"爱国债券"筹集的资金特别地用于战争，新的公债也并没能获得很大的宣传力度。美国财政部看上去已经忘记了公债的政治维度，而更倾向于完全使用娴熟的技术来管理国家的财政事务。

与政府对于公共信用的观念改变相对应的是信贷市场本身的变化。在债券市场的襁褓期，它不过是中世纪意大利共和国政治自由的反映，而成熟的信贷市场则有着自己独立的生存机理。事实上，现代的信贷市场成了超越国界的、近于神格的力量，鉴定着政府的日常行为。克林顿的幕僚长詹姆斯·卡维尔就曾经诙谐地说，如果基督真的再生了，他也会再生为债券市场的样子。信贷市场的这一面并不是新出现的。在 19 世纪的长期和平中，存在两个互相对立的趋势。一方面，很多国家都试图通过鼓励民众尽量投资公债来将其纳入政治体制中；另一方面，一个不依附于任何国家的国际债券市场逐渐地形成。1906 年，这个市场的"最高祭司"之一内森·罗斯柴尔德在一封信中写道："欧洲的投资者特别偏爱他们自己国家的债券，这实在是一件很奇怪的事情。"[1] 他的言论反映了第一次世界大战前金融和贸易的国际化进程。在战争爆发之后，罗斯柴尔德勋爵的话就被人抛在了脑后。在战争期间，债券市场不

---

[1]　N. Ferguson, *The World's Banker: The History of the House of Rothschild*, London, 1998, p. 806.

再是非人格化的国际力量，而变成了民主民族主义的表现形式。在1945年之后，19世纪末期的经济特征是否会重新出现是不确定的。很明显，国际平衡的投资组合正在成为现代投资学的通理。

在今天，财政部和债券市场的关系与其他市场参与者没有太多的不同。政府希望降低自己的贷款利率和管理成本，与此同时管理自己的债务期限并扩大潜在的投资者范围。公债购买者试图增加回报、保持流动性和降低风险。这一过程中没有任何爱国主义或内在的民主特征。这并不意味着民主制度和债券市场互相"敌视"，二者之间曾经强烈的联系依然在回忆中存在。在今天，二者之间基本维持了和谐共处的关系。信贷市场依旧将民主国家排在其他类型的政府之上。出于实践上的原因，公共信用和民主政府之间珍贵的联盟虽然曾经在历史上承担了极为重要的角色，但在今天已经被消解了。

术语表

年金 annuity/gage/juro　　指定时期内每次等额收付的系列款项。在理论上每年支付一次（也是因此而得名），但在实践中支付的期限有半年期、季度或者月度。年金并不一定和贷款相关，而贷款反过来可以按年金的形式偿还。一个例子是固定比率的按揭贷款，其偿还有固定期限，且每次偿还固定的数额，不区分本金与利息。本书当中所称的年金就属于这一类。年金有三种基本类型。（1）终身年金：偿付在受益人去世时终止。（2）定期年金：偿付在一段特定的时间之后终止（如固定期限按揭贷款）。（3）永续年金：只有在债务人选择按照预定的数额赎回债券的情况下，偿付才会中止。前两种年金的利息和本金没有被明确地分开，永续年金每年的支付额代表着贷款的利息，而在赎回时需要支付的金额则代表着本金。*gage* 指法语中的"年金"，*juro* 指卡斯蒂利亚语（即现代的西班牙语）中的"年金"。

不记名票据 bearer paper/bearer bonds　　收益归持有人，而非指定的个人所有的证券。这种类型的金融工具很明显要比有特定持有人的证券更容易在市场上交易。

债务凭证 bills/*bons*　　代表短期支付义务的票据。国库券（treasury bills/*bons de trésor*）是短期（一年以内）无担保的财政部债务凭证。

债券 bond　　最初，一旦贷款偿还完毕，其抵押就被完全赎回。这个词现在被用来描述长期固定利息贷款的份额。贷款被分割成小面值的"债券"以卖给多个投资者，并在"债券市场"上流通。

统一公债 consols　一系列现存的债务被整合成单一的永续年金。很多国家都发行这样的年金，并使用 consols 这个词来代表它。在本书当中，这个词仅指英国的统一公债。它在1754年开始发行，直到今天依然在伦敦证券交易所上流通。

证券转换 conversion　将一种类型的证券交换为另一种。在本书当中，"转换"这个词更多地被用来描述将永续年金转换为利率更低的年金的做法。如果旧年金的持有人同意，则被称作"自愿（voluntary）转换"，反之则为"强制（forced）转换"。

可兑现的 convertible　笼统地来说，只要持有人同意，任何金融工具之间都可以互相交换。但在本书中，这个词基本上被用来描述可以被自由兑换成黄金或白银的纸币。

息票 coupon　息票是"债券利息票券"的简称，附印于债券上的利息票券，是附息债券定期支付固定利息的凭据。当利息支付完成时，息票就会被剪下并勾销。在通用术语中，"票息率"（coupon rate）指债券的名义利率，与之相对的则是投资者的"收益率"，后者随着债券交易时价格的变动而变动。

当期收益率 current yield　在不考虑本金贬值或升值的情况下投资者获得的收益率（其计算方法是将名义利率除以购买价格再乘以100）。

铸币贬值 debasement　指铸造面值和之前的铸币一样，而贵金属含量比之前低的货币的做法。这可以通过简单地缩小铸币的质量实现。更通用的做法是在铸币当中加入廉价的金属，而保持铸币的质量和面值不变。

固定债务/流动债务 funded debt/floating debt 基本相当于长期债务/短期债务，但其定义更加明确，差异也更加清晰。如果一笔债务（包括本金）的偿付被明确地纳入了政府的预算当中，它就是"固定"债务，反之则是"流动"债务。年金全部被视为"固定"债务，因为政府并不需要特别拿出一笔钱来偿还"本金"。当年金不再成为公债的重要组成部分之后，固定债务/流动债务的术语也逐渐被废弃不用了，因为现代政府的绝大多数债务都是"流动债务"。

金边债券 gilts 英国的政府债券，因为印刷债券的纸张边缘镶金而得名。

国民生产总值/国民生产净值 GNP/NNP 两者之间的差别是资产折旧/贬值。因此 NNP 更接近于国民收入。

法定货币 legal tender 被政府宣布在缴纳税收、商业交易和偿还国家内部债务时具有法律有效性的货币。

终身年金 life annuity 见年金（annuity）。

国民收入 national income 一个国家国民获得的工资、利润、利息、分红和租金的总和。这个数额要略低于 GNP，因为它不包括资产折旧、特定的政府补贴以及间接税。

期权 option 在某一特定的时间之后，购买（或出售）一定量金融工具的权利。

面值 par（value） 债券（或其他金融工具）的票面价值。债券的面值是其所代表的本金数额。债券的价格通常被表示为相对于面值的比率，价格为 80 代表着市场价格占面值的80%（股票也有面值，但其价格通常不用这种方式来表示）。

永续年金 perpetual annuity 见年金（annuity）。

年金 *rentes/renten* 法语和荷兰语当中的"年金"（annuity）。在 19 世纪的欧洲（以及本书中），法语词 *rentes* 被用来描述永续年金（*rentes perpétuelles*）。终身年金为 *rentes viagères*，定期年金为 *rentes passagères*。

赖账 repudiation 最严重的违约形式。债务人不仅拒绝偿还债务，而且拒绝承认债务的存在。

二级市场/二级持有人 secondary market/secondary holder 被出售给投资者的证券再次进行交易的市场为二级市场。在这个市场上购买证券的投资者被称为二级持有人。

偿债基金 sinking fund 债务人设立的用于在市场上回购自己的债券的基金。这种基金只在债券的市场价格低于面值的情况下进行回购。偿债基金对于债务人和债权人的吸引点是不同的。债务人能够以更低的价格回购债券，以降低自己的债务水平，债权人则可以增加自己的流动性。

包税制 tax farming 政府将收税的工作外包给一批私人投资者。包税商承诺上缴给政府固定数额的税金，并承担从纳税人那里征税数额不确定的风险。

定期年金 term annuity 见年金（annuity）。

到期收益 yield to maturity/YTM 如果债券的出售价格高于（或低于）面值，收益率就受到债务被偿还时本金增加（或减少）的影响。一份债券的"到期收益"代表了投资者可以获得的全部回报，不仅包括每年的利息收入，还包括本金的最终增加（减少）值。

附录　关于货币单位的说明

在写作过程中，我已经尽可能地减少了本书中出现的货币种类，但由于本书涉及的历史跨度很大，书中仍有不少种货币。对于那些生活在"货币"依然等同于"贵金属"的时代的人，理解历史上出现过的货币是很容易的，只需要比较货币的重量即可。例如，19世纪美国的一位作者声称1塔兰特相当于1000美元，这是因为价值1000美元的银币重量基本等于1塔兰特。对于生活在主权信用货币时代的读者来说，就没有这种简单的类比关系了，但仍有很多办法将各种货币单位统一成贵金属的重量，这也是本书采取的办法。本书将采用的重量单位限制为两种：对于小额铸币，重量统一用克表示；对于大额资金，如政府预算等，重量统一用吨表示。

除了统一度量单位外，我还试图在每个历史时期找到一种能够用于国际横向比较的"基准货币"。这种"基准货币"必须要在本书讨论的相应的历史时期保持相对稳定，也必须要被同时代的人认可为真正的国际货币。除此之外，在本书的前五章中，我也时不时地将币值转化为重量来表现更为长期的数量关系。

古文明世界至公元200年

在叙述这一阶段的历史时，本书主要使用了三种重要的货币单位：塔兰特（talent）、德拉克马（drachma）和第纳尔（denarius）。塔兰特是一个很大的重量单位，德拉克马和第纳尔均为小面额的银币。罗马的第纳尔是模仿希腊德拉克马铸造的，在罗马帝国时期，"德拉克马"就是第纳尔的希腊语名称。德拉克马－第纳尔贬值得很缓慢，因此在公元前 600 年到公元 200 年之间其币值基本可以看作不变的。在此之后其贬值非常迅速，以至于在一个世纪之内摧毁了整个货币体系。

1 塔兰特 = 6000 德拉克马 = 25800 克白银

1 德拉克马 = 4.3 克白银（公元前 400 年左右）

1 第纳尔 = 3.9 克白银（公元元年左右）

公元 300～1600 年

这一时期本书中使用了两种基本的货币单位：金币和 £ . s. d. 体系。

金币 这一时期的金币是建立在罗马/拜占庭时期的苏勒德斯（solidus）基础上的，后者在公元 4 世纪时相当于 4.55 克黄金。由于其价值与旧的银第纳尔相去不远，这种货币有时也被称为"黄金第纳尔"。在穆斯林攻占了大片拜占庭帝国的领土之后，他们沿用了这种货币，只是略微地改变了其名字（从 denarius 改为 dinar）。而在西欧，在黑暗时代之后很多世纪都没有任何金币。当金币在 13 世纪重新出现之后，它们都是拜占庭货币的仿制品，而拜占庭货币当时只重达 3.55 克黄金。在这些新金币中，威尼斯杜卡特和佛罗伦萨弗洛林最为重要，它们从未贬值过，因此是到目前为止最好的可以用于国际比较的货币单位。为了比较它们与希腊－罗马货币之间的相对价值水平，有必要声明金银比价通常为 12∶1。因此读者可以认为，罗马/拜占庭苏勒德斯约合 12~15 德拉克马/第纳尔，而中世纪杜卡特/弗洛林约合 10~12 德拉克马/第纳尔。

16 世纪，本书采用的国际比较货币单位为西班牙杜卡特。西班牙杜卡特最初是模仿威尼斯的金币铸造的，在 1537 年之后则相当于 35.25 克白银（在设计时被定为金杜卡特的白银等价品，使用的金银比价为 10∶1）。按白银计价的话，西班牙杜卡特在 1600 年之前保持稳定，但其实际购买力在 16 世纪降低了很多。美洲白银的大量进口使得以白银计价的价格水平变为原来的 4 倍，白银相对黄金也出现了贬值。1600 年的银杜卡特的价值很可能不超过一个世纪之前的金杜卡特的 1/5。

£ . s. d.　这个标识指代利布拉（*libra*）、苏勒德斯（*solidus*）和第纳尔（*denarius*）。第纳尔这个词不仅延续到伊斯兰世界中（变为 *dinar*），还存续到了西欧的便士上（在意大利语中为 *denaro*，在法语中为 *denier*）。在黑暗时代晚期，西欧唯一的铸币为约含 1.5 克白银的小银币。一磅（拉丁文中的 *libra*，意大利语中的 *lira*，法语中的 *livre*）白银可以铸造 240 枚这样的小银币。这时一磅白银合 12（而非 16）盎司，在不同地区的重量在 330~410 克。查理曼在自己的帝国范围内将这一体系标准化为 1 便士 = 1.7 克白银，1 磅 = 408 克白银。£ . s. d. 体系中的苏勒德斯（意大利语中的 *soldo*，法语中的 *sous*）是受罗马/拜占庭时期货币的启发，但在西欧，苏勒德斯并不是一种真正的货币，而只是一个记账单位，相当于 12 便士。莱茵河以东的大多数货币单位的基础为马克（*mark*），最初也是 £ . s. d. 体系的一个分支，相当于 1 磅白银的 2/3。

虽然查理曼提供了一个有希望的起步，但货币中的"镑"很快失去了与重量单位"磅"之间的联系。尽管金币的价值在几个世纪内保持了稳定，但 1 英镑、1 里拉、1 里弗和 1 马克代表的货币价值在不同时间点和不同地区还是有很大的差异。在意大利，由于存在诸多的城邦，里拉的面值也各不相同。价值在 16 世纪的英国以及 18～19 世纪的欧洲大陆逐渐稳定了下来，直到这种稳定化最终实现之前，£.s.d. 体系对于不同时间点和地区之间的比较基本是没有作用的。下表的数据对 1 英镑包含的白银重量给出了一定的解释。

白银克数	1300 年	1500 年	1600 年
英镑	319.0	174.6	111.4
法国里弗	81.0	21.7	12.4
热那亚里拉	80.0	12.8	8.6
威尼斯里拉	14.0	6.2	4.3

公元 1600～1914 年

在此期间，除拿破仑战争期间之外，英镑的币值都相当稳定，等于 111.4 克白银，后来变成 7.3 克黄金。因此，以贵金属计价的话，1 英镑约合 2 金杜卡特（由于黄金到 17 世纪中期的购买力已经不到之前的一半，因此在购买力上 1 英镑要少于中世纪的 1 金杜卡特）。从 1600 年到 1914 年，英镑是很好的进行国际比较的工具，尽管它直到 18 世纪才开始在国际贸易中占据重要地位。

1700 年后，£.s.d. 体系中的其他货币价值也开始稳定下来。1726 年，法国里弗被定为等于 4.45 克白银。在法国大革命期间，里弗被法郎取代，后者包含 4.5 克白银。这两种货币与英镑的兑换比为 25∶1。各种意大利里拉在 18 世纪也逐渐稳

定在 2.4～5.4 克白银。拿破仑将法郎引入意大利，在他垮台
之后这种新的货币体系却在意大利基本保存了下来。1860 年
新的意大利里拉也定为等于 4.5 克白银。在德意志地区（最重
要的是在普鲁士），马克在 18 世纪稳定在 5.55 克白银，其与
英镑的兑换比也保持在 20∶1。

**塔勒（*thaler*）／美元（*dollar*）／克朗（*crown*）／比索
（*peso*）** 15 世纪晚期，新银矿的开发使得政府能够铸造一批
大面值的银币，每个硬币包含 24～28 克白银。在德意志，这些
银币（按照奥地利境内最大的银矿山的名字）被称为"塔勒"
（*thaler*），这个词在美国就转化成为所谓的"美元"（dollar）。
这类硬币在英国被称为克朗（*crown*）、在斯堪的纳维亚被称为
克罗纳（*kroner*），在法国被称为埃居（*écus*）、在西班牙被称
为比索（*peso*）。这些货币在 17～18 世纪成为国际贸易使用的
标准货币，其中最重要的是西属美洲银矿铸造的比索，它们
（几乎）从未出现贬值。这些货币与英镑的兑换比例从 4.0∶1
到 4.8∶1 不等。到了 19 世纪末，美元与白银脱钩，转而成为
以黄金为基准的货币，与英镑的兑换比为 4.87∶1。

1914 年至今

20 世纪与 3 世纪和 16 世纪一样，都没有真正意义上的可
用于国际横向比较以及对不同时间段进行纵向比较的标准货
币。美元很显然是这一时期占据主导地位的国际货币，在本书
中也被作为比较的基准，但它的价值比起 1520～1620 年期间
的西班牙杜卡特还要更不稳定。在一个世纪之内，美元的购买
力下降了 95%。但反过来，我们也应该明白货币稳定的概念
在信用货币时代已经与之前有了很大的不同。在旧时代，稳定

的货币代表那些含金/银量保持不变的铸币，这并不意味着物价水平也能保持稳定。人们接受价格水平在长期内的变动，但认为拥有固定贵金属含量的货币在长期内则不会贬值。而在今天，"稳定"的货币则是那些以缓慢而稳定的速度贬值的货币。中央银行被给予2%～2.5%的通胀率目标，并被期待采取政策保证通胀率既不高于，也不低于这个水平。按照这个标准，理想的货币在一个世纪的时间跨度内应该失去87%～92%的购买力。美元的贬值因此在很大程度上是历史时代特征的产物。除此之外，至少直到1945年，美元的购买力尽管出现了很大的波动，但基本都还维持在可接受的范围内。

以美元代表的现代价值

对历史货币赋予现代价值是一件非常复杂的事情。尽管如此，由于读者可能想要知道本书中所使用的货币单位在今天的相对价值，我还是试图解决这个问题。

一种估算历史货币在今天购买力的办法是将其和1850年之前的谷物价格以及之后的美国零售价格水平进行指数化。在这种估算方式下：

> 1雅典德拉克马（公元前430年）=7美元
>
> 1威尼斯杜卡特（公元1400年）=100美元
>
> 1英镑（公元1850年）=90美元

这些数据让我们能够大概想象得出一个雅典人或者威尼斯人持有1德拉克马或1杜卡特穿越来到今天所能拥有的购买力。尽管如此，我们还是必须要明白，古希腊和中世纪意大利的城邦以今天的标准都是非常贫穷的社会。15 世纪威尼斯能够维持基本生存的工资应该在每年 12～15 杜卡特，因此在相对社会地位方面，1 杜卡特在威尼斯社会中的价值要远远超过今天在西方社会中的 100 美元。

图书在版编目（CIP）数据

债务与国家的崛起：西方民主制度的金融起源 /
（英）詹姆斯·麦克唐纳（James Macdonald）著；杨宇
光译. -- 北京：社会科学文献出版社，2021.6
　书名原文：A Free Nation Deep in Debt：The
Financial Roots of Democracy
　ISBN 978 - 7 - 5201 - 6334 - 7

　Ⅰ.①债… Ⅱ.①詹… ②杨… Ⅲ.①债务 - 经济史
- 研究 - 世界②民主 - 政治制度 - 研究 - 西方国家　Ⅳ.
①F811.9②D082

中国版本图书馆 CIP 数据核字（2020）第 034916 号

债务与国家的崛起：西方民主制度的金融起源

著　　者 /〔英〕詹姆斯·麦克唐纳（James Macdonald）
译　　者 / 杨宇光

出 版 人 / 王利民
责任编辑 / 陈凤玲

出　　版 / 社会科学文献出版社·经济与管理分社（010）59367226
　　　　　　　　　　　　甲骨文工作室（分社）（010）59366527
　　　　地址：北京市北三环中路甲29号院华龙大厦　邮编：100029
　　　　网址：www.ssap.com.cn
发　　行 / 市场营销中心（010）59367081　59367083
印　　装 / 三河市东方印刷有限公司

规　　格 / 开　本：889mm × 1194mm　1/32
　　　　　印　张：20.75　字　数：485 千字
版　　次 / 2021 年 6 月第 1 版　2021 年 6 月第 1 次印刷
书　　号 / ISBN 978 - 7 - 5201 - 6334 - 7
著作权合同
登 记 号 / 图字 01 - 2015 - 4091 号
定　　价 / 118.00 元